Das Gesamtvermögensgeschäft im Handels-, Gesellschafts- und Steuerrecht

Forum Unternehmens-, Steuer- und Bilanzrecht

Deutsche, europäische und internationale Rechtsfragen

Herausgegeben von Oliver Fehrenbacher / Michael Stöber

Band 28

Christoph Franzenburg

Das Gesamtvermögensgeschäft im Handels-, Gesellschafts- und Steuerrecht

PETER LANG

Lausanne - Berlin - Bruxelles - Chennai - New York - Oxford

Bibliografische Information der Deutschen Nationalbibliothek
Die Deutsche Nationalbibliothek verzeichnet diese Publikation in der Deutschen Nationalbibliografie; detaillierte bibliografische Daten sind im Internet über http://dnb.d-nb.de abrufbar.
Zugl.: Kiel, Univ., Diss., 2023

D 8
ISSN 2366-293X
ISBN 978-3-631-90164-9 (Print)
E-ISBN 978-3-631-90569-2 (E-PDF)
E-ISBN 978-3-631-90570-8 (EPUB)
DOI 10.3726/b21038

Internationaler Verlag der Wissenschaften

Verlegt durch:
Peter Lang GmbH, Berlin, Deutschland.

info@peterlang.com http://www.peterlang.com/

Diese Publikation wurde begutachtet.

Meinem Großvater
Claus Franzenburg

sowie

meinen Eltern
Astrid Jörgensen und Dirk Franzenburg

Vorwort

Die vorliegende Arbeit wurde im Wintersemester 2022/2023 von der Rechtswissenschaftlichen Fakultät der Christian-Albrechts-Universität zu Kiel als Dissertation angenommen. Die Rechtsprechung und die Literatur befinden sich auf dem Stand von März 2023.

Zuallererst gilt mein Dank meinem Doktorvater, Herrn Prof. Dr. *Michael Stöber*, der mich bei meinem Vorhaben und meinem gewählten Thema unterstützt hat. Seine hilfreichen Ratschläge, seine wertvollen Anregungen und seine endlose Hilfsbereitschaft haben mir sehr geholfen. Weiter danke ich Herrn Prof. Dr. *Joachim Jickeli* für das Zweitgutachten. Ebenfalls möchte ich Herrn Prof. Dr. *Michael Stöber* und Herrn Prof. Dr. *Oliver Fehrenbacher* für die Aufnahme in die Schriftenreihe „Forum Unternehmens-, Steuer- und Bilanzrecht" danken.

Ein weiterer großer Dank gilt meiner Familie dafür, dass sie mich während der gesamten Zeit unterstützt und mir jederzeit mit einem offenen Ohr für Sorgen und Nöte zur Seite gestanden hat. Darüber hinaus war insbesondere das Korrekturlesen eine große Hilfe, wofür ich *Dirk* und *Birte Franzenburg* herzlich danken möchte.

Ebenfalls gilt meiner Partnerin, *Theresa Stutz*, ein großer Dank dafür, dass sie jederzeit Verständnis für meine unzähligen Stunden am Schreibtisch und in der Universität hatte. Ihre Unterstützung war in allen Belangen phänomenal und eine große Stütze.

Zum Abschluss danke ich auch *Bente Jürgensen* und *David Aumann* für das teils kurzfristige Korrekturlesen meiner Arbeit sowie *Erik Jensen*, der bei zahlreichen Tassen Kaffee immer ein offenes Ohr für mich hatte.

Inhaltsverzeichnis

Abkürzungsverzeichnis

a. A.	anderer Ansicht
Abl. EU	Amtsblatt der Europäischen Union
Abs.	Absatz
AcP	Archiv für die civilistische Praxis
ADAC	Allgemeine Deutsche Automobil-Club
ADHGB	Allgemeines Deutsches Handelsgesetzbuch
a. F.	alte Fassung
AG	Aktiengesellschaft
AG (Zeitschrift)	Die Aktiengesellschaft
AktG	Aktiengesetz
Allg.	Allgemein
Anh.	Anhang
Anm. d. Verf.	Anmerkung des Verfassers
a. M.	am Main
AO	Abgabenordnung
AöR	Archiv des öffentlichen Rechts
ARRL	Aktionärsrechterichtlinie
Art.	Artikel/Article/Artículo/Articolo
ARUG II	Gesetz zur Umsetzung der zweiten Aktionärsrechterichtlinie
AT	Allgemeiner Teil
Aufl.	Auflage
BAG	Bundesarbeitsgericht
BayObLG	Bayrisches Oberstes Landesgericht
BB	Betriebsberater
B/B/B/K/S/S	Bartl/Bartl/Beine/Koch/Schlarb/Schmitt
Bd.	Band
BeckBil-Komm.	Beck'scher Bilanz-Kommentar
BeckHdB PersG	Beck'sches Handbuch der Personengesellschaften
BeckNot-HdB	Beck'sches Notar-Handbuch
BeckOGK-AktG	beck.online-Großkommentar für das Aktiengesetz
BeckOGK-BGB	beck.online-Großkommentar für das BGB
BeckOGK-HGB	beck.online-Großkommentar für das HGB

BeckRS	Beck-Rechtsprechung
Begr.	Begründer
BeurkG	Beurkundungsgesetz
BewG	Bewertungsgesetz
BFH	Bundesfinanzhof
BFHE	Entscheidungen des Bundesfinanzhofs
BFH/NV	Entscheidungen des Bundesfinanzhofs, die nicht zur amtlichen Bekanntmachung bestimmt sind.
BGB	Bürgerliches Gesetzbuch
BGBl.	Bundesgesetzblatt
BGH	Bundesgerichtshof
BKR	Zeitschrift für Bank- und Kapitalmarktrecht
BMF	Bundesministerium der Finanzen
BnotK	Bundesnotarkammer
BnotO	Bundesnotarordnung
BStBl.	Bundessteuerblatt
BT-Drs.	Drucksachen des Deutschen Bundestages
BverfG	Bundesverfassungsgericht
BverfGE	Entscheidungen des Bundesverfassungsgerichts
BWNotZ	Zeitschrift für das Notariat in Baden-Württemberg
bzw.	beziehungsweise
c. c.	Codice civile
C. com.	Code de commerce
CA 2006	Companies Act vom 08.11.2006
CFL	Corporate Finance Law
Corp.	Corporation
DB	Der Betrieb
DBA	Doppelbesteuerungsabkommen
DGCL	Delaware General Corporation Law
ders.	derselbe
dies.	dieselben
DM	Deutsche Mark
DnotI	Deutsches Notarinstitut
DnotZ	Deutsche Notarzeitschrift
DONot	Dienstordnung für Notarinnen und Notare
DStR	Deutsches Steuerrecht
DstRE	Deutsches Steuerrecht - Entscheidungsdienst

DZWIR	Deutsche Zeitschrift für Wirtschafts- und Insolvenzrecht
E/B/J/S	Ebenroth/Boujong/Joost/Strohn
EG	Europäische Gemeinschaft
EGBGB	Einführungsgesetz zum Bürgerlichen Gesetzbuche
Einf.	Einführung
EinfG	Einführungsgesetz
Einl.	Einleitung
EnWG	Energiewirtschaftsgesetz
ErwG	Erwägungsgrund/Erwägungsgründe
ESt.	Einkommensteuer
EstG	Einkommensteuergesetz
ESUG	Gesetz zur weiteren Erleichterung der Sanierung von Unternehmen
EU	Europäische Union
EuGH	Europäischer Gerichtshof
EU-Kommission	Europäische Kommission
Europ.	Europäisch/Europäisches
e. V.	eingetragener Verein
EWG	Europäische Wirtschaftsgemeinschaft
EWR	Europäischer Wirtschaftsraum
EwiR	Entscheidungen zum Wirtschaftsrecht
f.	folgende (Seite/Paragraph)
FamFG	Das Gesetz über das Verfahren in Familiensachen und in den Angelegenheiten der freiwilligen Gerichtsbarkeit
FC	Fußballclub
ff.	folgende (Seiten/Paragraphen)
FGO	Finanzgerichtsordnung
FIU	Financial Intelligence Unit
FMStBG	Finanzmarktstabilisierungsbeschleunigungsgesetz
Fn.	Fußnote
FR	Finanzrundschau
FS	Festschrift
FSV	Fußball- und Sportverein
GBO	Grundbuchordnung
GbR	Gesellschaft bürgerlichen Rechts

GenG	Gesetz betreffend die Erwerbs- und Wirtschaftsgenossenschaften
GES	Zeitschrift für Gesellschaftsrecht und angrenzendes Steuerrecht (Österreich)
GesR	Gesellschaftsrecht
GesRRL	Gesellschaftsrechtsrichtlinie
GewStG	Gewerbesteuergesetz
GG	Grundgesetz für die Bundesrepublik Deutschland
GmbH	Gesellschaft mit beschränkter Haftung
GmbHG	Gesetz betreffend die Gesellschaft mit beschränkter Haftung
GmbHR	GmbH-Rundschau
GrESt	Grunderwerbsteuer
GrEStG	Grunderwerbsteuergesetz
GrEStGÄndG	Gesetz zur Änderung des Grunderwerbsteuergesetzes
GroßKomm-AktG	Großkommentar Aktiengesetz
GRUR	Gewerblicher Rechtsschutz und Urheberrecht
GWB	Gesetz gegen Wettbewerbsbeschränkungen
GwG	Geldwäschegesetz
GWR	Gesellschafts- und Wirtschaftsrecht
HdB	Handbuch
HdB d. Gemeinnützigkeit	Handbuch der Gemeinnützigkeit
HFR	Höchstrichterliche Finanzrechtsprechung
HGB	Handelsgesetzbuch
HGR	Handels- und Gesellschaftsrecht
H/H/R	Herrmann/Heuer/Raupach
h. M.	herrschende Meinung
Hrsg.	Herausgeber
hrsg.	herausgegeben
Hs.	Halbsatz
i. E.	Im Ergebnis
Inc.	Incorporation
INF	Zeitschrift für den deutsch-spanischen Rechtsverkehr
InsO	Insolvenzordnung
IPO	Initial public offering
IPRax	Praxis des Internationalen Privat- und Verfahrensrecht

i. S. d.	Im Sinne des
i. S. e.	Im Sinne einer/eines
i. V. m.	In Verbindung mit
jurisPR-HaGesR	juris PraxisReport Handels- und Gesellschaftsrecht
JuS	Juristische Schulung
JZ	Juristenzeitung
Kap.	Kapitel
KapErhG	Kapitalerhöhungsgesetz
KG	Kammergericht Berlin
KG	Kommanditgesellschaft
KGaA	Kommanditgesellschaft auf Aktien
KölnHdB-HGR	Kölner Handbuch Handels- und Gesellschaftsrecht
KölnKomm-AktG	Kölner Kommentar zum Aktiengesetz
KSt.	Körperschaftsteuer
KStG	Körperschaftsteuergesetz
LG	Landgericht
Lit.	Littera
Ls.	Leitsatz
LSC	La ley de Sociedades de Capitale
Ltd.	Private company limited by shares
M&A	Mergers & Acquisitions
MAHdB AktienR	Münchener Anwaltshandbuch Aktienrecht
MAHdB PersG	Münchener Anwaltshandbuch Personengesellschaftsrecht
MAHdB GmbHR	Münchener Anwaltshandbuch GmbH-Recht
MDR	Monatsschrift für Deutsches Recht
MHdB GesR	Münchener Handbuch des Gesellschaftsrechts
MittBayNot	Mitteilungen des Bayrischen Notarvereins, der Notarkasse und der Landesnotarkammer Bayerns
MoMiG	Gesetz zur Modernisierung des GmbH-Rechts und zur Bekämpfung von Missbräuchen
Mot	Motive
MünchKomm-AktG	Münchener Kommentar zum Aktiengesetz
MünchKomm-BGB	Münchener Kommentar zum Bürgerlichen Gesetzbuch
MünchKomm-GmbHG	Münchener Kommentar zum Gesetz betreffend die Gesellschaft mit beschränkter Haftung
MünchKomm-HGB	Münchener Kommentar zum Handelsgesetzbuch

m. w. N.	mit weiteren Nachweisen
MwStR	Mehrwertsteuerrecht
MwStSystRL	Mehrwertsteuersystemrichtlinie
NJW	Neue Juristische Wochenschrift
NJW-RR	Neue Juristische Wochenschrift Rechtsprechungs-Report Zivilrecht
notar	Monatsschrift für die gesamte notarielle Praxis
NotBZ	Zeitschrift für die notarielle Beratungs- und Beurkundungspraxis
npoR	Zeitschrift für das Recht der Non Profit Organisationen
Nr.	Nummer
NStZ	Neue Zeitschrift für Strafrecht
NULR	Northwestern University Law Review
NVersZ	Neue Zeitschrift für Versicherung und Recht
NZG	Neue Zeitschrift für das Gesellschaftsrecht
ÖAktG	Österreichisches Aktiengesetz
OGH	Oberster Gerichtshof (Österreich)
OHG	Offene Handelsgesellschaft
OLG	Oberlandesgericht
PflVG	Pflichtversicherungsgesetz
Plc.	Public company limited by shares
PublG	Publizitätsgesetz
PublRL	Publizitätsrichtlinie
RegE.	Regierungsentwurf
RG	Reichsgericht
RGBl.	Reichsgesetzblatt
RGZ	Entscheidungen des Reichsgerichts in Zivilsachen
RIW	Recht der internationalen Wirtschaft
RL	Richtlinie
Rn.	Randnummer
RNotZ	Rheinische Notar-Zeitschrift
Rspr.	Rechtsprechung
S.	Seite
SA	Société anonyme
S.A.	Sociedad Anónima
SachenR	Sachenrecht
SAS	Société par action simplifée

SBV	Sonderbetriebsvermögen
SC	Sportclub
SE	Societas Europaea
sec.	Section
SE-VO	Verordnung (EG) Nr. 2157/2001 des Rates vom 8. Oktober 2001 über das Statut der Europäischen Gesellschaft (SE)
SJZ	Schweizerische Juristen-Zeitung
SoFFin	Sonderfonds Finanzmarktstabilisierung
S. p. a.	Società per azioni
SpruchG	Spruchverfahrensgesetz
SteuerR	Steuerrecht
StGB	Strafgesetzbuch
st. Rspr.	ständige Rechtsprechung
SV	Sportverein
TOP	Tagesordnungspunkt
u. a.	und andere
UAbs.	Unterabsatz
UmwÄndG	Gesetz zur Änderung des Umwandlungsgesetzes
UmwBerG	Gesetz zur Bereinigung des Umwandlungsrechts
UmwG	Umwandlungsgesetz
UR	Umsatzsteuer-Rundschau
USt.	Umsatzsteuer
UStG	Umsatzsteuergesetz
VAG	Versicherungsaufsichtsgesetz
Var.	Variante
vGA	verdecke Gewinnausschüttung
vgl.	vergleiche
Vorb.	Vorbemerkung
VVG	Versicherungsvertragsgesetz
WM	Zeitschrift für Wirtschafts- und Bankrecht
WpÜG	Wertpapier- und Übernahmegesetz
WuB	Entscheidungsanmerkungen zum Wirtschafts- und Bankrecht
z. B.	zum Beispiel
ZGR	Zeitschrift für Unternehmens- und Gesellschaftsrecht

ZHR	Zeitschrift für das gesamte Handelsrecht und Wirtschaftsrecht
Ziff.	Ziffer
ZInsO	Zeitschrift für das gesamte Insolvenz- und Sanierungsrecht
ZIP	Zeitschrift für Wirtschaftsrecht
ZPO	Zivilprozessordnung

1. Kapitel: Einleitung und Gang der Untersuchung

§ 1 Die Einleitung

Am 08.01.2019[1] hat der BGH eine Norm in den Fokus des Handels- und Gesellschaftsrechts gerückt, die zuvor in ihrem Schattendasein einen Dornröschenschlaf gehalten hatte und vornehmlich profilierten Aktienrechtlern[2] ein Begriff gewesen sein dürfte. Verpflichtet sich eine Aktiengesellschaft (AG) zur Übertragung ihres ganzen Gesellschaftsvermögens, so bedarf das Verpflichtungsgeschäft gemäß § 179a Abs. 1 AktG der Zustimmung der Hauptversammlung. Dies gilt auch, wenn mit dem Rechtsgeschäft keine Satzungsänderung einhergeht. Diese Norm weist eine erhebliche Relevanz für die Wirksamkeit von Rechtsgeschäften auf, da das Beschlusserfordernis Außenwirkung entfaltet.[3] Folglich kann ein zwischen dem Vorstand und einem Erwerber geschlossenes Verpflichtungsgeschäft ohne Zustimmung der Hauptversammlung keine Wirksamkeit erlangen. Dies betrifft in erster Linie die von § 179a AktG unmittelbar erfassten Gesellschaften.

Es entsprach aber vor dem Urteil des BGH vom 08.01.2019 der herrschenden Meinung, dass § 179a AktG verbandsübergreifende Anwendung findet. Somit galt § 179a AktG (analog) auch für die Personen- und Personenhandelsgesellschaften, Kapitalgesellschaften und sogar auf den nicht wirtschaftlichen Verein hätte bei konsequenter Fortführung der herrschenden Meinung eine Anwendung von

1 BGH, Urteil vom 08.01.2019 – II ZR 364/18 = NZG 2019, 505.

2 Die in dieser Dissertation verwendete maskuline Form dient der Lesbarkeit und erfasst selbstverständlich alle Geschlechter.

3 BGH, Urteil vom 16.11.1981 – II ZR 150/80 = NJW 1982, 933, 935; BGH, Urteil vom 08.01.2019 – II ZR 364/18 = NZG 2019, 505, Rn. 10; *Ehmann*, in: Grigoleit, AktG, § 179a, Rn. 4; *Haberstock/Greitemann*, in: Hölters/Weber, AktG, § 179a, Rn. 1; *Holzborn*, in: BeckOGK-AktG, § 179a, Rn. 1; *Koch*, in: Koch, AktG, § 179a, Rn. 2; *Körber/König*, in: Bürgers/Körber/Lieder, AktG, § 179a, Rn. 9; *Seibt*, in: Schmidt/Lutter, AktG, § 179a, Rn. 13; *Stein*, in: MünchKomm- AktG, § 179a, Rn. 2; *Strohn*, in: Henssler/Strohn, GesR, § 179a AktG, Rn. 10; *Zetzsche*, in: KölnKomm-AktG, § 179a, Rn. 83; *Bayer/Lieder/Hoffmann*, AG 2017, 717, 722; *Brocker/Schulenberg*, BB 2015, 1993, 1993; *Eschway*, MittBayNot 2018, 299, 302; *Giedinghagen/Keller*, NJW-Spezial 2019, 271, 272; *Götze*, NZG 2019, 695, 697; *Hüren*, RNotZ 2014, 77, 84; *Pfeiffer*, BB 2019, 1107, 1107; *Stellmann/Stoeckle*, WM 2011, 1983, 1987; *Weber*, DNotZ 2018, 96, 99; *Werner*, GmbHR 2018, 888, 893; a. A. *Scheel*, FS Wegen, S. 297, 308.

§ 179a AktG stattfinden müssen. Für die Gesellschaft mit beschränkter Haftung (GmbH) entschied der BGH jedoch mit seinem Urteil vom 08.01.2019, dass eine analoge Anwendung des § 179a AktG nicht möglich sei. Diese der zuvor herrschenden Meinung konträre Rechtsprechung des BGH führte dazu, dass sich plötzlich zahlreiche Aufsätze in der Rechtswissenschaft mit der Thematik um Gesamtvermögensgeschäfte beschäftigten und den Fokus auf diesen atypischen Fall eines Veräußerungsgeschäfts im Handels- und Gesellschaftsrecht richteten. Wesentliche Gegenstände der Diskussion wurden die inhaltliche Auseinandersetzung mit dem Urteil des BGH[4] und die offen gebliebene Frage der analogen Anwendung des § 179a AktG auf andere Rechtsformen.[5] In Bezug auf die KG beantwortete der BGH diese Frage mit seinem Urteil vom 15.02.2022.[6]

Zur Problematik um ein Geschäft über das ganze Vermögen oder erhebliche Vermögenswerte einer Gesellschaft[7] urteilte der BGH am 08.01.2019 jedoch nicht zum ersten Mal. In den vergangenen Jahrzehnten nahm sich der BGH in vier Meilensteinen der Rechtsprechung der Problematik sowohl hinsichtlich der tatbestandlichen Voraussetzungen des § 179a AktG als auch hinsichtlich der Anwendbarkeit auf andere Rechtsformen an. Diese Meilensteine stellen die *Holzmüller-/Gelatine*-Rechtsprechung,[8] die *Nightclub*-Entscheidung,[9] das Urteil vom 08.01.2019[10] und das Urteil vom 15.02.2022[11] dar. In diesem Zusammenhang kam es punktuell zu sprunghaften Anstiegen der Anzahl an Aufsätzen in der Literatur. Außerhalb dieser Entscheidungen wurde die Problematik

---

4 Siehe u. a. *Witt*, Die Veräußerung des ganzen Gesellschaftsvermögens gemäß § 179a Abs. 1 AktG, S. 255 ff.; *Bartlitz/Hoffmann*, DB 2019, 1833 ff.; *Giedinghagen/Keller*, NJW-Spezial 2019, 271 ff.; *Götze*, NZG 2019, 695 ff.; *Heckschen*, AG 2019, 420 ff.; *Heinze*, NJW 2019, 1995 ff.; *Meyer*, GmbHR 2019, 973 ff.; *Müller*, NZG 2019, 807 ff.; *Natterer*, ZIP 2019, 1796 ff.; *Pfeiffer*, BB 2019, 1107 ff.; *v. Prittwitz*, DStR 2019, 1265 ff.

5 Siehe u. a. *Witt*, Die Veräußerung des ganzen Gesellschaftsvermögens gemäß § 179a Abs. 1 AktG, S. 276 ff.; *Götze*, NZG 2019, 695, 696; *Heckschen*, AG 2019, 420, 422; *Heinze*, NJW 2019, 1995, 1996; *Meyer*, GmbHR 2019, 973, 977 ff.

6 BGH, Urteil vom 15.02.2022 – II ZR 235/20 = NJW 2022, 1878.

7 Nachfolgend synonym als Gesamtvermögensgeschäft bezeichnet.

8 BGH, Urteil vom 25.02.1982 – II ZR 174/80 (*Holzmüller*) = NJW 1982, 1703; BGH, Urteil vom 26.04.2004 – II ZR 154/02 (*Gelatine-I*) = NZG 2004, 575; BGH, Urteil vom 26.04.2004 – II ZR 155/02 (*Gelatine-II*) = NJW 2004, 1860.

9 BGH, Urteil vom 09.01.1995 – II ZR 24/94 (*Nightclub*) = NJW 1995, 596.

10 BGH, Urteil vom 08.01.2019 – II ZR 364/18 = NZG 2019, 505.

11 BGH, Urteil vom 15.02.2022 – II ZR 235/20 = NJW 2022, 1878.

eines Gesamtvermögensgeschäfts hingegen nur gelegentlich wissenschaftlich thematisiert.[12]

Diese punktuelle Fokussierung auf Gesamtvermögensgeschäfte dürfte zum einen mit der geringen Anzahl an Urteilen durch den BGH und von Gerichten in unteren Instanzen[13] zusammenhängen, zum anderen auch mit der überschaubaren Anzahl an im Bundesanzeiger veröffentlichten[14] Einberufungen von Hauptversammlungen mit entsprechendem Beschlussgegenstand. Gleichwohl darf hieraus nicht die Konklusion gezogen werden, dass die Thematik eine zu vernachlässigende Relevanz aufweist. Der Umstand, dass nur eine begrenzte Anzahl an Gesellschaften zur Veröffentlichung im Bundesanzeiger verpflichtet sind,[15] weist auf das Gegenteil hin. Zudem muss praxisnah angenommen werden, dass eine hohe Dunkelziffer an unerkannten Gesamtvermögensgeschäften besteht, bei denen die Beschlusskompetenz der Gesellschafter verkannt worden ist.[16] Es handelt sich mithin nicht um eine Anomalie im Handels- und Gesellschaftsrecht, sondern um einen wohl oftmals verkannten, aber nicht zu unterschätzenden gesellschaftsrechtlichen Vorgang.

Während § 179a AktG bereits seinem Wortlaut nach das gewöhnliche Veräußerungsgeschäft erfasst, ist in der Literatur teilweise umstritten, wie die Kompetenzverteilung etwa bei der Besicherung von Krediten[17] oder im

---

12 Unter anderem ist hier die Monografie von *Packi*, Die Verpflichtung zur Übertragung des ganzen Gesellschaftsvermögens, aus dem Jahr 2011 anzuführen.

13 OLG Stuttgart, Beschluss vom 04.12.1996 - 8 W 43/93 = AG 1997, 136; BayObLG, Beschluss vom 17.09.1998 - 3Z BR 37/98 = NJW-RR 1999, 1559; OLG Düsseldorf, Urteil vom 23.11.2017 - I-6 U 225/16 = RNotZ 2018, 191; OLG Brandenburg (zugleich Vorinstanz zu BGH, II ZR 364/18), Urteil vom 29.03.2018 - 5 U 18/16 = GmbHR 2019, 183; LG München, Endurteil vom 29.11.2017 - 8 HK O 6624/16 = BeckRS 2017, 150029.

14 Eine ausführliche Darstellung nebst Auflistung für die Jahre 2007 bis 2017 ist in *Bayer/Lieder/Hoffmann*, AG 2017, 717, 719 zu finden. Auch in den Folgejahren finden sich im Bundeanzeiger nur wenige Beschlussgegenstände, die § 179a AktG zum Gegenstand haben.

15 Die Verpflichtung zur Veröffentlichung von Versammlungseinberufungen im Bundesanzeiger besteht gemäß § 121 Abs. 4 S. 1 AktG i. V. m. § 25 AktG nur für die AG, KGaA und SE.

16 So werden Gesellschaften häufig für die Verwaltung eines bestimmten Grundstücks gegründet. Dieses Grundstück stellt dann das gesamte Vermögen der Gesellschaft dar, sodass die Veräußerung des Grundstücks als Gesamtvermögensgeschäft zu qualifizieren wäre.

17 Siehe 2. Kap. § 1 B. II.

Insolvenzverfahren[18] ist. Weitaus umfassender ist in der Literatur und der Rechtsprechung jedoch die Frage Gegenstand der Diskussion, wann gemäß § 179a Abs. 1 AktG das ganze Gesellschaftsvermögen betroffen ist, insbesondere anhand welcher Kriterien diese Bestimmung zu erfolgen hat.[19] Des Weiteren hat sich, bevor die gesetzlichen Regelungen zum Squeeze Out[20] eingeführt wurden, gezeigt, dass mittels eines Gesamtvermögensgeschäfts zwischen Gesellschaft und Mehrheitsgesellschafter und anschließender Auflösung der Gesellschaft ein Ausschluss der Minderheitsgesellschafter herbeigeführt werden kann.[21] Durch dieses Verfahren gelangen die besonderen Squeeze Out-Vorschriften des AktG, UmwG und WpÜG nicht zur Anwendung. Diese Thematik ist bis zum heutigen Tage umstritten, wenngleich die herrschende Meinung dieses rechtliche Konstrukt als zulässig erachtet.[22]

Neben diesen normspezifischen Problematiken stellt sich auch die Frage, ob § 179a AktG ausschließlich auf die gesetzlich erfassten Rechtsformen[23] oder auch auf andere Rechtsformen entsprechend Anwendung findet. Während diese Frage durch den BGH hinsichtlich der Personengesellschaften zwischenzeitlich durch das *Nightclub*-Urteil vom 09.01.1995[24] beantwortet wurde, nahm sich der BGH der Anwendungsproblematik hinsichtlich der GmbH erstmalig mit dem Urteil vom 08.01.2019[25] an und gab am 15.02.2022[26] seine *Nightclub*-Rechtsprechung wieder auf. Zuvor war von der weit überwiegenden Meinung – auch auf Grundlage des *Nightclub*-Urteils – vertreten worden, dass § 179a AktG die Ausformung eines allgemeinen Prinzips des Verbandsrechts darstellt. Demzufolge erfordern Gesamtvermögensgeschäfte stets die Zustimmung der Gesellschafter.[27] Überraschend entschied der BGH am 08.01.2019 jedoch, dass diese Wertung nicht aus § 179a AktG folge. Vielmehr handle es sich bei § 179a AktG um einen aktienrechtlichen Sonderfall, der die geringen Einflussmöglichkeiten der Aktionäre und der Hauptversammlung aufwiege.[28] Dem gegenüber haben

18 Siehe 2. Kap. § 1 B. V.
19 Siehe 2. Kap. § 1 C. II.
20 §§ 327a ff. AktG, 39a WpÜG, 62 Abs. 5 UmwG.
21 Die sogenannte übertragende Auflösung.
22 Siehe 2. Kap. § 2 B. II.
23 Unstreitig AG und SE; ebenso auch die KGaA, siehe 4. Kap. § 3.
24 BGH, Urteil vom 09.01.1995 – II ZR 24/94 (*Nightclub*) = NJW 1995, 596.
25 BGH, Urteil vom 08.01.2019 – II ZR 364/18 = NZG 2019, 505.
26 BGH, Urteil vom 15.02.2022 – II ZR 235/20 = NJW 2022, 1878.
27 Siehe 3. Kap. § 1 A. I. 1.
28 BGH, Urteil vom 08.01.2019 – II ZR 364/18 = NZG 2019, 505, Rn. 22.

die Gesellschafter einer GmbH weitaus stärkere Einflussmöglichkeiten, insbesondere durch das Weisungsrecht gemäß § 37 Abs. 1 GmbHG und die Beschlusskompetenz gemäß § 49 Abs. 2 GmbHG.

Durch dieses durchaus überraschende Urteil, das in der Literatur – wider Erwarten – breite Zustimmung fand,[29] wurde die Diskussion um gesellschaftsrechtliche Gesamtvermögensgeschäfte nahezu auf den Kopf gestellt. So muss die rechtliche Behandlung eines Gesamtvermögensgeschäfts bei einer GmbH seit dem 08.01.2019 neu gedacht werden. Hinzu kommt, dass die Begründung des BGH zumindest zweifelhaft und einer umfassenden und vertiefenden Untersuchung bislang kaum zugeführt worden ist.[30] Es blieb zudem im Urteil des BGH vom 08.01.2019 offen, ob die *Nightclub*-Rechtsprechung, in der eine analoge Anwendung von § 179a AktG auf die KG angenommen wurde, noch Bestand hat. Diese Frage beantwortete der BGH jedoch am 15.02.2022, indem er die *Nightclub*-Rechtsprechung aufgab und die am 08.01.2019 entwickelte Rechtsprechung fortsetzte.[31]

Diese höchstrichterliche Kehrtwende des Rechtsverständnisses vom Anwendungsbereich des § 179a AktG stellt den Anlass dar, die Thematik sowohl unter dem Gesichtspunkt der Begründungen des BGH als auch der allgemeinen Systematik des Zivilrechts nach dem aktuellen Stand der Diskussion und unter neuen Aspekten zu untersuchen. Diese Untersuchung bedarf einer Zusammenfassung des aktuellen Standes der Thematik in der Wissenschaft und der Rechtsprechung, deren Bewertung sowie einer Erweiterung um neue Gesichtspunkte.

Da der BGH in seinem Urteil vom 08.01.2019 zudem auch wesentliche Ausführungen zum Missbrauch der Vertretungsmacht im Handels- und Gesellschaftsrecht tätigte[32] und den Blick auch auf die Haftungsrisiken drittbeteiligter Personen

---

29 *Holzborn*, in: BeckOGK-AktG, § 179a, Rn. 14; *Koch*, in: Koch, AktG, § 179a, Rn. 1; *Giedinghagen/Keller*, NJW-Spezial 2019, 271, 272; *Götze*, NZG 2019, 695, 696; *Müller*, NZG 2019, 807, 810; *Natterer*, ZIP 2019, 1796, 1799; *Paefgen/Wallisch*, DZWIR 2020, 51, 60; *v. Prittwitz*, DStR 2019, 1265, 1267; *Ulrich*, GmbHR 2019, 528, 536; dagegen das Urteil als falsch bewertend: *Witt*, Die Veräußerung des ganzen Gesellschaftsvermögens gemäß § 179a Abs. 1 AktG, S. 255 ff.; *Heckschen*, AG 2019, 420, 421; *ders.*, GWR 2020, 63, 65.

30 Vertiefend setzt sich einzig *Witt* in „Die Veräußerung des ganzen Gesellschaftsvermögens gemäß § 179a Abs. 1 AktG" ab S. 243 ff. mit der Anwendungsproblematik auseinander. Thematischer Schwerpunkt der Monografie ist jedoch die aktienrechtliche Bedeutung des § 179a Abs. 1 AktG.

31 BGH, Urteil vom 15.02.2022 – II ZR 235/20 = NJW 2022, 1878.

32 BGH, Urteil vom 08.01.2019 – II ZR 364/18 = NZG 2019, 505, Ls.

lenkte,[33] dürfen auch diese über das Handels- und Gesellschaftsrecht hinausgehenden Rechtsgebiete im Kontext eines Gesamtvermögensgeschäfts nicht außer Acht gelassen werden. Zudem weisen handels- und gesellschaftsrechtliche Gesamtvermögensgeschäfte im Steuerrecht eine besondere Bedeutung auf, die insbesondere in zahlreichen Ausnahmevorschriften Anklang gefunden hat. Aus diesen Gründen erfolgt auch eine rechtsgebietsübergreifende Betrachtung, um den ganzheitlichen Charakter der Thematik aufzuzeigen. Dieser ganzheitliche Ansatz ist Gegenstand der nachfolgenden Untersuchung von Gesamtvermögensgeschäften im Handels- und Gesellschaftsrecht.

§ 2 Gang der Untersuchungen

Für diese ganzheitliche Untersuchung von einem Gesamtvermögensgeschäft auf Seiten der veräußernden Gesellschaft im Handels- und Gesellschaftsrecht bedarf es zweier Betrachtungswinkel. Zum einen ist zu untersuchen, wie ein Gesamtvermögensgeschäft im Handels- und Gesellschaftsrecht konkret rechtlich ausgestaltet ist.[34] Zum anderen ist zu untersuchen, welche neben- und nachgelagerten Rechtsgebiete bei Gesamtvermögensgeschäften im Handels- und Gesellschaftsrecht von Relevanz sind.[35] Diese nicht auf eine Kernfrage fokussierte, sondern ein konkret umfasstes, jedoch vielseitiges Themengebiet betreffende Arbeit untersucht in den nachfolgenden Kapiteln jeweils einen relevanten Themenabschnitt.

Den ersten zu untersuchenden Themenabschnitt stellt die umfassende Betrachtung der für das Themengebiet zentralen Vorschrift, § 179a AktG, dar. Wie bereits ausgeführt, sind sowohl der Anwendungsbereich hinsichtlich des Rechtsgeschäfts als auch die Tatbestandsvoraussetzungen hoch umstritten, letztere insbesondere hinsichtlich der Voraussetzung des „ganzen Vermögens". Neben diesen unklaren Voraussetzungen sind zudem die Gründe für ein Gesamtvermögensgeschäft zu betrachten. Welche Anlässe können bei einer Gesellschaft dazu führen, ihr ganzes Gesellschaftsvermögen zu veräußern, und – insbesondere im Hinblick auf die übertragende Auflösung – sind die Anlässe und Erwägungsgründe rechtlich zulässig?

Von dieser Grundlage aus ist anschließend der rechtsformübergreifende Anwendungsbereich des § 179a AktG als zentraler Gegenstand dieser Dissertation zu untersuchen. Ein besonderes Augenmerk liegt hierbei auf dem Urteil des BGH vom 08.01.2019 – II ZR 364/18, in welchem die entsprechende Anwendung der Norm

33 BGH, Urteil vom 08.01.2019 – II ZR 364/18 = NZG 2019, 505, Rn. 27.
34 Siehe das 2., 3. und 4. Kapitel.
35 Siehe das 5., 6. und 7. Kapitel.

auf die GmbH abgelehnt wurde. Nach einer kurzen Zusammenfassung des Diskussionsstandes in der Literatur und der Rechtsprechung sollen das Urteil sowie dessen Resonanz in der Rechtswissenschaft dargestellt werden, um anschließend in eine inhaltliche Analyse und rechtliche Würdigung überzugehen. Insbesondere die Negierung des zuvor verbreitet angenommenen allgemeinen Prinzips des Verbandsrechts bedarf einer umfassenden und vertiefenden Untersuchung, zumal – vom BGH nicht erwähnt – das Zivilrecht in zahlreichen Normen besondere Voraussetzungen an die Veräußerung des ganzen Vermögens knüpft. Neben der entsprechenden (Nicht-)Anwendung von § 179a AktG auf die GmbH stellt sich weiter die Frage, wie sich die entsprechende Anwendung auf Personengesellschaften und Vereine darstellt. In Bezug auf erstere hatte der BGH in seiner *Nightclub*-Entscheidung vom 09.01.1995 die entsprechende Anwendung der Vorgängernorm des § 179a AktG angenommen. Wie bereits ausgeführt, gab der BGH am 15.02.2022 die *Nightclub*-Rechtsprechung auf,[36] ließ hierbei aber die Frage, ob § 179a AktG auf eine Publikumsgesellschaft entsprechend anwendbar ist, ausdrücklich offen.[37] Die Thematik hinsichtlich von Gesamtvermögensgeschäften beim nicht wirtschaftlichen Verein ist daneben bislang nur gering in der Wissenschaft erforscht worden. Insbesondere die ideelle Zwecksetzung des Vereins bedarf hierbei einer umfassenden Betrachtung.

Nach dieser Untersuchung, wie Gesamtvermögensgeschäfte im Handels- und Gesellschaftsrecht im Konkreten rechtlich ausgestaltet sind, wird anschließend der Fokus auf weitere Rechtsgebiete gelegt, die eine thematische Relevanz aufweisen. Der BGH tätigte in seinem Urteil vom 08.01.2019 Ausführungen zum Missbrauch der Vertretungsmacht hinsichtlich von Gesamtvermögensgeschäften und betrachtete dies als geeignetes Schutzinstrument der Gesellschafter einer GmbH vor einem unbefugten Handeln der Geschäftsführung. Insbesondere nahm der BGH an, dass sich in bestimmten Konstellationen ein Aufdrängen des Missbrauchs ergeben könne und sogar eine Erkundigungsobliegenheit des Erwerbers bestehen könne. Ebenso führte der BGH als Argument gegen eine entsprechende Anwendung von § 179a AktG auf die GmbH die Haftungsrisiken Dritter an, die im Zusammenhang mit Gesamtvermögensgeschäften stehen. Sowohl der Missbrauch der Vertretungsmacht als auch die Haftungsrisiken weisen – unabhängig vom Urteil des BGH – einen engen Bezug zu Gesamtvermögensgeschäften auf, sodass eine ganzheitliche Untersuchung diese Thematiken nicht ausklammern darf. Abschließend ist in einem umfassenden Überblick auf die steuerrechtlichen Folgen eines Gesamtvermögensgeschäfts einzugehen.

---

36 BGH, Urteil vom 15.02.2022 – II ZR 235/20 = NJW 2022, 1878.

37 BGH, Urteil vom 15.02.2022 – II ZR 235/20 = NJW 2022, 1878, Rn. 36.

2. Kapitel: Das Gesamtvermögensgeschäft gemäß § 179a AktG

Das AktG knüpft an Gesamtvermögensgeschäfte seit dem 19. Jahrhundert besondere Voraussetzungen, die sich in der Gegenwart in § 179a AktG wiederfinden. Auch wenn diese Norm nur begrenzte Bekanntheit genießen dürfte, so weist sie erheblichen Einfluss auf das Handels- und Gesellschaftsrecht und das Schuldrecht auf. Sie betrifft nicht nur das Innenverhältnis der Gesellschaft, sondern ebenfalls das Rechtsgeschäft im Außenverhältnis, sodass auch Dritte die Folgen des § 179a AktG nicht verkennen sollten. Im nachfolgenden Kapitel findet daher zunächst eine detaillierte Untersuchung des § 179a AktG statt, mit besonderer Betrachtung der Tatbestandsmerkmale und der Gründe einer Gesellschaft, ihr ganzes Vermögen zu veräußern.

§ 1 Die Kompetenzzuweisung gemäß § 179a AktG

A. Einleitung

Einleitend sind zunächst allgemeine Bezüge des § 179a AktG zu betrachten, insbesondere welche Funktion die Norm aufweist, welchen historischen Hintergrund sie hat und in welchem Verhältnis § 179a AktG zu anderen aktienrechtlichen Normen steht.

I. Der Sinn und Zweck des § 179a AktG

Der Sinn und Zweck der Norm soll nach dem Willen des Gesetzgebers darin liegen, der Hauptversammlung die Entscheidungskompetenz für ein Gesamtvermögensgeschäft zu übertragen, da dieses zumindest zu einer faktischen Satzungsänderung führt.[38] Eine derartig wesentliche Strukturänderung für die veräußernde Gesellschaft soll die Hauptversammlung als internes Willensbildungsorgan der Gesellschaft[39] entscheiden. Aus diesem Grund bestimmt § 179a Abs. 1 AktG ein besonderes Beschlusserfordernis der Hauptversammlung für ein Gesamtvermögensgeschäft. Dieses Rechtsgeschäft wird folglich nicht vom gesetzlichen Umfang der Vertretungsmacht des Vorstands erfasst.[40]

---

38 BT-Drs. 12/6699, 177.

39 *Spindler*, in: Schmidt/Lutter, AktG, § 118, Rn. 12.

40 Siehe zum Verhältnis zur Vertretungsmacht des Vorstands das 2. Kap. § 1 A. V.

Diese Beschränkung betrifft ausschließlich das Verpflichtungsgeschäft und weist für das Verfügungsgeschäft keine Wirkung auf.[41] Die Kompetenzzuweisung aus § 179a Abs. 1 AktG wird durch § 179a Abs. 2 AktG gestützt, durch den der Hauptversammlung ein umfassendes Informationsrecht im Zusammenhang mit dem konkreten Beschlussgegenstand aus § 179a Abs. 1 AktG eingeräumt wird.

Diese Verlagerung der Entscheidungskompetenz vom Vorstand auf die Hauptversammlung schützt die Dispositionsfreiheit der Aktionäre, indem ein solches Rechtsgeschäft nicht durch den Vorstand im Rahmen seiner gesetzlichen Kompetenzen getroffenen werden kann.[42] Dieser Schutz ist notwendig, da ein Gesamtvermögensgeschäft – wie bereits ausgeführt – zu einer (faktischen) Änderung des Unternehmensgegenstands[43] und mithin der Satzung führt. Durch ein Gesamtvermögensgeschäft sind die wirtschaftlichen Grundlagen einer Gesellschaft betroffen. Eine Kompetenz des Vorstands für derartig wirtschaftlich einschneidende Entscheidungen stünde im Widerspruch zu grundlegenden Wertungen des Rechtssystems.[44] Neben dem Schutz der Dispositionsbefugnis schützt § 179a AktG auch vor unangemessenen Vertragsgestaltungen, insbesondere über das Informationsrecht aus § 179a Abs. 2 AktG.[45] Einen generellen Schutz zu Gunsten der Aktionäre vor einer Veräußerung des ganzen Gesellschaftsvermögens oder einen unmittelbaren Schutz des Bestands- oder Vermögensinteresses gewährt § 179a AktG hingegen nicht.[46]

Im Unterschied zu den ersten beiden Absätzen weist § 179a Abs. 3 AktG lediglich formelle Anforderungen aus. Wird aus Anlass des Gesamtvermögensgeschäfts

41 Allg. Ansicht: BGH, Urteil vom 25.02.1982 – II ZR 174/80 = NJW 1982, 1703, 1704; BGH, Urteil vom 08.01.2019 – II ZR 364/18 = NZG 2019, 505, Rn. 10; *Ehmann*, in: Grigoleit, AktG, § 179a, Rn. 4; *Holzborn*, in: BeckOGK-AktG, § 179a, Rn. 15; *Koch*, in: Koch, AktG, § 179a Rn. 3; *Körber/König*, in: Bürgers/Körber/Lieder, AktG, § 179a, Rn. 4; *Seibt*, in: Schmidt/Lutter, AktG, § 179a, Rn. 7; *Stein*, in: MünchKomm-AktG, § 179a Rn. 16; *Strohn*, in: Henssler/Strohn, GesR, § 179a AktG, Rn. 3; *Zetzsche*, in: KölnKomm-AktG, § 179a, Rn. 85.

42 Vgl. etwa *Stein*, in: MünchKomm-AktG, § 179a, Rn. 6.

43 BT-Drs. 12/6699, 177.

44 Siehe zum Prinzip des Schutzes der wirtschaftlichen Grundlagen 3. Kap. § 1 C. III.

45 *Holzborn*, in: BeckOGK-AktG, § 179a, Rn. 2; *Körber/König*, in: Bürgers/Körber/Lieder, AktG, § 179a, Rn. 3; *Stein*, in: MünchKomm-AktG, § 179a, Rn. 7; a. A. *Wagner*, in: Heidel, AktG, § 179a, Rn. 3.

46 *Holzborn*, in: BeckOGK-AktG, § 179a, Rn. 3; *Körber/König*, in: Bürgers/Körber/Lieder, AktG, § 179a, Rn. 3; *Stein*, in: MünchKomm-AktG, § 179a Rn. 8; *Zetzsche*, in: KölnKomm-AktG, § 179a, Rn. 19.

auch die Liquidation beschlossen, so ist der Anmeldung der Liquidation zugleich der Vertrag beizufügen. Die Essenz des Absatzes liegt nicht in der formellen Vorschrift, sondern in der Tatsache, dass ein Gesamtvermögensgeschäft nicht automatisch zur Liquidation der Gesellschaft führt. Der Wortlaut von § 179a Abs. 3 AktG „*Wird aus Anlass der Übertragung (...) die Gesellschaft aufgelöst (...)*" bestimmt ausdrücklich, dass die Auflösung der Gesellschaft erfolgen kann, jedoch nicht muss. Folglich kann die Liquidation durch die Hauptversammlung ergänzend zum Gesamtvermögensgeschäft gemäß § 262 Abs. 1 Nr. 2 AktG beschlossen werden – oder eben nicht.

II. Das Verhältnis von § 179a AktG und § 179 AktG

Dem Wortlaut von § 179a Abs. 1 AktG ist zu entnehmen, dass mit einer Übertragung des ganzen Gesellschaftsvermögens nicht zwangsläufig eine Satzungsänderung verbunden ist. Insbesondere der Unternehmensgegenstand einer AG gerät bei einem Gesamtvermögensgeschäft in den Fokus. Erfasst der Unternehmensgegenstand bereits das Gesamtvermögensgeschäft im Konkreten, etwa bei Projektgesellschaften, so bedarf es keiner Satzungsänderung und es kommt mithin zu keiner Anwendung des § 179 AktG. Dies gilt auch, wenn das Gesamtvermögensgeschäft trotz seiner Wesentlichkeit dem allgemeinen Unternehmensgegenstand unterfällt. Für derartige Sachverhalte wurde § 179a AktG eingeführt, der aufgrund der faktischen Satzungsänderung infolge des Gesamtvermögensgeschäfts eine mit § 179 AktG vergleichbare Regelung trifft.[47] Jedoch bedeutet dies nicht, dass § 179a AktG von § 179 AktG verdrängt wird. Vielmehr sind bei einem Gesamtvermögensgeschäft, das zu einer Satzungsänderung führt, zwei Beschlüsse zu fassen.[48] Dies folgt daraus, dass § 179a AktG das Rechtsgeschäft im Außenverhältnis betrifft, die Satzung der Gesellschaft und folglich § 179 AktG hingegen das Innenverhältnis betrifft.

Somit ist festzuhalten: Wird aufgrund des Gesamtvermögensgeschäfts eine Satzungsänderung erforderlich, so bedarf es sowohl eines Beschlusses gemäß § 179a Abs. 1 AktG als auch gemäß § 179 Abs. 1 AktG, die jedoch einheitlich getroffen werden können.[49] Bedarf es für das Gesamtvermögensgeschäft keiner Satzungsänderung, ist nur ein Beschluss gemäß § 179a Abs. 1 AktG erforderlich.

---

47 BT-Drs. 12/6699, 177.

48 *Stein*, in: MünchKomm-AktG, § 179a, Rn. 48.

49 *Seibt*, in: Schmidt/Lutter, AktG, § 179a, Rn. 5.

III. Die historische Entwicklung

Seinen historischen Ursprung hat § 179a AktG im HGB von 1897,[50] das mit § 303 HGB a. F. erstmals eine „*Verwerthung des Gesellschaftsvermögens durch Veräußerung des Vermögens im Ganzen*“ vorsah. Die „*Verwerthung*“ musste durch die Generalversammlung mit einem Mehrheitserfordernis von drei Vierteln des bei Beschlussfassung vertretenen Grundkapitals beschlossen werden. Im Unterschied zu den zeitlich nachfolgenden Regelungen führte eine Übertragung des ganzen Gesellschaftsvermögens gemäß § 303 Abs. 2 HGB von 1897 noch zwangsläufig auch zur Auflösung der Gesellschaft.

Mit dem ersten Aktiengesetz von 1937[51] wurde § 303 HGB von 1897 in § 255 AktG übernommen und erfuhr wesentliche Änderungen. Der Anwendungsbereich wurde dem Gesetz entsprechend auf die AG begrenzt und mit § 255 Abs. 3 AktG – dem heutigen § 179a Abs. 3 AktG – wurde geregelt, dass eine Übertragung des ganzen Gesellschaftsvermögens nicht *per se* die Auflösung der Gesellschaft zur Folge hat.

Diese Norm wurde durch das Aktiengesetz von 1965[52] in § 361 AktG verschoben, ohne dass wesentliche Änderungen erfolgen sollten.[53] Tatsächlich erfuhr der Wortlaut des § 361 AktG von 1965[54] jedoch eine bedeutsame Änderung. Diese wird in der Gesetzesbegründung nicht genannt, sodass der beabsichtigte Zweck unklar bleibt. Während § 255 Abs. 1 AktG von 1937 noch ausführte, dass die „*Übertragung des ganzen Gesellschaftsvermögens (...) nur aufgrund eines Beschlusses der Hauptversammlung zulässig*“ ist, nannte § 361 Abs. 1 AktG von 1965 als Beschlussgegenstand ausdrücklich das Verpflichtungsgeschäft. Zwar wäre aufgrund der Formulierung des § 255 AktG von 1937 eine Auslegung dahingehend denkbar, dass auch diese Fassung das Verpflichtungsgeschäft erfassen sollte. Da § 255 Abs. 2 AktG von 1937 jedoch wie folgt gefasst ist: „*Für den Vertrag, durch den sich die Gesellschaft zur Vermögensübertragung verpflichtet, gilt § 235 Abs. 1 AktG*“ und im Unterschied zum ersten Absatz ausdrücklich das Verpflichtungsgeschäft benannte, muss angenommen werden, dass § 255 Abs. 1 AktG von 1937 nicht das Verpflichtungs-, sondern (auch) das

50 RGBl. I 1897, 219.
51 RGBl. I 1937, 107.
52 BGBl. I 1965, 1089.
53 BT-Drs. IV/171, 253 zu § 349, dem späteren § 361 AktG.
54 Im Nachfolgenden insbesondere bei Zitaten auch als § 361 AktG a. F. bezeichnet.

Verfügungsgeschäft betreffen sollte.[55] Aufgrund der Einführung des § 361 AktG von 1965, der diesbezüglich identisch mit § 179a AktG ist, und dessen eindeutigen Wortlauts weist diese Thematik allenfalls rechtshistorische Bedeutung auf.

Im Zuge des UmwBerG[56] wurde 1994 der § 179a AktG eingeführt, der im Wesentlichen § 361 AktG von 1965 entspricht. Mit dieser Änderung wurde die Verpflichtung zur Übertragung des ganzen Gesellschaftsvermögens in die Vorschriften zur Satzungsänderung verschoben. Der *„Fremdkörper im Umwandlungsrecht“*, der weder einen Wechsel der Rechtsform noch die umwandlungsrechtliche Gesamt- oder Sonderrechtsnachfolge aufweist, sollte beseitigt werden.[57]

IV. Der Anspruch des Aktionärs auf Vertragsabschluss

Ein Gesamtvermögensgeschäft kann nicht nur auf Initiative des Vorstands im Rahmen seiner weisungsunabhängigen[58] Leitungsmacht gemäß § 76 Abs. 1 AktG angestrebt werden, sondern ebenso gemäß § 83 Abs. 1 S. 2 AktG auf Verlangen der Aktionäre erfolgen.

Diese Möglichkeit behielt sich die Kölner *Riebeck-Brauerei von 1862* gegenüber der *Deutschen Bank AG* im Jahr 2018 vor,[59] um sowohl strategische als auch personelle Veränderungen zu erwirken. Sollten die geforderten Veränderungen nicht erfolgen, so wollte die Aktionärin eine Anweisung an den Vorstand beschließen, die diesen zum Abschluss eines Vertrags, der die Veräußerung des ganzen Vermögens der Gesellschaft beinhaltet, verpflichten würde. Gemäß § 83 Abs. 1 S. 2 AktG wäre durch dieses Verlangen mit entsprechendem Beschluss der Vorstand trotz der grundsätzlichen Weisungsunabhängigkeit verpflichtet gewesen, das beschlossene Gesamtvermögensgeschäft abzuschließen.

Durch § 83 AktG soll verhindert werden, dass die Weisungsunabhängigkeit des Vorstands die Kompetenzzuweisung an die Hauptversammlung konterkariert.[60] Dem Vorstand steht jedoch ein Weigerungsrecht zu, wenn der

---

55 Auch die amtliche Begründung des § 255 AktG von 1937, abgedruckt in *Klausing*, S. 219, gibt keinen Anhaltspunkt, was erfasst sein sollte.

56 BGBl. I 1994, 3210.

57 BT-Drs. 12/6699, 177.

58 *Koch*, in: Koch, AktG, § 76, Rn. 25.

59 Siehe dazu die Ergänzung der Tagesordnung mitsamt Begründung der ordentlichen Hauptversammlung 2018 der *Deutschen Bank AG* vom 24.04.2018 um den TOP 10 durch die *Riebeck-Brauerei von 1862 AG*, abrufbar unter: www.bundesanzeiger.de.

60 *Spindler*, in: MünchKomm-AktG, § 83, Rn. 10.

verpflichtende Beschluss rechtswidrig, nichtig oder evident unvereinbar mit der *Business Judgement Rule*[61], insbesondere bei gesellschaftsschädigenden Handlungen, ist.[62] Folglich bestand die theoretische Möglichkeit der *Riebeck-Brauerei von 1862*, den Vorstand der *Deutschen Bank AG* mittels Beschlusses der Hauptversammlung zum Abschluss eines Gesamtvermögensgeschäfts zu verpflichten. Auch wenn dies im Ergebnis deutlich scheiterte,[63] ist festzuhalten, dass Gesamtvermögensgeschäfte nicht nur eine Zustimmungskompetenz der Hauptversammlung begründen, sondern ebenso durch die Hauptversammlung durchgesetzt werden könnten.

V. Die systemfremde Durchbrechung der unbeschränkten Vertretungsmacht des Vorstands

Der Vorstand einer AG ist in seiner Vertretungsmacht gemäß § 82 Abs. 1 AktG unbeschränkt. Dies gibt den handelsrechtlichen Grundsatz wieder, dass zum Schutze des Rechtsverkehrs das Vertrauen eines Dritten in die Vertretungsmacht des Vorstands dem Vertrauen des Vertretenen vorgeht.[64] Aus diesem Vertrauensschutz folgt, dass im Außenverhältnis eine Beschränkung dieser Vertretungsmacht ausschließlich durch Gesetz erfolgen kann, Beschränkungen im Innenverhältnis, etwa durch die Satzung oder nach den *Holzmüller-/Gelatine*-Grundsätzen,[65] berühren die Außenwirksamkeit eines Rechtsgeschäfts nicht.[66]

Diesen grundsätzlichen Vorrang des Vertrauensschutzes durchbricht § 179a AktG. Fehlt der Zustimmungsbeschluss nach § 179a Abs. 1 AktG oder ist dieser fehlerhaft, so wird der Vertrag zur Übertragung des ganzen Gesellschaftsvermögens auch im Außenverhältnis nicht wirksam.[67] Ein Gesamtvermögensgeschäft i. S. d. § 179a AktG ist mithin *ex lege* vom Umfang der Vertretungsmacht des Vorstands ausgenommen.

---

61 § 93 Abs. 1 S. 2 AktG.

62 *Spindler*, in: MünchKomm-AktG, § 83, Rn. 24.

63 In der Hauptversammlung wurde der TOP 10 mit 94,73 % der Stimmen abgelehnt, Ergebnisse abrufbar unter: https://hauptversammlung.db.com/de/docs/HV_2018_Abstimmungsergebnisse.pdf.

64 *Koch*, in: Koch, AktG, § 82, Rn. 1.

65 Siehe 2. Kap. § 1 A. VI.

66 *Spindler*, in: MünchKomm-AktG, § 82, Rn. 27.

67 *Ehmann*, in: Grigoleit, AktG, § 179a, Rn. 1; *Holzborn*, in: BeckOGK-AktG, § 179a, Rn. 8; *Koch*, in: Koch, AktG, § 179a, Rn. 1; *Stein*, in: MünchKomm-AktG, § 179a, Rn. 40.

Aufgrund dieser gesetzlichen Ausnahme vom Umfang der Vertretungsmacht überzeugt es hingegen nicht, in § 179a AktG einen gesetzlich normierten Anwendungsfall des Missbrauchs der Vertretungsmacht zu sehen, der ein „allgemeines Prinzip des Verbandsrechts" verkörpert.[68] Der Missbrauch der Vertretungsmacht setzt voraus, dass eine Handlung im Außenverhältnis von der Vertretungsmacht gedeckt ist, jedoch im Innenverhältnis zwischen Vertreter und Vertretenem abweichende Absprachen bestehen, die dem Geschäftspartner bekannt sind oder bekannt sein müssen.[69] Da § 179a AktG Gesamtvermögensgeschäfte vom Umfang der Vertretungsmacht im Außenverhältnis ausnimmt, liegt mit dem Abschluss eines Gesamtvermögensgeschäfts ohne die Zustimmung der Hauptversammlung ein Handeln des Vorstands als Vertreter ohne Vertretungsmacht vor. Mangels bestehender Vertretungsmacht kann folglich kein Missbrauch selbiger vorliegen.

VI. Das Verhältnis zur Holzmüller-/Gelatine-Rechtsprechung

Im Kontext mit § 179a AktG sind auch die *Holzmüller*[70]-/*Gelatine*[71]-Entscheidungen des BGH zu betrachten, die unter einem wesentlichen Einfluss des § 361 AktG von 1965 getroffen wurden und starke Parallelen zu Gesamtvermögensgeschäften aufweisen.

Im *Holzmüller*-Sachverhalt wollte eine Mutter-AG ihren wertvollsten Unternehmensteil in eine Tochtergesellschaft ausgliedern und das verbleibende Vermögen behalten. Der Kläger als Aktionär der Mutter-AG verlangte daraufhin die gerichtliche Feststellung der Nichtigkeit dieser Maßnahme. In diesem Zusammenhang warf der BGH erstmals die Frage auf, wann das „ganze Gesellschaftsvermögen" i. S. d. § 361 AktG von 1965 betroffen ist.[72] Zwar lehnte der BGH anschließend die Unwirksamkeit der Maßnahme gemäß § 361 AktG von 1965 ab,[73] begründete jedoch erstmals ungeschriebene Kompetenzen der Hauptversammlung,[74] wenn eine Maßnahme satzungsändernde Wirkungen aufweise.[75]

---

68 So aber *Liebscher*, FS Ebke, S. 585, 593 f.

69 Siehe 5. Kap. § 1.

70 BGH, Urteil vom 25.02.1982 – II ZR 174/80 (*Holzmüller*) = NJW 1982, 1703.

71 BGH, Urteil vom 26.04.2004 – II ZR 154/02 (*Gelatine-I*) = NZG 2004, 575; BGH, Urteil vom 26.04.2004 – II ZR 155/02 (*Gelatine-II*) = NJW 2004, 1860.

72 Siehe dazu umfassend das 2. Kap. § 1 C. II.

73 BGH, Urteil vom 25.02.1982 – II ZR 174/80 (*Holzmüller*) = NJW 1982, 1703, 1704.

74 BGH, Urteil vom 25.02.1982 – II ZR 174/80 (*Holzmüller*) = NJW 1982, 1703, 1705.

75 BGH, Urteil vom 26.04.2004 – II ZR 155/02 (*Gelatine-II*) = NJW 2004, 1860, 1863.

In der auf dieser Rechtsprechung aufbauenden *Gelatine*-Entscheidung konkretisierte der BGH seine Rechtsprechung im Hinblick auf die Beschlussanforderungen, indem aus dem gesetzgeberischen Willen im Rahmen des UmwBerG und § 179a Abs. 1 S. 2 AktG das Mehrheitserfordernis von drei Vierteln begründet wurde.[76]

Es zeigt sich somit, dass § 179a AktG und § 361 AktG von 1965 wesentlichen Einfluss auf die *Holzmüller-/Gelatine*-Entscheidungen des BGH hatten. Eine parallele Anwendung scheidet jedoch aus. So bedarf es keiner ungeschriebener Kompetenz der Hauptversammlung, wenn § 179a AktG einschlägig ist. Ist dies nicht der Fall, so kann sich eine Beschlusskompetenz aus den *Holzmüller-/Gelatine*-Grundsätzen ergeben.

B. Der Anwendungsbereich von § 179a AktG

Nachfolgend ist der Frage des Anwendungsbereichs von § 179a Abs. 1 AktG hinsichtlich des Status der unmittelbar erfassten Gesellschaften nachzugehen. Dies betrifft nicht die Anwendbarkeit auf andere Rechtsformen, sondern insbesondere die verschiedenen Arten der Unternehmensgegenstände und die „Lebensphasen" einer Gesellschaft.

I. Die veräußernde Gesellschaft

1. Die „klassische" veräußernde Gesellschaft

Als veräußernde Gesellschaften, die unter den Anwendungsbereich des § 179a AktG fallen, sind insbesondere die AG, Kommanditgesellschaft auf Aktien (KGaA)[77] und auch die Societas Europaea (SE) gemäß Art. 9 Abs. 1 lit. c) lit. ii) SE-VO zu nennen, die trotz Übertragung ihres ganzen Gesellschaftsvermögens fortbestehen und etwa die Fortführung des Gesellschaftszwecks oder Unternehmensgegenstands durch den erzielten Verkaufserlös anstreben[78] oder die durch ihre Anteilseigner als Mantelgesellschaft[79] gehalten werden sollen.

---

76 BGH, Urteil vom 26.04.2004 – II ZR 155/02 (*Gelatine-II*) = NJW 2004, 1860, 1864.

77 Siehe 4. Kap. § 3.

78 *Stein*, in: MünchKomm-AktG, § 179a, Rn. 15.

79 Siehe 2. Kap. § 2 C. IV.

2. *Die Projektgesellschaft*

Unter die „klassischen" Gesellschaften fallen grundsätzlich auch Projektgesellschaften,[80] die insbesondere in der Immobilienwirtschaft vorzufinden sind. Projektgesellschaften weisen oftmals einen Unternehmensgegenstand auf, der bereits die Veräußerung des ganzen Gesellschaftsvermögens erfasst. Dazu einleitend das folgende Beispiel:[81]

Vier Bauherren erwerben das Baugrundstück Leibnizstraße 6 in Kiel und planen auf diesem die Errichtung eines Wohnhauses mit Eigentumswohnungen, die nach Fertigstellung verkauft werden sollen. Dazu gründen die Bauherren die „Leibnizstraße 6 Eigenheim AG", deren Unternehmensgegenstand die Errichtung und Veräußerung der Eigentumswohnungen ist. Nach Fertigstellung des Bauvorhabens wird das Grundstück nebst Bebauung als Ganzes an ein Immobilienunternehmen veräußert.

Dies wirft die Frage auf, ob in diesen Sachverhalten § 179a AktG Anwendung findet, somit die Veräußerung im obigen Beispiel nur nach Zustimmung der Gesellschafter erfolgen darf.

Gegner der Anwendung von § 179a AktG auf Projektgesellschaften wenden ein, dass die Veräußerung die Verfolgung des Unternehmensgegenstands darstelle und es demzufolge an einem Satzungseingriff fehle.[82] Der Schutzzweck des § 179a AktG solle nicht die Gesellschafter vor quantitativ erheblichen Transaktionen schützen.[83] Zudem sei den Gesellschaftern bewusst, dass die Veräußerung des ganzen Gesellschaftsvermögens stattfinden wird.[84] Auch verhielte sich ein Aktionär widersprüchlich zur Satzung, wenn dieser gegen die Veräußerung stimmen würde.[85] Daher erfasse § 179a AktG in seinem Anwendungsbereich keine Projektgesellschaften, sodass keine Zustimmung der Hauptversammlung notwendig sei.

Dem steht jedoch die überwiegende Meinung gegenüber, dass § 179a AktG trotzdem Anwendung finde.[86] Es sei für den Begriff des ganzen

---

80 Auch als „Ein-Objekt-Gesellschaft" oder „*special-purpose-vehicle*" bezeichnet: *Heckschen*, in: Heckschen/Herrler/Münch, BeckNot-HdB, § 25, Rn. 14e.

81 Angelehnt an das Beispiel von *Weber*, DNotZ 2018, 96, 114.

82 *Witt*, Die Veräußerung des ganzen Gesellschaftsvermögens gemäß § 179a Abs. 1 AktG, S. 240; *Weber*, DNotZ 2018, 96, 115; *Zintl/Singbartl*, GWR 2015, 375, 377.

83 *Weber*, DNotZ 2018, 96, 115.

84 *Zintl/Singbartl*, GWR 2015, 375, 377.

85 *Zintl/Singbartl*, GWR 2015, 375, 376.

86 LG Düsseldorf, Urteil vom 11.11.2016 – 39 O 3/16 = NZG 2017, 1260, 1262; *Heckschen*, in: Heckschen/Herrler/Münch, BeckNot-HdB, § 25, Rn. 14f; *Decker*, NZG 2018, 447, 450; *Eschwey*, MittBayNot 2018, 299, 303; *Fink/Chilevych*, NZG 2017, 1254, 1255;

Gesellschaftsvermögens unerheblich, ob die Satzung den Veräußerungsvorgang erfasse, maßgeblich sei das verbleibende Restvermögen der Gesellschaft.[87]

Den Gegnern einer Anwendung von § 179a AktG ist zwar insoweit beizupflichten, dass mit der Aufnahme der Veräußerung in den Unternehmensgegenstand den Gesellschaftern bewusst ist, dass eine Übertragung des einzigen Vermögensgegenstands der Gesellschaft erfolgen wird. Dies schließt § 179a AktG jedoch nicht aus. Im Ergebnis würde eine Nichtanwendbarkeit bedeuten, dass die Dispositionsfreiheit der Gesellschafter durch die Satzung abbedungen worden wäre. Dies ist aufgrund des zwingenden Charakters des § 179a AktG jedoch nicht zulässig.[88] Der Unternehmensgegenstand führt auch nicht zu einem Schutz vor unangemessenen Vertragsgestaltungen, insbesondere das Informationsrecht der Gesellschafter aus § 179a Abs. 2 AktG würde umgangen werden.

Es steht § 179a AktG auch nicht entgegen, dass in der Veräußerung die Verfolgung des satzungsmäßigen Unternehmensgegenstands liegt. § 179a AktG soll nicht die Veräußerung des ganzen Gesellschaftsvermögens dem Grunde nach verhindern, diese Entscheidung obliegt lediglich der Hauptversammlung. Dies führt auch nicht zu Konflikten zwischen der Satzung und § 179a AktG, wenn die Hauptversammlung eine Veräußerung ablehnt. Vielmehr ist dies die Verwirklichung des Schutzzwecks aus § 179a AktG, dem Schutz vor unangemessenen Vertragsgestaltungen, dass im Einzelfall die Angemessenheit der Veräußerung der Entscheidung der Hauptversammlung obliegt. Die Aufnahme der Veräußerung in den Unternehmensgegenstand ist vielmehr als abstrakte Absicht zu verstehen, die im konkreten Einzelfall, § 179a AktG folgend, in der Kompetenz der Hauptversammlung liegt. Daher erfasst § 179a AktG auch eine Projektgesellschaft.

II. Die Kreditbesicherung mit Vermögensgegenständen

Fraglich ist, ob sich der Anwendungsbereich von § 179a AktG auch auf Kreditsicherungsgeschäfte erstreckt, etwa wenn der Vorstand einen Kredit der Gesellschaft mit dem ganzen Gesellschaftsvermögen i. S. d. Norm besichern möchte. Die insbesondere von *Seibt* vertretene Ansicht, dass § 179a AktG in diesem Fall keine Anwendung finde, auch wenn Vermögenswerte betroffen sind, die das Tatbestandsmerkmal des ganzen Gesellschaftsvermögens erfüllen,[89] ist abzulehnen.

Hüren, RNotZ 2014, 77, 81; *Leitzen*, NZG 2012, 491, 494; vgl. auch KG, Urteil vom 08.09.2022 – 2 U 115/21 = NZG 2023, 413, Rn. 34.

87 *Hüren*, RNotZ 2014, 77, 81.

88 BGH, Urteil vom 16.11.1981 – II ZR 150/80 = NJW 1982, 933, 936.

89 *Seibt*, in: Schmidt/Lutter, AktG, § 179a, Rn. 8; *Seibt/Hüther*, CFL 2012, 66, 74.

Weder das Telos des § 179a AktG noch die §§ 311b, 1365 BGB sprechen für eine derartige Annahme.

Besichert eine Gesellschaft Kredite mit ihrem ganzen Gesellschaftsvermögen, bedarf dieses Rechtsgeschäft der Zustimmung der Hauptversammlung nach § 179a Abs. 1 AktG. Das angeführte *argumentum e contrario* aus § 311b Abs. 3 BGB, dass die Norm ebenfalls keine Vermögensbelastungen erfasse,[90] verkennt, dass § 179a AktG auch vor unangemessenen Vertragsgestaltungen schützen soll. Zu leicht wäre es für den Vorstand andernfalls, den Schutzzweck des § 179a AktG zu unterlaufen und ein nachteiliges Rechtsgeschäft abzuschließen, das de facto die Übertragung des ganzen Gesellschaftsvermögens bedeuten würde, da eine Inanspruchnahme der Kreditsicherheit lediglich eine Frage der Zeit darstellt.

Entgegen der Ansicht von *Seibt*[91] spricht zudem § 1365 BGB nicht gegen, sondern für eine Anwendung von § 179a AktG. Dieser findet auch Anwendung, wenn Besicherungen erfolgen, die das ganze Vermögen betreffen.[92] Maßgeblich ist nicht der Wortlaut des § 1365 BGB, sondern die wirtschaftliche Wirkung des Rechtsgeschäfts.[93] Dies ist entsprechend auf § 179a AktG anzuwenden.

Auch das Telos des § 179a AktG widerspricht dieser Auffassung nicht.[94] Würde der Hauptversammlung für ein solches Besicherungsgeschäft nicht die Kompetenz zustehen, könnte der Vorstand über das ganze Gesellschaftsvermögen verfügen und das Risiko des Verlustes des Gesellschaftsvermögens von der Bedienung der Kredite abhängig machen. Es käme zu einem Widerspruch sowohl hinsichtlich des Schutzes der Dispositionsbefugnis als auch hinsichtlich des Schutzes vor unangemessenen Vertragsgestaltungen. Dies bedeutet, dass § 179a AktG nicht nur auf Verträge, die die Übertragung beinhalten, Anwendung findet, sondern auch auf Besicherungsgeschäfte, die das ganze Gesellschaftsvermögen betreffen. Auch das verfolgte Motiv, etwa die Erhaltung der wirtschaftlichen Handlungsfähigkeit, führt zu keinem anderen Ergebnis.[95]

---

90 *Seibt/Hüther*, CFL 2012, 66, 74.

91 *Seibt/Hüther*, CFL 2012, 66, 74.

92 *Koch*, in: MünchKomm-BGB, § 1365, Rn. 68.

93 *Koch*, in: MünchKomm-BGB, § 1365, Rn. 69.

94 A. A. *Seibt/Hüther*, CFL 2012, 66, 74.

95 So zu § 1365 BGB: BGH, Urteil vom 02.02.2000 – XII ZR 25/98 = NJW 2000, 1947, 1948.

III. Die Liquidationsgesellschaft

Auch auf die Liquidationsgesellschaft ist, der herrschenden Meinung[96] folgend, § 179a AktG anzuwenden. Beschließt die Hauptversammlung die Liquidation der Gesellschaft gemäß § 262 Abs. 1 Nr. 2 AktG, wandelt sich diese gemäß § 264 AktG in eine Liquidationsgesellschaft um. Dies hat zur Folge, dass sich der Gesellschaftszweck von einer „werbenden" Gesellschaft in eine zu liquidierende Gesellschaft ändert.[97]

Infolge dieser Änderung des Gesellschaftszwecks wird teilweise vertreten, dass bei einer Veräußerung des ganzen Gesellschaftsvermögens nicht die Grundlage der Unternehmenstätigkeit entzogen werde, da die Liquidation und nicht die Fortführung der Gesellschaft gewollt sei.[98] Dies führe dazu, dass die Aktionäre nicht in ihren Vermögensinteressen verletzt werden.[99] Leider verpasste der BGH eine diesbezügliche Klarstellung im Revisionsurteil[100] zur ablehnenden Rechtsauffassung des OLG Brandenburg[101], indem zu dieser Problematik – mangels Entscheidungserheblichkeit – keine Ausführungen erfolgten.

Die Anwendbarkeit des § 179a AktG auf eine Liquidationsgesellschaft ergibt sich – entgegen einigen Ansichten[102] – nicht aus § 179a Abs. 3 AktG. Dieser Absatz weist lediglich klarstellende Funktion dahingehend auf, dass eine Auflösung nicht die zwingende Rechtsfolge der Übertragung nach § 179a Abs. 1 AktG

---

96 *Ehmann*, in: Grigoleit, AktG, § 179a, Rn. 2; *Haberstock/Greitemann*, in: Hölters/Weber, AktG, § 179a, Rn. 3; *Holzborn*, in: BeckOGK-AktG, § 179a, Rn. 12; *J. Koch*, in: MünchKomm-AktG, § 268, Rn. 14; *Koch*, in: Koch, AktG, § 179a, Rn. 24; *Körber/König*, in: Bürgers/Körber/Lieder, AktG, § 179a, Rn, 1; *Seibt*, in: Schmidt/Lutter, AktG, § 179a, Rn. 3; *Stein*, in: MünchKomm-AktG, § 179a, Rn. 12; *Zetzsche*, in: KölnKomm-AktG, § 179a, Rn. 25; *Schmitt*, Liquidation von OHG und KG durch Veräußerung des Unternehmens, S. 238; *Noack*, ZIP 2002, 1873, 1878; *Wachter*, GmbHR 2019, 183, 187.

97 H. M. *Bachmann*, in: BeckOGK-AktG, § 262, Rn. 6; *Koch*, in: Koch, AktG, § 262, Rn. 2; *J. Koch*, in: MünchKomm-AktG, § 262, Rn. 12; *Riesenhuber*, in: Schmidt/Lutter, AktG, § 262, Rn. 1; a. A. *K. Schmidt*, in: GroßKomm-AktG, § 264, Rn. 7.

98 OLG Brandenburg, Urteil vom 29.03.2018 – 5 U 18/16 = GmbHR 2019, 183, Rz. 22 ff.; *Witt*, Die Veräußerung des ganzen Gesellschaftsvermögens gemäß § 179a Abs. 1 AktG, S. 196; *Heckschen*, AG 2019, 420, 421; *Weber*, DNotZ 2018, 96, 115.

99 OLG Brandenburg, Urteil vom 29.03.2018 – 5 U 18/16 = GmbHR 2019, 183, Rz. 22 ff.; *Heckschen*, AG 2019, 420, 421.

100 BGH, Urteil vom 08.01.2019 – II ZR 364/18 = NZG 2019, 505 ff.

101 OLG Brandenburg, Urteil vom 29.03.2018 – 5 U 18/16 = GmbHR 2019, 183, Rz. 22 ff.

102 *Haberstock/Greitemann*, in: Hölters/Weber, AktG, § 179a, Rn. 3; *Wachter*, GmbHR 2019, 183, 187.

ist.[103] Die Rechtsfolge des § 179a Abs. 3 AktG tritt nur ein, wenn aus Anlass des Beschlusses nach § 179a AktG zeitlich nachfolgend die Auflösung beschlossen wird.[104] Ein Regelungsgehalt, dass § 179a Abs. 1 AktG auch Anwendung finden soll, wenn zuerst die Auflösung beschlossen wird und im Zuge dessen die Übertragung des ganzen Gesellschaftsvermögens angestrebt wird, ist § 179a Abs. 1 AktG nicht zu entnehmen.

Es wäre jedoch widersprüchlich, die Anwendung von § 179a AktG auf die Liquidationsgesellschaft abzulehnen, da das UmwG für einen Umwandlungsvorgang einer aufgelösten Gesellschaft eine diesbezügliche Befassung der Hauptversammlung vorsieht.[105] Sind mithin auch bei Umwandlungsvorgängen von aufgelösten Rechtsträgern die Aktionäre zu beteiligen, kann für eine Liquidation und § 179a AktG nichts anderes gelten. Im Hinblick auf die Mitwirkungsrechte bestehen keine derartigen Unterschiede zwischen einer Umwandlung eines aufgelösten Rechtsträgers, der Liquidation und einem Gesamtvermögensgeschäft, die eine differenzierte Behandlung zulassen. In allen Fällen könnten die Aktionäre gemäß § 274 AktG die Fortführung der Gesellschaft beschließen. Fordert somit das UmwG die vollständige Mitwirkung der Aktionäre der Liquidationsgesellschaft am Umwandlungsvorgang, kann dies für die Auflösung und § 179a AktG nicht anders zu bewerten sein.[106]

Weiter ist auch die Dispositionsbefugnis gemäß § 179a AktG im Liquidationsverfahren zu wahren,[107] insbesondere durch die Möglichkeit der Fortführung der Gesellschaft. Die Ansichten, die mit einer fehlenden Fortführung der Unternehmenstätigkeit beziehungsweise der Verfolgung des Zwecks der Liquidationsgesellschaft argumentieren, verkennen § 274 AktG. Zwar wird im Zeitpunkt des Gesamtvermögensgeschäfts dieser Fortführungswille noch nicht bestehen. Tritt dieser jedoch später hinzu, würde – bei erfolgreicher Übertragung des ganzen Gesellschaftsvermögens – mangels Grundlage eine Fortführung

103 Siehe 2. Kap. § 1 A. I.

104 Siehe dazu die Amtliche Begründung zu § 255 AktG von 1937, der erstmalige die heute § 179a Abs. 3 AktG entsprechende Regelung aufwies, abgedruckt in *Klausing*, S. 219.

105 *Noack*, ZIP 2002, 1873, 1878.

106 So auch *Stein*, in: MünchKomm-AktG, § 179a, Rn. 12; *Noack*, ZIP 2002, 1873, 1878; *Wachter*, GmbHR 2019, 183, 187.

107 *Holzborn*, in: BeckOGK-AktG, § 179a, Rn. 12; *Stein*, in: MünchKomm-AktG, § 179a, Rn. 12; *Zetzsche*, in: KölnKomm-AktG, § 179a, Rn. 25; *Noack*, ZIP 2002, 1873, 1878; *Wachter*, GmbHR 2019, 183, 187.

der Unternehmenstätigkeit (faktisch) verhindert werden.[108] Um dieses Risiko auszuschließen, ist der Schutz der Dispositionsbefugnis auch im Liquidationsverfahren zu wahren.[109] Beachtung hat auch der Schutz vor unangemessenen Vertragsgestaltungen zu erfahren, um die Aktionäre davor zu schützen, dass der Vorstand das ganze Gesellschaftsvermögen zu einem unangemessenen Preis veräußert und die Vermögensinteressen der Aktionäre verletzt werden würden.

Aus diesen Gründen findet § 179a AktG auch auf die Liquidationsgesellschaft Anwendung.

IV. Der Aktienkonzern

Auch im Konzernrecht ist die Anwendbarkeit von § 179a AktG zu hinterfragen, insbesondere bei Gesamtvermögensgeschäften von im Alleineigentum stehenden Tochtergesellschaften. Veräußert eine Muttergesellschaft sämtliche Anteile, die sie an einer 100-prozentigen Tochtergesellschaft hält, kann dies zu einer Anwendung des § 179a AktG führen.[110] Anteile sind ein Teil des Vermögens.

Problematisch ist im Konzern hingegen ein Gesamtvermögensgeschäft der Tochtergesellschaft, bei der die Aktionäre der Muttergesellschaft nicht unmittelbar beteiligt sind, sondern die Muttergesellschaft die Aktionärin darstellt. Der Wortlaut des § 179a AktG besagt: „*Ein Vertrag, durch den sich eine Aktiengesellschaft verpflichtet (...) bedarf (...) eines Beschlusses der Hauptversammlung*" und begründet folglich eine Zustimmungskompetenz der Hauptversammlung der veräußernden Gesellschaft, also der Hauptversammlung der Tochtergesellschaft. Ob § 179a AktG in derartigen Sachverhalten dahin auszulegen oder analog anzuwenden ist, dass die Hauptversammlung der Muttergesellschaft die Zustimmungskompetenz erhält, ist unter Anführung verschiedenster Argumente umstritten.

Zutreffend[111] eignet sich § 179a AktG nicht zur Konzernbildungskontrolle. Diese ist vorliegend jedoch unerheblich, da die Problematik nicht vom Schutz vor Konzernlagen handelt. Auch der Verweis auf die Beschränkung der Vertretungsmacht des Vorstands durch § 179a AktG ist zwar zu beachten,[112]

---

108 *Stein*, in: MünchKomm-AktG, § 179a, Rn. 12; *Noack*, ZIP 2002, 1873, 1878.

109 So auch *Zetzsche*, in: KölnKomm-AktG, § 179a, Rn. 25.

110 *Zetzsche*, in: KölnKomm-AktG, § 179a, Rn. 76.

111 So auch *Koch*, in: Koch, AktG, § 179a, Rn. 26 m. w. N. zu früheren Befürwortern; *Bayer/Lieder/Hoffmann*, AG 2017, 717, 721.

112 Für Beachtung, aber dennoch Anwendung des § 179a AktG: *Bayer/Lieder/Hoffmann*, AG 2017, 717, 721; aus diesem Grund gegen Anwendung des § 179a AktG: *Koch*,

führt jedoch nicht dazu, dass die Hauptversammlung der Muttergesellschaft zum Schutze des Rechtsverkehrs nicht zustimmungsbefugt ist. Aufgrund des Gesamtvermögensgeschäfts ist das Verpflichtungsgeschäft der Tochtergesellschaft gemäß § 179a AktG zustimmungsbedürftig. Fraglich ist somit, ob die Zustimmung durch die Muttergesellschaft oder ihre Hauptversammlung zu erfolgen hat. Diese Frage kann ebenfalls in mehrstufigen Gesellschaftsstrukturen dahingehend durchdacht werden, ob am Ende die Hauptaktionäre eines Konzerns oder die Konzernleitung entscheidungsbefugt sind, sodass mehrstufige Gesellschaftsstrukturen zu keinem anderen Ergebnis führen.[113] Ebenfalls ist ein Verweis auf eine restriktive Anwendung der Ausnahmevorschrift des § 179a AktG unzutreffend.[114] Der Anwendungsbereich würde nicht erweitert, sondern die Zustimmungskompetenz i. S. d. § 179a Abs. 1 AktG verschoben werden.

Nicht überzeugen kann der Ansatz, dass sich eine Zustimmungskompetenz gemäß § 179a AktG aus § 242 BGB ergebe, da sich eine Muttergesellschaft widersprüchlich verhalte. Dies soll der Fall sein, wenn die Tochtergesellschaft, deren Anteile das gesamte Vermögen der Muttergesellschaft darstellen, ein Gesamtvermögensgeschäft eingehen möchte.[115] Weder schafft die Muttergesellschaft einen Vertrauenstatbestand im Hinblick auf das Gesamtvermögengeschäft der Tochtergesellschaft noch führt eine Gesellschaft eine missbräuchliche Rechtsausübung aus. Daher ist § 242 BGB nicht anzuwenden.

Grundsätzlich gilt auch in Bezug auf § 179a AktG das Trennungsprinzip aus § 1 AktG, Gesellschaft und Gesellschafter stehen sich wie Dritte gegenüber.[116] Die Auslegung des § 179a AktG dahingehend, dass die Muttergesellschaft als Vertragspartnerin an Stelle der Tochtergesellschaft zu behandeln ist, könnte daher grundsätzlich abzulehnen sein. Im vorliegenden Fall kann das gesellschaftsrechtliche Trennungsprinzip jedoch aufgrund der Beteiligungsstruktur nicht zur Anwendung gelangen. Die Muttergesellschaft muss sich die Eigenschaft ihrer Tochtergesellschaft als Vertragspartnerin im Wege des Zurechnungsdurchgriffs

---

in: Koch, AktG, § 179a, Rn. 26; *Zetzsche*, in: KölnKomm-AktG, § 179a, Rn. 76; *Reichert*, ZHR-Beiheft 68 (1999), 25, 44; *Weber*, DNotZ 2018, 96, 120.

113 A. A. *Weber*, DNotZ 2018, 96, 120.

114 A. A. wohl OLG Celle, Urteil vom 07.03.2001 – 9 U 137/00 = NZG 2001, 409, 410, das es im Ergebnis aber offengelassen hat.

115 So aber *Bayer/Lieder/Hoffmann*, AG 2017, 717, 721; ihnen folgend: *Strohn*, in: Henssler/Strohn, GesR, § 179a AktG, Rn. 4.

116 *Heider*, in: MünchKomm-AktG, § 1, Rn. 47.

zurechnen lassen.[117] Dies führt zu einer Auslegung[118] des § 179a AktG dahingehend, dass die Muttergesellschaft als Vertragspartnerin i. S. d. § 179a AktG anzusehen ist, wenn beide Gesellschaften als wirtschaftliche Einheit zu betrachten sind.[119] Das Gesamtvermögensgeschäft der Tochtergesellschaft mit seiner Wirkung ist einem Gesamtvermögensgeschäft der Muttergesellschaft gleichzustellen, es stellt sich als „*wirtschaftliches Spiegelbild*“[120] dar. Daher hat das gesellschaftsrechtliche Trennungsprinzip aufgrund der praktischen Einflussnahme und der Weisungsmacht[121] der Muttergesellschaft auf die Tochtergesellschaft in diesem Fall zurückzutreten.

Es wird jedoch kein Verhalten zugerechnet,[122] da das Verhalten nicht Merkmal des § 179a AktG ist. Vielmehr ist die Eigenschaft der Tochtergesellschaft als Vertragspartnerin der Muttergesellschaft im Rahmen des § 179a AktG zuzurechnen. Es bedarf daher keiner analogen Anwendung des § 179a AktG.[123] Eines Rückgriffs auf die *Holzmüller*-Grundsätze, die eine Zustimmungspflicht im Innenverhältnis begründen, bedarf es ebenfalls nicht.[124]

Aus diesen Gründen ist § 179a AktG aufgrund eines vorzunehmenden Zurechnungsdurchgriffs dahingehen auszulegen, dass auch der Vertrag einer Tochtergesellschaft erfasst wird, wenn Mutter- und Tochtergesellschaft als wirtschaftliche Einheit zu betrachten sind. Möglich ist ferner eine analoge

---

117 So zutreffend: *Bayer/Lieder/Hoffmann*, AG 2017, 717, 721; wohl auch *Koch*, in: Koch, AktG, § 179a, Rn. 26.

118 Gesetzes- und Vertragsauslegung ist die Rechtsfolge des Zurechnungsdurchgriffs: *Heider*, in: MünchKomm-AktG, § 1, Rn. 58.

119 *Bayer/Lieder/Hoffmann*, AG 2017, 717, 721; *Paefgen*, ZHR 172 (2008), 42, 73.

120 *Paefgen*, ZHR 172 (2008), 42, 73.

121 Einflussnahme ist ein Hauptanwendungsfall des Zurechnungsdurchgriffs: *Heider*, in: MünchKomm-AktG, § 1, Rn. 54 ff.

122 A. A. *Bayer/Lieder/Hoffmann*, AG 2017, 717, 721.

123 Für analoge Anwendung: OLG Frankfurt a. M., Urteil vom 23.03.1999 - 5 U 193/97 = NZG 1999, 887 für § 179a Abs. 2 AktG analog im Konzern; LG Hannover, Urteil vom 30.05.2000 - 26 O 79/98 = AG 2001, 150, 151; *Stein*, in: MünchKomm-AktG, § 179a, Rn. 21; *Witt*, Die Veräußerung des ganzen Gesellschaftsvermögens gemäß § 179a Abs. 1 AktG, S. 228; *Paefgen*, ZHR 172 (2008), 42, 73; a. A. *Koch*, in: Koch, AktG, § 179a, Rn. 26; *Zetzsche*, in: KölnKomm-AktG, § 179a, Rn. 76; *Weber*, DNotZ 2018, 96, 120; ebenfalls mit Zweifeln, aber im Ergebnis offengelassen: OLG Celle, Urteil vom 07.03.2001 - 9 U 137/00 = NZG 2001, 409, 410.

124 So aber: *Koch*, in: Koch, AktG, § 179a, Rn. 26; *Zetzsche*, in: KölnKomm-AktG, § 179a, Rn. 76; *Reichert*, ZHR-Beiheft 68 (1999), 25, 44; *Weber*, DNotZ 2018, 96, 120.

Anwendung des § 179a AktG auf den genannten Sachverhalt, auch wenn es dieses Schrittes aufgrund des Zurechnungsdurchgriffs nicht bedarf.

V. Das Verhältnis zum Insolvenzrecht

1. Die Anwendbarkeit im Insolvenzverfahren

Ist auf Antrag über das Vermögen einer Gesellschaft das Insolvenzverfahren eröffnet worden, stellt dies gemäß § 262 Abs. 1 Nr. 3 AktG einen Auflösungsgrund für die Gesellschaft dar. Das Insolvenzverfahren führt dazu, dass die Gesellschaft durch ihre vertretungsberechtigten Personen nicht mehr frei das eigene Vermögen verwalten und über dieses verfügen kann. Im Insolvenzverfahren verdrängt das Gläubigerinteresse die Interessen der Gesellschaft.[125]

Im Rahmen des (Regel-)Insolvenzverfahrens wird gemäß § 56 InsO ein Insolvenzverwalter bestellt, der gemäß § 80 Abs. 1 InsO alleinig die Verwaltungs- und Verfügungsbefugnis über die Insolvenzmasse, das ehemalige Gesellschaftsvermögen, übernimmt. Dies führt dazu, dass die Gesellschaftsorgane in ihren regulären Befugnissen in Bezug auf das Vermögen beschnitten werden. Sie bleiben jedoch bestehen und üben ihre Kompetenzen in den Bereichen, die die Insolvenzmasse nicht betreffen, weiterhin aus.[126] Als Alternative zur Bestellung eines Insolvenzverwalters kann auf Antrag der Schuldner-Gesellschaft das Insolvenzgericht die Verwaltung der Insolvenzmasse in Eigenverwaltung gemäß § 270 InsO anordnen. Dies führt dazu, dass die vertretungsberechtigten Personen der im Insolvenzverfahren befindlichen Gesellschaft die Verwaltungs- und Verfügungsbefugnis über die Insolvenzmasse behalten, diese Befugnisse jedoch nur unter Aufsicht eines Sachwalters ausüben können.

Da das Insolvenzrecht das Ziel der Befriedigung der Gläubigerinteressen verfolgt,[127] stellt sich im Insolvenzverfahren sowohl mit bestelltem Insolvenzverwalter als auch angeordneter Eigenverwaltung die Frage, ob der Gesellschafterversammlung weiterhin ihre Mitwirkungsrechte zustehen. Insbesondere § 179a AktG kommt diesbezüglich in Betracht, wenn der Insolvenzverwalter gemäß § 159 InsO die Insolvenzmasse verwertet und dies zu einem Gesamtvermögensgeschäft führt.

---

125 *Kroth*, in: Braun, InsO, § 80, Rn. 1.

126 *Kroth*, in: Braun, InsO, § 80, Rn. 16.

127 *Ludwig*, in: Braun, InsO, § 1, Rn. 3.

Im Insolvenzverfahren findet nach absolut herrschender Meinung § 179a AktG keine Anwendung.[128] Insbesondere bei Bestellung eines Insolvenzverwalters besteht ein das Aktionärsinteresse verdrängendes Gläubigerinteresse, wie es der Gesetzgeber mit dem Gesetz zur weiteren Erleichterung der Sanierung von Unternehmen (ESUG)[129] verdeutlicht hat.[130] Auch hat die insolvente Gesellschaft kein Vermögen mehr, das es zu Gunsten der Aktionäre zu schützen gilt, sodass auch deshalb § 179a AktG nicht anzuwenden ist.[131]

Übt die Gesellschaft durch ihre Geschäftsführer die Verwaltung und Verfügung über die Insolvenzmasse im Rahmen der Eigenverwaltung selber aus, so war es zumindest vor dem ESUG nicht unbestritten, ob die Eigenverwaltung nicht auch zu einer Anwendung entsprechender Kompetenzen der Gesellschaftsorgane führt.[132] Da die Ausübung der Befugnisse bei der Eigenverwaltung durch die Geschäftsführung der Gesellschaft erfolgt, ist auch das gesellschaftsrechtliche Kompetenzgefüge anzuwenden. § 270 InsO gibt insoweit keinen Anhaltspunkt, dass mit der Eigenverwaltung die Geschäftsführer eine Erweiterung ihrer Befugnisse erfahren.[133] Diese gesellschaftsrechtliche Bewertung der §§ 270 ff. InsO ist mit dem ESUG und der Einführung des § 276a InsO widerlegt. Gemäß § 276a InsO haben die Gesellschaftsorgane, namentlich Aufsichtsrat, Gesellschafterversammlung und vergleichbare Organe, keinen Einfluss auf die Geschäftsführung.[134] § 276a InsO soll nach Willen des Gesetzgebers das Spannungsfeld zwischen Gesellschafts- und Insolvenzrecht zu Gunsten des Insolvenzrechts

---

128 *Ehmann*, in: Grigoleit, AktG, § 179a, Rn. 2; *Haberstock/Greitemann*, in: Hölters/Weber, AktG, § 179a, Rn. 3a; *Holzborn*, in: BeckOGK-AktG, § 179a, Rn. 13; *Körber/König*, in: Bürgers/Körber/Lieder, AktG, § 179a, Rn. 1; *Seibt*, in: Schmidt/Lutter, AktG, § 179a, Rn. 3; *Stein*, in: MünchKomm-AktG, § 179a, Rn. 13; *Strohn*, in: Henssler/Strohn, GesR, § 179a AktG, Rn. 2; *Zetzsche*, in: KölnKomm-AktG, § 179a, Rn. 26; *Witt*, Die Veräußerung des ganzen Gesellschaftsvermögens gemäß § 179a Abs. 1 AktG, S. 198; *Barthen/Staab*, ZInsO 2018, 833, 837 f.; *Brocker/Schulenburg*, BB 2015, 1993, 1997 f.; *Hüren*, RNotZ 2014, 77, 79; *Noack*, ZIP 2002, 1873, 1878; *Wachter*, GmbHR 2018, 183, 187.

129 BGBl. I 2011, 2582.

130 BT-Drs. 17/5712, 42.

131 *Holzborn*, in: BeckOGK-AktG, § 179a, Rn. 13; *Haberstock/Greitemann*, in: Hölters/Weber, AktG, § 179a, Rn. 3a; *Stein*, in: MünchKomm-AktG, § 179a, Rn. 13; *Zetzsche*, in: KölnKomm-AktG, § 179a, Rn. 26; *Brocker/Schulunberg*, BB 2015, 1993, 1997; *Noack*, ZIP 2002, 1873, 1878.

132 *Klöhn*, NZG 2013, 81, 82 m. w. N.

133 *Wiedemann*, GesR, S. 588.

134 *Klöhn*, NZG 2013, 81, 82.

entscheiden und klarstellen, dass die entsprechenden Gesellschaftsorgane auch im Falle der Insolvenz in Eigenverwaltung nicht mehr Mitwirkungsrechte haben, als bei Bestellung eines Insolvenzverwalters bestehen würden.[135] Aus diesem Grund erfolgt auch keine andere Beurteilung bei einer Insolvenz in Eigenverwaltung.[136] Eine Mitwirkung könnte vielmehr zu Hemmungen und Blockaden durch die Hauptversammlung führen.[137]

Der Anwendungsbereich des § 179a AktG erfasst aus diesen Gründen keine Gesamtvermögensgeschäfte einer Gesellschaft, über deren Vermögen das Insolvenzverfahren eröffnet worden ist.

2. Die überschuldete Gesellschaft

Deckt das Vermögen einer Gesellschaft nicht mehr die bestehenden Verbindlichkeiten, ist die Gesellschaft gemäß § 19 Abs. 2 S. 1 InsO überschuldet. Dies führt dazu, dass die Geschäftsführer gemäß § 15a Abs. 1 InsO verpflichtet sind, einen Insolvenzantrag zu stellen. Die Überschuldung kann gemäß § 19 Abs. 2 S. 1 InsO jedoch beseitigt werden, wenn die Fortführung des Unternehmens nach den Umständen überwiegend wahrscheinlich ist. Diese Fortführung kann durch die Veräußerung des ganzen Gesellschaftsvermögens erreicht werden, bedarf jedoch auch in dem Fall der drohenden Insolvenz infolge Überschuldung einer Zustimmung der Hauptversammlung gemäß § 179a AktG.[138] Zudem ist zu beachten, dass – wenn das Insolvenzverfahren trotz Übertragung eröffnet werden muss – das Rechtsgeschäft gemäß den §§ 129 ff. InsO anfechtbar wäre.[139]

Die Anwendung des § 179a AktG bei einer drohenden Insolvenz entspricht dem Schutzzweck der Norm, durch die verhindert werden soll, dass

---

135 BT-Drs. 17/5712, 42.

136 *Ehmann*, in: Grigoleit, AktG, § 179a, Rn. 2; *Holzborn*, in: BeckOGK-AktG, § 179a, Rn. 12; *Körber/König*, in: Bürgers/Körber/Lieder, AktG, § 179a, Rn. 1; *Seibt*, in: Schmidt/Lutter, AktG, § 179a, Rn. 3; *Stein*, in: MünchKomm-AktG, § 179a, Rn. 13; *Strohn*, in: Henssler/Strohn, GesR, § 179a AktG, Rn. 2; *Zetzsche*, in: KölnKomm-AktG, § 179a, Rn. 26; *Witt*, Die Veräußerung des ganzen Gesellschaftsvermögens gemäß § 179a Abs. 1 AktG, S. 203; *Barthen/Staab*, ZInsO 2018, 833, 837 f.; *Brocker/Schulenburg*, BB 2015, 1993, 1997 f.; *Hüren*, RNotZ 2014, 77, 79; *Noack*, ZIP 2002, 1873, 1878; *Wachter*, GmbHR 2018, 183, 187.

137 BT-Drs. 17/5712, 42.

138 So auch *Zetzsche*, in: KölnKomm-AktG, § 179a, Rn. 26; *Witt*, Die Veräußerung des ganzen Gesellschaftsvermögens gemäß § 179a Abs. 1 AktG, S. 205; a. A. *Brocker/Schulenburg*, BB 2015, 1993, 1997.

139 *Hoffmann*, WM 2021, 429, 440.

der Gesellschaft das ganze Vermögen, das zur Fortführung der Unternehmenstätigkeit notwendig ist, ohne Zustimmung der Aktionäre entzogen wird. Zwar wird das Gesamtvermögensgeschäft zum Zweck der Fortführung der Unternehmenstätigkeit erfolgen, andernfalls würde sich der Vorstand strafbar machen. Es besteht jedoch auch die Möglichkeit, dass Aktionäre oder Dritte durch Finanzhilfen die Insolvenz verhindern, insbesondere wenn Sanierungschancen bestehen. Diese Möglichkeit würde verhindert werden, wenn der Vorstand der Gesellschaft vorher das ganze Gesellschaftsvermögen veräußert, auch wenn durch die Veräußerung die Insolvenz abgewendet wird. Weiter würde ein Kompetenzvakuum entstehen, da bei Nichtanwendbarkeit des § 179a AktG die Hauptversammlung nicht zustimmungspflichtig und auch die Gläubigerversammlung nach der InsO (noch) nicht zuständig wären.[140] Dem Vorstand würde eine Kompetenz zukommen, die gesetzlich nicht gewollt ist.

Daher muss es der Hauptversammlung obliegen, die erfolgversprechendste Maßnahme selbst zu wählen, eine Pflicht zur Zustimmung wird sich bei fehlenden Alternativen zur Veräußerung des ganzen Gesellschaftsvermögens jedoch aus der Treuepflicht ergeben.

3. *Die Veräußerung der Beteiligung an einer insolventen Tochtergesellschaft*

§ 179a AktG findet auch Anwendung, wenn eine Muttergesellschaft die Anteile an ihrer insolventen Tochtergesellschaft, die den einzigen Vermögenswert der Muttergesellschaft darstellen, veräußern möchte. Dies folgt aus dem Sinn und Zweck des § 179a AktG. Durch die Wahrung der Dispositionsbefugnis zu Gunsten der Hauptversammlung soll es dieser obliegen, die Entscheidung über eine Veräußerung des ganzen Gesellschaftsvermögens zu treffen. Die Veräußerung der Anteile an einer insolventen Gesellschaft stellt ein Gesamtvermögensgeschäft i. S. d. § 179a AktG dar. Es kommt nicht auf den tatsächlichen Wert der Beteiligung an, der etwa am Markt erzielt werden kann, sondern auf die Relation des Werts der Beteiligung zum ganzen Gesellschaftsvermögen der veräußernden Gesellschaft.

Es kann nicht überzeugen, darauf zu verweisen, dass eine Gesellschaft, deren einziger Vermögensgegenstand die Beteiligung an der insolventen Tochtergesellschaft ist, ihren Unternehmensgegenstand ohnehin nicht mehr verfolgen könne und deshalb offenbar keine (faktische) Änderung des Unternehmensgegenstands

140 *Witt*, Die Veräußerung des ganzen Gesellschaftsvermögens gemäß § 179a Abs. 1 AktG, S. 205.

erfolge.[141] Auch wenn der Unternehmensgegenstand grundsätzlich keine Beteiligung an einer insolventen Gesellschaft ausschließt, wird dies nicht den verfolgten Zweck der Aktionäre der Gesellschaft darstellen. Dass sich die wirtschaftliche Situation im Laufe der Beteiligung besser und schlechter darstellt, ist das typische Geschäftsrisiko einer Beteiligung. Auch die Insolvenz als wohl schlechteste wirtschaftliche Situation ist nicht grundsätzlich auszuschließen. Beabsichtigt eine Muttergesellschaft die Veräußerung ihrer Beteiligung an der insolventen Tochtergesellschaft, so kann dies zur Vermeidung einer eigenen Insolvenz erfolgen. Es kann trotz der Insolvenzvermeidungsabsicht aber dem Willen der Hauptversammlung entsprechen, die Beteiligung weiterhin zu halten, insbesondere wenn Sanierungschancen für die insolvente Tochtergesellschaft bestehen und das Insolvenzrisiko der Muttergesellschaft gesenkt werden kann. Dies kann etwa durch eine Veräußerung an einen sanierungswilligen Dritten oder durch Finanzhilfen der Muttergesellschaft oder ihrer Aktionäre erfolgen. Eine konzerninterne Sanierung würde durch eine zustimmungslose Veräußerung an einen Dritten verhindert werden, obwohl die Aktionäre gemäß § 274 Abs. 2 Nr. 1 AktG die Auflösung der Tochtergesellschaft verhindern können. Es entspricht daher dem Sinn und Zweck des § 179a AktG, auch in diesem Fall die Entscheidungskompetenz der Hauptversammlung zu übertragen.

Die Anwendung des § 179a AktG ist auch nicht im Einzelfall ausgeschlossen, wenn kein Aktionär der Muttergesellschaft eine Bereitschaft zur Investition in die insolvente Tochtergesellschaft signalisiert hat und mithin die Drittveräußerung der Beteiligung unabdingbar ist. Bereits das Bestehen einer Veräußerungsmöglichkeit zeigt, dass grundsätzlich Sanierungsmöglichkeiten bestehen. Andernfalls würde auch ein Dritter keine insolvente Gesellschaft übernehmen. Bestehen daher Sanierungsmöglichkeiten, so bedarf es für die Veräußerung der insolventen Tochter der Zustimmung der Hauptversammlung, da die Aktionäre bei einer positiven Fortführungsprognose eine Investition anstelle der Veräußerung aus ihren Aktionärsinteressen anstreben könnten. Fehlt es hingegen an der Veräußerungsmöglichkeit, ist § 179a AktG bereits nicht einschlägig, da kein Gesamtvermögensgeschäft erfolgt.

An dieser Beurteilung ändert auch ein bestehender Gewinnabführungsvertrag nichts, selbst wenn durch diesen das Ergebnis der insolventen Tochter

141 So aber *Brocker/Schulenburg*, BB 2015, 1993, 1998; i. E. auch *Witt*, Die Veräußerung des ganzen Gesellschaftsvermögens gemäß § 179a Abs. 1 AktG, S. 207, der jedoch zwischen dem Unternehmensgegenstand der Muttergesellschaft differenziert. Liegt dieser im Halten von Anteilen, soll § 179a Abs. 1 AktG anwendbar sein, S. 207.

auf die Muttergesellschaft durchschlägt.[142] Findet die Insolvenzordnung keine Anwendung, besteht diesbezüglich kein verdrängendes Gläubigerinteresse, sodass § 179a AktG gilt.

VI. Das Handeln eines gesetzlichen Vertreters i. S. d. Art. 233 § 2 Abs. 3 EGBGB

Im Zuge der Wiedervereinigung der Bundesrepublik Deutschland führte der Gesetzgeber unter anderem Art. 233 § 2 Abs. 3 EGBGB ein. Nach der Norm wird anstelle eines Grundstückseigentümers, dessen Aufenthalt unbekannt oder nicht ermittelbar ist, für die Verwaltung des Grundstücks ein Vertreter bestellt. Dies wurde erforderlich, da in den neuen Bundesländern oftmals keine aktuellen und fortgeführten Grundbücher bestanden.[143]

Der zutreffenden absolut herrschenden Meinung nach findet § 179a AktG bei dieser Vertreterbestellung keine Anwendung, da dies dem Sinn und Zweck des Art. 233 § 2 Abs. 3 EGBGB widerspricht.[144] Ist der konkrete Eigentümer unbekannt, kann der Vertreter nicht wissen, welchen Beschränkungen in seiner Vertretungsmacht er unterliegen könnte, daher kann § 179a AktG in diesen Fällen keine Anwendung finden.[145]

C. Der Tatbestand des § 179a Abs. 1 AktG

Nunmehr sind die tatbestandlichen Voraussetzungen des § 179a Abs. 1 AktG zu untersuchen. Diese Untersuchung ist insbesondere hinsichtlich des Begriffs des „ganzen Gesellschaftsvermögens“ vertiefend vorzunehmen, da dieser maßgeblich dafür ist, ob ein Gesamtvermögensgeschäft i. S. d. § 179a Abs. 1 AktG vorliegt.

I. Das zustimmungsbedürftige Rechtsgeschäft

Gemäß § 179a Abs. 1 AktG ist *„ein Vertrag, durch den sich eine Aktiengesellschaft (...) verpflichtet“* zustimmungsbedürftig, auch wenn damit keine Änderung des Unternehmensgegenstands verbunden ist. Somit wird einzig das Verpflichtungsgeschäft erfasst.[146] Unerheblich ist zudem, ob das ganze Gesellschaftsvermögen

---

142 A. A. wohl *Zetzsche*, in: KölnKomm-AktG, § 179a, Rn. 26.

143 BT-Drs. 12/5553, 131.

144 BGH, Urteil vom 25.10.2002 – V ZR 243/01 = NZG 2003, 532; *Stein*, in: MünchKomm-AktG, § 179a, Rn. 13, 40; *Zetzsche*, in: KölnKomm-AktG, § 179a, Rn. 26.

145 BGH, Urteil vom 25.10.2002 – V ZR 243/01 = NZG 2003, 532, 534.

146 Siehe 2. Kap. § 1 A. I.

durch einen *Asset Deal* gemäß § 433 BGB oder einen *Share Deal* gemäß § 453 BGB veräußert wird.[147] Notwendig ist eine hinreichende Konkretisierung des Vertragsgegenstands, der sich seit dem UmwBerG nicht auf das künftige Vermögen erstrecken kann.[148]

Teilweise wird die Frage aufgeworfen, ob § 179a AktG ausschließlich auf Drittgeschäfte zugeschnitten und daher ein Gesamtvermögensgeschäft mit einem Aktionär nicht zulässig sei.[149] Dies ist zu negieren, da weder der Wortlaut noch die Gesetzesbegründungen zu § 179a AktG respektive seiner Vorgängernormen diesbezüglich Anhaltspunkte bieten[150]. Es erscheint befremdlich, Rechtsgeschäfte mit Aktionären grundsätzlich zuzulassen,[151] ab einem bestimmten wirtschaftlichen Volumen das Rechtsgeschäft jedoch auszuschließen. Zudem ist es nicht der Sinn und Zweck des § 179a AktG, bestimmte Rechtsgeschäfte zu erlauben oder zu verbieten. Die Entscheidungskompetenz über das konkrete Rechtsgeschäft – nämlich das Gesamtvermögensgeschäft – wird vielmehr vom Vorstand auf die Hauptversammlung übertragen.

Dies entspricht auch den §§ 111a, 111b AktG, die im Zuge des Gesetzes zur Umsetzung der Aktionärsrechterichtlinie (ARUG II)[152] in das AktG eingeführt worden sind.[153] Gemäß § 111b Abs. 1 AktG bedürfen Geschäfte mit nahestehenden Personen[154] der Zustimmung des Aufsichtsrats. § 111a AktG bestimmt diesbezüglich, was ein Geschäft mit einer nahestehenden Person darstellt. Ein solches besteht gemäß § 111a Abs. 3 Nr. 3 lit. b) AktG nicht bei einem Gesamtvermögensgeschäft, das gemäß § 179a AktG der Zustimmung der Hauptversammlung bedarf. Die Kompetenz der Hauptversammlung lässt eine Kompetenz des Aufsichtsrats für ein Geschäft mit einer nahestehenden Person entfallen, indem der verfolgte Minderheitenschutz anderweitig erreicht wird.[155] Indem der Gesetzgeber mithin in den §§ 111a, 111b AktG Geschäfte mit nahestehenden Personen ausdrücklich zugelassen hat und auch § 179a AktG benannt hat, wurde bestätigt,

---

147 *Bayer/Lieder/Hoffmann*, AG 2017, 717, 718.
148 *Zetzsche*, in: KölnKomm-AktG, § 179a, Rn. 48 f.
149 *Lutter/Leinekugel*, ZIP 1999, 261, 164 f.; *Wolf*, ZIP 2002, 153, 154 f.
150 *Wolf*, ZIP 2002, 153, 154.
151 Vgl. § 57 AktG.
152 BGBl. I 2019, 2637.
153 *Koch*, in: Koch, AktG, § 111a, Rn. 1.
154 Related party transactions.
155 *Koch*, in: Koch, AktG, § 111a, Rn. 21.

dass ein Geschäft mit einem Aktionär, der eine nahestehende Person darstellen kann,[156] zulässig ist.

Auch wenn die Hauptversammlung die Einwilligung oder Genehmigung erteilen muss, wird der Vertrag durch den Vorstand abgeschlossen, der Vertrag bleibt bis zur Beschlussfassung schwebend unwirksam.[157]

II. Der Begriff des „ganzen Gesellschaftsvermögens"

Notwendig ist, dass die Gesellschaft ihr „ganzes Gesellschaftsvermögen" veräußert. Nach welchen Kriterien die Bestimmung dieser Voraussetzung erfolgt, ist umstritten, ohne dass sich eine herrschende Meinung gebildet hat.

1. Allgemeines

Die Gesellschaft muss sich zur Übertragung ihres „ganzen Gesellschaftsvermögens" verpflichten. Seiner Bedeutung nach erfasst das Vermögen alle materiellen Werte,[158] sodass es auf die bilanzrechtlichen Aktiva ankommt. Ob die Passiva ebenfalls Teil des Verpflichtungsgeschäfts sind, ist unerheblich.[159] Es handelt sich bei materiellen Werten um positives Vermögen, nur dieses ist die Grundlage der Unternehmenstätigkeit und Teil des Schutzes von § 179a AktG.[160]

Die dagegen von *Scheel* befürwortete Anwendung des § 179a AktG auch für wesentliche Veränderungen der Passiva, etwa bei einem *Debt-Equity-Swap*,[161] ist abzulehnen.[162] Ein *Debt-Equity-Swap* führt zu einem Tausch von Verbindlichkeiten gegen Beteiligungen für die Gläubiger, sodass eine Verringerung von Verbindlichkeiten herbeigeführt wird. Diese Maßnahme mit geringer praktischer Bedeutung[163] kann zu einer Verwässerung der Anteile und somit der Rechte der

---

156 Vgl. *Spindler/Seidel*, in: BeckOGK-AktG, § 111a, Rn. 17 ff.

157 *Zetzsche*, in: KölnKomm-AktG, § 179a, Rn. 55.

158 Bedeutung des Begriffs „Vermögen" auf www.duden.de/rechtschreibung/vermoegen (Stand: 01.11.2022).

159 *Holzborn*, in: BeckOGK-AktG, § 179a, Rn. 21; *Körber/König*, in: Bürgers/Körber/Lieder, AktG, § 179a, Rn. 5; *Seibt*, in: Schmidt/Lutter, AktG, § 179a, Rn. 8; *Stein*, in: MünchKomm-AktG, § 179a, Rn. 17; *Zetzsche*, in: KölnKomm-AktG, § 179a, Rn. 61; *Packi*, die Verpflichtung zur Übertragung des ganzen Gesellschaftsvermögens, S. 37; *Witt*, Die Veräußerung des ganzen Gesellschaftsvermögens gemäß § 179a Abs. 1 AktG, S. 28; *Weber*, DNotZ 2018, 96, 100 f.

160 *Packi*, die Verpflichtung zur Übertragung des ganzen Gesellschaftsvermögens, S. 37.

161 *Scheel*, FS Wegen, S. 297, 305.

162 So auch *Zetzsche*, in: KölnKomm-AktG, § 179a, Rn. 62.

163 *Fest*, FS Smid, S. 107, 107.

Aktionäre führen.[164] Für die Anwendung des § 179a AktG fehlt es jedoch an den Voraussetzungen und der Notwendigkeit. Verbindlichkeiten stellen kein Vermögen dar, das die Gesellschaft für ihre Unternehmenstätigkeit benötigt. Somit wird das ganze Gesellschaftsvermögen i. S. d. § 179a AktG nicht betroffen. Es besteht für eine Anwendung auch keine Notwendigkeit, da die mit einem *Debt-Equity-Swap* verbundenen Maßnahmen im Unterschied zum anglo-amerikanischen Recht nur mit Zustimmung der Altaktionäre erfolgen können.[165] Es fehlt somit auch an einer Regelungslücke.

Es ist nicht notwendig, dass tatsächlich das ganze Gesellschaftsvermögen übertragen wird. Ausreichend ist nach herrschender Meinung bereits, dass das nahezu ganze Gesellschaftsvermögen von dem Verpflichtungsgeschäft erfasst wird.[166] Zum einen begründet sich diese Auffassung durch einen Normvergleich, da auch die §§ 311b Abs. 2, Abs. 3 und 1365 BGB[167] bereits beim nahezu ganzen Vermögen anzuwenden sind, hingegen § 174 UmwG im Unterschied vom „Vermögen als Ganzes" spricht und demzufolge das tatsächlich ganze Vermögen erfasst.[168] Zum anderen folgt die Auslegung des Tatbestandsmerkmals des „ganzen Gesellschaftsvermögens" zum Schutz der Hauptversammlung vor einer Umgehung ihrer Zustimmungskompetenz.[169] Würde das tatsächlich ganze Gesellschaftsvermögen notwendig sein, könnte der Vorstand den § 179a AktG umgehen, indem er einen marginalen Teil des Vermögens nicht überträgt. Dies kann dem Schutzzweck des § 179a nicht entsprechen.

2. Das Verhältnis von § 179a AktG zu § 1365 Abs. 1 BGB

Das Zivilrecht weist neben § 179a AktG weitere Normen auf, die an die Wirksamkeit eines Gesamtvermögensgeschäfts bestimmte Zustimmungserfordernisse

---

164 *Scheel*, FS Wegen, S. 297, 305.

165 Ausführlich zum *Dept-Equity-Swap* sowie den Mitwirkungsrechten der (Alt-)Aktionäre: *Scheunemann/Hoffmann*, DB 2009, 983, 983.

166 H. M. *Stein*, in: MünchKomm-AktG, § 179a, Rn. 17 m. w. N.; *Witt*, Die Veräußerung des ganzen Gesellschaftsvermögens gemäß § 179a Abs. 1 AktG, S. 32; a. A. *Schmitt*, Liquidation der OHG und KG durch Veräußerung des Unternehmens, S. 226; *Bredthauer*, NZG 2008, 816, 817, die aus Gründen der Rechtssicherheit eine Anwendung auf einzelne Gegenstände ablehnen.

167 Zum „ganzen Vermögen" bei § 1365 BGB: *Koch*, in: MünchKomm-BGB, § 1365, Rn. 17.

168 *Stein*, in: MünchKomm-AktG, § 179a, Rn. 17.

169 *Packi*, die Verpflichtung zur Übertragung des ganzen Gesellschaftsvermögens, S. 40.

knüpfen, etwa aus dem Familienrecht der § 1365 Abs. 1 BGB.[170] Gemäß § 1365 Abs. 1 BGB sind wirksame Verpflichtungsgeschäfte über das Vermögen im Ganzen von der Zustimmung des Ehepartners abhängig. Dies dient insbesondere dem Schutz der wirtschaftlichen Existenzgrundlage der Familie[171] und ist als Ausformung des Schutzes der Ehe und Familie aus Art. 6 Abs. 1 GG zu betrachten.

Im Vergleich dazu stellt § 179a AktG ebenfalls eine existenzschützende Norm dar, die die Existenz der Gesellschaft schützt und ihre grundrechtliche Basis in Art. 9 Abs. 1 GG[172] und mittelbar auch Art. 14 Abs. 1 GG[173] findet. Auch wenn die Vereinigungsfreiheit und die Eigentumsgarantie nicht die gleiche konstituierende Bedeutung wie der Schutz von Familie und Ehe aufweisen, so stellen sowohl § 179a AktG als auch § 1365 BGB eine durch den Gesetzgeber geschaffene und aus dem Grundgesetz gebotene Garantie der Existenzgrundlage von Gesellschaften respektive Ehe und Familie dar. Beide Normen weisen somit eine vergleichbare Schutzrichtung und ähnliche Regelungsinhalte auf, sodass beide Normen als „Schwesternormen" zu betrachten sind. Aufgrund dieser Parallelität ist auch § 1365 BGB hinsichtlich des Begriffs des ganzen Vermögens zu betrachten.

3. *Die Bewertungskriterien zum Begriff des „ganzen Gesellschaftsvermögens"*

Fraglich ist, nach welchen objektiven[174] Kriterien die Bewertung zu erfolgen hat, wann das ganze Vermögen einer Gesellschaft i. S. d. § 179a Abs. 1 AktG betroffen ist. Dies ist derart umstritten, dass eine herrschende Meinung nicht besteht. Herangezogen werden quantitative[175] oder

170 Siehe 3. Kap. § 1 C. III. 2. b).

171 *Siede*, in: Grüneberg, BGB, § 1365, Rn. 1.

172 *„Art. 9 Abs. 1 GG (schützt) vor einem Eingriff in den Kernbereich des Vereinsbestandes und der Vereinstätigkeit"*, BVerfG, 24.02.1971 – 1 BvR 438, 456, 484/68, 1 BvL 40/69 = NJW 1971, 1123, 1123; BVerfG, Beschluss vom 15.06.1989 – 2 BvL 4/87 = NJW 1990, 37, 38.

173 Siehe BVerfG, Beschluss vom 23.08.2000 – 1 BvR 68/95 und 147/98 (*MotoMeter)* = DNotZ 2000, 868.

174 Diese, nicht subjektive Maßstäbe, sind maßgeblich: *Stein*, in: MünchKomm-AktG, § 179a, Rn. 17; *Zetzsche*, in: KölnKomm-AktG, § 179a, Rn. 63; *Bayer/Lieder/Hoffmann*, AG 2017, 717, 721.

175 *Ehmann*, in: Grigoleit, AktG, § 179a, Rn. 5; *Stein*, in: MünchKomm-AktG, § 179a, Rn. 18; *Zetzsche*, in: KölnKomm-AktG, § 179a, Rn. 70; *Mertens*, FS Zöllner, S. 385, 386; *Scheel*, FS Wegen, S. 297, 305; *Ebbinghaus/Metzen*, NZG 2022, 697, 700.

qualitative[176] Kriterien, die ausschließlich, alternativ[177] oder kumulativ[178] vorliegen müssen. Auch die Bestimmung eines konkreten Schwellenwerts ist bislang nicht einheitlich erfolgt.

a) Quantitatives Kriterium

Die Beurteilung, ob das ganze oder nahezu ganze Gesellschaftsvermögen betroffen ist, könnte durch die Heranziehung des quantitativen Kriteriums erfolgen, bei dem – etwa durch einen Wertvergleich[179] – das Gesellschaftsvermögen vor und nach der Übertragung betrachtet wird. Verbleibt der Gesellschaft lediglich ein unbedeutendes Restvermögen, ist § 179a AktG anzuwenden, andernfalls kann der Vorstand im Rahmen seiner Leitungsmacht entscheiden.

Für das quantitative Kriterium wird angeführt, dass bereits das Reichsgericht dies anwendete[180] und dies in der postreichsgerichtlichen Rechtsprechung fortgesetzt wurde.[181] Das Reichsgericht verwies in seinem Urteil vom 13.05.1928 auf § 303 HGB von 1897, da dessen Wortlaut auf eine quantitative Betrachtung abstelle.[182] Auch die Abgrenzung anhand qualitativer Kriterien in der *Holzmüller*-Entscheidung des BGH[183] führe zu keinem anderen Ergebnis, da diese vom BGH nur hilfsweise herangezogen wurde.[184]

176 *Haberstock/Greitemann*, in: Hölters/Weber, AktG, § 179a, Rn. 4; *Holzborn*, in: BeckOGK-AktG, § 179a, Rn. 21; *Koch*, in: Koch, AktG, § 179a, Rn. 4; *Körber/König*, in: Bürgers/Körber/Lieder, AktG, § 179a, Rn. 5; *Strohn*, in: Henssler/Strohn, GesR, § 179a AktG, Rn. 4; *Witt*, Die Veräußerung des ganzen Gesellschaftsvermögens gemäß § 179a Abs. 1 AktG, S. 63; *Bayer/Lieder/Hoffmann*, AG 2017, 717, 721; *Bredol/Natterer*, ZIP 2015, 1419, 1420 f.; *Brocker/Schulenburg*, BB 2015, 1993, 1996.

177 *Seibt*, in: Schmidt/Lutter, AktG, § 179a, Rn. 8; *Wagner*, in: Heidel, AktG, § 179a, Rn. 7; *Hüren*, RNotZ 2014, 77, 81.

178 *Packi*, die Verpflichtung zur Übertragung des ganzen Gesellschaftsvermögens, S. 222; *Barthen/Staab*, ZInsO 2018, 833, 834; *Eschwey*, MittBayNot 2018, 299, 306; *Kuthe/Lingen*, AG 2020, 468, 470; *Stellmann/Stoeckle*, WM 2011, 1983, 1984; *Weber*, DNotZ 2018, 96, 106; *Wentz*, WM 2022, 2262, 2263.

179 *Stein*, in: MünchKomm-AktG, § 179a, Rn. 18.

180 RG, Urteil vom 13.05.1928 – II 313/28 = RGZ 124, 279, 294 f.

181 BGH, Urteil vom 25.02.1982 – II ZR 174/80 = NJW 1982, 1703, 1704; OLG Düsseldorf, Urteil vom 09.12.1993 – 6 U 2/93 = AG 1994, 228, 232.

182 So auch *Mertens*, FS Zöllner, S. 385, 387.

183 BGH, Urteil vom 25.02.1982 – II ZR 174/80 (*Holzmüller*) = NJW 1982, 1703, 1704.

184 *Mertens*, FS Zöllner, S. 385, 391; *Scheel*, FS Wegen, S. 297, 307.

Weiter wird für ein quantitatives Kriterium eingewendet, dass dieses dem Erwerber aufgrund der Erkennbarkeit mehr Rechtssicherheit biete.[185] Auch erfasse § 179 Abs. 2 AktG bereits die faktische Satzungsänderung, sodass eine qualitative Betrachtung in Bezug auf die Möglichkeit zur weiteren Verfolgung des Unternehmensgegenstands nicht notwendig sei.[186] § 179a Abs. 1 AktG differenziere zudem nach seinem Wortlaut das Vermögen nicht im Hinblick auf seine Auswirkungen für die Gesellschaft.[187]

Befürwortet man das quantitative Kriterium, stellt sich weiter die Frage, wann ein Vermögen bedeutsam beziehungsweise nicht bedeutsam ist. Der BGH wendete § 179a AktG bei einer Übertragung von 80 Prozent des Vermögens nicht an,[188] sodass vertreten wird,[189] ab dieser Schwelle würde das Restvermögen nicht mehr bedeutsam für die Gesellschaft sein. Aber auch 90 Prozent[190] oder aus § 327a AktG folgend 95 Prozent[191] werden herangezogen.

b) Qualitatives Kriterium

Im Unterschied zum quantitativen Kriterium ist für das qualitative Kriterium maßgeblich, ob die Gesellschaft mit ihrem Restvermögen weiterhin in der Lage ist, ihren Unternehmensgegenstand[192] zu verfolgen, sei es auch in geringerem Umfang.

Die Maßgeblichkeit dieses Kriteriums folge nach einigen Ansichten aus dem Sinn und Zweck des § 179a AktG und seinen Vorgängernormen. § 179a AktG solle vor einer „faktischen Satzungsänderung" schützen, die erfolgen würden, wenn die Gesellschaft mit ihrem Restvermögen nicht mehr ihren Unternehmensgegenstand erfüllen könne.[193] Auch folge aus dem Wortlaut des § 179a Abs. 1 AktG, dass eine qualitative Betrachtung notwendig sei, da der Vertrag

185 *Stein*, in: MünchKomm-AktG, § 179a, Rn. 18; Zetzsche, in: KölnKomm-AktG, § 179a, Rn. 70; *Mertens*, FS Zöllner, S. 385, 389.

186 *Zetzsche*, in: KölnKomm-AktG, § 179a, Rn. 71.

187 *Mertens*, FS Zöllner, S. 385, 386.

188 BGH, Urteil vom 25.02.1982 – II ZR 174/80 (*Holzmüller*) = NJW 1982, 1703, 1704.

189 *Rubner/Pospiech*, NJW-Special 2018, 79, 79.

190 *Wagner*, in: Heidel, AktG, § 179a, Rn. 7; *Zetzsche*, in: KölnKomm-AktG, § 179a, Rn. 73.

191 *Packi*, die Verpflichtung zur Übertragung des ganzen Gesellschaftsvermögens, S. 223.

192 Nicht der Gesellschaftszweck, *Witt*, Die Veräußerung des ganzen Gesellschaftsvermögens gemäß § 179a Abs. 1 AktG, S. 71.

193 *Koch*, in: Koch, AktG, § 179a, Rn. 4; *Witt*, Die Veräußerung des ganzen Gesellschaftsvermögens gemäß § 179a Abs. 1 AktG, S. 58; *Bredol/Natterer*, ZIP 2015, 1419, 1421.

zustimmungspflichtig sei, „*auch wenn damit keine Änderung des Unternehmensgegenstands verbunden ist*".[194] Die Ansichten, die für die faktische Satzungsänderung einen ausreichenden Schutz in § 179 Abs. 2 AktG sehen, würden zudem verkennen, dass diese Norm im Unterschied zu § 179a Abs. 1 AktG keine Außenwirkung aufweise.[195]

Für die Abgrenzung, ob der Unternehmensgegenstand mit dem Restvermögen verfolgt werden kann, wird von *Packi* befürwortet, dies anhand eines Vergleichs des Ertragswerts vorzunehmen.[196] Liegt dieser nach Übertragung des Gesellschaftsvermögens bei maximal fünf Prozent des ursprünglichen Ertragswerts, kann der Unternehmensgegenstand nicht mehr verfolgt werden.[197]

c) Stellungnahme

aa) Maßgeblichkeit des qualitativen Kriteriums

Es ist den Befürwortern einer quantitativen Betrachtung zunächst zuzustimmen, dass der historische Ursprung des § 179a AktG Ansatzpunkte für die quantitative Betrachtung gewährt. § 303 HGB von 1897 knüpfte an die Übertragung des ganzen Gesellschaftsvermögens zwangsläufig die Auflösung an, die ihrerseits sinnvollerweise nur erfolgen konnte, wenn alle Vermögensgegenstände betroffen waren. Dies wurde vom Reichsgericht zutreffend ausgeführt.[198]

Diese Betrachtungsweise wurde jedoch durch § 255 AktG von 1937 erstmals aufgeweicht. Es war das Bestreben des Gesetzgebers, dass die Auflösung nicht mehr die zwangsläufige Rechtsfolge der Vermögensübertragung sein sollte, indem „*das wirtschaftlich verständliche Bestreben, das einmal zusammengefasste Kapital der Wirtschaft zu erhalten*",[199] in das AktG aufgenommen wurde. § 255 AktG von 1937 übertrug die Entscheidung über die Auflösung der Gesellschaft der Hauptversammlung, um dem wirtschaftlichen Bestreben gerecht zu werden. Mit diesem konnte jedoch nur gemeint sein, dass die Gesellschaft operativ tätig sein kann und ihrem Unternehmensgegenstand dient. Aus diesem Grund ist bereits in historischer Hinsicht davon auszugehen, dass seit 1937 eine qualitative Betrachtung maßgeblich sein sollte.

---

194 *Seibt*, in: Schmidt/Lutter, AktG, § 179a, Rn. 8; *Bredol/Natterer*, ZIP 2015, 1419, 1420 f.
195 *Seibt*, in: Schmidt/Lutter, AktG, § 179a, Rn. 8.
196 *Packi*, die Verpflichtung zur Übertragung des ganzen Gesellschaftsvermögens, S. 223.
197 *Packi*, die Verpflichtung zur Übertragung des ganzen Gesellschaftsvermögens, S. 223.
198 RG, Urteil vom 13.05.1928 – II 313/28 = RGZ 124, 279, 294 f.
199 Amtliche Begründung des § 255 AktG von 1937, abgedruckt in *Klausing*, S. 219.

Diese Auffassung wurde durch die *Holzmüller*-Entscheidung bekräftigt, in der der BGH den zwischenzeitlich ohne Änderungen eingeführten § 361 AktG von 1965 als erfüllt ansah, wenn der Gesellschaft nur unwesentliche Vermögensteile verbleiben. Die Beurteilung der (Un-)Wesentlichkeit erfolgt jedoch nicht anhand eines Substanzwertvergleichs, sondern nach Wortlaut und Zweck des § 361 AktG von 1965 anhand der Beurteilung, ob die Gesellschaft mit ihrem Restvermögen ihre satzungsmäßigen Unternehmensziele erreichen kann.[200] Der BGH führte somit als Begründung für die qualitative Betrachtung den Schutzzweck des § 361 AktG von 1965 an, der auf § 255 AktG von 1937 zurückgeht.

Mit der Einführung des § 179a AktG zeigte auch der Gesetzgeber ausdrücklich, dass ein Gesamtvermögensgeschäft in Bezug auf eine faktische Satzungsänderung zu verstehen ist, nicht auf das Gesellschaftsvermögen. Aus diesem Anlass verschob er die Regelung in den Abschnitt der Satzungsänderungen.[201] Auch das OLG Düsseldorf spricht sich für eine qualitative Betrachtungsweise bei § 179a AktG aus.[202]

Aus diesen Gründen ist, spätestens seit Einführung des § 179a AktG, eine qualitative Betrachtungsweise vom Gesetzgeber gewollt und vom Schutzzweck geboten gewesen. Daher ist auch der – mangels Außenwirkung ohnehin abzulehnende – Verweis auf § 179 Abs. 2 AktG unerheblich. Auch auf § 1365 BGB als „Schwesternorm" des § 179a AktG kann nicht abgestellt werden. Im Privatvermögen, wie es bei Ehepartnern vorliegt, ist keine Differenzierung zwischen quantitativem und qualitativem Vermögen mangels unternehmensgegenstandsähnlicher Zweckverfolgung möglich.[203]

Diese Betrachtungsweise ist auch nicht aus Gründen der Erkennbarkeit und der resultierenden Rechtssicherheit durch das alternative oder kumulative Hinzuziehen der quantitativen Betrachtung aufzuweichen. Es erschließt sich nicht, welchen Mehrwert an Rechtssicherheit der Rechtsverkehr erfährt. Ebenso wie bei der qualitativen Betrachtung wird für einen Erwerber, der regelmäßig keine Kenntnis vom Gesellschaftsvermögen haben kann, eine Erkennbarkeit nicht bestehen. Vielmehr ließe sich einwenden, dass die qualitative Betrachtung für

200 BGH, Urteil vom 25.02.1982 – II ZR 174/80 (*Holzmüller*) = NJW 1982, 1703, 1704.

201 BT-Drs. 12/6699, 177.

202 OLG Düsseldorf, Urteil vom 23.11.2017 – I-6 U 225/16 = BeckRS 2017, 133913, Rn. 36; das in diesem Kontext seine bisherige Ansicht änderte; vgl. dazu noch OLG Düsseldorf, Urteil vom 09.12.1993 – 6 U 2/93 = AG 1994, 228, 232.

203 So auch *Witt*, Die Veräußerung des ganzen Gesellschaftsvermögens gemäß § 179a Abs. 1 AktG, S. 48 f.

den Erwerber ein höheres Maß an Rechtssicherheit bietet. In diesem Fall bietet bereits der Unternehmensgegenstand Anhaltspunkte, wenngleich auch dieser mangels Satzungskenntnis des Erwerbers unbekannt sein dürfte. Eine Anwendung der quantitativen Betrachtung aus Gründen des Verkehrsschutzes widerspräche zudem dem Schutzzweck des § 179a AktG, der ausdrücklich die Gesellschaft respektive ihre Gesellschafter und nicht einen Erwerber oder den Rechtsverkehr schützen soll.

Mithin ist die quantitative Betrachtung weder ausschließlich noch alternativ oder kumulativ anzuwenden, maßgeblich ist einzig die qualitative Betrachtung.

bb) Grenzwerte entsprechend § 1365 BGB

Mit dem vorstehenden Ergebnis ist die Frage des maßgeblichen Kriteriums entschieden, nicht jedoch die Frage, ab wann das ganze Vermögen einer Gesellschaft i. S. d. § 179a Abs. 1 AktG betroffen ist. Für die Bestimmung des Grenzwerts, ab dem das ganze Vermögen i. S. d. § 179a AktG betroffen ist, stellt der von *Packi* vorgeschlagene Vergleich der Ertragswerte vor und nach Übertragung des Vermögens einen interessanten Ansatz dar. Dieser ist jedoch prognosebasierend und bedeutet daher praktische Unsicherheiten. Der Vorstand einer Gesellschaft, der entscheiden muss, ob die Zustimmung der Hauptversammlung notwendig ist, kann den Ertragswert für den Zeitpunkt nach Übertragung des betreffenden Vermögensteils nur prognostizieren. Insbesondere unvorhersehbare Ereignisse können nicht berücksichtigt werden, sodass die vorhergesagte Ertragskraft unwägbar ist. Dies führt zu Rechtsunsicherheit sowohl für den Erwerber als auch den Vorstand, da ein objektiv konkreter Grenzwert nicht zweifelsfrei bestimmt werden kann. Es bestünde darüber hinaus auch das Risiko, dass der Vorstand § 179a AktG umgeht, indem er für seine Prognose Werte heranzieht, die das gewünschte Ergebnis fördern.

Es erscheint daher vorzugswürdig, die zu § 1365 BGB geltenden Grenzwerte von 85 und 90 Prozent des quantitativen Vermögens[204] heranzuziehen. Eine entsprechende Anwendung dieser prozentualen Grenzwerte auf § 179a AktG führt dazu, dass die Veräußerung von 85 Prozent des qualitativen Vermögens, das unmittelbar dem Unternehmensgegenstand dient, die Verfolgung dieses Unternehmensgegenstands derart beeinträchtigt, dass das ganze Gesellschaftsvermögen i. S. d. § 179a AktG betroffen ist. Um zu vermeiden, dass bei einer extremen Differenz zwischen qualitativem Vermögen und Nebenvermögen, das nicht unmittelbar dem Unternehmensgegenstand dient, ein erhebliches

204 BGH, Urteil vom 25.06.1980 – IV b ZR 516/80 = NJW 1980, 2350, 2351.

Restvermögen der Gesellschaft verbleibt, ist in diesen Fällen der Grenzwert bei 90 Prozent des qualitativen Vermögens festzulegen. Es muss jedoch (auch) das Hauptvermögen betroffen ist.

Diese Grenzwerte führen zu einem Mehr an Rechtssicherheit und berücksichtigen ebenfalls ein starkes Ungleichgewicht zwischen qualitativem Vermögen und Nebenvermögen.

cc) Zusammenfassung

Es entspricht dem Willen des Gesetzgebers und dem Schutzzweck des § 179a AktG, dass für die Abgrenzung, wann ein Gesamtvermögensgeschäft gegeben ist, das qualitative Kriterium maßgeblich ist, also ob der Unternehmensgegenstand weiterhin verfolgt werden kann.

Die Grenzwerte für diese Abgrenzung sind aus der Rechtsprechung des BGH zu § 1365 BGB abzuleiten und liegen bei Veräußerung von 85 Prozent, in Ausnahmefällen bei Veräußerung von 90 Prozent des quantitativen Vermögens.

4. Weiteres

a) Beurteilungszeitpunkt

Eng verbunden mit der Thematik, wann das ganze Gesellschaftsvermögen nach § 179a AktG betroffen ist, ist die Frage nach dem maßgeblichen Beurteilungszeitpunkt.

Auch hier könnte die *Holzmüller*-Entscheidung angeführt werden. In dem zugrundeliegenden Sachverhalt wurde der aufnehmende Rechtsträger am 13.11.1972 errichtet und am 27.12.1972 eingetragen. In diesem Zusammenhang erfolgte die Vermögensübertragung durch Ausgliederung auf die errichtete Tochtergesellschaft im Wege der Sacheinlage. Der BGH führte dazu aus, dass es für die Bewertung, ob ein Gesamtvermögensgeschäft vorliegt, auf den Zeitpunkt der Vornahme der Vermögensübertragung Ende 1972 ankommen würde.[205] Folglich betrachtete der BGH als maßgeblichen Beurteilungszeitpunkt die Erbringung der Sacheinlage und mithin das Verfügungsgeschäft.[206]

Dieser Zeitpunkt ist jedoch abzulehnen, § 179a AktG betrifft ausschließlich das Verpflichtungsgeschäft und hat keine Folgen für das dingliche Erfüllungsgeschäft.[207] Würde man der Ansicht des BGH folgen, könnte das

205 BGH, Urteil vom 25.02.1982 – II ZR 174/80 (*Holzmüller*) = NJW 1982, 1703, 1705.
206 A. A. *Brocker/Schulenburg*, BB 2015, 1993, 1996.
207 *Stein*, in: MünchKomm-AktG, § 179a, Rn. 39.

Verpflichtungsgeschäft bis zum Zeitpunkt der Verfügung wirksam sein, infolge einer später eintretenden Bewertung als Gesamtvermögensgeschäft jedoch schwebend unwirksam werden. Dies kann aus Gründen der Rechtssicherheit nicht überzeugen. Sowohl die Gesellschaft als auch der Erwerber müssen wissen, ob ein wirksamer Vertrag geschlossen und Ansprüche erworben wurden. Es ist daher auf den Zeitpunkt des Vertragsschlusses zwischen Gesellschaft und Erwerber abzustellen, ob das ganze Vermögen betroffen wird.[208] Es bedarf auch keiner Prognose für den Zeitpunkt der Beschlussfassung oder der Vornahme des Verfügungsgeschäfts,[209] dies würde ebenfalls zu einem unklaren Rechtszustand führen. Für diese Beurteilung spricht ebenso § 1365 BGB, der nach allgemeiner Meinung nicht den Zweck erfüllt, einen wirksamen Anspruch rückwirkend zu entziehen.[210]

Liegt somit im Zeitpunkt des Vertragsschlusses ein Gesamtvermögensgeschäft vor, bedarf es einer Zustimmung der Hauptversammlung, andernfalls kann der Vorstand im Rahmen seiner Leitungsmacht entscheiden.

b) Berücksichtigung der Gegenleistung?

Der Vorstand muss gemäß § 93 Abs. 1 S. 1 AktG die Sorgfalt eines ordentlichen und gewissenhaften Geschäftsleiters anwenden. Daher wird grundsätzlich eine Gegenleistung des Erwerbers erfolgen, sei es die Kaufpreiszahlung, die Übereignung beim Tauschgeschäft oder die Gewährung von Anteilen bei Ausgliederung in eine Tochtergesellschaft.[211] Erhält die Gesellschaft eine Gegenleistung, könnte diese bei der Bewertung, ob ein Gesamtvermögensgeschäft vorliegt, berücksichtigt werden müssen,[212] auch wenn dies überwiegend abgelehnt wird.[213] Unter Anwendung der qualitativen Betrachtung würde insbesondere bei Tauschgeschäften, bei denen gleichartige Vermögenswerte getauscht werden, die

208 So auch *Wentz*, WM 2022, 2262, 2263.

209 So *Brocker/Schulenburg*, BB 2015, 1993, 1995; *Wentz*, WM 2022, 2262, 2263.

210 *Koch*, in: MünchKomm-BGB, § 1365, Rn. 7.

211 So im *Holzmüller*-Sachverhalt, BGH, Urteil vom 25.02.1982 – II ZR 174/80 (*Holzmüller*) = NJW 1982, 1703.

212 *Weber*, DNotZ 2018, 96, 113; für Berücksichtigung bei qualitativer Betrachtung: *Stein*, in: MünchKomm-AktG, § 179a, Rn. 19; *Brocker/Schulenburg*, BB 2015, 1993, 1996.

213 *Koch*, in: Koch, AktG, § 179a, Rn. 5; *Packi*, die Verpflichtung zur Übertragung des ganzen Gesellschaftsvermögens, S. 224; *Bredthauer*, NZG 2008, 816, 818; *Eschwey*, MittBayNot 2018, 299, 306; differenzierend: *Witt*, Die Veräußerung des ganzen Gesellschaftsvermögens gemäß § 179a Abs. 1 AktG, S. 140 ff.

Beurteilung, ob eine faktische Satzungsänderung erfolgt, realitätsfern erfolgen, wenn man die Gegenleistung außer Acht lässt.[214]

Dem ist jedoch nicht zu folgen. Die Gegenleistung ist für die Anwendung des § 179a AktG unerheblich. Dies folgt bereits aus dem Wortlaut des § 179a Abs. 1 AktG, der nicht von einer Wirkung nach Durchführung der Verfügungsgeschäfte spricht, sondern auf die Bewertung bei Abschluss des Verpflichtungsgeschäfts abstellt.[215] Hätte die Auswirkung nach Abschluss der Verpflichtungs- und Verfügungsgeschäfte maßgeblich sein sollen, so hätte der Gesetzgeber § 179a AktG auch auf das Verfügungsgeschäft erstreckt. Zu beachten ist weiter, dass die Durchführung der Rechtsgeschäfte regelmäßig in zeitlichen Abständen erfolgt. Es würde zwischen den durchgeführten und durchzuführenden Rechtsgeschäften temporär ein Gesamtvermögensgeschäft vorliegen und erst nach vollständigem Abschluss der Geschäfte ein Gesamtvermögensgeschäft entfallen.

Auch die Bewertung der Angemessenheit würde bei einer Berücksichtigung der Gegenleistung erhebliche Probleme bereiten.[216] Es obliegt der Hauptversammlung, über das Gesamtvermögensgeschäft zu entscheiden, diese Entscheidung wird primär anhand der Angemessenheit der Gegenleistung getroffen werden. Müsste die Gegenleistung bei der Beurteilung eines Gesamtvermögensgeschäfts berücksichtigt werden, so würde die Beurteilung, ob die Gegenleistung angemessen ist, entgegen § 179a AktG dem Vorstand obliegen. Dies birgt zudem ein erhebliches Umgehungsrisiko zu Lasten der Hauptversammlung.

Daher ist eine Berücksichtigung der Gegenleistung bei der Beurteilung, ob das ganze Gesellschaftsvermögen betroffen ist, abzulehnen.

c) Gesamtvermögensgeschäft in Teilakten?

Damit die Hauptversammlung nicht dem Risiko ausgesetzt ist, dass der Vorstand ihre Beschlusskompetenz umgeht und im Rahmen seiner Leitungsmacht das Geschäft abschließt, muss für die Anwendung des § 179a AktG die Veräußerung nicht nur durch ein Rechtsgeschäft, sondern auch durch mehrere Rechtsgeschäfte erfasst werden. Dies gilt in Fällen, in denen bei Gesamtbetrachtung ein Gesamtvermögensgeschäfts vorliegt. In diesem Kontext ist es nicht überzeugend,

---

214 *Witt*, Die Veräußerung des ganzen Gesellschaftsvermögens gemäß § 179a Abs. 1 AktG, S. 145; *Brocker/Schulenburg*, BB 2015, 1993, 1996.

215 So auch *Packi*, die Verpflichtung zur Übertragung des ganzen Gesellschaftsvermögens, S. 224; a. A. *Witt*, Die Veräußerung des ganzen Gesellschaftsvermögens gemäß § 179a Abs. 1 AktG, S. 140.

216 *Bredthauer*, NZG 2008, 816, 818.

einzig das Rechtsgeschäft als zustimmungsbedürftig zu betrachten, das die Schwelle zum ganzen Gesellschaftsvermögen i. S. d. § 179a Abs. 1 AktG überschreitet.[217] Dies wird dem Umstand nicht gerecht, dass erst die Gesamtbetrachtung der Rechtsgeschäfte zur Einordnung als Gesamtvermögensgeschäft führt.

Ein Gesamtvermögensgeschäft in Teilakten betrifft insbesondere Rechtsgeschäfte, die als einheitliche Rechtsgeschäfte gemäß § 139 BGB zu qualifizieren sind.[218] Maßgebend ist hierfür die subjektive Absicht der Vertragsparteien.[219] Liegt kein einheitliches Rechtsgeschäft gemäß § 139 BGB vor, kommt es auf den sachlichen und zeitlichen Zusammenhang an. Es ist jedoch nicht ausreichend, dass innerhalb einer bestimmten Zeitspanne Verträge mit verschiedenen Erwerbern geschlossen werden.[220] § 179a Abs. 1 AktG spricht von einem Vertrag, nicht mehreren Verträgen.[221] Stehen die Einzelverträge in einem sachlichen und wirtschaftlichen Zusammenhang und sind als Teil eines Gesamtplans zu betrachten, sind diese zutreffend als ein Vertrag i. S. d. § 179a Abs. 1 AktG einzuordnen.[222]

Zur Vermeidung von rechtlicher Unsicherheit bei regelmäßigen Geschäften mit einer Gesellschaft und zur Vermeidung, dass irrtümlicherweise ein Geschäftskonvolut als einheitliches Geschäft betrachtet wird, ist zusätzlich ein zeitlicher Zusammenhang erforderlich. Daher wird eine Zeitspanne von sechs Monaten[223] oder mindestens einem Jahr[224] gefordert, in der alle Verträge zusammen betrachtet werden. Ein starrer Maßstab birgt jedoch das Risiko der Umgehung und wird daher dem beabsichtigten Ziel des § 179a AktG nicht gerecht. Werden durch einen einzelnen Vertrag bestimmte Verpflichtungen begründet, die nicht durch die Vertragspartner alleine herbeigeführt werden können, etwa Änderungen des Grundbuchs oder des Handelsregisters, muss die Dauer solcher Handlungen berücksichtigt werden. Zu leicht könnte ansonsten bei einer längeren Bearbeitungszeit der zeitliche Zusammenhang entfallen. Daher erscheint

---

217 So aber *Witt*, Die Veräußerung des ganzen Gesellschaftsvermögens gemäß § 179a Abs. 1 AktG, S. 156.

218 *Weber*, DNotZ 2018, 96, 116.

219 *Busche*, in: MünchKomm-BGB, § 139, Rn. 15.

220 *Zetzsche*, in: KölnKomm-AktG, § 179a, Rn. 73; vgl. zu § 1365 BGB OLG München, Beschluss vom 15.09.2022 – 34 Wx 114/22 = NJW 2023, 159, Rn. 27.

221 *Weber*, DNotZ 2018, 96, 117.

222 *Zetzsche*, in: KölnKomm-AktG, § 179a, Rn. 73; vgl. zu § 1365 BGB OLG München, Beschluss vom 15.09.2022 – 34 Wx 114/22 = NJW 2023, 159, Rn. 27.

223 *Packi*, die Verpflichtung zur Übertragung des ganzen Gesellschaftsvermögens, S. 231.

224 *Zetzsche*, in: KölnKomm-AktG, § 179a, Rn. 73.

es vorzugswürdiger, zwischen den einzelnen Rechtsgeschäften den zeitlichen Zusammenhang von den Gegebenheiten des Einzelfalls abhängig zu machen.

5. *Ergebnis hinsichtlich des „ganzen Gesellschaftsvermögens“*

Das ganze Gesellschaftsvermögen stellt das komplexeste Tatbestandsmerkmal des § 179a Abs. 1 AktG dar. Es erfasst bereits das nahezu ganze Gesellschaftsvermögen, für dessen Bestimmung eine qualitative Betrachtung sowie die Grenzwerte des § 1365 BGB im Zeitpunkt des Vertragsschlusses durch den Vorstand maßgeblich sind. Eine Berücksichtigung der Gegenleistung hat nicht zu erfolgen. Erfolgt das Gesamtvermögensgeschäft in Teilakten, sind diese einheitlich zu betrachten, soweit dies i. S. d. § 139 BGB ist oder diese anhand eines sachlichen und wirtschaftlichen Gesamtplans erfolgen und ein einzelfallbezogener zeitlicher Zusammenhang besteht.

III. Ein Erfordernis der Kenntnis des Erwerbers?

Ist das ganze Gesellschaftsvermögen Vertragsgegenstand, so ist dieser Umstand für den Erwerber nicht zwangsläufig erkennbar. Es könnte daher in § 179a AktG das ungeschriebene Tatbestandsmerkmal der Kenntnis des Erwerbers „hineingelesen“ werden müssen.[225] Dies führt jedoch zu einem Konflikt mit den Interessen der Hauptversammlung, deren Schutz nach § 179a AktG beschränkt werden würde. Insbesondere würde ein Umgehungsrisiko zu Lasten der Aktionäre entstehen.[226]

Für das Erfordernis der Kenntnis spricht nicht bereits Art. 9 Abs. 1 der Gesellschaftsrechtsrichtlinie (GesRRL).[227] Die Gesellschaft würde verpflichtet werden, wenn der Vorstand im Rahmen seiner gesetzlichen Kompetenz handelt. Dieses Handeln im Rahmen der gesetzlichen Kompetenzzuweisung ist aufgrund § 179a AktG nicht einschlägig, sodass sich nach nationalem Recht bestimmt, ob der

225 Dafür *Seibt*, in: Schmidt/Lutter, AktG, § 179a, Rn. 8; *Bredthauer*, NZG 2008, 816, 818; *Brocker/Schulenburg*, BB 2015, 1993, 1997; *Eschwey*, MittBayNot 2018, 299, 307; im Ergebnis ebenfalls dafür *Servatius*, FS Stilz, S. 601, 607.

226 Aus diesem Grund gegen eine Notwendigkeit der Kenntnis *Stein*, in: MünchKomm-AktG, § 179a, Rn. 17; *Zetzsche*, in: KölnKomm-AktG, § 179a, Rn. 63; *Packi*, die Verpflichtung zur Übertragung des ganzen Gesellschaftsvermögens, S. 41; *Stellmann/Stoeckle*, WM 2011, 1983, 1987; offengelassen vom BGH, Urteil vom 08.01.2019 – II ZR 364/18 = NZG 2019, 505, Rn. 10 f.

227 Siehe zur ausführlichen Darstellung zum Verhältnis von § 179a AktG und der Gesellschaftsrechtsrichtlinie 2. Kap. § 1 H.

gute Glaube an die Vertretungsbefugnis geschützt wird.[228] Auch kann der Verweis auf die Kenntnis(-möglichkeit) des Erwerbers vom Unternehmensgegenstand und der qualitativen Betrachtung des Vermögens nicht überzeugen.[229] Es besteht keine Pflicht des Erwerbers, sich über den Unternehmensgegenstand zu erkundigen.

Der Schutz des Rechtsverkehrs hat bereits durch die Auslegung des Tatbestandsmerkmals des ganzen Gesellschaftsvermögens eine Schwächung erlitten. Dies führt jedoch nicht dazu, dass eine Notwendigkeit besteht, in § 179a AktG die Kenntnis des Erwerbers hineinzulesen. Das Risiko, dass ein Rechtsgeschäft verdeckt unwirksam ist, besteht grundsätzlich bei jeder Art eines Rechtsgeschäfts. Etwa ist ebenso wenig erkennbar, ob der Geschäftspartner geschäftsunfähig ist, die §§ 134, 138 BGB eingreifen oder sonstige Mängel die Wirksamkeit von Beginn an verhinderten. Es entspricht dem allgemeinen Vertrauen und folglich auch dem typischen Risiko, dass sich ein Rechtsgeschäft, mitunter auch nach im Vertrauen darauf getätigten Leistungen, als unwirksam herausstellt. Der Gesetzgeber hat mit § 179a AktG eine Regel geschaffen, die die Rechtssicherheit einschränkt[230] und die eine Konkretisierung eines allgemeinen Prinzips des Zivilrechts[231] darstellt. Würde man die Kenntnis des Erwerbers fordern, so würden der Wille des Gesetzgebers und das zivilrechtliche Prinzip umgangen sowie der geschaffene Schutz der Gesellschaft und ihrer Hauptversammlung abgeschnitten.

Dem widerspricht auch nicht § 1365 BGB, der nach herrschender Meinung Kenntnis des Erwerbers erfordert.[232] Dies ist aufgrund des zivilrechtlichen Prinzips bereits zu hinterfragen, jedoch aufgrund der Folgen nicht vergleichbar. Bei § 1365 BGB erhält die eheliche Gemeinschaft oder die Familie grundsätzlich die werthaltige Gegenleistung, sodass bei einem Vermögensvergleich keine

---

228 *Habersack*, in: MünchKomm-AktG, Einl., Rn. 123.

229 So aber *Witt*, Die Veräußerung des ganzen Gesellschaftsvermögens gemäß § 179a Abs. 1 AktG, S. 152.

230 *Koch*, in: Koch, AktG, § 179a, Rn. 4; *Witt*, Die Veräußerung des ganzen Gesellschaftsvermögens gemäß § 179a Abs. 1 AktG, S. 151.

231 Siehe 3. Kap. § 1 C. III. 3. a) und f).

232 BGH, Urteil vom 22.04.1975 – VI ZR 90/74 = NJW 1975, 1270, 1271; BGH, Urteil vom 21.03.1996 – III ZR 106/95 = NJW 1996, 1740, 1743; OLG München, Beschluss vom 15.09.2022 – 34 Wx 114/22 = NJW 2023, 159, Rn. 29; *Budzikiewicz*, in: Erman, BGB, § 1365, Rn. 11b; *Kemper*, in: Schulze, BGB, § 1365, Rn. 9; *Koch*, in: MünchKomm-BGB, § 1365, Rn. 33; *Scheller/Sprink*, in: Hau/Poseck, BGB, § 1365, Rn. 17; *Szalai*, in: BeckOGK-BGB, § 1365, Rn. 20.

Verschlechterung des Vermögens eintritt. Hingegen ist die Folge für die Gesellschaft aufgrund der faktischen Satzungsänderung existenziell, die regelmäßig die Liquidation der Gesellschaft bedeuten dürfte.

Als stärkstes Argument gegen ein Hineinlesen der Kenntnis des Erwerbers in § 179a Abs. 1 AktG ist jedoch der Wortlaut der Norm anzuführen. Die Formulierung „*ein Vertrag, durch den sich eine Aktiengesellschaft...*" verdeutlicht, dass es für die Einordnung als Gesamtvermögensgeschäft nicht auf die Kenntnis oder Erkennbarkeit auf Seiten des Erwerbers ankommt. Maßgeblich ist die Perspektive der Gesellschaft.

IV. Keine Anwendung des UmwG

Das Gesamtvermögensgeschäft darf nach § 179a Abs. 1 S. 1 AktG nicht unter die Vorschriften des UmwG fallen. Dies erfasst sämtliche Arten der Umwandlung i. S. d. § 1 Abs. 1 UmwG. Soll daher vertragsgemäß die Vermögensübertragung im Wege der Gesamtrechtsnachfolge erfolgen, finden ausschließlich Vorschriften des UmwG Anwendung. Bei einer Übertragung des Vermögens im Wege der Einzelrechtsnachfolge ist § 179a AktG anzuwenden.

Anlass für eine Übertragung außerhalb des UmwG nach § 179a AktG kann auch in der fehlenden Gestaltungsform, etwa bei einer grenzüberschreitenden Fusion,[233] oder der gewollten Einzelrechtsnachfolge[234] liegen.

V. Der Hauptversammlungsbeschluss

Der Beschluss der Hauptversammlung gemäß § 179a Abs. 1 AktG ist gemäß § 23 Abs. 5 AktG zwingend. Weder die Satzung noch die Hauptversammlung können die Beschlussfassung entbehrlich machen oder an ein anderes Organ der Gesellschaft oder einen Dritten delegieren.[235] Der Beschluss kann sowohl als vorherige Einwilligung gemäß § 183 BGB als auch als nachträgliche Genehmigung gemäß § 184 BGB gefasst werden[236] und bedarf gemäß § 130 Abs. 1 AktG der notariellen Beurkundung.

Es ist der Vertrag zur Übertragung des ganzen Gesellschaftsvermögens mitsamt etwaigen Nebenabreden und sonstigen Vertragsbestandteilen

233 Siehe 2. Kap. § 2 C. III.

234 *Stein*, in: MünchKomm-AktG, § 179a, Rn. 22.

235 *Seibt*, in: Schmidt/Lutter, AktG, § 179a, Rn. 13.

236 *Stein*, in: MünchKomm-AktG, § 179a, Rn. 43.

zustimmungsbedürftig. Erfolgt der Zustimmungsbeschluss nicht für alle Vertragsteile, bleibt gemäß § 139 BGB der Vertrag als Ganzes schwebend unwirksam.[237]

Aufgrund des Verweises aus § 179a Abs. 1 S. 1 AktG auf § 179 AktG bedarf der Beschluss der Mehrheit von drei Vierteln des bei Beschlussfassung vertretenen Grundkapitals. Von dieser Mehrheit kann die Satzung gemäß § 179a Abs. 1 S. 2 AktG nur mit einem höheren Mehrheitserfordernis abweichen.

VI. Die Form des Rechtsgeschäfts

Der Vertrag zur Übertragung des ganzen Gesellschaftsvermögens bedarf zu seiner Wirksamkeit der notariellen Beurkundung gemäß § 311b Abs. 3 BGB.[238] Wird dieses Formerfordernis nicht gewahrt, ist der Vertrag gemäß § 125 BGB nichtig. Eine Möglichkeit der Heilung, wie sie für § 311b Abs. 1 AktG gilt,[239] besteht nicht.

Das Erfordernis der notariellen Form folgt aus dem Sinn und Zweck des § 311b BGB, der eine Warn- und Hinweisfunktion aufgrund der Bedeutung des Rechtsgeschäfts aufweist.[240] Das Formerfordernis findet sowohl bei Rechtsgeschäften über das ganze als auch bei Rechtsgeschäften über einen Bruchteil des Vermögens Anwendung.[241] Wann dieser „Bruchteil" i. S. d. § 311b Abs. 3 BGB besteht, ist eine unbestimmte Rechengröße,[242] die in Relation zum Gesamtvermögen zu betrachten ist.[243] Es ist anzunehmen, dass, sobald das „ganze Gesellschaftsvermögen" i. S. d. § 179a Abs. 1 AktG erfasst ist, auch der „Bruchteil" i. S. d. § 311b Abs. 3 BGB erfasst wird. Eine andere Wertung widerspräche dem Sinn und Zweck des § 311b BGB mit seiner Warn- und Hinweisfunktion, die aus derselben grundsätzlichen Wertentscheidung folgt.[244]

Zutreffend lässt sich aber der Gedanke anführen, ob § 311b Abs. 3 BGB auf Gesamtvermögensgeschäfte überhaupt anzuwenden ist.[245] Zwar erstreckt sich

---

237 *Seibt*, in: Schmidt/Lutter, AktG, § 179a, Rn. 13.

238 BT-Drs. 12/6699, 177; *Ruhwinkel*, in: MünchKomm-BGB, § 311b, Rn. 118; mit Zweifeln *Leitzen*, NZG 2012, 491, 495.

239 Vgl. § 311b Abs. 1 S. 2 BGB.

240 Allg. Ansicht, vgl. u. a. *Grziwotz*, in: Erman, BGB, § 311b, Rn. 2; *Ruhwinkel*, in: MünchKomm-BGB, § 311b, Rn. 2.

241 *Ruhwinkel*, in: MünchKomm-BGB, § 311b, Rn. 117 mit Verweis auf Rn. 108.

242 *Ruhwinkel*, in: MünchKomm-BGB, § 311b, Rn. 108.

243 *Grziwotz*, in: Erman, BGB, § 311b, Rn. 91.

244 Siehe 3. Kap. § 1 C. III. 2. e) aa).

245 *Kiem*, NJW 2006, 2363, 2366 f.

das Formerfordernis grundsätzlich auch auf juristische Personen.[246] Aufgrund der bezweckten Warn- und Hinweisfunktion ist dies aber entbehrlich, da der Vertrag zur Beschlussfassung vollständig vorzulegen[247] und der Beschluss anschließend notariell zu beurkunden[248] ist. Schon die grundsätzliche Beschlussvorlage wird eine hinreichende Warn- und Hinweisfunktion erfüllen. Da es jedoch dem ausdrücklichen Willen des Gesetzgebers entspricht, dass § 311b Abs. 3 BGB anzuwenden ist,[249] obliegt es dem Gesetzgeber, eine – aus vorstehenden Gründen zu befürwortende – Änderung des Anwendungsbereichs von § 311b Abs. 3 BGB vorzunehmen.

Der Vertrag zur Übertragung des ganzen Gesellschaftsvermögens bedarf somit stets der notariellen Beurkundung nach § 311b Abs. 3 BGB, dies sollte in praktischer Hinsicht aufgrund einiger rechtlicher Unklarheiten zur Vermeidung der Nichtigkeitsfolge in jedem Fall erfolgen.[250]

VII. Die Rechtsfolge der Zustimmung

Beschließt die Hauptversammlung mit der erforderlichen Stimmmehrheit, dass die Veräußerung des ganzen Vermögens entsprechend dem vorgelegten Vertrag erfolgen soll, ist die Zustimmung zum Rechtsgeschäft erfolgt. Es hängt nunmehr davon ab, ob die Zustimmung als Einwilligung oder Genehmigung erfolgte. Erstere würde den Vertrag mangels notarieller Beurkundung (§ 311b Abs. 3 BGB) noch nicht wirksam werden lassen, letztere hingegen schon.

Durch die wirksame Beschlussfassung wird gemäß § 83 Abs. 2 AktG der Vorstand beziehungsweise das vertretungsberechtigte Organ verpflichtet, den Vertrag durchzuführen,[251] somit insbesondere das Formerfordernis zu wahren und herbeizuführen.

Mit vollständiger Wirksamkeit des Vertrags entsteht für die Gesellschaft die schuldrechtliche Verpflichtung, die Übertragung des Vermögens auf den Vertragspartner vorzunehmen. Im Gegenzug besteht zu Gunsten der Gesellschaft der vertragliche Gegenleistungsanspruch. Die Gegenleistung darf jedoch nicht

246 *Ruhwinkel*, in: MünchKomm-BGB, § 311b, Rn. 117.
247 § 179a Abs. 2 S. 1 AktG.
248 § 130 Abs. 1 AktG.
249 BT-Drs. 12/6699, 177.
250 *Eickelberg/Mühlen*, NJW 2011, 2476, 2481.
251 *Stein*, in: MünchKomm-AktG, § 179a, Rn. 44.

an die Aktionäre erfüllt werden. Dies wäre als verbotene Einlagenrückgewähr nach § 57 Abs. 1 S. 1 AktG zu qualifizieren.[252]

D. Die Rechtsfolge der fehlenden Zustimmung

I. Die Rechtsfolge für das Verpflichtungsgeschäft

Liegt keine Zustimmung der Hauptversammlung vor, ist zunächst zu differenzieren, ob das Zustimmungserfordernis gemäß § 179a Abs. 1 AktG bestand. Ist § 179a Abs. 1 AktG nicht einschlägig, so ist die Zustimmung der Hauptversammlung *de jure* nicht erforderlich. Der Vorstand kann im Rahmen seiner Leitungsmacht den Vertrag abschließen.

Anders stellt sich der Sachverhalt dar, wenn § 179a Abs. 1 AktG einschlägig ist. Lehnt die Hauptversammlung den Vertrag mittels Beschlusses ab, ist dieser nach herrschender Meinung endgültig unwirksam.[253] Diese Außenwirkung folgt aus der einhergehenden Beschränkung der Vertretungsmacht des Vorstands durch § 179a AktG.[254] Gegen diese Außenwirkung spricht auch nicht der veränderte Wortlaut des § 179a AktG im Vergleich zu § 361 AktG von 1965.[255] Der Gesetzgeber nahm eine systematische Umstellung, keine inhaltliche Veränderung vor.[256]

Der Beschluss gemäß § 179a Abs. 1 AktG unterliegt dem allgemeinen Beschlussmängelrecht. Dies führt zur Frage, welche Folge ein nichtiger oder wirksam angefochtener Beschluss auf den Vertrag hat. Teilweise[257] wird die endgültige Unwirksamkeit des Vertrags befürwortet, teilweise[258] wird eine erneute Beschlussfassung vor der Verfügung als zulässig erachtet. Zutreffend ist nicht ersichtlich, wieso die endgültige Unwirksamkeit aus einem Beschlussmangel folgen soll,[259] denn insbesondere bei formellen Mängeln ist anzunehmen, dass bei einer erneuten Beschlussfassung erneut der Vertrag beschlossen werden wird. Wurde vor Anfechtung das Verfügungsgeschäft bereits durchgeführt, so finden

252 Siehe 2. Kap. § 3 B.

253 BGH, Urteil vom 08.01.2019 – II ZR 364/18 = NZG 2019, 505, Rn. 10 m. w. N.

254 *Eschwey*, MittBayNot 2018, 299, 302.

255 So aber *Scheel*, FS Wegen, S. 297, 308.

256 BGH, Urteil vom 08.01.2019 – II ZR 364/18 = NZG 2019, 505, Rn. 10.

257 *Seibt*, in: Schmidt/Lutter, AktG, § 179a, Rn. 17; *Stein*, in: MünchKomm-AktG, § 179a, Rn. 35.

258 *Holzborn*, in: BeckOGK-AktG, § 179a, Rn. 25; *Koch*, in: Koch, AktG, § 179a, Rn. 14; *Hüren*, RNotZ 2014, 77, 84.

259 *Hüren*, RNotZ 2014, 77, 84.

die bereicherungsrechtlichen Vorschriften der §§ 812 ff. BGB Anwendung, wenn vorher keine erneute zustimmende Beschlussfassung stattgefunden hat.[260] Ist die Zustimmung absehbar, wird sich der Erwerber zudem auf die *dolo-agit*-Einrede berufen können.

II. Ansprüche gegen Vorstand und Gesellschaft

Unterzeichnet der Vorstand einen Vertrag, der die Gesellschaft zur Übertragung ihres ganzen Gesellschaftsvermögens i. S. d. § 179a AktG verpflichtet, ohne die erforderliche Zustimmung der Hauptversammlung einzuholen, können dem Erwerber, den Aktionären und der Gesellschaft dem Grunde nach Schadensersatzansprüche zustehen.

1. Schadenersatzansprüche des Erwerbers gegen Vorstand und Gesellschaft

Schließt der Vorstand mit einem Dritten einen Vertrag über die Übertragung des ganzen Gesellschaftsvermögens ohne die erforderliche Zustimmung der Hauptversammlung ab und erfolgt keine Genehmigung, so stehen dem Erwerber gegen den Vorstand und die Gesellschaft gemäß § 31 BGB (analog) gesamtschuldnerische Ansprüche auf Schadensersatz zu.[261]

Da der Vorstand in diesem Fall zudem als Vertreter ohne Vertretungsmacht auftritt, finden die §§ 177 ff. BGB Anwendung.[262] Daneben sind auch Ansprüche auf Schadensersatz nach den §§ 823 ff. BGB und wegen der Verletzung der Aufklärungspflicht über § 179a AktG aus *culpa in contrahendo* denkbar.

2. Schadenersatzansprüche der Aktionäre gegen den Vorstand

Der Vorstand macht sich auch gegenüber den Aktionären als Gesamtschuldner[263] schadensersatzpflichtig, auch wenn eine unmittelbare Haftung mangels Sonderbeziehung nur in Ausnahmefällen möglich ist.[264]

Veräußert der Vorstand ohne Zustimmung der Aktionäre das Vermögen der Gesellschaft, so kann dies einen Anspruch auf Schadensersatz gemäß § 823

260 *Holzborn*, in: BeckOGK-AktG, § 179a, Rn. 25; *Koch*, in: Koch, AktG, § 179a, Rn. 14.
261 *Ritter*, in: Schüppen/Schaub, MAHdB AktienR, § 24, Rn. 36.
262 *Stellmann/Stoeckle*, WM 2011, 1983, 1987.
263 *Ritter*, in: Schüppen/Schaub, MAHdB AktienR, § 24, Rn. 36.
264 *Ritter*, in: Schüppen/Schaub, MAHdB AktienR, § 24, Rn. 56.

Abs. 1 BGB begründen, da das als „sonstiges Recht" geschützte Mitgliedsrecht der Aktionäre verletzt werden könnte.[265]

Auch die §§ 823 Abs. 2, 826 BGB sind im Einzelfall denkbar. Jedoch folgt ein Anspruch aus § 823 Abs. 2 BGB nicht bereits aus der Missachtung des § 179a AktG. § 179a AktG weist nicht den für die Qualifizierung als Schutzgesetz i. S. d. § 823 Abs. 2 BGB erforderlichen Schutz von Individualrechten[266] auf. § 179a Abs. 1 AktG überträgt der Hauptsammlung als Kollektivorgan die Entscheidung über eine faktische Satzungsänderung.

Neben diesen aus dem BGB folgenden Ansprüchen ist auch ein Anspruch gemäß § 117 Abs. 2 AktG denkbar, dies dürfte insbesondere bei der übertragenden Auflösung in Betracht kommen.

3. *Schadenersatzansprüche der Gesellschaft gegen den Vorstand*

Schließt der Vorstand ohne eine Zustimmung der Hauptversammlung gemäß § 179a Abs. 1 AktG ein Gesamtvermögensgeschäft ab, so begründet dies Ansprüche der Gesellschaft gegen den Vorstand. Gemäß § 112 AktG wird die Gesellschaft gegenüber ihrem Vorstand durch den Aufsichtsrat vertreten.

Ein Anspruch könnte sich aus der Innenhaftung des § 93 Abs. 2 AktG wegen einer Pflichtverletzung ergeben. Es wäre gemäß § 82 Abs. 2 AktG die Pflicht des Vorstands gewesen, die Entscheidung der Hauptversammlung einzuholen.[267] Zu berücksichtigen ist jedoch, dass sich der Vorstand auf die *Business Judgement Rule*[268] berufen kann, auch wenn der Vorstand gemäß § 93 Abs. 2 S. 2 AktG beweisbelastet ist. Ein Ausschluss der Ersatzpflicht nach § 93 Abs. 4 AktG ist bei einer Verletzung des § 179a AktG mangels gesetzmäßigen Beschlusses der Hauptversammlung nicht möglich.

Neben eigenen Schadensersatzansprüchen gegen den Vorstand könnten auch Regressansprüche gemäß den §§ 421, 426 BGB, 93 Abs. 2 AktG bestehen,[269] sofern die Gesellschaft nach § 31 BGB (analog) in Anspruch genommen wird. Auch sind Ansprüche infolge verbotener Einlagenrückgewähr gemäß §§ 57, 62 AktG und Zahlungen trotz Zahlungsunfähigkeit oder Überschuldung gemäß den §§ 92 Abs. 2, 93 Abs. 3 Nr. 6 AktG möglich.

---

265 *Wagner*, in: MünchKomm-BGB, § 823, Rn. 351.

266 *Wagner*, in: MünchKomm-BGB, § 823, Rn. 562.

267 *Spindler*, in: MünchKomm-AktG, § 82, Rn. 30, 33.

268 § 93 Abs. 1 S. 2 AktG.

269 *Ritter*, in: Schüppen/Schaub, MAHdB AktienR, § 24, Rn. 117.

E. Die (Nicht-)Disponibilität des § 179a AktG

Grundsätzlich überträgt § 179a AktG die Zuständigkeit zum Abschluss eines Gesamtvermögensgeschäfts auf die Hauptversammlung. Es wäre jedoch denkbar, dass dem Vorstand durch eine abstrakte Ermächtigung die Befugnis erteilt wird, ein Gesamtvermögensgeschäft im Rahmen seiner Leitungsmacht ohne Zustimmung der Hauptversammlung abzuschließen. Es würde § 179a AktG demzufolge abbedungen werden. Eine derartige Ermächtigungsgrundlage in der Satzung wäre jedoch gemäß § 23 Abs. 5 AktG unzulässig.

Anders stellt sich dies jedoch bei einer Ermächtigung durch den Bestellungsakt oder den Anstellungsvertrag dar. Eine dortige Ermächtigung wäre nicht unmittelbar durch § 23 Abs. 5 AktG ausgeschlossen, da der Wortlaut die Geltung des § 23 Abs. 5 AktG ausdrücklich auf die Satzung beschränkt.[270] Weder die organschaftliche Bestellung noch der schuldrechtliche Anstellungsvertrag sind jedoch Satzungsbestandteil. Es stellt sich daher die Frage, ob eine Delegierung der Kompetenz aus § 179a Abs. 1 AktG auf den Vorstand rechtlich zulässig ist. Dies ist von Relevanz, da – unabhängig von den Auswirkungen auf § 179a AktG – eine zulässige Kompetenzdelegierung möglichen Schadensersatzansprüchen[271] der Gesellschaft gegen ihren Vorstand entgegengehalten werden könnte oder ein Dritter sich auf einen gesteigerten Vertrauenstatbestand berufen könnte.

Es handelt sich bei der organschaftlichen Bestellung des Vorstands um die „*Kurzbezeichnung des sozial- oder körperschaftsrechtlichen Aktes, durch den eine Person zum Organmitglied des Vorstands berufen wird und hierdurch die mit einem Vorstandsmitglied verbundene Rechts- und Pflichtenstellung sowohl im Innen- als auch im Außenverhältnis erlangt*“.[272] Die Bestellung wird gemäß § 84 Abs. 1 S. 1 AktG durch den Aufsichtsrat dem Empfänger gegenüber kundgetan, der sein Einverständnis zur Wirksamkeit erklären muss.[273] Mit dem Bestellungsakt stehen dem Bestellten die Rechte und Pflichten aus dem AktG zu.[274] Da die Bestellung gemäß § 108 Abs. 1 AktG mittels Aufsichtsratsbeschlusses erfolgt und der zu Bestellende lediglich sein Einverständnis erklärt, ist ein ergänzendes Erteilen von Rechten und Pflichten, etwa einer Kompetenzdelegierung, nicht Gegenstand des Vorgangs der organschaftlichen Bestellung. Mithin stellt sich die genannte Problematik nicht bei der Bestellung eines Vorstandsmitglieds.

---

270 *Kuntz*, AG 2016, 101, 109.

271 Siehe 2. Kap. § 1 D. II. 2. und 3.

272 *Seibt*, in: Schmidt/Lutter, AktG, § 84, Rn. 6.

273 *Seibt*, in: Schmidt/Lutter, AktG, § 84, Rn. 6.

274 *Seibt*, in: Schmidt/Lutter, AktG, § 84, Rn. 21.

Dies gilt jedoch nicht für den schuldrechtlichen Anstellungsvertrag des Vorstands. Dieser ist als Dienstvertrag zu qualifizieren,[275] sodass die §§ 611 ff. BGB Anwendung finden. Folglich sind vertragliche Vereinbarungen möglich, sodass auch eine Vereinbarung denkbar wäre, die eine Kompetenzdelegierung vorsieht. In diesem Falle würde § 23 Abs. 5 AktG nicht unmittelbar eingreifen.[276] Die Zulässigkeit könnte jedoch an einer entsprechenden Anwendung des § 23 Abs. 5 AktG oder unmittelbar an § 134 BGB scheitern. Für diese Beurteilung ist zwischen der Kompetenzdelegierung ohne erfolgte Zustimmung und mit erfolgter Zustimmung der Hauptversammlung zu unterscheiden.

Im ersten Fall ist § 134 BGB nicht anwendbar, da das Bestehen von Gestaltungsmacht erforderlich ist.[277] Diese bestand jedoch nicht zu Gunsten des Aufsichtsrates, der gemäß § 84 Abs. 1 S. 5 AktG für den Abschluss des Anstellungsvertrags zuständig ist. Eine solche Entscheidung durch den Aufsichtsrat würde unmittelbar in die Kompetenz der Hauptversammlung aus § 179a AktG eingreifen, sodass etwaige Regelungen unwirksam wären.[278] Mangels Dispositionsbefugnis des Aufsichtsrats besteht schlicht keine Möglichkeit, eine derartige Vereinbarung im Anstellungsvertrag zu treffen.

Erfolgt die Vereinbarung jedoch mit Zustimmung der Hauptversammlung, so ist der Verweis auf die fehlende Dispositionsbefugnis nicht mehr möglich. In diesem Falle ergibt sich die Unwirksamkeit jedoch aus entsprechender Anwendung des § 23 Abs. 5 AktG, sodass ein Rückgriff auf § 134 BGB nicht erforderlich ist. Dies folgt daraus, dass andernfalls die Satzungsstrenge, die durch § 23 Abs. 5 AktG gewahrt wird, unterlaufen werden würde, wenn entsprechende Regelungen durch schuldrechtliche Vereinbarungen umgangen werden würden. Das AktG weist in den §§ 179 ff. AktG besondere Regelungen für Satzungsänderungen auf, die insbesondere eine Kompetenzzuweisung an die Hauptversammlung als internes Willensbildungsorgan der Gesellschaft beinhalten. Das Telos des § 23 Abs. 5 AktG ist die Standardisierung der Gesellschaftsstruktur und weist daneben auch einen sozialschützenden Charakter auf.[279] Würde man eine Delegierung der Kompetenz aus § 179a Abs. 1 AktG auf den Vorstand zulassen, so würde das Ziel der Satzungsstrenge unterlaufen. Es wäre möglich, die

275 BGH, Urteil vom 11.07.1953 – II ZR 126/52 = NJW 1953, 1465, 1465.

276 *Kuntz*, AG 2016, 101, 109.

277 BGH, Urteil vom 28.04.1954 – II ZR 8/53 = NJW 1954, 1155, 1156; BGH, Urteil vom 14.10.1963 – VII ZR 33/62 = NJW 1964, 243, Ls.

278 Vgl. zur Delegierungsbefugnis des Vorstands *Kuntz*, AG 2020, 808, 818.

279 *Seibt*, in: Schmidt/Lutter, AktG, § 23, Rn. 53.

bezweckte Standardisierung schuldvertraglich abzubedingen. Zudem würde auch der Schutz der Gesellschafter aus § 179a AktG unterlaufen und folglich der sozialschützende Charakter umgangen werden. Eine derartige Regelung würde im Anstellungsvertrag des Vorstands eine Gesetzesumgehung darstellen mit der Rechtsfolge, dass § 23 Abs. 5 AktG entsprechend Anwendung findet.[280] Folglich wäre eine entsprechende vertragliche Regelung unzulässig.

Es ist daher im Ergebnis festzuhalten, dass der Aufsichtsrat nicht alleinig mit dem Vorstand eine Ermächtigung vereinbaren kann, die vorsieht, dass ein Gesamtvermögensgeschäft der Alleinzuständigkeit des Vorstands unterfällt. Selbiges gilt in Bezug auf eine derartige Ermächtigung infolge einer Regelung in der Satzung oder dem Anstellungsvertrag, die durch die Hauptversammlung genehmigt worden ist. In beiden Fällen findet § 23 Abs. 5 AktG (entsprechend) Anwendung.

F. Das Informationsrecht aus § 179a Abs. 2 AktG

Für die Beschlussfassung nach § 179a Abs. 1 AktG müssen die Aktionäre eine umfassende Kenntnis über den Vertrag sowie zusammenhängender Dokumente haben. Deshalb gewährt § 179a Abs. 2 AktG besondere Rechte zu Gunsten der Aktionäre, die eine Erlangung von Informationen ermöglichen.

I. Der Anwendungsbereich

Um die für die Beschlussfassung notwendige Informationserlangung sicherzustellen,[281] gibt § 179a Abs. 2 AktG den Aktionären ein im Vergleich zu § 124 Abs. 2 S. 3 AktG umfassenderes Recht auf Informationen.[282]

Gemäß § 179a Abs. 2 S. 1, S. 2 AktG hat die Gesellschaft in ihren Geschäftsräumen[283] den Vertrag, über den die Hauptversammlung den entsprechenden Beschluss fassen soll, in seinem vollständigen Wortlaut[284] auszulegen und auf Verlangen eines Aktionärs eine Abschrift herauszugeben. Dies erfasst alle Schriftstücke, die der Hauptversammlung zur Beschlussfassung zu unterbreiten sind.[285]

---

280 Siehe zu den Voraussetzungen und der Rechtsfolge einer Gesetzesumgehung 2. Kap. § 2 B. II. 1. a).

281 BT-Drs. 12/6699, 177.

282 *Stein*, in: MünchKomm-AktG, § 179a, Rn. 59.

283 Ausreichend ist eine Auslage am Sitz der Verwaltung: BGH, Urteil vom 22.03.2011 – II ZR 229/09 = NJW-RR 2011, 976, 977.

284 *Stein*, in: MünchKomm-AktG, § 179a, Rn. 60.

285 *Stein*, in: MünchKomm-AktG, § 179a, Rn. 61.

Mit dem ARUG wurde zur Verringerung des Bürokratieaufwands für die Gesellschaft und zur erleichterten Teilhabe ortsfremder oder internationaler Aktionäre[286] der Satz 3 neu eingeführt, nach dem die Pflichten aus Satz 1 und 2 entfallen, wenn die erforderlichen Unterlagen über die Internetseite der Gesellschaft zugänglich gemacht werden.[287]

Neben diesen Möglichkeiten der eigenen Informationsbeschaffung durch Aktionäre bietet § 179a Abs. 2 S. 5 AktG eine weitere Informationsquelle, die durch den Vorstand zu erfüllen ist. Dieser hat zu Beginn der Verhandlung den Vertrag zu erläutern. Dies beschränkt sich nicht auf eine zusammengefasste Wiedergabe, sondern muss in umfassender Weise, insbesondere unter Darlegung der rechtlichen und ökonomischen Folgen für die Gesellschaft sowie der maßgeblichen Faktoren für die vereinbarte Gegenleistung, erfolgen.[288]

Diesen Informationsrechten folgt mit § 179a Abs. 2 S. 6 AktG die Pflicht zur Beifügung des Vertrags zur Niederschrift, die eine Publizitätsfunktion erfüllt.[289]

II. Analoge Erweiterung des Anwendungsbereichs?

Das Informationsrecht aus § 179a Abs. 2 AktG betrifft unmittelbar Gesamtvermögensgeschäfte. Da weitere Szenarien denkbar und anerkannt sind, in denen ein wesentliches Rechtsgeschäft im Innenverhältnis der Zustimmung der Hauptversammlung bedarf, ohne dass diese Auswirkungen auf das Außenverhältnis haben, stellt sich die Frage, ob auch in diesen Szenarien § 179a Abs. 2 AktG entsprechend anzuwenden ist. Derartige Szenarien können insbesondere die Zustimmung der Hauptversammlung auf Verlangen des Vorstands gemäß § 119 Abs. 2 AktG oder nach den *Holzmüller-/Gelatine*-Entscheidungen[290] sein.

Der BGH hat in seiner *Altana/Milupa*-Entscheidung[291] zu den beiden ersten Zustimmungsgründen eine analoge Anwendung des § 179a Abs. 2 AktG angenommen. Die analoge Anwendung folgt dabei nicht aus einer Gesamtanalogie, wie von der Vorinstanz[292] angenommen, sondern aus einer Analogie im

286 BT-Drs. 16/11642, 35 mit Verweis auf S. 24.

287 BGBl. I 2009, 2479, 2485.

288 *Stein*, in: MünchKomm-AktG, § 179a, Rn. 63.

289 *Stein*, in: MünchKomm-AktG, § 179a, Rn. 64.

290 BGH, Urteil vom 25.02.1982 – II ZR 174/80 (*Holzmüller*) = NJW 1982, 1703; BGH, Urteil vom 26.04.2004 – II ZR 154/02 (*Gelatine-I*) = NZG 2004, 575; BGH, Urteil vom 26.04.2004 – II ZR 155/02 (*Gelatine-II*) = NJW 2004, 1860.

291 BGH, Urteil vom 15.01.2001 – II ZR 124/99 (*Altana/Milupa*) = NJW 2001, 1277.

292 OLG Frankfurt a. M., Urteil vom 23.03.1999 – 5 U 193/97 = NZG 1999, 887, 888; weiterhin für Gesamtanalogie: *Zetzsche*, in: KölnKomm-AktG, § 179a, Rn. 36.

Einzelfall, die möglich ist, wenn ein mit der Norm vergleichbarer Sachverhalt besteht.[293] Dies bestand in *Altana/Milupa*, da der Vorstand im Hinblick auf die *Holzmüller*-Grundsätze eine prophylaktische Zustimmung der Hauptversammlung in den Vertrag aufnahm und ein vertragliches Rücktrittsrecht bei ausbleibender Zustimmung vereinbart wurde. Dies begründet nach Ansicht des BGH eine Vergleichbarkeit, da – wie auch bei § 179a Abs. 1 AktG – die Wirksamkeit des Vertrags mit der Zustimmung der Hauptversammlung verknüpft ist, sodass der Hauptversammlung ein Anspruch auf Informationen nach § 179a Abs. 2 AktG analog zusteht.[294]

Dem folgt die herrschende Meinung[295] und ist zuzustimmen, sofern es um Zustimmungserfordernisse der Hauptversammlung geht, die vertraglich oder durch den Vorstand nach § 119 Abs. 2 AktG eingeräumt werden. Folgt aus dem Gesetz, dass der Hauptversammlung für die Beschlussfassung über einen struktureingreifenden Vertrag ein Anspruch auf besonders umfassende Informationen zusteht, muss dies auch gelten, wenn die Beschlussfassung nicht *de jure*, sondern vertraglich notwendig ist.[296]

Fraglich ist, ob dies auch dann gilt, wenn das Zustimmungserfordernis nach den *Holzmüller-/Gelatine*-Grundsätzen besteht, wie es teilweise mit dem vorstehenden vertraglichen oder aus § 119 Abs. 2 AktG folgenden Zustimmungserfordernis befürwortet wird.[297] Eine analoge Anwendung folgt mangels Bezugnahme nicht bereits aus der *Altana/Milupa*-Entscheidung.[298] Der Vorstand nahm das Zustimmungserfordernis im Hinblick auf die *Holzmüller*-Grundsätze prophylaktisch in den Vertrag auf. Das Zustimmungserfordernis bestand somit aus Vertrag, nicht aus den *Holzmüller*-Grundsätzen. Der BGH machte diesbezüglich auch keine Ausführungen. Unter Anwendung der *Altana/Milupa*-Grundsätze zur analogen Anwendung des § 179a Abs. 2 AktG, die im Einzelfall zulässig ist, sofern ein mit der Norm vergleichbarer Sachverhalt besteht, ist dies abzulehnen. Bereits in seiner *Holzmüller*-Entscheidung hat der BGH klargestellt, dass Sachverhalte, die ein Zustimmungserfordernis nach § 179a Abs. 1 AktG erfordern,

---

293 BGH, Urteil vom 15.01.2001 – II ZR 124/99 (*Altana/Milupa*) = NJW 2001, 1277, 1279.

294 BGH, Urteil vom 15.01.2001 – II ZR 124/99 (*Altana/Milupa*) = NJW 2001, 1277, 1279.

295 *Stein*, in: MünchKomm-AktG, § 179a, Rn. 65 m. w. N.

296 So zutreffend *Stein*, in: MünchKomm-AktG, § 179a, Rn. 66.

297 *Ehmann*, in: Grigoleit, AktG, § 179a, Rn. 10; *Haberstock/Greitemann*, in: Hölters/Weber, AktG, § 179a, Rn. 15; *Seibt*, in: Schmidt/Lutter, AktG, § 179a, Rn. 18; wohl auch *Holzborn*, in: BeckOGK-AktG, § 179a, Rn. 29 f.; *Stein*, in: MünchKomm-AktG, § 179a, Rn. 65 f.

298 So aber *Ehmann*, in: Grigoleit, AktG, § 179a, Rn. 10, (Fn. 45).

nicht mit Sachverhalten, die den entwickelten *Holzmüller*-Grundsätzen unterliegen, vergleichbar sind.[299] Besteht ein Zustimmungserfordernis nicht *ex lege* aus § 179a Abs. 1 AktG, sondern *ex ratio* aus der *Holzmüller-/Gelatine*-Rechtsprechung, fehlt es an einem vergleichbaren Sachverhalt.[300]

Mithin ist § 179a Abs. 2 AktG entsprechend anzuwenden, wenn die Hauptversammlung aufgrund einer vertraglichen Grundlage oder gemäß § 119 Abs. 2 AktG dem Rechtsgeschäft zustimmen soll. Es besteht jedoch kein Zustimmungserfordernis, wenn die Zustimmung gemäß der *Holzmüller-/Gelatine*-Rechtsprechung erforderlich ist.

G. Die Regelung des § 179a Abs. 3 AktG

Gemäß § 179a Abs. 3 AktG hat die Gesellschaft nach beschlossener Auflösung gemäß § 262 Abs. 1 Nr. 2 AktG im Zusammenhang mit einem Gesamtvermögensgeschäft der Anmeldung der Auflösung gemäß § 263 AktG den entsprechenden Vertrag beizufügen. Auch wenn der unmittelbare Regelungsgehalt marginal ist, ermöglicht Abs. 3 den Gläubigern der Gesellschaft, durch die Transparenz des Vertrags einen Überblick über Vermögens- und Haftungsverhältnisse der Liquidationsgesellschaft zu erlangen.[301] Mittelbar gibt § 179a Abs. 3 AktG wieder, dass – entgegen § 303 HGB von 1897 – die Auflösung keine zwingende Rechtsfolge des Gesamtvermögensgeschäfts ist.[302] Die Entscheidung über den Fortbestand der Gesellschaft obliegt der Hauptversammlung, nur sie kann – auch aus Anlass des Gesamtvermögensgeschäfts[303] – beschließen, dass die Gesellschaft liquidiert werden soll.

H. Das Verhältnis von § 179a AktG und Art. 9 Abs. 1 der GesRRL

Das nationale Gesellschaftsrecht unterliegt einem steten Einfluss durch das Europarecht und Maßnahmen der Europäischen Union (EU), namentlich durch die europäischen Grundfreiheiten, Rechtsakte der EU und die Schaffung neuer europäischer Gesellschaftsrechtsformen. Zu den Rechtsakten mit einem erheblichen Einfluss auf das nationale Gesellschaftsrecht zählt die GesRRL[304], vormals

---

299 BGH, Urteil vom 25.02.1982 – II ZR 174/80 (*Holzmüller*) = NJW 1982, 1703, 1704 f.

300 So zutreffend *Zetzsche*, in: KölnKomm-AktG, § 179a, Rn. 65.

301 *Stein*, in: MünchKomm-AktG, § 179a, Rn. 67.

302 Amtliche Begründung zu § 255 AktG von 1937, abgedruckt in *Klausing*, S. 219.

303 *Stein*, in: MünchKomm-AktG, § 179a, Rn. 70.

304 RL 2017/1132/EU.

Publizitätsrichtlinie[305] (PublRL), die mit Art. 9 Abs. 1 GesRRL zum Schutz von Interessen Dritter[306] eine konkrete Regelung mit engem Bezug zu § 179a AktG aufweist.

Gemäß Art. 9 Abs. 1 UAbs. 1 GesRRL wird die Gesellschaft gegenüber Dritten durch Handlungen ihrer Organe verpflichtet, auch wenn diese Handlungen nicht zum Unternehmensgegenstand gehören. Ausgenommen sind hiervon Handlungen, die außerhalb der gesetzlich zugewiesenen Befugnisse liegen. Gesetzlich zugewiesene Handlungen verpflichten nach UAbs. 2 die Gesellschaft jedoch nicht, wenn diese beweisen kann, dass der Dritte Kenntnis hatte oder aufgrund der Umstände haben musste, dass das betreffende Organ außerhalb seiner Befugnisse handelte. Der Wortlaut von Art. 9 Abs. 1 GesRRL ist identisch mit der Vorgängerregelung in Art. 10 Abs. 1 PublRL und führt zur Frage, in welchem Verhältnis Art. 9 Abs. 1 GesRRL zu § 179a AktG steht.

Teilweise wird angenommen, dass aufgrund des mit Art. 9 Abs. 1 GesRRL verfolgten Schutzes Dritter eine Auslegung des § 179a Abs. 1 AktG zu Lasten des Dritten nicht erfolgen kann.[307] Diese Ansichten verkennen jedoch, dass § 179a AktG schon in seinem ausdrücklichen Wortlaut nicht von Art. 9 Abs. 1 GesRRL erfasst wird. Die Frage nach einer Zulässigkeit der Auslegung ist folglich obsolet. Art. 9 Abs. 1 GesRRL erfasst Rechtshandlungen eines Organs der Gesellschaft, dessen Kompetenz für die Handlung *de jure* besteht. § 179a Abs. 1 AktG weist die Handlungskompetenz jedoch der Hauptversammlung zu. Somit besteht keine Handlungskompetenz des zur Vertretung und somit zur Vornahme von Rechtshandlungen gegenüber Dritten befugten Vorstands als Organ i. S. d. Art. 9 Abs. 1 GesRRL. Vielmehr ist die Hauptversammlung als handelndes Organ i. S. d. Art. 9 Abs. 1 GesRRL zu verstehen, dieser ist *de jure* die Kompetenz zugewiesen.

Auch der zweite Unterabsatz von Art. 9 Abs. 1 GesRRL führt zu keinem anderen Ergebnis. Dieser knüpft ausdrücklich daran an, dass die Gesellschaft nach dem ersten Unterabsatz gegenüber einem Dritten durch ihr handelndes Organ verpflichtet wird, und macht diesbezüglich eine Rückausnahme, wenn durch nationale Vorschriften die Verpflichtung bei Bösgläubigkeit des Dritten nicht besteht. Da ein Verstoß des Vorstands gegen § 179a Abs. 1 AktG jedoch nicht vom ersten Unterabsatz erfasst wird, kann der zweite Unterabsatz schon seinem Wortlaut nach nicht zur Anwendung gelangen.

---

305 RL 2009/101/EG.

306 ABl. EU 2017, Nr. L 169/48, Ziff. 7.

307 *Servatius*, FS Stilz, S. 601, 606 f.; *Bredthauer*, NZG 2008, 816, 817 ff.

Art. 9 Abs. 1 GesRRL und § 179a AktG sind somit unabhängig voneinander anzuwenden, da Rechtshandlungen des Vorstands, die nach § 179a Abs. 1 AktG zustimmungsbedürftig sind, nicht unter Art. 9 Abs. 1 GesRRL fallen.[308]

§ 2 Die Gründe für eine Übertragung des ganzen Gesellschaftsvermögens

Entschließt sich eine Gesellschaft dazu, ihr ganzes Vermögen zu veräußern, so stellt dies ein Rechtsgeschäft von erheblicher Bedeutung dar. Diese Bedeutung wirft die Frage auf, aus welchen Anlässen ein derartiges Geschäft in Betracht gezogen werden kann.

A. Die Verpflichtung zur Übertragung als wirtschaftliche Entscheidung

I. Die Verpflichtung zur Übertragung aus wirtschaftlichen Gründen

Eine Übertragung des ganzen Gesellschaftsvermögens kann aus wirtschaftlichen Gründen erfolgen, indem etwa der Unternehmensgegenstand durch das Geschäft verfolgt wird. Insbesondere bei Gesellschaften, deren Vermögen aus einigen wenigen Vermögenswerten oder einem einzigen Vermögenswert besteht, kommt dies in Betracht, aber auch bei Projektgesellschaften.[309]

Ein Gesamtvermögensgeschäft kann sich jedoch auch aus steuerlichen Gesichtspunkten anbieten, etwa zur Steueroptimierung in Familiengesellschaften.[310] Wird beispielsweise ein Grundstück mit vermieteter Bebauung im Eigentum einer GbR[311] gehalten, kann es aus einkommensteuerlichen Gesichtspunkten Vorteile bieten, das Grundstück sowie seine einkommensbringende Bebauung in eine Kapitalgesellschaft einzubringen, um vom festen Steuersatz von 15 Prozentpunkten gemäß § 23 Abs. 1 KStG zu profitieren.[312]

---

308 *Habersack*, in: MünchKomm-AktG, Einl., Rn. 123.

309 Siehe 2. Kap. § 1 B. I. 2.

310 *Oppermann*, RNotZ 2005, 453, 457 f.

311 Siehe zur Frage der Anwendung des § 179a AktG auf Personengesellschaften das 4. Kap. § 1.

312 Würde in diesem Beispiel das Grundstück mit seiner Bebauung in einer zwei Personen-GbR geführt werden, würden die Einnahmen nach dem jeweiligen persönlichen Einkommensteuersatz versteuert werden.

II. Die Änderung der Geschäftsstrategie

Ein Gesamtvermögensgeschäft kann auch zur Änderung der Geschäftsstrategie erfolgen. Soll beispielsweise das Geschäft oder Geschäftsfeld aufgegeben und die Vermögenswerte veräußert werden,[313] die Tätigkeit in eine andere Gesellschaft verlagert werden[314] oder stellt das Geschäft den Versuch dar, eine drohende Zahlungsunfähigkeit durch den Verkauf bestimmter Vermögenswerte der Gesellschaft abzuwenden,[315] so werden diese geschäftsstrategischen Entscheidungen oftmals als Verpflichtung zur Übertragung des ganzen Gesellschaftsvermögens zu bewerten sein.

III. Der Rückzug einer börsennotierten Gesellschaft

Eine börsennotierte Gesellschaft, auf die § 179a AktG Anwendung findet, kann mit der Übertragung ihres ganzen Gesellschaftsvermögens ferner den Rückzug aus dem amtlichen Handel und dem geregelten Markt anstreben, dem sogenannten kalten Delisting.[316] Im Unterschied zum echten Delisting[317], bei dem der Vorstand der Gesellschaft gemäß § 39 Abs. 2 BörsG einen Antrag auf Widerruf der Börsenzulassung stellen kann,[318] erfolgt beim kalten Delisting eine Strukturmaßnahme, die mit der Übertragung des ganzen Gesellschaftsvermögens auf eine nicht börsennotierte Gesellschaft sowie anschließender Liquidation der börsennotierten Gesellschaft erreicht wird.[319]

Das kalte Delisting weist in Bezug auf die Übertragung und Liquidation starke Parallelen zur übertragenden Auflösung[320] auf. Einzig die notwendige Börsennotierung bei einem kalten Delisting und das Geschäft mit einem Mehrheitsaktionär bei einer übertragenden Auflösung stellen Unterschiede dar.

---

313 *Bayer/Lieder/Hoffmann*, AG 2017, 717, 722 f.

314 *Bayer/Lieder/Hoffmann*, AG 2017, 717, 723.

315 *Brocker/Schulenburg*, BB 2015, 1993, 1997; siehe dazu auch den Versuch der *Kölner Riebeck Brauerei AG* auf der Hauptversammlung der *Deutschen Bank AG* im Jahr 2018, 2. Kap. § 1 A. IV.

316 *Bayer/Lieder/Hoffmann*, AG 2017, 717, 724.

317 Vereinzelnd auch unter den Begriff des „regulären Delistings" gefasst: *Habersack*, in: Habersack/Mülbert/Schlitt, Unternehmensfinanzierung, Rn. 40.1.

318 *Kubis*, in: MünchKomm-AktG, § 119, Rn. 89.

319 *Bayer/Lieder/Hoffmann*, AG 2017, 717, 724; *Pfüller/Anders*, NZG 2003, 459, 462.

320 Vgl. dazu das Vorgehen bei einer übertragenden Auflösung im 2. Kap. § 2 B. I. 2. b).

B. Die Befreiung von Minderheitsaktionären

Neben wirtschaftlichen Erwägungen kann unter Anwendung des § 179a AktG auch ein Ausschluss von Minderheitsaktionären bewirkt werden. Es würde eine faktische Änderung der Aktionärsstruktur durch die Nichtbeteiligung an dem übernehmenden Rechtsträger erfolgen. Die Zulässigkeit dieses Vorgehens ist rechtlich hoch umstritten.[321] Die Thematik hat durch die §§ 327a ff. AktG jedoch an Bedeutung verloren.

I. Die Arten des Aktionärsausschlusses

Für die eingehende Untersuchung des Ausschlusses von Minderheitsaktionären unter Mitanwendung des § 179a AktG sind zunächst die gesetzlichen Ausschlussformen und anschließend das Vorgehen gemäß § 179a AktG darzustellen.

1. Die unmittelbaren Formen des Minderheitsausschlusses

Das Aktienrecht weist einige ausdrückliche Regelungen auf, die einen Ausschluss von Aktionären unmittelbar ermöglichen. Dazu zählen die Eingliederung gemäß §§ 319 ff. AktG und die Kapitalherabsetzung durch Einziehung von Aktien gemäß §§ 237 ff. AktG.

Sollen Aktionäre ausgeschlossen werden, ohne dass eine wesentliche Veränderung der Gesellschaft – abgesehen von der Aktionärsstruktur – erfolgt, geben hierfür die gesetzlichen Regelungen zum Squeeze Out einem Mehrheitsaktionär die Möglichkeit. Der Begriff des Squeeze Out wurde zwar vom Gesetzgeber fehlerhaft verwendet,[322] gehört heute jedoch zum allgemeinen Sprachgebrauch[323]. Zu den Vorschriften gehören der aktienrechtliche Squeeze Out gemäß den §§ 327a ff. AktG, der übernahmerechtliche Squeeze Out gemäß § 39a WpÜG und der verschmelzungsrechtliche Squeeze Out gemäß § 62 Abs. 5 UmwG. Eine vierte Form stellt gemäß § 12 Abs. 4 S. 1 FMStBG der finanzmarktstabilisierungsrechtliche Squeeze Out dar, nach welchem der Finanzmarktstabilisierungsfonds (SoFFin) bei einer Beteiligungsquote von 90 Prozent einen erleichterten Antrag nach § 327a Abs. 1 S. 1 AktG stellen kann. Diese exotische Vorschrift ist seit ihrer

---

321 Siehe 2. Kap. § 2 B. II.

322 Der richtige juristische Begriff wäre „Freeze Out“, da es sich um einen Ausschluss von Minderheitsaktionären handelt und nicht um ein Hinausdrängen i. S. e. „Squeeze Out“: *Goslar*, in: Drinhausen/Eckstein, § 15, Rn. 1; *Hanau*, NZG 2002, 1040, 1041.

323 Aus diesem Grund wird nachfolgend der Begriff des Squeeze Out benutzt.

Einführung 2011[324] bisher nur einmal angewendet worden[325] und weist somit kaum praktische Relevanz auf. Sie wird daher nachfolgend nicht erörtert.

a) Der aktienrechtliche Squeeze Out

Mit den in Jahr 2002 vom deutschen Gesetzgeber eingeführten §§ 327a ff. AktG[326] wurde einem Mehrheitsaktionär erstmalig eine verfassungskonforme[327] unmittelbare gesetzliche Möglichkeit zur Befreiung von Minderheitsaktionären gegeben. Diese bietet aufgrund der eindeutigen Normierung rechtliche Sicherheit, bedarf keiner Rechtfertigung und weist eine hohe praktische Bedeutung auf.[328] Die Gründe für einen aktienrechtlichen Squeeze Out liegen insbesondere in der effektiveren Führung der Gesellschaft.[329] Es werden Kosten für die Durchführung einer Hauptversammlung gemindert oder es können Kleinstaktionäre, die ihre Stellung zur Behinderung der Unternehmensführung missbrauchen, ausgeschlossen werden.[330]

Zum Squeeze Out ist gemäß § 327a Abs. 1 S. 1 AktG ein Aktionär berechtigt, der mindestens 95 Prozent des Grundkapitals hält. Ab diesem Schwellenwert kann der Mehrheitsaktionär verlangen, dass die Hauptversammlung die Übertragung der verbleibenden Anteile auf ihn beschließt. Im Gegenzug für die zwangsweise Übertragung der Anteile auf den Hauptaktionär muss dieser den Aktionären eine angemessene Barabfindung gewähren, die dieser gemäß § 327b Abs. 1 S. 1 AktG eigenständig festlegt. Hält ein betroffener Aktionär die Höhe der Abfindung für nicht angemessen, hat er gemäß § 327f S. 2 AktG die Möglichkeit, nach dem SpruchG eine gerichtliche Entscheidung über die angemessene Barabfindung herbeizuführen. Eine Beschlussanfechtung gemäß § 243 Abs. 2 AktG steht ihm gemäß § 327f S. 1 AktG dagegen nicht zur Verfügung. Dies ergibt sich aus einer Berücksichtigung der Interessen von Haupt- und Minderheitsaktionären. Die grundsätzliche Übernahme soll nicht durch Streitigkeiten über die Abfindungshöhe blockiert und zeitlich in die Länge gezogen werden, dem

---

324 BGBl. I 2011, 538.

325 Bei der vollständigen Verstaatlichung der *Hypo Real Estate Holding AG* im Rahmen der Finanzkrise; vom OLG München, Schlussurteil vom 28.09.2011 – 7 U 711/11 = NZG 2011, 1227 für zulässig erklärt.

326 BGBl. I 2001, 3822.

327 BVerfG, Beschluss vom 30.05.2007 – 1 BvR 390/04 = NJW 2007, 3268.

328 *Drinkuth*, in: Marsch-Barner/Schäfer, HdB börsennotierte AG, § 64, Rn. 64.6.

329 *Grunewald*, in: MünchKomm-AktG, § 327a, Rn. 2.

330 BT-Drs. 14/7034, 31; insbesondere sog. „Räuberische Aktionäre".

Minderheitsaktionär soll trotzdem die Möglichkeit einer gerichtlichen Überprüfung der Angemessenheit der Barabfindung gegeben werden.[331]

b) Der übernahmerechtliche Squeeze Out

Mit der Umsetzung der Art. 15 und Art. 16 der Übernahmerichtlinie[332] durch den Gesetzgeber 2006[333] wurde mit § 39a WpÜG der übernahmerechtliche Squeeze Out eingeführt, der einem Bieter i. S. d. § 2 Abs. 4 WpÜG die Möglichkeit gibt, nach Abgabe eines Übernahme- oder Pflichtangebots die verbleibenden Minderheitsaktionäre aus der Gesellschaft auszuschließen. Dies sollte eine Übernahme aus kapitalmarktrechtlicher Sicht attraktiver machen,[334] führte jedoch zu keinen wesentlichen Steigerungen der Anzahl an Übernahmen.[335]

Neben dem erforderlichen Angebot muss der Bieter eine Mehrheit von 95 Prozent der stimmrechtsberechtigten Anteile mit dem Angebot auf sich vereinen. Mit Erfüllung dieser Voraussetzungen kann der Bieter gemäß § 39a Abs. 1 WpÜG Antrag auf Übertragung der verbleibenden Anteile am LG Frankfurt a. M. stellen.[336] Der Antrag muss die Art der Gegenleistung für die betroffenen Aktionäre enthalten und angemessen sein. Möglich ist gemäß § 39a Abs. 3 S. 1 WpÜG eine Bar- oder eine Aktienabfindung, erstere ist gemäß § 39a Abs. 3 S. 2 WpÜG verpflichtend anzubieten.

Im Vergleich zwischen § 39a WpÜG und §§ 327a ff. AktG sind einige Unterschiede erkennbar. Im Unterschied zum Beschluss der Hauptversammlung braucht es ein Übernahme- oder Pflichtangebot.[337] Der Schwellenwert liegt in beiden Verfahren bei 95 Prozent, jedoch wird dieser Wert bei § 39a WpÜG in Relation zum stimmberechtigten Grundkapital gesetzt. Der wesentlichste Unterschied ist die unwiderlegbare Vermutung[338] aus § 39a Abs. 3 S. 3 WpÜG, nach dem die Angemessenheit der angebotenen Gegenleistung vermutet wird, wenn durch das Angebot 90 Prozent der Anteile am Grundkapital erworben wurden. Dies verhindert langwierige Rechtsstreitigkeiten und führt zu einer besseren Einschätzung der finanziellen Risiken.[339] Gegen einen Squeeze Out gemäß § 39a

---

331 *Grunewald*, in: MünchKomm-AktG, § 327f, Rn. 1.

332 RL 2004/25/EG.

333 BGBl. I 2006, 1426.

334 BT-Drs. 16/1342, 6.

335 *Grunewald*, in: MünchKomm-AktG, § 39a WpÜG, Rn. 17.

336 Dies ist gemäß § 39a Abs. 5 WpÜG bundesweit sachlich und örtlich zuständig.

337 *Goslar*, in: Drinhausen/Eckstein, § 15, Rn. 92.

338 *Santelmann*, in: Steinmeyer, WpÜG, § 39a, Rn. 21.

339 *Goslar*, in: Drinhausen/Eckstein, § 15, Rn. 92.

WpÜG steht dem betroffenen Aktionär gemäß § 39b Abs. 3 S. 3 WpÜG die Beschwerde offen. Das SpruchG findet keine Anwendung, auch nicht analog.[340]

c) Der verschmelzungsrechtliche Squeeze Out

Mit der Umsetzung der Änderungsrichtlinie[341] zur Verschmelzungsrichtlinie[342] hat der deutsche Gesetzgeber 2011[343] einer übernehmenden AG, KGaA[344] oder SE[345] im Rahmen einer Konzernverschmelzung die verfassungskonforme[346] Möglichkeit gegeben, sich von Minderheitsaktionären zu befreien, indem er mit § 62 Abs. 5 UmwG den verschmelzungsrechtlichen Squeeze Out[347] einführte.

Hält eine Gesellschaft 90 Prozent des Grundkapitals in Aktien, kann sie gemäß § 62 Abs. 5 S. 1 UmwG i. V. m. § 327a Abs. 1 S. 1 AktG beschließen, dass die Minderheitsaktionäre die verbleibenden Aktien gegen Gewährung einer angemessenen Barabfindung auf die Gesellschaft übertragen müssen. Diesen Beschluss muss die übernehmende Gesellschaft innerhalb der Frist von drei Monaten nach Abschluss des Verschmelzungsvertrags fassen. Aufgrund des geringeren Schwellenwerts von 90 Prozent ist dieser Squeeze Out von erheblicher praktischer Relevanz.[348]

Zum Rechtsschutz von betroffenen Aktionären gelten gemäß § 62 Abs. 5 S. 8 UmwG die Regelungen des aktienrechtlichen Squeeze Out, sodass auf diese Ausführungen[349] zu verweisen ist.

---

340 *Grunewald*, in: MünchKomm-AktG, § 39a WpÜG, Rn. 38.

341 Richtlinie 2009/109/EG.

342 Art. 28 der Richtlinie 78/855/EWG.

343 BGBl. I 2011, 1338.

344 § 78 UmwG.

345 Art. 10 SE-VO.

346 So das OLG Hamburg, Beschluss vom 14.06.2012 – 11 AktG 1/12 = DStR 2012, 1466 mit Verweis auf die Rechtsprechung des BVerfG zur Verfassungsmäßigkeit der §§ 327a ff. AktG. Dass die Entscheidungskompetenz aufgrund der *Solange-II*-Rechtsprechung beim EuGH liegt, verkannte das OLG Hamburg jedoch: *Goslar*, in: Drinhausen/Eckstein, § 15, Rn. 67; *Austmann*, NZG 2011, 684, 689.

347 Vereinzelnd auch „verschmelzungsspezifischer Squeeze Out" oder „umwandlungsrechtlicher Squeeze Out" genannt, vgl. *Mayer*, NZG 2012, 561, 561 (Fn. 4).

348 *Goslar*, in: Drinhausen/Eckstein, § 15, Rn. 67.

349 Siehe 2. Kap. § 2 B. I. 1. a).

2. *Die übertragende Auflösung nach § 179a AktG*

a) *Zur Begrifflichkeit der übertragenden Auflösung*

Der Ausschluss von Minderheitsaktionären gemäß § 179a AktG erfolgt durch eine Übertragung des ganzen Gesellschaftsvermögens und verbundener Liquidation der übertragenden Gesellschaft. Im Unterschied zu den ausdrücklichen gesetzlichen Regelungen[350] für einen Ausschluss von Aktionären sind die §§ 179a, 262 AktG nicht unmittelbar auf einen Ausschluss gerichtet, sondern werden vielmehr hierfür zweckentfremdet. Daher ist diese Form als mittelbarer Aktionärsausschluss einzuordnen[351] und wird als übertragende Auflösung[352], auflösungsbedingte Übertragung[353], in Anlehnung an den Beschluss des BVerfG auch *MotoMeter*-Verfahren[354] oder angepasst an den angloamerikanischen Spracheinfluss in das Gesellschaftsrecht *sale of assets squeeze out*[355] bezeichnet.

Die Einordnung dieses Vorgangs als Squeeze Out ist im Hinblick auf die Begrifflichkeit des Squeeze Out jedoch falsch. Ein Squeeze Out bezeichnet das Hinausdrängen von Aktionären aus einer Gesellschaft.[356] Dies erfolgt bei der übertragenden Auflösung[357] nicht, da keine Minderheitsaktionäre aus der Gesellschaft gedrängt werden und die Aktionärsstruktur nicht verändert wird.[358] Der Mehrheitsaktionär zieht vielmehr das Gesellschaftsvermögen aus der Gesellschaft heraus und liquidiert die übertragende Gesellschaft, ohne dass eine

350 Siehe 2. Kap. § 2 B. I. 1.

351 BVerfG, Beschluss vom 23.08.2000 – 1 BvR 68/95 und 1 BvR 147/97 = NJW 2001, 279; so auch *Gromm*, Die übertragende Auflösung nach Aktien- und GmbH-Recht, S. 21.

352 *Haberstock/Greitemann*, in: Hölters/Weber, AktG, § 179a, Rn. 17; *Holzborn*, in: BeckOGK-AktG, § 179a, Rn. 36; *Stein*, in: MünchKomm-AktG, § 179a, Rn. 71; *Strohn*, in: Henssler/Strohn, GesR, § 179a AktG, Rn. 13; *Lutter/Drygala*, FS Kropff, S. 191, 193; *Bauer*, NZG 2000, 1214, 1214; *M. Roth*, NZG 2003, 998, 998; *Rühland*, WM 2002, 1957, 1957; *Wilhelm/Dreier*, ZIP 2003, 1369, 1369; *Wolf*, ZIP 2002, 153, 154.

353 *Wiedemann*, ZGR 1999, 857, 860.

354 Benannt nach BVerfG, Beschluss vom 23.08.2000 – 1 BvR 68/95 und 1 BvR 147/97 = NJW 2001, 279; verwendet von *Ehmann*, in: Grigoleit, AktG, § 179a, Rn. 12; *Koch*, in: Koch, AktG, § 179a, Rn. 21.

355 *Haberstock/Greitemann*, in: Hölters/Weber, AktG, § 179a, Rn. 17; *Seibt*, in: Schmidt/Lutter, AktG, § 179aa, Rn. 24; *Wolf*, ZIP 2002, 153, 154.

356 Siehe zum Begriff 2. Kap. § 2 B. I. 2. a).

357 Aus Gründen der Leserlichkeit wird dieser Begriff als Bezeichnung für diesen Vorgang verwendet.

358 So auch BayObLG, Beschluss vom 17.09.1998 – 3Z BR 37/98 = NZG 1998, 1001.

Änderung in der Aktionärsstruktur unter Verbleib des hinausdrängenden Aktionärs stattfindet.

b) Zum Vorgehen bei der übertragenden Auflösung

Strebt ein Mehrheitsaktionär eine übertragende Auflösung an, so kann er unter Gebrauch seiner Stimmmehrheit den Beschluss gemäß § 179a Abs. 1 AktG fassen, mit dem er das ganze Gesellschaftsvermögen auf sich oder ein ihm zurechenbares Rechtssubjekt übertragen lässt, um im Anschluss an die erfolgte Übertragung die Liquidation gemäß § 262 Abs. 1 Nr. 2 AktG zu beschließen (übertragende Auflösung). Auch die Konstellation, dass der Mehrheitsaktionär zuerst die Liquidation beschließt, um im Liquidationsverfahren[359] nach Beschluss gemäß § 179a Abs. 1 AktG das ganze Gesellschaftsvermögen zu erwerben (auflösungsbedingte Übertragung), stellt eine Befreiung von Minderheitsaktionären dar. Die besonderen Vorschriften zum Squeeze Out finden – zumindest gesetzlich betrachtet – keine Anwendung.

Dieser Umstand führt zu zahlreichen Diskussionen, insbesondere im Hinblick auf eine entsprechende Anwendung der Regelungen zum Squeeze Out.[360] Es ist hierbei aber eine strenge Trennung zwischen der Frage nach der Zulässigkeit des Vorgangs und der angemessenen Abfindungshöhe der Minderheitsaktionäre zu beachten.[361]

Die grundsätzliche Problematik der übertragenden Auflösung basiert auf der fehlenden Homogenität der Aktionärsinteressen,[362] da der Mehrheitsaktionär auf beiden Seiten des Übertragungsgeschäfts mitwirkt. In Hinblick auf den zu erzielenden Erlös der übertragenden Gesellschaft entsteht ein Interessenkonflikt, da die natürliche Garantie, dass das Bestreben auf die bestmögliche Gegenleistung gerichtet ist, nicht besteht[363] und somit insbesondere der Vermögensschutz unterlaufen werden könnte.

Die im Einzelfall vorteilhafte Vermeidung der strengen Squeeze Out-Regelungen durch die übertragende Auflösung führt jedoch ebenso zu Nachteilen. Die übertragende Auflösung kann nicht nur einen negativen Einfluss auf die Reputation des Mehrheitsaktionärs und – im Falle der fehlenden Identität – die

---

359 Siehe zur Anwendbarkeit von § 179a AktG im Liquidationsverfahren 2. Kap. § 1 B. III.

360 Eine einleitende Übersicht über den Streitstand in *Gromm*, Die übertragende Auflösung nach Aktien- und GmbH-Recht, S. 52 f.

361 *Gromm*, Die übertragende Auflösung nach Aktien- und GmbH-Recht, S. 35.

362 *Wilhelm/Dreier*, ZIP 2003, 1369, 1372.

363 *Stein*, in: MünchKomm-AktG, § 179a, Rn. 72; *Wilhelm/Dreier*, ZIP 2003, 1369, 1372.

Reputation des erwerbenden Rechtssubjekts haben, da der Anschein der – gemäß § 83 AktG erlaubten – Einflussnahme auf den Vorstand entstehen könnte.[364] Es müssten grundsätzlich auch stille Reserven aufgedeckt und besteuert werden[365] und beide Beschlüsse unterliegen dem allgemeinen Beschlussmängelrecht. Daher dürfte die übertragende Auflösung seit der Einführung der §§ 327a ff. AktG erheblich an praktischer Bedeutung verloren haben.[366]

c) *Die Abgrenzung vom Drittgeschäft*

Trotz der grundsätzlichen Zulässigkeit des Abschlusses eines Gesamtvermögensgeschäfts sowohl mit einem Dritten als auch mit einem Aktionär[367] stellt sich die Frage, nach welchem Maßstab die Abgrenzung zwischen einem Drittgeschäft und einem Eigengeschäft der Gesellschaft mit ihrem Mehrheitsaktionär vorzunehmen ist. Die Abgrenzung ist von Bedeutung, da ein die übertragende Auflösung ausschließendes Rechtsgeschäft besteht, wenn dem handelnden Aktionär der notwendige Einfluss auf die Hauptversammlung und den Vorstand fehlt.

Wilhelm/Dreier[368] und *Gromm*[369] verweisen insoweit auf die Konzernvermutung aus den §§ 17, 18 AktG. Diese rein konzernrechtliche Betrachtung der Mehrheitsverhältnisse der beteiligten Personen wird jedoch dem Mehrheitserfordernis des § 179a AktG nicht gerecht. Kann der Mehrheitsaktionär den Beschluss gemäß § 179a Abs. 1 AktG nicht durch seine eigenen Stimmrechte treffen, sondern ist er auf das Mitwirken weiterer, von ihm unabhängiger Aktionäre angewiesen, entfällt der Interessenkonflikt auf Seiten der übertragenden Gesellschaft. Die Homogenität der Interessen bleibt gewahrt.[370] Diese Homogenität kann auch bei einer Stimmmehrheit von mehr als der Hälfte der Gesamtstimmen intakt sein. Die Konzernvermutung findet aber schon bei einer

---

364 *Kossmann*, NZG 1999, 1198, 1200.

365 *Seibt*, in: Schmidt/Lutter, AktG, § 179a, Rn. 24; *Kallmeyer*, AG 2000, 59, 59; *Küting*, DStR 2003, 838, 844; siehe auch 7. Kap. § 1 A.

366 *Habersack*, in: Emmerich/Habersack, Aktien- und GmbH-KonzernR, § 327a AktG, Rn. 10.

367 Siehe 2. Kap. § 1 C. I.

368 *Wilhelm/Dreier*, ZIP 2003, 1369, 1370 (Fn. 7).

369 *Gromm*, Die übertragende Auflösung nach Aktien- und GmbH-Recht, S. 41, der ein Drittgeschäft annimmt, sobald der Mehrheitsaktionär der übertragenden AG keinen beherrschenden Einfluss auf die übernehmende Gesellschaft hat.

370 Auch das BVerfG, Beschluss vom 23.08.2000 – 1 BvR 68/95 = NJW 2001, 279 sah dies als maßgeblich zur Wahrung der Minderheitsinteressen an.

Stimmmehrheit von 50 Prozent plus einer Stimme Anwendung.[371] Somit würde eine fälschliche Einordnung als Nicht-Drittgeschäft mit dem Risiko der Bewertung des Vorgangs als übertragende Auflösung drohen. Dies kann zu erheblichen Nachteilen für den Mehrheitsaktionär führen.[372] Auch ist ein Mehrheitsaktionär i. S. d. § 179a AktG nicht zwangsläufig ein Unternehmen nach §§ 17, 18 AktG,[373] sodass ein Raum für nicht erfasste Sachverhalte bei Anwendung der Konzernvermutung entstehen würde. Aus diesen Gründen wäre auch ein Verweis auf die §§ 290 ff. HGB, 11 ff. PublG nicht zielführend, da diese Normen ebenfalls nicht das Mehrheitserfordernis des § 179a AktG und die Trennung zwischen Nicht-Unternehmen und Unternehmen berücksichtigen.

Für eine umfassende Bewertung bedarf es vielmehr einer Betrachtung sowohl der übertragenden als auch der übernehmenden Gesellschaft. Es fehlt an der Drittbezogenheit, wenn der Mehrheitsaktionär mit seinen eigenen und ihm zurechenbaren Stimmen den Beschluss gemäß § 179a Abs. 1 AktG gegen den Willen der übrigen Aktionäre treffen kann. Da sich der Mehrheitsaktionär der Minderheitsaktionäre durch die übertragende Auflösung entledigen möchte, wird – sofern der Mehrheitsaktionär nicht *in persona* das Vermögen übernimmt – die Gesellschafterstruktur der übernehmenden Gesellschaft auf den Mehrheitsaktionär beschränkt sein. Bestehen weitere Gesellschafter, so ist bei der übernehmenden Gesellschaft, abhängig von ihrer Rechtsform und den aus ihr resultierenden Einfluss- und Weisungsmöglichkeiten, darauf abzustellen, ob der Mehrheitsaktionär durch seine Stimmmehrheit auch hier das Gesamtvermögensgeschäft aktiv beeinflussen kann. Die Einflussnahme kann etwa bei der Möglichkeit von Weisungen an die Geschäftsleitung zum Abschluss des Gesamtvermögensgeschäfts anzunehmen sein.

Sind beiden Kriterien nicht kumulativ erfüllt, ist ein Drittgeschäft gegeben. Eine übertragende Auflösung liegt in diesem Fall nicht vor.

---

371 *Kuhlmann/Ahnis*, Konzern- und Umwandlungsrecht, § 2, Rn. 68.

372 Neben den nachfolgend dargestellten rechtlichen Risiken droht dem Mehrheitsaktionär ein Reputationsschaden, wenn ihm Zusammenarbeit mit dem Vorstand der AG unterstellt wird, *Kossmann*, NZG 1999, 1198, 1200.

373 So erfasst der Unternehmensbegriff aus § 15 AktG z.B. nicht den reinen Privataktionär, *Bayer*, in: MünchKomm-AktG, § 15, Rn. 14; *Vetter*, in: Schmidt/Lutter, AktG, § 15, Rn. 41.

d) Notwendigkeit einer Liquidation?

Die übertragende Auflösung als mittelbarer Aktionärsausschluss wird grundsätzlich als Zusammenwirken des Übertragungsbeschlusses gemäß § 179a Abs. 1 AktG und des Liquidationsbeschlusses gemäß § 262 Abs. 1 Nr. 2 AktG beschrieben.[374] Dies ist auf die Sachverhalte in den ergangenen Urteilen[375] zurückzuführen, ohne dass dies in der Literatur[376] umfassender diskutiert wurde. Auch wenn die praktisch ohnehin selten[377] durchgeführte übertragende Auflösung auch künftig zusammen mit einer Liquidation erfolgen dürfte, könnte schon der alleinige Beschluss gemäß § 179a Abs. 1 AktG eine dem Squeeze Out vergleichbare Wirkung entfalten, sodass eine Liquidation nicht notwendig sein würde.

Einzig *Gromm* führt dazu aus, dass sowohl der Übertragungsbeschluss als auch die Liquidation notwendig seien und dass zwischen beiden ein sachlicher Zusammenhang in Form eines Gesamtplans des Mehrheitsaktionärs und ein zeitlicher Zusammenhang von etwa einem Jahr bestehen müsse.[378] Andernfalls liege eine Ausgliederung durch Einzelrechtsnachfolge vor und die Gesellschaft sei weiterhin Teil des Wirtschaftslebens.[379]

---

374 *Ehmann*, in: Grigoleit, AktG, § 179a, Rn. 12; *Holzborn*, in: BeckOGK-AktG, § 179a, Rn. 36; *Koch*, in: Koch, AktG, § 179a, Rn. 21; *Körber/König*, in: Bürgers/Körber/Lieder, AktG, § 179a, Rn. 25; *Stein*, in: MünchKomm-AktG, § 179a, Rn. 71; *Seibt*, in: Schmidt/Lutter, AktG, § 179a, Rn. 24; *Strohn*, in: Henssler/Strohn, GesR, § 179a AktG, Rn. 13; *Zetzsche*, in: KölnKomm-AktG, § 179a, Rn. 133; *Gromm*, Die übertragende Auflösung nach Aktien- und GmbH-Recht, S. 41; *Lutter/Drygala*, FS Kropff, S. 191, 193; *Friedrich*, BB 1994, 89, 89; *Lutter/Leinekugel*, ZIP 1999, 261, 263; *M. Roth*, NZG 2003, 998, 998; *Rühland*, WM 2002, 1957, 1957 f.; *Wilhelm/Dreier*, ZIP 2003, 1369, 1369; *Wolf*, ZIP 2002, 153, 154.

375 Vgl. BVerfG, Beschluss vom 23.08.2000 – 1 BvR 147/97 (*MotoMeter*) = NJW 2001, 279; RG, Urteil vom 28.01.1923 – V 830/22 = RGZ 107, 202; BGH, Urteil vom 28.01.1980 – II ZR 124/78 = NJW 1980, 1278; BGH, Urteil vom 01.02.1988 – II ZR 75/87 (*Linotype*) = NJW 1988, 1579; BayObLG, Beschluss vom 17.09.1998 – 3Z BR 37/98 = NZG 1998, 1001; OLG Stuttgart, Urteil vom 21.12.1993 – 10 U 48/93 (*MotoMeter-I*) = AG 1994, 411; OLG Stuttgart, Urteil vom 04.12.1996 – 8 W 43/93 (*MotoMeter-II*) = AG 1997, 136; OLG München, Urteil vom 24.10.1997 – 23 U 2392/97 = ZIP 1997, 1965.

376 Einzig *Küting*, DStR 2003, 838, 841 deutet an, dass eine Liquidation „i. d. R." zu erfolgen hat, somit diese nicht notwendiger Bestandteil ist.

377 *Habersack*, in: Emmerich/Habersack, Aktien- und GmbH-KonzernR, § 327a AktG, Rn. 8.

378 *Gromm*, Die übertragende Auflösung nach Aktien- und GmbH-Recht, S. 41.

379 *Gromm*, Die übertragende Auflösung nach Aktien- und GmbH-Recht, S. 42.

Vergleicht man einen Squeeze Out mit dem Übertragungsbeschluss gemäß § 179a Abs. 1 AktG, ist festzustellen, dass infolge des Übertragungsbeschlusses kein Verlust des Anteilseigentums erfolgt. Der Gesellschaft widerfährt bei unveränderter Beteiligungsstruktur eine wesentliche Veränderung in ihrem Vermögen, die eine zumindest faktische Satzungsänderung darstellt.

Der daraus folgenden Auffassung von *Gromm*, dass die übertragende Gesellschaft weiterhin Teil des Wirtschaftslebens ist, ist aus rein juristischer Perspektive zuzustimmen. Sie verkennt jedoch die wirtschaftliche Auswirkung des Übertragungsbeschlusses. Die übertragende Gesellschaft bleibt Teil des Wirtschaftslebens durch ihre Existenz, nicht durch ihre Handlungsfähigkeit. Zwar erhält die Gesellschaft im Gegenzug regelmäßig den vereinbarten Kaufpreis, sodass bilanziell keine wesentlichen Veränderungen eintreten. Die Gesellschaft verliert jedoch ihre Vermögensgegenstände, die dem Unternehmensgegenstand dienen. Dies sind beispielsweise Grundstücke, Maschinen und Waren oder Immaterialgütern, wie Patente, Namens- und Markenrechte. Die Gesellschaft würde regelmäßig von einer lebendigen in eine vermögensverwaltende Gesellschaft umgewandelt werden und müsste in einem langwierigen Prozess eine neue wirtschaftliche Handlungsfähigkeit erlangen. Diese Renaissance der Gesellschaft würde zudem mit einem erheblichen Verbrauch des Gesellschaftsvermögens einhergehen, sodass am Ende dem Gesellschaftsvermögen eine wesentliche Verringerung widerfahren ist.

Diese wirtschaftliche Betrachtung führt jedoch nicht dazu, dass bereits die Übertragung des ganzen Gesellschaftsvermögens gemäß § 179a AktG mit einem Ausschluss gleichzusetzen ist. Auch wenn ein Squeeze Out und der Übertragungsbeschluss Parallelen, etwa bei den verfolgten Zielen des Mehrheitsaktionärs oder der Sicherstellung einer angemessenen Entschädigung,[380] aufweisen, unterscheiden sich beide Vorgänge erheblich voneinander. Bei einem Squeeze Out verliert der Aktionär sein Aktieneigentum gegen seinen Willen, hingegen verändert sich mit dem Übertragungsbeschluss das Vermögen der Gesellschaft, die Rechtsstellung des Aktionärs bleibt unverändert.

Die Gesellschafter einer Kapitalgesellschaft sind anteilige Eigentümer der Gesellschaft als juristische Person,[381] ihnen stehen jedoch keine unmittelbaren Rechte am Gesellschaftsvermögen zu. Dies folgt aus einer Betrachtung der Vermögenszuordnung. Eine Gesellschaft kann grundsätzlich ohne Gesellschaftsvermögen bestehen.[382] Auch wenn mit Gründung einer Kapitalgesellschaft

---

380 Siehe 2. Kap. § 2 B. III. 2.

381 *Raiser/Veil*, Recht der Kapitalgesellschaften, § 1, Rn. 3.

382 *K. Schmidt*, GesR, S. 6.

ebenfalls ein Vermögen der Kapitalgesellschaft entsteht,[383] ist dies nicht Gründungsvoraussetzung. Inhaberin dieses Vermögens ist aufgrund des Trennungsprinzips[384] einzig die Gesellschaft als juristische Person, ihren Gesellschaftern steht kein unmittelbarer Zugriff zu.[385] Die Kapitalgesellschaft und ihre Gesellschafter weisen ein selbstständiges, voneinander unabhängiges Vermögen auf.[386] Würde man den von einem Mehrheitsaktionär gefassten Übertragungsbeschluss als Ausschluss von Minderheitsaktionären verstehen, würde man das vermögensrechtliche Trennungsprinzip verletzen. Dies wäre nicht mit gesellschaftsrechtlichen Grundprinzipien zu vereinbaren.

Es bedarf daher beider Beschlüsse gemäß §§ 179a Abs. 1, 262 Abs. 1 Nr. 2 AktG. Die Liquidation muss zutreffend[387] durch einen Gesamtplan unter Berücksichtigung objektiver Bewertungsmaßstäbe erfolgen. Ein zeitlicher Zusammenhang ist abzulehnen, zu hoch wäre ansonsten die Umgehungsgefahr. Allerdings wird der objektive Gesamtplan abzulehnen sein, je länger der Zeitraum zwischen beiden Beschlüssen ist. Dies ist jedoch einzelfallbezogen zu entscheiden.

Für eine übertragende Auflösung gemäß § 179a AktG braucht es somit eine Liquidation, die objektiv in einem sachlichen Zusammenhang mit dem Übertragungsbeschluss erfolgen muss. Andernfalls liegt eine Ausgliederung im Wege der Einzelrechtsnachfolge vor.

II. Die Zulässigkeit der übertragenden Auflösung

Vergleicht man die unmittelbaren Formen des Ausschlusses von Minderheitsaktionären mit der mittelbaren Ausschlussmöglichkeit im Wege der übertragenden Auflösung, stellt sich die Frage, ob die übertragende Auflösung rechtlich zulässig ist, da die besonderen Vorschriften der §§ 327a ff. AktG, des § 39a WpÜG und des § 62 Abs. 5 UmwG nicht zur Anwendung gelangen.

Die Rechtsprechung hat in teils richtungsweisenden Urteilen die Zulässigkeit der übertragenden Auflösung im Hinblick auf das UmwG bejaht.[388] Jedoch sind

383 *K. Schmidt*, GesR, S. 6.

384 Ausführlich *Heider*, in: MünchKomm-AktG, § 1, Rn. 47.

385 *Raiser/Veil*, Recht der Kapitalgesellschaften, § 9, Rn. 4; § 34, Rn. 2.

386 BGH, Urteil vom 16.10.2003 – IX ZR 55/02 = NJW 2004, 217, 218.

387 *Gromm*, Die übertragende Auflösung nach Aktien- und GmbH-Recht, S. 41.

388 BVerfG, Beschluss vom 23.08.2000 – 1 BvR 147/97 (*MotoMeter*) = NJW 2001, 279; BGH, Urteil vom 01.02.1988 – II ZR 75/87 (*Linotype*) = NJW 1988, 1579; BayObLG, Beschluss vom 17.09.1998 – 3Z BR 37/98 (*MagnaMedia*) = NZG 1998, 1001; OLG Stuttgart, Urteil vom 21.12.1993 – 10 U 48/93 (*MotoMeter-I*) = AG 1994, 411; OLG

weiterhin Stimmen in der Literatur[389] vorhanden, die diese Vorgänge sowohl im Lichte des UmwG als auch im Lichte des AktG entgegen der herrschenden Meinung[390] für unzulässig halten.

1. Die übertragende Auflösung und das UmwG

Der Konflikt mit dem UmwG hat zum Ende des 20. Jahrhunderts durch die Einführung neuer Gesetze, Gesetzesänderungen und wegweisende Urteile einen Aufschwung erlebt. Die Problematik der rechtlichen Zulässigkeit fußt dabei im Wesentlichen auf der Frage, ob durch die übertragende Auflösung die zu Gunsten der Minderheitsaktionäre bestehenden Schutzvorschriften des UmwG umgangen werden.

a) Die Gesetzesumgehung: Voraussetzungen und Rechtsfolgen

Für die Beantwortung der Frage, ob eine Umgehung der umwandlungsrechtlichen Vorschriften bei einer übertragenden Auflösung besteht, sind zunächst die Voraussetzungen und die Rechtsfolge einer Gesetzesumgehung darzustellen.

Diesbezüglich ist auf die Rechtsprechung des BAG zu verweisen. Der große Senat des BAG hat in seiner Grundsatzentscheidung zu befristeten Arbeitsverhältnissen[391] den Begriff der Gesetzesumgehung definiert. Demnach liegt eine Gesetzesumgehung vor, „*wenn der Zweck einer zwingenden Rechtsnorm dadurch vereitelt wird, dass andere Gestaltungsmöglichkeiten missbräuchlich verwendet werden*".[392] Auch der BGH prüfte in seinem *Linotype*-Urteil die Gesetzesumgehung an dem Sinn und Zweck der betroffenen Normen.[393] Unter Zugrundelegung

---

Stuttgart, Urteil vom 04.12.1996 – 8 W 43/93 (*MotoMeter-II*) = ZIP 1997, 362; OLG München, Urteil vom 24.10.1997 – 23 U 2392/97 = ZIP 1997, 1965.

389 *Ehmann*, in: Grigoleit, AktG, § 179a, Rn. 12; *Lutter/Drygala*, FS Kropff, S. 191, 191 ff.; *Hanau*, NZG 2002, 1040, 1047; *Wilhelm/Dreier*, ZIP 2003, 1369, 1369 ff.; *Emmerich*, AG 1998, 151, 151 f.

390 *Haberstock/Greitemann*, in: Hölters/Weber, AktG, § 179a, Rn. 19; *Holzborn*, in: BeckOGK-AktG, § 179a, Rn. 37; *Koch*, in: Koch, AktG, § 179a, Rn. 21; *Körber/König*, in: Bürgers/Körber/Lieder, AktG, § 179a, Rn. 25; *Stein*, in: MünchKomm-AktG, § 179a, Rn. 73 f.; *Seibt*, in: Schmidt/Lutter, AktG, § 179a, Rn. 25; *Strohn*, in: Henssler/Strohn, GesR, § 179a AktG, Rn. 13; *Zetzsche*, in: KölnKomm-AktG, § 179a, Rn. 135; *Henze*, ZIP 1995, 1473, 1475; *Lutter/Leinekugel*, ZIP 1999, 261, 266; *Rühland*, WM 2002, 1957, 1966; *K. Schmidt*, ZGR 1995, 675, 676.

391 BAG, Beschluss vom 12.10.1960 – GS 1/59 (3 AZR 65/56) = NJW 1961, 798.

392 BAG, Beschluss vom 12.10.1960 – GS 1/59 (3 AZR 65/56) = NJW 1961, 798 f.

393 BGH, Urteil vom 01.02.1988 – II ZR 75/87 (*Linotype*) = NJW 1988, 1579.

dieser Definition der Gesetzesumgehung ist somit maßgeblich, ob ein Gesetz oder eine Rechtsnorm in einem bestimmten Anwendungsfall zwingend anzuwenden ist und der normspezifische Zweck vereitelt wird.

Ob ein Gesetz oder eine bestimmte Rechtsnorm absolute Geltung aufweisen soll, hat unter Anwendung der anerkannten Auslegungsmethoden nach Wortlaut, Historie, Systematik und Telos[394] zu erfolgen. Für die Auslegung die Gesetzesintention weist die rechtliche und wirtschaftliche[395] Betrachtung besondere Relevanz auf.[396] Nur wenn diese Auslegung zu dem Ergebnis führt, dass ein Gesetz oder eine Rechtsnorm als zwingend zu betrachten ist, kann eine unzulässige Umgehung dieses Gesetzes oder dieser Rechtsnorm vorliegen.

Führt die Auslegung zu diesem Ergebnis, stellt sich weiter die Frage, welche Rechtsfolge an die Umgehung geknüpft ist. Diese liegt grundsätzlich in der Anwendung der Rechtsfolge des umgangenen Gesetzes mittels einer Analogie.[397] Nur in Sonderfällen kann die Rechtsfolge die Nichtigkeit des Umgehungsgeschäfts sein.[398] Dies zeigt sich im Gesellschaftsrecht etwa in der Problematik zur verdeckten Sacheinlage vor dem MoMiG[399], die zum Ergebnis ein analoges Fortbestehen der Einlagepflicht hatte.[400]

b) Der Aktionärsschutz im UmwG

Es ist daher zu untersuchen, wie der Aktionärsschutz im UmwG ausgestaltet ist, um die absolute Geltung beurteilen zu können. Nach ständiger Rechtsprechung des BVerfG garantiert das Aktieneigentum sowohl Vermögens- als auch Mitgliedschaftsrechte,[401] die auch unter den Begriff der Verwaltungsrechte gefasst werden.[402] Mit abnehmender Beteiligungshöhe verlagert sich der Schwerpunkt

---

394 Ausführliche Darstellung: *Säcker*, in: MünchKomm-BGB, Einl. BGB, Rn. 136 ff.

395 *Sieker*, Umgehungsgeschäfte, S. 74 ff. m. w. N.

396 *Benecke*, Gesetzesumgehung im Zivilrecht, S. 92.

397 *Benecke*, Gesetzesumgehung im Zivilrecht, S. 97 f.

398 *Benecke*, Gesetzesumgehung im Zivilrecht, S. 100, die eine Nichtigkeit mit den §§ 117 Abs. 1, 134, 138 BGB sowie aus der Natur der Sache begründet.

399 Gesetz zur Modernisierung des GmbH-Rechts und zur Bekämpfung von Missbräuchen vom 23.10.2008, BGBl. I 2008, 2026.

400 BGH, Urteil vom 18.02.1991 – II ZR 104/90 = NJW 1991, 1754; BGH, Urteil vom 21.02.1994 – II ZR 60/93 = NJW 1994, 1477.

401 BVerfG, Beschluss vom 27.04.1999 – 1 BvR 1613/94 = BVerfGE 100, 289, 305; BVerfG, Urteil vom 11.07.2012 – 1 BvR 3142/07, 1 BvR 1569/08 = NZG 2012, 826, 829.

402 Vgl. *Wolf*, ZIP 2002, 153, 156.

des Schutzes von Minderheitsaktionären in Richtung der Vermögensrechte,[403] bis diese vollständig in den Vordergrund gerückt sind und die Verwaltungsrechte zurücktreten.[404] Das „*Charakteristikum des Aktieneigentums ist (...), daß es mitgliedschaftliche Herrschafts- und Vermögensrechte vermittelt. Dabei steht die Vermögenskomponente vielfach im Vordergrund. Das trifft insbesondere auf Kleinaktionäre zu, die auf die Unternehmenspolitik regelmäßig keinen relevanten Einfluss nehmen können und die Aktie vorwiegend als Kapitalanlage betrachten*“.[405]

Das Umwandlungsrecht schützt in dieser Hinsicht zweifach. Zum einen garantiert es einen Vermögensschutz, der von einem Umwandlungsvorgang betroffene Aktionäre davor bewahrt, finanzielle Nachteile aus dem Umwandlungsvorgang zu erleiden.[406] Zum anderen werden der Bestand der Gesellschaft und somit mittelbar die Aktionärsinteressen geschützt, da grundsätzlich eine Beteiligung am umgewandelten Rechtsträger erfolgt.[407] Der Bestand wird bei einer identitätswahrenden Umwandlung unmittelbar,[408] bei einer Umwandlung im Wege der Gesamtrechtsnachfolge durch Beteiligung am neuen Rechtsträger mittelbar geschützt.

c) Die Entwicklungsgeschichte des Streits

Für eine umfassende Beurteilung des Streits, ob eine übertragende Auflösung eine Umgehung des Umwandlungsrechts darstellt, sind drei maßgebliche Einflüsse auf die Diskussion zu betrachten und zu würdigen, welches Gewicht diese auf die Ausformung des Aktionärsschutzes hatten: Das *Linotype*-Urteil des BGH[409], die Reform des Umwandlungsrechts durch das UmwBerG[410] und die Wertungen des AktG[411].

---

403 BVerfG, Beschluss vom 27.04.1999 – 1 BvR 1613/94 = BVerfGE 100, 289, 305; BVerfG, Urteil vom 11.07.2012 – 1 BvR 3142/07, 1 BvR 1569/08 = NZG 2012, 826, 829; BGH, Urteil vom 09.11.1992 – II ZR 230/91 = NJW 2000, 400, 402.

404 *Wolf*, ZIP 2002, 153, 156.

405 BVerfG, Beschluss vom 27.04.1999 – 1 BvR 1613/94 = BVerfGE 100, 289, 305.

406 *Böttcher*, in: Böttcher/Habighorst/Schulte, UmwG, § 1, Rn. 10.

407 *Lutter/Drygala*, FS Kropff, S. 191, 197, 209 ff., die im Ergebnis keinen Eingriff in den Bestandsschutz des Minderheitsaktionärs sehen.

408 *Althoff/Narr*, in: Böttcher/Habighorst/Schulte, UmwG, § 190, Rn. 27 f.

409 Siehe 2. Kap. § 2 B. II. 1. c) aa).

410 Siehe 2. Kap. § 2 B. II. 1. c) bb).

411 Siehe 2. Kap. § 2 B. II. 1. c) cc).

aa) Das Linotype-Urteil

Eine der ersten Entscheidungen der Rechtsprechung in Bezug auf die übertragende Auflösung war das *Linotype*-Urteil des BGH,[412] auch wenn dies in der Literatur zunächst wenig Beachtung fand.[413] Gegenstand des Rechtsstreits war die Auflösung einer Gesellschaft durch ihren Mehrheitsaktionär gemäß § 262 Abs. 1 Nr. 2 AktG sowie die anschließende Übernahme im Liquidationsverfahren. Hierdurch umging der Mehrheitsaktionär die erforderliche Zustimmung aller Gesellschafter aus den umwandlungsrechtlichen Vorschriften der §§ 33 Abs. 3 KapErhG[414], 369 Abs. 2 AktG a. F. Die Klägerin erhob gegen diesen Auflösungsbeschluss Anfechtungsklage, um die Nichtigkeit des Beschlusses feststellen zu lassen.

Diese wies der II. Zivilsenat des BGH in letzter Instanz ab. Aus den §§ 33 Abs. 3 KapErhG, 369 Abs. 2 AktG a. F. folge nach Ansicht der Richter nicht die Wertung, dass eine AG nur dann in der Rechtsform einer GmbH fortgeführt werden darf, wenn die §§ 33 Abs. 3 KapErhG, 369 Abs. 2 AktG a. F. gewahrt werden würden. Der einzige Sinn dieser Vorschriften sei der Schutz der Minderheitsgesellschafter vor wirtschaftlichen und rechtlichen Nachteilen aus einer Umwandlung oder Verschmelzung.[415] Ein solcher Schutzzweck sei den Liquidationsvorschriften jedoch fremd. Es stehe einem Minderheitsaktionär frei, im Liquidationsverfahren ebenfalls ein Angebot zur Übernahme abzugeben,[416] sodass sich aus dem Liquidationsbeschluss keine unmittelbaren Nachteile ergeben würden. Darüber hinaus könne in Einzelfällen auch ein Anspruch auf Schadensersatz aufgrund erlittener wirtschaftlicher Nachteile bestehen.[417]

Nach der Rechtsprechung des BGH folge aus den damaligen umwandlungsrechtlichen Normen somit keine absolute Geltung, sodass keine unzulässige Umgehung vorliegen würde.

---

412 BGH, Urteil vom 01.02.1988 – II ZR 75/87 = NJW 1988, 1579.

413 *Wilhelm/Dreier*, ZIP 2003, 1369, 1373; vereinzelt wurde das Urteil später kritisch, aber als grundsätzlich richtig bewertet, *Lutter/Drygala*, FS Kropff, S. 191, 197; *Friedrich*, BB 1994, 89, 93.

414 Gesetz über die Kapitalerhöhung aus Gesellschaftsmitteln und über die Verschmelzung von Gesellschaften mit beschränkter Haftung vom 23.12.1959 (BGBl. I 1959, 789), durch Art. 5 des Umwandlungsbereinigungsgesetzes vom 28.10.1994 (BGBl. I 1994, 3210) aufgehoben.

415 BGH, Urteil vom 01.02.1988 – II ZR 75/87 = NJW 1988, 1579, 1579.

416 BGH, Urteil vom 01.02.1988 – II ZR 75/87 = NJW 1988, 1579, 1581; so auch der dem II. Zivilsenat angehörige Richter *Henze*, ZIP 1995, 1473, 1477.

417 BGH, Urteil vom 01.02.1988 – II ZR 75/87 = NJW 1988, 1579, 1580.

bb) Das UmwG von 1995 als Streitgegenstand

Aufgrund der unübersichtlichen Verteilung der umwandlungsrechtlichen Vorschriften im UmwG, AktG, KapErhG, GenG sowie VAG[418] wurde durch den Gesetzgeber eine Vereinheitlichung und Vereinfachung des Umwandlungsrechts herbeigeführt,[419] indem 1994 mit dem UmwBerG[420] das heutige UmwG[421] erlassen wurde.

Mit dem Inkrafttreten des neuen UmwG kamen in der Literatur Stimmen auf, die aufgrund dieses Gesetzes eine Umgehung des Umwandlungsrechts durch die übertragende Auflösung sahen,[422] sodass die übertragende Auflösung generell unzulässig sei[423] oder die Vorschriften des UmwG analog zur Anwendung gelangen würden.[424] Insbesondere die Gesetzesbegründung des UmwBerG[425] diente als Stütze,[426] die ausführt: „*soweit es nach den §§ 1, 15, 23, 24 UmwG bisher möglich war, außenstehende Anteilsinhaber gegen eine Abfindung, aber ohne ihre Zustimmung aus der Gesellschaft hinauszudrängen, soll dies entfallen; denn es entspricht nicht den Grundsätzen des Minderheiten- und des Anlegerschutzes, eine solche Möglichkeit zuzulassen*“.[427] Diese Begründung widersprach der Gesetzesbegründung zum Umwandlungsgesetz von 1956,[428] in der es noch hieß: „*Es besteht kein Grund, die Beteiligten, wenn sie eine Umwandlung für erforderlich halten, dazu zu zwingen, den ohnehin immer möglichen Weg zu beschreiten, das Unternehmen aufzulösen und abzuwickeln und seine Vermögensgegenstände einzeln auf eine Personengesellschaft oder einen Gesellschafter zu übertragen. Es erscheint vielmehr angebracht, die durch das Umwandlungsgesetz und seine Durchführungsverordnungen geschaffene Möglichkeit, für solche Umwandlungen den einfacheren Weg einer Gesamtrechtsnachfolge zu wählen, auch in Zukunft aufrechtzuerhalten und in den dauernden Bestand des deutschen Handelsrechts zu*

---

418 Vertiefend *Gromm*, Die übertragende Auflösung nach Aktien- und GmbH-Recht, S. 70.

419 BT-Drs. 12/6699, 1.

420 Gesetz zur Bereinigung des Umwandlungsrechts, BGBl. I 1994, 3210.

421 BGBl. I 1994, 3210.

422 *Lutter/Drygala*, FS Kropff, S. 191, 213; *Wilhelm/Dreier*, ZIP 2003, 1369, 1371.

423 *Wilhelm/Dreier*, ZIP 2003, 1369, 1371.

424 *Lutter/Drygala*, FS Kropff, S. 191, 208; zustimmend *Emmerich*, AG 1998, 151, 152.

425 BT-Drs. 12/6699, 77 ff.

426 *Lutter/Drygala*, FS Kropff, S. 191, 200; *Wilhelm/Dreier*, ZIP 2003, 1369, 1371.

427 BT-Drs. 12/6699, 114.

428 Gesetz über die Umwandlung von Kapitalgesellschaften und bergrechtliche Gewerkschaften, BGBl. I 1956, 844.

überführen".[429] Es war dem Gesetzgeber 1956 folglich bewusst, dass ein ähnliches Ergebnis auch außerhalb der Möglichkeiten des Umwandlungsrechts erzielt werden konnte, sodass die umwandlungsrechtlichen Vorschriften lediglich eine alternative Erleichterung sein sollten.

Diese Auslegung des Wortlauts der Gesetzesbegründung führte in der Literatur jedoch auch zu kritischen Stimmen. Die Änderung der Rechtsauffassung des Gesetzgebers im Jahr 1994 bedeute nicht, dass die Möglichkeit der Liquidation der Gesellschaft mit anschließender Vermögensübertragung versperrt sein soll. Vielmehr solle der Weg einer Auflösung mit anschließender Übertragung im Liquidationsverfahren nach dem Willen des Gesetzgebers gezwungenermaßen beschritten werden.[430]

Gegen eine gewollte Abkehr vom Willen des Gesetzgebers 1956 würde zudem sprechen, dass mit dem UmwBerG nur eine Vereinfachung des Umwandlungsrechts gewollt gewesen sei.[431] Das Umwandlungsrecht zeichne sich durch die Gesamtrechtsnachfolge aus[432] und weiche somit von der Einzelrechtsnachfolge des § 179a AktG[433] ab. Im Vergleich zu den §§ 33 Abs. 3 KapErhG, 369 Abs. 2 AktG a. F. sei die notwendige Beteiligungshöhe gesenkt worden. Auch sei die Ausdehnung der verschmelzungsrechtlichen Vorschriften auf andere Rechtsformen aus § 375 AktG a. F. in § 29 UmwG beibehalten worden. Ein genereller Wille des Gesetzgebers zu einer strengeren Fassung des UmwG im Vergleich zur vorherigen Rechtslage könne folglich fehlen, sodass die *Linotype*-Rechtsprechung weiterhin Gültigkeit aufweise.[434]

Es könne dem UmwG von 1995 ferner kein genereller Zwang entnommen werden, dass die Abwicklung der Gesellschaft mit Vermögensübertragung nach den Vorschriften des UmwG vorgenommen werden solle. Die übertragende Auflösung stelle im Gegensatz zum Normalfall eine atypische Konstellation dar,[435] sodass mangels Typenzwangs des UmwG keine Umgehung eines zwingenden Rechts gegeben sei.[436]

---

429 BT-Drs. 2/2402, 11.

430 *Gromm*, Die übertragende Auflösung nach Aktien- und GmbH-Recht, S. 82.

431 BT-Drs. 12/6699, 1.

432 *Lutter/Leinekugel*, ZIP 1999, 261, 265; *Wolf*, ZIP 2002, 153, 155.

433 Beziehungsweise der Vorgängernormen.

434 *Henze*, ZIP 1995, 1473, 1475.

435 *Lutter/Leinekugel*, ZIP 1999, 261, 264.

436 *Koch*, in: Koch, AktG, § 179a, Rn. 21; *Körber/König*, in: Bürgers/Körber/Lieder, AktG, § 179a, Rn. 25; *Seibt*, in: Schmidt/Lutter, AktG, § 179a, Rn. 25; *Stein*, in: MünchKomm-AktG, § 179a, Rn. 73; *Zetzsche*, in: KölnKomm-AktG, § 179a, Rn. 135; *K. Schmidt*, NZG 1995, 675, 676.

Auch im Hinblick auf den Vermögensschutz des Minderheitsaktionärs bestehe aufgrund der fehlenden Interessenhomogenität[437] ein erheblicher Eingriff. Dieser werde nicht dadurch ausgeglichen, dass es rechtlich jedem Aktionär möglich sei, ein Angebot im Liquidationsverfahren abzugeben, da diese Möglichkeit oftmals tatsächlich nicht bestehe.[438] Daher sei als Rechtsfolge sowohl die Bekanntmachungspflicht gemäß § 63 UmwG sowie eine Pflicht zur Vorgangsprüfung gemäß den §§ 9 bis 12 UmwG analog anzuwenden,[439] auch wenn eine unabhängige Auswahl eines geeigneten Prüfers aufgrund der Einflussmöglichkeit des Mehrheitsaktionärs auf den Vorstand anzuzweifeln sei.[440]

cc) Die Beibehaltung des § 361 AktG a. F. und die Eingliederung gemäß §§ 319 ff. AktG

Mit dem UmwBerG von 1994 wurde nicht nur ein neues UmwG geschaffen, sondern ebenfalls Änderungen am AktG vorgenommen.[441] In nahezu identischer Formulierung wurde aus § 361 AktG a. F. der heutige § 179a AktG.[442] Die Gesetzesbegründung führt dazu aus: „*§ 361 AktG ist im Recht der Umwandlung ein Fremdkörper, weil er weder einen Vermögensübergang im Wege der Gesamtrechtsnachfolge oder Sonderrechtsnachfolge noch einen Wechsel der Rechtsform regelt, sondern nur die schuldrechtliche Verpflichtung zur Übertragung des gesamten Gesellschaftsvermögens betrifft. Sein wesentlicher Zweck ist, die Zuständigkeit der Hauptversammlung für den Fall zu begründen, daß sich die wirtschaftliche Struktur des Unternehmens der Aktiengesellschaft ändert, ohne daß die Zuständigkeit der Hauptversammlung schon aus anderen Gründen, etwa durch das Erfordernis einer Satzungsänderung infolge Veränderung des Unternehmensgegenstands, gegeben ist*“.[443]

Die inhaltliche Beibehaltung unter systematischer Umstellung innerhalb des AktG könne bedeuten, dass der Gesetzgeber in Kenntnis der Problematik um eine übertragende Auflösung – verdeutlicht durch das *Linotype*-Urteil – diese bewusst als gangbaren Weg beibehielt[444] und somit eine analogiefähige

437 *Lutter/Drygala*, FS Kropff, S. 191, 203.
438 *Lutter/Drygala*, FS Kropff, S. 191, 204 f., die eine Zulässigkeit von Gegenangeboten aber als Konsequenz des Vermögensschutzes sehen, S. 214.
439 *Lutter/Drygala*, FS Kropff, S. 191, 214.
440 *Lutter/Drygala*, FS Kropff, S. 191, 206.
441 Art. 6 des UmwBerG, BGBl. I 1994, 3260.
442 BGBl. I 1994, 3260.
443 BT-Drs. 12/6699, 177.
444 *Gromm*, Die übertragende Auflösung nach Aktien- und GmbH-Recht, S. 83.

Planwidrigkeit ausgeschlossen sei.[445] Andererseits könne es sich auch lediglich um eine systematische Verschiebung ohne inhaltliche Auseinandersetzung handeln.[446]

Neben der Beibehaltung des § 361 AktG a. F. in § 179a AktG sprechen nach einigen Ansichten auch die §§ 319 ff. AktG dafür, dass vom Gesetzgeber ein absoluter Bestandsschutz zu Gunsten der Minderheitsaktionäre nicht gewollt sei.[447] Jedoch gewähren diese im Gegensatz zur übertragenden Auflösung gemäß § 320b Abs. 1 S. 2 AktG eine angemessene Abfindung in Form einer Beteiligung an der Hauptgesellschaft.[448]

d) Stellungnahme

Unter Anwendung der Voraussetzungen für eine Umgehung kann eine Umgehung des UmwG nur vorliegen, wenn daraus ein Typenzwang hervorgeht, dass ein Ausschluss von Minderheitsaktionären ausschließlich nach den Vorschriften des UmwG erfolgen darf. Insbesondere im Hinblick auf den bei Minderheitsaktionären verbleibenden Vermögensschutz könnte ein solcher Typenzwang des UmwG bestehen, soweit dies nach dem Willen des Gesetzgebers gewollt war.

Zunächst ist festzuhalten, dass von der Bewertung der grundsätzlichen Umgehungsfestigkeit des UmwG die Frage der Angemessenheitskontrolle hinsichtlich der Minderheitsaktionäre[449] streng zu trennen ist. Eine unabhängige oder gerichtliche Überprüfung der Gegenleistung auf Betreiben der von der übertragenden Auflösung betroffenen Aktionäre kann erst nach einer zulässigen und wirksamen Beschlussfassung gemäß § 179a Abs. 1 AktG erfolgen. Für eine solche Trennung spricht auch, dass bei den gerichtlichen Verfahren für die Bestimmung der angemessenen Abfindung oder des angemessenen Ausgleichs in § 4 SpruchG eine Antragstellung nach dem SpruchG erst nach dem

---

445 So das BayObLG, Beschluss vom 17.09.1998 – 3Z BR 37-98 (*MagnaMedia*) = NJW-RR 1999, 1559, 1560, nachdem es eine grundsätzliche Vergleichbarkeit von Verschmelzung durch Aufnahme und Übertragung des ganzen Gesellschaftsvermögens bei wirtschaftlicher Betrachtung feststellte.

446 So *Lutter/Leinekugel*, ZIP 1999, 261, 265.

447 BVerfG, Beschluss vom 23.08.2000 – 1 BvR 68/95 und 1 BvR 147/97 = NJW 2001, 279, 280; *Holzborn*, in: BeckOGK-AktG, § 179a, Rn. 38; *Stein*, in: MünchKomm-AktG, § 179a, Rn. 73; *Zetzsche*, in: KölnKomm-AktG, § 179a, Rn. 134; *Gromm*, Die übertragende Auflösung nach Aktien- und GmbH-Recht, S. 82; *Lutter/Drygala*, FS Kropff, S. 191, 220.

448 *Wilhelm/Dreier*, ZIP 2003, 1369, 1371, der dieses Argument daher für unzutreffend hält.

449 Siehe 2. Kap. § 2 B. III. 2.

Wirksamwerden des betreffenden Vorgangs zulässig ist.[450] Gleiches gilt für den Anspruch auf Beschlussanfechtung gemäß § 243 AktG.[451] Für eine Überprüfung eines Beschlusses nach § 179a AktG muss dieser zulässig und wirksam gewesen sein. Dies wäre er jedoch nicht, wenn eine Gesetzesumgehung ohne analoge Anwendung der umgangenen Vorschriften vorliegen würde oder die übertragende Auflösung insgesamt unwirksam ist.

Betrachtet man daher zunächst, dass im Zuge des UmwBerG der Gesetzgeber den § 361 AktG a. F. in den nahezu inhaltsgleichen § 179a AktG umwandelte, so kann hieraus nicht die Schlussfolgerung gezogen werden, dass der Gesetzgeber in Kenntnis der Problematik diese Gestaltungsmöglichkeit bewusst beibehalten hat. Diese Problematik und das zuvor ergangene *Linotype*-Urteil werden zu keinem Zeitpunkt im Gesetzgebungsverfahren genannt.[452] Zwar erkannte der Gesetzgeber, dass es sich bei § 361 AktG a. F. aufgrund des schuldrechtlichen und mithin fehlenden umwandlungsrechtlichen Bezugs um einen Fremdkörper handelt. Er sah diesen jedoch aus systematischer Sicht in den Hauptversammlungskompetenzen für Satzungsänderungen besser aufgehoben und verschob den § 361 AktG a. F. folglich in die §§ 179 ff. AktG.[453] Es ist somit nicht zu entnehmen, dass der Gesetzgeber von der Problematik der übertragenden Auflösung Kenntnis hatte, geschweige denn, dass diese Gestaltungsmöglichkeit bewusst beibehalten werden sollte. Folglich kann die Einführung des § 179a AktG nicht für die Vereinbarkeit von übertragender Auflösung und UmwG herangezogen werden.

Fraglich ist weiter, ob die als Hauptargument für eine Umgehung des UmwG dienende Gesetzesbegründung zum UmwG von 1994 herangezogen werden kann. Der Gesetzgeber führt im ersten Halbsatz in Bezug auf die Änderung der Verschmelzung einer Kapitalgesellschaft mit dem Vermögen eines Alleingesellschafters aus, dass ein Hinausdrängen von außenstehenden Anteilsinhabern nach den §§ 1, 15, 23, 24 UmwG a. F. entfallen soll. Diese Begründung vermag jedoch nicht als Argument für einen Typenzwang zu dienen. Aufgrund des ausdrücklichen Bezugs auf Vorschriften des UmwG fehlt zum einen bereits der allgemeingesetzliche und mithin aktiengesetzlichen Bezug.[454] Zum anderen betrifft

---

450 *Mennicke*, in: Lutter, UmwG, § 4 SpruchG, Rn. 7.

451 *Schäfer*, in: MünchKomm-AktG, § 243, Rn. 9.

452 Das gesamte Gesetzgebungsverfahren mit seinen Unterlagen ist abrufbar unter http://dipbt.bundestag.de/extrakt/ba/WP12/1553/155331.html.

453 BT-Drs. 12/6699, 177.

454 So auch die Begründung zum UmwBerG 1994 zum Numerus clausus des § 1 Abs. 2 UmwG, der ausdrücklich nur die Umwandlungsmöglichkeiten des UmwG betreffen

die Gesetzesbegründung ausschließlich Sachverhalte der Verschmelzungen auf natürliche Personen,[455] nicht jedoch auf eine andere Kapitalgesellschaft. Durch diese ausdrückliche Anwendungsbeschränkung des Gesetzgebers kann ein Typenzwang nicht diesem Teil der Gesetzesbegründung entnommen werden. Es handelt sich vielmehr um Ausführungen für einen speziellen Sachverhalt.

Eine allgemein gehaltene Begründung weist hingegen der zweite Halbsatz auf, aus dem ein vom Gesetzgeber gewollter Rechtsgrundsatz hervorgeht. Es widerspricht demnach dem Minderheiten- und Anlegerschutz, Möglichkeiten des Zwangsausschlusses von außenstehenden Anteilsinhabern zuzulassen. Dass dieser Grundsatz jedoch eine absolute Geltung entfalten soll, ist schon dem Begriff nicht zu entnehmen. Grundsätze sind Wertentscheidungen des Gesetzgebers,[456] die eine Konkretisierung bedürfen.[457] Als Beispiele sind anzuführen der Grundsatz der Vertragsfreiheit, der den Abschluss, den Inhalt und die Form eines Vertrages grundsätzlich den Parteien überlässt,[458] aber mit Kontrahierungszwängen,[459] den §§ 134, 138 BGB und Formvorschriften Ausnahmen zulässt, sowie der Grundsatz der Naturalrestitution gemäß § 249 Abs. 1 BGB mit dem in Ausnahmefällen erfolgenden Geldersatz.[460] Neben diesem Argument ist weiter zu berücksichtigen, dass die gesetzgeberische Einschränkung auf Verschmelzungen auf das Privatvermögen aus dem ersten Halbsatz für diesen Halbsatz ebenfalls gültig ist. Daher ist der Gesetzesbegründung von 1994 kein Wille dahingehend zu entnehmen, dass eine übertragende Auflösung mit Inkrafttreten des UmwG ausgeschlossen sein solle, die Änderung des § 361 AktG a. F. in § 179a AktG erfolgte ausschließlich aus systematischen Gründen.

Es fehlt jedoch nicht nur an Anhaltspunkten, dass es der Wille des Gesetzgebers gewesen ist, die übertragende Auflösung zu verbieten. Bereits ein Blick in andere Gesetze und Vorschriften spricht dafür, dass ein Ausschluss grundsätzlich erlaubt ist.

---

sollte, während andere bestehende Möglichkeiten erhalten bleiben sollen: BT-Drs. 12/6699, 80.

455 So die Einschränkung in BT-Drs. 12/6699, 114.

456 Siehe 3. Kap. § 1 C. III. 1. a) ee).

457 Siehe 3. Kap. § 1 C. III. 1. b) bb).

458 *Busche*, in: MünchKomm-BGB, Vorb. zu § 145, Rn. 2.

459 Z. B. die Pflicht zu einer Kfz-Haftpflichtversicherung gemäß § 5 PflVG oder gemäß § 18 EnWG die Pflicht eines Energieversorgers, jedermann an das Versorgungsnetz anzuschließen.

460 *Oetker*, in: MünchKomm-BGB, § 249, Rn. 320.

Gegen eine absolute Geltung des UmwG sprechen die aktienrechtlichen Eingliederungsvorschriften gemäß den §§ 319 ff. AktG, nach denen ein Ausschluss von Minderheitsaktionären zum Zwecke der Eingliederung erfolgen darf. Im Gegensatz zur übertragenden Auflösung beinhalten diese Vorschriften mit § 320b AktG zwar eine Abfindungspflicht, die in Geld oder Anteilen erfüllt werden kann. Dies widerspricht jedoch nicht einer Vergleichbarkeit beider Vorgänge. Während § 320b AktG einen Abfindungsanspruch bei einer Eingliederung gewährt, erhält die nach § 179a AktG übertragende Gesellschaft die entsprechende Gegenleistung, sodass ein wirtschaftlicher Nachteil ausgeglichen wird. Einzig die Frage der Angemessenheit der Gegenleistung, wie es § 320b AktG für die Eingliederung regelt, bleibt bei der übertragenden Auflösung offen. Die Frage der Angemessenheit der Gegenleistung ist jedoch – wie dargestellt – eine Frage, die nicht die grundsätzliche Zulässigkeit einer übertragenden Auflösung berührt, sondern einer getrennten Betrachtung bedarf.

Neben den Eingliederungsvorschriften spricht seit 2011 auch § 62 Abs. 5 UmwG gegen einen Typenzwang des UmwG zum Schutze von Minderheitsaktionären. Durch die Möglichkeit eines umwandlungsrechtlichen Squeeze Out zeigte der Gesetzgeber, dass ab einer bestimmten Beteiligungshöhe ein Aktionärsausschluss zulässig ist, sofern die betroffenen Aktionäre eine angemessene Abfindung erhalten. Dafür sprechen auch die §§ 327a ff. AktG, 39a WpÜG.

Aus diesen Gründen können die Ansichten, die eine unzulässige Umgehung des UmwG von 1994 sehen, nicht überzeugen. Es fehlen darüber hinaus – selbst bei Annahme einer unzulässigen Umgehung – Anhaltspunkte für besondere Umstände, die eine grundsätzliche Unwirksamkeit der übertragenden Auflösung zur Folge hätten.[461] Vielmehr sprechen die anschließend erfolgten Gesetzeseinführungen und -änderungen dafür, dass die übertragende Auflösung im Lichte des UmwG zulässig ist.

2. Die §§ 327a ff. AktG als lex specialis?

Der Streit, ob die übertragende Auflösung als mittelbarer Aktionärsausschluss rechtlich zulässig ist, wurde mit Einführung des aktienrechtlichen Squeeze Out erneut befeuert. Der Gesetzgeber könnte mit den §§ 327a ff. AktG eine spezialgesetzliche Regelung eingeführt haben, die nach dem Rechtsgrundsatz *lex specialis derogat legi generali* die allgemeine Regelung des § 179a AktG verdrängt.[462] Es könne nicht dem Willen des Gesetzgebers entsprechen, eine Rechtsnorm

461 So aber *Wilhelm/Dreier*, ZIP 2003, 1369, 1371.
462 *Bydlinski/Bydlinski*, Grundzüge der juristischen Methodenlehre, S. 34.

ohne eigenen Anwendungsbereich zu schaffen.[463] Gegenüber der herrschenden Meinung im Schrifttum[464] brachte diese Frage vereinzelnd Stimmen in der Literatur hervor, die eine solche spezialgesetzliche Regelung in den §§ 327a ff. AktG erblicken.[465]

a) Die Befürworter einer lex specialis

Auch wenn die Befürworter einer spezialgesetzlichen Regelung keine wörtlichen Anhaltspunkte in der Gesetzesbegründung des aktienrechtlichen Squeeze Out[466] finden, solle sich ein solcher Vorrang des Gesetzes durch Auslegung unter Berücksichtigung des Grundrechtsschutzes des Aktieneigentums aus Art. 14 Abs. 1 GG ergeben, welcher durch das *Feldmühle*-Urteil[467] und den *MotoMeter*-Beschluss[468] des BVerfG konkretisiert worden sei.[469] Die durch das BVerfG in beiden Entscheidungen aufgestellten Anforderungen an einen Ausschluss von Aktionären seien in den §§ 327a ff. AktG umgesetzt worden.[470] Es könne daher nur der Wille des Gesetzgebers gewesen sein, dass die §§ 327a ff. AktG mit Inkrafttreten das einzig zulässige, mit den Anforderungen des BVerfG zu vereinbarende Vorgehen darstellen. Es sei das Ziel des Gesetzgebers gewesen, eine

---

463 *Bydlinski/Bydlinski*, Grundzüge der juristischen Methodenlehre, S. 35.

464 *Haberstock/Greitemann*, in: Hölters/Weber, AktG, § 179a, Rn. 19; *Holzborn*, in: BeckOGK-AktG, § 179a, Rn. 39; *Koch*, in: Koch, AktG, § 179a, Rn. 21; *Körber/König*, in: Bürgers/Körber/Lieder, AktG, § 179a, Rn. 25; *Seibt*, in: Schmidt/Lutter, AktG, § 179a, Rn. 25; *Stein*, in: MünchKomm-AktG, § 179a, Rn. 74; *Strohn*, in: Henssler/Strohn, GesR, § 179a AktG, Rn. 13; *Zetzsche*, in: KölnKomm-AktG, § 179a, Rn. 135; *Austmann*, in: Hoffmann-Becking, MHdB GesR Bd. 4, § 75, Rn. 11; *Gromm*, Die übertragende Auflösung nach Aktien- und GmbH-Recht, S. 88; *M. Roth*, NZG 2003, 998, 999; *Rühland*, WM 2002, 1957, 1958; *v. Morgen*, WM 2003, 1553, 1554 f.; *Wolf*, ZIP 2002, 153, 154.

465 *Bachmann*, in: BeckOGK-AktG, § 262, Rn. 37; *Ehmann*, in: Grigoleit, AktG, § 179a, Rn. 12; *Bachmann*, ZIP 2009, 1249, 1255; *Hanau*, NZG 2002, 1040, 1047; *Wilhelm/Dreier*, ZIP 2003, 1369, 1373 ff.

466 BT-Drs. 14/7034, 31 f.

467 BVerfG, Urteil vom 07.08.1962 – 1 BvL 16/60 (*Feldmühle*) = NJW 1962, 1667. Nach diesem Urteil des BVerfG ist ein Eingriff in die Eigentumsrechte eines Aktionärs im Hinblick auf Art. 14 Abs. 1 GG zulässig, sofern eine wirtschaftlich vollständige Entschädigung erfolgt.

468 BVerfG, Beschluss vom 23.08.2000 – 1 BvR 147/97 (*MotoMeter*) = NJW 2001, 279.

469 *Wilhelm/Dreier*, ZIP 2003, 1369, 1374.

470 *Wilhelm/Dreier*, ZIP 2003, 1369, 1375.

vor Einführung der §§ 327a ff. AktG unklare, angreifbare und problematische Rechtslage zu beseitigen.[471]

Es widerspreche ferner dem Minderheitenschutz, wenn ein Mehrheitsaktionär darüber disponieren könnte, ob der Ausschluss gemäß § 179a AktG oder unter Anwendung der Vorschriften der §§ 327a ff. AktG erfolgt.[472]

b) Die herrschende Meinung gegen eine lex specialis

Entgegen dieser Mindermeinung im Schrifttum sieht die herrschende Meinung keinen Anwendungsvorrang aufgrund einer spezialgesetzlichen Regelung. Es entspreche der Gestaltungsfreiheit der Privatautonomie, dass mit einer Rechtsnorm jedes erreichbare Ziel verfolgt werden könne, solange der Gesetzgeber dies nicht ausdrücklich beschränkt habe.[473]

Eine solche Beschränkung kann aus den Gesetzgebungsmaterialien zu den §§ 327a ff. AktG nicht entnommen werden,[474] trotz Kenntnis des Gesetzgebers[475] von der Möglichkeit einer übertragenden Auflösung unter Anwendung des § 179a AktG.[476] Es sei vielmehr das Ziel des Gesetzgebers gewesen, den Mehrheitsaktionären mit den §§ 327a ff. AktG ein weiteres, im Vergleich zur übertragenden Auflösung erleichtertes Verfahren zu ermöglichen.[477] Folglich seien beide Ausschlussformen parallel anwendbar[478] und eine Pflicht zur Anwendung der §§ 327a ff. AktG bestehe nicht.[479]

---

471 *Wilhelm/Dreier*, ZIP 2003, 1369, 1374.

472 *Ehmann*, in: Grigoleit, AktG, § 179a, Rn. 12.

473 *Rühland*, WM 2002, 1957, 1958, dem zustimmend *v. Morgen*, WM 2003, 1553, 1555.

474 *Haberstock/Greitemann*, in: Hölters/Weber, AktG, § 179a, Rn. 19; *Koch*, in: Koch, AktG, § 179a, Rn. 21; *Gromm*, Die übertragende Auflösung nach Aktien- und GmbH-Recht, S. 88; *Rühland*, WM 2002, 1957, 1958; *v. Morgen*, WM 2003, 1553, 1555.

475 *Holzborn*, in: BeckOGK-AktG, § 179a, Rn. 39; *Koch*, in: Koch, AktG, § 179a, Rn. 21; *Stein*, in: MünchKomm-AktG, § 179a, Rn. 74; *Rühland*, WM 2002, 1957, 1958; *v. Morgen*, WM 2003, 1553, 1555.

476 Insbesondere durch die zum MotoMeter-Verfahren ergangenen Urteile: BVerfG, Beschluss vom 23.08.2000 – 1 BvR 147/97 (*MotoMeter*) = NJW 2001, 279; OLG Stuttgart, Urteil vom 21.12.1993 – 10 U 48/93 (*MotoMeter-I*) = AG 1994, 411; OLG Stuttgart, Urteil vom 04.12.1996 – 8 W 43/93 (*MotoMeter-II*) = ZIP 1997, 362.

477 *Holzborn*, in: BeckOGK-AktG, § 179a, Rn. 39; *Stein*, in: MünchKomm-AktG, § 179a, Rn. 74.

478 *M. Roth*, NZG 2003, 998, 999; *v. Morgen*, WM 2003, 1553, 1555; *Wolf*, ZIP 2002, 153, 154.

479 *Schnorbus*, in: Schmidt/Lutter, AktG, Vorb. zu §§ 327a ff., Rn. 12.

c) Stellungnahme

Zustimmend ist einleitend auf *Rühland*[480] zu verweisen, nach dem grundsätzlich jedes mögliche Ziel mit einer Rechtsnorm verfolgt werden darf, sofern es nicht gegen den Willen des Gesetzgebers verstößt. Dies kann vorliegend – mangels direkter Aussagen des Gesetzgebers – nur im Wege der Auslegung unter Berücksichtigung der bekannten juristischen Methoden erfolgen.[481]

Unbestritten und zutreffend liefern weder der Gesetzestext noch die Begründung des aktienrechtlichen Squeeze Out wörtliche Hinweise auf einen Willen des Gesetzgebers, dass eine übertragende Auflösung nach § 179a AktG durch die §§ 327a ff. AktG verdrängt werden soll. Die §§ 327a ff. AktG stellen zwar ausdrücklich eine Umsetzung der durch das BVerfG aufgestellten Anforderungen an einen Aktionärsausschluss dar.[482] Aus dieser Umsetzung kann jedoch keine Begründung dafür hergeleitet werden, dass die §§ 327a ff. AktG eine spezialgesetzliche Regelung darstellen sollen. Die Ausführungen des Gesetzgebers stellen vielmehr die Umsetzung der Anforderungen des BVerfG dar, dem der Gesetzgeber aufgrund des Rechtsstaatsprinzips gemäß Art. 20 Abs. 3 GG[483] nachgekommen ist.

Die §§ 327a ff. AktG stellen zudem nicht die einzige rechtlich zulässige Möglichkeit des Aktionärsausschlusses dar, der die Ausführungen des BVerfG umsetzt. Das BVerfG hat im *MotoMeter*-Beschluss[484] die grundsätzliche Vereinbarkeit der übertragenden Auflösung mit Art. 14 Abs. 1 GG festgestellt, sofern – der *Feldmühle*-Entscheidung[485] folgend – keine wirtschaftlichen Nachteile zu Lasten des betroffenen Aktionärs entstehen. Sieht man jedoch in den §§ 327a ff. AktG die einzige zulässige Möglichkeit zum Ausschluss von Aktionären, müsste man folglich auch die §§ 39a WpÜG, 62 Abs. 5 UmwG in Frage stellen. Zwar sind diese Normen den §§ 327a ff. AktG ähnlich, jedoch wäre nach dem *lex-specialis*-Argument neben den §§ 327a ff. AktG kein weiteres Ausschlussverfahren zulässig. Indem andere Verfahren jedoch bestehen, muss auch die übertragende Auflösung zulässig sein. Es kann somit aus dem Umstand, dass der Gesetzgeber mit den §§ 327a ff. AktG die Anforderungen des BVerfG im Hinblick auf Art. 14 Abs. 1 GG umsetzte, nicht geschlossen werden, dass zugleich eine *lex specialis*

---

480 *Rühland*, WM 2002, 1957, 1958.

481 Siehe 2. Kap. § 2 B. II. 1. a).

482 BT-Drs. 14/7034, 32.

483 *Rux*, in: Epping/Hillgruber, GG, Art. 20, Rn. 167 f.

484 BVerfG, Beschluss vom 23.08.2000 – 1 BvR 147/97 (*MotoMeter*) = NJW 2001, 279.

485 BVerfG, Urteil vom 07.08.1962 – 1 BvL 16/60 (*Feldmühle*) = NJW 1962, 1667.

für den Ausschluss von Aktionären und mithin auch für die übertragende Auflösung geschaffen werden sollte.

Auch die Auslegung der Gesetzesbegründung gibt keinen Anhaltspunkt, dass eine Gesetzesspezialität gewollt gewesen ist. Nach dem Willen des Gesetzgebers sollen die §§ 327a ff. AktG „*ein neues Rechtsinstitut*“[486] darstellen, nicht „das neue Rechtsinstitut“. Dies spricht dafür, dass die §§ 327a ff. AktG, entgegen den Befürwortern einer *lex specialis*, eine zusätzliche Möglichkeit zum Aktionärsausschluss darstellen sollten. Der Gesetzgeber führt weiter aus, dass die §§ 327a ff. AktG im Vergleich zu den Eingliederungsvorschriften der §§ 319 ff. AktG erleichterte Anforderungen aufweisen sollen.[487] Die §§ 319 ff. AktG stellen selber keine Regelungen des Aktionärsausschlusses dar, jedoch beinhalten auch diese besondere Schutzvorschriften zu Gunsten der Minderheitsaktionäre. Indem der Gesetzgeber mit den §§ 327a ff. AktG eine Erleichterung eingeführt hat, zeigt sich daher, dass keine Verschärfung des Minderheitenschutzes gewollt gewesen ist. Da der Gesetzgeber somit lediglich eine weitere, in Bezug auf den Minderheitenschutz erleichterte Ausschlussmöglichkeit schaffen wollte, kann der Wille für eine *lex specialis* nicht den Gesetzesmaterialien entnommen werden.

Vielmehr wäre es für den Gesetzgeber möglich gewesen, die übertragende Auflösung in den Gesetzesmaterialien direkt zu zitieren und – sofern gewollt – diese Möglichkeit des Aktionärsausschlusses für unzulässig zu erklären. Durch den direkten Verweis auf das *MotoMeter*-Urteil des BVerfG in der Gesetzesbegründung machte der Gesetzgeber deutlich, dass ihm die Möglichkeit einer übertragenden Auflösung bekannt gewesen ist. Er sah jedoch keinen Anlass, diesbezüglich weitere Ausführungen zu machen.

Auch die Begründung, dass bei einer parallelen Zulässigkeit der Minderheitenschutz zur Disposition des Mehrheitsaktionärs stehen würde, vermag zu keinem anderen Ergebnis führen. Zwar besteht zu Gunsten der betroffenen Aktionäre ein Abfindungsanspruch *sui generis*,[488] der zum Nachteil der Anspruchsinhaber beeinträchtigt werden könnte. Dies stellt jedoch eine Frage hinsichtlich der Angemessenheit der Abfindung dar. Wie ein Minderheitsaktionär Rechtsschutz für eine Überprüfung der Angemessenheit erlangen kann, ist aber – wie zum UmwG ausgeführt – eine von der grundsätzlichen Zulässigkeit getrennt zu behandelnde Frage.

---

486 BT-Drs. 14/7034, 31.
487 BT-Drs. 14/7034, 32.
488 Siehe 2. Kap. § 2 B. III. 2. e).

Aus diesen Gründen fehlt es an einem ausdrücklichen Willen des Gesetzgebers, dass die übertragende Auflösung mit Inkrafttreten der §§ 327a ff. AktG zurücktreten sollte. Vielmehr sprechen gewichtige Gründe dafür, dass dies nicht gewollt war, sondern eine parallele Anwendung beider Normen möglich sein soll. Somit ist auch abschließend auf *Rühland*[489] zu verweisen: Es entspricht der Gestaltungsfreiheit der Privatautonomie, dass mit einer Rechtsnorm jedes erreichbare Ziel verfolgt werden darf, sofern der Gesetzgeber nicht ausdrücklich Einschränkungen vorgenommen hat.

3. *Die Zulässigkeit im Kontext der §§ 39a WpÜG, 62 Abs. 5 UmwG*

Von der Literatur bislang unbeachtet stellt sich weiter die Frage, ob die übertragende Auflösung auch mit den §§ 327a ff. AktG zeitlich nachfolgend eingeführten Regelungen des § 39a WpÜG und dem § 62 Abs. 5 UmwG vereinbar ist.

Der deutsche Gesetzgeber setzte mit § 39a WpÜG Europarecht[490] in nationales Recht um,[491] um dem praktischen Bedürfnis eines übernahmerechtlichen Squeeze Out[492] nachzukommen. In der Gesetzesbegründung, die inhaltlich insbesondere auf verfassungsrechtliche Gesichtspunkte Bezug nimmt, wurde hinsichtlich der §§ 327a ff. AktG lediglich ausgeführt, dass der aktienrechtliche Squeeze-Out durch die neue Regelung des § 39a WpÜG nicht berührt werden soll und dem Bieter i. S. d. § 39a WpÜG ein Wahlrecht zusteht.[493] Durch den Willen des Gesetzgebers, dass der § 39a WpÜG und die §§ 327a ff. AktG keine sich gegenseitig ausschließende Wirkung haben sollen, ist auch in Bezug auf die übertragende Auflösung festzuhalten, dass mit § 39a WpÜG keine Änderung der Zulässigkeit dieses Vorgangs eingetreten ist. Vielmehr stellt § 39a WpÜG eine weitere Ausschlussform dar.

Auch der § 62 Abs. 5 UmwG stellte eine Umsetzung von Europarecht[494] in nationales Recht dar.[495] Ziel des verschmelzungsrechtlichen Squeeze Out war es, eine Erleichterung von Konzernverschmelzungen sowie eine Deregulierung zu schaffen.[496] Eine Verdrängung der §§ 327a ff. AktG sowie § 39a WpÜG sollte

489 *Rühland*, WM 2002, 1957, 1958.
490 RL 2004/25/EG.
491 BT-Drs. 16/1003, 14.
492 *Rühland*, NZG 2006, 401, 402.
493 BT-Drs. 16/1003, 14.
494 RL 2009/109/EG.
495 BT.-Drs. 17/3122, 13.
496 BT.-Drs. 17/3122, 12.

nicht erreicht werden.[497] Insoweit ist ebenfalls darauf zu verweisen, dass mit dem § 62 Abs. 5 UmwG eine weitere Ausschlussform geschaffen worden ist und demzufolge keine Verdrängung der übertragenden Auflösung stattgefunden hat. Es würde auch dem Ziel des § 62 Abs. 5 UmwG zuwiderlaufen, wenn die übertragende Auflösung durch den verschmelzungsrechtlichen Squeeze Out ausgeschlossen werden würde. § 62 Abs. 5 UmwG soll eine Erleichterung, nicht eine Verschärfung des Rechts darstellen.

Es bestehen daher keine Bedenken, die gegen eine Zulässigkeit der übertragenden Auflösung infolge des Inkrafttretens der §§ 39a WpÜG, 62 Abs. 5 UmwG sprechen.

4. Das Mehrheitserfordernis für die übertragende Auflösung

Auch wenn die übertragende Auflösung zulässig ist, stellt sich weiter die Frage, ob die erforderliche Mehrheit für die Beschlussfassung an die Regelungen zum Squeeze Out angepasst werden muss. Der Beschluss zur Übertragung des ganzen Vermögens ist gemäß den §§ 179a Abs. 1, 179 Abs. 2 S. 1 AktG mit einer Mehrheit von drei Vierteln des bei Beschlussfassung vertretenen Grundkapitals zu fassen. Dies weicht erheblich von den erforderlichen Mehrheiten gemäß den §§ 320, 327a AktG, 39a WpÜG, 62 Abs. 5 UmwG ab, die 95 respektive 90 Prozent des Grundkapitals fordern.

a) Die Argumente für ein höheres Mehrheitserfordernis

Nach einigen Ansichten ist eine Erhöhung des Mehrheitserfordernisses für die übertragende Auflösung notwendig. Dies folge insbesondere aus den gesetzlichen Wertungen der §§ 320, 327a AktG, die beide ein Mehrheitserfordernis von 95 Prozent voraussetzen,[498] ebenso wie § 39a WpÜG.

Neben diesen gesetzlichen Wertungen wird auch die Rechtsprechung des BVerfG für eine Erhöhung des Mehrheitserfordernisses angeführt.[499] Das BVerfG führte in seiner *Feldmühle*-Entscheidung aus: „*Wenn der Gesetzgeber eine Mehrheit von mehr als drei Vierteln des Grundkapitals – nicht, wie sonst im Aktienrecht, des bei der Beschlußfassung vertretenen Kapitals – verlangt, und dies in einer Hand, so mag das gerade noch innerhalb der Grenzen des Zulässigen*

497 BT.-Drs. 17/3122, 13.

498 *Ehmann*, in: Grigoleit, AktG, § 179a, Rn. 12; *Haberstock/Greitemann*, in: Hölters/Weber, AktG, § 179a, Rn. 19; *Lutter/Drygala*, FS Kropff, S. 191, 220; *v. Morgen*, WM 2003, 1553, 1555 f.; *Wilhelm/Dreier*, ZIP 2003, 1369, 1370.

499 *Rühland*, WM 2002, 1957, 1962 f.

bleiben. Jedenfalls läßt sich (...) nicht eindeutig sagen, daß dieses Quorum außer Verhältnis zu der Intensität des Eingriffs stehe“[500] und stellte somit fest, dass ein Mehrheitserfordernis wie aus §§ 179a Abs. 1, 179 Abs. 2 S. 1 AktG nicht mit Art. 14 GG vereinbar sei. Das BVerfG vermied jedoch in der zeitlich nachfolgenden *MotoMeter*-Entscheidung, dies weiter zu konkretisieren und führte lediglich aus, dass die übertragende Auflösung bei einem Halten von mehr als 99 Prozent der Aktien nicht von Verfassungs wegen zu beanstanden ist.[501]

b) Die Argumente gegen ein höheres Mehrheitserfordernis

Trotz der zahlreichen Stimmen für eine Erhöhung des Mehrheitserfordernisses spricht sich die wohl herrschende Literatur gegen eine Erhöhung aus. Dies wird mit dem Wortlaut der §§ 179a, 179 Abs. 2 S. 1 AktG begründet, der dahingehend eindeutig sei.[502] Es bedarf keines strengeren Mehrheitserfordernisses, da dem betroffenen Minderheitsaktionär auch bei einer Beteiligung von maximal einem Viertel des bei Beschlussfassung vertretenen Grundkapitals keine Mitwirkungsrechte zustehen würden. Die Rechte, die sich ab einer Anteilsmehrheit von über fünf Prozent ergeben, stellen allesamt lediglich Vermögensschutzrechte dar.[503] Zudem sei der Minderheitsaktionär durch eine Wertkontrolle geschützt, sodass es auch keines weiteren Vermögensschutzes infolge höherer Mehrheitserfordernisse bedürfe.[504]

Auch kann eine grundsätzliche Wertung des Gesetzes für ein Mehrheitserfordernis von mindestens 95 Prozent spätestens seit der Einführung des § 62 Abs. 5 UmwG nicht mehr überzeugen, ist damit doch ein Mehrheitserfordernis von 90 Prozent eingeführt worden.[505]

Ein Mehrheitserfordernis von 95 oder 90 Prozent weise ferner eine grundsätzliche Problematik auf. Eine starre Quote führe zu unbilligen Ergebnissen,

---

500 BVerfG, Urteil vom 07.08.1962 – 1 BvL 16/60 (*Feldmühle*) = NJW 1962, 1667, 1668.

501 BVerfG, Beschluss vom 23.08.2000 – 1 BvR 68/95 und 1 BvR 147/97 (*MotoMeter*) = NJW 2001, 279, 280.

502 *Koch*, in: Koch, AktG, § 179a, Rn. 23; *Seibt*, in: Schmidt/Lutter, AktG, § 179a, Rn. 26; *Zetzsche*, in: KölnKomm-AktG, § 179a, Rn. 135; *Gromm*, Die übertragende Auflösung nach Aktien- und GmbH-Recht, S. 113; *Friedrich*, BB 1994, 89, 93; *M. Roth*, NZG 2003, 998, 1000.

503 *M. Roth*, NZG 2003, 998, 1000; *Wolf*, ZIP 2002, 153, 156.

504 *Koch*, in: Koch, AktG, § 179a, Rn. 23.

505 *Körber/König*, in: Bürgers/Körber/Lieder, AktG, § 179a, Rn. 25; *Seibt*, in: Schmidt/Lutter, AktG, § 179a, Rn. 26; *Stein*, in: MünchKomm-AktG, § 179a, Rn. 75.

da sie nicht nach dem finanziellen, sondern dem prozentualen Wert der Anteile und auch nicht nach der Anzahl der betroffenen Aktionäre differenziere.[506]

c) *Stellungnahme*

Ob es für die übertragende Auflösung geboten oder sogar notwendig ist, das Mehrheitserfordernis zu erhöhen, kann nur durch eine umfassende Betrachtung der Eigentumsgarantie aus Art. 14 GG und der Grundsatzentscheidungen des Gesetzgebers und des BVerfG beurteilt werden.

Wird eine bestimmte Maßnahme im Gesellschaftsrecht an eine konkrete Mehrheit geknüpft, ist diese tatbestandliche Voraussetzung für ihre Wirksamkeit. Es ist daher unerheblich, ob die Wertkontrolle einen ausreichenden Schutz garantiert, da diese als Sekundäranspruch an die Wirksamkeit anknüpft. Fehlt es bereits an der notwendigen Mehrheit, ist die Maßnahme unwirksam. Daher kann dieses Argument nicht überzeugen.

Es ist ferner unerheblich, ob Minderheitsaktionäre mit einer Beteiligung von über fünf Prozent ausschließlich Vermögensinteressen verfolgen, da sich das Mehrheitserfordernis für die übertragende Auflösung bereits durch verfassungskonforme Auslegung ergibt. Es ist eine Mehrheit von mindestens 95 Prozent für eine wirksame übertragende Auflösung erforderlich.

Dem widerspricht die gesetzgeberische Entscheidung aus § 179 Abs. 2 S. 1 AktG nicht. Weder dem Wortlaut noch der Historie der Norm ist zu entnehmen, dass eine verfassungsrechtlich gebotene Erhöhung des Mehrheitserfordernisses gegen den Willen des Gesetzgebers verstößt. Die Begründungshistorie des § 179 Abs. 2 S. 1 AktG geht über die Aktiengesetze von 1965[507] und 1937[508] sowie das HGB von 1897[509] in seiner Verweisungskette bis auf Art. 214 ADHGB von 1868 zurück. Zu keiner Zeit wurde durch den Gesetzgeber begründet, aus welchem Anlass dieses konkrete Mehrheitserfordernis, das erstmalig im HGB von 1897 seine heute gültige Fassung erfuhr, geschaffen wurde. Den jeweiligen Gesetzgebungsverfahren ist nicht zu entnehmen, dass der Gesetzgeber bewusst ein absolutes Mehrheitserfordernisses einführen wollte. Vielmehr ist eine Erhöhung des

506 *Stein*, in: MünchKomm-AktG, § 179a, Rn. 75; *Zetzsche*, in: KölnKomm-AktG, § 179a, Rn. 135.

507 Begründung zum RegE eines AktG in BT-Drs. IV/171, 191 zu § 167 Abs. 2 AktG, der in der endgültigen Fassung zu § 179 Abs. 2 AktG wurde.

508 Amtliche Begründung zu § 146 Abs. 1 AktG, abgedruckt in *Klausing*, S. 137.

509 Denkschrift zum Entwurf eines Handelsgesetzbuchs und EinfG, abgedruckt in *Hahn/ Mugdan*, S. 318.

Mehrheitserfordernis grundsätzlich möglich, da dies durch Satzung nach § 179a Abs. 1 S. 2 AktG und Gesetz[510] ermöglicht wird.

Eine Erhöhung des Mehrheitserfordernisses aus § 179 Abs. 2 S. 1 AktG ist im Wege der verfassungskonformen Auslegung geboten. Dies folgt aus Art. 14 Abs. 1 GG und dem ausdrücklichen Willen des Gesetzgebers. Für diese Auslegung spricht zum einen die *Feldmühle*-Entscheidung des BVerfG, nach welcher eine Mehrheit von drei Vierteln des Grundkapitals *„gerade noch innerhalb der Grenze des Zulässigen"*[511] liegt. Diese Grenze würde durch das Mehrheitserfordernis aus § 179 Abs. 2 S. 1 AktG unterschritten werden, sodass eine Unvereinbarkeit mit Art. 14 Abs. 1 GG nach Ansicht des BVerfG bestehen würde.

Zum anderen folgt dieses Gebot aus dem ausdrücklichen Willen des Gesetzgebers. Grundsätzlich wird das Anteileigentum durch Art. 14 GG geschützt.[512] Das Eigentum als Schutzgut des Art. 14 GG begründet sich aus der Rechtsordnung, die durch den Gesetzgeber geschaffen und geändert wird,[513] etwa durch Inhalts- und Schrankenbestimmungen gemäß Art. 14 Abs. 1 S. 2 GG. Führt der Gesetzgeber folglich Regelungen ein, nach denen der Ausschluss von Aktionären zulässig ist, stellen diese Inhalts- und Schrankenbestimmungen dar.[514] Das Eigentum an Gesellschaftsanteilen wird dahingehend beschränkt, dass unter den gesetzlichen Voraussetzungen eine Einziehung der Anteile stattfinden kann. Die Entscheidung, welche Voraussetzungen für einen Ausschluss und mithin Entzug des Anteilseigentums vorliegen müssen, obliegt dem Gesetzgeber im Rahmen seiner Gesetzgebungskompetenz.[515] Als Teil dieser Voraussetzungen sind Mehrheitserfordernisse durch den Gesetzgeber zu bestimmen.

In Bezug auf das Mehrheitserfordernis für den Ausschluss von Aktionären hat der Gesetzgeber vielfach ausdrücklich gezeigt, dass eine Mehrheit von 95 Prozent erforderlich ist.[516] Minderheitsaktionäre mit einer Beteiligung von maximal fünf Prozent verfolgen nur noch Vermögensinteressen, sodass diese aufgrund der Abwägung mit den Interessen der Mehrheitsaktionäre aus einer

---

510 *Koch*, in: Koch, AktG, § 179, Rn. 15.

511 BVerfG, Urteil vom 07.08.1962 – 1 BvL 16/60 (*Feldmühle*) = NJW 1962, 1667, 1668.

512 BVerfG, Beschluss vom 27.04.1999 – 1 BvR 1613-94 = NJW 1999, 3769, 3770.

513 *Axer*, in: Epping/Hillgruber, GG, Art. 14, Rn. 8.

514 BVerfG, Beschluss vom 27.04.1999 – 1 BvR 1613-94 = NJW 1999, 3769, 3770.

515 BVerfG, Urteil vom 07.08.1962 – 1 BvL 16/60 (*Feldmühle*) = NJW 1962, 1667, 1668.

516 So BT-Drs. 14/7034, 72 zu § 327a AktG; BT-Drs. 17/3122, 13 zu § 62 Abs. 5 UmwG; BT-Drs. IV/171, 235 zu § 309 AktG a. F., dem heutigen § 320 AktG; BT-Drs. 16/1003, 21 zu § 39a WpÜG, in diesem Gesetzgebungsverfahren nochmals ausdrücklich in BT-Drs. 16/1642, 6.

AG ausgeschlossen werden können.[517] Diese Entscheidung wurde ausdrücklich im Hinblick auf die Eigentumsgarantie und die Anforderungen des BVerfG getroffen.[518] Die Entscheidung des Gesetzgebers für ein grundsätzliches Mehrheitserfordernis von 95 Prozent wurde auch nicht mit der Einführung des umwandlungsrechtlichen Squeeze Out gemäß § 62 Abs. 5 UmwG aufgeweicht. Der Gesetzgeber kam bei dieser Regelung europarechtlichen Vorgaben nach und wies ausdrücklich darauf hin, dass kein generelles Absenken des Mehrheitserfordernisses gewollt sei.[519] Somit entspricht es der gesetzgeberischen Eigentumsbestimmung, dass ein Aktionärsausschluss erst ab einer Mehrheit von 95 Prozent zulässig ist.

Das Mehrheitserfordernis von 95 Prozent führt auch nicht zu unbilligen Ergebnissen, denn konkrete Mehrheitserfordernisse stellen die Ausgestaltung des Mehrheitsprinzips dar. Andernfalls könnten in Gesellschaften keine Beschlüsse gefasst werden. Somit findet zwar grundsätzlich keine Differenzierung zwischen dem Wert der Anteile und der Anzahl der betroffenen Aktionäre statt. Dies stellt jedoch die Üblichkeit von Entscheidungsfindungen durch Mehrheiten dar und wurde von allen Aktionären bei Gründung der Gesellschaft oder Erwerb der Anteile gebilligt. Im Einzelfall bieten die §§ 138, 242 BGB ausreichenden Schutz vor unzulässigen Ausübungen von Mehrheiten.

Daher ist es der ausdrückliche Wille des Gesetzgebers, dass für den Ausschluss von Aktionären eine Mehrheit von 95 Prozent erforderlich ist, sodass das Mehrheitserfordernis für die übertragende Auflösung entsprechend anzuheben ist.

5. *Ergebnis*

Die übertragende Auflösung stellt keine Umgehung des Umwandlungsrechts dar. Es folgt aus dem UmwG kein Typenzwang, der eine Umgehung ausschließen soll. Zudem führten die nachfolgenden Gesetzeseinführungen und -änderungen nicht dazu, dass die übertragende Auflösung mit dem UmwG unvereinbar wurde. Auch dass der Gesetzgeber mit den §§ 327a ff. AktG die Anforderungen des BVerfG an einen Aktionärsausschluss umsetzte und ausdrücklich ein neues Verfahren einführte, führt nicht zur Unzulässigkeit der übertragenden Auflösung, sondern vielmehr zu einer weiteren Möglichkeit des Aktionärsausschlusses. Dies wird auch durch die Einführung des § 39a WpÜG gestützt.

---

517 BT-Drs. 14/7034, 31 f.

518 BT-Drs. 14/7034, 32.

519 BT-Drs. 17/3122, 13.

Das Mehrheitserfordernis für eine übertragende Auflösung ist jedoch verfassungskonform auszulegen. Es entspricht sowohl der Eigentumsgarantie als auch dem ausdrücklichen Willen des Gesetzgebers, dass ein Aktionärsausschluss nur mit einer Mehrheit von 95 Prozent erfolgen darf.

Aus diesen Gründen ist die übertragende Auflösung ein zulässiger gesellschaftsrechtlicher Vorgang, der – abweichend von der ausdrücklichen gesetzlichen Regelung – jedoch einer Mehrheit von 95 Prozent bedarf.

III. Der Schutz der Minderheitsaktionäre

Nachdem die grundsätzliche Zulässigkeit vorstehend geklärt worden ist, ist nachfolgend nunmehr der Frage nachzugehen, wie Minderheitsaktionäre bei einer übertragenden Auflösung geschützt werden. Dies betrifft die Kontrolle der gefassten Beschlüsse und die Wahrung der Vermögensinteressen.

1. Die gerichtliche Kontrolle der Beschlüsse

Die Beschlüsse gemäß den §§ 179a Abs. 1, 262 Abs. 1 Nr. 2 AktG unterliegen dem allgemeinen Beschlussmängelrecht. Sie sind gemäß § 243 Abs. 1, Abs. 2 AktG grundsätzlich anfechtbar, wenn durch den Beschluss eine Gesetzes- oder Satzungsverletzung oder eine unzulässige Erlangung von Sondervorteilen erfolgt. In Bezug auf die übertragende Auflösung kommen insbesondere die materielle Beschlusskontrolle und die Rechtsmissbrauchskontrolle in Betracht. Beide haben ihre Grundlage in der gesellschaftsrechtlichen Treuepflicht.[520]

a) Die gesellschaftsrechtliche Treuepflicht

Das *Linotype*-Urteil des BGH[521] stellt nicht nur eine wegweisende Entscheidung in Bezug auf die Zulässigkeit einer übertragenden Auflösung dar,[522] sondern gilt ebenso als wegweisende Entscheidung für das Bestehen einer gesellschaftsrechtlichen Treuepflicht. Die Richter des II. Zivilsenats erkannten erstmalig die gesellschaftsrechtliche Treuepflicht im Aktienrecht an.[523] Sie ist heute als gesellschaftsrechtliche Institution[524] unumstritten und aufgrund ihrer rechtsformübergreifenden Geltung als allgemeines Verbandsrecht zu betrachten.[525]

---

520 *Noack/Zetzsche*, in: KölnKomm-AktG, § 243, Rn. 342.

521 BGH, Urteil vom 01.02.1988 – II ZR 75/87 (*Linotype*) = NJW 1988, 1579.

522 Siehe 2. Kap. § 2 B. II. 1. c) aa).

523 BGH, Urteil vom 01.02.1988 – II ZR 75/87 (*Linotype*) = NJW 1988, 1579, 1581.

524 *Bayer/Lieder*, HGR, Rn. 658.

525 *Drescher*, in: BeckOGK-AktG, § 243, Rn. 164.

Die gesellschaftsrechtliche Treuepflicht verpflichtet Mehrheits- und Minderheitsaktionäre[526] zur Treue gegenüber der Gesellschaft und den Aktionären, jedoch sind die Intensität und die Reichweite im Einzelfall von der Struktur der Gesellschaft abhängig.[527] Die Treuepflicht beinhaltet insbesondere Förderungs- und Rücksichtnahmepflichten.[528] Erstere gelten vornehmlich in Bezug auf den Unternehmensgegenstand und den Gesellschaftszweck und führen in Einzelfällen auch zu einer Stimmpflicht. Letztere bürden in Bezug auf die Gesellschafts- und Aktionärsinteressen Verpflichtungen auf. Während die Förderungspflicht grundsätzlich mit der Einlagenleistung erfüllt ist und eine über die Einlagenleistung hinausgehende Verpflichtung nur in Einzelfällen anzuerkennen ist,[529] ist die Rücksichtnahmepflicht weitreichender und nicht abschließend aufzählbar. Sie erfasst im Grundsatz, dass jeder Gesellschafter gemeinschaftswidrige Handlungen zu unterlassen hat,[530] die die Gesellschafts- oder Gesellschafterinteressen beeinträchtigen könnten. Es liegt aber kein gemeinschaftswidriges Verhalten vor, wenn der Gesetzgeber das konkrete Verhalten ausdrücklich erlaubt. Insoweit stellen gesetzlich erlaubte Handlungen grundsätzlich eine Beschränkung der Rücksichtnahmepflicht dar.

Verletzt ein Aktionär seine Treuepflicht gegenüber der Gesellschaft oder Mitaktionären, kommt neben Schadensersatzansprüchen auch eine Anfechtung von betroffenen Beschlüssen gemäß § 243 Abs. 1 AktG in Betracht.[531]

b) Die materielle Beschlusskontrolle

Gemäß § 243 Abs. 1 AktG kann ein Beschluss der Hauptversammlung angefochten werden, wenn eine Gesetzes- oder Satzungsverletzung besteht. Dem Gesetzesbegriff des § 243 Abs. 1 AktG unterfallen auch Generalklauseln, insbesondere die gesellschaftsrechtliche Treuepflicht.[532]

Die aus der Treuepflicht folgende Rücksichtnahmepflicht gebietet, dass gemeinschaftswidrige Handlungen zu unterbleiben haben. Die Pflicht zur Rücksichtnahme würde aber unterlaufen werden, wenn jeder Beschluss der

---

526 BGH, Urteil vom 20.03.1995 – II ZR 205/94 (*Girmes*) = NJW 1995, 1739, 1739.

527 *Raiser/Veil*, Recht der Kapitalgesellschaften, § 11, Rn. 51.

528 *Bayer/Lieder*, HGR, Rn. 661 ff.; *Raiser/Veil*, Recht der Kapitalgesellschaften, § 11, Rn. 50.

529 *Wiedemann*, GesR Bd. 2, S. 200.

530 *Wiedemann*, GesR Bd. 2, S. 203.

531 *Raiser/Veil*, Recht der Kapitalgesellschaften, § 11, Rn. 57.

532 *Schäfer*, in: MünchKomm-AktG, § 243, Rn. 17.

Hauptversammlung aufgrund der erforderlichen Mehrheit angenommen werden könnte, ohne dass inhaltlich die Interessen der überstimmten Aktionäre zu berücksichtigen sind. Es ist daher *de jure* geboten, in Einzelfällen die beschlussbezogene Freiheit, die eine Stimmmehrheit bietet, einer gerichtlichen Kontrolle zu unterwerfen,[533] der materiellen Beschlusskontrolle.

Die materielle Beschlusskontrolle stellt eine inhaltliche Überprüfung von Beschlüssen der Hauptversammlung unter dem Aspekt der sachlichen Rechtfertigung eines in Zusammenhang mit dem Beschluss der Hauptversammlung stattfindenden Eingriffs in Aktionärsrechte durch ein Gericht dar.[534] Diese gerichtliche Kontrolle führt jedoch zu einer erheblichen Problematik, da mit der materiellen Beschlusskontrolle die Verantwortung der Hauptversammlung für Beschlüsse auf die Gerichte verlagert wird und die Aktionäre partiell entmündigt werden.[535] Aus diesem Grund wendet der BGH die materielle Beschlusskontrolle äußerst restriktiv an.[536] Die materielle Beschlusskontrolle ist grundsätzlich nur dort zulässig, wo der Gesetzgeber eine gerichtliche Inhaltsprüfung zulässt.[537] An dieser Zulässigkeit fehlt es etwa, wenn der Gesetzgeber einen rechtfertigungslosen Eingriff zulässt oder der Gesetzgeber die erforderliche Interessenabwägung vorgenommen hat[538] und somit der Beschluss *de jure* seine Rechtfertigung aufgrund der Entscheidung des Gesetzgebers bereits in sich trägt.[539] Eine trotzdem erfolgende materielle Beschlusskontrolle würde zu einer Verletzung der Gewaltenteilung führen,[540] indem der Richter die Entscheidung der Legislative missachten würde.

Unter diesen Aspekten ist nachfolgend die übertragende Auflösung mit ihren Beschlüsse gemäß §§ 179a Abs. 1, 262 Abs. 1 Nr. 2 AktG zu untersuchen.

---

533 *Noack/Zetzsche*, in: KölnKomm-AktG, § 243, Rn. 326.

534 *Noack/Zetzsche*, in: KölnKomm-AktG, § 243, Rn. 326.

535 *Göz*, in: Bürgers/Körber/Lieder, AktG, § 243, Rn. 10; *Noack/Zetzsche*, in: KölnKomm-AktG, § 243, Rn. 336.

536 Der BGH hat sie bislang nur für Beschlüsse über einen Bezugsrechtsausschluss anerkannt: BGH, Urteil vom 13.03.1978 – II ZR 152/76 (*Kali+Salz*) = NJW 1978, 1316, 1316.

537 *Hüffer/Schäfer*, in: MünchKomm, AktG, § 243, Rn. 63.

538 OLG Köln, Urteil vom 23.06.2022 – 18 U 213/21 = AG 2023,45, 48; *Hüffer/Schäfer*, in: MünchKomm, AktG, § 243, Rn. 57.

539 Sog. Rechtfertigung in sich.

540 BVerfG, Beschluss vom 25.01.2011 – 1 BvR 918/10 = BVerfGE 128, 193, 210.

aa) Der Beschluss gemäß § 262 Abs. 1 Nr. 2 AktG

Gemäß § 262 Abs. 1 Nr. 2 AktG kann eine Gesellschaft mit der Stimmmehrheit von drei Vierteln des bei Beschlussfassung vertretenen Grundkapitals aufgelöst werden. Erfolgt die Beschlussfassung der Liquidation zum Zwecke der übertragenden Auflösung, könnten Minderheitsaktionäre eine Beschlussanfechtung gemäß § 243 Abs. 1 AktG im Wege der materiellen Beschlusskontrolle anstreben.[541] Dies würde voraussetzen, dass ein Liquidationsbeschluss auf eine sachliche Rechtfertigung hin zu überprüfen ist, seine Rechtfertigung folglich nicht in sich trägt.

Dies hat der BGH durch das *Linotype*-Urteil[542] dahingehend entschieden, dass ein Liquidationsbeschluss hinsichtlich seiner sachlichen Rechtfertigung nicht gerichtlich zu überprüfen ist. Zutreffend ist dies damit begründet worden, dass andernfalls eine unzulässige Beschränkung der Desinvestitionsfreiheit des Aktionärs drohen würde.[543] Wäre eine sachliche Rechtfertigung notwendig, käme es *„zu einer allgemein erhöhten Bindung des investierten Kapitals, die über die vom Gesetz aufgestellten Voraussetzungen hinausgeht und die darin keine Stütze findet"*.[544] Diese Auffassung wird bis heute unstreitig in Literatur[545] und Rechtsprechung[546] anerkannt.

Der BGH legt überzeugend dar, dass der Liquidationsbeschluss gemäß § 262 Abs. 1 Nr. 2 AktG grundsätzlich eine Ausgestaltung der Desinvestitionsfreiheit eines Aktionärs darstellt. Ein Aktionär soll grundsätzlich frei entscheiden können, ob und wann er sein Kapital investiert und desinvestiert. Würde der Liquidationsbeschluss mit der Rechtsfolge der Kapitaldesinvestition eine sachliche Rechtfertigung erfordern, käme es zu einer Beschränkung dieser

541 So die betroffenen Aktionäre im Sachverhalt zum *Linotype*-Urteil.

542 BGH, Urteil vom 01.02.1988 – II ZR 75/87 (*Linotype*) = NJW 1988, 1579, 1579.

543 BGH, Urteil vom 01.02.1988 – II ZR 75/87 (*Linotype*) = NJW 1988, 1579, 1580.

544 BGH, Urteil vom 01.02.1988 – II ZR 75/87 (*Linotype*) = NJW 1988, 1579, 1581.

545 *Drescher*, in: Henssler/Strohn, GesR, § 243 AktG, Rn. 26; *ders.*, in: BeckOGK-AktG, § 243, Rn. 179; *Englisch*, in: Hölters/Weber, AktG, § 243, Rn. 46; *Koch*, in: Koch, AktG, § 243, Rn. 28; *Schäfer*, in: MünchKomm-AktG, § 243, Rn. 64; *Noack/Zetzsche*, in: KölnKomm-AktG, § 243, Rn. 359; *Schwab*, in: Schmidt/Lutter, AktG, § 243, Rn. 17; *Servatius*, in: Grigoleit, AktG, § 262, Rn. 10; *Gromm*, Die übertragende Auflösung nach Aktien- und GmbH-Recht, S. 97; *Lutter/Drygala*, FS Kropff, S. 191, 216; *Friedrich*, BB 1994, 89, 93; *Henze*, ZIP 1995, 1473, 1475 f.; *Markwardt*, BB 2004, 277, 282.

546 OLG Stuttgart, Urteil vom 21.12.1993 – 10 U 48/93 (*MotoMeter-I*) = AG 1994, 411, 411; OLG Stuttgart, Urteil vom 04.12.1996 – 8 W 43/93 (*MotoMeter-II*) = ZIP 1997, 362, 362; LG Stuttgart, Urteil vom 22.01.1993 – 2 KfH O 113/92 = AG 1993, 471.

Desinvestitionsfreiheit. Diese Freiheit hat der Gesetzgeber mit dem besonderen Mehrheitserfordernis in § 262 Abs. 1 Nr. 2 AktG umgesetzt. Der Liquidationsbeschluss trägt somit seine Rechtfertigung in sich und ist einer materiellen Beschlusskontrolle nicht zugänglich.

bb) Der Beschluss gemäß § 179a Abs. 1 AktG

Auch der Beschluss zur Übertragung des ganzen Gesellschaftsvermögens gemäß den §§ 179a Abs. 1, 179 Abs. 2 S. 1 AktG ist mit einer Mehrheit von drei Vierteln des bei Beschlussfassung vertretenen Grundkapitals zu fassen. Auch bei diesem Beschluss ist die Frage aufzuwerfen, ob eine Beschlussanfechtung gemäß § 243 Abs. 1 AktG im Wege der materielle Beschlusskontrolle zulässig ist. Dies wird grundsätzlich abgelehnt.[547]

(1) Meinungsstand

Diese Problematik weise starke Parallelen zur Frage der materiellen Beschlusskontrolle des Liquidationsbeschlusses auf, da auch hier eine Beeinträchtigung der Desinvestitionsfreiheit drohen[548] und somit die Auffassung des BGH verkannt werden würde.[549] Tatsächlich würden die übertragende Auflösung und die Liquidation mit anschließendem Erwerb des Liquidationsvermögens ergebnisgleiche Vorgänge darstellen.[550]

Zudem würde die Gewaltenteilung als zentrales Rechtsstaatsprinzip nach Art. 20 Abs. 3 GG verletzt werden. Der Gesetzgeber hat mit § 179a AktG eine eigene Regelung getroffen, die nicht durch ein Gericht übergangen werden dürfe, denn § 179a AktG trage seine Rechtfertigung in sich,[551] indem der

---

547 BayObLG, Beschluss vom 17.09.1998 – 3 Z BR 37/98 (*MagnaMedia*) = NZG 1998, 1001, 1001; zu § 262 Abs. 1 Nr. 2 AktG der BGH, Urteil vom 01.02.1988 – II ZR 75/87 (*Linotype*) = NJW 1988, 1579, 1579; *Drescher*, in: BeckOGK-AktG, § 243, Rn. 180; *Englisch*, in: Hölters/Weber, AktG, § 243, Rn. 48; *Koch*, in: Koch, AktG, § 179a, Rn. 10; *Schäfer*, in: MünchKomm-AktG, § 243, Rn. 64; *Noack/Zetzsche*, in: KölnKomm-AktG, § 243, Rn. 378; *Stein*, in: MünchKomm-AktG, § 179a, Rn. 76; *Gromm*, Die übertragende Auflösung nach Aktien- und GmbH-Recht, S. 98; *Lutter/Drygala*, FS Kropff, S. 191, 216; *Hüren*, RNotZ, 2014, 77, 84.

548 BGH, Urteil vom 01.02.1988 – II ZR 75/87 (*Linotype*) = NJW 1988, 1579; BayObLG, Beschluss vom 17.09.1998 – 3 Z BR 37/98 = NZG 1998, 1001, 1002.

549 *Koch*, in: Koch, AktG, § 179a, Rn. 10; *Lutter/Drygala*, FS Kropff, S. 191, 216.

550 *Stein*, in: MünchKomm-AktG, § 179a, Rn. 76; *Hüren*, RNotZ, 2014, 77, 84.

551 *Englisch*, in: Hölters/Weber, AktG, § 243, Rn. 48; *Schäfer*, in: MünchKomm-AktG, § 243, Rn. 64; *Gromm*, Die übertragende Auflösung nach Aktien- und GmbH-Recht, S. 98; *Wolf*, ZIP 2002, 153, 157.

Übertragungsbeschluss ausdrücklich ohne sachliche Rechtfertigung möglich sei.[552] Der aus Art. 14 Abs. 1 GG hervorgehende Minderheitenschutz führe ebenfalls zu keiner Änderung der Rechtslage, denn durch die Vorgaben der Gerichte im Hinblick auf eine werthaltige und überprüfbare Entschädigung würden diese gewahrt.[553]

(2) Stellungnahme

Sowohl das Argument der stärkeren Kapitalbindung als auch der Verweis auf das *Linotype*-Urteil des BGH stellen auf eine tatsächlich nicht bestehende Vergleichbarkeit zwischen § 179a Abs. 1 AktG und § 262 Abs. 1 Nr. 2 AktG ab. Beide Beschlüsse verfolgen unterschiedliche Ziele. Durch den Beschluss gemäß § 179a Abs. 1 AktG wird die Verpflichtung zur Übertragung des ganzen Gesellschaftsvermögens und somit die Eingehung eines Verpflichtungsgeschäfts beschlossen. Dagegen verfolgt der Beschluss gemäß § 262 Abs. 1 Nr. 2 AktG das Ziel der Beendigung der Gesellschaft. Diese unterschiedlichen Zielrichtungen sprechen gegen eine Vergleichbarkeit und Verknüpfung der Argumente. Dies gilt insbesondere im Hinblick auf die stärkere Kapitalbindung zu Lasten des Mehrheitsaktionärs. Die Desinvestitionsfreiheit des Aktionärs findet keine Stütze in § 179a AktG, da diese Norm nicht dem Ziel dient, Kapital eines Aktionärs zu binden oder freizusetzen. Es würde allenfalls zu einer Bindung des Gesellschaftsvermögens kommen, indem die Gesellschaft ihr Vermögen nicht veräußern könnte. Eine solche Bindung des Gesellschaftsvermögens ist dem Aktienrecht jedoch fremd, dies zeigt § 179a AktG, nach dem ausdrücklich eine Veräußerung des Vermögens erlaubt ist.

Der Beschluss nach § 179a Abs. 1 AktG trägt gleichwohl seine Rechtfertigung in sich. Die Regelung schützt die Dispositionsfreiheit der Aktionäre und vor unangemessenen Vertragsgestaltungen, jedoch nicht generell vor einer Vermögensübertragung.[554] Durch die Beschlussfassung mit der notwendigen Mehrheit kann die Hauptversammlung das Gesamtvermögensgeschäft genehmigen respektive in dieses einwilligen. Dass hierfür nicht die Zustimmung aller Aktionäre erforderlich ist, ist die Entscheidung des Gesetzgebers, zumal aus dessen Willen folgt,[555] das Mehrheitserfordernis auf 95 Prozent zu erhöhen.

---

552 *Schäfer*, in: MünchKomm-AktG, § 243, Rn. 64.

553 *Drescher*, in: BeckOGK-AktG, § 243, Rn. 180; *Noack/Zetzsche*, in: KölnKomm-AktG, § 243, Rn. 378.

554 *Stein*, in: MünchKomm-AktG, § 179a, Rn. 8.

555 Siehe 2. Kap. § 2 B. II. 4. c).

Die Rechtfertigung der Beschlussfassung findet sich in dem notwendigen Mehrheitserfordernis i. V. m. den Informationspflichten aus § 179a Abs. 2 AktG wieder. Die Aktionäre beschließen infolge der umfassenden Informations- und Aufklärungspflichten, ob eine Veräußerung des ganzen Gesellschaftsvermögens erfolgen soll. Der Beschluss wird folglich aufgrund der erfolgten individuellen Willensbildung, die maßgeblich auf den erhaltenen Informationen beruht, gefasst und enthält seine Rechtfertigung in sich. Hätte der Gesetzgeber eine sachliche Rechtfertigung für erforderlich gehalten, hätte er weitere Regelungen getroffen. Diese hätten etwa durch eine Vorgabe von bestimmten Kriterien, wann ein Gesamtvermögensgeschäft zu- oder unzulässig ist, bestehen können. Da eine derartige Vorgabe fehlt, kann es nur der Wille des Gesetzgebers gewesen sein, dass die Aktionäre nach ihren individuellen Willen die Veräußerung beschließen dürfen, ohne dass hierfür Gründe bestehen müssen, die einer gerichtlichen und mithin Drittprüfung zugänglich sind.

Auch der Schutz vor unangemessenen Vertragsgestaltungen, wie sie bei einer übertragenden Auflösung drohen können, begründet keine andere Auffassung. Grundsätzlich besteht auch bei einem Drittgeschäft das Risiko, dass die überstimmten Aktionäre die Gegenleistung für unangemessen halten. Auch in diesem Fall hat sich der Minderheitsaktionär der Stimmmehrheit unterzuordnen.

Der Minderheitsaktionär darf jedoch nicht schutzlos gestellt werden. Der Schutz darf sich nur darin begründen, dass die Gegenleistung auf ihre Angemessenheit zu kontrollieren ist und nicht eine generelle Rechtfertigung für den Beschluss gemäß § 179a Abs. 1 AktG notwendig wird. Daher ist eine materielle Beschlusskontrolle hinsichtlich des Beschlusses gemäß § 179a AktG unzulässig.

c) Die Rechtsmissbrauchskontrolle

Auch wenn die Beschlüsse keine sachliche Rechtfertigung aufweisen müssen und somit einer materiellen Beschlusskontrolle nicht unterfallen, darf dies nicht dazu führen, dass Minderheitsaktionäre dem Mehrheitsaktionär schutzlos gegenüberstehen. Daher ist es geboten, eine Rechtsmissbrauchskontrolle zuzulassen,[556] die ihre Anspruchsgrundlage in § 243 Abs. 1 AktG (Inhaltssittenwidrigkeit) oder der unzulässigen Gewährung von Sondervorteilen nach § 243 Abs. 2 AktG (Umstandssittenwidrigkeit) hat.[557] Auch wenn ihre Anspruchsgrundlage im AktG geregelt ist, stellt die Rechtsmissbrauchskontrolle eine Ausgestaltung des Grundsatzes von Treu und Glauben gemäß § 242 BGB dar,[558] aus dem eine rechtsumfassende und inhärente

---

556 *Lutter/Drygala*, FS Kropff, S. 191, 216; *Markwardt*, BB 2004, 277, 280.

557 *Schäfer*, in: MünchKomm-AktG, § 243, Rn. 44 ff.

558 *Gromm*, Die übertragende Auflösung nach Aktien- und GmbH-Recht, S. 90.

Inhaltsbeschränkung folgt.[559] Ein Verstoß gegen den Rechtsgedanken des § 242 BGB kann durch die Ausnutzung einer bestimmten Rechtsposition, etwa einer grundsätzlich zulässigen, aber im Einzelfall missbräuchlichen Rechtsausübung folgen.[560]

Aufgrund des allgemeinen Grundgedankens, den § 242 BGB beinhaltet, findet dieser auch im Gesellschaftsrecht Anwendung. Insbesondere die gesellschaftsrechtliche Treuepflicht kann durch einen Verstoß gegen § 242 BGB verletzt werden,[561] etwa bei einer missbräuchlichen Stimmrechtsausübung[562] oder einer Gefährdung der Minderheitsinteressen[563].

aa) Der Beschluss gemäß § 262 Abs. 1 Nr. 2 AktG

(1) Rechtsmissbräuchliche Stimmrechtsausübung?

Wird ein Liquidationsbeschluss dazu benutzt, um im gleichen Zuge das ganze Gesellschaftsvermögen zu übernehmen, erfolgt die Desinvestition des Kapitals gemäß § 262 Abs. 1 Nr. 2 AktG nicht aus dem typischen Anlass der Freisetzung für einen fremden Zweck. Sie wird dazu genutzt, das ganze Gesellschaftsvermögen einem Zugriff beziehungsweise einer Mitentscheidung der anderen Aktionäre zu entziehen. Dieses atypische Vorgehen wirft die Frage auf, ob diese Stimmrechtsausübung rechtsmissbräuchlich ist.

Nach einigen Ansichten liege eine Desinvestition i. S. d. § 262 Abs. 1 Nr. 2 AktG erst vor, wenn das Kapital des Aktionärs tatsächlich aus seiner Zweckbindung gelöst würde und dem Aktionär zur freien Verfügung stehe, also *„flüssig gemacht"*[564] würde. Reinvestiert der Mehrheitsaktionär das gelöste Kapital direkt in die Übernahme des ganzen Gesellschaftsvermögens, fehle es an einer Desinvestition, sodass die Liquidation der Gesellschaft missbräuchlich für einen Aktionärsausschluss[565] zweckentfremdet würde.[566]

559 BGH, Urteil vom 16.02.2005 – IV ZR 18/04 = NJW-RR 2005, 619, 620.

560 *Schubert*, in: MünchKomm-BGB, § 242, Rn. 199.

561 *Sutschet*, in: Hau/Poseck, BGB, § 242, Rn. 75.

562 *Lutter/Drygala*, FS Kropff, S. 191, 219; *Bühler*, BB 2018, 2886, 2889.

563 *Markwardt*, BB 2004, 277, 282.

564 *Lutter*, ZGR 1981, 171, 177.

565 Zum damaligen Zeitpunkt gab es die Squeeze Out-Vorschriften noch nicht. Diskutiert wurde, ob der Ausschluss aus besonderem Grund nach §§ 737 BGB, 140 HGB auf die AG Anwendung finden kann. Mangels Erheblichkeit ließ der BGH diese Rechtsfrage im Urteil offen: BGH, Urteil vom 01.02.1988 – II ZR 75/87 (*Linotype*) = NJW 1988, 1579, 1581.

566 *Krebs*, in: Hölters/Weber, AktG, § 262, Rn. 14; *Lutter*, ZGR 1981, 171, 178; *Timm*, JZ 1980, 665, 670.

Dem widersprach der BGH im *Linotype*-Urteil jedoch.[567] Zum einen sei die übertragende Auflösung aufgrund der theoretischen Erwerbsmöglichkeit des Minderheitsaktionärs im Liquidationsverfahren nicht mit einem Aktionärsausschluss vergleichbar,[568] zum anderen finde die Desinvestition bereits mit der Beendigung des Gesellschaftszwecks statt. Das Gesetz biete keine Anhaltspunkte dafür, dass das von der gesellschaftlichen Bindung befreite Kapital nicht in den Erwerb von Liquidationsvermögen reinvestiert werden dürfe.[569] Dem folgt die neuere Literatur grundsätzlich.[570] Zudem weise die erstgenannte Ansicht eine Schwäche auf: Verfolge der Mehrheitsaktionär anfänglich nicht das Ziel einer übertragenden Auflösung, sondern beschließt die Übernahme erst während des Liquidationsverfahrens, etwa mangels Übernahmeinteresses durch Dritte, fehle es ebenfalls an einer Desinvestition.[571]

Durch die Rechtsprechung des BVerfG, dass die übertragende Auflösung einen Aktionärsausschluss darstellt,[572] ist die Auffassung des BGH, es läge kein Aktionärsausschluss vor, überholt[573]. Es bleibt jedoch die Frage offen, ob die bloße Zweckentbindung des Kapitals eine Desinvestition darstellt, wie sie durch § 262 Abs. 1 Nr. 2 AktG erfolgen soll, also ob das *Linotype*-Urteil dahingehend noch als gültig zu betrachten ist.

Die Desinvestitionsfreiheit gewährt einem Aktionär die Freiheit, freiverantwortlich über sein Kapital zu entscheiden. Er kann beschließen, wann er investiert, also sein Kapital einem bestimmten Gesellschaftszweck unterwirft, und beschließen, wann er sein Kapital desinvestiert, also einem anderen Zweck zuführt. Die Gründe für eine (Des-)Investition könne insbesondere in finanziellen Aspekten liegen,[574] die auch bei einer übertragenden Auflösung verfolgt werden. Die Befreiung von Minderheitsaktionären ermöglicht eine effektivere Gesellschaftsführung, insbesondere aus wirtschaftlichen Gründen. Insoweit ist die Liquidation zum Zwecke einer übertragenden Auflösung nicht zweckwidrig,

---

567 BGH, Urteil vom 01.02.1988 – II ZR 75/87 (*Linotype*) = NJW 1988, 1579, 1581.

568 So auch *Henze*, ZIP 1995, 1473, 1476.

569 BGH, Urteil vom 01.02.1988 – II ZR 75/87 (*Linotype*) = NJW 1988, 1579, 1581.

570 *J. Koch*, in: MünchKomm-AktG, § 262, Rn. 49; *Lutter/Drygala*, FS Kropff, S. 191, 218; *Henze*, ZIP 1995, 1473, 1476 f.

571 *Lutter/Drygala*, FS Kropff, S. 191, 218.

572 BVerfG, Beschluss vom 23.08.2000 – 1 BvR 68/95 und 1 BvR 147/97 (*MotoMeter*) = NJW 2001, 279, 279.

573 *Gromm*, die übertragende Auflösung nach Aktien- und GmbH-Recht, S. 102.

574 *Lutter*, ZGR 1981, 171, 178.

wenn sie aus finanziellen Gründen erfolgt. Vielmehr sind die Gründe grundsätzlich vergleichbar.

Darüber hinaus erfolgt die Desinvestition bereits durch die Aufhebung der Zweckbindung, indem der Aktionär wieder unmittelbar über sein Kapital verfügen kann. Die Desinvestitionsfreiheit stellt die Möglichkeit dar, das temporär gebundene Kapital aus seiner Zweckbindung zu lösen, um im Interesse des Aktionärs erneut investiert zu werden. Wo der Aktionär anschließend investiert, sei es eine direkte Reinvestition in das Gesellschaftsvermögen oder eine Neuinvestition in eine andere Investitionsmöglichkeit, ist unbeachtlich. Maßgeblich ist ausschließlich die Zweckentbindung. Würde man eine Fremdinvestition verlangen, würde vielmehr eine Beschränkung der Desinvestitionsfreiheit erfolgen, die ihrerseits zu begründen wäre. Es ist daher dem BGH zuzustimmen, dass die Desinvestition schon dadurch erfolgt, dass das Kapital aus der konkreten gesellschaftlichen Zweckbindung gelöst wird.

Ein Rechtsmissbrauch ergibt sich auch nicht aus einer Umgehung der Squeeze Out-Vorschriften, da, wie aufgezeigt, keine Unzulässigkeit besteht. Darüber hinaus würde eine Umgehung nur zur analogen Anwendung der umgangenen Vorschriften führen und nicht zur Unzulässigkeit des Vorgehens.[575]

Etwas anderes kann sich auch nicht aus der Treuepflicht ergeben. Diese findet ihre Grenzen dort, wo der Gesetzgeber ein Vorgehen zulässt. Da die Desinvestition infolge der Liquidation zur anschließenden Übernahme des Gesellschaftsvermögens nicht zweckwidrig und somit zulässig ist, kann sie nicht treuwidrig sein.

Aus diesen Gründen ist die Stimmrechtsausübung zum Beschluss der Liquidation nicht rechtsmissbräuchlich.

(2) Unzulässige Gewährung eines Sondervorteils durch Vorabsprachen?

Im Einzelfall kann nach Ansicht des BGH jedoch eine Beschlussanfechtung durch die unzulässige Gewährung eines Sondervorteils nach § 243 Abs. 2 AktG zulässig sein.[576] Gemäß § 243 Abs. 2 S. 1 AktG ist eine Stimmrechtsausübung anfechtbar, wenn der Stimmrechtsausübende mit mindestens *dolus eventualis* einen Sondervorteil für sich oder einen Dritten zum Schaden der anderen Aktionäre erstrebt.[577] Ein Sondervorteil ist jeder Vorteil, der bei einer Gesamtbetrachtung sachwidrig ist, da er dem Aktionär oder Dritten einen vorteilhaften

575 Siehe 2. Kap. § 2 B. II. 1. a).

576 BGH, Urteil vom 01.02.1988 – II ZR 75/87 (*Linotype*) = NJW 1988, 1579, 1581.

577 BGH, Urteil vom 09.02.1998 – II ZR 278/96 (*Sachsen-Milch*) = NJW 1998, 2054, 2056.

Erwerb bietet oder andere Aktionäre einen bereits vollzogenen Erwerb hinnehmen müssen.[578] Die Anfechtung kann jedoch gemäß § 243 Abs. 2 S. 2 AktG ausgeschlossen sein, wenn der Beschluss eine angemessene wirtschaftliche Kompensation des verursachten Schadens beinhaltet.

Die Gewährung von Sondervorteilen liegt nach Ansicht des BGH vor, wenn der Mehrheitsaktionär vorab mit dem Vorstand der Gesellschaft Absprachen getroffen hat, die das Stadium einer einklagbaren Vertragspflicht noch nicht erreicht haben, jedoch *„durch andere Umstände (...) eine ausreichend sichere Grundlage für einen alleinigen Erwerb"* geschaffen wurde.[579] In diesem Fall wird den Minderheitsaktionären die Möglichkeit genommen, am Erwerbsverfahren teilzunehmen.[580] Die Anfechtung ist nach der Rechtsprechung des OLG Stuttgart jedoch ausgeschlossen, wenn *ex ante* kein Minderheitsaktionär das Angebot hätte überbieten können.[581]

Auch wenn diese Auffassung des BGH in der Literatur Zustimmung gefunden hat,[582] ist diese abzulehnen. Zum einen ist das Argument, dass infolge der fehlenden Erwerbsmöglichkeit ein mit einem Ausschluss vergleichbarer Vorgang entsteht, seit der *MotoMeter*-Entscheidung des BVerfG[583] nicht mehr gültig.[584]

Zum anderen hat der BGH ein gesetzlich zulässiges Vorgehen für treuwidrig und mithin unzulässig erklärt. Wird zuerst die Liquidation beschlossen, um anschließend das ganze Gesellschaftsvermögen zu übernehmen, wurde aber zeitlich vor dem Liquidationsbeschluss eine Absprache zur Übernahme getroffen, stellt dies nach Ansicht des BGH eine unzulässige Gewährung von Sondervorteilen dar. Hätte der Mehrheitsaktionär jedoch zuerst den Beschluss gemäß § 179a Abs. 1 AktG herbeigeführt und anschließend die Liquidation beschlossen, läge ebenfalls eine Vorabsprache in der Beschlussfassung gemäß § 179a AktG vor. Dies müsste nach Ansicht des BGH ebenfalls eine Treuepflichtverletzung darstellen.[585]

---

578 *Koch*, in: Koch, AktG, § 243, Rn. 35.

579 BGH, Urteil vom 01.02.1988 – II ZR 75/87 (*Linotype*) = NJW 1988, 1579, 1581.

580 BGH, Urteil vom 01.02.1988 – II ZR 75/87 (*Linotype*) = NJW 1988, 1579, 1581.

581 OLG Stuttgart, Urteil vom 21.12.1993 – 10 U 48/93 (*MotoMeter-I*) = AG 1994, 411, 414.

582 *Drescher*, in: Henssler/Strohn, GesR, § 262 AktG, Rn. 4; *Ehmann*, in: Grigoleit, AktG, § 179a, Rn. 12; *J. Koch*, in: MünchKomm-AktG, § 262, Rn. 49.

583 BVerfG, Beschluss vom 23.08.2000 – 1 BvR 68/95 und 1 BvR 147/97 (*MotoMeter*) = NJW 2001, 279, 279.

584 *Gromm*, die übertragende Auflösung nach Aktien- und GmbH-Recht, S. 104.

585 So auch *Friedrich*, BB 1994, 89, 94.

Dies widerspricht jedoch ausdrücklich dem Willen des Gesetzgebers, wie *Friedrich*[586] zutreffend ausführt. Der Gesetzgeber hat mit § 179a AktG nicht nur der Hauptversammlung die Entscheidung übertragen, sondern in § 179a Abs. 3 AktG klargestellt, dass mit dem Beschluss eine Liquidation möglich, aber nicht zwingend ist. Sofern nach dem Beschluss gemäß § 179a Abs. 1 AktG eine Liquidation erfolgt, ist gemäß § 179a Abs. 3 AktG der Anmeldung der entsprechende Übertragungsvertrag beizufügen. Dies setzt jedoch voraus, dass vor Anmeldung der Liquidation schon ein wirksamer Übertragungsvertrag geschlossen worden ist. Da § 179a AktG auch einen Übertragungsvertrag zwischen Gesellschaft und Aktionär erfasst,[587] bedeutet dies, dass Verhandlungen und sogar ein Vertragsschluss zwischen Vorstand und Mehrheitsaktionär vor der Liquidation erlaubt sind. Daher hat der Gesetzgeber das Vorgehen, dass zunächst Verhandlungen mit Vertragsschluss und Beschluss nach § 179a Abs. 1 AktG und anschließender Liquidation nach § 262 Abs. 1 Nr. 2 AktG erfolgt sind, ausdrücklich für zulässig erklärt. In diesem Falle hätte ein Minderheitsaktionär im Liquidationsverfahren ebenfalls keine Möglichkeit, ein Übernahmeangebot abzugeben.

Der einzige Unterschied zwischen dem *Linotype*-Sachverhalt und dem gesetzlich zulässigen Weg besteht darin, dass vor dem Liquidationsbeschluss keine Übertragung gemäß § 179a Abs. 1 AktG beschlossen wurde, die Absprache somit keine Wirksamkeit hat, sondern diese Beschlussfassung gemäß § 179a Abs. 1 AktG erst nach dem Liquidationsbeschluss erfolgt. Dies kann nicht zu einer unterschiedlichen Bewertung führen, da beide Vorgänge nahezu identisch sind. Sie beinhalten zusammenhängende Beschlüsse nach § 179a Abs. 1 und § 262 Abs. 1 Nr. 2 AktG. Wieso der Sachverhalt des *Linotype*-Urteils anders zu bewerten sein soll als der ausdrücklich gesetzlich zulässige Weg, erschließt sich nicht, da einzig der zeitliche Ablauf des Gesamtgeschehens in geänderter Folge stattfindet. Diese Änderung kann zu keiner anderen Bewertung des gesetzgeberischen Willens führen. Vielmehr ist es nach dem Willen des Gesetzgebers zulässig, dass ein Mehrheitsaktionär Verhandlungen über eine Übernahme des ganzen Gesellschaftsvermögens zeitlich vor der Beschlussfassung führen darf. Welcher Beschluss zuerst gefasst wird, ist unerheblich.[588]

Aus diesem Grund kann in einer vorherigen Absprache keine unzulässige Gewährung eines Sondervorteils vorliegen, die den Liquidationsbeschluss anfechtbar machen würde.

---

586 *Friedrich*, BB 1994, 89, 94.

587 Siehe 2. Kap. § 1 C. I.

588 Zutreffend: *Friedrich*, BB 1994, 89, 94.

(3) Andere Anfechtungsgründe

Der Liquidationsbeschluss kann jedoch aus allgemeinen Gründen anfechtbar sein, etwa infolge einer Verletzung von §§ 138 Abs. 1, 226, 242 BGB.[589] Die Anfechtung dürfte allerdings oftmals an der Darlegungs- und Beweislast des Anfechtenden[590] scheitern. Dies gilt auch, wenn die Anforderungen an die Darlegungs- und Beweislast abgesenkt würden.[591]

bb) Der Beschluss gemäß § 179a Abs. 1 AktG

(1) Verletzung des Gleichbehandlungsgebots durch Geheimverhandlungen

Das Gleichbehandlungsgebot gemäß § 53a AktG verpflichtet ausschließlich die Gesellschaft,[592] alle Aktionäre unter gleichen Voraussetzungen gleich zu behandeln. Eine Ungleichbehandlung darf weder sachlich ungerechtfertigt noch willkürlich sein.[593] Das Gleichbehandlungsgebot findet auf den mitgliedschaftlichen Bereich, nicht aber auf Individualbeziehungen, etwa aus schuldrechtlichen Verpflichtungen, Anwendung.[594] Wird eine solche Verpflichtung mit einer Person aufgrund ihrer Aktionärseigenschaft eingegangen, unterfällt dies gleichwohl dem mitgliedschaftlichen Bereich.[595] Somit findet § 53a AktG grundsätzlich Anwendung bei Übernahmeverhandlungen i. S. d. § 179a AktG. Daran ändern auch die nach herrschender Meinung in Bezug auf § 53a AktG grundsätzlich zulässigen geheimen Investorengespräche[596] nichts. Es liegen keine überwiegenden Gründe des Gesellschaftsinteresses vor, diese wären die Begründung für die Zulässigkeit von geheimen Investorengesprächen.[597] Der Gleichbehandlungsmaßstab ist nicht nach dem Umfang der Beteiligung abzustufen,[598] sondern

589 *Friedrich*, BB 1994, 89, 94; *Henze*, DStR 1993, 1863, 1867.

590 *Koch*, in: Koch, AktG, § 243, Rn. 60.

591 So fordert es der BGH bei Kleinaktionären, die keinen Zugriff auf notwendige Beweismittel haben können, Urteil vom 01.02.1988 – II ZR 75/87 (*Linotype*) = NJW 1988, 1579, 1582.

592 *Götze*, in: MünchKomm-AktG, § 53a, Rn. 5.

593 *Koch*, in: Koch, AktG, § 53a, Rn. 4.

594 BGH, Urteil vom 14.01.1997 – KZR 30/95 = AG 1997, 414, 414.

595 BGH, Urteil vom 14.01.1997 – KZR 30/95 = AG 1997, 414, 414.

596 *Koch*, in: Koch, AktG, § 53a, Rn. 7.

597 *Schaefer*, NZG 2007, 900, 901.

598 Da sich die Reichweite von Hauptrechten nach der Beteiligung bemisst, ist dies auch bei § 53a AktG zu berücksichtigen. Etwas anderes gilt jedoch bei Hilfsrechten, die nicht zahlenmäßig abzustufen sind: *Götze*, in: MünchKomm-AktG, § 53a, Rn. 11 ff.

richtet sich aufgrund der Einordnung als Hilfsrecht des Aktionärs mit gleichem Maßstab an alle Aktionäre.

Verhandelt die Geschäftsleitung ausschließlich und im Geheimen mit dem Mehrheitsaktionär über eine Übernahme des ganzen Gesellschaftsvermögens, liegt ein Verstoß gegen § 53a AktG vor, indem die verbleibenden Aktionäre nicht die gleiche Möglichkeit erhalten, an den Verhandlungen durch eigene Gebote teilzunehmen. Daran ändert auch ein fehlender Bestandsschutz der Minderheitsaktionäre nichts.[599] Die Eingehung von Verhandlungen über eine Übernahme betrifft nicht den Bestand der Gesellschaft als solchen, sondern die Wahl des Vertragspartners und die Höhe der Gegenleistung. Ist die Gesellschaft grundsätzlich bereit, ihr ganzes Gesellschaftsvermögen zu übertragen, so hat sie allen Aktionären die Möglichkeit zu geben, sich an dem Bieterverfahren zu beteiligen, andernfalls verletzt sie das Gleichbehandlungsgebot. Dies gilt auch dann, wenn zweifelhaft ist, ob ein einzelner Minderheitsaktionär persönlich ein konkurrenzfähiges Gebot in finanzieller Hinsicht abgeben kann, da zu berücksichtigen ist, dass ein konkurrenzfähiges Gebot auch durch Aktionärszusammenschlüsse oder Investoreneinstiege erfolgen könnte.

Es ist auch keine sachliche Rechtfertigung für eine Ungleichbehandlung ersichtlich. Wie ausgeführt, kann das Gesellschaftsinteresse nicht darin liegen, einzig ein Gebot anzunehmen. Das Gesellschaftsinteresse liegt vielmehr darin, die für die Gesellschaft bestmögliche Gegenleistung, mithin den bestmöglichen Kaufpreis, zu erzielen. Dies kann nur in einem offenen Bieterwettbewerb erfolgen. Dass an dessen Ende der Mehrheitsaktionär weiterhin Höchstbietender sein oder das Höchstgebot mit seiner Mehrheit nach § 179a Abs. 1 AktG ablehnen kann, ist unerheblich.

Aus diesem Grund stellen Geheimverhandlungen zwischen dem Vorstand und dem Mehrheitsaktionär zur Übernahme nach § 179a AktG eine Verletzung des Gleichbehandlungsgebots aus § 53a AktG dar und sind gemäß § 243 Abs. 1 AktG anfechtbar.

(2) Unzulässige Gewährung eines Sondervorteils durch ein unterlassenes Bieterverfahren

Bevorzugt der Vorstand der Gesellschaft das Gebot des Mehrheitsaktionärs gegenüber anderen, besseren Geboten, ist dies als unzulässige Gewährung eines Sondervorteils gemäß § 243 Abs. 2 AktG anfechtbar.[600] Eine wirtschaftliche

599 So aber *Gromm*, die übertragende Auflösung nach Aktien- und GmbH-Recht, S. 104, der daher keinen Anspruch auf Gleichbehandlung sieht.

600 *Lutter/Drygala*, FS Kropff, S. 191, 221; *M. Roth*, NZG 2003, 998, 1001.

Kompensation des Schadens wäre nur durch Anpassung des Gebots an das Höchstgebot möglich.

In subjektiver Hinsicht ist für das Erstreben eines unzulässigen Sondervorteils bereits *dolus eventualis* ausreichend,[601] also die in Kenntnis der Umstände billigende Inkaufnahme eines Sondervorteils. Dies ist bereits dann verwirklicht, wenn das einzige Gebot vom Mehrheitsaktionär abgegeben wurde, bei einem öffentlichen Gebotsverfahren jedoch mit hinreichender Wahrscheinlichkeit weitere Gebote abgegeben worden wären. In diesem Fall läge die Erlangung eines Sondervorteils in dem durch Einwirken des Mehrheitsaktionärs erfolgten Unterlassen des Vorstands, weitere Gebote mit der Folge eines Bieterwettbewerbs zu ermöglichen. Daher ist es ausreichend, wenn der Mehrheitsaktionär darauf gedrängt hat, dass der Vorstand der Gesellschaft in geheimer Vorgehensweise lediglich das eigene Gebot berücksichtigt und angenommen hat. Der Anfechtung könnte in diesem Fall der Mehrheitsaktionär entgegnen, dass die Gegenleistung zu einer wirtschaftlichen Kompensation des Schadens nach § 243 Abs. 2 S. 2 AktG führte, indem weitere Gebote keine Erhöhung des Gebots gebracht hätten, die Darlegungs- und Beweislast trifft jedoch den Mehrheitsaktionär.[602]

(3) Andere Anfechtungsgründe

Neben den vorgenannten Anfechtungsgründen gemäß § 243 Abs. 1 und Abs. 2 AktG sind ebenfalls andere Anfechtungsgründe denkbar. Insoweit gelten die Ausführungen zu Anfechtungsgründen betreffend den Liquidationsbeschluss[603] auch für den Übertragungsbeschluss.

d) Ergebnis

Die Frage der Anfechtbarkeit der Beschlüsse gemäß § 262 Abs. 1 Nr. 2 und § 179a Abs. 1 AktG bedarf einer getrennten Betrachtung beider Beschlüsse. Weder der Liquidationsbeschluss gemäß § 262 Abs. 1 Nr. 2 AktG noch der Übertragungsbeschluss gemäß § 179a Abs. 1 AktG sind einer materiellen Beschlusskontrolle zu unterziehen. Eine solche gerichtliche Kontrolle würde zu einer Beschränkung der Desinvestitionsfreiheit führen, wie sie § 262 Abs. 1 Nr. 2 AktG ermöglicht. Zudem würde der Wille des Gesetzgebers verkannt werden, dass der Beschluss nach § 179a Abs. 1 AktG seine Rechtfertigung aufgrund der erforderlichen Mehrheit in sich trägt.

---

601 *Schäfer*, in: MünchKomm-AktG, § 243, Rn. 85.

602 *Schäfer*, in: MünchKomm-AktG, § 243, Rn. 152.

603 Siehe 2. Kap. § 2 B. III. 1. c) aa) (3).

Die unzulässige materielle Beschlusskontrolle führt aber nicht zu einem generellen Ausschluss einer Rechtsmissbrauchskontrolle. Jedoch ist nicht schon das Nutzen seiner Stimmmehrheit durch den Mehrheitsaktionär für eine übertragende Auflösung rechtsmissbräuchlich. Auch vorherige Absprachen mit dem Vorstand der Gesellschaft können keine Anfechtung begründen, da diese ein gesetzlich zulässiges Vorgehen darstellen.

Kritischer ist der Beschluss gemäß § 179a Abs. 1 AktG zu bewerten. Verhandeln Vorstand und Mehrheitsaktionär im Geheimen, begründet dies eine Anfechtbarkeit nach § 243 Abs. 1 AktG aufgrund der Verletzung des Gleichbehandlungsgebots aus § 53a AktG. Ein weiterer Anfechtungsgrund könnte nach § 243 Abs. 2 AktG gegeben sein, wenn es vorsätzlich unterlassen wurde, weitere Gebote einzuholen, um einen angemessenen Wert der Gegenleistung zu ermitteln oder sogar ein abgegebenes höheres Gebot missachtet worden ist.

2. Die Wahrung des Vermögensschutzes

Aus der Eigentumsgarantie gemäß Art. 14 Abs. 1 GG folgt, dass bei einem unfreiwilligen Anteilsverlust eine wirtschaftliche Entschädigung stattfinden muss.[604] Diese ist zur Verhinderung von Missbrauch durch wirksame Rechtsbehelfe zu schützen.[605] Diese Anforderungen können die §§ 179a, 262 Abs. 1 Nr. 2 AktG im Unterschied zu den Vorschriften des aktienrechtlichen Squeeze Out, des Umwandlungsrechts, der Unternehmensverträge sowie der Eingliederung nicht unmittelbar erfüllen.[606]

Die übertragende Auflösung weist beispielsweise keine Sicherstellung der Abfindungszahlung wie § 327b Abs. 3 AktG, umfassende Berichts- und Informationspflichten wie § 327c Abs. 2 S. 2, Abs. 3 AktG oder eine Möglichkeit der Wertkontrolle nach dem SpruchG auf. Auch die vergleichbaren Regelungen des Umwandlungsrechts, des Rechts der Unternehmensverträge und der Vorschriften bei Eingliederungen bieten einen Vermögensschutz, den die übertragende Auflösung nicht aufweist.

---

604 BVerfG, Beschluss vom 23.08.2000 – 1 BvR 68/95 und 1 BvR 147/97 (*MotoMeter*) = NJW 2001, 279, 280.

605 BVerfG, Beschluss vom 27.04.1999 – 1 BvR 1613/94 = NJW 1999, 3769, 3770.

606 Eine umfassende und ausführliche Darstellung in: *Gromm*, die übertragende Auflösung nach Aktien- und GmbH-Recht, S. 178.

a) *Wertkontrolle durch § 243 Abs. 2 AktG?*

Eine Wertkontrolle könnte im Rahmen der Anfechtungsklage möglich sein. Hat der Mehrheitsaktionär für die Übernahme des ganzen Gesellschaftsvermögens eine objektiv unangemessene Gegenleistung erbracht, liegt in dieser ein Sondervorteil i. S. d. § 243 Abs. 2 AktG. Dies hat der Gesetzgeber schon bei Einführung dieses Anfechtungsgrundes bewusst in das AktG von 1965[607] aufgenommen.[608]

Überließ der *MotoMeter*-Beschluss die Entscheidung noch den Gerichten, ob die Wertkontrolle durch eine analoge Anwendung des SpruchG oder die Anfechtungsklage zu erfolgen hat,[609] entschied der BGH im *Macrotron*-Urteil[610] entgegen vorherigen Urteilen unterer Instanzen[611], dass die Anfechtungsklage für eine Wertkontrolle ungeeignet sei. Diese führe lediglich zur Kassation des Beschlusses, der anfechtende Aktionär würde mithin keine angemessene Abfindung erzielen. Dies widerspräche den betroffenen Interessen, denn oftmals müsste die Gesellschaft nach erfolgreicher Anfechtung erneut eine kostspielige Hauptversammlung einberufen, um einen erneuten Beschluss zu fassen.[612] Dieser wäre seinerseits erneut anfechtbar. Diese Ansicht ist trotz der zwischenzeitlichen Überholung der *Macrotron*-Rechtsprechung weiterhin als gültige BGH-Rechtsprechung zu betrachten.[613]

Der Rechtsprechung des BGH folgen zahlreiche Stimmen in der Literatur.[614] Die Anfechtungsklage sei aufgrund ihrer überschießenden Rechtsfolge ein nicht

---

607 Die unzulässige Gewährung von Sondervorteilen war anfangs in § 233 Abs. 2 AktG a. F. erfasst: BGBl. I 1965, 1089.

608 BT-Drs. IV/171, 201.

609 BVerfG, Beschluss vom 23.08.2000 – 1 BvR 68/95 und 1 BvR 147/97 (*MotoMeter*) = NJW 2001, 279, 281.

610 BGH, Urteil vom 25.11.2002 – II ZR 133/02 (*Macrotron*)= NZG 2003, 280, 280 ff.

611 BayObLG, Beschluss vom 17.09.1998 – 3 Z BR 37/98 = NZG 1998, 1001, 1002; OLG Stuttgart, Urteil vom 04.12.1996 – 8 W 43/93 = AG 1997, 136, 137.

612 BGH, Urteil vom 25.11.2002 – II ZR 133/02 (*Macrotron*)= NZG 2003, 280, 283.

613 *Stein*, in: MünchKomm-AktG, § 179a, Rn. 83.

614 *Dreier*, in: Dreier/Fritzsche/Verfürth, SpruchG, § 1, Rn. 77; die übertragende Auflösung für grundsätzlich unzulässig haltend, die Anfechtungsklage jedoch auch als unausgewogen ansehend: *Ehmann*, in: Grigoleit, AktG, § 179a, Rn. 12; *Haberstock/Greitemann*, in: Hölters/Weber, AktG, § 179a, Rn. 21; *Holzborn*, in: BeckOGK-AktG, § 179a, Rn. 46 f.; *Seibt*, in: Schmidt/Lutter, AktG, § 179a, Rn. 29; *Stein*, in: MünchKomm-AktG, § 179a, Rn. 83; *Strohn*, in: Henssler/Strohn, GesR, § 179a AktG, Rn. 13; a. A. *Henze*, FS Peltzer, S. 181, 193.

mehr zeitgemäßer Rechtsbehelf im Aktienrecht[615] und für anfechtende Aktionäre mit einem unverhältnismäßigen Aufwand verbunden.[616]

Sind jedoch andere Schutzmechanismen, wie das UmwG, die §§ 327a ff. AktG oder das SpruchG analog, nicht anwendbar, so soll die Anfechtungsklage trotz ihrer Schwächen nach einigen Ansichten der einzig mögliche Rechtsbehelf sein.[617] Andere Stimmen schließen hingegen auch bei analoger Anwendung der vorstehenden Schutzmechanismen die Möglichkeit der Anfechtungsklage nicht *per se* aus.[618] Schwächen der Anfechtungsklage könnten insbesondere durch eine Darlegungs- und Beweiserleichterung überwunden werden.[619]

b) Analoge Anwendung des UmwG oder der §§ 327a ff. AktG?

Um dem Minderheitsaktionär den gebotenen Vermögensschutz zu ermöglichen, wird teilweise vertreten, dass entsprechende Schutzvorschriften aus anderen Abschnitten und Gesetzen herangezogen werden müssen. So befürworten *Lutter/Drygala* eine analoge Anwendung der umgangenen Schutzvorschriften des UmwG, um den Minderheitsaktionären einen Vermögensschutz einzuräumen.[620]

Auch die dem Aufsatz von *Lutter/Drygala* zeitlich nachfolgend eingeführten §§ 327a ff. AktG weisen verschiedene Regelungen zu Gunsten der Minderheitsaktionäre auf. *Gromm* führt dazu aus, dass die übertragende Auflösung dem aktienrechtlichen Squeeze Out ähnlicher als der Verschmelzung nach dem UmwG sei. So kenne § 327c Abs. 2 S. 1 AktG – anders als das UmwG – eine Berichtspflicht über die Beteiligungshöhe des Mehrheitsaktionärs. Auch eine Prüfung des Verschmelzungsvertrags durch einen Wirtschaftsprüfer gemäß § 9 Abs. 1 UmwG kann mangels gesetzlicher Vertragsinhaltsvorgaben aus § 179a

---

615 *Vetter*, AG 2008, 177, 181.

616 *Lutter/Leinekugel*, ZIP 1999, 261, 266.

617 OLG Zweibrücken, Beschluss vom 25.04.2005 – 3 W 244/05 = AG 2005, 778, 779; *Küting*, DStR 2003, 838, 842; *M. Roth*, NZG 2003, 998, 1003; *Rühland*, WM 2002, 1957, 1966.

618 *Koch*, in: Koch, AktG, § 179a, Rn. 22; *Kubis*, in: MünchKomm-AktG, § 1 SpruchG, Rn. 29; *Sosnitza*, NZG 1998, 1001, 1003.

619 *Martens*, FS Röhricht, S. 987, 1000 f.; so auch vom BGH im *Linotype*-Urteil im Hinblick auf eine Anfechtbarkeit wegen Absprachen vertreten: Urteil vom 01.02.1988 – II ZR 75/87 = NJW 1988, 1579, 1582.

620 *Lutter/Drygala*, FS Kropff, S. 191, 195 ff., 222; zustimmend: *Emmerich*, AG 1998, 151, 152.

AktG nicht erfolgen. Aus diesem Grund habe der Vermögensschutz nicht nach dem UmwG, sondern nach den §§ 327a ff. AktG analog zu erfolgen.[621]

Der Meinung von *Lutter/Drygala* widersprechen andere Ansichten mit Verweis auf die fehlende planwidrige Regelungslücke. Ausgangspunkt ist ein Urteil des BayObLG, das eine analoge Anwendung des UmwG ablehnte. Der Gesetzgeber habe bei Neufassung des § 361 AktG a. F. in § 179a AktG die übertragende Auflösung gekannt und diese trotz Kenntnis weder verhindert noch reguliert.[622] Dieser Ansicht folgt ein Teil der Literatur und lehnt eine analoge Anwendung des UmwG ab,[623] was gleichfalls für eine analoge Anwendung der §§ 327a ff. AktG gelten müsste.

Gegen die Ablehnung einer Analogie wird jedoch eingewendet, dass der Gesetzgeber keine Kenntnis von der übertragenden Auflösung habe. Die Gesetzgebungsmaterialen würden vielmehr den Willen zeigen, dass ausschließlich eine systematische Neusortierung vorgenommen wurde.[624]

c) Besonderer Abfindungsanspruch mit Wertkontrolle?

Eine analoge Heranziehung des UmwG oder der §§ 327a ff. AktG würde scheitern, wenn den Minderheitsaktionären ein Abfindungsanspruch zusteht. In diesem Fall würde keine Regelungslücke bestehen, da der Vermögensschutz ausreichend gewahrt ist. Dies führt zumindest zu der Überlegung, ob dem von einer übertragenden Auflösung betroffenen Aktionär nicht ein eigener Abfindungsanspruch zusteht.

Wiedemann führt dazu aus, dass dem Gesellschaftsrecht das Prinzip der angemessenen Abfindung von hinausgedrängten Gesellschaftern inhärent sei.[625] Dies folge etwa aus § 738 Abs. 1 S. 2 BGB, den Regelungen zum Spruchstellenverfahren in den §§ 305 ff. UmwG a. F. und dem allgemeine Rechtsgedanken[626] des § 34 GmbHG. Ein solches Prinzip könne ebenso aus Art. 14 Abs. 1 GG

---

621 *Gromm*, die übertragende Auflösung nach Aktien- und GmbH-Recht, S. 188 ff.

622 BayObLG, Beschluss vom 17.09.1998 – 3 Z BR 37/98 = NZG 1998, 1001, 1002.

623 *Koch*, in: Koch, AktG, § 179a, Rn. 23; wohl ebenso: *Zetzsche*, in: KölnKomm-AktG, § 179a, Rn. 140; *Peters*, BB 1999, 801, 804; *Sosnitza*, NZG 1998, 1001, 1003.

624 BVerfG, Beschluss vom 23.08.2000 – 1 BvR 68/95 und 1 BvR 147/97 (*MotoMeter*) = NJW 2001, 279, 281; *Gromm*, die übertragende Auflösung nach Aktien- und GmbH-Recht, S. 182 ff.; *Henze*, FS Wiedemann, S. 935, 951; *Trölitzsch*, DStR 1999, 764, 765; *Wiedemann*, ZGR 1999, 857, 862.

625 *Wiedemann*, ZGR 1999, 857, 865 f.; zustimmend *Henze*, FS Wiedemann, S. 935, 951.

626 Zum allgemeinen Rechtsgedanken, der einen Abfindungsanspruch begründet: *Kersting*, in: Noack/Servatius/Haas, GmbHG, § 34, Rn. 22 m. w. N.

entnommen werden.[627] Daher bestehe losgelöst von der Frage der Zulässigkeit einer Anfechtungsklage ein eigener Abfindungsanspruch zu Gunsten der Minderheitsaktionäre.[628] Auch der Grundsatz von Treu und Glauben gemäß § 242 BGB könne im Einzelfall unter besonderen Voraussetzungen einen Anspruch begründen.[629]

d) Analoge Anwendung des SpruchG?

Nachdem der BGH in seiner *Macrotron*-Rechtsprechung[630] die Anfechtungsklage zu Gunsten einer analogen Anwendung des SpruchG ablehnte, entspricht dies heute der herrschenden Literatur.[631] Durch die Einleitung des Spruchverfahrens könne die Angemessenheit der Gegenleistung gerichtlich überprüft werden, ohne dass eine blockierende Beschlussanfechtung erfolge.[632] Anders als eine analoge Anwendung des UmwG und der §§ 327a ff. AktG ist das SpruchG grundsätzlich analogiefähig. § 1 SpruchG komme nach dem Willen des Gesetzgebers nur eine klarstellende Funktion zu.[633] Ist der Anwendungsbereich des SpruchG eröffnet, ist in den gesetzlich erfassten Fällen die Anfechtungsklage ausgeschlossen.[634]

Dieser Ansicht wird jedoch entgegengehalten, dass das SpruchG bei einer übertragenden Auflösung nicht anwendbar sei, da es keinen überprüfbaren Abfindungsanspruch gebe.[635] Es fehle weiter an einer Regelungslücke.[636] Der

---

627 *Henze*, FS Wiedemann, S. 935, 951.

628 Ohne Verweis auf ein Prinzip des Gesellschaftsrechts: *Vetter*, AG 2008, 177, 183.

629 *Schubert*, in: MünchKomm-BGB, § 242, Rn. 81.

630 BGH, Urteil vom 25.11.2002 – II ZR 133/02 = NZG 2003, 280, 283.

631 *Dreier*, in: Dreier/u. a., SpruchG, § 1, Rn. 76; *Emmerich*, in: Emmerich/Habersack, Aktien- und GmbH-KonzernR, § 1 SpruchG, Rn.11; *Haberstock/Greitemann*, in: Hölters/Weber, AktG, § 179a, Rn. 21; *Hörtnagl*, in: Schmitt/Hörtnagl, UmwG, § 1 SpruchG, Rn. 8; *Holzborn*, in: BeckOGK-AktG, § 179a, Rn. 46; *Koch*, in: Koch, AktG, § 179a, Rn. 22; *Körber/König*, in: Bürgers/Körber/Lieder, AktG, § 179a, Rn. 27; zumindest besser als § 243 AktG: *Seibt*, in: Schmidt/Lutter, AktG, § 179a, Rn. 29; *Stein*, in: MünchKomm-AktG, § 179a, Rn. 81; *Zetzsche*, in: KölnKomm-AktG, § 179a, Rn. 34; *Gromm*, die übertragende Auflösung nach Aktien- und GmbH-Recht, S. 210.

632 So das gesetzgeberische Ziel beim SpruchG: BT-Drs. 15/371, 1.

633 BT-Drs. 15/371, 12.

634 Beispielsweise in §§ 304 Abs. 3, 305 Abs. 5, 320b Abs. 2, 327f AktG, 14 Abs. 2, 15, 34, 62 Abs. 5 UmwG.

635 *Strohn*, in: Henssler/Strohn, GesR, § 179a AktG, Rn. 13; *Wasmann*, in: KölnKomm-AktG, § 1 SpruchG, Rn. 34; *M. Roth*, NZG 2003, 998, 1003.

636 OLG Zweibrücken, Beschluss vom 25.04.2005 – 3 W 244/05 = AG 2005, 778, 779.

Minderheitsaktionär könne einen ausreichenden Vermögensschutz durch die Anfechtungsklage erlangen,[637] etwa wegen Gesetzesverletzung gemäß § 243 Abs. 1 AktG i. V. m. Art. 14 Abs. 1 GG, Treuepflichtverletzung oder unzulässiger Gewährung eines Sondervorteils gemäß § 243 Abs. 2 AktG.[638]

Neben dieser fehlenden Regelungslücke ist das Gebilde der übertragenden Auflösung derart diffus und verworren, dass der konkrete Gegenstand der gerichtlichen Überprüfung nicht eindeutig[639] und die Beweisbarkeit für den Minderheitsaktionär kaum möglich sei.[640] Auch würde bei Anwendung des SpruchG dem Mehrheitsaktionär die Gefahr drohen, dass eine Vermögensübernahme zu einem unwirtschaftlichen Preis erfolge, sollte das Gericht den Abfindungsanspruch erhöhen.[641]

An die Ansichten, die eine analoge Anwendung des SpruchG befürworten, schließt sich daher die Frage an, welcher Anspruch Gegenstand des Spruchverfahrens ist. Denkbar sind der Anteil aus dem Liquidationserlös,[642] der dargestellte Abfindungsanspruch *sui generis* oder eine Äquivalenzkontrolle des Kaufpreises,[643] den die Gesellschaft vom Mehrheitsaktionär gezahlt bekommt, da der Kaufpreis einen unmittelbaren Einfluss auf die Höhe des Liquidationserlöses hat.[644]

e) Stellungnahme

Zutreffend kann ein Minderheitsaktionär keinen Vermögensschutz im Wege der Anfechtungsklage gemäß § 243 Abs. 2 AktG erlangen. Dafür spricht in erster Linie die Begründung des Gesetzgebers zum SpruchG, der seine vorherige Begründung im Hinblick auf § 243 Abs. 2 AktG überholte, um eine blockierende Wirkung durch die Anfechtung zu verhindern. Aber auch die Argumente aus

---

637 *Kubis*, in: MünchKomm-AktG, § 1 SpruchG, Rn. 29; das SpruchG für unbegründet unstatthaft haltend: *Küting*, DStR 2003, 838, 842; *Wasmann*, in: KölnKomm-AktG, § 1 SpruchG, Rn. 34.

638 OLG Zweibrücken, Beschluss vom 25.04.2005 - 3 W 244/05 = AG 2005, 778, 779.

639 *Kubis*, in: MünchKomm-AktG, § 1 SpruchG, Rn. 29.

640 *Lutter/Drygala*, FS Kropff, S. 191, 215.

641 *M. Roth*, NZG 2003, 998, 1003.

642 *Henze*, FS Peltzer, S. 181, 193.

643 *Holzborn*, in: BeckOGK-AktG, § 179a, Rn. 47; *Koch*, in: Koch, AktG, § 179a, Rn. 22; *Seibt*, in: Schmidt/Lutter, AktG, § 179a, Rn. 29; *Stein*, in: MünchKomm-AktG, § 179a, Rn. 88.

644 *Stein*, in: MünchKomm-AktG, § 179a, Rn. 88.

der *Macrotron*-Entscheidung begründen die Unzulässigkeit der Anfechtungsklage bei Anwendbarkeit des SpruchG.

Für eine analoge Anwendung des UmwG oder der §§ 327a ff. AktG fehlt nicht die planwidrige Regelungslücke. Aus den Gesetzgebungsmaterialien geht nicht hervor, dass der Gesetzgeber Kenntnis von der übertragenden Auflösung hatte. Folglich fehlt auch ein Anhaltspunkt, dass das Unterbleiben einer Regelung bewusst erfolgte. Die Ausführungen des BayObLG sind in diesem Bezug feststellend, ohne diese Auffassung inhaltlich zu begründen. Auch das zeitlich vorher ergangene *Linotype*-Urteil vermag diese Auffassung nicht zu begründen, da dies bedeuten würde, dass der Gesetzgeber positive Kenntnis von jedem Urteil bei der Beschließung neuer Gesetze hat. Auch ein Hineinlesen des Willens zur bewussten Regelungslücke kann nicht überzeugen. Die Einführung des § 179a AktG erfolgte ausschließlich aus systematischen Gründen. Ebenso fehlt es auch nicht an einer vergleichbaren Interessenlage. Das BVerfG hat mit dem *MotoMeter*-Beschluss klargestellt, dass es sich bei der übertragenden Auflösung um einen Aktionärsausschluss handelt.

Auch wenn somit eine analoge Anwendbarkeit des UmwG und der §§ 327a ff. AktG nicht unzulässig ist, bedarf es dieses Schrittes nicht. Zu Gunsten der Minderheitsaktionäre besteht ein Abfindungsanspruch *sui generis*, der dem Spruchverfahren zugänglich ist. Da die übertragende Auflösung einen Aktionärsausschluss darstellt, ist das Prinzip der angemessenen Abfindung anzuwenden, nach welchem eine solche für einen erlittenen Anteilsverlust zu zahlen ist.

Das Prinzip der angemessenen Abfindung gründet sich auf einer Gesamtanalogie der Abfindungsregeln des Gesellschaftsrechts und unmittelbar auf Art. 14 Abs. 1 GG.[645] Betrachtet man die Regelungen des Gesellschaftsrechts zum Ausschluss oder Ausscheiden von Gesellschaftern, sind zahlreiche Regelungen ersichtlich, aus denen folgt, dass ein betroffener Gesellschafter angemessen abzufinden oder zu entschädigen ist.[646] Beispielhaft sind die §§ 738 BGB, 305, 320b, 327a AktG, 34 GmbHG, 29 ff. UmwG anzuführen. Alle Regelungen haben eine Änderung des Anteilseigentums, regelmäßig den vollständigen Verlust, inne und berühren die Eigentumsgarantie aus Art. 14 Abs. 1 GG. Da ab einer bestimmten Beteiligungshöhe aufgrund der überwiegenden Interessen des Mehrheitsaktionärs der Verlust ein zulässiger Eingriff in Art. 14 Abs. 1 GG ist, muss aus Gründen der Verhältnismäßigkeit eine wirtschaftliche Entschädigung

---

645 Siehe zur Begründung von Rechtsprinzipien im Allgemeinen 3. Kap. § 1 C. III. 1.

646 So *Wiedemann*, ZGR 1999, 857, 865 f.

stattfinden.[647] Dies führt aufgrund der Wertentscheidung des Art. 14 Abs. 1 GG zur Begründung des Prinzips der angemessenen Abfindung, welches in dem Abfindungsanspruch *sui generis* konkretisiert wird.

Dieser Abfindungsanspruch setzt voraus, dass ein Anteilsverlust stattgefunden hat, der gegen den Willen des Aktionärs erfolgte, und keine gesetzliche Regelung für eine Abfindung besteht. Sind diese Voraussetzungen erfüllt, hat der Aktionär einen Anspruch gegenüber dem Mehrheitsaktionär, da erst in dessen Person die Problematik der übertragenden Auflösung begründet wird und die AG liquidiert wurde.

Aus dem Prinzip der angemessenen Abfindung geht ebenso eine „*Garantie der gerichtlichen Kontrolle*"[648] hervor, sodass der Anspruch gerichtlich überprüfbar ist. Hierfür ist das SpruchG aufgrund seiner Analogieoffenheit und des Willens des Gesetzgebers im Hinblick auf die Einführung des SpruchG heranzuziehen. Die Anwendung des SpruchG führt daneben auch zu Vorzügen gegenüber einer analogen Anwendung der Schutzvorschriften des UmwG und der §§ 327a ff. AktG, da das Gericht einen neutralen Sachverständigen zur Bewertung der Abfindung bestimmt und auch der Amtsermittlungsgrundsatz sowie die *inter-omnes*-Wirkung der Entscheidung umfangreichen Schutz sicherstellen.[649]

Die Höhe des Abfindungsanspruchs ist nicht nach dem Liquidationserlös oder durch eine Äquivalenzkontrolle des Kaufpreises zu bemessen, sondern anhand des objektiven Werts der Beteiligung, der bei einer Desinvestition vor der übertragenden Auflösung am freien Markt hätte erzielt werden können.[650] Eine Bemessung anhand des Liquidationserlöses überzeugt nicht, da dieser lediglich das nach Abschluss des Liquidationsverfahrens vorhandene Vermögen darstellt. Der angemessene Abfindungsanspruch begründet sich der Höhe nach jedoch primär in dem erhaltenen Kaufpreis, sodass eine inzidente Überprüfung des Kaufpreises erfolgen müsste. Mit dem Abstellen auf den Beteiligungswert vor der übertragenden Auflösung wird zum einen sichergestellt, dass keine Vermögensschäden des Minderheitsaktionärs eintreten. Zum anderen wird dadurch einem Missbrauch durch den Mehrheitsaktionär vorgebeugt, da ein

---

647 Vgl. BVerfG, Beschluss vom 23.08.2000 – 1 BvR 68/95 und 1 BvR 147/97 (*MotoMeter*) = NJW 2001, 279, 280

648 *Wiedemann*, ZGR 1999, 857, 867.

649 Zur Schutzwirkung des SpruchG: *Seibt*, in: Schmidt/Lutter, AktG, § 179a, Rn. 29.

650 St. Rspr., vgl. etwa BVerfG, Beschluss vom 27.04.1999 – 1 BvR 1613-94 = NJW 1999, 3769, 3771 f.; BVerfG, Beschluss vom 23.08.2000 – 1 BvR 68/95 und 1 BvR 147/97 = NJW 2001, 279, 280; BGH, Urteil vom 25.11.2002 – II ZR 133/01 = NJW 2003, 1032, 1034.

unter Marktwert vereinbarter Kaufpreis unbeachtlich bliebe. Um eine Übervorteilung jedoch zu verhindern, ist ein Liquidationserlös anzurechnen.

Den Befürwortern einer Äquivalenzkontrolle ist der zeitliche Ablauf der übertragenden Auflösung entgegenzuhalten. Für diese bedarf es kumulativ der Übertragung gemäß § 179a AktG und der Liquidation der Gesellschaft. Da ein Minderheitsgesellschafter erst mit abgeschlossener Liquidation seine Beteiligung „verliert", kann ein Anspruch auf Abfindung erst in diesem Zeitpunkt entstehen. Mit dem anspruchsbegründenden Erlöschen der Gesellschaft fällt jedoch zeitgleich der Gläubiger des Kaufpreises aus dem Übertragungsgeschäft weg, sodass eine Geltendmachung des Anspruchs im Namen der Gesellschaft durch die Minderheitsaktionäre nicht mehr möglich ist.

Aus diesen Gründen ist der Abfindungsanspruch seiner Höhe nach anhand des objektiven Beteiligungswerts zu bemessen. Um eine Verfälschung des Anteilswerts infolge einer Bekanntmachung zu verhindern, ist der maßgebliche Beurteilungszeitpunkt der des schwebend unwirksamen Vertragsschlusses der Gesellschaft mit dem Mehrheitsaktionär.

IV. Ergebnis

Die übertragende Auflösung stellt einen mittelbaren Aktionärsausschluss dar, wenn ein Mehrheitsaktionär mit einer ihm zurechenbaren Mehrheit gegen den Willen der verbleibenden Aktionäre die Übertragung des ganzen Gesellschaftsvermögens und in sachlichem Zusammenhang die notwendige Liquidation beschließt.

Dies ist grundsätzlich zulässig. Es umgeht nicht die Vorschriften des Umwandlungsrechts, noch stellen die §§ 327a ff. AktG eine *lex specialis* dar, welches die übertragende Auflösung verdrängt. Es ist jedoch aus verfassungsrechtlichen Gründen geboten, das Mehrheitserfordernis der Beschlüsse auf 95 Prozent zu erhöhen, da nur dies der Eigentumsgarantie und dem Willen des Gesetzgebers gerecht wird.

Grundsätzlich sind die beiden Beschlüsse gemäß den §§ 179a Abs. 1 und 262 Abs. 1 Nr. 2 AktG nach § 243 AktG anfechtbar. Die Anfechtung kann jedoch nicht durch eine materielle Beschlusskontrolle erfolgen, da beide Beschlüsse ihre Rechtfertigung in sich tragen. Ein nicht angemessener Kaufpreis oder das Unterlassen eines Bieterwettbewerbs auf Verlangen des Mehrheitsaktionärs können aber eine Anfechtbarkeit nach § 243 Abs. 2 AktG begründen. Ebenso kann das Gleichbehandlungsgebot verletzt sein.

Es ist weiterhin zu beachten, dass infolge einer übertragenden Auflösung dem betroffenen Minderheitsaktionär ein Abfindungsanspruch *sui generis* zusteht, der dem Spruchverfahren zugänglich ist. Der Abfindungsanspruch *sui generis* stellt sicher, dass der Minderheitsaktionär eine angemessene Abfindung, gemessen am objektiven Beteiligungswert, erhält.

C. Weitere Gründe

Neben wirtschaftlichen Entscheidungen und dem Ausschluss von Minderheitsaktionären können auch weitere Gründe zu einer Übertragung des ganzen Gesellschaftsvermögens führen.

I. Die sog. „Sterbehaus-Konstruktion“

Steigt bei einem Konzern aufgrund einer oder mehrerer wirtschaftlich kränkelnder Tochtergesellschaften das Risiko einer Insolvenz, so wird zur Rettung der wirtschaftlich gesunden Tochtergesellschaften – regelmäßig im Interesse der Gläubiger – ein Konvolut an Rechtsgeschäften vorgenommen. Dieses Konvolut an Rechtsgeschäften trägt den einprägsamen Namen „Sterbehaus-Konstruktion“.[651] Hierzu folgendes Beispiel:[652]

Die A-AG hält als Konzernmutter sämtliche Anteile an den Tochtergesellschaften B-GmbH und C-GmbH. Trotz der wirtschaftlich guten Lage der B-GmbH droht aufgrund der schlechten Lage der C-GmbH die Insolvenz der A-AG. Um die wirtschaftlich solide B-GmbH zu retten, gründet die A-AG die D-Holding, in welche sie alle Anteile an der B-GmbH als Sacheinlage einbringt. Die Gläubiger der A-AG gründen ihrerseits die E-Holding, an welche die A-AG im Anschluss alle Anteile an der D-Holding übereignet.[653] Der Kaufpreisanspruch der A-AG gegenüber der E-Holding wird an die Gläubiger abgetreten. In der Folgezeit werden die A-AG und die C-GmbH insolvent.

Abgesehen von den insolvenz-[654] und haftungsrechtlichen[655] Problemen findet mit der Übertragung der Anteile von der A-AG an die E-Holding eine Vermögensübertragung statt, die das ganze Gesellschaftsvermögen der A-AG i. S. d. § 179a AktG betreffen kann.

651 *Lutter*, FS Werner, 477, 477.

652 Grundsätzlich entnommen aus: *Lutter*, FS Werner, 477, 477.

653 Denkbar wäre ebenso ein unmittelbarer Erwerb der B-GmbH durch die E-Holding, *Lutter*, FS Werner, 477, 489.

654 Ausführliche Darstellung in *Lutter*, FS Werner, 477, 484 ff.

655 Ausführliche Darstellung in *Weller*, IPRax 2003, 520, 524.

II. Die Übertragung zur Bildung von Konzernstrukturen

Eine Übertragung des ganzen Gesellschaftsvermögens nach § 179a AktG liegt auch vor, wenn eine Muttergesellschaft ihr Vermögen auf eine Tochtergesellschaft überträgt, etwa um künftig als Holding zu agieren.[656] Dies könnte die Muttergesellschaft grundsätzlich auch im Wege der umwandlungsrechtlichen Ausgliederung nach den §§ 123 ff. UmwG erreichen. Ist jedoch anstelle der Gesamtrechtsnachfolge die mit § 179a AktG einhergehende Einzelrechtsnachfolge gewollt, so hat die Übertragung auch nach diesen Vorschriften zu erfolgen.[657]

III. Die Fusionen im grenzüberschreitenden Rechtsverkehr

Weiter kann § 179a AktG auch aufgrund einer Fusion im grenzüberschreitenden Verkehr zur Anwendung kommen. Dies war bis zur Einführung der §§ 122a ff. UmwG infolge der Umsetzung der Verschmelzungsrichtlinie[658] der einzig mögliche Weg, um einen mit der Verschmelzung vergleichbaren Erfolg zu erzielen.[659] Seit der Einführung der §§ 122a ff. UmwG steht für Unternehmen der EU und anderer Vertragsstaaten des Europäischen Wirtschaftsraums (EWR) die Möglichkeit offen, anstelle einer fusionsgleichen Vermögensübertragung gemäß § 179a AktG eine Verschmelzung nach dem Umwandlungsrecht im Wege der Gesamtrechtsnachfolge durchzuführen.

Aufgrund der Beschränkung dieser Möglichkeit auf Unternehmen aus einem Mitgliedsstaat der EU und Staaten des EWR bleibt für eine Fusion im grenzüberschreitenden Rechtsverkehr mit Unternehmen aus Drittstaaten, etwa der Volksrepublik China oder den Vereinigten Staaten von Amerika, weiterhin nur die Möglichkeit der Übertragung des ganzen Gesellschaftsvermögens nach § 179a AktG.[660]

IV. Die Entstehung einer Mantelgesellschaft

Mit der Übertragung des ganzen Gesellschaftsvermögens ist nicht zwangsläufig die Liquidation der Gesellschaft verbunden, auch wenn anzunehmen ist, dass diese regelmäßig erfolgen wird. Es kann sich für den oder die Gesellschafter auch

---

656 *Bayer/Lieder/Hoffmann*, AG 2017, 717, 724.

657 *Bayer/Lieder/Hoffmann*, AG 2017, 717, 724.

658 RL 2005/56/EG.

659 *Bayer/Lieder/Hoffmann*, AG 2017, 717, 725.

660 *Bayer/Lieder/Hoffmann*, AG 2017, 717, 725.

anbieten, die Gesellschaft bestehen zu lassen, um diese als zulässige[661] Mantelgesellschaft zu verwenden,[662] beispielsweise für steuerliche Zwecke,[663] oder um diese zu einem späteren Zeitpunkt wieder aktiv zu nutzen.[664]

§ 3 Mögliche Risiken bei (un-)mittelbarer Beteiligung auf Veräußerer- und Erwerberseite

Ist ein Aktionär selber oder durch eine ihm nahestehende Person sowohl an der veräußernden Gesellschaft als auch selbst oder in ihm zurechenbarer Weise als Beteiligter des Verpflichtungsgeschäfts auf der erwerbenden Seite beteiligt, wirft dies einige Fragen auf, insbesondere im Hinblick auf die Zulässigkeit des beidseitigen Handelns.

A. Die Stimmrechtsausübung gemäß § 179a Abs. 1 AktG bei beidseitiger Beteiligung

I. Die Stimmrechtsausübung nach nationalem Recht

Ist ein Aktionär sowohl als Mitglied der Hauptversammlung für den Beschluss gemäß § 179a AktG stimmberechtigt als auch auf Erwerberseite mindestens mittelbar beteiligt, wäre ein Insichgeschäft entsprechend § 181 BGB denkbar. Diese Norm findet im AktG aber grundsätzlich keine Anwendung, da die §§ 133 ff. AktG als *lex specialis* dem § 181 BGB vorgehen.[665] Insbesondere regelt § 136 AktG, wann ein Stimmrecht ausgeschlossen ist. Die genannten Anwendungsfälle erfassen aber nicht die Konstellation, dass ein Aktionär über ein ihn betreffendes Rechtsgeschäft abstimmen soll. Auch wenn – etwa in § 47 Abs. 4 S. 2 GmbHG – entsprechende Regelungen außerhalb des AktG bestehen, ist eine analoge Anwendung entsprechender Normen ausgeschlossen. Es ist nach allgemeiner Meinung aus den gesetzlich geregelten Fällen kein allgemeines Prinzip zur Erweiterung der Anwendungsfälle im Wege der Gesamtanalogie zu entnehmen, da dies vom Gesetzgeber nicht gewollt war.[666]

661 *Pentz*, in: MünchKomm-AktG, § 23, Rn. 94 m. w. N.
662 *Bayer/Lieder/Hoffmann*, AG 2017, 717, 723.
663 *Schneider*, in: Breithaupt/Ottersbach, GesR, § 2 GmbHG, Rn. 161.
664 *Solveen*, in: Hölters/Weber, AktG, § 23, Rn. 45.
665 *Arnold*, in: MünchKomm-AktG, § 136, Rn. 17.
666 *Arnold*, in: MünchKomm-AktG, § 136, Rn. 22; *Herrler*, in: Grigoleit, AktG, § 136, Rn. 11; *Krebs*, in: Hölters/Weber, AktG, § 136, Rn. 6; *Holzborn*, in: Bürgers/Körber/

Hingegen ist eine Einzelanalogie zulässig, sofern eine quantitativ und qualitativ vergleichbare Interessenlage besteht.[667] Eine solche wird aber zutreffend für die Konstellation, dass ein Aktionär über ein Rechtsgeschäft mit sich selber abstimmen soll, abgelehnt, da der Gesetzgeber die Regelung des § 47 Abs. 4 S. 2 GmbHG bewusst nicht übernommen hat.[668] Auch der BGH thematisierte eine mögliche Problematik nicht.[669]

Somit ist in Bezug auf das AktG ein Stimmrecht des Aktionärs über ein Rechtsgeschäft mit sich selber nicht zu beanstanden.

II. Die Stimmrechtsausübung im Lichte der Aktionärsrechterichtlinie

Eine Versagung des Stimmrechts könnte mittelbar aus der Aktionärsrechterichtlinie[670] (ARRL) folgen, sodass ein Aktionär für den Beschluss gemäß § 179 Abs. 1 AktG nicht stimmberechtigt wäre, wenn der Vertrag mit dem Aktionär geschlossen werden soll. Nach Art. 9c Abs. 4 UAbs. 3 ARRL ist ein Aktionär von einer Zustimmung ausgeschlossen, wenn es sich um ein wesentliches Geschäft der Gesellschaft mit einem dem Aktionär nahestehenden Unternehmen oder einer nahestehenden Person handelt. Dies erfolgt gemäß Art. 9c Abs. 4 UAbs. 1 ARRL zum Schutz der Gesellschafts- und Minderheitsaktionärsinteressen. Da der Gesetzgeber mit dem ARUG II[671] jedoch keine Änderung der §§ 136 AktG oder 179a AktG vornahm,[672] stellt sich die Frage, ob der Gesetzgeber somit seiner Pflicht zur Umsetzung von Richtlinien nicht nachgekommen ist oder keine Umsetzungspflicht bestand.

Gegen eine Umsetzungspflicht spricht nicht Art. 9c Abs. 4 UAbs. 4 ARRL. Dieser beinhaltet eine Öffnungsklausel für Mitgliedstaaten, die im nationalen Recht ausreichend Schutzmechanismen aufweisen, sodass die Teilnahme eines Aktionärs an einer ihn betreffenden Beschlussfassung zulässig ist. Die

---

Lieder, AktG, § 136, Rn. 10; *Rieckers*, in: BeckOGK-AktG, § 136, Rn. 16; *Spindler*, in: Schmidt/Lutter, AktG, § 136, Rn. 29.

667 *Arnold*, in: MünchKomm-AktG, § 136, Rn. 23 m. w. N.

668 *Herrler*, in: Grigoleit, AktG, § 136, Rn. 11; *Krebs*, in: Hölters/Weber, AktG, § 136, Rn. 6; *Rieckers*, in: BeckOGK-AktG, § 136, Rn. 16; *Spindler*, in: Schmidt/Lutter, AktG, § 136, Rn. 32.

669 Vgl. BGH, Urteil vom 01.02.1988 – II ZR 75/87 (*Linotype*) = NJW 1988, 1579, 1581.

670 RL 2007/36/EG.

671 Gesetz zur Umsetzung der Aktionärsrechterichtlinie, BGBl. I 2019, 2637.

672 Es wurden nur die §§ 107, 111a ff. AktG aufgrund von Art. 9c Abs. 4 ARRL geändert, vgl. BT-Drs. 19/9739, 76 ff.

angeführten Schutzmechanismen zum Verhindern des Ausnutzens einer Machtposition bestehen weder bei § 136 AktG noch bei § 179a AktG. Auch Art. 9c Abs. 6 lit. b) ARRL begründet keine Ausnahme von der Umsetzungspflicht. Es fehlt an einer ausdrücklichen Regelung, die eine angemessene Gleichbehandlung von Aktionärs- und Gesellschaftsinteressen in Bezug auf das Geschäft mit einem nahestehenden Unternehmen oder einer nahestehenden Person vorsieht. Auch das aktienrechtliche Gleichbehandlungsgebot aus § 53a AktG weist keinen Bezug zu nahestehenden Unternehmen oder Personen auf, sodass auch diese Norm keinen geeigneten Schutzmechanismus begründet.

Es findet jedoch Art. 9c Abs. 6 lit. e) ARRL Anwendung. Nach diesem Artikel ist eine Ausnahme erlaubt, sofern es sich um ein Geschäft handelt, das allen Aktionären unter gleichen Bedingungen angeboten wird und einen Schutz der Gleichbehandlung gewährleistet. Die Pflicht zum Angebot an alle Aktionäre und der Schutz der Gleichbehandlung folgen aus dem Gleichbehandlungsgebot nach § 53a AktG.[673] Da § 53a AktG die Gleichbehandlung i. S. d. Art. 9c Abs. 6 lit. e) ARRL gewährleistet, insbesondere bei Gesamtvermögensgeschäften nach § 179a AktG und einer übertragenden Auflösung, besteht keine Pflicht zur Umsetzung des Art. 9c Abs. 4 UAbs. 3 ARRL.

Ein Aktionär ist somit auch unter Berücksichtigung der ARRL stimmberechtigt, wenn über ein Rechtsgeschäft mit dem entsprechenden Aktionär oder einem nahestehenden Unternehmen oder einer nahestehenden Person abgestimmt wird.

B. Das Risiko der Einlagenrückgewähr

Ist ein Aktionär auf beiden Seiten des Rechtsgeschäfts mindestens mittelbar beteiligt, besteht das Risiko, dass das Gesamtvermögensgeschäft als verbotene Einlagenrückgewähr gemäß § 57 Abs. 1 S. 1 AktG zu qualifizieren ist.[674] Es würden die allgemeinen Rechtsfolgen[675] drohen, insbesondere die Rückgewähr der erhaltenen Leistung gemäß § 62 Abs. 1 AktG.[676] Im gleichen Zusammenhang ist auch die vorwiegend steuerrechtliche Problematik der verdeckten Gewinnausschüttung anzuführen. Diese wird jedoch an anderer Stelle[677] vertiefend behandelt.

---

673 Siehe 2. Kap § 2 B. III. 1. c) bb) (1).

674 *Zetzsche*, in: KölnKomm-AktG, § 179a, Rn. 51.

675 Siehe dazu *Fleischer*, in: Schmidt/Lutter, AktG, § 57, Rn. 73 ff.

676 BGH, Urteil vom 12.03.2013 – II ZR 179/12 = NJW 2013, 1472.

677 Siehe 7. Kap. § 1 B. III.

Grundsätzlich darf eine Gesellschaft Rechtsgeschäfte mit Aktionären abschließen und durchführen. Dies gilt gemäß § 57 Abs. 1 S. 3 Hs. 2 AktG jedoch nur, solange die Gegenleistung vollwertig ist. Schließt eine Gesellschaft mit einem Aktionär einen Vertrag ab, der keine vollwertige Gegenleistung beinhaltet, so ist dies als verdeckte Leistung i. S. d. § 57 Abs. 1 S. 1 AktG zu qualifizieren.[678] Die Vollwertigkeit einer Gegenleistung bestimmt sich seit dem MoMiG[679] durch eine bilanzielle Betrachtung im Hinblick auf die Aktiva: Findet ein Aktivtausch statt, ist die Gegenleistung vollwertig; führt das Rechtsgeschäft zu einer Verringerung der Aktiva, ist die Gegenleistung nicht als vollwertig anzusehen.[680] In diesem Fall läge eine verbotene Einlagenrückgewähr vor.

Beschließen die Gesellschaft und ihr Aktionär ein Gesamtvermögensgeschäft, ist zu beachten, dass zum einen zwingend eine Gegenleistung erforderlich ist und zum anderen eine vollwertige Gegenleistung zu erbringen ist. Nur dann kann das Risiko einer verdeckten Einlagenrückgewähr ausgeschlossen werden.

§ 4 Maßnahmen gegen ein unbefugtes Handeln des Vorstands

Beabsichtigt der Vorstand einer Gesellschaft, ohne Einholung eines Beschlusses oder entgegen der Beschlussfassung der Hauptversammlung das Gesamtvermögensgeschäft abzuschließen, so stehen den Aktionären Rechtsschutzmöglichkeiten zu und dem Aufsichtsrat obliegen Handlungspflichten.

A. Die Rechtsschutzmöglichkeiten der Aktionäre

Wurde die Hauptversammlung nicht oder nicht ordnungsgemäß gemäß § 179a AktG an dem Verpflichtungsgeschäft beteiligt, stellt sich die Frage, welche Rechtsschutzmöglichkeiten gegen die Durchführung für die Hauptversammlung bestehen. Zunächst bestehen Ansprüche aus dem allgemeinen Beschlussmängelrecht gemäß den §§ 241 ff. AktG, auf die das Freigabeverfahren gemäß § 246a AktG jedoch keine Anwendung finden soll.[681] Neben den allgemeinen

678 *Koch*, in: Koch, AktG, § 57, Rn. 9.

679 Gesetz zur Modernisierung des GmbH-Rechts und zur Bekämpfung von Missbräuchen, BGBl. I 2008, 2026.

680 BT-Drs. 16/6140, 41.

681 Hanseatisches OLG Hamburg, Urteil vom 26.04.2019 – 11 U 375/18 = juris = BeckRS 2019, 41866, Rn. 59; *Brocker/Schulenberg*, BB 2015, 1993, 1993; *von Prittwitz*, DStR 2019, 1265, 1268.

Beschlussmängelrechten, die den Aktionären zustehen, wenn ein Beschluss gefasst wurde, ist die Frage insbesondere in Sachverhalten, in denen die Zustimmung der Hauptversammlung durch den Vorstand wissentlich oder unwissentlich verkannt wird, aufzuwerfen.

Hat der Vorstand sowohl das Verpflichtungsgeschäft abgeschlossen als auch das Verfügungsgeschäft bereits durchgeführt, steht jedem Aktionär, unabhängig von seiner Beteiligungshöhe,[682] ein Anspruch auf Rückabwicklung zu.[683] Die Rückabwicklung erfolgt nach den bereicherungsrechtlichen Regelungen der §§ 812 ff. BGB.

Wurde das Verfügungsgeschäft noch nicht durchgeführt, sondern steht die Durchführung bevor, so kann ein Aktionär mittels einer Unterlassungsverfügung gegen die Durchführung vorgehen,[684] die gemäß § 935 ZPO im einstweiligen Rechtsschutz erwirkt[685] und gemäß § 890 ZPO unter Androhung eines Ordnungsgeldes oder von Ordnungshaft durchgesetzt werden kann[686]. Der Unterlassungsanspruch kann sowohl durch Leistungsklage auf Unterlassung als auch durch Feststellungsklage gemäß § 256 ZPO geltend gemacht werden.[687]

Keinen unmittelbaren Rechtsschutz bietet hingegen die Möglichkeit des Vertrauensentzugs gegenüber dem Vorstand gemäß § 84 Abs. 3 S. 2 AktG, da die Entscheidung über den Widerruf der Bestellung trotz Vertrauensentzugs beim Aufsichtsrat liegt.[688]

B. Die Pflichten des Aufsichtsrats

Der Aufsichtsrat hat gemäß § 111 Abs. 1 AktG die Geschäftsführung zu überwachen. Kommt er dieser Pflicht schuldhaft nicht nach, kann er sich gemäß § 116 AktG i. V. m. § 93 AktG schadensersatzpflichtig machen.

Zur Überwachungspflicht aus § 111 Abs. 1 AktG gehört die Pflicht des Aufsichtsrats gemäß § 111 Abs. 3 AktG, eine Hauptversammlung einzuberufen, wenn es das Wohl der Gesellschaft erfordert.[689] Diese Pflicht zur Einberufung

682 *Kubis*, in: MünchKomm-AktG, § 119, Rn. 106 m. w. N.

683 BGH, Urteil vom 08.01.2019 – II ZR 364/18 = NZG 2019, 505, Rn. 26; *Bungert*, in: Hoffmann-Becking, MHdB GesR Bd. 4, § 35, Rn. 73.

684 *Kubis*, in: MünchKomm-AktG, § 119, Rn. 106.

685 OLG Hamm, Urteil vom 19.11.2007 – 8 U 216/07 = NZG 2008, 155, 156.

686 *Lackmann*, in: Musielak/Voit, ZPO, § 890, Rn. 1.

687 St. Rspr.: BGH, Urteil vom 23.06.1997 – II ZR 132/93 = NJW 1997, 2815, 2816; BGH, Urteil vom 10.10.2005 – II ZR 90/03 = NJW 2006, 374, 375.

688 *Spindler*, in: MünchKomm-AktG, § 84, Rn. 142.

689 *Habersack*, in: MünchKomm-AktG, § 111, Rn. 103.

der Hauptversammlung besteht jedoch nur in denjenigen Sachverhalten, in denen die Hauptversammlung für die betreffende Angelegenheit auch die Kompetenz innehat.[690] Beruft der Vorstand pflichtwidrig die Hauptversammlung nicht ein, beraubt er diese der Wahrnehmung ihrer Zuständigkeitskompetenz. Dies betrifft das Wohl der Gesellschaft i. S. d. § 111 Abs. 3 AktG.[691]

Weiter kann der Aufsichtsrat gemäß § 84 Abs. 3 S. 1 AktG bei Vorliegen eines wichtigen Grundes die Bestellung zum Vorstandsmitglied widerrufen. Ein solcher wichtiger Grund kann in einer groben Pflichtverletzung oder dem Vertrauensentzug durch die Hauptversammlung gemäß § 84 Abs. 3 S. 2 AktG liegen. Die Beurteilung, ob ein wichtiger Grund vorliegt, steht nicht im Ermessen des Aufsichtsrats.[692] Es steht jedoch gemäß § 84 Abs. 3 S. 1 AktG im Ermessen des Aufsichtsrates, ob bei Vorliegen eines wichtigen Grundes die Abberufung des Vorstandsmitglieds erfolgt.

§ 5 Exkurs: Gesamtvermögensgeschäfte im ausländischem Gesellschaftsrecht

Im Nachfolgenden soll ein Ausblick in ausgewählte ausländische Gesellschaftsrechtssysteme erfolgen. Im Überblick wird dargestellt, ob und wie Gesamtvermögensgeschäfte in den jeweiligen Rechtssystemen geregelt sind und welche Folgen aus ihnen erwachsen.

A. Großbritannien

Das britische Körperschaftsrecht weist zwei Rechtsformen auf, die mit der GmbH und der AG vergleichbar sind. Ersteres Äquivalent ist die *private company limited by shares* (Ltd.), letzteres Äquivalent ist die *public company limited by shares* (Plc.). Im Unterschied zum deutschen Rechtssystem, das mit dem AktG und dem GmbHG getrennte Gesetze aufweist, sind in Großbritannien beide Rechtsformen einheitlich im CA 2006 gesetzlich geregelt. Insbesondere das Außenverhältnis der Gesellschaft steht jedoch auch unter starkem Einfluss des *case law*.[693] Aufgrund der einheitlichen Betrachtung der Ltd. und Plc. bestimmen sich auch die Regelungen zur Vertretungsmacht grundsätzlich einheitlich.[694]

---

690 *Martens/Cahn*, in: KölnKomm-AktG, § 111, Rn. 74.

691 *Martens/Cahn*, in: KölnKomm-AktG, § 111, Rn. 74.

692 *Spindler*, in: MünchKomm-AktG, § 84, Rn. 130.

693 *Möser*, RIW 2010, 850, 850.

694 *Langhein*, NZG 2001, 1123, 1123.

Die Geschäftsführung der Plc. wird vom *board of directors* wahrgenommen, deren Pflichten sich aus den sec. 170 – 177 CA 2006 ergeben. Das *board of directors* erhält seine Befugnisse durch einen vertraglichen Akt, eine Vertretungsmacht kraft Gesetzes ist dem britischen Rechtssystem fremd.[695] Der vertragliche Akt erfolgt durch die Bestellung in der Satzung der Gesellschaft,[696] den *articles of association*[697]. Diese vertragliche Bestellung des *board of directors* folgt zum einen daraus, dass das *company law* in Großbritannien kein gesetzliches Vertretungsorgan bestimmt, und zum anderen aus dem Grundsatz, dass die Gesellschafter die ursprünglichen Inhaber der Geschäftsführungsbefugnisse sind.[698] Des Weiteren ist es – im Unterschied zu § 76 Abs. 3 S. 1 AktG – zulässig, dass juristische Personen dem *board of directors* angehören,[699] auch wenn gemäß sec. 155 CA 2006 mindestens eine natürliche Person Teil des *board of directors* sein muss.

Gänzlich fremd ist dem britischen Recht die Differenzierung zwischen der Gesellschafterversammlung als Willensbildungsorgan und dem *board of directors* als Handlungsorgan.[700] Dies führt dazu, dass eine mit § 179a AktG vergleichbare Regelung weder gesetzlich noch aus *case law* besteht. Grundsätzlich binden gemäß sec. 40 (1) CA 2006 die Handlungen der *directors* die Gesellschaft. Diese Regelung wird durch sec. 40 (2) CA 2006 ergänzt, nach der keine Nachforschungspflicht über die Befugnisse der *directors* besteht. Zudem wird die Gutgläubigkeit des Vertragspartners widerlegbar vermutet und ein Überschreiten der Befugnisse aus der Satzung kann keine Bösgläubigkeit begründen. Insbesondere der letztgenannte Punkt stellt eine erhebliche Abweichung vom AktG respektive den allgemeinen Regelungen zum deutschen Stellvertretungsrecht dar, bei dem die Kenntnis vom Überschreiten der internen Befugnisse als Evidenz einen Tatbestand des Missbrauchs der Vertretungsmacht darstellt.[701] Gesetzliche Ausnahmen sind nur für „*companies that are charities*" in sec. 42 CA 2006 und für Insichgeschäfte der *directors* gemäß den sec. 190 ff. CA 2006 vorgesehen. In diesem Zusammenhang weist sec. 190 CA 2006 mit „*substantial property transactions*", der Geschäfte mit erheblichen Vermögenswerten zwischen

695 *Möser*, RIW 2010, 850, 851.

696 *Krebs/Stiegler*, in: Jung/Krebs/Stiegler, GesR in Europa, § 12, Rn. 479; *Möser*, RIW 2010, 850, 851; *Stöber*, GmbHR 2006, 746, 746.

697 *Just*, Limited, III, Rn. 75.

698 *Möser*, RIW 2010, 850, 851.

699 *Stöber*, GmbHR 2006, 746, 747.

700 *Möser*, RIW 2010, 850, 859.

701 Siehe 5. Kap. § 1.

der Gesellschaft und einem ihrer *directors* oder einer ihm nahestehenden Person von der Zustimmung der Gesellschafter („*members*") abhängig macht, eine gewisse Parallelität zu § 179a AktG auf, wenngleich der Anwendungsbereich auf Insichgeschäfte beschränkt ist.

Auch unter Berücksichtigung des *case law* sind Gesamtvermögensgeschäfte nicht von sec. 40 (1) CA 2006 auszunehmen. Die Rechtsprechung der Gerichte in Großbritannien tendiert dazu, nur beim Vorliegen von evidentem Befugnismissbrauch eine Verpflichtung der Gesellschaft abzulehnen.[702] Diesbezüglich besteht eine Vergleichbarkeit zur Rechtsprechung des BGH.[703] Auch eine mögliche Überschreitung des Gesellschaftszwecks bei einem Gesamtvermögensgeschäft ist seit dem Entfall[704] der *ultra-vires-doctrine* durch sec. 39 (1) CA 2006 unerheblich.

Ein Vergleich mit der Plc. ergibt somit, dass ein gesetzliches Äquivalent zu § 179a AktG im britischen *company law* grundsätzlich nicht besteht. Einzig sec. 190 CA 2006 weist eine Parallele auf, jedoch einen weitaus engeren Anwendungsbereich als § 179a AktG. Die grundsätzliche Nichtregelung von Gesamtvermögensgeschäften ist der Grundsystematik des britischen Rechtssystems als *case law* und der nicht vorhandenen gesetzlichen Regelungen zur Trennung von Willensbildungs- und Handlungsorgan geschuldet. Durch die Tendenz der Rechtsprechung in Großbritannien dahin, dass ein evidenter Befugnismissbrauch zu keiner Bindung der Gesellschaft führt, besteht in Bezug auf die Rechtsprechung des BGH jedoch eine Vergleichbarkeit. Im Ergebnis ist daher festzuhalten, dass ein Gesamtvermögensgeschäft im britischen Recht die Gesellschaft grundsätzlich gemäß sec. 40 (1) CA 2006 verpflichtet.

B. Vereinigte Staaten von Amerika

Das Gesellschaftsrecht der Vereinigten Staaten von Amerika ist vergleichbar mit dem britischen *company law*. Die *corporation* stellt die Grundform der Kapitalgesellschaft dar, deren Abkürzung in Firmierungen mit *Inc.* oder *Corp.* angegeben wird.[705] Im Unterschied zum Gesellschaftsrecht in Deutschland und Großbritannien ist im US-amerikanischen Kompetenzgefüge das Gesellschaftsrecht mangels staatsübergreifenden Charakters den Bundesstaaten

---

702 *Möser*, RIW 2010, 850, 860.

703 BGH, Urteil vom 08.01.2019 – II ZR 364/18 = NZG 2019, 505 ff.

704 *Krebs/Stiegler*, in: Jung/Krebs/Stiegler, GesR in Europa, § 12, Rn. 480; *Langhein*, NZG 2001, 1123, 1124; Möser, RIW 2010, 850, 853.

705 *Vosberg/Böttcher*, in: KölnHdB-HGR, Kap. 20, Rn. 144

zugeordnet.[706] Diese föderale Zuordnung sorgt dafür, dass zwischen den einzelnen US-Bundesstaaten ein Wettbewerb dahingehend besteht, das attraktivste Gesellschaftsrecht zu bieten, um infolge der verstärkten Ansiedlung von *corporations* Steuereinnahmen und Sekundäreffekte zu erhalten.[707] In diesem Wettbewerb hat sich der US-Bundesstaat Delaware als beliebtester Gründungsort durchgesetzt, sodass 94 Prozent aller *initial public offerings* (IPOs) von *corporations* mit Gesellschaftssitz in Delaware erfolgen.[708] Wie im anglo-amerikanischen Recht üblich, ist das *case law* wesentlicher Bestandteil des Gesellschaftsrechts. Diesbezüglich hat Delaware mit dem *Chancery Court* ein Sondergericht für gesellschaftsrechtliche Streitigkeiten gegründet.[709] Die Beliebtheit Delawares begründet sich unter anderem in den managementfreundlichen Regelungen im Unterschied zu den Aktionärsrechten.[710] Aufgrund dieser Beliebtheit wird nachfolgend auf das Gesellschaftsrecht Delawares Bezug genommen.

Wie bei den britischen *companies* verfügen auch die US-amerikanischen *corporations* grundsätzlich nur über zwei Organe, das *board of directors* und die Gesellschafterversammlung.[711] Das *board of directors* ist grundsätzlich umfassend zur Geschäftsführung und Vertretung befugt, außer es bestehen gesetzliche Ausnahmen.[712] Die Gesellschafterversammlung stellt das wichtigste Organ der *corporation* dar, ihr obliegen insbesondere Grundsatzentscheidungen.[713] Zu diesen zählen gemäß § 271 (a) DGCL die Veräußerung, die Vermietung und der Tausch von substantiellen Vermögenswerten. Diese Grundsatzentscheidungen erfordern einen Beschluss der Gesellschafterversammlung und sind mithin grundsätzlich mit § 179a AktG vergleichbar. Da es sich bei § 271 (a) DGCL um eine gesetzliche Zuweisungsnorm handelt, ist die Vertretungsmacht des *board of directors* diesbezüglich beschränkt.[714] § 271 (a) DGCL weist im Unterschied zu § 179a AktG zwar keinen Bezug zur Satzung auf, jedoch besteht ein vergleichbarer Zweck, der bei § 271 (a) DGCL im Existenzschutz der *corporation* liegt, so

706 *Rehm*, in: Eidenmüller, Ausländische Kapitalgesellschaften, § 11, Rn. 1.

707 *Rehm*, in: Eidenmüller, Ausländische Kapitalgesellschaften, § 11, Rn. 2.

708 Stand: 2017, https://corpgov.law.harvard.edu/2017/05/25/2017-ipo-report/.

709 *Rehm*, in: Eidenmüller, Ausländische Kapitalgesellschaften, § 11, Rn. 6.

710 *Weitnauer*, Handbuch Venture Capital, Teil G., Rn. 68.

711 *Rehm*, in: Eidenmüller, Ausländische Kapitalgesellschaften, § 11, Rn. 35.

712 *Rehm*, in: Eidenmüller, Ausländische Kapitalgesellschaften, § 11, Rn. 41.

713 *Rehm*, in: Eidenmüller, Ausländische Kapitalgesellschaften, § 11, Rn. 36.

714 Siehe das Urteil des *Chancery Court* in *Gimbel v. Signal Companies, Inc.*, 316 A.2d 599 (1974); *Rehm*, in: Eidenmüller, Ausländische Kapitalgesellschaften, § 11, Rn. 36; *Righi*, NULR 2014, 1451, 1467, 1468.

der *Chancery Court*: „*Wenn es sich um den Verkauf von Vermögenswerten handelt, die für den Betrieb der Corporation quantitativ lebenswichtig sind, und wenn der Verkauf außerhalb des gewöhnlichen Rahmens liegt und die Existenz und den Zweck der Corporation wesentlich beeinflusst, dann liegt er außerhalb der Befugnis der Geschäftsführung.*“[715] Neben dem Existenzschutz werden auch die Aktionäre durch § 271 (a) DGCL geschützt.[716]

Im Unterschied zum Wortlaut des § 179a AktG werden von § 271 (c) DGCL ausdrücklich auch Vermögenswerte von Tochtergesellschaften vom Anwendungsbereich erfasst. Trotz der Bedeutung des Rechtsgeschäfts besteht hingegen kein besonderes Mehrheitserfordernis, sodass hinsichtlich des Mehrheitserfordernisses § 216 DGCL gilt. Vorbehaltlich einer abweichenden Satzungsbestimmung reicht danach die einfache Mehrheit des Quorums aus. Die Beschlussfassung wird zudem durch das Informationsrecht aus § 220 DGCL unterstützt.

Auch wenn die Bezeichnung „angloamerikanische Rechtssystem“ oftmals einheitlich für das britische und US-amerikanische Recht verwendet wird, ist erkennbar, dass hinsichtlich von Gesamtvermögensgeschäften i. S. d. § 179a AktG das US-amerikanische Gesellschaftsrecht des Bundesstaats Delaware entsprechende Regelungen enthält, die das britische CA 2006 nicht aufweist. § 271 (a) DGCL weist einige Parallelen zu § 179a AktG auf, kommt aufgrund der fehlenden Sonderregelung zum Mehrheitserfordernis jedoch – dem Wesen des DGCL folgend – vergleichsweise minderheitenunfreundlich daher. Gleichwohl wird der grundsätzliche Schutzgedanke der Existenz einer *corporation* gesetzlich bestätigt.

C. Frankreich

Das französische Gesellschaftsrecht kennt mit der *société anonyme* (SA) und der *société par action simplifiée* (SAS) zwei Gesellschaften, die auf Aktien basierende Rechtsformen darstellen. Während die SA im Wesentlichen vergleichbar mit der AG nach deutschem Recht ist, handelt es sich bei der SAS um eine vereinfachte SA, die weniger gesetzliche Regulationen und Vorgaben vorweist.[717] Abhängig

---

715 „*If the sale is of assets quantitatively vital to the operation of the corporation and is out of the ordinary and substantially affects the existence and purpose of the corporation, then it is beyond the power of the Board of Directors.*“ *Gimbel v. Signal Companies, Inc.*, 316 A.2d 599 (1974).

716 *Righi*, NULR 2014, 1451, 1452.

717 *Jung/Kühl/Wohlgemuth*, in: Jung/Krebs/Stiegler, GesR in Europa, § 13, Rn. 633.

von der Wahl der Organisationsverfassung wird die SA durch einen *directeur général*[718] oder einen Vorstand[719] geführt und gemäß Art. L225-56 C. com. (*directeur général*) beziehungsweise Art. L225-66 C. com. (Vorstand[720]) durch diese im Außenverhältnis vertreten.

Hingegen wird die SAS durch ihren *président*, der zwingend[721] ist, nach Art. L227-6 C. com. gegenüber Dritten vertreten. Eine entsprechende Anwendung der Vorschriften der SA auf die SAS ist gemäß Art. L227-1 C. com. ausgeschlossen. Aufgrund der weitergehenden Regelungsfreiheit der SAS ist der Umfang der Vertretungsmacht weiter als bei der SA.[722]

In den Kompetenzbereich der Hauptversammlung bei einer SA fällt insbesondere die Beschlussfassung über Satzungsänderungen gemäß Art. L225-96 C. com. Dies erfasst auch die Änderungen des Gesellschaftszwecks, dem *objet social*. Eine Regelung, die § 179a AktG entspricht oder zumindest vergleichbar ist, besteht hingegen nicht. Einzig Art. L237-8 C. com. erfasst die *cession globale de l'actif de la société* (Gesamtübertragung des Gesellschaftsvermögens). Systematisch gehört diese Vorschrift jedoch in die Regelungen zur Liquidation, sodass nach allgemeiner Ansicht eine Auflösungsabsicht als Voraussetzung erforderlich ist und eine analoge Anwendung auf andere Fälle ausgeschlossen ist.[723]

Mangels einer § 179a AktG entsprechenden gesetzlichen Regelungen hat sich im französischen Recht eine breite Kasuistik gebildet, die sich mit Gesamtvermögensgeschäften auseinandersetzt. Eine einheitliche Rechtsprechung hat sich bislang jedoch nicht gebildet.[724] Die Rechtsprechung stellt maßgeblich auf das *objet social* ab. Wird dieses überschritten, ist ein Rechtsgeschäft ohne Zustimmung regelmäßig unwirksam.[725] Die Rechtsprechung geht bei einer Veräußerung des

718 So bei einer *direction à la française*, die als monistisches Modell einen Verwaltungsrat und einen Generaldirektor aufweist, *Jung/Kühl/Wohlgemuth*, in: Jung/Krebs/Stiegler, GesR in Europa, § 13, Rn. 484.

719 So bei einer *direction à l'allemande*, die als dualistisches Modell der Organisationsverfassung der deutschen AG angepasst ist, *Jung/Kühl/Wohlgemuth*, in: Jung/Krebs/Stiegler, GesR in Europa, § 13, Rn. 484.

720 Hier ist jedoch gemäß Art. L225-66 C. com. nur der Vorstandsvorsitzende zur Vertretung berechtigt.

721 *Jung/Kühl/Wohlgemuth*, in: Jung/Krebs/Stiegler, GesR in Europa, § 13, Rn. 649.

722 *Jung/Kühl/Wohlgemuth*, in: Jung/Krebs/Stiegler, GesR in Europa, § 13, Rn. 649.

723 *Frey*, Die Vertretung verselbstständigter Rechtsträger in europäischen Ländern, S. 264 m. w. N.

724 Eine Darstellung der wesentlichsten Urteile in *Frey*, Die Vertretung verselbstständigter Rechtsträger in europäischen Ländern, S. 267 ff.

725 *Frey*, Die Vertretung verselbstständigter Rechtsträger in europäischen Ländern, S. 279.

ganzen Gesellschaftsvermögens aber grundsätzlich davon aus, dass das *objet social* weiterhin verfolgt werden kann, sodass das Rechtsgeschäft wirksam ist.[726]

Von dieser weitestgehend ungeregelten Problematik der Gesamtvermögensgeschäfte stellen Art. L225-35 C. com. für den *conseil d'administration* (Verwaltungsrat) beziehungsweise Art. L225-68 C. com. für den *conseil de surveillance* (Aufsichtsrat) eine Ausnahme dar: „*Einlagen, Bürgschaften und Garantien, die von anderen Unternehmen als denjenigen, die Bank- oder Finanzinstitutionen betreiben, gewährt werden, unterliegen der Genehmigung durch den Verwaltungsrat, der die Höhe dieser Einlagen und Garantien unter den per Dekret des Staatsrates festgelegten Bedingungen begrenzt.*“[727] Auch wenn es sich im engeren Sinne um kein Gesamtvermögensgeschäft handelt, so betrifft diese Thematik gleichwohl einen Teilaspekt von § 179a AktG, die Besicherung von Krediten.[728]

D. Spanien

Die *Sociedad Anónima* (S.A.) ist die Aktiengesellschaft des spanischen Kapitalgesellschaftsrechts, deren Organisationsverfassung aus der *junta general* (Gesellschafterversammlung) und dem *órgano de administración* (Geschäftsleitung) besteht. Einen Aufsichtsrat oder ein vergleichbares Organ kennt das spanische Kapitalgesellschaftsrecht hingegen nicht, es gilt einzig ein monistisches Modell.[729] Grundsätzlich obliegt dem *órgano de administración* gemäß Art. 209 LSC die Leitung und Vertretung der S.A. in dem gesetzlich vorgegebenen Umfang. Die *junta general* entscheidet dagegen gemäß Art. 159 LSC in ihrem Zuständigkeitsbereich, der sich insbesondere aus Art. 160 LSC ergibt. Zu diesen Kompetenzen zählt gemäß Art. 160 c) LSC die Entscheidung über Satzungsänderungen.

Der *junta general* obliegt gemäß Art. 160 f) LSC auch die Entscheidung über den „*Erwerb, die Veräußerung oder die Einbringung wesentlicher Vermögenswerte (activos esenciales) in ein anderes Unternehmen.*“[730] Ein solches

---

726 *Frey*, Die Vertretung verselbstständigter Rechtsträger in europäischen Ländern, S. 275 m. w. N.

727 „*Toutefois, les cautions, avals et garanties, sauf dans les sociétés exploitant un établissement bancaire ou financier, font l'objet d'une autorisation du conseil de surveillance, qui en limite le montant, dans des conditions déterminées par décret en Conseil d'Etat.*“, Art. L225-68 C. com.

728 Siehe 2. Kap. § 1 B. II.

729 *Gimeno Ribes/Liefke*, in: Jung/Krebs/Stiegler, GesR in Europa, § 15, Rn. 213.

730 "*La adquisición, la enajenación o la aportación a otra sociedad de activos esenciales.*", Art. 160 f) LSC.

Gesamtvermögensgeschäft kann zu einer mittelbaren Änderung des Unternehmensgegenstands führen und mitunter das Ende der wirtschaftlichen Tätigkeit bedeuten.[731] Die Wesentlichkeit wird zudem - anders als bei § 179a AktG - vermutet, „*wenn der Betrag (...) fünfundzwanzig Prozent des Werts des in der letzten genehmigten Bilanz ausgewiesenen Vermögens übersteigt.*“[732]. Diese Regelung über Rechtsgeschäfte hinsichtlich der *activos esenciales* wurde durch den spanischen Gesetzgeber kodifiziert, nachdem das höchste spanische Gericht, der *Tribunal Supremo*, eine ungeschriebene Zuständigkeit begründete.[733] Die Grundlage dieser Rechtsprechung des *Tribunal Supremo* wurde aus der *Holzmüller-/Gelatine*-Rechtsprechung des BGH entwickelt.[734] Wie auch § 179a AktG weist Art. 160 f) LSC ebenfalls einige Unklarheiten in den Voraussetzungen auf.[735] Anders als bei § 179a AktG ist sogar die Rechtsfolge im stärkeren Fokus der Diskussionen, auch wenn das herrschende Schrifttum von einer Unwirksamkeit des Rechtsgeschäfts ausgeht, da ohne Zustimmung der *junta general* ein Kompetenzverstoß besteht.[736]

Art. 160 f) LSC ist grundsätzlich mit § 179a AktG vergleichbar, auch wenn inhaltliche Unterschiede bestehen. Gemäß Art. 160 f) LSC sind die *activos esenciales* bereits erfasst, wenn 25 Prozent des bilanziell ausgewiesenen Vermögens betroffen sind; dies regelt § 179a AktG nicht in dieser Ausdrücklichkeit.[737] Zudem handelt es sich diesbezüglich um eine widerlegbare Vermutung. Weiter gibt Art. 160 f) LSC keine Rechtsfolge wieder, ebenso fehlen vergleichbare Absätze wie § 179a Abs. 2 und Abs. 3 AktG. Dies ändert an der grundlegenden Vergleichbarkeit aufgrund des Zwecks der Norm jedoch nichts.

---

731 *Gimeno Ribes/Liefke*, in: Jung/Krebs/Stiegler, GesR in Europa, § 15, Rn. 219.

732 Im Original: „*Se presume el carácter esencial del activo cuando el importe de la operación supere el veinticinco por ciento del valor de los activos que figuren en el último balance aprobado*“, Art. 160 f) LSC.

733 Vgl. *Gimeno Ribes/Liefke*, in: Jung/Krebs/Stiegler, GesR in Europa, § 15, Rn. 219 (Fn. 576).

734 *Gimeno Ribes/Liefke*, in: Jung/Krebs/Stiegler, GesR in Europa, § 15, Rn. 219.

735 Vgl. dazu *Gimeno Ribes/Liefke*, in: Jung/Krebs/Stiegler, GesR in Europa, § 15, Rn. 220 und *Ruíz-Ayúcar Seifert*, INF 2015, 3, 4 f.

736 *Gimeno Ribes/Liefke*, in: Jung/Krebs/Stiegler, GesR in Europa, § 15, Rn. 222 m. w. N.

737 Vgl. § 179a Abs. 1 AktG.

E. Italien

Die *società per azioni* (s.p.a.) stellt das italienische Pendant zur deutschen AG dar.[738] Im Unterschied zu anderen Rechtssystemen weist das italienische Gesellschaftsrecht, das historisch bedingt im Abschnitt des c.c. für Arbeitsrecht geregelt ist,[739] drei Typen von Organisationsverfassungen auf: das *modello tradizionale* (traditionelle), das *modello dualistico* (dualistische) und das *modello monistico* (monistische) System.[740] Beim *modello tradizionale* übernimmt die Geschäftsführung der Verwaltungsrat, beim *modello dualistico* der Vorstand und beim *modello monistico* ebenfalls der Verwaltungsrat[741].

Die geschäftsführenden Organe einer s.p.a. haben systemunabhängig gemäß Art. 2384, 2409undecies, 2409noviesdecies c.c. eine allgemeine Vertretungsmacht. Beschränkungen der Vertretungsmacht durch die Satzung oder Beschlüsse der Aktionäre muss ein Dritter gemäß Art. 2384 c.c. nur gelten lassen, wenn bewiesen wird, dass dieser zum Schaden der Gesellschaft gehandelt hat.

Es besteht gemäß Art. 2365 c.c. die Kompetenz der Gesellschafterversammlung für Satzungsänderungen und andere genannte Maßnahmen, sofern diese *ex lege* übertragen worden sind. Eine Sonderzuweisung in Bezug auf ein Gesamtvermögensgeschäft besteht hingegen nicht. Insbesondere besteht keine Pflicht, die Zustimmung der Hauptversammlung einzuholen, wenn *Holzmüller-/Gelatine*-Sachverhalte vorliegen.[742] Besteht eine derartige Pflicht – unabhängig von der Frage der Außenwirkung – nicht bei Sachverhalten in der Qualität der *Holzmüller-/Gelatine*-Rechtsprechung, so werden auch Gesamtvermögensgeschäfte im italienischen Gesellschaftsrecht ohne Zustimmung der Hauptversammlung durchgeführt werden können.

F. Österreich

Die Rechtslage in Österreich hinsichtlich von Gesamtvermögensgeschäften ist mit der im deutschen Aktienrecht vergleichbar.[743] Die Parallelnorm zu § 179a AktG stellt § 237 ÖAktG dar, der hinsichtlich des ersten Absatzes wortgleich

---

738 *Jung/Mondi*, in: Jung/Krebs/Stiegler, GesR in Europa, § 14, Rn. 10.

739 *Jung/Mondi*, in: Jung/Krebs/Stiegler, GesR in Europa, § 14, Rn. 2.

740 *Jung/Mondi*, in: Jung/Krebs/Stiegler, GesR in Europa, § 14, Rn. 190.

741 Zu den Unterschieden gegenüber dem *modello tradizionale* siehe *Jung/Mondi*, in: Jung/Krebs/Stiegler, GesR in Europa, § 14, Rn. 191.

742 *Jung/Mondi*, in: Jung/Krebs/Stiegler, GesR in Europa, § 14, Rn. 191 m. w. N.

743 So auch *Witt*, Die Veräußerung des ganzen Gesellschaftsvermögens gemäß § 179a Abs. 1 AktG, S. 73.

zur deutschen Norm ist. Lediglich das Informationsrecht aus § 179a Abs. 2 AktG fehlt, stattdessen regelt § 237 Abs. 2 ÖAktG, dass der Beschluss notariell zu beurkunden ist. Die grundlegende Vergleichbarkeit beider Normen ist auf den Ursprung des § 237 ÖAktG und die deutsch-österreichische Vergangenheit zurückzuführen. Noch heute wird das deutsche Schrifttum zum AktG von 1937 im österreichischen Recht herangezogen.[744] § 237 ÖAktG folgt grundlegend aus § 255 AktG von 1937[745], der wiederum - wie auch § 179a AktG[746] - aus § 303 HGB von 1897 entstanden ist.

Von Bedeutung ist weiter, dass, anders als der BGH,[747] der OGH in Österreich 2018 entschieden hat, dass § 237 ÖAktG analog auf die österreichische GmbH Anwendung findet.[748] Dies bedeutet, dass sich bei einem Gesamtvermögensgeschäft einer österreichischen GmbH eine vom deutschen GmbH-Recht abweichende Rechtslage ergibt.[749]

744 *Heinze*, NZG 2020, 1336, 1336.
745 *Winner*, in: MünchKomm-AktG, § 179a, Rn. 91.
746 Siehe 2. Kap. § 1 A. III.
747 BGH, Urteil vom 08.01.2019 - II ZR 364/18 = NZG 2019, 505.
748 OGH, Beschluss vom 26.04.2018 - 6 Ob 38/18 h = GES 2018, 180.
749 *Heinze*, NZG 2020, 1336, 1338.

3. Kapitel: Das Gesamtvermögensgeschäft bei der GmbH

Ein Gesamtvermögensgeschäft ist kein ausschließlich aktienrechtliches Phänomen, sondern eine Thematik, die das gesamte Handels- und Gesellschaftsrecht betrifft, somit auch die GmbH. Jedoch weist das GmbHG keine § 179a AktG entsprechende Regel auf, die eine diesbezügliche Zustimmungskompetenz der Gesellschafterversammlung mit Außenwirkung bestimmt. Bis zum BGH-Urteil vom 08.01.2019 entsprach es daher der herrschenden Meinung, dass § 179a AktG entsprechend auf die GmbH Anwendung findet. Dem widersprach der BGH mit seinem Urteil. Nachfolgend ist daher zu untersuchen, ob diesem Urteil in rechtlicher Hinsicht zuzustimmen ist. Zudem ist eine generelle Betrachtung eines Gesamtvermögensgeschäfts bei einer GmbH vorzunehmen.

§ 1 Die Möglichkeit der analogen Anwendung des § 179a AktG auf die GmbH

Es wäre zunächst denkbar, dass § 179a AktG analog auch auf eine GmbH Anwendung findet, sodass ein Gesamtvermögensgeschäft bei einer GmbH ebenfalls die Zustimmung der Gesellschafterversammlung erforderlich macht. Dies war die herrschende Auffassung, ehe der BGH am 08.01.2019 in einem nahezu revolutionären Urteil die analoge Anwendung von § 179a AktG auf eine GmbH mangels vergleichbarer Interessenlage ablehnte.

A. Der Meinungsstand vor dem BGH-Urteil vom 08.01.2019

Vor dem Urteil des BGH entsprach es der wohl absolut herrschenden Meinung in der Literatur, dass § 179a AktG analog auf die GmbH Anwendung finde.[750] Die eine

---

750 *Ehmann*, in: Grigoleit, AktG, 1. Aufl, § 179a, Rn. 2; *Haberstock/Greitemann*, in: Hölters, AktG, 3. Aufl., § 179a, Rn. 3a; *Holzborn*, in: Spindler/Stilz, AktG, § 179a, Rn. 12; *Körber*, in: Bürgers/Körber, AktG, 4. Aufl., § 179a, Rn. 2; *Seibt*, in: Schmidt/Lutter, AktG, 3. Aufl., § 179a, Rn. 4; *Stein*, in: MünchKomm-AktG, 4. Aufl., § 179a, Rn. 14; *Strohn*, in: Henssler/Strohn, GesR, 4. Aufl., § 179a AktG, Rn. 2; *Wagner*, in: Heidel, AktG, 5. Aufl., § 179a Rn. 10; *Zetzsche*, in: KölnKomm-AktG, 3. Aufl., § 179a, Rn. 23; *Packi*, die Verpflichtung zur Übertragung des ganzen Gesellschaftsvermögens, S. 238; *Barthen/Staab*, ZInsO 2018, 833, 836; *Bayer/Lieder/Hoffmann*, AG 2017, 717, 718; *Brocker/Schulenburg*, BB 2015, 1993, 1993; *Decker*, NZG 2018, 447, 448; *Eickelberg/Mühlen*, NJW 2011, 2476, 2480; *Fink/Chilevych*, NZG 2017, 1254, 1254; *Hüren*, RNotZ 2014, 77, 79; *Leitzen*, NZG 2012, 491, 493; *Rubner/Pospiech*, NJW- Spezial 2018, 79, 79;

analoge Anwendung von § 179a AktG auf die GmbH befürwortenden Stimmen gründeten ihre Ansichten aus verschiedenen Quellen. So wurde auf ein allgemeines Prinzip des Verbandsrechts verwiesen, dessen Ansatz von *Karsten Schmidt* begründet wurde. Ebenso wurde auf die vergleichbare Interessenlage zwischen der Gesellschafterversammlung einer GmbH und der Hauptversammlung einer AG sowie ein *obiter dictum* des BGH im *Nightclub*-Urteil verwiesen.

I. Die Meinungen im Schrifttum

1. Befürworter einer analogen Anwendung des § 179a AktG auf die GmbH

a) Das Prinzip des Verbandsrechts nach Karsten Schmidt

Eines der wesentlichsten Argumente für eine analoge Anwendung des § 179a AktG auf die GmbH ist das von *Karsten Schmidt* im Zuge des *Nightclub*-Urteils erstmals vertretene rechtsformübergreifende Prinzip des Verbandsrechts. Dieser setzte sich in seiner Besprechung des Urteils[751] mit der Veräußerung des ganzen Vermögens von Personengesellschaften auseinander.[752]

Nach Ansicht *Karsten Schmidts* sei die Frage der Firmenübertragung, wie im *Nightclub*-Urteil, für die Ausgangsfrage unerheblich. Im Kern gehe es *„um die Abgrenzung der organschaftlichen Vertretungsmacht der geschäftsführenden und vertretungsberechtigten Gesellschafter (§ 126 HGB) gegen die Zuständigkeit der Gesellschafter für strukturbestimmende Grundlagenentscheidungen“*, die einen Gegenpart zur *Holzmüller*-Entscheidung[753] darstelle.[754] Einer Personengesellschaft sei der *„organisationsrechtliche Verbund der Gesellschafter“* inhärent, es fehle der im Unterschied dazu bei der AG bestehende verselbstständigte Organverbund des Vorstands.[755] Aufgrund dieses Verbundes der Gesellschafter einer Personengesellschaft seien sowohl die Geschäftsführungsbefugnis als auch die Vertretungsmacht der geschäftsleitenden Gesellschafter durch *„eine – freilich der Präzisierung bedürftige – Grenze“* beschränkt.[756] Dass diese Grenze überschritten sei, wenn die Gesellschaft ihre Firma veräußert, erkläre sich von

K. Schmidt, ZGR 1995, 675, 680; *Stellmann/Stoeckle*, WM 2011, 1983, 1983 f.; *Weber*, DNotZ 2018, 96, 120; *Werner*, GmbHR 2018, 888, 889; *Zintl/Singbartl*, GWR 2015, 375, 376.

751 BGH, Urteil vom 09.01.1995 – II ZR 24/94 (*Nightclub*) = NJW 1995, 596.

752 *K. Schmidt*, ZGR 1995, 675 ff.

753 BGH, Urteil vom 25.02.1982 – II ZR 174/80 (*Holzmüller*) = NJW 1982, 1703.

754 *K. Schmidt*, ZGR 1995, 675, 679.

755 *K. Schmidt*, ZGR 1995, 675, 679.

756 *K. Schmidt*, ZGR 1995, 675, 679.

selbst, da *„Kernregelungen des Gesellschaftsvertrags“* betroffen seien.[757] Dies gelte seit der *Nightclub*-Entscheidung selbst für die mit selbstständigen Organen ausgestattete AG.[758]

Zwar bezog sich *Karsten Schmidt* auf Grundlagengeschäfte bei Personengesellschaften, gleichwohl wohne diesen Ausführungen ein rechtsformübergreifender Ansatz inne. Aus § 179a AktG folge eine *„grundlegende verbandsrechtliche Wertungsentscheidung“*,[759] wie es anschließend vertreten wurde.

b) Weitere Argumente für eine analoge Anwendung

Neben der Auffassung, dass aus § 179a AktG ein grundlegendes Prinzip des Verbandsrechts folge, wurde vor dem Urteil des BGH[760] darauf verwiesen, dass die Interessenlage der Gesellschafterversammlung einer GmbH mit der Interessenlage der Hauptversammlung einer AG vergleichbar sei.[761] Ebenso wie es § 179a AktG ausdrücklich für die AG regelt und die Norm entsprechend auf Personengesellschaften anzuwenden sei, bestehe auch bei der Gesellschafterversammlung einer GmbH ein Interesse daran, dass ein Gesamtvermögensgeschäft ohne ihre Zustimmung nicht vorgenommen werden könne.[762]

Zudem habe der BGH selber im Zuge eines *obiter dictum* die Anwendung des § 179a AktG auch auf die GmbH bejaht. Die Richter führten im *Nightclub*-Urteil zu § 361 AktG von 1965 aus: *„Der Rechtsgedanke dieser Vorschrift, den die h.M. auf die GmbH für entsprechend anwendbar hält (...), trifft auch auf das Personengesellschaftsrecht zu“*.[763] Der BGH habe somit den zuvor vertretenen Rechtsgedanken bestätigt.[764]

---

757 *K. Schmidt*, ZGR 1995, 675, 680.

758 *K. Schmidt*, ZGR 1995, 675, 680.

759 *Seibt*, in: Schmidt/Lutter, AktG, 3. Aufl., § 179a, Rn. 4; *Stein*, in: MünchKomm-AktG, 4. Aufl., § 179a, Rn. 14; *Bayer/Lieder/Hoffmann*, AG 2017, 717, 718.

760 BGH, Urteil vom 08.01.2019 – II ZR 364/18 = NZG 2019, 505.

761 *Strohn*, in: Henssler/Strohn, GesR, 4. Aufl., § 179a AktG, Rn. 2; *Wagner*, in: Heidel, AktG, 5. Aufl., § 179a, Rn. 10; *Packi*, die Verpflichtung zur Übertragung des ganzen Gesellschaftsvermögens, S. 238; *Barthen/Staab*, ZInsO 2018, 833, 836; *Hüren*, RNotZ 2014, 77, 86; *Stellmann/Stoeckle*, WM 2011, 1983, 1983 f.; *Werner*, GmbHR 2018, 888, 889.

762 *Packi*, die Verpflichtung zur Übertragung des ganzen Gesellschaftsvermögens, S. 238.

763 BGH, Urteil vom 09.01.1995 – II ZR 24/94 (*Nightclub*) = NJW 1995, 696, 696; siehe dazu jetzt aber BGH, Urteil vom 15.02.2022 – II ZR 235/20 = NJW 2022, 1878.

764 *Bredthauer*, NZG 2008, 816, 818; *Eschwey*, MittBayNot 2018, 299, 308; *Hüren*, RNotZ 2014, 77, 85; *Leitzen*, NZG 2012, 491, 493; *Stellmann/Stoeckle*, WM 2011, 1983, 1983; *Werner*, GmbHR 2018, 888, 889.

2. *Gegner einer analogen Anwendung des § 179a AktG auf die GmbH*

Auch wenn die absolut herrschende Meinung vor dem 08.01.2019 eine analoge Anwendung des § 179a AktG auf die GmbH befürwortete, gab es gleichwohl einzelne Stimmen in der Literatur, die eine Analogie ablehnten.[765]

Die Ablehnung der analogen Anwendung wurde im Wesentlichen mit den weitreichenderen Einflussmöglichkeiten der Gesellschafter einer GmbH im Unterscheid zu den Einflussmöglichkeiten der Aktionäre einer AG begründet.[766] So können die Gesellschafter einer GmbH durch Beschlüsse in Geschäftsführungsmaßnahmen eingreifen und auch ohne gesetzliche Grundlage die Zuständigkeit für ein Gesamtvermögensgeschäft delegieren.[767] Zudem sei die Geschäftsführung einer GmbH verpflichtet, auch ohne entsprechende Satzungsklausel die Entscheidung der Gesellschafterversammlung einzuholen.[768] Aus diesen Gründen fehle es an einer planwidrigen Regelungslücke als Voraussetzung für die Analogie.[769]

Es könne zudem dem *Nightclub*-Urteil nicht entnommen werden, dass der BGH ein *obiter dictum* traf. Vielmehr verwiesen die Richter des II. Zivilsenats auf die herrschende Meinung, ohne diesbezüglich einen Standpunkt einzunehmen.[770] Es sei zudem das Vertrauen des Rechtsverkehrs in die Vertretungsmacht zu beachten, das durch § 179a AktG bereits eine Einschränkung erleide. Infolge der Anwendung der Norm auf weitere Gesellschaften werde eine Analogie zu Lasten Dritter erfolgen, die gegen eine vergleichbare Interessenlage spreche.[771] Diesbezüglich sei auch auf die GesRRL zu verweisen, die einer analogen Anwendung zu Lasten des Rechtsverkehrs ebenfalls entgegenstünde.[772]

---

765 *Lutter*, FS Werner, S. 477, 482; *Scheel*, FS Wegen, S. 297, 310; *Servatius*, FS Stilz, S. 601, 609; *Bredthauer*, NZG 2012, 816, 819; *Eschwey*, MittBayNot 2018, 299, 308 f.

766 *Scheel*, FS Wegen, S. 297, 310; *Servatius*, FS Stilz, S. 601, 609; *Eschwey*, MittBayNot 2018, 299, 308 f.

767 *Scheel*, FS Wegen, S. 297, 310.

768 *Servatius*, FS Stilz, S. 601, 609.

769 *Servatius*, FS Stilz, S. 601, 609; *Bredthauer*, NZG 2012, 816, 819.

770 *Scheel*, FS Wegen, S. 297, 310.

771 *Lutter*, FS Werner, S. 477, 482.

772 *Eschwey*, MittBayNot 2018, 299, 309; noch zur PublRL: *Bredthauer*, NZG 2012, 816, 819.

II. Die Rechtsprechung zur analogen Anwendung von § 179a AktG

Wie ausgeführt, entschied der BGH im *Nightclub*-Urteil, dass § 361 AktG von 1965 auf eine Kommanditgesellschaft (KG) entsprechend anwendbar sei.[773] Im Ausgangsfall veräußerte der einzige persönlich haftende Komplementär einer KG den das ganze Gesellschaftsvermögen darstellenden Nachtclub an einen Dritten, ohne dass diesbezüglich der Kommanditist und Kläger zugestimmt hatte.

Der BGH sah das zwischen dem Komplementär und dem Dritten geschlossene Verpflichtungsgeschäft als unwirksam an, da das Zustimmungserfordernis aus § 361 AktG von 1965 nicht erfüllt sei, denn *„veräußert eine Gesellschaft ihr gesamtes Unternehmen, so bedeutet das in aller Regel (…) die Einstellung des eigenen Geschäftsbetriebs (…). Dies führt (…) zu einer Änderung des Gesellschaftszwecks. Aus diesem Grund schreibt § 361 Abs. 1 AktG für einen Vertrag, durch den sich eine AG oder KG auf Aktien zur Übertragung des ganzen Gesellschaftsvermögens verpflichtet, das Erfordernis der Zustimmung der Hauptversammlung vor. Der Rechtsgedanke dieser Vorschrift, den die h. M. auf die GmbH für entsprechend anwendbar hält (…), trifft auch für das Personengesellschaftsrecht zu. Die (…) Umgestaltung der Gesellschaft, die mit der Veräußerung des von ihr bis dahin betriebenen Unternehmens verbunden ist, wird von der Vertretungsmacht des oder der geschäftsführenden Gesellschafter nicht mehr gedeckt. Es bedarf deshalb auch hier zur Wirksamkeit des – zur Geschäftsveräußerung verpflichtenden schuldrechtlichen – Vertrages eines Beschlusses der Gesellschafter“*.[774]

Diese Begründung des BGH hatte zur Folge, dass Gerichte § 179a AktG analog sowohl auf Personengesellschaften[775] als auch die GmbH[776] anwendeten.

B. Das BGH-Urteil vom 08.01.2019 – II ZR 364/18

Erst 2019 bezog der BGH zur entsprechenden Anwendung von § 179a AktG auf andere Rechtsformen erneut Stellung. Diesbezüglich urteilten die Richter des II. Zivilsenats am 08.01.2019, der Vorinstanz[777] folgend, dass eine analoge Anwendung des § 179a AktG auf die GmbH nicht möglich sei. Mit diesem Urteil

---

773 BGH, Urteil vom 09.01.1995 – II ZR 24/94 (*Nightclub*) = NJW 1995, 596, 596.

774 BGH, Urteil vom 09.01.1995 – II ZR 24/94 (*Nightclub*) = NJW 1995, 596, 596.

775 OLG Düsseldorf, Urteil vom 23.11.2017 – I-6 U 225/16 = BB 2018, 590, 594.

776 LG Frankfurt (Oder), Urteil vom 09.12.2015 – 14 O 63/15 (nicht veröffentlicht, aber OLG Brandenburg, Urteil vom 29.03.2018 – 5 U 18/16 = GmbHR 2019, 183, Rn. 5 zu entnehmen). Das Urteil stellt das erstinstanzliche Verfahren zum Urteil des BGH am 08.01.2019 – II ZR 364/18 = NZG 2019, 505 dar.

777 OLG Brandenburg, Urteil vom 29.03.2018 – 5 U 18/16 = GmbHR 2019, 183.

widersprach der BGH somit der zuvor herrschenden und im Wesentlichen auf seiner eigenen Rechtsprechung fußenden Meinung.

I. Der Sachverhalt

Im Sachverhalt klagte eine GmbH gegen die Veräußerung ihres Betriebsgrundstücks an einen Dritten.[778] Die beiden Gesellschafter der Klägerin, Bä und Ba, hatten die Liquidation der Gesellschaft beschlossen und wurden jeweils zu einzelvertretungsberechtigten Liquidatoren bestellt.

Im Zuge der Liquidation hatte der Gesellschafter Bä Interesse am Kauf des Betriebsgrundstücks geäußert und war in Verhandlungen mit der Klägerin eingetreten, die Ba durch einen Makler und einen Rechtsanwalt führen ließ. Nachdem grundsätzlich Einigung über den Kaufpreis in Höhe von 235.000 Euro erzielt worden war, bat Bä seinen Mitgesellschafter Ba um eine Bestätigung, dass eine Veräußerung an einen Dritten nicht erfolgen würde. Die Klägerin, vertreten durch Ba, veräußerte dennoch ihr Betriebsgrundstück an einen Dritten, dem anschließend Beklagten, zum selben Kaufpreis. Im Anschluss wurde eine Auflassungsvormerkung zu Gunsten des Beklagten eingetragen.

Nicht geklärt werden konnte, ob die Klägerin durch Bä dem Beklagten bereits vor Abschluss des Kaufvertrags mitgeteilt hatte, dass ein Verkauf keine Zustimmung des Bä erhalten würde und ein entsprechender Gesellschafterbeschluss nicht bestünde. Jedenfalls habe – so die Klägerin – der Beklagte fahrlässig verkannt, dass Ba seine Vertretungsmacht missbrauche.

Die Klägerin verlangte nach Kenntniserlangung die Zustimmung des Beklagten zur Löschung der Auflassungsvormerkung. Das LG Frankfurt (Oder) gab dieser Klage statt.[779] Das OLG Brandenburg hob dieses Urteil im Berufungsverfahren auf und wies die Klage ab.[780] Hiergegen richtete sich die Revision der Klägerin zum BGH.

II. Die Begründung

1. Keine Bejahung im Nightclub-Urteil

Die Richter des II. Zivilsenats wiesen zunächst darauf hin, dass, entgegen den verbreiteten Ansichten in Literatur und Rechtsprechung, im Urteil vom

---

778 BGH, Urteil vom 08.01.2019 – II ZR 364/18 = NZG 2019, 505, 505.
779 LG Frankfurt (Oder), Urteil vom 09.12.2015 – 14 O 63/15 = N/V.
780 OLG Brandenburg, Urteil vom 29.03.2018 – 5 U 18/16 = juris = GmbHR 2019, 183.

09.01.1995[781] kein *obiter dictum* dahingehend getroffen wurde, dass § 179a AktG analog auf die GmbH anwendbar sei. Vielmehr sei in dem damaligen Urteil die herrschende Meinung wiedergegeben worden, die eine analoge Anwendung auf die GmbH für angebracht hielt. Diese Auffassung hätte folgerichtig auch auf das Personengesellschaftsrecht angewendet werden müssen.[782] Dies sei nach Ansicht der Richter des II. Zivilsenats jedoch mit dem Urteil 09.01.1995 nicht festgestellt, sondern lediglich referiert worden.

2. *Planwidrige Regelungslücke*

Für eine analoge Anwendung des § 179a AktG bedarf es einer planwidrigen Regelungslücke. Das Grundgesetz verbietet nicht, dass das Recht durch die Judikative etwa durch Analogien fortentwickelt wird. Die Möglichkeit der Rechtsfortbildung wird jedoch durch den vom Gesetzgeber festgelegten Sinn und Zweck eines Gesetzes begrenzt.[783] Eine Rechtsfortbildung verletzt daher die Gewaltenteilung, wenn etwa der Gesetzgeber eine rechtliche Konstellation weder ausdrücklich noch stillschweigend als ungeregelt gebilligt[784] und damit seinen Willen zur Nichtregelung zum Ausdruck gebracht hat. Nur wenn diese Billigung fehlt, kann die Planwidrigkeit einer Regelungslücke angenommen werden.

Diesbezüglich führte der BGH aus, dass der Gesetzgebung nicht entnommen werden könne, dass eine derartige Billigung bestehe. Eine § 179a AktG oder seinen Vorgängernormen entsprechende Vorschrift sei durch den Gesetzgeber nicht in das GmbHG übernommen worden. Zwar sah der Regierungsentwurf zum GmbHG von 1973 in § 286 eine derartige Regelung vor,[785] diese Regelung wurde jedoch aufgrund der gescheiterten GmbHG-Reform nicht übernommen.[786] Es sei aber – entgegen einigen Ansichten – weder aus diesem Scheitern noch aus dem Regierungsentwurf zu entnehmen, dass der Gesetzgeber bewusst auf eine entsprechende Regelung verzichtet habe. Somit könne dieser Umstand nicht gegen eine analoge Anwendung des § 179a AktG auf die GmbH angeführt werden,[787] sodass eine planwidrige Regelungslücke nicht verneint werden könne.

781 BGH, Urteil vom 09.01.1995 – II ZR 24/94 (*Nightclub*) = NJW 1995, 596, 596.
782 BGH, Urteil vom 08.01.2019 – II ZR 364/18 = NZG 2019, 505, Rn. 15.
783 BVerfG, Beschluss vom 16.02.2012 – 1 BvR 127/10 = HFR 2012, 545, 546.
784 BVerfG, Beschluss vom 16.02.2012 – 1 BvR 127/10 = HFR 2012, 545, 546.
785 BT-Drs. VII/253, 229 in § 286.
786 BGH, Urteil vom 08.01.2019 – II ZR 364/18 = NZG 2019, 505, Rn. 21.
787 BGH, Urteil vom 08.01.2019 – II ZR 364/18 = NZG 2019, 505, Rn. 21.

3. *Keine vergleichbare Interessenlage*

Hingegen fehle nach Ansicht der Richter des II. Zivilsenats die erforderliche vergleichbare Interessenlage zwischen den Gesellschaftern einer GmbH und den Aktionären einer AG. Dieses Ergebnis folge aus einer wertenden Interessenabwägung des Gesellschafterschutzes mit dem Schutz des redlichen Rechtsverkehrs. Bereits die *Holzmüller*-Entscheidung stellte eindeutig fest, dass Rechtsunsicherheiten infolge von Abgrenzungsschwierigkeiten nicht zu Lasten des Rechtsverkehrs gehen dürfen.[788]

a) Zur fehlenden vergleichbaren Interessenlage

Wäge man den Schutz der GmbH-Gesellschafter mit dem Schutz des Rechtsverkehrs ab, so führe dies zu dem Ergebnis, dass eine vergleichbare Interessenlage zwischen Aktionären und GmbH-Gesellschaftern in Bezug auf § 179a AktG nicht bestehe, da eine analoge Anwendung zu Rechtsunsicherheit und Haftungsrisiken führen würde.

Die Gesellschafter einer GmbH haben stärkere Kontrollrechte inne, sodass § 179a AktG in anderer Weise bereits im GmbHG gewahrt werde. Demzufolge seien GmbH-Gesellschafter weniger schutzbedürftig als Aktionäre.[789] Auch gehe der Schutz der Aktionäre aus § 179a AktG zu Lasten des Rechtsverkehrs. Es wäre eine unangemessene Rechtsfolge, wenn ein Vertragspartner in Unkenntnis von der Zustimmungskompetenz der Gesellschafterversammlung die Rückabwicklung des Vertrags erleiden würde. Diese Gefahr bestehe insbesondere bei Immobilienkaufverträgen, bei denen weder eine Vormerkung noch § 311b Abs. 1 S. 2 BGB Schutz gewähren können.[790] Ebenfalls würden zu Lasten von Notaren und weiteren Drittbeteiligten in der Praxis Risiken entstehen, die zu erheblichen Haftungsfällen führen können.[791]

Berücksichtige man diese Nachteile, so verbiete sich eine analoge Anwendung von § 179a AktG auf die GmbH. GmbH-Gesellschafter weisen stärkere Kontroll-, Weisungs- und Informationsrechte als Aktionäre auf und seien daher weniger schutzbedürftig. Es könne daher nicht angenommen werden, der Gesetzgeber habe eine Übertragung von § 179a AktG auf die GmbH gewollt.[792]

---

788 BGH, Urteil vom 08.01.2019 – II ZR 364/18 = NZG 2019, 505, Rn. 29.
789 BGH, Urteil vom 08.01.2019 – II ZR 364/18 = NZG 2019, 505, Rn. 22.
790 BGH, Urteil vom 08.01.2019 – II ZR 364/18 = NZG 2019, 505, Rn. 26.
791 BGH, Urteil vom 08.01.2019 – II ZR 364/18 = NZG 2019, 505, Rn. 27.
792 BGH, Urteil vom 08.01.2019 – II ZR 364/18 = NZG 2019, 505, Rn. 28.

Eine analoge Anwendung von § 179a AktG lasse sich auch nicht durch eine gleiche Schutzwürdigkeit, fehlende relevante Unterschiede oder ein allgemeines Prinzip des Verbandsrechts rechtfertigen. Diese Argumente berücksichtigten die Unterschiede zwischen AG und GmbH in unzureichender Weise und verkennten das grundlegende Prinzip des Handels- und Gesellschaftsrechts, dass die Vertretungsmacht im Außenverhältnis grundsätzlich unbeschränkt gilt.[793] Die analoge Anwendung des § 179a AktG würde zu einer nicht tragbaren Ausnahme führen, da der Vorstand bei der AG weisungsunabhängig, die Geschäftsführung der GmbH hingegen hierarchisch gegliedert sei.[794] Bei der GmbH sei die Gesellschafterversammlung das zentrale Organ für Entscheidungen. Die Gesellschafter bestimmen die Geschäftsführung, können gemäß § 37 GmbHG Weisungen erteilen und übernehmen gemäß § 46 Nr. 6 GmbHG Prüf- und Überwachungspflichten. Dem gegenüber weise das AktG mit den §§ 76 ff. AktG und §§ 111 ff. AktG besondere Kompetenzverteilungen auf, auf die die Aktionäre nur beschränkt Einfluss nehmen können. Insbesondere Fragen der Geschäftsführung oblägen der Hauptversammlung nur, wenn der Vorstand dies gemäß § 119 Abs. 2 AktG verlange.[795]

Die Kompetenz für Gesamtvermögensgeschäfte obliege zudem auch ohne entsprechende Anwendung des § 179a AktG bereits der Gesellschafterversammlung, da dies ein Fall eines besonders bedeutsamen Geschäfts darstelle, für den die Geschäftsführung einen Beschluss der Gesellschafterversammlung herbeiführen müsse.[796] Dieses Beschlusserfordernis schütze die Kontrollrechte der Gesellschafter und die Minderheitsgesellschafter.[797]

b) Zur Anwendung des Missbrauchs der Vertretungsmacht

Zwar wiesen die Einflussmöglichkeiten der Gesellschafter einer GmbH im Unterschied zu § 179a AktG keine Außenwirkung auf, es würden jedoch die Grundsätze zum Missbrauch der Vertretungsmacht eingreifen.[798] Der Vertragspartner sei *„nicht schutzwürdig, wenn er weiß oder es sich ihm geradezu aufdrängen muss, dass der Geschäftsführer seine Vertretungsmacht missbraucht“*.[799] In

793 BGH, Urteil vom 08.01.2019 – II ZR 364/18 = NZG 2019, 505, Rn. 30 f.
794 BGH, Urteil vom 08.01.2019 – II ZR 364/18 = NZG 2019, 505, Rn. 32.
795 BGH, Urteil vom 08.01.2019 – II ZR 364/18 = NZG 2019, 505, Rn. 34.
796 BGH, Urteil vom 08.01.2019 – II ZR 364/18 = NZG 2019, 505, Rn. 36.
797 BGH, Urteil vom 08.01.2019 – II ZR 364/18 = NZG 2019, 505, Rn. 38.
798 BGH, Urteil vom 08.01.2019 – II ZR 364/18 = NZG 2019, 505, Rn. 39.
799 BGH, Urteil vom 08.01.2019 – II ZR 364/18 = NZG 2019, 505, Rn. 40.

diesem Fall finde der Verkehrsschutz keine Anwendung. Es sei ferner unerheblich, ob das Handeln zum Nachteil der Gesellschaft erfolge, und dies gelte ebenfalls, wenn der Vertragspartner wusste oder es sich ihm aufdrängen musste, dass ein Zustimmungsvorbehalt bestehe.[800] Es müsse zwar die Kenntnis respektive das Aufdrängen anhand der Gesamtumstände auch im Hinblick auf die fehlende Zustimmung gegeben sein, oftmals treffe den Vertragspartner jedoch eine Erkundungsobliegenheit.[801]

c) Auch keine Analogie von § 179a Abs. 2 AktG

Auch das Informationsrecht aus § 179a Abs. 2 AktG sei nicht analog zu Gunsten der GmbH-Gesellschafter anzuwenden. Die Regelung gebe Aktionären die Möglichkeit, weitreichende Informationen zu erlangen, die andernfalls nach dem eingeschränkten Auskunftsrecht aus § 131 AktG nicht bestehen. Dem gegenüber weise § 51a Abs. 2 GmbHG ein umfassendes Auskunftsrecht der GmbH-Gesellschafter auf und bestehe neben dem Recht der GmbH-Gesellschafter, sich von der Geschäftsführung umfassend unterrichten zu lassen.[802]

4. Zusammenfassung

Der BGH stellt in seinem Urteil zunächst fest, dass aus dem Scheitern der Reform des GmbHG nicht die Schlussfolgerung gezogen werden könne, dass somit eine bewusste Regelungslücke bestehe.

Es fehle für eine Analogie jedoch die vergleichbare Interessenlage. So weisen die Gesellschafter einer GmbH umfassendere Rechte auf, um auf die Geschäftsführung einzuwirken, als es für Aktionäre möglich sei. Zudem müsse die Sicherheit des Rechtsverkehrs und auch die Sicherheit für Drittbeteiligte berücksichtigt werden. Insbesondere die grundsätzlich unbeschränkte Vertretungsmacht der Geschäftsleitung im Gesellschaftsrecht stehe einer Analogie entgegen.

Zudem böten die Vorschriften zum Missbrauch der Vertretungsmacht ausreichenden Schutz gegen Gesamtvermögensgeschäfte. Auch stehe das Informationsrecht aus dem GmbHG einer analogen Anwendung des § 179a Abs. 2 AktG entgegen.

---

800 BGH, Urteil vom 08.01.2019 – II ZR 364/18 = NZG 2019, 505, Rn. 40.
801 BGH, Urteil vom 08.01.2019 – II ZR 364/18 = NZG 2019, 505, Rn. 42.
802 BGH, Urteil vom 08.01.2019 – II ZR 364/18 = NZG 2019, 505, Rn. 44.

C. Die rechtliche Würdigung der Ausführungen des II. Zivilsenats

Die Rechtsprechung des BGH gegen die analoge Anwendung des § 179a AktG auf die GmbH hat – überraschenderweise – zahlreiche Stimmen in der Literatur gefunden, die diese Entscheidung als zutreffend begrüßen.[803] Auch wenn sich für die Praxis vorerst diese Thematik entschieden haben dürfte, stellt sich gleichwohl die Frage, ob die Begründung des BGH einer umfassenden rechtlichen Bewertung standhalten kann.

I. Keine erkennbare Planwidrigkeit

Zunächst hat der BGH zutreffend begründet, dass eine analoge Anwendung des § 179a AktG auf die GmbH nicht bereits an einer fehlenden planwidrigen Regelungslücke scheitert.

Eine planwidrige Regelungslücke läge vor, wenn der Gesetzgeber unbeabsichtigt von seinem Regelungsplan abgewichen wäre, der der entsprechenden Norm zugrunde liegt.[804] Der Gesetzgeber hatte im Zuge der gescheiterten Reform des GmbH-Rechts 1973 mit § 286 GmbHG eine dem § 361 AktG von 1965 entsprechende Regelung schaffen wollen.[805] Diese Regelung betraf „*Vermögensübertragungen in anderer Weise*“ und entsprach mit Ausnahme eines fehlenden Informationsrechts ähnlich § 361 Abs. 2 AktG von 1965 im Wesentlichen der aktienrechtlichen Regelung.[806]

Es lassen sich aber weder aus der Begründung des Entwurfs zu § 286 GmbHG noch aus dem Scheitern der Reform des GmbH-Rechts[807] oder aus der Historie

803 *Holzborn*, in: BeckOGK-AktG, § 179a, Rn. 14; *Koch*, in: Koch, AktG, § 179a, Rn. 1; *Stein*, in: MünchKomm-AktG, § 179a, Rn. 14; *Giedinghagen/Keller*, NJW-Spezial 2019, 271, 272; *Götze*, NZG 2019, 695, 696; *Henne/Dittert*, DStR 2019, 2371, 2373; *Jans*, WuB 2019, 438, 440; *Müller*, NZG 2019, 807, 810; *Natterer*, ZIP 2019, 1796, 1799; *Paefgen/Wallisch*, DZWIR 2020, 51, 60; *v. Prittwitz*, DStR 2019, 1265, 1267; *Ulrich*, GmbHR 2019, 528, 536; wohl folgend *Strohn*, in: Henssler/Strohn, GesR, § 179a AktG, Rn. 2; dagegen das Urteil als falsch bewertend: *Witt*, Die Veräußerung des ganzen Gesellschaftsvermögens gemäß § 179a Abs. 1 AktG, S. 255 ff.; *Liebscher*, FS Ebke, S. 585, 588 ff.; *Heckschen*, AG 2019, 420, 421; *ders.*, GWR 2020, 63, 65; wohl auch kritisch: *Hoffmann*, WM 2021, 429, 440.

804 BGH, Urteil vom 17.06.2003 – VIII ZR 274/02 = NJW 2003, 2601, 2603.

805 RegE. BT-Drs. VII/253, 78.

806 RegE. BT-Drs. VII/253, 229.

807 BGH, Urteil vom 08.01.2019 – II ZR 364/18 = NZG 2019, 505, Rn. 21.

des § 179a AktG Anhaltspunkte entnehmen, dass der Gesetzgeber bewusst eine entsprechende Regelung oder Anwendung auf die GmbH vermieden hat. Vielmehr ist ein allgemeines Scheitern der Reform gegeben, ohne dass einzelne Normen aus einem bestimmten Grunde scheiterten oder das allgemeine Scheitern auf einzelne Normen zurückzuführen ist.[808] Es besteht daher zutreffend eine planwidrige Regelungslücke, die eine analoge Anwendung des § 179a AktG grundsätzlich ermöglicht.

II. Die Bewertung der fehlenden vergleichbaren Interessenlage

Es stellt sich daher weiter die Frage, ob den Ausführungen des BGH zur fehlenden vergleichbaren Interessenlage ebenfalls zugestimmt werden kann. Dies betrifft zum einen die vom BGH angeführten Argumente, aber auch den Vergleich mit anderen Urteilen des II. Zivilsenats.

1. Verletzung des Trennungs- und Abstraktionsprinzips durch den BGH

Im Stellvertretungsrecht ist die Vertretungsmacht eines Vertreters im Außenverhältnis von der schuldrechtlichen Beziehung zwischen Vertreter und Vertretenem im Innenverhältnis zu trennen.[809] Es gilt mithin das stellvertretungsrechtliche Trennungs- und Abstraktionsprinzip.[810] Beschränkungen oder die Nichtigkeit der schuldrechtlichen Beziehung haben keine Auswirkungen auf die Vertretungsmacht des Vertreters im Außenverhältnis. Dies gilt auch für erteilte Beschränkungen im Innenverhältnis.[811] Dies folgt aus den grundsätzlichen Wertungen von Rechtssicherheit und Verkehrsschutz.[812]

Indem der BGH in seinem Urteil darauf verweist, dass die vergleichbare Interessenlage für eine Analogie fehle, da den Gesellschaftern Weisungs- und weitere Eingriffsrechte zustehen, betrifft dies das Verhältnis zwischen Gesellschaftern und Geschäftsführung. Es handelt sich insbesondere bei dem Weisungsrecht aus § 37 GmbHG zwar um eine organisatorische Maßnahme, die auf das Schuldverhältnis zwischen Gesellschaft und Geschäftsführung keinen unmittelbaren Einfluss hat. Gleichwohl betrifft diese das Verhältnis in gleicher Weise, nämlich das Innenverhältnis zwischen Geschäftsführung und Gesellschaft. Wie das interne Schuldverhältnis im Allgemeinen ist auch eine Weisung als organisatorische,

808 So auch *Liebscher*, FS Ebke, S. 585, 590.

809 *Huber*, in: BeckOGK-BGB, § 164, Rn. 20.

810 Siehe dazu ausführlich 3. Kap. § 1 C. III. 2. d) cc) (1).

811 *Huber*, in: BeckOGK-BGB, § 164, Rn. 20.

812 *Bayer*, FS Vetter, S. 51, 52.

folglich interne Maßnahme, wie § 37 Abs. 2 GmbHG ausdrücklich wiedergibt, zu werten. Sowohl das Schuldverhältnis als auch die interne Weisung haben keine Auswirkungen auf die Vertretungsmacht und mithin ihren Umfang im Außenverhältnis.[813] Ist jedoch das schuldrechtliche Innenverhältnis von der Vertretungsmacht zu trennen, kann für das organisatorische Innenverhältnis nichts anderes gelten. Dies entspricht nicht nur dem Trennungs- und Abstraktionsprinzip des Stellvertretungsrechts, sondern auch § 37 Abs. 2 GmbHG.

Verweist der BGH in seiner Argumentation jedoch auf das Weisungsrecht und weitere Eingriffsrechte der Gesellschafterversammlung als Organ der Gesellschaft, so stellt sich die Frage, wie dies mit dem Trennungs- und Abstraktionsprinzip im Stellvertretungsrecht zu vereinbaren ist, denn § 179a AktG betrifft die Vertretungsmacht des Vorstands im Außenverhältnis. Die Antwort ist eine leichte: Diese Argumentationsführung ist nicht vereinbar mit dem Trennungs- und Abstraktionsprinzip und verstößt gegen dieses, indem getrennt zu behandelnde Rechtsgeschäfte argumentativ miteinander vermischt werden.

Demzufolge sind die vom BGH angestellten Erwägungen für die Beurteilung der vergleichbaren Interessenlage sachfremd und hätten vielmehr in den Ausführungen zum Missbrauch der Vertretungsmacht Anklang finden müssen.[814]

2. *Inkonsequente Rechtsprechung des II. Zivilsenats*

Die Rechtsprechung des BGH verletzt nicht nur das Trennungs- und Abstraktionsprinzip, sondern ist auch inhaltlich inkonsequent, wie *Witt*[815] und *Heckschen*[816] aufzeigen.

a) *Die Argumente von Witt*

Nach Auffassung von *Witt* gründet der BGH seinen Verweis auf das Weisungsrecht der GmbH-Gesellschafter aus § 37 GmbHG auf dem falschen Ausgangspunkt. Mit seinem Verweis auf das Weisungsrecht der GmbH-Gesellschafter geht der II. Zivilsenat davon aus, dass die Geschäftsführung einer GmbH die Kompetenz für den Abschluss eines Gesamtvermögensgeschäfts innehat. Im

813 *Bayer*, FS Vetter, S. 51, 52.

814 Denn sachliche Beschränkungen sind infolge des Trennungs- und Abstraktionsprinzips auf Ebene des Missbrauchs der Vertretungsmacht mit Außenwirkung zu berücksichtigen, so *Bayer*, FS Vetter, S. 51, 53.

815 *Witt*, Die Veräußerung des ganzen Gesellschaftsvermögens gemäß § 179a Abs. 1 AktG, S. 255 ff.

816 *Heckschen*, GWR 2020, 63, 65

Gegensatz dazu wird die Vertretungsmacht des Vorstands der AG durch § 179a AktG *qua lege* beschränkt. Ein Gesamtvermögensgeschäft einer AG unterfällt folglich der Vorstandskompetenz dem Grunde nach nicht. Aufgrund dieses Unterschieds könne der Verweis auf das Weisungsrecht nach Auffassung *Witts* nicht durchgreifen, da das Weisungsrecht von der unbeschränkten Vertretungsmacht der Geschäftsführung ausgeht.[817]

Dem kann nicht zugestimmt werden. Der BGH geht zutreffend davon aus, dass § 179a AktG eine Ausnahmevorschrift darstellt.[818] Diese Ausnahme erfolgt vom unbeschränkten Umfang der Vertretungsmacht des Vorstands. Ebenso betrifft das Weisungsrecht gemäß § 37 GmbHG die unbeschränkte Vertretungsmacht der Geschäftsführung. Folglich ist der Ausgangspunkt des BGH, die unbeschränkte Vertretungsmacht, zutreffend. Durch § 179a AktG wird zu Gunsten der Hauptversammlung die unbeschränkte Vertretungsmacht durchbrochen, mit dem Weisungsrecht erfolgt dies zu Gunsten der GmbH-Gesellschafter, wenngleich ohne Außenwirkung.

Zustimmung verdient hingegen die Auffassung, dass das Abstellen des BGH auf die Schutzmaßnahmen des GmbHG zur Ablehnung der vergleichbaren Interessenlage fehlerhaft ist. Diesbezüglich führt *Witt* aus, dass das Erfordernis eines Gesellschafterbeschlusses gemäß § 49 GmbHG vergleichbar in § 119 AktG besteht.[819] Zudem gelten die Regelungen zum Missbrauch der Vertretungsmacht umfassend, mithin für die GmbH und die AG gleichermaßen.[820] Demzufolge ist es inkonsequent, dass der BGH eine vergleichbare Interessenlage mit dem Verweis auf vergleichbaren Schutzmechanismen ablehnt.

Weiter ist der Vermutung von *Witt* beizupflichten, dass der BGH mit dem Urteil offenbar seinen Missfallen gegenüber § 179a AktG kundtut.[821] Dieses verdeckte *obiter dictum* gegen § 179a AktG widerspricht jedoch dem Willen des

817 *Witt*, Die Veräußerung des ganzen Gesellschaftsvermögens gemäß § 179a Abs. 1 AktG, S. 257.

818 BGH, Urteil vom 08.01.2019 – II ZR 364/18 = NZG 2019, 505, Rn. 13.

819 *Witt*, Die Veräußerung des ganzen Gesellschaftsvermögens gemäß § 179a Abs. 1 AktG, S. 259.

820 *Witt*, Die Veräußerung des ganzen Gesellschaftsvermögens gemäß § 179a Abs. 1 AktG, S. 259.

821 So auch *Witt*, Die Veräußerung des ganzen Gesellschaftsvermögens gemäß § 179a Abs. 1 AktG, S. 259.

Gesetzgebers. Es zeugt zudem von einer erheblichen Problematik in Bezug auf die Gewaltenteilung.[822]

b) Die Unvereinbarkeit mit dem Supermarkt-Beschluss

Weiter ist diese Rechtsprechung zur entsprechenden Anwendung des § 179a AktG inkonsequent gegenüber der eigenen Rechtsprechung, wie *Heckschen* zurecht moniert.[823]

In seinem *Supermarkt*-Beschluss[824] hatte der BGH eine analoge Anwendung des § 293 AktG auf die GmbH zugelassen. Gemäß § 293 AktG bedarf ein Unternehmensvertrag für seine Wirksamkeit der Zustimmung der Hauptversammlung. Die erforderliche Mehrheit gemäß § 293 Abs. 1 S. 2 AktG ist mit der erforderlichen Mehrheit aus §§ 179a Abs. 1, 179 Abs. 2 AktG deckungsgleich. Das Zustimmungserfordernis der Hauptversammlung zu einem Unternehmensvertrag begründet sich aus der strukturellen Wirkung des Vertrages,[825] der *„einschneidende institutionelle und wirtschaftliche Folgen"*[826] aufweise. Nach Ansicht der Richter sind keine Gründe im Sinn und Zweck des § 293 AktG ersichtlich, die eine Ungleichbehandlung zwischen GmbH-Gesellschaftern und Aktionären rechtfertigen können.[827] Diese Ansicht wurde durch den II. Zivilsenat im Sommer 2019 nochmals ausdrücklich bestätigt: Eine Anwendung ist im Einzelfall auf die GmbH möglich, wenn keine Unterschiede in der Binnenverfassung zwischen GmbH und AG bestehen.[828]

Vergleicht man den Sinn und Zweck von § 293 AktG, der aufgrund der Folgen eines Unternehmensvertrags die diesbezügliche Entscheidungskompetenz auf die Hauptversammlung überträgt,[829] mit dem Sinn und Zweck des § 179a AktG, der ein Rechtsgeschäft der Kompetenz der Hauptversammlung überträgt, das eine zumindest faktische Satzungsänderung bedeutet, so sind keine Unterschiede erkennbar, die eine derartige Ungleichbehandlung rechtfertigen könnten.

---

822 *Witt*, Die Veräußerung des ganzen Gesellschaftsvermögens gemäß § 179a Abs. 1 AktG, S. 259.

823 *Heckschen*, GWR 2020, 63, 65

824 BGH, Beschluss vom 24.10.1988 – II ZB 7/88 (*Supermarkt*) = NJW 1989, 295.

825 *Veil/Walla*, in: BeckOGK-AktG, § 293, Rn. 2.

826 *Langenbucher*, in: Schmidt/Lutter, AktG, § 293, Rn. 1.

827 BGH, Beschluss vom 24.10.1988 – II ZB 7/88 (*Supermarkt*) = NJW 1989, 295, 297.

828 BGH, Urteil vom 16.07.2019 – II ZR 175/18 = NJW 2019, 3302, 3304.

829 *Schenk*, in: Bürgers/Körber/Lieder, AktG, § 293, Rn. 1.

Es bestehen auch keine Unterschiede in der Binnenverfassung zwischen GmbH und AG hinsichtlich § 179a AktG, die ein anderes Ergebnis als bei § 293 AktG zu rechtfertigen vermögen. Wie aufgezeigt, sind die Ausführungen des BGH zu § 179a Abs. 1 AktG und den Handlungsmöglichkeiten der GmbH-Gesellschafter fehlerhaft.[830] Weder können Einfluss- und Weisungsmöglichkeiten aufgrund des Verstoßes gegen das Trennungs- und Abstraktionsprinzip herangezogen werden noch sind diese der Gegenstand des Sinns und Zwecks von § 179a AktG. Die Übertragung auf die Hauptversammlung erfolgt aufgrund der rechtlichen Tragweite der Entscheidung, mithin wie bei § 293 AktG. Bedarf der Unternehmensvertrag zu seiner Wirksamkeit gemäß § 293 AktG der Zustimmung der GmbH-Gesellschafter, so kann für § 179a AktG nichts anderes gelten. Die Einflussmöglichkeiten der GmbH-Gesellschafter sind in beiden Anwendungsfällen identisch.

Die Rechtsprechung des II. Zivilsenats ist folglich in seiner Argumentationslinie inkonsequent und widersprüchlich. Berücksichtigt man, dass es sich bei den Ausführungen zu § 293 AktG aufgrund der Bestätigung durch den BGH um die nunmehr gefestigte Rechtsprechung des BGH handelt, erscheint somit das Urteil zu § 179a AktG als inkonsequent, nicht die Rechtsprechung zu § 293 AktG.

III. Eine vergleichbare Interessenlage aus einem Prinzip des Schutzes der wirtschaftlichen Grundlagen?

Die Ausführungen des BGH verletzen das Trennungs- und Abstraktionsprinzip und sind zudem inkonsequent zur eigenen Rechtsprechung. Dies begründet jedoch noch keine vergleichbare Interessenlage zwischen der Gesellschafterversammlung einer GmbH und der Hauptversammlung einer AG, die eine analoge Anwendung von § 179a AktG ermöglichen würde.

Diese vergleichbare Interessenlage könnte sich aus dem Prinzip des Verbandsrechts nach *Karsten Schmidt* ergeben. Es könnte sogar ein allgemeines Prinzip des Zivilrechts bestehen, denn nicht nur das Gesellschaftsrecht hat mit § 179a AktG eine besondere Regelung für Gesamtvermögensgeschäfte, sondern auch das BGB weist in einigen Regelungen besondere Form- und Zustimmungserfordernisse auf. Ob ein solches Prinzip besteht und wie sich das vom BGH thematisierte Vertrauen des Rechtsverkehrs dazu verhält, ist nachfolgend zu untersuchen.

830 Siehe 3. Kap. § 1 C. II. 1.

1. Das Rechtsprinzip

Für die Untersuchung, ob ein derartiges Rechtsprinzip im Handels- und Gesellschaftsrecht besteht oder sogar allgemein dem Zivilrecht inhärent ist, bedarf es zunächst einer detaillierten Untersuchung, was ein Rechtsprinzip darstellt und wie sich dieses begründen und konkretisieren lässt, sodass es zur Anwendung gelangen kann.

a) Die Beschreibung eines Rechtsprinzips

Die analoge Anwendung von § 179a AktG auf die GmbH wurde von zahlreichen Ansichten auf ein allgemeines Prinzip des Verbandsrechts gestützt, welches § 179a AktG wiedergebe.[831] Dies würde bedeuten, dass § 179a AktG ein Rechtsprinzip, synonym auch Rechtsgrundsatz[832], wiedergibt. Rechtsprinzipien stellen in der Rechtswissenschaft keine Ausnahme dar, dennoch fehlt eine einheitliche Definition.[833] Ohne eine Feststellung, was ein Rechtsprinzip darstellt, ist die Begründung eines solchen jedoch nur schwerlich möglich. Es fehlt an eindeutigen Voraussetzungen hinsichtlich der Tatbestandsmerkmale. Es ist somit zunächst zu untersuchen, was ein Rechtsprinzip darstellt.

aa) Die linguistische Umschreibung des Prinzips

Ausgehend von einer linguistischen Betrachtung wird ein Prinzip grundsätzlich als *„allgemeine Regelung“*, *„Grundlage, auf der etwas aufbaut“*[834] und *„allgemeingültiges Prinzip, welches einer Sache zugrunde liegt, nach dem sie ausgerichtet ist, das sie auszeichnet“*[835] beschrieben. Es handelt sich mithin linguistisch um etwas Allgemeines, das als Ursprung für weitergehende Konkretisierungen dient, indem es eine Grundlage darstellt.

bb) Die gesetzliche Umschreibung des Prinzips

Auch das Rechtssystem kennt Rechtsprinzipien und benennt diese mitunter ausdrücklich, so etwa Art. 6 EGBGB. Nach der sogenannten *ordre-public-Klausel* des Art. 6 EGBGB ist bei einer Kollision von ausländischem und nationalem

---

831 Siehe 3. Kap. § 1 A. I. 1. a).

832 *Möllers*, Juristische Methodenlehre, § 9, Rn. 11.

833 *Möllers*, Juristische Methodenlehre, § 9, Rn. 11.

834 Bedeutung des Begriffs „Prinzip“ unter https://www.duden.de/rechtschreibung/Prinzip (Stand: 01.11.2022).

835 Bedeutung des Begriffs „Grundsatz“ unter https://www.duden.de/rechtschreibung/Grundsatz (Stand: 01.02.2021).

Recht dem nationalen Recht Vorrang zu gewähren, wenn das ausländische Recht mit „*wesentlichen Grundsätzen des deutschen Rechts offensichtlich unvereinbar ist*“[836]. Dies erfasst insbesondere Unvereinbarkeiten mit den Grundrechten,[837] denn Grundsätze gehören zum Innersten des deutschen Rechtssystems[838] und stellen geschriebene und ungeschriebene Grundwertungen dar.[839]

Das durch die *ordre-public-Klausel* verfolgte Ziel ist der Schutz des Kernbestands der deutschen Rechtsordnung.[840] Zu diesem Kernbestand gehören die Grundsätze der guten Sitten und der zugrundeliegende Zweck einer bestimmten Regelung.[841] Der Zweck einer Regelung ist als Grundgedanke und in ihr liegende Gerechtigkeitsvorstellung umschrieben[842] und weist folglich eine Parallele zur linguistischen Beschreibung des Prinzips auf, indem es als etwas Grundlegendes umschrieben wird.

cc) Die rechtsphilosophische Definition des Prinzips

Losgelöst von der linguistischen und gesetzlichen Begrifflichkeit ist die Diskussion um die Definition des Rechtsprinzips insbesondere der Rechtsphilosophie inhärent. Eine der ersten Stimmen, die sich der Definition von Rechtsprinzipien annahm, war der US-Amerikaner *Dworkin*. Dieser definierte Rechtsprinzipien als „*Maßstäbe für individuelle Ansprüche*“ und „*Grundlage von Rechten*“.[843]

Aus dieser Definition entwickelte *Alexy* seine „*Prinzipientheorie*“, nach der sowohl Prinzipien als auch Regeln Normen eigener Art sind, die beide vorgeben, was „*gesollt ist*“.[844] Prinzipen und Regeln sind gleichwohl nicht synonym zu verstehen, denn beide weisen unterschiedliche Folgen auf, anhand derer beide zu unterscheiden sind. Regeln sind entweder erfüllt oder nicht erfüllt,[845] es gibt somit nur eine mögliche Rechtsfolge. Dagegen sind Prinzipien als „*Optimierungsgebote*“ zu verstehen, die „*gebieten, dass etwas in einem relativ auf den rechtlichen und tatsächlichen Möglichkeiten möglichst hohen Maße realisiert wird*“.[846]

836 Art. 6 S. 1 EGBGB.
837 Art. 6 S. 2 EGBGB.
838 *Stürner*, in: BeckOGK-BGB, Art. 6 EGBGB, Rn. 197.
839 *V. Hein*, in: MünchKomm-BGB, Art. 6 EGBGB, Rn. 134.
840 BT-Drs. 10/504, 41.
841 BT-Drs. 10/504, 43.
842 BGH, Beschluss vom 17.09.1968 – IV ZB 501/68 = NJW 1969, 369, 370.
843 *Dworkin*, Taking rights seriously, S. 90.
844 *Alexy*, Theorie der Grundrechte, S. 72.
845 *Alexy*, Theorie der Grundrechte, S. 76.
846 *Alexy*, Theorie der Grundrechte, S. 75 f.

Ein Prinzip ist in seiner Anwendung immer mit gegenläufigen Prinzipien abzuwägen,[847] Regeln sind hingegen stets für sich einer Subsumtion zugänglich.

Larenz/Canaris beschreiben ein Rechtsprinzip als „*richtungsgebenden Maßstab rechtlicher Normierung, der vermöge seiner Überzeugungskraft rechtliche Entscheidungen zu rechtfertigen vermag*", und sehen dieses als Konkretisierung einer Rechtsidee.[848] Eine Rechtsidee als Wert oder Naturrecht, etwa „Gerechtigkeit", steht hierarchisch über Rechtsprinzipen.[849] Auch andere Stimmen in der Literatur beschreiben Rechtsprinzipien grundsätzlich als Werteträger, die konkreten Regelungen zugrunde liegen und etwa aus den Grundrechten hervorgehen.[850]

Ob ein Prinzip unmittelbar zur Anwendung kommen kann oder eine weitergehende Konkretisierung, etwa durch Richterrecht[851] oder gesetzliche Normierung, notwendig ist, ist umstritten.[852] Es ist jedoch festzuhalten, dass im Kern alle Ansichten ein Rechtsprinzip als eine grundsätzliche Wertentscheidung beschreiben, die die Grundlage für eine Rechtfertigungsentscheidung darstellt.

dd) Die Rechtsprechung zur Begrifflichkeit des Prinzips

Die Rechtsprechung behandelt die Diskussion um die Definition des Rechtsprinzips grundsätzlich nicht. Es wird ohne vertiefende Betrachtung, was ein Rechtsprinzip ausmacht und welche Voraussetzungen für eine Begründung erforderlich sind, angenommen, dass diese einen Teil des Rechtssystems darstellen.[853] Die einzige ersichtliche Ausnahme stellt das Urteil des BGH zur Kollision von ausländischem und nationalem Recht dar: Es „*wird als Maßstab dafür, wann ein Verstoß gegen den Zweck des deutschen Gesetzes anzunehmen ist, darauf abzustellen sein, ob das Ergebnis der Anwendung des ausländischen Rechts zu den Grundgedanken der deutschen Regelung und der in ihnen liegenden Gerechtigkeitsvorstellungen*

---

847 *Alexy*, Theorie der Grundrechte, S. 76.

848 *Larenz/Canaris*, Methodenlehre der Rechtswissenschaft, S. 302.

849 *Möllers*, Juristische Methodenlehre, § 9, Rn. 10.

850 Etwa *Bernhart*, Regeln der Jurisprudenz, S. 153 f.; *Mahlmann*, Rechtsphilosophie und Rechtstheorie, § 13, Rn. 28; *Dreier*, NJW 1986, 890, 896.

851 So *Larenz/Canaris*, Methodenlehre der Rechtswissenschaft, S. 303.

852 Gegen eine unmittelbare Anwendbarkeit: *Bydlinski/Bydlinski*, Grundzüge der juristischen Methodenlehre, S. 99; *Larenz/Canaris*, Methodenlehre der Rechtswissenschaft, S. 303; *Mahlmann*, Rechtsphilosophie und Rechtstheorie, § 13, Rn. 28; *Möllers*, Juristische Methodenlehre, § 9, Rn. 13; für eine unmittelbare Anwendbarkeit: *Alexy*, Theorie der Grundrechte, S. 77; *Funke*, in: Krüper, Grundlagen des Rechts, § 2, Rn. 45.

853 Vgl. dazu etwa BGH, Urteil vom 07.03.2013 – III ZR 231/12 = NJW 2013, 2021, Rn. 27; BGH, Urteil vom 08.01.2019 – II ZR 364/18 = NZG 2019, 505, Rn. 30 ff.

in so starkem Widerspruch steht, daß es von uns für untragbar gehalten wird".[854] Das Urteil weist zwar auf eine vertiefende Auseinandersetzung der Richter des IV. Zivilsenats mit den Grundgedanken des deutschen Rechtssystems hin, führt gleichwohl jedoch zu keiner engeren Beschreibung eines Grundgedankens als Prinzip im Allgemeinen.

ee) Stellungnahme

Rechtsprinzipien, insbesondere solche, die aus den Grundrechten folgen, sind ein elementarer Bestandteil des deutschen Rechtssystems, die heutzutage nicht wegzudenken sind. Dies entspricht dem Konsens der rechtswissenschaftlichen, insbesondere der rechtsphilosophischen Literatur sowie dem ausdrücklichen Willen des Gesetzgebers. Dieser betrachtet Rechtsprinzipien als einen Teil des Kernbestands der Rechtsordnung. Aus diesen Feststellungen folgt jedoch noch nicht, wie ein Rechtsprinzip zu beschreiben ist und welcher Voraussetzungen es bedarf.

Betrachtet man das Verhältnis eines Rechtsprinzips und einer Rechtsidee, so ist ersteres dem letzteren rangmäßig nachgeordnet. Zutreffend vermag ein Rechtsprinzip keine Rechtsidee darstellen. Es fehlt einem Prinzip an der allumfassenden Geltung. Weist etwa die „Gerechtigkeit" als Naturrecht – zugleich Grundlage der „*Radbruch'schen Formel*"[855] – einen über die Rechtswissenschaft hinausgehenden Sinngehalt auf, der eine Grundintegrität des menschlichen Empfindens ist, so kann ein Rechtsprinzip diese Geltung nicht für sich beanspruchen. Zwar weist ein Rechtsprinzip ebenfalls eine übergeordnete Wertentscheidung auf, diese hat jedoch keinen vergleichbar absoluten und allgemeinen Sinngehalt. Gleichwohl stehen sich Rechtsprinzip und -idee nicht als *aliud* gegenüber. Vielmehr ist einem Rechtsprinzip eine Rechtsidee stets inhärent, auch wenn die Ausprägung relativ ist. Weisen Rechtsideen einen allumfassenden Sinngehalt auf, muss dieser folglich auch einem Rechtsprinzip inhärent sein. Daher ist ein Rechtsprinzip als konkretisierte Rechtsidee zu verstehen.

Auch wenn die Ansichten zur Definition eines Rechtsprinzips in ihren Einzelheiten divergieren, so handelt sich einhellig um Wertentscheidungen, die eine besondere Überzeugungskraft aufweisen und der Rechtsanwendung eine notwendige Flexibilität ermöglichen, um nicht ausschließlich die starren Regeln

---

854 BGH, Beschluss vom 17.09.1968 – IV ZB 501/68 = NJW 1969, 369, 370.

855 Die anzuwenden ist, wenn „*der Widerspruch des positiven Gesetzes zur Gerechtigkeit ein so unerträgliches Maß erreicht, dass das Gesetz als ‚unrichtiges Recht' der Gerechtigkeit weichen muss*": *Radbruch*, SJZ 1946, 105, 107.

der Gesetze anwenden zu müssen. Aus linguistischer Sicht sind Prinzipien die Grundlage und der Ausgangspunkt einer konkreten Regel. Dies ist für die juristische Auslegung ein elementarer Bestandteil. Dies folgt auch aus der in der *ordre-public*-Klausel beinhalteten gesetzlichen Umschreibung von Rechtsprinzipien. Der Wortlaut einer Regel kann nicht jeden vom Gesetzgeber gewollten Anwendungsbereich erfassen, denn nicht der *„tote Buchstabe"* normiert die Anwendbarkeit, sondern der in ihr wirkende *„lebendig sich entwickelnde Geist"*, der sich aus dem Sinn und Zweck einer Regel ergibt.[856] Dieser Sinn und Zweck bestimmt sich nach der zugrundeliegenden Wertvorstellung, mithin dem Prinzip des jeweiligen Rechts.

An diese Feststellung knüpft auch die Definition von *Dworkin* an, der Rechtsprinzipien als Maßstab und Grundlage von Ansprüchen, folglich Rechten, beschreibt. Betrachtet man den „Maßstab" nach *Dworkin* als Maxime für konkrete Ansprüche, so wohnt diesem Begriff der Grundlagencharakter ebenfalls inne. Selbiges gilt für die Prinzipien als *„Optimierungsgebote"*. Ein Gebot, das die konkrete Realisierung eines „Etwas", wie von *Alexy* beschrieben, gebietet, weist denselben dargestellten Grundlagencharakter auf. Folgt aus dem *„Optimierungsgebot"* das „Gebot der Realisierung" durch Abwägung gegenläufiger Prinzipien, so bedeutet dies, dass aus einer Grundlage – sei es durch Abwägung mit gegenläufigen Prinzipien – eine Realisierung erfolgt. Dieses Verständnis einer Realisation führt dazu, dass ein Rechtsprinzip auch nach *Alexy* als etwas Grundsätzliches zu definieren ist. Dies entspricht auch den weiteren Definitionen eines Rechtsprinzips. Vermag etwas eine Entscheidung zu rechtfertigen, so kann dies nur mit Rückgriff auf seine Grundlage erfolgen.

Unter Berücksichtigung dieser Ausführungen ist ersichtlich, dass Rechtsprinzipien eine hervorgehobene und mannigfaltige Bedeutung im Rechtssystem aufweisen. Sie sind als Grundlage Regeln inhärent. Ebenso können sie wie der Grundsatz von Treu und Glauben gemäß § 242 BGB unmittelbar normiert sein. Aufgrund der beinhalteten Wertentscheidung bedürfen Rechtsprinzipien für ihre Anwendbarkeit jedoch einer Konkretisierung, da sie etwas Grundsätzliches und Allgemeines darstellen. Daher kann ein Rechtsprinzip nicht als unmittelbarer Anspruch dienen, sondern ist erst durch eine Regel oder Rechtsfortbildung zu konkretisieren, sodass es einer Subsumtion zugänglich wird.

---

856 BGH, Urteil vom 29.01.1957 – 1 StR 333/56 = NJW 1957, 718, 719.

b) Die Begründung und Konkretisierung eines Rechtsprinzips

Nachdem vorstehend geklärt worden ist, was ein Rechtsprinzip ist, ist nunmehr auf die Frage einzugehen, wie ein Rechtsprinzip begründet und konkretisiert werden kann. Dies ist unter Anwendung der Zwei-Schritte-Methode von *Möllers* getrennt vorzunehmen.[857] Im ersten Schritt ist zunächst die Begründung, im zweiten Schritt die Konkretisierung vorzunehmen.

aa) Die Begründung

Auch wenn es sich bei Rechtsprinzipien um Wertentscheidungen des Rechtssystems handelt, folgt hieraus nicht, dass diese abschließend begründet sind. Werte unterliegen, wie auch das Rechtssystem, einem steten Wandel. Dieser Wandel erfordert eine Flexibilität der Rechtsprinzipien. Soll ein neues oder bislang nicht richterlich anerkanntes Rechtsprinzip zur Anwendung gelangen, stellt sich die Frage, wie ein solches Rechtsprinzip begründet werden kann. Dies ist bei normierten Prinzipien oftmals ein Leichtes, da diese ausdrücklich benannt werden,[858] führt jedoch zu erhöhten Schwierigkeiten, wenn dies aus übergesetzlichen Wertungen hervorgeht.

Unstreitig kann sich ein Rechtsprinzip aus den Grundrechten oder einer direkten Norm ergeben,[859] denn es ist die Entscheidung des Gesetzgebers, ob ein Rechtsprinzip als Wertentscheidung Geltung entfalten soll. Wurde es aus diesem Grund als geltendes Recht erlassen, so ist dies schon aus Gründen der Gewaltenteilung bei der Rechtsanwendung durch die Judikative und Exekutive zu berücksichtigen. Besteht hingegen keine Normierung, muss das Prinzip herausgebildet werden.

Hierfür ist die Einzelanalogie nicht geeignet,[860] da die analoge Anwendung eines besonderen Sachverhalts auf einen anderen besonderen Sachverhalt keine grundsätzliche Wertentscheidung begründen kann, sondern vielmehr die Konkretisierung eines Rechtsprinzips darstellt.

---

857 *Möllers*, Juristische Methodenlehre, § 9, Rn. 15.

858 *Möllers*, Juristische Methodenlehre, § 9, Rn. 15.

859 Vgl. Art. 6 EGBGB; *Larenz/Canaris*, Methodenlehre der Rechtswissenschaft, S. 302; *Möllers*, juristische Methodenlehre, § 9, Rn. 15.

860 Zutreffend: *Möllers*, Juristische Methodenlehre, § 9, Rn. 17, der diesen Ansatz jedoch fälschlich aus *Grüneberg*, in: Grüneberg, § 254, Rn. 3 heraus liest. Dieser sieht in § 254 BGB nur die Konkretisierung eines Prinzips, vgl. *Grüneberg*, in: Grüneberg, § 254, Rn. 1.

Fehlt es an einer Begründung unmittelbar aus den Grundrechten oder einer konkreten Norm, können die Historie des Rechts[861] sowie die *ratio legis*[862], der Sinn eines Gesetzes, als Anhaltspunkte für ein Rechtsprinzip dienen. Beide Anhaltspunkte vermögen jedoch nicht für sich bereits die Begründung vollends darzustellen. Die Rechtshistorie kann auf ein Rechtsprinzip hindeuten. Da das Recht jedoch einem Wandel unterliegt und ein Rechtsprinzip dem gegenwärtigen Recht entsprechen muss, fehlt es an der notwendigen Aktualität. Die *ratio legis* hingegen weist bereits auf ein bestehendes Rechtsprinzip hin, sodass aus diesem induktiv die Begründung gezogen werden muss. Eine Begründung stellt die *ratio legis* folglich ebenfalls nicht dar. Mithin können beide Anhaltspunkte der Begründung dienen, sie jedoch nicht umfassend stützen.

Aufgrund des aufgezeigten Wesens eines Rechtsprinzips, das eine Wertentscheidung, etwas Allgemeines, wiedergibt, ist ein Rechtsprinzip im Wege der Induktion zu ermitteln und begründen.[863] Die Induktion stellt die *„wissenschaftliche Methode, vom besonderen Einzelfall auf das Allgemeine, Gesetzmäßige zu schließen“*,[864] dar. Auch wenn die Induktion den anspruchsvollsten Weg zur Begründung eines Rechtsprinzips darstellt,[865] kann nur diese eine umfassende und überzeugende Begründung liefern. Haben mehrere Regeln mit unterschiedlichen Anwendungsbereichen eine vergleichbare Grundlage, so indiziert diese Vergleichbarkeit ein Rechtsprinzip. So wird etwa das Prinzip des Vertrauensschutzes aus den §§ 891 ff., 932 ff., 1006, 1412, 2366 f. BGB, 15 HGB abgeleitet.[866] Aus der vergleichenden Betrachtung verschiedener Normen folgt mithin das übergeordnete Rechtsprinzip, das den Normen zu Grunde liegt. Ein Rechtsprinzip ergibt sich aber nicht nur aus der Vergleichbarkeit der Grundlage, sondern kann sich auch einzig aus einer Wertentscheidung, insbesondere den Grundrechten ergeben. So folgt etwa das Demokratieprinzip aus Art. 20 Abs. 1 GG,[867] der Grundsatz der Vertragsfreiheit aus Art. 2 Abs. 1 GG[868] und das Schuldprinzip im

---

861 *Möllers*, Juristische Methodenlehre, § 9, Rn. 16.

862 *Larenz/Canaris*, Methodenlehre der Rechtswissenschaft, S. 302.

863 So auch *Larenz/Canaris*, Methodenlehre der Rechtswissenschaft, S. 302; *Möllers*, Juristische Methodenlehre, § 9, Rn. 18 f.

864 Bedeutung des Begriffs „Induktion“ unter https://www.duden.de/rechtschreibung/Induktion (Stand: 01.11.2022).

865 *Möllers*, Juristische Methodenlehre, § 9, Rn. 21.

866 *Möllers*, Juristische Methodenlehre, § 9, Rn. 17.

867 *Pieroth*, JuS 2010, 473, 473.

868 *Busche*, in: MünchKomm-BGB, Vorb. zu § 145, Rn. 3.

Wesentlichen aus der Achtung der Menschenwürde gemäß Art. 1 Abs. 1 GG[869]. Die Induktion kann jedoch nicht endlos durchgeführt werden, sondern findet ihr Ende dort, wo sie infolge eines zu weiten Rückschlusses zu einer Rechtsidee führt; diese ist zugleich die Begrenzung für das betreffende Rechtsprinzip.[870]

Die Begründung eines Rechtsprinzips kann aufgrund der Vielzahl an Grundlagen auch im Wege der Gesamtanalogie erfolgen,[871] bei der aus mehreren Regeln ein einheitliches Rechtsprinzip entnommen wird. Die Gesamtanalogie hat ihre Grundlage im Gleichheitssatz aus Art. 3 Abs. 1 GG,[872] sodass bei erweiterter Betrachtung das Rechtsprinzip mit Art. 3 Abs. 1 GG i. V. m. den analog herangezogenen Regeln begründet werden kann.[873] Das Argument, dass die Prinzipienbegründung bei der Gesamtanalogie nur das Mittel zum Zweck der konkreten Anwendung auf einen bestimmten Sachverhalt ist,[874] vermag nicht zu überzeugen. Zutreffend ist, dass die Prinzipienbegründung bei der Gesamtanalogie nur als Zwischenschritt für die konkrete Anwendung erfolgt, jedoch wird ein Rechtsprinzip wie auch bei der Induktion in abstraktem Bezug zur Rechtsordnung begründet.[875] Die Gesamtanalogie endet folglich im Unterschied zur Induktion mit der Konkretisierung. Diese Konkretisierung auf einen bestimmten Anwendungsfall ändert an der Möglichkeit der Gesamtanalogie für die Begründung eines Rechtsprinzips nichts.

Aufgrund der umfassendsten Ableitung bleibt festzuhalten, dass der geeignetste Ansatz für die Begründung eines Rechtsprinzips die Induktion ist, derer sich auch die Gesamtanalogie bedient. Unterstützend können die Rechtshistorie und die *ratio legis* dienen.

bb) Die Konkretisierung

Für die praktische Anwendung eines begründeten Rechtsprinzips ist dieses in einem zweiten Schritt zu konkretisieren, sodass es einer Subsumtion zugänglich wird. Dies muss nicht ausschließlich zu einer Regel, sondern kann ebenso

---

869 *Adam/Schmidt/Schumacher*, NStZ 2017, 7, 7 f.

870 *Bydlinski/Bydlinski*, Grundzüge der juristischen Methodenlehre, S. 100.

871 So auch *Larenz/Canaris*, Methodenlehre der Rechtswissenschaft, S. 302; zu § 136 AktG siehe etwa *Arnold*, in: MünchKomm-AktG, § 136, Rn. 21.

872 *Möllers*, Juristische Methodenlehre, § 9, Rn. 18.

873 Anderer Ansicht: *Möllers*, Juristische Methodenlehre, § 9, Rn. 18.

874 *Bydlinski/Bydlinski*, Grundzüge der juristischen Methodenlehre, S. 99 f.; *Möllers*, Juristische Methodenlehre, § 9, Rn. 18.

875 Anders *Möllers*, Juristische Methodenlehre, § 9, Rn. 18, der dies nur bei der Induktion annimmt.

zu einem prinzipienverbindenden Rechtsinstitut führen.[876] Im Unterschied zur Begründung eines Rechtsprinzips wird die Konkretisierung im Wege der Deduktion vorgenommen, also durch den Rückschluss vom Allgemeinen auf das Besondere.[877] Die Konkretisierung eines Rechtsprinzips ist idealerweise durch eine gesetzliche Regel gegeben, etwa dort, wo die Induktion aus einem Konvolut an Regeln erfolgt. So sind im obigen Beispiel zum Vertrauensschutz die jeweiligen Regeln als Konkretisierung dieses Prinzips zu betrachten.

Daneben kann die Konkretisierung auch im Wege der Rechtsfortbildung zu einem Rechtsinstitut erfolgen. Dies entspricht in seiner Anwendung einer Regel, sofern eine verbindliche Rechtsfolge aufgrund subsumierfähiger Tatbestandsmerkmale erzielt werden kann.[878] Auch eine Einzelanalogie stellt eine geeignete Möglichkeit zur Konkretisierung dar, da diese ebenfalls durch Deduktion erfolgt. Unter Anwendung des betreffenden Rechtsprinzips und bei Vorliegen der Analogievoraussetzungen kann die vergleichbare Interessenlage auf dem Rechtsprinzip beruhen. In diesem Fall stellt die analoge Anwendung einer Regel auf einen ungeregelten Sachverhalt eine Konkretisierung, die vergleichbar mit einer bestehenden Regel ist, dar.

Notwendig ist für die Konkretisierung eines Rechtsprinzips die Abwägung mit konträren Rechtsprinzipien, andernfalls würden grundsätzliche Wertentscheidungen vollständig verdrängt werden. Dies würde dazu führen, dass ein Rechtsprinzip trotz seines Wertgehalts *ad absurdem* geführt und verdrängt werden würde. Die Abwägung kommt insbesondere bei einer Anwendung der als Rechtsprinzipien geltenden Grundrechte[879] in Betracht. Soll ein Grundrecht einer Prüfung unterzogen werden, bedarf es vorher einiger Zwischenschritte, bei welchen insbesondere kollidierende Grundrechte im Rahmen der praktischen Konkordanz in Ausgleich zum ursprünglichen Grundrecht gebracht werden.[880] Erst nachdem diese Zwischenschritte durchgeführt worden sind, ist ein Grundrecht hinreichend konkretisiert, sodass eine Rechtsfolge besteht.

2. *Ein Prinzip des Schutzes der wirtschaftlichen Grundlagen?*

Betrachtet man diese Voraussetzungen für ein Rechtsprinzip, so könnte auch in Bezug auf den Umfang der Vertretungsmacht der Geschäftsleitung bei

---

876 *Möllers*, Juristische Methodenlehre, § 9, Rn. 24.
877 *Möllers*, Juristische Methodenlehre, § 9, Rn. 24.
878 *Möllers*, Juristische Methodenlehre, § 9, Rn. 14.
879 *Alexy*, Theorie der Grundrechte, S. 104.
880 *Möllers*, Juristische Methodenlehre, § 9, Rn. 25.

Gesamtvermögensgeschäften ein solches Prinzip bestehen und berücksichtigt werden müssen.

Diese These fußt im Wesentlichen darauf, dass im Zivilrecht zahlreiche Normen bestehen, die besondere Regelungen für Gesamtvermögensgeschäfte treffen. Dem könnte zwar entgegengehalten werden, dass § 179a AktG die einzige ausdrückliche Norm des Handels- und Gesellschaftsrechts ist, die Regelungen für Gesamtvermögensgeschäfte aufweist. Folgt diese jedoch einem allgemeinen Rechtsprinzip, so wäre eine erweiterte Anwendung auf andere Rechtsformen geboten. Ob ein solches Rechtsprinzip für Gesamtvermögensgeschäfte besteht, ist nachfolgend Gegenstand der Untersuchung.

a) Rechtssubjekte als Träger von Rechten und Pflichten

Das deutsche Rechtssystem differenziert zwischen Rechtssubjekten und -objekten. Erstere sind als natürliche oder juristische Personen befähigt, Rechte und Pflichten zu tragen.[881] Letztere sind hingegen der Herrschaftsmacht der Rechtssubjekte unterworfen.[882] Eines der Rechte, die ein Rechtssubjekt tragen kann, ist das Eigentumsrecht am Vermögen. Das Vermögen setzt sich aus der Gesamtheit aller Eigentümer zusammen. Auf das Gesellschaftsrecht angewendet bedeutet dies, dass das Gesellschaftsvermögen als Rechtsobjekt ein Recht der Gesellschaft als Rechtssubjekt begründet.

Die Reichweite eines Rechts oder einer Pflicht bestimmt sich grundsätzlich nach der Handlungsfreiheit des Rechtssubjekts. Der Gesetzgeber kann diese in bestimmten Fällen einschränken, sodass der Umfang der Verfügungsgewalt gesetzlich begrenzt wird. Dies erfolgt etwa durch bestimmte Zustimmungs- und Formerfordernisse.

b) Gesamtvermögensgeschäfte im BGB

Derartige Zustimmungs- und Formerfordernisse bestehen für Geschäfte über das ganze Vermögen in einer Vielzahl von Normen im BGB, sodass nicht nur das Gesellschaftsrecht mit § 179a AktG eine Sondernorm in Bezug auf das ganze Vermögen aufweist.

Das praktisch relevanteste Zustimmungserfordernis aus dem BGB dürfte § 1365 BGB darstellen, nach dem die Verwaltungs- und Verfügungsbefugnis eines Ehepartners beschränkt wird. Gemäß § 1365 Abs. 1 BGB bedarf ein persönliches Gesamtvermögensgeschäft eines Ehepartners der Zustimmung des

881 *Brox/Walker*, BGB AT, § 33, Rn. 2.
882 *Brox/Walker*, BGB AT, § 35, Rn. 1.

anderen Ehepartners. Dieses Einwilligungserfordernis weicht von dem Grundsatz des § 1364 Hs. 1 BGB ab, nach dem ein Ehepartner grundsätzlich über das in seinem Alleineigentum stehende Vermögen frei verfügen darf. Mit dieser Beschränkung der Verwaltungs- und Verfügungsbefugnis soll die wirtschaftliche Grundlage der Ehe und Familie gewahrt werden:[883] dies weist einen engen Bezug zu Art. 6 GG auf. Nach herrschender Meinung wird zudem auch der ausgleichsberechtigte Ehepartner geschützt.[884] Dieser Schutzzweck führt dazu, dass eine konkrete Gefährdung der wirtschaftlichen Grundlage und des ausgleichsberechtigten Ehepartners nicht notwendig ist, vielmehr ist bereits die abstrakte Gefährdung, die aus dem Gesamtvermögensgeschäft folgt, ausreichend.[885]

Vergleichbar im Hinblick auf das Schutzgut sind auch die §§ 1850 Abs. 1, 1854 Nr. 1 BGB, nach denen ein Vormund die Zustimmung des Familiengerichts für ein Rechtsgeschäft über das ganze Vermögen des Mündels benötigt. Diese Kompetenzübertragung auf das Familiengericht soll zu Gunsten des Mündels dafür sorgen, dass besonders wertvolle Wirtschaftsgüter im Vermögen des Mündels erhalten bleiben.[886] Ein Gesamtvermögensgeschäft weist ebenfalls eine derart erhebliche Bedeutung für das Vermögen des Mündels auf, sodass dies nicht den gewöhnlichen Verwaltungsaufgaben des Vormunds zugeordnet werden darf.[887] Diese Normen gelten gemäß § 1643 Abs. 1 BGB auch für das elterliche Sorgerecht. Die Eltern können, trotz ihrer – im Unterschied zum Vormundschaftsrecht – weitergehenden Sorgerechte[888] keine Rechtsgeschäfte über ein Grundstück oder das Vermögen im Ganzen im Namen ihres Kindes abschließen.

---

883 *Thiele*, in: Staudinger, BGB, § 1365, Rn. 2.

884 BGH, Beschluss vom 18.04.1961 – V ZB 17/60 = NJW 1981, 1301, 1302; BGH, Urteil vom 13.11.1963 – V ZR 56/62 = NJW 1964, 347, 347; BGH, Urteil vom 23.06.1983 – IX ZR 47/82 = NJW 1984, 609, 610; BGH, Beschluss vom 14.06.2007 – V ZB 102/06 = DNotZ 2008, 132, 135, Rn. 18; *Budzikiewicz*, in: Erman, BGB, § 1365, Rn. 1; *Koch*, in: MünchKomm-BGB, § 1365, Rn. 2; *Scheller/Sprink*, in: Hau/Poseck, BGB, § 1365, Rn. 1; *Thiele*, in: Staudinger, BGB, § 1365, Rn. 2; differenzierend: *Szalai*, in: BeckOGK-BGB, § 1365, Rn. 2.1 f.

885 *Thiele*, in: Staudinger, BGB, § 1365, Rn. 2.

886 *Götz*, in Grüneberg, BGB, Einl v § 1848, Rn. 7; so auch die Begründung zu den Vorgängernormen §§ 1821 Abs. 1 Nr. 1, 1822 Nr. 1 BGB a. F., Mot. IV, S. 1137, abgedruckt in *Mugdan*, Materialien zum BGB für das Deutsche Reich, IV. Bd., S. 603.

887 So die Begründung in Mot. IV, S. 1140, abgedruckt in *Mugdan*, Materialien zum BGB für das Deutsche Reich, IV. Bd., S. 604, zu den §§ 1821 Abs. 1 Nr. 1, 1822 Nr. 1 BGB a. F., die mangels eines erkennbaren abweichenden Willens des Gesetzgebers für § 1850 BGB n. F. entsprechend gelten muss.

888 *Heilmann*, in: Staudinger, BGB, § 1643, Rn. 2.

Diese Rechtsgeschäfte erfordern ebenfalls die Genehmigung durch das Familiengericht, sodass die Vermögensinteressen des Kindes gewahrt bleiben.[889]

Nicht in die Reihe der Zustimmungserfordernisse bei Gesamtvermögensgeschäften fallend, aber gleichwohl vergleichbar ist § 311b Abs. 3 BGB. Gemäß § 311b Abs. 3 BGB bedarf ein Verpflichtungsgeschäft über das ganze Vermögen der notariellen Beurkundung. Fehlt die notarielle Beurkundung des Gesamtvermögensgeschäfts, so ist dieses gemäß § 125 S. 1 BGB formnichtig. Eine Heilung infolge der Durchführung des Geschäfts ist im Unterschied zu § 311b Abs. 1 S. 2 BGB ausgeschlossen.[890] Auch wenn § 311b BGB kein Zustimmungserfordernis darstellt, so besteht gleichwohl ein enger Bezug zum Schutz des ganzen Vermögens. Das Telos der Norm ist zum einen der Schutz vor übereilten Rechtsgeschäften und zum anderen die Warn- und Hinweisfunktion,[891] die der Notar gewährleistet.[892] Es soll vor einem Verlust der Erwerbsfähigkeit und einem Verlust des Antriebs zum Erwerb geschützt werden.[893]

Es ist folglich erkennbar, dass der von § 311b Abs. 3 BGB bezweckte Schutz mit den Schutzzwecken der Normen des Familienrechts vergleichbar ist. Mit der Hinderung vor übereilten Geschäften, deren Reichweite die notarielle Warn- und Hinweisfunktion dem Veräußerer verdeutlichen soll, wird ebenfalls die wirtschaftliche Grundlage geschützt. Dass diesbezüglich kein Zustimmungs-, sondern lediglich ein Formerfordernis besteht, folgt aus dem Umstand, dass Rechtsgeschäfte des § 311b Abs. 3 BGB nicht zwangsläufig mit Personen in einer Gemeinschaft oder einem Sorgerechtsverhältnis abgeschlossen werden, sondern auch Individualpersonen denkbar sind, bei denen eine Zustimmung nicht möglich ist.

c) *Gesamtvermögensgeschäfte in der InsO*

Vom Zivilrecht gänzlich ausgenommen, aber gleichwohl dasselbe Schutzobjekt zum Gegenstand hat § 160 InsO. Gemäß § 160 InsO bedürfen besonders bedeutsame Rechtsgeschäfte der Zustimmung der Gläubigerversammlung, wenn diese

889 *Huber*, in: MünchKomm-BGB, § 1643, Rn. 1.

890 BGH, Urteil vom 28.06.2016 – X ZR 65/14 = NJW 2017, 885; BGH, Urteil vom 08.01.2019 – II ZR 364/18 = NZG 2019, 505, Rn. 26.

891 Siehe dazu auch die notariellen Pflichten bei der Erfüllung der Warn- und Hinweisfunktion im 6. Kap. § 1 B. I.

892 *Schumacher*, in: Staudinger, BGB, § 311b, Rn. 3.

893 Mot. II, S. 186 zu § 350 BGB, abgedruckt in *Mugdan*, Materialien zum BGB für das Deutsche Reich, II. Bd., S. 102.

die Insolvenzmasse betreffen. Die besonders bedeutsamen Rechtsgeschäfte sind in § 160 InsO nicht abschließend aufgezählt.[894] Ein Gesamtvermögensgeschäft wird regelmäßig bereits gemäß § 160 Abs. 2 Nr. 1 Var. 1 oder Var. 2 InsO ein besonders bedeutsames Geschäft i. S. d. Norm darstellen, ist aufgrund dieser Aufzählung jedoch auch dann gegeben, wenn das konkrete Gesamtvermögensgeschäft nicht dem Katalog des § 160 Abs. 2 InsO unterfällt.

Fehlt es an einer Zustimmung der Gläubigerversammlung, so ist das abgeschlossene Rechtsgeschäft gemäß § 164 InsO gleichwohl wirksam, auch wenn der Erwerber Kenntnis vom Verstoß gegen § 160 InsO hat. Eine Ausnahme besteht jedoch dort, wo evident gegen den Zweck des Insolvenzverfahrens verstoßen wird.[895]

d) Die Vertretungsmacht bei Grundlagen- und Gesamtvermögensgeschäften

Auch das Handels- und Gesellschaftsrecht weist in Bezug auf Gesamtvermögensgeschäfte bestimmte Ausnahmen vom Umfang der Vertretungsmacht auf. Neben der ausdrücklichen Norm des § 179a AktG sind diesbezüglich Grundlagengeschäfte anzuführen. Dies sind Geschäfte, die die Grundlagen der Gesellschaft betreffen. Demzufolge wird auch im Handels- und Gesellschaftsrecht die Vertretungsmacht nicht grenzenlos gewährt.

Das diesbezüglich bestehende zentrale Spannungsfeld wird im Handels- und Gesellschaftsrecht von den konträr verlaufenden Interessen begründet. Es stehen sich die grundsätzlich unbeschränkte Vertretungsmacht der Geschäftsleitung zu Gunsten der Rechtssicherheit[896] und das Interesse der Gesellschafter am Erhalt der Grundlagen der Gesellschaft entgegen. Es stellt sich folglich die Frage, wie dieses Spannungsfeld im Rechtssystem ausgestaltet ist. Ausgehend von dieser Antwort kann anschließend der zentralen Fragestellung nachgegangen werden, wie sich ein Gesamtvermögensgeschäft und der Grundsatz der unbeschränkten Vertretungsmacht im Gesellschaftsrecht zueinander verhalten.

---

894 BT-Drs. 12/2443, 174.

895 *Bünning/Meyer*, in: Braun, InsO, § 164, Rn. 2.

896 *Bayer*, FS Vetter, 51, 52.

aa) Der Umfang der Vertretungsmacht im Handels- und Gesellschaftsrecht

(1) Personen- und Personenhandelsgesellschaften

Die Geschäftsführung einer Gesellschaft bürgerlichen Rechts (GbR) führt gemäß den §§ 709, 714 BGB (ab 01.01.2024:[897] §§ 715, 720 BGB n. F.) die Geschäfte und vertritt die Gesellschaft nach außen. Die Geschäftsführungsbefugnis, deren Maßstab für die Vertretungsmacht entsprechend gilt[898], erfasst sämtliche Maßnahmen, die der Förderung des Gesellschaftszwecks dienen.[899] Grundlagengeschäfte[900] werden jedoch nicht erfasst.[901] Den Gesellschaftern einer GbR steht gemäß den §§ 709 Abs. 1 S. 1, 714 BGB (ab 01.01.2024: §§ 715 Abs. 1, 720 Abs. 1 BGB n. F.) die Geschäftsführung gemeinschaftlich zu. Schließt die Geschäftsführung außerhalb des Umfangs ihrer Vertretungsmacht ein Rechtsgeschäft ab, so wird die Gesellschaft grundsätzlich nicht verpflichtet. Die Geschäftsführung handelt in diesem Fall als Vertreter ohne Vertretungsmacht mit den Rechtsfolgen der §§ 177 ff. BGB.[902]

Vergleichbar sind die Geschäftsführungsbefugnis gemäß den §§ 114 ff. HGB und die Vertretungsmacht gemäß den §§ 125 ff. HGB bei der offenen Handelsgesellschaft (OHG) ausgestaltet. Die Normen finden gemäß § 161 Abs. 2 HGB auf die KG entsprechend Anwendung. Die wesentlichste Ausnahme zur Geschäftsführung bei der GbR ist die bestehende Einzelbefugnis bei der Führung der Geschäfte und Vertretung der Gesellschaft. Auch die geschäftsführenden Gesellschafter einer Personenhandelsgesellschaft können gemäß § 116 Abs. 1 HGB (ab 01.01.2024: § 116 Abs. 2 S. 1 Hs. 1 HGB n. F.) nur solche Geschäfte führen, die der gewöhnliche Betrieb mit sich bringt; dies umfasst ebenfalls keine Grundlagengeschäfte.[903] Für den Umfang der Vertretungsmacht

---

897 Am 01.01.2024 tritt das Gesetz zur Modernisierung des Personengesellschaftsrechts (Personengesellschaftsrechtsmodernisierungsgesetz – MoPeG) in Kraft, BGBl. I 2021, 3436.

898 *Schäfer*, in: MünchKomm-BGB, § 714, Rn. 24.

899 *Schäfer*, in: MünchKomm-BGB, § 709, Rn. 7.

900 Siehe zum Begriff das 3. Kap. § 1 C. III. 2. d) bb).

901 *Bergmann*, in: Herberger/Martinek/u. a., BGB, Stand: 01.02.2020, § 709, Rn. 16; *Geibel*, in: BeckOGK-BGB, § 709, Rn. 7; *Schäfer*, in: MünchKomm-BGB, § 709, Rn. 10; *Westermann*, in: Erman, BGB, § 709, Rn. 6.

902 *Schäfer*, in: MünchKomm-BGB, § 714, Rn. 28.

903 *Drescher*, in: E/B/J/S, HGB, § 116, Rn. 2; *Jickeli*, in: MünchKomm-HGB, § 116, Rn. 6; *Klimke*, in: Häublein/Hoffmann-Theinert, HGB, § 114, Rn. 6; *Lieder*, in: Oetker, HGB, § 116, Rn. 3; *Roth*, in: Hopt, HGB, § 116, Rn. 3.

gemäß § 126 Abs. 1 HGB (ab 01.01.2024: § 124 Abs. 4 S. 1 HGB n. F.) gilt dies entsprechend.[904]

Erfasst die Vertretungsmacht der geschäftsführenden Gesellschafter folglich keine Grundlagengeschäfte, so kann der Grundsatz der unbeschränkten Vertretungsmacht gemäß § 126 Abs. 2 HGB (ab 01.01.2024: § 124 Abs. 4 S. 2 HGB n. F.) keine Anwendung finden. Dieser besagt grundsätzlich, dass der Umfang nicht beschränkt werden kann. Hieraus folgt aber nicht, dass der Umfang absolut besteht. Vielmehr ist der Umfang der Vertretungsmacht nicht in seinem gesetzlich vorgegebenen Umfang beschränkbar. Geht eine Maßnahme der Geschäftsführung über den gesetzlichen Umfang der Vertretungsmacht hinaus, findet der Grundsatz der unbeschränkten Vertretungsmacht keine Anwendung.

(2) Die Vertretungsmacht des Prokuristen

Mit der Vertretungsmacht der Geschäftsführung im Personengesellschaftsrecht vergleichbar ist der Umfang der Vertretungsmacht eines Prokuristen im HGB ausgestaltet. Die Prokura stellt eine besondere Vertretungsmacht im Handelsrecht dar, die von Kaufleuten und Handelsgesellschaften erteilt werden kann. Der Umfang der Vertretungsmacht eines Prokuristen wird im Wesentlichen durch § 49 HGB bestimmt. Demnach ermächtigt eine Prokura nach § 49 Abs. 1 HGB zu allen Arten von Geschäften und Rechtshandlungen, die der Betrieb eines Handelsgewerbes mit sich bringt. Der Umfang ist im Interesse der Sicherheit des Rechtsverkehrs bewusst weit gefasst.[905] Hiervon sind – entsprechend der Vertretungsmacht der Geschäftsführung – Grundlagengeschäfte ausgenommen, da der Betrieb eines Handelsgewerbes diese nicht „mit sich bringt".[906] Neben Grundlagengeschäften sind nach § 49 Abs. 2 HGB auch Grundstücksgeschäfte ausdrücklich vom Umfang der Vertretungsmacht ausgenommen. Diese Regelung hat den Zweck, dass Grundstücksgeschäfte aufgrund ihrer regelmäßig

904 *Boesche*, in: Oetker, HGB, § 126, Rn. 6; *Haas*, in: Röhricht/Graf von Westphalen/Haas, HGB, § 126, Rn. 3; *Hillmann*, in: E/B/J/S, HGB, § 126, Rn. 9; *Klimke*, in: Häublein/Hoffmann-Theinert, HGB, § 126, Rn. 5; *Roth*, in: Hopt, HGB, § 126, Rn. 3; *K. Schmidt/Drescher*, in: MünchKomm-HGB, § 126, Rn. 10; *Steitz*, in: Henssler/Strohn, GesR, § 126 HGB, Rn. 7; *Meyer*, GmbHR 2019, 973, 978.

905 *Krebs*, in: MünchKomm-HGB, § 49, Rn. 1.

906 *Krebs*, in: MünchKomm-HGB, § 49, Rn. 23; *Stöber*, HandelsR, Rn. 169.

hohen wirtschaftlichen Bedeutung für den Kaufmann vom Umfang der Vertretungsmacht eines Prokuristen nicht erfasst werden sollen, um den Kaufmann zu schützen.[907]

Es zeigt sich, dass den Regelungen zur Prokura ein Interessenausgleich zwischen der Sicherheit des Rechtsverkehrs und dem Schutz des Kaufmanns vor dem Verlust wirtschaftlich bedeutsamer Wirtschaftsgüter inhärent ist. Geschäfte mit besonderer Bedeutung für das Handelsgewerbe eines Kaufmanns sollen danach nicht vom Umfang der Vertretungsmacht eines Prokuristen umfasst sein.

(3) Vereine und Kapitalgesellschaften

Der Verein als Urform der Kapitalgesellschaft[908] wird durch seinen Vorstand gerichtlich und außergerichtlich vertreten. Der Umfang der Vertretungsmacht des Vorstands gilt im Außenverhältnis grundsätzlich unbeschränkt,[909] kann jedoch gemäß § 26 Abs. 1 S. 3 BGB Dritten gegenüber durch die Vereinssatzung beschränkt werden.

Anstelle eines Vorstands weist eine GmbH eine Geschäftsführung auf, die gemäß § 35 Abs. 1 GmbHG die GmbH gerichtlich und außergerichtlich vertritt. Eine Beschränkung des Umfangs der Vertretungsmacht der Geschäftsführung einer GmbH ist gemäß § 37 Abs. 2 GmbHG im Außenverhältnis ohne rechtliche Wirkung. Dies dient der Rechtssicherheit.[910] Im Unterschied zu Aktionären stehen den Gesellschaftern einer GmbH erweiterte Einflussmöglichkeiten auf das Handeln der Geschäftsführung zu, indem gemäß § 37 Abs. 1 GmbHG mittels Beschlusses der Gesellschafterversammlung Weisungen der Gesellschafter an die Geschäftsführung erteilt werden können. Daneben ist die Gesellschafterversammlung gemäß § 46 GmbHG oder gemäß § 49 Abs. 2 GmbHG, wenn es besondere Gründe der Gesellschaft erforderlich machen, einzuberufen. Diese Maßnahmen der Gesellschafter betreffen jedoch nur das Innenverhältnis und nicht den Umfang der Vertretungsmacht.[911]

In einer AG übernimmt der Vorstand gemäß § 76 AktG die Leitung der Gesellschaft, die gemäß § 78 AktG auch die Vertretung der AG umfasst und gemäß § 82 Abs. 1 AktG unbeschränkt gilt, es sei denn, es bestehen gesetzliche

---

907 *Krebs*, in: MünchKomm-HGB, § 49, Rn. 37; vgl. auch KG Berlin, Beschluss vom 05.07.2021 – 1 W 26/20 = NJW 2021, 2810, Rn. 6.

908 *Schöpflin*, in: Hau/Poseck, BGB, § 21, Rn. 37.

909 *Segna*, in: BeckOGK-BGB, § 26, Rn. 26.

910 *Stephan/Tieves*, in: MünchKomm-GmbHG, § 37, Rn. 156.

911 Siehe 3. Kap. § 1 C. II. 1.

Einschränkungen wie § 179a AktG. Im Unterschied zur GmbH ist der Vorstand der AG aufgrund der ihm zustehenden Leitungsmacht weisungsfrei.[912] Diese grundsätzliche Weisungsfreiheit wird von § 83 AktG durchbrochen; demnach hat der Vorstand unter anderem Beschlüsse der Hauptversammlung vorzubereiten und auszuführen.

Der Vorstand einer Genossenschaft ist gemäß § 27 Abs. 2 GenG ebenfalls in seiner Vertretungsmacht nicht nach außen beschränkt, dies entspricht dem Umfang der Vertretungsmacht des GmbH-Geschäftsführers und des Vorstands der AG.

bb) Das Grundlagengeschäft

Der Umfang der Vertretungsmacht im Recht der Personengesellschaften erfasst keine Grundlagengeschäfte. Grundlagengeschäfte stellen Geschäfte dar, die das Innenverhältnis der Gesellschafter betreffen.[913] Ein Grundlagengeschäft liegt etwa in der Änderung des Gesellschaftsvertrags,[914] aber auch in Struktur- und Organisationsentscheidungen, die keine tatsächliche Änderung des Gesellschaftsvertrags bedeuten.[915] Das gilt für Personen[916]- und Personenhandelsgesellschaften[917], hingegen nicht für Kapitalgesellschaften, bei denen lediglich eine

912 *Spindler*, in: MünchKomm-AktG, § 76, Rn. 22.

913 *Boesche*, in: Oetker, HGB, § 126, Rn. 6; *Haas*, in: Röhricht/Graf von Westphalen/Haas, HGB, § 126, Rn. 3; *Hillmann*, in: E/B/J/S, HGB, § 126, Rn. 7; *Klimke*, in: Häublein/Hoffmann-Theinert, HGB, § 114, Rn. 6; *Roth*, in: Hopt, HGB, § 126, Rn. 3; *K. Schmidt/Drescher*, in: MünchKomm-HGB, § 126, Rn. 10; *Steitz*, in: Henssler/Strohn, GesR, § 126 HGB, Rn. 7; *von Ditfurth*, in: Gummert/Weipert, MHdB GesR Bd. 1, § 54, Rn. 7.

914 *Boesche*, in: Oetker, HGB, § 126, Rn. 6.

915 *Haas*, in: Röhricht/Graf von Westphalen/Hass, HGB, § 114, Rn. 5; *Klimke*, in: Häublein/Hoffmann-Theinert, HGB, § 114, Rn. 9; *Lieder*, in: Oetker, HGB, § 114, Rn. 8; *Roth*, in: Hopt, HGB, § 126, Rn. 3; *Jickeli*, in: MünchKomm-HGB, § 114, Rn. 11 f.

916 *Bergmann*, in: Herberger/Martinek/u. a., BGB, Stand: 01.02.2020, § 714, Rn. 6; *Reuter*, in: Staudinger, BGB, § 714, Rn. 8; *Schäfer*, in: MünchKomm-BGB, § 714, Rn. 25; *Schöne*, in: Hau/Poseck, BGB, § 714, Rn. 9; *Servatius*, in: Henssler/Strohn, GesR, § 714 BGB, Rn. 3; *Westermann*, in: Erman, BGB, § 714, Rn. 9; *Karrer*, in: Gummert, MAHdB PersG, § 14, Rn. 3; *Stengel*, in: Prinz/Kahle, BeckHdB PersG, § 3, Rn. 210.

917 *Boesche*, in: Oetker, HGB, § 126, Rn. 6; *Haas*, in: Röhricht/Graf von Westphalen/Hass, HGB, § 126, Rn. 3; *Hillmann*, in: E/B/J/S, HGB, § 126, Rn. 7; *Kindler*, in: Koller/Kindler/Roth/Drüen, HGB, § 126, Rn. 2; *Roth*, in: Hopt, HGB, § 126, Rn. 3; *K. Schmidt/Drescher*, in: MünchKomm-HGB, § 126, Rn. 10; *Steitz*, in: Henssler/Strohn, GesR, § 126 HGB, Rn. 7.

Beschränkung im Innenverhältnis erfolgt[918]. Jedoch führen gesetzliche Zustimmungsvorbehalte zu einer Beschränkung der Vertretungsmacht bei der AG,[919] so etwa § 179a AktG.

Grundlagengeschäfte, die vom Umfang der Vertretungsmacht der Geschäftsleitung nicht erfasst werden, sind mithin grundsätzlich ein personengesellschaftliches Phänomen.

cc) Der Vertrauensschutz, die GesRRL und der Leitgedanke des HGB

Ein mögliches allgemeines Prinzip des Verbandsrechts oder sogar ein Prinzip des Schutzes der wirtschaftlichen Grundlagen würde stets konträr zum Grundsatz der unbeschränkten Vertretungsmacht laufen. Dieser Grundsatz der unbeschränkten Vertretungsmacht folgt aus dem Vertrauensschutz und der Rechtssicherheit und wird durch Art. 9 der GesRRL sowie handelsrechtliche Grundsätze mitgebildet. Diese sind nachfolgend zu untersuchen, denn ohne eine vertiefende Betrachtung dieser konträren Grundsätze respektive Normen könnten beide Prinzipien nicht rechtssicher begründet werden.

(1) Der Vertrauensschutz

Das BGB weist zahlreiche Regelungen auf, die einen Vertragspartner vor einem unbefugten oder unberechtigten Handeln des anderen Vertragspartners schützen, etwa durch die Regelungen zur Anscheins- und Duldungsvollmacht im Vertretergeschäft. Dies beruht auf dem Grundsatz, dass ein Erwerber, der berechtigt auf einen Rechtsschein vertraut, geschützt werden soll, sodass ein Recht erworben werden kann, über das der Veräußernde nicht verfügen durfte.[920]

Der Vertrauensschutz führt dazu, dass in den Regeln der Stellvertretung ein eigenes Trennungs- und Abstraktionsprinzip beinhaltet ist.[921] Das Trennungs- und Abstraktionsprinzip besagt, dass die im Außenverhältnis bestehende Vertretungsmacht getrennt von dem im Innenverhältnis zwischen Vertreter und

---

918 Zur GmbH: *Altmeppen*, in: Altmeppen, GmbHG, § 35, Rn. 17; *Lenz*, in: Michalski, GmbHG, § 35, Rn. 35; *Oetker*, in: Henssler/Strohn, GesR, § 35 GmbHG, Rn. 48; *Schneider/Schneider*, in: Scholz, GmbHG, § 35, Rn. 25; *Wisskirchen/Zoglowek*, in: Ziemons/Jaeger/Pöschke, GmbHG, § 35, Rn. 11 f.
Zur AG: *Spindler*, in: MünchKomm-AktG, § 82, Rn. 27; *Weber*, in: Hölters/Weber, AktG, § 82, Rn. 5.

919 *Seibt*, in: Schmidt/Lutter, AktG, § 82, Rn. 4.

920 *Brox/Walker*, BGB AT, § 2, Rn. 8.

921 Ausführliche Darstellung in *Lieder*, JuS 2014, 393 ff.

Vertretenem bestehenden Rechtsverhältnis zu behandeln ist[922] oder, um es mit *Lieder* zu halten: „*Vertretungsmacht berechtigt, Grundgeschäft verpflichtet*“[923]. Aus dem Trennungs- und Abstraktionsprinzip folgt, dass ein Überschreiten des rechtlichen Dürfens aus dem Innenverhältnis grundsätzlich nicht das rechtliche Können im Außenverhältnis tangiert. Eine Ausnahme hiervon stellt der Missbrauch der Vertretungsmacht dar, wenn der Vertragspartner mit dem Vertreter kollusiv zum Nachteil des Vertretenen handelte oder das Überschreiten des rechtlichen Dürfens aus dem Innenverhältnis evident gewesen ist.[924]

Dieser Vertrauensschutz im Hinblick auf den Rechtsschein findet sich im Gesellschaftsrecht insbesondere in den Regelungen zur grundsätzlich unbeschränkten Vertretungsmacht der vertretungsberechtigten Personen wieder. Bei Abschluss eines Rechtsgeschäfts soll sich der Vertragspartner darauf verlassen können, dass das Rechtsgeschäft wirksam im Namen der Gesellschaft abgeschlossen wurde. Das Interesse der Gesellschaft vor einem unbefugten Handeln ihrer vertretungsberechtigten Person tritt zurück.[925] Das Vertrauen genießt jedoch keinen absoluten Vorrang vor den Schutzinteressen der Gesellschaft, insbesondere bei Kollusion oder Evidenz wird dieser Grundsatz durchbrochen. Es ist daher die rechtspolitische Frage zu stellen, welchen Umfang der Vertrauensschutz aufweisen darf.[926] Diese Antwort ist in der nachfolgenden Untersuchung, ob ein Prinzip des Schutzes der wirtschaftlichen Grundlagen besteht, zu finden.

Ein Vertrauensschutz besteht jedoch nicht, wenn der Vertreter ohne Vertretungsmacht handelt, also sein rechtliches Können im Außenverhältnis nicht das konkrete Rechtsgeschäft erfasst. Dies kann etwa der Fall sein, wenn der gesetzliche Umfang der Vertretungsmacht eine konkrete Handlung nicht erfasst, beispielsweise Grundlagengeschäfte. In diesem Fall wird gemäß § 177 Abs. 1 BGB der Vertretene nicht gebunden. Dies folgt daraus, dass im Unterschied zum Missbrauch einer Vertretungsmacht das Handeln des Vertreters nicht mehr von der erteilten Vollmacht gedeckt ist. Das Handeln erfolgt außerhalb des Wirkungsradius. Es besteht somit kein Anlass, den (scheinbar) Vertretenen weniger zu schützen als den Dritten, der auf das Bestehen der Vertretungsmacht vertraut.[927]

922 *Bayer*, FS Vetter, S. 51, 52.
923 *Lieder*, JuS 2014, 393, 394.
924 *Bayer*, FS Vetter, S. 51, 53.
925 Vgl. zu § 82: *Spindler*, in: MünchKomm-AktG, § 82, Rn. 49.
926 *Spindler*, in: MünchKomm-AktG, § 82, Rn. 49.
927 *Schubert*, in: MünchKomm-BGB, § 177, Rn. 1.

(2) Art. 9 der GesRRL

Wie bereits dargelegt,[928] weist Art. 9 der GesRRL[929] einen Bezug zum Spannungsfeld zwischen der Vertretungsmacht und dem Zustimmungserfordernis der Gesellschafter auf. Gemäß Art. 1 GesRRL findet die GesRRL auf die AG, KGaA und GmbH Anwendung, sodass zumindest bei diesen Rechtsformen eine Berücksichtigung erfolgen muss. Aus Art. 9 Abs. 1 UAbs. 1 GesRRL folgt, dass eine Gesellschaft Dritten gegenüber durch Handlungen ihrer Organe verpflichtet wird, es sei denn, dass diese Handlungen die gesetzlich zugewiesenen Kompetenzen der Organe überschreiten. Dies folgt aus dem Erwägungsgrund, dass Drittinteressen besonders schutzbedürftig sind, indem nur offenkundige Tatsachen Kenntnis verschaffen können, ob die Person der Gegenseite zum Abschluss des betreffenden Rechtsgeschäfts berechtigt ist.[930]

(3) Die Schnelligkeit und Einfachheit des HGB

Neben diesen beiden Ansätzen darf auch nicht einer der Leitgedanken des HGB, die Schnelligkeit und Einfachheit des Rechtsverkehrs,[931] außer Acht gelassen werden. Dieser soll im Handelsrecht davor schützen, dass keine überbordenden Obliegenheiten bestehen, weshalb für die Schnelligkeit und Einfachheit zahlreiche Ausnahmen zu den Vorschriften des BGB gelten, um insbesondere die Massengeschäfte im Handelsverkehr rasch abzuwickeln.[932] Diesem Leitgedanken folgt auch der Grundsatz der unbeschränkten Vertretungsmacht, der eine erhebliche Störung des Geschäftsverkehrs im Handelsrecht vermeiden soll, indem die Vertretungsmacht des Geschäftspartners nicht stets geprüft werden muss.[933]

---

928 Siehe 2. Kap. § 1 H.

929 RL 2017/1132/EU.

930 ErwG. (7) und (8) des GesRRL, ABl. EU 2017, Nr. L 169/48; vgl. auch *Fleischer*, in: BeckOGK-AktG, § 82, Rn. 8.

931 *Merkt*, in: Hopt, HGB, Einleitung, Rn. 5; *Oetker*, in: Oetker, HGB, Einleitung, Rn. 10; *Röhricht/Graf von Westphalen/Haas*, in: Röhricht/Graf von Westphalen/Haas, HGB, Einleitung, Rn. 10; *W. Roth*, in: Koller/Kindler/Roth/Drüen, HGB, Einleitung von § 1, Rn. 6; *K. Schmidt*, in: MünchKomm-HGB, Vorb. zu § 1, Rn. 38.

932 *Röhricht/Graf von Westphalen/Haas*, in: Röhricht/Graf von Westphalen/Haas, HGB, Einleitung, Rn. 9.

933 *Oetker*, in: Oetker, HGB, Einleitung, Rn. 10.

dd) Stellungnahme

Es zeigt sich somit, dass ein Spannungsfeld zwischen der grundsätzlich unbeschränkten Vertretungsmacht der Geschäftsleitung und dem Schutz der Grundlagen einer Gesellschaft besteht. Es bestehen hinsichtlich dieses Spannungsfeldes partiell gesetzliche[934] oder allgemein anerkannte Beschränkungen des Umfangs der Vertretungsmacht. Eine Einheitlichkeit ist jedoch nicht erkennbar. Dies gilt auch in Bezug auf Gesamtvermögensgeschäfte. Somit ist zu untersuchen, ob § 179a AktG tatsächlich nur eine Ausnahmevorschrift im Handels- und Gesellschaftsrecht darstellt oder nicht doch einen übergreifenden Rechtsgedanken beinhaltet. Dafür ist zunächst darauf einzugehen, weshalb ein Gesamtvermögensgeschäft ein Grundlagengeschäft darstellt, um anschließend die Kernfrage zu untersuchen.

(1) Ein Gesamtvermögensgeschäft ist ein Grundlagengeschäft

Unter Berücksichtigung der Ausführungen und Voraussetzungen eines Grundlagengeschäfts ist auch ein Gesamtvermögensgeschäft als Grundlagengeschäft zu qualifizieren. Dies entspricht der überwiegenden Ansicht in der Literatur,[935] findet seine Grundlage aber nicht nur im *Nightclub*-Urteil des BGH[936] zur analogen Anwendung des § 179a AktG auf die KG,[937] sondern den allgemeinen Voraussetzungen eines Grundlagengeschäfts. Die Grundlagen einer Gesellschaft, die bereits bei Struktur- und Organisationsmaßnahmen betroffen werden, sind auch bei einem Gesamtvermögensgeschäft betroffen.

---

934 § 179a AktG.

935 *Haas*, in: Röhricht/Graf von Westphalen/Haas, HGB, § 126, Rn. 4; *Habermeier*, in: Staudinger, BGB, § 714, Rn. 8; *Hillmann*, in: E/B/J/S, HGB, § 126, Rn. 9; *Klimke*, in: Häublein/Hoffmann-Theinert, HGB, § 114, Rn. 9; *Roth*, in: Hopt, HGB, § 126, Rn. 3; *Schäfer*, in: MünchKomm-BGB, § 714, Rn. 25; *K. Schmidt/Drescher*, in: MünchKomm-HGB, § 126, Rn. 13; *Steitz*, in: Henssler/Strohn, GesR, § 126 HGB, Rn. 10; *von Ditfurth*, in: Gummert/Weipert, MHdB GesR Bd. 1, § 54, Rn. 7; *Scheel*, in: Gummert/Weipert, MHdB GesR Bd. 2, § 9, Rn. 6; *Witt*, Die Veräußerung des ganzen Gesellschaftsvermögens gemäß § 179a Abs. 1 AktG, S. 285; *Liebscher*, FS Ebke, S. 585, 592; diff. *Wentz*, WM 2022, 2262, 2266.

936 BGH, Urteil vom 09.01.1995 – II ZR 24/94 (*Nightclub*) = NJW 1995, 596; siehe dazu jetzt aber BGH, Urteil vom 15.02.2022 – II ZR 235/20 = NJW 2022, 1878.

937 So aber *Hillmann*, in: E/B/J/S, HGB, § 126, Rn. 9; *Klimke*, in: Häublein/Hoffmann-Theinert, HGB, § 114, Rn. 9; *Roth*, in: Hopt, HGB, § 126, Rn. 3; *Steitz*, in: Henssler/Strohn, GesR, § 126 HGB, Rn. 10.

Dies folgt aus dem Umstand, dass die wirtschaftliche Grundlage der Gesellschaft bei einer Veräußerung ihres ganzen Gesellschaftsvermögens eine Umstrukturierung erfährt. Veräußert eine Gesellschaft ihr ganzes Vermögen im Rahmen eines Kaufvertrags, so fließt regelmäßig der vereinbarte Kaufpreis im Gegenzug in das Vermögen der Gesellschaft. Dies mag in der Bilanz kaum Änderungen bewirken. Gleichwohl erfährt das Vermögen der Gesellschaft einen wesentlichen Eingriff, da die wirtschaftliche Handlungsfähigkeit, die sich im Wesentlichen durch das Gesellschaftsvermögen bestimmt, unmittelbar und zumindest mittelfristig gestört wird. Dies folgt daraus, dass mit der Veräußerung des ganzen Gesellschaftsvermögens regelmäßig eine temporäre Einstellung, zumindest jedoch eine Änderung des Geschäftsbetriebs verbunden ist. Diese strukturelle Veränderung der wirtschaftlichen Voraussetzungen für eine Gesellschaft ist als Grundlagengeschäft zu qualifizieren, da diese maßgeblich die Struktur und mithin (auch) das Innenverhältnis der Gesellschaft betreffen.

Die Einordnung eines Gesamtvermögensgeschäfts als Grundlagengeschäft folgt des Weiteren daraus, dass entweder eine Satzungsänderung die Folge ist, derer sich die Gesellschaft nach einem wirksamen Vertragsschluss durch die Geschäftsleitung nicht erwehren könnte, oder – sofern keine Notwendigkeit einer Satzungsänderung besteht – die wirtschaftliche Handlungsfähigkeit der Gesellschaft zumindest mittelfristig erheblich beeinträchtigt wird.

Es bedarf somit bei den Personen- und Personenhandelsgesellschaften eines Beschlusses der Gesellschafter für die Verpflichtung zu einem Gesamtvermögensgeschäft, auch wenn die Zustimmungspflicht bei Personengesellschaften oftmals durch die Gesamtvertretungsmacht erfüllt werden dürfte.

(2) Das Grundlagengeschäft gemäß § 179a AktG

Es handelt sich folglich bei Gesamtvermögensgeschäften um Grundlagengeschäften, die nicht vom gesetzlichen Umfang der Vertretungsmacht der Geschäftsleitung erfasst werden. Dies gilt grundsätzlich nur in Bezug auf Personen- und Personenhandelsgesellschaften und findet auf Kapitalgesellschaften keine Anwendung, denn der Umfang der Vertretungsmacht der Geschäftsleitung bei Kapitalgesellschaften erfasst grundsätzlich auch Grundlagengeschäfte.

Hiervon ist jedoch eine Ausnahme zu machen, wenn durch Regelungen, etwa durch Kompetenzzuweisungen, der gesetzliche Umfang eine Beschränkung erhält.[938] Eine solche Kompetenzzuweisung stellt im Aktienrecht § 179a AktG

938 *Seibt*, in: Schmidt/Lutter, AktG, § 82, Rn. 4.

dar.[939] Ist ein Gesamtvermögensgeschäft als Grundlagengeschäft zu qualifizieren, so bedeutet dies, dass im Aktienrecht diese spezielle Form des Grundlagengeschäfts abweichend vom allgemeinen Grundsatz, dass Grundlagengeschäfte vom Umfang der Vertretungsmacht des Vorstands gedeckt sind, doch nicht vom Umfang der Vertretungsmacht des Vorstands erfasst werden.

Mithin ist festzuhalten, dass Gesamtvermögensgeschäfte weder im Recht der Personengesellschaften noch im Aktienrecht vom Umfang der Vertretungsmacht erfasst werden. Die Ausführung des BGH, dass § 179a AktG eine *„systemwidrige"* und *„nur schwer verallgemeinerungsfähige (...) nicht übertragbare Ausnahme"* darstelle,[940] ist folglich nicht zutreffend. Vielmehr dürfte es sich bei der fehlenden gesetzlichen Regelung bei der GmbH um eine Ausnahme im Handels- und Gesellschaftsrecht handeln.

(3) Gesamtvermögensgeschäfte und der Grundsatz der unbeschränkten Vertretungsmacht

Da im Personengesellschaftsrecht allgemein und im Aktienrecht durch § 179a AktG ein Gesamtvermögensgeschäft als spezielles Grundlagengeschäft nicht vom gesetzlichen Umfang der Vertretungsmacht der Geschäftsleitung erfasst wird, stellt sich daher die Frage, ob die fehlende ausdrückliche Regelung für die weiteren Kapitalgesellschaften und Körperschaften, insbesondere die GmbH, mit dem Rechtssystem vereinbar ist. Für diese Frage kommt es maßgeblich darauf an, welche Bedeutung der Grundsatz der unbeschränkten Vertretungsmacht diesbezüglich hat.

(a) Die unbeschränkte Vertretungsmacht ist nur ein Grundsatz

Bei der unbeschränkte Vertretungsmacht im Handels- und Gesellschaftsrecht handelt es sich um einen Grundsatz,[941] der dem Schutz des Rechtsverkehrs grundsätzlichen Vorrang gegenüber den Interessen der Gesellschaft gewährt. Grundsätze als Wertentscheidungen sind jedoch einer Abwägung unterworfen,[942] die der Gesetzgeber oftmals durch konkrete Normen vorgenommen hat.

939 A. A. *Liebscher*, FS Ebke, S. 585, 593, der in § 179a AktG einen gesetzlich normierten Anwendungsfall des Missbrauchs der Vertretungsmacht sieht. Siehe hierzu aber 2. Kap. § 1 A. V.

940 BGH, Urteil vom 08.01.2019 – II ZR 364/18 = NZG 2019, 505, Rn. 32.

941 *Koch*, in: Koch, AktG, § 82, Rn. 1.

942 Siehe 3. Kap. § 1 C. III. 1. b) aa).

Bereits die Motive zur Einführung des BGB von 1896 nahmen auf das Spannungsfeld zwischen dem Schutz des Rechtsverkehrs und dem Schutz der Gesellschaft Bezug. Für private und öffentliche Körperschaften[943] nimmt der Vorstand die Stellung eines Vormunds entsprechend ein.[944] Die Vertretungsmacht des Vorstands „*erstreckt sich auf alle innerhalb des Rechtskreises der Körperschaft liegenden Rechtsgeschäfte und Rechtshandlungen*".[945] Diese Formulierung entspricht im Wesentlichen der heute gültigen Auffassung vom Umfang der Vertretungsmacht im Gesellschaftsrecht. Der Gesetzgeber erkannte folglich bereits 1896, dass ein Spannungsfeld zwischen dem Vertrauensschutz und dem Schutz der Interessen der Gesellschaft besteht. In Bezug auf ideelle Körperschaften sah der Gesetzgeber das Interesse der Körperschaft als überwiegend an. Zwar sei gegen eine Beschränkung der Vertretungsmacht im Außenverhältnis die Sicherheit des Rechtsverkehrs anzuführen. Es stehe der Rechtssicherheit aber die Gefahr der Körperschaft vor ernsthaften Nachteilen gegenüber, daher überwiege zu Gunsten ideeller Körperschaften deren Schutzbedürfnis vor ernsthaften Nachteilen.[946] Im Hinblick auf kommerzielle Körperschaften vermied der Gesetzgeber hingegen eine eindeutige Klarstellung: „*Es mögen gewichtige Gründe dafür sprechen, bei Vereinigungen mit kommerziellem Geschäftsbetriebe den strengen Grundsatz*[947] *eintreten zu lassen*".[948]

Dies mag eine Tendenz des Gesetzgebers dahingehend begründen, dass bei Kapitalgesellschaften der Schutz des Rechtsverkehrs grundsätzlich Vorrang genießen soll. Es zeigt jedoch auch, dass der Gesetzgeber in Anbetracht des Spannungsfeldes keine eindeutige Aussage treffen konnte und wollte. Dies bedeutet, dass für den Gesetzgeber trotz des grundsätzlich vorrangigen Interesses des Rechtsverkehrs weiterhin Gründe bestehen können, die gegen eine Absolutheit des Vorrangs des Schutzes des Rechtsverkehrs sprechen. Derart gewichtige Gründe können nur in Grundlagenmaßnahmen liegen. Auch die

943 Mot. I, S. 82, abgedruckt in *Mugdan*, Materialien zum BGB für das Deutsche Reich, I. Bd., S. 397.

944 Mot. I, S. 97, abgedruckt in *Mugdan*, Materialien zum BGB für das Deutsche Reich, I. Bd., S. 405.

945 Mot. I, S. 97, abgedruckt in *Mugdan*, Materialien zum BGB für das Deutsche Reich, I. Bd., S. 405.

946 Mot. I, S. 98, abgedruckt in *Mugdan*, Materialien zum BGB für das Deutsche Reich, I. Bd., S. 406.

947 Des Vertrauensschutzes (Anm. d. Verf.).

948 Mot. I, S. 98, abgedruckt in *Mugdan*, Materialien zum BGB für das Deutsche Reich, I. Bd., S. 406.

Protokolle zum zweiten Entwurf des BGB,[949] die Denkschrift[950] oder der Kommissionsbericht[951] machten diesbezüglich keine weiteren Ausführungen, sodass diese Ausführungen als Bestandteil der Vorschriften zum Verein im BGB gelten. Auch das GmbHG und das AktG haben in der nachfolgenden Zeit keine Änderungen oder Ergänzungen in Bezug auf diese Begründung erfahren. § 37 GmbHG entspricht noch heute der Fassung des GmbHG von 1892,[952] sodass das zeitlich nachfolgende BGB den Stand des GmbHG beinhaltete. Auch § 82 AktG entspricht im Wesentlichen noch Art. 231 Abs. 2 des ADHGB von 1861.[953]

Auch der BGH hat in ständiger Rechtsprechung hervorgehoben, dass der Umfang der Vertretungsmacht für Handelsgesellschaften den Umfang der Vertretungsmacht gesetzlich bestimmt, der seinerseits nahezu alle wesentlichen Rechtshandlungen erfasst.[954] Es entspricht folglich der Rechtsprechung zweier Zivilsenate des BGH, dass der Umfang der Vertretungsmacht einen relativen Umfang auch für wesentliche Rechtsgeschäfte aufweist, eben jedoch keinen absoluten Umfang, da nur nahezu alle wesentlichen Rechtshandlungen erfasst werden.

Es ist somit festzuhalten, dass die unbeschränkte Vertretungsmacht im Gesellschaftsrecht ein Prinzip darstellt, das die Sicherheit des Rechtsverkehrs dem Schutzinteresse der Gesellschaft grundsätzlich vorzieht. Eine absolute Geltung ist diesem Grundsatz aber nicht zu entnehmen. Daher gerät ein bloßer Verweis auf den Grundsatz der unbeschränkten Vertretungsmacht[955] zu kurz, es bedarf einer umfassenden Abwägung der Interessen des Rechtsverkehrs und der Interessen der Gesellschaft bei der konkreten Art des Rechtsgeschäfts. Abhängig von der Bedeutung des Rechtsgeschäfts ändern sich die Interessen der Beteiligten. Bereits dies spricht gegen eine pauschale Anwendung des Grundsatzes.

---

949 Abgedruckt in *Mugdan*, Materialien zum BGB für das Deutsche Reich, I. Bd., S. 594 ff.

950 Abgedruckt in *Mugdan*, Materialien zum BGB für das Deutsche Reich, I. Bd., S. 826 ff.

951 Abgedruckt in *Mugdan*, Materialien zum BGB für das Deutsche Reich, I. Bd., S. 950 ff.

952 *Stephan/Thieves*, in: MünchKomm-GmbHG, § 37, Rn. 3.

953 *Spindler*, in: MünchKomm-AktG, § 82, Rn. 5; vgl. auch BT-Drs. VII/171, 123 zu § 79 AktG.

954 BGH, Urteil vom 20.09.1962 – II ZR 209/61 = NJW 1962, 2344, 2347; BGH, Urteil vom 23.06.1997 – II ZR 353/95 = NJW 1997, 2678; BGH, Urteil vom 18.10.2017 – I ZR 6/16 = NZG 2018, 221, 223; BGH, Urteil vom 08.01.2019 – II ZR 362/18 = NZG 2019, 505, Rn. 31.

955 BGH, Urteil vom 08.01.2019 – II ZR 364/18 = NZG 2019, 505, Rn. 30 ff.

(b) Die gesetzlichen Regelungen und der Wille des Gesetzgebers

Der Grundsatz der unbeschränkten Vertretungsmacht stellt einen der wesentlichsten Grundsätze des Handels- und Gesellschaftsrechts dar und findet rechtsformübergreifend Anwendung. Dieser Umstand rechtfertigt jedoch keine absolute Wirkung, wie vorstehend herausgearbeitet worden ist. Dies folgt bereits daraus, dass – auch aufgrund der übergreifenden Geltung – ein Grundsatz für jeden Sachverhalt Geltung entfalten würde und somit zwischen typischen und atypischen Sachverhalten nicht differenziert. Nachfolgend ist daher zu untersuchen, wie der Gesetzgeber ausdrücklich und durch andere Anhaltspunkte den Grundsatz der unbeschränkten Vertretungsmacht mit einem Gesamtvermögensgeschäft als atypisches Rechtsgeschäft austariert hat.

Bereits aus der rechtsformübergreifenden Analyse der Vertretungsmacht im Gesellschaftsrecht folgt diesbezüglich keine absolute, aber eine grundsätzliche Tendenz des Gesetzgebers. So erstreckt sich der Umfang der Vertretungsmacht der geschäftsführenden Gesellschafter der OHG und KG gemäß § 126 Abs. 1 HGB (ab 01.01.2024: § 124 Abs. 4 S. 1 HGB n. F.) nicht auf Grundlagengeschäfte, die etwa bei einer Änderung des Gesellschaftsvertrags oder -zwecks bestehen. Auch die Vertretungsmacht der geschäftsführenden GbR-Gesellschafter gemäß den §§ 709, 714 BGB erstreckt sich nicht auf Grundlagengeschäfte. Gleiches gilt für den Vorstand einer AG, der gemäß § 179a AktG ein Gesamtvermögensgeschäft ohne Zustimmung der Hauptversammlung nicht abschließen kann. Auch abseits der Geschäftsführungsebene hat der Gesetzgeber bei der Prokura Grundlagen- und Grundstücksgeschäfte vom Umfang der Vertretungsmacht ausgenommen, insbesondere da letztere die wirtschaftlich bedeutsamen Wirtschaftsgüter eines Kaufmanns betreffen. Es bestehen somit partiell ausdrückliche gesetzliche Regelungen im Recht der Personen- und Kapitalgesellschaften.

Derartige ausdrückliche Regelungen fehlen für die GmbH, die Genossenschaft und den Verein, auch wenn die Motive des Gesetzgebers zum ideellen Verein diesbezüglich eindeutig sind. Aus diesem Umstand kann jedoch nicht die Schlussfolgerung gezogen werden, dass Gesamtvermögensgeschäfte vom gesetzlichen Umfang der Vertretungsmacht bei diesen Rechtsformen erfasst werden. Bereits die Motive zur Einführung des BGB von 1896 zeigen, dass eine derartige gesetzgeberische Entscheidung aufgrund des Spannungsfeldes zwischen dem Schutz des Rechtsverkehrs und dem Schutz der Gesellschaft nicht gewollt war und zumindest der Vorstand eines ideellen Vereins nicht zu Grundlagengeschäften befugt ist. Dies bedeutet, dass die GmbH und die Genossenschaft die beiden einzigen Gesellschaften sind, die keine gesetzliche Regelung aufweisen und bei denen der Gesetzgeber in seinen Gesetzesbegründungen nicht für Klarheit gesorgt hat.

Dass insbesondere für die GmbH keine andere Rechtslage bestehen soll, wurde durch den Versuch des Gesetzgebers, eine § 179a AktG entsprechende Regel in das GmbHG aufzunehmen, gezeigt. Zutreffend hat der BGH in seinem Urteil dargestellt, dass die Nichtaufnahme in das GmbHG keine bewusste Entscheidung gewesen ist.[956] Mangels Aufnahme in das GmbHG kann zwar nicht von einer ausdrücklichen Regel ausgegangen werden. Es zeigt sich in dem Versuch jedoch der Wille des Gesetzgebers, Gesamtvermögensgeschäfte als Grundlagengeschäfte vom gesetzlichen Umfang der Vertretungsmacht der Geschäftsführung auszunehmen.

Da es sich bei der Genossenschaft um eine juristische Person mit Einflüssen der Charakteristika des Vereins und der AG handelt,[957] kann für die Genossenschaft ebenfalls keine andere Rechtslage gelten.

Somit folgt aus den gesetzlichen Regeln sowie den Materialien der Gesetzgebung, dass es das Bestreben des Gesetzgebers war und ist, dass Gesamtvermögensgeschäfte nicht vom Umfang der Vertretungsmacht der Geschäftsleitung erfasst werden sollen.

(c) Kein Überwiegen des Schutzbedürfnisses des Rechtsverkehrs

Dieser Feststellung kann auch nicht das Schutzbedürfnis des Rechtsverkehrs entgegengehalten werden. Zwar ist für einen Erwerber oftmals nicht ersichtlich, dass es sich um ein Gesamtvermögensgeschäft handelt. Insbesondere bei kleinen und personalisierten Gesellschaften besteht keine Möglichkeit der Kenntnisnahme über öffentliche Register. Allein dieser Umstand kann jedoch keine Rechtfertigung für das Zurücktreten des Schutzbedürfnisses der Gesellschaft darstellen.[958]

Das Auftreten im Rechtsverkehr geht grundsätzlich mit dem Risiko einher, dass der Vertragspartner über bestimmte Tatsachen, etwa die Vertretungsmacht, unzureichend aufklärt oder bewusst täuscht. Dieses Risiko ist jedoch dem allgemeinen Geschäftsrisiko zuzuordnen. Eine Ausnahme ist von dieser Risikoverteilung nur vorzunehmen, wenn der Vertretene seinen Vertreter mit einer das konkrete Rechtsgeschäft umfassenden Vertretungsmacht ausgestattet hat,

---

956 BGH, Urteil vom 08.01.2019 – II ZR 364/18 = NZG 2019, 505, Rn. 21.

957 *Fandrich*, in: Pöhlmann/Fandrich/Bloehs, GenG, § 1, Rn. 1.

958 So aber *Schmitt*, Liquidation von OHG und KG durch Veräußerung des Unternehmens, S. 225.

jedoch im Innenverhältnis Beschränkungen vereinbart wurden. In diesem Fall – aber nur in diesem – gebieten es der Rechtsschein der Vertretungsmacht und die Sicherheit des Rechtsverkehrs, von der allgemeinen Risikoverteilung abzuweichen. Ein derartiger Vertrauenstatbestand in einen Rechtsschein fehlt jedoch, wenn das Handeln nicht vom gesetzlich bestimmten oder rechtsgeschäftlich vorgegebenen Umfang der Vertretungsmacht gedeckt ist. Würde man einen wirksamen Vertragsschluss durch einen Vertreter, der außerhalb des Umfangs seiner Vertretungsmacht handelt, annehmen, so bedeutet dies, dass Beschränkungen – gleich ob gesetzlich oder rechtsgeschäftlich – obsolet werden würden. Dies kann nicht überzeugen, sondern würde zu einer unbilligen Risikoverteilung führen.

In dem Kontext des Schutzes des Rechtsverkehrs ist auch zu berücksichtigen, dass ein Gesamtvermögensgeschäft nicht nur für eine Gesellschaft wesentliche Auswirkungen hat, sondern auch der Rechtsverkehr im Ganzen Nachteile erleiden würde. Wird eine Gesellschaft infolge eines Gesamtvermögensgeschäfts zwangsläufig – sei es auch nur temporär – handlungsunfähig, so kann sie ihre Verpflichtungen nicht erfüllen. Dies würde zahlreiche Rechtsverhältnisse betreffen. Das Argument des Schutzes des Rechtsverkehrs würde folglich bedeuten, dass der Schutz des Einzelnen dem Schutz der Gesamtheit des Rechtsverkehrs vorzugswürdig ist.

Weiter ist in die Interessenabwägung einzubeziehen, welche Auswirkungen ein Gesamtvermögensgeschäft für eine Gesellschaft hat. Durch das entsprechende Rechtsgeschäft würde die Gesellschaft nicht bloß verpflichtet, eine Leistung zu erbringen, sei diese auch noch so unwirtschaftlich. Sie würde zu einem Rechtsgeschäft verpflichtet werden, das eine weitere Verfolgung des in der Satzung erfassten und für eine Gesellschaft elementaren Unternehmensgegenstands und oftmals auch des Gesellschaftszwecks unmöglich macht. Dies kann mitunter auch existenzbedrohende Folgen haben. Das Rechtsgeschäft führt unweigerlich zu einer faktischen Satzungsänderung, der Unternehmensgegenstand kann nach Veräußerung des Gesellschaftsvermögen (temporär) nicht weiterverfolgt werden. Dies stellt einen signifikanten, wenn nicht sogar den signifikantesten Eingriff in die Satzung der Gesellschaft dar. Ohne einen Unternehmensgegenstand fehlt eine Grundvoraussetzung für die Gründung und Entstehung einer Gesellschaft.[959] Diese Folgen erkannte auch der Gesetzgeber bei Einführung des Bürgerlichen Gesetzbuches von 1896.

Auch die Wertungen des Grundgesetzes sind in diesem Kontext zu berücksichtigen. Eine Gesellschaft als Zusammenschluss von Rechtssubjekten unterfällt

---

959 Vgl. etwa die §§ 23 Abs. 3 Nr. 2 AktG, 3 Abs. 1 Nr. 2 GmbHG, 6 Nr. 2 GenG.

dem Schutz von Art. 9 Abs. 1 GG, der insbesondere das Entstehen und Bestehen von Gesellschaften schützt,[960] mithin deren Existenz. Bestimmt der Gesetzgeber, dass Gesellschaften eine Geschäftsleitung haben müssen, und bestimmt für diese den Umfang der Vertretungsmacht, so ist dieser Umfang unter Berücksichtigung von Art. 9 Abs. 1 GG zu bestimmen. Ein Gesamtvermögensgeschäft mag zwar nicht *per se* die Existenz einer Gesellschaft zu vernichten. Es schließt an ein Gesamtvermögensgeschäft jedoch regelmäßig die Liquidation und somit der Verlust der Existenz an. Auch wenn eine Auflösung nicht vollzogen wird, so bedeutet die faktische Satzungsänderung, dass existenzielle Umstrukturierungen notwendig werden. Aufgrund der existenziellen Bedeutung der Satzung liegt folglich ein faktisch existenzieller Eingriff vor. Somit gebietet auch die Wertung des Art. 9 Abs. 1 GG, dass Gesamtvermögensgeschäfte nicht vom Umfang der Vertretungsmacht erfasst werden.

Die handelsrechtliche Schnelligkeit und Einfachheit des Rechtsverkehrs führen ebenfalls zu keinem anderen Ergebnis. Bereits die Tatsache, dass ein Gesamtvermögensgeschäft regelmäßig notariell zu beurkunden ist,[961] führt dazu, dass die Schnelligkeit und Einfachheit beschränkt werden. Auch die regelmäßig im Vorfeld eines Gesamtvermögensgeschäfts durchzuführende Due Diligence macht es für den Erwerber zumutbar, sich über die finanzielle Tragweite des Geschäfts zu informieren.[962] Die Warn- und Hinweisfunktion des § 311b BGB stellt ebenfalls einen Gegenpol zu dem handelsrechtlichen Grundsatz dar. Zumal stellt ein Gesamtvermögensgeschäft nicht zwangsläufig ein Handelsgeschäft dar.

Es ist folglich erkennbar, dass das Argument des Schutzes des Rechtsverkehrs nicht absolut gilt. Insbesondere bei Gesamtvermögensgeschäften ist die Interessenlage auf Seiten der Gesellschaft wesentlich erhöht. Dies folgt aus der Abwägung der Interessen, aber auch der Wertung des Grundgesetzes.

(d) Ergebnis

Somit ist auf die Ausgangsfrage zurückkehrend festzuhalten, dass im Hinblick auf Grundlagengeschäfte das Schutzbedürfnis der Gesellschaft und der Gesellschafterversammlung vor derartig weitereichenden und folgeschweren Rechtsgeschäften das Schutzbedürfnis des Rechtsverkehrs überwiegt. Es steht im Einklang mit den ausdrücklichen gesetzlichen Regelungen und dem Willen

---

960 BVerfG, Beschluss vom 18.10.1961 – 1 BvR 730/57 = NJW 1961, 2251; BVerfG, Beschluss vom 15.06.1989 – 2 BvL 4/87 = NJW 1990, 37, 38.

961 § 311b BGB.

962 *Wentz*, WM 2022, 2262, 2268.

des Gesetzgebers, dass die Geschäftsleitung einer Gesellschaft keine Maßnahmen ergreifen kann, die das ganze Gesellschaftsvermögen betreffen. Dies entspricht dem Schutzbedürfnis der Gesellschaft vor ernsthaften Nachteilen und gilt rechtsformübergreifend.

Dieses Ergebnis bedeutet keine unkontrollierbare Öffnung der „Büchse der Pandora", die den Grundsatz der unbeschränkten Vertretungsmacht im Handels- und Gesellschaftsrecht beinhaltet. Zum einen ist das Aufweichen aufgrund der eindeutigen Beschränkung auf Gesamtvermögensgeschäfte kontrollierbar, zum anderen ist die Lösung der konträren Prinzipien Aufgabe der Legislative, die entsprechende Regelungen herbeiführen müsste, sofern es gewollt ist.

(4) Ergebnis

Es ist daher festzuhalten, dass Gesamtvermögensgeschäfte als Grundlagengeschäfte zu qualifizieren sind. Diese sind im Recht der Personengesellschaften vom Umfang der Vertretungsmacht ausgenommen. Hingegen sind Grundlagengeschäfte im Allgemeinen nicht generell vom Umfang der Vertretungsmacht der Geschäftsleitung einer Kapitalgesellschaft ausgenommen. Anders stellt sich dies hingegen bei Gesamtvermögensgeschäften dar. Bereits § 179a AktG zeigt, dass ein Gesamtvermögensgeschäft als besonderes Grundlagengeschäft nicht vom gesetzlichen Umfang der Vertretungsmacht des Vorstands einer AG erfasst wird. Auch die Motive und Begründungen des Gesetzgebers weisen ausdrücklich darauf hin, dass derartige Rechtsgeschäfte nicht vom Grundsatz der unbeschränkten Vertretungsmacht erfasst werden. Dies gilt rechtsformübergreifend.

ee) Ergebnis

Der im BGB und der InsO bestehende Ansatz, dass Rechtsgeschäfte, die das ganze Vermögen betreffen, nicht nach den allgemeinen gesetzlichen Regelungen abgeschlossen werden können, ist ebenso im Handels- und Gesellschaftsrecht anzutreffen.

Auch im Handels- und Gesellschaftsrecht sind Gesamtvermögensgeschäfte nicht von der grundsätzlich unbeschränkten Vertretungsmacht der Geschäftsleitung erfasst, sondern bedürfen für ihre Wirksamkeit eines Zustimmungsbeschlusses der Gesellschafter. Es besteht folglich ein allgemeines Prinzip des Verbandsrechts, wie es *Karsten Schmidt* schon zutreffend begründet hat.

e) Die Begründung des Prinzips

Betrachtet man somit die Voraussetzungen für Rechtsgeschäfte, die die Verpflichtung zur Übertragung des ganzen Vermögens betreffen, so ist erkennbar, dass alle Rechtssubjekte, die beabsichtigen, ihr ganzes Vermögen zu veräußern, gesetzliche Regelungen zu beachten haben. Diese Regelungen führen zu besonderen Voraussetzungen für die Wirksamkeit, sodass die allgemeine Vertretungs- und Verfügungsbefugnis gesetzlich von diesem Umfang ausgenommen ist. Ob dies einem allgemeinen Prinzip des Zivilrechts folgt und damit umfassender als das allgemeine Prinzip des Verbandsrechts ist, ist nachfolgend zu untersuchen.

aa) Der Existenzschutz von Rechtssubjekten im Zivilrecht

Ein autarkes Rechtssubjekt kann sich zur Übertragung seines ganzen Vermögens oder eines wesentlichen Bestandteils, etwa eines Grundstücks, nur verpflichten, wenn das Verpflichtungsgeschäft gemäß § 311b BGB notariell beurkundet wird. Durch diesen hoheitlichen Akt[963] wird das Rechtssubjekt darauf hingewiesen und davor gewarnt, dass der Vertrag kein gewöhnliches Rechtsgeschäft erfasst, sondern eines, das wesentliche Auswirkungen auf die wirtschaftliche Existenz haben könnte. Zwar stellt § 311b Abs. 3 BGB im Unterschied zu den Zustimmungserfordernissen die einzige Regel dar, die ein Formerfordernis beinhaltet, dies folgt jedoch aus den Umständen. Zustimmungserfordernisse ergeben nur einen Sinn, wenn eine Gemeinschaft besteht oder besondere kontroll- und aufsichtspflichtige Personen oder Gerichte vorhanden sind. Handelt jedoch ein Individuum als autarkes Rechtssubjekt, besteht nicht notwendigerweise eine Gemeinschaft von anderen Rechtssubjekten, auf die sich das Gesamtvermögensgeschäft auswirken kann. Eine Zustimmung wäre folglich zwecklos. Aus diesem Grund knüpft § 311b Abs. 3 BGB zwar an einen anderen Wirksamkeitstatbestand an, ist aber gleichwohl dem verfolgten Zweck der Zustimmungsvorbehalte gleichzusetzen.

Als „echte" Zustimmungsvorbehalte kennt das BGB die dargestellten §§ 1365 Abs. 1, 1643 Abs. 1, 1850 Abs. 1, 1854 Nr. 1 BGB, die allesamt denselben Zweck erfüllen, den Schutz vor einem Eingriff in die wirtschaftliche Existenz besonders schutzwürdiger Rechtssubjekte. Die besondere Schutzwürdigkeit der Ehe und Familie, die § 1365 Abs. 1 BGB wiedergibt, folgt aus Art. 6 Abs. 1 GG. Zum Schutz der wirtschaftlichen Existenzgrundlage der Ehe und Familie als Gemeinschaft bedarf ein Gesamtvermögensgeschäft der Zustimmung des Ehepartners, auch wenn der Vermögensgegenstand eigentumsrechtlich einem Ehepartner alleine zuzuordnen ist. Die wirtschaftliche Existenzgrundlage darf gemäß § 1365 BGB nicht zur alleinigen Disposition eines Ehepartners stehen.

963 Einen solchen stellt die notarielle Tätigkeit dar, siehe 6. Kap. § 1 A. I.

Auch die Vorschriften zur Vertretung des Kindes respektive Mündels dienen dem Schutz des Vermögens. Der Gesetzgeber hat ausdrücklich aufgezeigt, dass Grundstücke und das Vermögen als Ganzes eine besondere Qualität aufweisen, die einer Zustimmung des Familiengerichts bedürfen. Derartige Rechtsgeschäfte unterfallen folglich nicht der üblichen Vertretungsmacht der berechtigten Personen. Das Interesse des Kindes oder Mündels geht dem Interesse des Rechtsverkehrs vor, sodass das Rechtsgeschäft ohne erforderliche Zustimmung keine Wirksamkeit erlangen kann. Bei dem mit § 1643 Abs. 1 BGB erfolgten Kompetenzentzug hat der Gesetzgeber das Wohl des Kindes sogar für derart wesentlich gehalten, dass in den Kernbereich der elterlichen Sorgfaltspflichten und mithin Art. 6 Abs. 1, Abs. 2 GG eingegriffen wurde. Dies alleine verdeutlicht die Bedeutung von Gesamtvermögensgeschäften. Aus dem Eingriff in Art. 6 Abs. 1, Abs. 2 GG folgt, dass diese Ausführungen und Wertungen erst recht für die §§ 1850, 1854 BGB gelten müssen.

Auch das Handels- und Gesellschaftsrecht, das Gemeinschaften aus wirtschaftlichen Zusammenschlüssen erfasst, erfordert für Gesamtvermögensgeschäfte eine Zustimmung von den Eigentümern der Gesellschaft, den Gesellschaftern. Grundlagengeschäfte weisen ebenso wie Gesamtvermögensgeschäfte bei den §§ 311b, 1365, 1643, 1850, 1854 BGB einen wesentlichen Eingriff in die Existenz auf, indem eine faktische Satzungsänderung eintritt.[964] Der Schutz der Existenz einer Gesellschaft folgt aus Art. 9 Abs. 1 GG und ist von den staatlichen Gewalten zu berücksichtigen.

Es ist erkennbar, dass die Vorschriften des BGB und die Ausnahme vom Grundsatz der unbeschränkten Vertretungsmacht im Handels- und Gesellschaftsrecht bei Gesamtvermögensgeschäften demselben Grundprinzip folgen: Möchte sich ein Rechtssubjekt zur Veräußerung seines ganzen Vermögens verpflichten oder beabsichtigt dies sein Vertreter, so ist dies nur wirksam möglich, wenn die in der betreffenden Gemeinschaft beteiligten Personen oder das Familiengericht zustimmen beziehungsweise das Individualrechtssubjekt besonders gewarnt und hingewiesen wird. Hierdurch soll die erhebliche Tragweite des Rechtsgeschäfts verdeutlicht werden, dessen Auswirkungen auf die wirtschaftliche Grundlage des Rechtsträgers einen besonderen Schutz erforderlich machen.

bb) Kein anderes Ergebnis aus den §§ 160, 164 InsO

Dem widerspricht das Insolvenzrecht nur auf den ersten Blick. Gemäß § 164 InsO weist der erforderliche Zustimmungsbeschluss der Gläubigerversammlung

---

964 BT-Drs. 12/6699, 177.

gemäß § 160 InsO keine Außenwirkung auf und beschränkt somit nicht die Vertretungsmacht im Außenverhältnis. Dies folgt jedoch aus der Ratio des Insolvenzrechts in § 1 InsO, dass die Insolvenzmasse an die Gläubiger verteilt werden soll. Somit sind die §§ 160, 164 InsO und die anderen Zustimmungsvorbehalte in ihrem Ziel konträr. Das Insolvenzrecht verfolgt das Ziel der Verteilung des Vermögens. Es soll nicht die wirtschaftliche Existenz gesichert werden. Somit ist es folgerichtig, dass § 160 InsO gemäß § 164 InsO keine Außenwirkung aufweist, da dies dem gesetzlichen Ziel der Masseverteilung entspricht. Dies kann jedoch aufgrund der konträreren Zielrichtung nicht auf die anderen Zustimmungsvorbehalte angewendet werden.

cc) Kein überwiegendes Schutzbedürfnis des Rechtsverkehrs

Dieser Annahme steht auch das Schutzbedürfnis des Rechtsverkehrs nicht entgegen. Der Gesetzgeber hat die Interessenabwägung zwischen diesem Schutzbedürfnis und dem Schutzbedürfnis des Rechtssubjekts bereits vorgenommen, indem konkrete Normen eingeführt wurden oder sich dies aus den Umständen und Gesetzesbegründungen ergibt. Wie schon zur Beschränkung der Vertretungsmacht auf Grundlagengeschäfte im Handels- und Gesellschaftsrecht aufgezeigt, tritt der Schutz der wirtschaftlichen Existenz bei Gesamtvermögensgeschäften in den Vordergrund. Andernfalls würde das überwiegende Interesse des Rechtsverkehrs zu einem Totschlagargument verkommen, das jedweden Sachverhalt zu Gunsten des Rechtsverkehrs entscheiden würde.

dd) Ergebnis

Somit ist erkennbar, dass das Zivilrecht existenzielle Rechtsgeschäfte von Rechtssubjekten nur unter besonderen Voraussetzungen zulässt. Folgt man der Ratio der jeweiligen Regeln des BGB und der gesetzlich oder gesetzgeberisch gewollten Beschränkung des Umfangs der Vertretungsmacht bei Grundlagengeschäften im Handels- und Gesellschaftsrecht, so ergibt sich im Wege der Induktion, dass ein allgemeines Prinzip des Zivilrechts besteht. Gesamtvermögensgeschäfte können aufgrund ihrer Bedeutung nicht dem gewöhnlichen Umfang der Vertretungsmacht unterfallen, sondern sind von den ebenfalls betroffenen Rechtssubjekten oder hoheitlichen Kontrollorganen (mit) zu entscheiden. Dies stellt das Prinzip des Schutzes der wirtschaftlichen Grundlagen dar.

3. *Die Konkretisierung des Prinzips*

Nachdem vorstehend begründet worden ist, dass dem deutschen Rechtssystem das Prinzip inhärent ist, dass Geschäfte über das ganze Vermögen eines

Rechtssubjekts aufgrund des Schutzes der wirtschaftlichen Grundlagen nur unter Beachtung der besonderen Zustimmungs- und Formerfordernisse wirksam vorgenommen werden können, ist im Weiteren die Konkretisierung dieses Prinzips vorzunehmen.

a) § 179a Abs. 1 AktG ist analog auf die GmbH anzuwenden

Damit das Prinzip des Schutzes der wirtschaftlichen Grundlagen im Recht der GmbH zur praktischen Anwendung gelangen kann, bedarf es einer Konkretisierung im Wege der Deduktion. Eine Reduktion des Umfangs der Vertretungsmacht der Geschäftsführung gemäß § 37 Abs. 2 GmbHG scheidet in diesem Zusammenhang aus. Dies würde lediglich eine Beschränkung der Vertretungsmacht bedeuten, hingegen kein Beschlusserfordernis der Gesellschafterversammlung begründen.

Auch die §§ 53 ff. GmbHG vermögen kein mit § 179a Abs. 1 AktG vergleichbares Beschlusserfordernis zu begründen. Zwar bedarf gemäß § 53 GmbHG eine Satzungsänderung des Beschlusses der Gesellschafterversammlung, dieser knüpft jedoch ausdrücklich an die Änderung der Satzung und nicht das im Außenverhältnis abzuschließende Verpflichtungsgeschäft an. Ein Gesamtvermögensgeschäft kann mit einer Satzungsänderung und mithin Anwendung von § 53 GmbHG einhergehen, muss dies jedoch nicht, sodass entweder ein Beschluss gemäß § 53 GmbHG und ein Beschluss über das Verpflichtungsgeschäft oder ein alleiniger Beschluss zu Letzterem ergehen muss. Dies zeigt, dass die §§ 53 ff. GmbHG nicht § 179a AktG ersetzen können.

Vielmehr ist die analoge Anwendung des § 179a Abs. 1 AktG auf die GmbH entgegen der Rechtsprechung des BGH weiterhin zu befürworten. Die Einzelanalogie stellt eine zulässige und geeignete Konkretisierung von Rechtsprinzipien dar.[965] Dem steht auch keine planwidrige Regelungslücke entgegen, diese ist dem Gesetz und Gesetzgebungsverfahren nicht zu entnehmen.[966] Auch eine vergleichbare Interessenlage besteht, diese folgt unmittelbar aus dem Prinzip des Schutzes der wirtschaftlichen Grundlagen. Handelt es sich bei diesem Prinzip um einen rechtsgebietsübergreifenden Grundsatz des Rechts, dass Rechtssubjekte vor Geschäften, die das ganze Vermögen und mithin Grundlagen betreffen, zu schützen sind, so besteht dieses Schutzbedürfnis sowohl bei AG und GmbH respektive Aktionären und Gesellschaftern.

---

965 Siehe 3. Kap. § 1 C. III. 1. b) bb).
966 Siehe 3. Kap. § 1 C. I.

b) Die Abwägung mit dem Grundsatz der unbeschränkten Vertretungsmacht

Zu einem anderen Ergebnis führt auch nicht die Abwägung des Prinzips des Schutzes der wirtschaftlichen Grundlagen mit dem übergeordneten Grundsatz der unbeschränkten Vertretungsmacht. Beide kommen bei einem Gesamtvermögensgeschäft – wie bereits aufgezeigt[967] – nicht zur Anwendung, da bereits gesetzlich beziehungsweise aus dem Prinzip des Schutzes der wirtschaftlichen Grundlagen folgt, dass der Umfang der Vertretungsmacht keine Gesamtvermögensgeschäfte erfasst. Durch diese Nichterfassung kann folglich auch kein Vertrauen entstehen, denn der Gesetzgeber bestimmt den Umfang der Vertretungsmacht und mithin die Reichweite des Vertrauens des Rechtsverkehrs. Aus diesem Grund hat eine Abwägung mit dem Grundsatz der unbeschränkten Vertretungsmacht als konträres Prinzip bei der Konkretisierung nicht zu erfolgen, dies ist bereits bei der Begründung geschehen.

c) Kein Verstoß gegen Art. 9 GesRRL

Der analogen Anwendung von § 179a Abs. 1 AktG auf die GmbH steht die GesRRL nicht entgegen. Art. 9 der GesRRL beruht auf dem Erwägungsgrund, dass die Interessen Dritter eines besonderen Schutzes bedürfen, indem diese aus offenkundigen Tatsachen erfahren können, wer zum Abschluss bestimmter Rechtsgeschäfte berechtigt ist.[968] Unter Berücksichtigung der Zulässigkeit nationaler Beschränkungen durch Gesetze und des Verbotes der Beschränkung der Vertretungsmacht durch Satzungen und Beschlüsse in Art. 9 Abs. 2 GesRRL ist die beabsichtigte Offenkundigkeit nur dahingehend zu verstehen, dass die Gesellschaft keine internen Beschränkungen treffen darf. Gesetzliche Beschränkungen bleiben jedoch zulässig. Dem ist zuzustimmen, denn einer Entscheidung des Gesetzgebers über den Umfang der Vertretungsmacht liegt eine Abwägung der Interessen der Gesellschaft und der Interessen des Rechtsverkehrs zugrunde. Diese gerechte Interessenabwägung ist bei gesellschaftsinternen Maßnahmen nicht gewahrt.

Da nach dem Wortlaut des Art. 9 Abs. 1 UAbs. 2 GesRRL gesetzliche Regeln im Hinblick auf die Vertretungsmacht zulässig sind, muss dies auf der Grundlage

---

967 Siehe 3. Kap. § 1 C. III. 2. d) dd) (3).

968 ErwG. (7) und (8) der GesRRL, ABl. EU 2017, Nr. L 169/48; vgl. auch *Fleischer*, in: BeckOGK-AktG, § 82, Rn. 8.

eines *argumentum e fortiori* auch für Rechtsprinzipien gelten.[969] Diese stellen Wertentscheidungen des Rechtssystems dar, die Regeln inhärent sind. Wird folglich eine Regel als Ausgestaltung eines Prinzips erfasst, muss dies erst recht für ein übergeordnetes und maßgebendes Prinzip als Wertentscheidungen gelten.

d) Kein Entgegenstehen von Dritthaftungsrisiken

Auch die vom BGH angeführten Haftungsrisiken für Dritte,[970] die sich bei einer möglichen Rückabwicklung des Verpflichtungsgeschäfts über das ganze Gesellschaftsvermögen, insbesondere für Notare, ergeben,[971] stehen der analogen Anwendung nicht entgegen. Es erscheint bereits äußerst fragwürdig, möglicherweise berührte Drittinteressen in das unmittelbare Spannungsfeld zwischen dem Schutzbedürfnis des Rechtsverkehrs und dem Schutzbedürfnis der Gesellschafter einzubeziehen. Es zeugt abgesehen davon jedoch erneut von einer inkonsequenten Rechtsprechung des II. Zivilsenats.

Bereits im *Holzmüller*-Urteil stellte der BGH fest, dass nicht das tatsächlich ganze Vermögen, sondern das nahezu ganze Vermögen der Gesellschaft den Anwendungsbereich des § 361 AktG a. F. eröffnet.[972] Diese Rechtsprechung wurde durch den II. Zivilsenat trotz einiger Möglichkeiten weder aufgegriffen noch aufgegeben, sondern schlicht weitergeführt,[973] sodass weiterhin von ihrer Gültigkeit auszugehen ist. Bereits diese erweiterte Auslegung des Begriffs des ganzen Gesellschaftsvermögens hat zu erheblichen Haftungsrisiken geführt. Aufgrund der einzelfallabhängigen Bewertung des „ganzen Gesellschaftsvermögens“ liegt ein wesentlich höheres Haftungsrisiko vor. Dass das ganze Gesellschaftsvermögen betroffen ist, ist etwa für Notare weitaus schwieriger zu erkennen als ein Zustimmungserfordernis aufgrund von § 179a Abs. 1 AktG. Führt der BGH nun aber aus, dass eine analoge Anwendung von § 179a Abs. 1 AktG auf die GmbH wegen der drohenden Rückabwicklung und der verbundenen Haftungsrisiken

---

969 So im Hinblick auf die analoge Anwendung von § 179a AktG auf die GmbH auch *Witt*, Die Veräußerung des ganzen Gesellschaftsvermögens gemäß § 179a Abs. 1 AktG, S. 262.

970 Siehe dazu genauer das 6. Kap.

971 BGH, Urteil vom 08.01.2019 – II ZR 364/18 = NZG 2019, 505, Rn. 27.

972 BGH, Urteil vom 25.02.1982 – II ZR 174/80 = NJW 1982, 1703, 1704.

973 BGH, Urteil vom 09.01.1995 – II ZR 24/94 = NJW 1995, 596; BGH, Urteil vom 08.01.2019 – II ZR 364/18 = NZG 2019, 505, Rn. 11.

abzulehnen ist, so ist dies in diesem Kontext inkonsequent. Der BGH hat das Haftungsrisiko mit seiner Rechtsprechung erheblich mitbegründet.

Nicht die analoge Anwendung von § 179a Abs. 1 AktG begründet ein neues Haftungsrisiko, sondern die Auslegung der Tatbestandsmerkmale. Folglich können etwaige Haftungsrisiken nicht gegen eine vergleichbare Interessenlage angeführt werden, zumal unklar bleibt, wieso die Haftungsrisiken bei einer GmbH höher einzustufen sind als bei einer AG.

e) Die Anforderungen an den Gesellschafterbeschluss

Ist ein Beschluss gemäß § 179a Abs. 1 AktG analog für ein Gesamtvermögensgeschäft einer GmbH erforderlich, so stellt sich weiter die Frage, ob sich auch die erforderliche Mehrheit, das Informationsrecht und die Formbedürftigkeit ebenfalls durch analoge Anwendung des § 179a AktG ergeben oder es diesbezüglich eines punktuellen Rückgriffs auf das GmbHG bedarf.

aa) Das Verhältnis von Gesamtvermögensgeschäft und § 53 Abs. 2 GmbHG

In diesem Bezug stellt sich insbesondere die Frage, ob § 53 Abs. 2 GmbHG Anwendung findet. Gemäß § 53 Abs. 2 S. 1 GmbHG bedarf ein satzungsändernder Beschluss der notariellen Form sowie der Mehrheit von drei Vierteln der abgegebenen Stimmen. Erfordert ein Gesamtvermögensgeschäft eine Änderung der Satzung, etwa des Unternehmensgegenstands, so ist § 53 Abs. 2 GmbHG seinem Wortlaut nach – und unabhängig von der Problematik der analogen Anwendung von § 179a AktG – anzuwenden.

Unklar ist jedoch, ob ein Gesamtvermögensgeschäft, welches keine Satzungsänderung erfordert, etwa weil der Unternehmensgegenstand derartige Rechtsgeschäfte bereits erfasst, ebenfalls nach § 53 Abs. 2 GmbHG zu beurteilen ist oder ob die Vorschriften zur Satzungsänderung keine Anwendung finden. Teilweise wird daher zwischen einer erforderlichen Satzungsänderung, die eine Anwendung von § 53 Abs. 2 GmbHG erfordert und einer nicht erforderlichen Satzungsänderung, die § 53 Abs. 2 GmbHG nicht erfasst differenziert.[974]

Eine derartige Differenzierung ist jedoch nicht notwendig, denn § 53 Abs. 2 GmbHG ist in beiden Konstellationen anzuwenden. Der Gesetzgeber hat ausdrücklich aufgezeigt, dass Gesamtvermögensgeschäfte eine faktische

---

974 *Decker*, NZG 2018, 447, 452; *Mack*, MittBayNot 2019, 484, 494; *Meier*, DNotZ 2020, 246, 255; *Meyer*, GmbHR 2019, 973, 976 f.; *von Prittwitz*, DStR 2019, 1265, 1268; *Wachter*, GmbHR 2018, 183, 188; *Weitnauer*, GWR 2018, 1, 4.

Satzungsänderung darstellen, die einen Beschluss der Gesellschafter erforderlich machen. Aus diesem Grund wurde der § 361 AktG a. F. in die Vorschriften zur Satzungsänderung verschoben.[975] Der Gesetzgeber ging davon aus, dass ein Gesamtvermögensgeschäft nicht vom Unternehmensgegenstand gedeckt ist, auch wenn dieser seinem Wortlaut nach nicht überschritten wird. Zu diesem Ergebnis wird auch eine Auslegung des Unternehmensgegenstands regelmäßig führen, da durch den Unternehmensgegenstand der Bereich und die Art der Tätigkeit abstrakt geregelt werden,[976] nicht jedoch der Umfang der Tätigkeiten. Geht der Gesetzgeber bei § 179a AktG somit davon aus, dass ein Gesamtvermögensgeschäft auch bei grundsätzlicher Erfassung durch den Unternehmensgegenstand einen Beschluss ähnlich einem satzungsändernden Beschluss erfordert, ist dies auch auf Gesamtvermögensgeschäfte und § 53 Abs. 2 GmbHG anzuwenden. Dies entspricht zudem dem Verhältnis von § 179a AktG zu § 179 AktG.[977]

bb) Die erforderliche Beschlussmehrheit

Fraglich ist weiter, welches Mehrheitserfordernis für den Beschluss der Gesellschafterversammlung notwendig ist. Der BGH verweist in seinem Urteil auf ein Beschlusserfordernis gemäß § 49 Abs. 2 GmbHG, dessen Mehrheitserfordernis sich aus § 47 Abs. 1 GmbHG bestimmt.[978] Nach diesem Urteil wäre folglich von einer einfachen Mehrheit der abgegebenen Stimmen der Gesellschafter auszugehen.[979] Dagegen wird von der wohl herrschenden Literatur eine qualifizierte Mehrheit von drei Vierteln gemäß § 53 Abs. 2 S. 1 GmbHG aufgrund der faktisch oder tatsächlich erfolgenden Satzungsänderung gefordert.[980] *Packi* sieht

975 BT-Drs. 12/6699, 177.

976 *Altmeppen*, in: Altmeppen, GmbHG, § 3, Rn. 6; *H. Bartl*, in: B/B/B/K/S/S, GmbHG, § 3, Rn. 12; *Scheller*, in: Scholz, GmbHG, § 3, Rn. 24; *Servatius*, in: Noack/Servatius/Haas, GmbHG, § 3, Rn. 7; *Wicke*, in: MünchKomm-GmbHG, § 3, Rn. 9; *Wicke*, in: Wicke, GmbHG, § 3, Rn. 4.

977 Siehe zu diesem Verhältnis das 2. Kap. § 1 A. II.

978 *Natterer*, ZIP 2019, 1796, 1799.

979 *Heckschen*, AG 2019, 420, 422; *Henne/Dittert*, DStR 2019, 2371, 2373; *Mack*, MittBayNot 2019, 484, 494; *Natterer*, ZIP 2019, 1796, 1799; *von Prittwitz*, DStR 2019, 1265, 1269.

980 *Klumpp*, in: Beisel/Klumpp, Unternehmenskauf, § 15, Rn. 86; *Wicke*, in: Wicke, GmbHG, § 53, Rn. 3; *Servatius*, FS Stilz, 601, 610; *Witt*, Die Veräußerung des ganzen Gesellschaftsvermögens gemäß § 179a Abs. 1 AktG, S. 272; *Eickelberg/Mühlen*, NJW 2011, 2476, 2480; *Heinze*, NJW 2019, 1995, 1996; *von Prittwitz*, DStR 2019, 1265, 1269; *Rubner/Pospiech*, NJW-Spezial 2018, 79, 80; *Wachter*, GmbHR 2018, 183, 188; *Weber*, DNotZ 2018, 96, 121; *Werner*, GmbHR 2018, 888, 891.

sogar eine einstimmige Beschlussfassung, ausgehend von der *Kernbereichslehre* aus § 33 BGB, als erforderlich an.[981]

Der BGH vertritt die Auffassung, dass es sich bei einem Gesamtvermögensgeschäft um ein besonders bedeutsames Geschäft handele, das einen Beschluss gemäß § 49 Abs. 2 GmbHG erforderlich mache.[982] Dieser wäre seinerseits folgerichtig gemäß § 47 Abs. 1 GmbHG mit einfacher Mehrheit zu fassen. Bereits der Verweis der Richter des II. Zivilsenats auf § 49 Abs. 2 GmbHG ist jedoch in außergewöhnlicher Weise falsch und anhand der Argumentation des BGH nicht nachvollziehbar. Indem dieser zutreffend ausführt, dass es sich um ein besonders bedeutsames Geschäft handelt, und zuvor bereits einleitend auf das Verhältnis von § 179a AktG zur Satzungsänderung eingegangen ist,[983] erscheint die Annahme, es liege ein gewöhnliches Geschäft vor, das die Gesellschafter zu beschließen haben, schlicht grotesk. Vom BGH vorgetragen und vom Gesetzgeber mit § 179a AktG ausdrücklich klargestellt, bedarf ein Gesamtvermögensgeschäft auch in Fällen, in denen keine Satzungsänderung – somit eine Anwendung von § 179 AktG oder § 53 GmbHG – erforderlich ist, eines Beschlusses der Gesellschafter. Dieser hat wie ein satzungsändernder Beschluss zu ergehen. Die Folgen eines Gesamtvermögensgeschäfts sind für eine GmbH nicht schwächer als für eine AG, sodass diese Ausführungen – unabhängig von dem Streit über die analoge Anwendbarkeit von § 179a AktG – auch für die GmbH gelten müssen. Mithin ist die einfache Mehrheit aus § 47 GmbHG für den erforderlichen Beschluss der Gesellschafterversammlung abzulehnen.

Eine Anwendung der *Kernbereichslehre* ist ebenfalls abzulehnen. Eine aus § 33 BGB folgende Zustimmung aller Gesellschafter ist nach herrschender Literatur für eine Änderung des Gesellschaftszwecks im engeren Sinne erforderlich,[984] nicht jedoch für eine Änderung des Unternehmensgegenstands, die eine Satzungsänderung i. S. d. § 53 Abs. 2 GmbHG darstellt.[985] Diese Differenzierung führt bereits zur Antwort auf die Frage, ob § 33 BGB Anwendung finden kann.

---

981 *Packi*, die Verpflichtung zur Übertragung des ganzen Gesellschaftsvermögens, S. 254.

982 BGH, Urteil vom 08.01.2019 – II ZR 364/18 = NZG 2019, 505, Rn. 37.

983 BGH, Urteil vom 08.01.2019 – II ZR 364/18 = NZG 2019, 505, Rn. 20.

984 *Bayer*, in: Lutter/Hommelhoff, GmbHG, § 53, Rn. 23; *Gummert*, in: Henssler/Strohn, GesR, § 53 GmbHG, Rn. 33; *Harbarth*, in: MünchKomm-GmbHG, § 53, Rn. 191; *Priester/Tebben*, in: Scholz, GmbHG, § 53, Rn. 181; *Trölitzsch*, in: Ziemons/Jaeger/Pöschke, GmbHG, § 53, Rn. 25; *Noack*, in: Noack/Servatius/Haas, GmbHG, § 53, Rn. 29.

985 *Noack*, in: Noack/Servatius/Haas, GmbHG, § 53, Rn. 30; *Witt*, Die Veräußerung des ganzen Gesellschaftsvermögens gemäß § 179a Abs. 1 AktG, S. 272.

Es handelt sich bei Gesamtvermögensgeschäften um eine Änderung des Unternehmensgegenstands,[986] mithin eine Änderung der Satzung und nicht zwangsläufig um eine Änderung des Gesellschaftszwecks. Daher vermag die Ansicht von *Packi* nicht zu überzeugen, auch wenn Gesamtvermögensgeschäfte eine besondere Tragweite für die Satzung der Gesellschaft aufweisen.

Für ein Gesamtvermögensgeschäft, das eine (faktische) Satzungsänderung bedeutet, ist richtigerweise § 53 Abs. 2 S. 1 GmbHG anzuwenden.[987] Der Beschluss der Gesellschafter erfordert die Mehrheit von drei Vierteln der abgegebenen Stimmen. Auch § 179a AktG verweist in Bezug auf die erforderliche Mehrheit auf § 179 AktG und stellt eine Konnexität zwischen Gesamtvermögensgeschäft und Satzungsänderung her. Besteht im AktG eine derartige Konnexität, so kann für die GmbH nichts anderes gelten. Die Folgen eines Gesamtvermögensgeschäfts sind für eine GmbH identisch mit denen für eine AG, sodass für Gesamtvermögensgeschäfte einer GmbH die formellen Vorschriften zur Satzungsänderung gemäß den §§ 53 ff. GmbHG entsprechend heranzuziehen sind.

Die erforderliche Mehrheit wird nicht bereits von den §§ 179a Abs. 1, 179 Abs. 2 AktG erfüllt, da an das Verhältnis zum vertretenen Grundkapital angeknüpft wird. Dieses Kriterium ist dem GmbH-Recht fremd und wird lediglich den aktienrechtlichen Gegebenheiten gerecht. Für Satzungsänderungen nach dem GmbHG sind die Stimmen und nicht das Kapital maßgeblich.[988]

cc) Die Form des Beschlusses

Bislang weder Gegenstand einer höchstrichterlichen Entscheidung[989] noch abschließend geklärt ist die Frage, ob der Zustimmungsbeschluss der Gesellschafter der GmbH notariell zu beurkunden ist.[990] Dies hat sich auch durch das Urteil des BGH vom 08.01.2019 nicht geklärt. Vor dem BGH-Urteil folgte das Erfordernis der notariellen Beurkundung des Beschlusses nicht aus § 179a AktG, da dieser auf § 179 AktG und dieser wiederum auf § 130 AktG verweist. § 130

---

986 BT-Drs. 12/6699, 177.

987 *Harbarth*, in: MünchKomm-GmbHG, § 53, Rn. 188; *Priester/Tebben*, in: Scholz, GmbHG, § 53, Rn. 176; *Trölitzsch*, in: Ziemons/Jaeger/Pöschke, GmbHG, § 53, Rn. 8; *Wicke*, in: Wicke, GmbHG, § 53, Rn. 3.

988 *Harbarth*, in: MünchKomm-GmbHG, § 53, Rn. 82.

989 Vgl. OLG Düsseldorf, Beschluss vom 26.11.2015 – I-10 W 120/15 = NZG 2016, 589, 590.

990 Selbst das Deutsche Notariatsinstitut als wissenschaftlicher Dienst der Bundesnotarkammer rät aufgrund der Unsicherheit zur vorsorglichen notariellen Beurkundung, vgl. DNotI-Report 24/2019, 193, 196; siehe auch 6. Kap. § 1 D. I.

AktG, nach dem Beschlüsse der Hauptversammlung stets notariell zu beurkunden sind, ist auf die GmbH nicht anwendbar.[991]

Daher verweisen einige Stimmen in der Literatur auf die Formfreiheit des Beschlusses, die insbesondere durch das Urteil des BGH und dessen Abstellen auf § 49 Abs. 2 GmbHG Aufschwung erlebt haben.[992] Dagegen wird von dem wohl überwiegenden Teil der Literatur, wenn auch in Teilen auf die Rechtslage vor dem BGH-Urteil gestützt, ein Erfordernis der notariellen Beurkundung gemäß § 53 Abs. 2 S. 1 GmbHG angenommen.[993] Gleichwohl wurde und wird auch hier von einigen Ansichten zwischen einer tatsächlichen Satzungsänderung und einem Geschäft ohne Satzungsänderung differenziert.[994]

Die fehlerhafte Anwendung von § 49 Abs. 2 GmbHG durch den BGH bedarf keiner erneuten Thematisierung. Die auf dieses Urteil gestützte Annahme einer Formfreiheit des Beschlusses ist ebenfalls abzulehnen. Vielmehr ist in konsequenter Fortführung der Anwendung von § 53 Abs. 2 GmbHG bei Gesamtvermögensgeschäften der Beschluss der Gesellschafterversammlung notariell zu beurkunden. Dies folgt nicht nur aus der Konnexität von Gesamtvermögensgeschäft und Satzungsänderung, sondern unmittelbar aus dem Zweck der notariellen Form des § 53 Abs. 2 GmbHG. Diese dient unstreitig der Beweissicherung und Rechtssicherheit[995] und erfüllt nach Ansicht des BGH auch eine Warn- und Belehrungsfunktion.[996] Aufgrund der gebotenen analogen Anwendung des § 179a AktG auf die GmbH und der daraus folgenden Außenwirkung eines fehlenden Zustimmungsbeschlusses greift bereits die Beweissicherungs- und Rechtssicherheitsfunktion des § 53 Abs. 2 GmbHG ein. Es erscheint zudem

---

991 *Decker*, NZG 2018, 447, 448 m. w. N. (Fn. 5); a. A. wohl *Jans*, WuB 2019, 438, 442.

992 *Fink/Chilevych*, NZG 2017, 1254, 1255; *Heckschen*, AG 2019, 420, 422; *Heinze*, NJW 2019, 1995, 1997; *Henne/Dittert*, DStR 2019, 2371, 2373; *Müller*, NZG 2019, 807, 811; *Natterer*, ZIP 2019, 1796, 1799; *Pfeiffer*, BB 2019, 1107, 1107;

993 *Packi*, die Verpflichtung zur Übertragung des ganzen Gesellschaftsvermögens, S. 260; *Eickelberg/Mühlen*, NJW 2011, 2476, 2480; *Eschwey*, MittBayNot 2018, 299, 313; *Rubner/Pospiech*, NJW-Spezial 2018, 79, 79.

994 *Decker*, NZG 2018, 447, 452; *Mack*, MittBayNot 2019, 484, 494; *Meyer*, GmbHR 2019, 973, 976 f.; *Wachter*, GmbHR 2018, 183, 188; *Weitnauer*, GWR 2018, 1, 4; *von Prittwitz*, DStR 2019, 1265, 1268.

995 BGH, Beschluss vom 16.02.1981 – II ZB 8/80 = NJW 1981, 1160; BGH, Beschluss vom 24.10.1988 – II ZB 7/88 = NJW 1989, 295, 298; *A. Bartl*, in: B/B/B/K/S/S, GmbHG, § 53, Rn. 7; *Noack*, in: Noack/Servatius/Haas, GmbHG, § 53, Rn. 71.

996 BGH, Beschluss vom 16.02.1981 – II ZB 8/80 = NJW 1981, 1160; BGH, Beschluss vom 24.10.1988 – II ZB 7/88 = NJW 1989, 295, 298.

geboten, zu Gunsten der Gesellschafter bei Gesamtvermögensgeschäften eine Warn- und Belehrungsfunktion bei § 53 Abs. 2 GmbHG anzunehmen, wie sie auch § 311b BGB im allgemeinen Zivilrecht zugrunde liegt[997].

dd) Das Recht auf Informationen der GmbH-Gesellschafter

Gemäß § 51a Abs. 1 GmbHG steht einem GmbH-Gesellschafter ein umfassendes Auskunfts- und Einsichtsrecht gegenüber der Gesellschaft zu, das nahezu sämtliche Angelegenheiten der Gesellschaft erfasst.[998] Dieser Umfang könnte bedeuten, dass eine analoge Anwendung des Informationsrechts aus § 179a Abs. 2 AktG auf die GmbHG nicht erforderlich ist und folglich an einer nicht bestehenden Regelungslücke scheitert.[999] § 51a Abs. 1 GmbHG erfasst insbesondere Angelegenheiten der Führung der Geschäfte der Gesellschaft[1000] und mithin grundsätzlich auch Verträge über das ganze Gesellschaftsvermögen. Folglich ist der Gegenstand des Auskunfts- und Informationsrechts aus § 179a Abs. 2 AktG bereits in § 51a Abs. 1 GmbHG beinhaltet.

§ 51a Abs. 1 GmbHG wäre jedoch nur mit § 179a Abs. 2 AktG vergleichbar, wenn nicht nur der Gegenstand des Auskunftsverlangens erfasst werden würde, sondern ebenso Art und Weise der Auskunftserteilung. Das Auskunftsverlangen nach § 51a Abs. 1 GmbHG kann grundsätzlich jederzeit gestellt werden[1001] und ist auch im Hinblick auf den Zeitpunkt mit § 179a Abs. 2 AktG vergleichbar, der abweichend von § 131 AktG ein Auskunfts- und Informationsrecht auch außerhalb der Hauptversammlung begründet.

---

997 *Ruhwinkel*, in: MünchKomm-BGB, § 311b, Rn. 2.

998 BGH, Beschluss vom 06.03.1997 – II ZB 4/96 = NJW 1997, 1985, 1987; *Altmeppen*, in: Altmeppen, GmbHG, § 51a, Rn. 6; *A. Bartl*, in: B/B/B/K/S/S, GmbHG, § 51a, Rn. 20; *Bayer*, in: Lutter/Hommelhoff, GmbHG, § 51a, Rn. 10; *Hillmann*, in: MünchKomm-GmbHG, § 51a, Rn. 26; *Römermann*, in: Michalski, GmbHG, § 51a, Rn. 25; *Schindler*, in: Ziemons/Jaeger/Pöschke, GmbHG, § 51a, Rn. 18; *K. Schmidt*, in: Scholz, GmbHG, § 51a, Rn. 19; *Strohn*, in: Henssler/Strohn, GesR, § 51a GmbHG, Rn. 11; *Noack*, in: Noack/Servatius/Haas, GmbHG, § 51a, Rn. 10.

999 So BGH, Urteil vom 08.01.2019 – II ZR 364/18 = NZG 2019, 505, Rn. 44; *Servatius*, FS Stilz, 601, 610; *Eschwey*, MittBayNot 2018, 299, 308; *Mack*, MittBayNot 2019, 484, 495; *Natterer*, ZIP 2019, 1796, 1799; *Weber*, DNotZ 2018l, 96, 122; *Werner*, GmbHR 2018, 888, 891; dagegen für analoge Anwendung § 179a Abs. 2 AktG auf die GmbH: *Weitnauer*, GWR 2018, 1, 4.

1000 *Hillmann*, in: MünchKomm-GmbHG, § 51a, Rn. 26.

1001 *Hillmann*, in: MünchKomm-GmbHG, § 51a, Rn. 42.

Neben diesem Zeitpunkt des Informationserhalts fordert § 179a Abs. 2 AktG wesentliche Ausgestaltungen der Art und Weise des Zugänglichmachens der Informationen. Der Vertrag ist ohne Verlangen auszulegen, auf Verlangen ist eine Abschrift zu erteilen und der Vorstand hat den Vertrag in der Hauptversammlung umfassend zu erläutern. Bereits die erste Vorgabe findet sich nicht in § 51a GmbHG wieder. Ein GmbH-Gesellschafter hat das Auskunftsverlangen zu äußern, erst dann hat die Geschäftsführung die Auskunft zu erteilen. Aus diesem Grund vermag auch das Einsichtsrecht kein gleichwertiges Recht darzustellen. Zwar werden auch Verträge der Gesellschaft erfasst,[1002] das Einsichtsrecht muss jedoch ebenfalls erst durch den Gesellschafter geltend gemacht werden.

Auch die Art und Weise, insbesondere die Frage, ob die Antwort mündlich oder schriftlich erfolgen muss, liegt im Ermessen der Geschäftsführung. Es kann sich aber aufgrund des Umfangs und der Bedeutung des Auskunftsverlangens eine Ermessensreduktion zur schriftlichen Beantwortung ergeben.[1003] Dem Ermessen unterfällt auch die Entscheidung, ob ein Gesellschafter Kopien zu einem Auskunftsbegehren erhält. Einen Anspruch hat ein Gesellschafter nicht.[1004]

Weiter bietet § 179a Abs. 2 AktG den Vorteil, dass das Informationsrecht konkret auf das Gesamtvermögensgeschäft zugeschnitten ist. § 51a Abs. 1 GmbHG ist hingegen abstrakt gehalten. Verweigert die Geschäftsführung die Auskunftserteilung oder Einsichtsgewährung, ist grundsätzlich der betroffene Gesellschafter beweisbelastet,[1005] sodass die genauen Gründe für die Gewährung dargelegt und nachgewiesen werden müssten. Dem gegenüber stellt § 179a Abs. 2 AktG eine Erleichterung dar, da *de jure* der Grund für die Auskunfts- und Einsichtsgewährung besteht. Der Grund für das Informationsrecht muss daher nicht vom Gesellschafter dargelegt werden, wenn die Beschlussfassung gemäß § 179a AktG analog erfolgen muss.

Diese Differenzen zwischen § 51a Abs. 1 GmbHG und § 179a Abs. 2 AktG zeigen, dass ein Verweis auf die umfassende Wirkung des § 51a GmbHG zu

1002 Schriften gemäß § 51a Abs. 1 GmbHG sind Schriften i. S. d. § 118 HGB: *K. Schmidt*, in: Scholz, GmbHG, § 51a, Rn. 25; § 118 HGB erfasst u. a. sämtliche Geschäftsunterlagen, mithin auch Verträge: *Lieder*, in: Oetker, HGB, § 118, Rn. 12.

1003 *Hillmann*, in: MünchKomm-GmbHG, § 51a, Rn. 46.

1004 OLG Köln, Beschluss vom 26.04.1985 – 24 W 54/84 = BeckRS 1985, 4135 = AG 1986, 24.

1005 *Hillmann*, in: MünchKomm-GmbHG, § 51a, Rn. 92; *K. Schmidt*, in: Scholz, GmbHG, § 51a, Rn. 44.

kurz gerät.[1006] Zutreffend weist § 51a GmbHG Parallelen auf, wesentliche Vorgaben des § 179a Abs. 2 AktG kann § 51a GmbHG jedoch nicht erfüllen. Es ist nach § 51a Abs. 1 GmbHG stets ein Verlangen des Gesellschafters auf Auskunft oder Einsicht erforderlich. Ist dieser jedoch in Unkenntnis oder geht von einem gewöhnlichen Vertrag aus, würde die Abstimmung „ins Blaue" erfolgen. Dieses Risiko könnte grundsätzlich der Sphäre des Gesellschafters zugerechnet werden. Es würde jedoch eine Missbrauchsgefahr begründen, wenn die Geschäftsführung oder andere Gesellschafter falsche Tatsachen suggerieren, die im Nachhinein praktisch kaum zu beweisen wären.

Es bedarf daher aufgrund der Art des Rechtsgeschäfts einer Informationsgewährung gemäß § 179a Abs. 2 AktG analog.

f) Ergebnis

Infolge der Konkretisierung des Prinzips des Schutzes der wirtschaftlichen Grundlagen ist § 179a AktG analog auf die GmbH anzuwenden, auch wenn der BGH eine andere Rechtsauffassung vertritt. Das GmbHG weist in den §§ 53 ff. GmbHG mit den §§ 179 ff. AktG vergleichbare Regeln in Bezug auf Satzungsänderungen auf, eine mit § 179a AktG vergleichbare Regelung fehlt jedoch. Dieser Annahme können auch nicht etwaige Dritthaftungsrisiken entgegengestellt werden, denn nicht die analoge Anwendung begründet die Risiken, sondern die Auslegung der Tatbestandsmerkmale.

§ 179a AktG ist jedoch nicht in Gänze zu übernehmen, die Besonderheiten des GmbH-Rechts sind auch hier zu berücksichtigen. Daraus folgt, dass das Mehrheitserfordernis für den Beschluss nicht aus § 179 AktG folgt, sondern aus § 53 Abs. 2 S. 1 GmbHG, ebenso wie die Pflicht zur notariellen Beurkundung des Beschlusses. Anders verhält es sich hingegen mit dem Informationsrecht aus § 179a Abs. 2 AktG, dieses steht analog den Gesellschaftern einer GmbH zu.

4. Ergebnis

Obwohl sie nur wenig erforscht sind, sind Rechtsprinzipien ein Teil des Kernbestands der Rechtsordnung und spiegeln insbesondere grundrechtliche Wertungen wider. Sie geben der Rechtsanwendung die notwendige Dynamik, um vom „toten Buchstaben" nicht gebunden zu werden, und ermöglichen die notwendige Flexibilität, sodass Rechtsprinzipien als übergeordnete Wertentscheidung den konkreten Regeln inhärent sind. Ein Rechtsprinzip lässt sich im Rahmen der

---

1006 So aber *Witt*, Die Veräußerung des ganzen Gesellschaftsvermögens gemäß § 179a Abs. 1 AktG, S. 275.

Induktion begründen, dem Rückschluss vom Besonderen – regelmäßig konkrete Normen – auf das Allgemeine. Damit ein Rechtsprinzip als abstrakte Grundlage der konkreten Rechtsanwendung tatsächlich zur Anwendung gelangen kann, bedarf es anschließend einer Konkretisierung dieses Rechtsprinzips, etwa im Wege der Einzelanalogie.

Wendet man dies auf Gesamtvermögensgeschäfte an, so ist ersichtlich, dass das Zivilrecht umfassend Rechtssubjekte vor derartigen Rechtsgeschäften schützt, indem es besondere Voraussetzungen an den Abschluss eines derartigen Rechtsgeschäfts knüpft. Dies gilt auch im Handels- und Gesellschaftsrecht, wo Gesamtvermögensgeschäfte als Grundlagengeschäfte zu qualifizieren sind, die eine (faktische) Änderung des Unternehmensgegenstands bedeuten. Dem steht auch nicht der Grundsatz der unbeschränkten Vertretungsmacht entgegen, es handelt sich hierbei lediglich um einen Grundsatz, der aufgrund der besonderen Interessenlage bei Gesamtvermögensgeschäften keinen Vorrang genießt. Auch die Ausführungen des BGH überzeugen in diesem Kontext nicht.

Es ist im Ergebnis somit festzuhalten, dass ein Prinzip des Schutzes der wirtschaftlichen Grundlagen besteht. Dies bringt für das Handels- und Gesellschaftsrecht § 179a AktG konkret zum Ausdruck, indem die Hauptversammlung die Zuständigkeit für den Abschluss eines Gesamtvermögensgeschäfts innehat. Da § 179a AktG die Konkretisierung dieses Rechtsprinzips darstellt und das GmbHG diesbezüglich eine planwidrige Regelungslücke aufweist, ist es geboten und entspricht der Interessenlage der Gesellschafter, § 179a AktG analog auch weiterhin auf die GmbH anzuwenden. Die Norm ist jedoch an die Mehrheits- und Formerfordernisse des § 53 Abs. 2 GmbHG anzupassen.

IV. Ergebnis

Die Ausführungen des BGH, dass in Bezug auf eine analoge Anwendung des § 179a AktG auf die GmbH die Voraussetzung der planwidrigen Regelungslücke nicht fehlt, sind zutreffend. Der Versuch des Gesetzgebers, eine entsprechende Norm in das GmbHG aufzunehmen, wurde nicht bewusst unterlassen.

Der Verweis auf die fehlende vergleichbare Interessenlage zwischen Aktionären und Gesellschaftern einer GmbH verkennt hingegen, dass im Handels- und Gesellschaftsrecht das bestehende Prinzip des Schutzes der wirtschaftlichen Grundlagen Anwendung findet. Zudem weisen die Ausführungen des BGH inhaltlich erhebliche Schwächen auf, indem das Trennungs- und Abstraktionsprinzip des Stellvertretungsrechts verkannt wird und die Rechtsprechung eine inkonsequente Betrachtung der Schutzwürdigkeit von Aktionären und GmbH-Gesellschaftern offenbart.

Somit ist im Ergebnis festzuhalten, dass – entgegen dem Urteil des BGH – § 179a AktG weiterhin analog auf die GmbH anzuwenden ist. Auch wenn für die Praxis diese Problematik (vorerst) entschieden sein dürfte, so ist zu hoffen, dass der BGH alsbald die Möglichkeit erhält und wahrnimmt, seine Rechtsprechung zu korrigieren.

§ 2 Die Folgen des Urteils für die Praxis

Zwar vermag das Urteil des BGH aus wissenschaftlicher Betrachtung nicht zu überzeugen und erweist sich als fehlerhaft, gleichwohl ist (vorerst) die Rechtsprechung als gültig zu betrachten. Dies gilt zumindest so lange, bis der BGH die Möglichkeit erhält, sich mit der Thematik erneut zu befassen und diese Rechtsprechung aufzugeben. Das Urteil des BGH hat für die Praxis bedeutsame Neuerungen herbeigeführt, die die Rechtsstellung des Vertragspartners wesentlich stärken. Mit dieser Stärkung geht zugleich eine Schwächung der Rechte der Gesellschafter einher.

Nachfolgend soll daher untersucht werden, wie Gesamtvermögensgeschäfte im GmbH-Recht infolge des Urteils zu behandeln sind, welche Anforderungen an die Beschlussfassung zu stellen sind und wie eine entsprechende Satzungsklausel zur Beschränkung der Vertretungsmacht im Innenverhältnis aussehen könnte.

A. Der Beschluss zum Gesamtvermögensgeschäft gemäß § 49 Abs. 2 GmbHG

Trotz des Urteils ist weiterhin ein Beschluss der Gesellschafterversammlung notwendig.[1007] Das Beschlusserfordernis folgt jedoch nicht aus der entsprechenden Anwendung des § 179a AktG, sondern unmittelbar aus § 49 Abs. 2 GmbHG,[1008] sofern keine Satzungsänderung gemäß § 53 GmbHG erforderlich ist.

In diesem Zusammenhang verpasste es der BGH leider, Klarheit zu schaffen, ab welcher Höhe bei der GmbH ein Gesamtvermögensgeschäft vorliegt, sodass eine Beschlusskompetenz gemäß § 49 Abs. 2 GmbHG begründet ist. Zwar ist eine analoge Anwendung des § 179a AktG abgelehnt worden, dies jedoch aufgrund der Tatsache, dass die Gesellschafter einer GmbH umfassendere Einfluss- und Weisungsrechte auf die Geschäftsführung als Aktionäre auf den Vorstand haben. Aus dieser Begründung ist kann mithin nicht die Schlussfolgerung

---

1007 KG, Urteil vom 08.09.2022 – 2 U 115/21 = NZG 2023, 413, Rn. 34.

1008 So auch *Dietlein/Klomfaß*, NZG 2022, 339, 340.

gezogen werden, dass für § 49 Abs. 2 GmbHG (oder § 53 Abs. 2 GmbHG) nicht auf die Grenze zum ganzen Vermögen aus § 179a Abs. 1 AktG verwiesen werden kann. Zumindest ist nach der Rechtsprechung des BGH ab dieser Grenze § 49 Abs. 2 GmbHG anzuwenden. Fraglich ist jedoch, ob auch unterhalb dieser Grenze des ganzen Gesellschaftsvermögens ein Beschlusserfordernis gemäß § 49 Abs. 2 GmbHG begründet wird.

Gemäß § 49 Abs. 2 GmbHG hat die Geschäftsführung die Gesellschafterversammlung einzuberufen, wenn eine ausdrückliche Pflicht besteht (Hs. 1) oder ein Einberufen im Interesse der Gesellschaft erforderlich erscheint (Hs. 2). Eine ausdrückliche Pflicht kann sich gemäß § 49 Abs. 1 Hs. 1 GmbHG bereits ergeben, wenn die Satzung eine entsprechende Klausel zu Gunsten der Gesellschafter aufweist. Eine ausdrückliche gesetzliche Pflicht zum Einberufen ohne eine entsprechende Klausel besteht jedoch nicht. Eine gesetzliche Pflicht ergibt sich auch nicht aus entsprechender Anwendung des § 49 Abs. 3 GmbHG, da diese Norm vor einer Insolvenz[1009] und mithin dem vollständigen Vermögensverlust und nicht einem Gesamtvermögensgeschäft mit synallagmatischer Leistungserbringung schützen soll.

Weist die Satzung der Gesellschaft keine entsprechende Klausel auf, so ist auf das Interesse der Gesellschaft i. S. d. § 49 Abs. 2 Hs. 2 GmbHG abzustellen. Nach allgemeiner Ansicht besteht die Pflicht zur Einberufung, wenn im Innenverhältnis die Gesellschafter die Entscheidungskompetenz in Bezug auf die entsprechende Maßnahme innehaben.[1010] Dies führt zur Frage zurück, ab wann ein Gesamtvermögensgeschäft bei der GmbH i. S. d. § 49 Abs. 2 GmbHG gegeben ist.

Neben der vom BGH entschiedenen Grenze aus § 179a AktG könnte sich diese aus § 311b Abs. 3 BGB ergeben[1011] oder bereits bei Eingreifen der *Holzmüller-/Gelatine*-Grundsätze,[1012] die nach herrschender Meinung grundsätzlich auf die GmbH Anwendung finden.[1013] Nach der *Holzmüller*-Rechtsprechung, die durch

1009 *Seibt*, in: Scholz, GmbHG, § 49, Rn. 23.

1010 *Altmeppen*, in: Altmeppen, GmbHG, § 49, Rn. 14; *Bayer*, in: Lutter/Hommelhoff, GmbHG, § 49, Rn. 13; *Hillmann*, in: Henssler/Strohn, GesR, § 49 GmbHG, Rn. 9; *Liebscher*, in: MünchKomm-GmbHG, § 49, Rn. 49; *Römermann*, in: Michalski, GmbHG, § 49, Rn. 85; *Schindler*, in: Ziemons/Jaeger/Pöschke, GmbHG, § 49, Rn. 38; *Seibt*, in: Scholz, GmbHG, § 49, Rn. 21; *Wicke*, in: Wicke, GmbHG, § 49, Rn. 6; *Noack*, in: Noack/Servatius/Haas, GmbHG, § 49, Rn. 17.

1011 So *Heinze*, NJW 2019, 1996, 1996.

1012 *Heckschen*, in: Heckschen/Herrler/Münch, BeckNot-HdB, § 25, Rn. 111; *Decker*, NZG 2018, 447, 449; ablehnend zur Anwendung von der *Holzmüller-/Gelatine*-Grenze auf die GmbH: *Reichert*, AG 2005, 150, 159.

1013 *Liebscher*, in: MünchKomm-GmbHG, Anh. zu § 13, Rn. 1116, m. w. N. (Fn. 1689).

die *Gelatine*-Entscheidungen konkretisiert wurde, ist eine Zustimmungskompetenz bereits bei einer Veräußerung von 80 Prozent des Vermögens anzunehmen.[1014] Findet folglich die *Holzmüller-/Gelatine*-Rechtsprechung Anwendung auf die GmbH, so wird man eine Entscheidungskompetenz der Gesellschafterversammlung bereits bei 80 Prozent des Gesellschaftsvermögens annehmen müssen. Ein höherer Wert würde zu einer Einschränkung der Gesellschafterrechte führen, die nach den *Holzmüller-/Gelatine*-Grundsätzen den Gesellschaftern zustehen. Folglich kann der Verweis auf § 311b Abs. 3 BGB nicht falsch sein, stellt aber keine Grenze dar. Die von *Reichert* angenommene Grenze unterhalb dieser Rechtsprechung[1015] ist aufgrund der in der Praxis notwendigen Verlässlichkeit konkreter Grenzen abzulehnen. Zudem ist auch im Blick zu behalten, dass die Leitungsbefugnis der Geschäftsführung keine zu starken Einschränkungen erfahren sollte. Andernfalls würde die Leitungsmacht der Geschäftsführung zu stark unterlaufen werden.

Mithin besteht die Pflicht der Geschäftsführung zum Einberufen der Gesellschafterversammlung gemäß § 49 Abs. 1 GmbHG, sobald ein Rechtsgeschäft 80 Prozent des Gesellschaftsvermögens, zu bestimmen nach der *Holzmüller-/Gelatine*-Rechtsprechung, betrifft.

B. Die Anforderungen an den Beschluss gemäß § 49 Abs. 2 GmbHG

Der Beschluss gemäß § 49 Abs. 2 GmbHG ist grundsätzlich mit einfacher Mehrheit zu fassen.[1016] Gleichwohl bietet die Mehrheit von drei Vierteln entsprechend § 53 Abs. 2 GmbHG dem Vertragspartner und der Geschäftsführung ein Mehr an Rechtssicherheit, um den letzten Zweifel an der Rechtsprechung zu beseitigen.[1017] Diese begründen sich aus der *Holzmüller-/Gelatine*-Rechtsprechung des BGH, nach der eine Mehrheit von drei Vierteln erforderlich wäre.[1018] Findet

1014 Siehe 2. Kap. § 1 C. II. 3. a).

1015 *Reichert*, AG 2005, 150, 159.

1016 *Dietlein/Klomfaß*, NZG 2022, 339, 341; *Ebbinghaus/Metzen*, NZG 2022, 697, 701; *Giedinghagen/Keller*, NJW-Spezial 2019, 271, 272; *Heckschen*, AG 2019, 420, 422; *Heinze*, NJW 2019, 1995, 1996; *Müller*, NZG 2019, 807, 812; *Natterer*, ZIP 2019, 1796, 1799; *Paefgen/Wallisch*, DZWIR 2020, 51, 60; *von Prittwitz*, DStR 2019, 1265, 1270; *Widder*, BB 2021, 1160, 1163 f.

1017 *Liebscher*, FS Ebke, S. 585, 594; *Heckschen*, AG 2019, 420, 422; *Heinze*, NJW 2019, 1995, 1996; *von Prittwitz*, DStR 2019, 1265, 1270.

1018 BGH, Urteil vom 26.04.2004 – II ZR 55/02 = NJW 2004, 1860, 1864.

die *Holzmüller-/Gelatine*-Rechtsprechung Anwendung auf die GmbH, so wäre es folgerichtig, auch das Mehrheitserfordernis anzuwenden. Eine diesbezügliche alsbaldige Klarstellung durch den BGH wäre für die Praxis wünschenswert. Letztendlich liegt die Entscheidung, ob ein Gesamtvermögensgeschäft auf Grundlage eines mit einfacher Mehrheit gefassten Beschlusses durchgeführt wird und entsprechende Rückabwicklungen drohen könnten, in der Risikobereitschaft des Vertragspartners und der Geschäftsführung, die sich unter Umständen schadensersatzpflichtig machen könnte.[1019]

Der Beschluss als solcher bedarf nicht der notariellen Form,[1020] sofern nicht § 53 Abs. 2 GmbHG anzuwenden ist. Daneben steht den Gesellschaftern das Informationsrecht aus § 51a GmbHG zu, eine analoge Anwendung des § 179a Abs. 2 AktG ist nach der Rechtsprechung des BGH unzulässig.

Ein fehlender Beschluss hat grundsätzlich keine Außenwirkung auf das Rechtsgeschäft.[1021] Jedoch hat der BGH zum Schutze der Gesellschaft und der Gesellschafter die Schwelle des Missbrauchs der Vertretungsmacht abgesenkt,[1022] sodass ein Vertragspartner zur Sicherheit bei Rechtsgeschäften mit einem erheblichen Volumen einen Beschluss einfordern sollte.[1023]

C. Vorschlag einer Satzungsklausel für Gesamtvermögensgeschäfte

Aufgrund der Schwächung der Gesellschafterstellungen infolge des Urteils des BGH ist für die Praxis zu empfehlen, in die Satzung der Gesellschaft eine Klausel aufzunehmen. Diese sollte ein Beschlusserfordernis nebst Schwellenwert, Mehrheit und Form regeln. Dies bedeutet eine interne Klarstellung der Kompetenzverteilungen und kann im Einzelfall infolge der Rechtsprechung des BGH zum Missbrauch der Vertretungsmacht bei einem Gesamtvermögensgeschäft[1024]

1019 Siehe 3. Kap. § 3 B.

1020 *Ebbinghaus/Metzen*, NZG 2022, 697, 701; *Heckschen*, GWR 2020, 63, 65; *ders.*, AG 2019, 420, 422; *Heinze*, NJW 2019, 1995, 1997; *Müller*, NZG 2019, 807, 812; *Natterer*, ZIP 2019, 1796, 1799; *Paefgen/Wallisch*, DZWIR 2020, 51, 60; *von Prittwitz*, DStR 2019, 1265, 1270; *Rubner/Pospiech*, NJW-Spezial 2022, 207, 208; *Widder*, BB 2021, 1160, 1161 ff.; offengelassen: *Jans*, WuB 2019, 438, 442.

1021 *Giedinghagen/Keller*, NJW-Spezial 2019, 271, 272; *Götze*, NZG 2019, 695, 697; *Müller*, NZG 2019, 807, 813; *Natterer*, ZIP 2019, 1796, 1799; *Paefgen/Wallisch*, DZWIR 2020, 51, 60; *von Prittwitz*, DStR 2019, 1265, 1270.

1022 Siehe 5. Kap. § 2.

1023 *Giedinghagen/Keller*, NJW-Spezial 2019, 271, 272; *Heckschen*, GWR 2020, 63, 65.

1024 Siehe 5. Kap. § 2.

auch im Außenverhältnis Bedeutung ausweisen.[1025] Grundsätzlich würde sich die nachfolgende Satzungsregelung empfehlen, wenngleich diese im Einzelfall an die individuellen Bedürfnisse der Gesellschafter und der Gesellschaft anzupassen wäre:

(1) *Ein Verpflichtungsgeschäft, durch welches sich die Gesellschaft zur Übertragung ihres ganzen Vermögens verpflichtet, bedarf der Zustimmung der Gesellschafter. Die Geschäftsführung ist zum Abschluss eines derartigen Verpflichtungsgeschäfts ohne einen entsprechenden Beschluss der Gesellschafter nicht befugt.*
(2) *Das ganze Vermögen der Gesellschaft ist betroffen, sobald ein Rechtsgeschäft mindestens 85 Prozent der bilanziell ausgewiesenen Aktiva betrifft. Maßgeblich ist der letzte Jahresabschluss der Gesellschaft. Im Zweifel ist der Grenzwert für § 179a Abs. 1 AktG entsprechend heranzuziehen.*
(3) *Der Beschluss der Gesellschafterversammlung bedarf der für eine Satzungsänderung erforderlichen Mehrheit. Der Beschluss bedarf für seine Wirksamkeit der notariellen Beurkundung (§ 53 Abs. 2 S. 1 GmbHG).*

D. Ergebnis

Mit der neuen Rechtsprechung des BGH zu Gesamtvermögensgeschäften einer GmbH ist in der Praxis lediglich ein Beschluss der Gesellschafter gemäß § 49 Abs. 2 GmbHG erforderlich. Eine Ausnahme besteht nur, wenn § 53 Abs. 2 GmbH einschlägig ist. Maßgeblich für das Bestehen eines Interesses der Gesellschaft i. S. d. § 49 Abs. 2 GmbH ist der Grenzwert von 80 Prozent des Vermögens. Der Beschluss gemäß § 49 Abs. 2 GmbHG ist gemäß § 47 Abs. 1 GmbHG mit einfacher Mehrheit zu fassen und bedarf grundsätzlich keiner notariellen Form.

Aufgrund der praktischen Risiken für die Gesellschaft und ihre Gesellschafter, die sich infolge des Urteils des BGH verstärkt haben, ist für die Praxis zu empfehlen, entsprechende Satzungsklauseln bereits bei Gründung der Gesellschaft in die Satzung aufzunehmen.

1025 *Giedinghagen/Keller*, NJW-Spezial 2019, 271, 272 sehen gar eine faktische Außenwirkung infolge der Rechtsprechung des BGH zum Missbrauch der Vertretungsmacht bei Gesamtvermögensgeschäften, wenn ein Zustimmungsdefizit besteht.

§ 3 Rechtliche Maßnahmen und Ersatzansprüche

A. Maßnahmen der Gesellschafter

Beabsichtigen die Gesellschafter, einem gemäß § 49 Abs. 2 GmbHG notwendigen Beschluss vorzugreifen, oder beabsichtigt die Geschäftsführung nicht, einen solchen Beschluss einzuholen, so steht der Gesellschafterversammlung – nicht einem einzelnen Gesellschafter[1026] – gemäß § 37 Abs. 1 GmbHG das Recht zu, der Geschäftsführung mittels Beschlusses Weisungen zu erteilen. Dies kommt auch bei Gesamtvermögensgeschäften in Betracht.[1027] Eine derartige Weisung durch die Gesellschafterversammlung hat die Geschäftsführung zu befolgen.[1028] Das grundsätzliche Geschäftsführerermessen steht ihr diesbezüglich nicht zu.

Neben der Möglichkeit der Erteilung von Weisungen hat die Gesellschafterversammlung gemäß § 46 Nr. 5 GmbHG das Recht, die Geschäftsführung jederzeit ganz oder in Teilen abzuberufen. Diese Maßnahme dürfte praktisch erst bei Nichtbefolgung von Weisungen oder anderen Vertrauensbrüchen mit der Gesellschafterversammlung Bedeutung erlangen und folglich keinen geeigneten Schutz vor einem Gesamtvermögensgeschäft darstellen.

Ebenfalls stehen den Gesellschaftern der GmbH auch entsprechende Unterlassungsmaßnahmen gegenüber der Geschäftsführung zu.[1029]

B. Ansprüche gegen Gesellschaft und Geschäftsführung

I. Schadensersatzansprüche des Erwerbers

De facto sind infolge der neuen Rechtsprechung des BGH kaum Sachverhalte vorstellbar, die einen Schadensersatzanspruch des Erwerbers gegenüber der Gesellschaft oder Geschäftsführung begründen können. Hat der Erwerber einen wirksamen Vertrag mit der Gesellschaft abgeschlossen, so fehlt regelmäßig der Schaden. Ist der Vertrag infolge der Vorschriften zum Missbrauch der Vertretungsmacht unwirksam, so kann sich der Erwerber grundsätzlich nicht auf einen Schaden infolge der Unwirksamkeit berufen. Der Erwerber müsste sich vorwerfen lassen, dass über die Unwirksamkeit Kenntnis bestand, sodass die §§ 242, 254 BGB anzuwenden sind.

1026 *Schneider/Schneider*, in: Scholz, GmbHG, § 37, Rn. 78.

1027 So auch BGH, Urteil vom 09.01.2019 – II ZR 364/18 = NZG 2019, 505, Rn. 33.

1028 Allg. Ansicht, vgl. *Schneider/Schneider*, in: Scholz, GmbHG, § 37, Rn. 75 m. w. N. (Fn. 137).

1029 Siehe dazu die Ausführungen zur AG 2. Kap. § 4 A.

Anders wäre die Rechtslage im Hinblick auf mögliche Schadensersatzansprüche jedoch, wenn weiterhin vom Durchgriff eines fehlenden Gesellschafterbeschlusses auf die Außenwirksamkeit des Rechtsgeschäfts ausgegangen würde. In diesem Falle würde das zu möglichen Ansprüchen gegenüber der AG Geschriebene[1030] entsprechend gelten.

II. Schadensersatzansprüche der Gesellschafter

Die Geschäftsführung haftet der GmbH grundsätzlich aus § 43 Abs. 2 GmbHG für etwaige Pflichtverletzungen. Aus dieser Norm können die Gesellschafter jedoch keinen eigenen Anspruch gegenüber der Geschäftsführung ableiten,[1031] sodass ein Haftungssystem der Geschäftsführung gegenüber den Gesellschaftern, auch bei einer Missachtung von Beschlüssen, grundsätzlich nicht besteht.[1032] In Betracht kommen lediglich deliktische Ansprüche gemäß den §§ 823 ff. BGB.[1033]

III. Ansprüche der Gesellschaft

1. Anspruch nach § 43 Abs. 2 GmbHG

Verletzt die Geschäftsführung ihre Obliegenheiten, so haftet sie der Gesellschaft gegenüber solidarisch für den entstandenen Schaden gemäß § 43 Abs. 2 GmbHG. Die Regelung stellt das Äquivalent zu § 93 Abs. 2 AktG dar. Diese Haftung birgt für die Geschäftsführung bei Gesamtvermögensgeschäften erhebliche Risiken. Diese bestehen insbesondere bei Handlungen, die in der Annahme vorgenommen werden, dass kein Gesamtvermögensgeschäft besteht und folglich kein Beschluss der Gesellschafterversammlung notwendig ist. Überschreitet die Geschäftsführung ihre Kompetenzen, so stellt dies stets einen Verstoß gegen die aus § 43 Abs. 1 GmbHG folgende Sorgfalt eines ordentlichen Geschäftsmannes dar,[1034] sodass eine Pflichtverletzung besteht. Zwar ist für eine Haftung gemäß § 43 Abs. 2 GmbHG Verschulden erforderlich, aufgrund des Genügens von einfacher Fahrlässigkeit[1035] und der Kenntnis der Geschäftsführung von den wirtschaftlichen Verhältnissen der Gesellschaft wird die einfache Fahrlässigkeit bei einem verkannten Gesamtvermögensgeschäft jedoch regelmäßig anzunehmen

---

1030 Siehe 2. Kap. § 1 D. II. 1.

1031 *Terlau*, in: Römermann, MAHdB GmbHR, § 10, Rn. 10.

1032 *Terlau*, in: Römermann, MAHdB GmbHR, § 10, Rn. 199.

1033 *Beurskens*, in: Noack/Servatius/Haas, GmbHG, § 43, Rn. 117.

1034 *Fleischer*, in: MünchKomm-GmbHG, § 43, Rn. 26.

1035 *Fleischer*, in: MünchKomm-GmbHG, § 43, Rn. 255 f.

sein. Daher wird der Geschäftsführung im eigenen Interesse daran gelegen sein, stets eine wirtschaftliche Prüfung über den Umfang des Vertragsgegenstands vorzunehmen und bereits bei der Vermutung eines Gesamtvermögensgeschäfts präventiv einen Beschluss einzuholen. Dieser Beschluss würde haftungsbefreiende Wirkung aufweisen,[1036] sofern er Grundlage des nachfolgenden Gesamtvermögensgeschäfts ist. Dies hätte zur Folge, dass auch bei nicht werthaltiger Gegenleistung eine Haftung, etwa aufgrund der Verschwendung von Gesellschaftsvermögen,[1037] nicht möglich wäre.

Ein Anspruch der Gesellschaft gegen die Geschäftsführung wäre gemäß § 46 Nr. 8 GmbHG durch die Gesellschafter geltend zu machen.

2. *Weitere Ansprüche*

Neben einem Schadensersatzanspruch aus § 43 Abs. 2 GmbHG können deliktische Ansprüche gemäß den §§ 823 ff. BGB bestehen,[1038] etwa gemäß § 823 Abs. 2 BGB i. V. m. § 266 Abs. 1 StGB oder nach § 826 BGB, auch wenn diese beiden Ansprüche ein vorsätzliches Handeln erfordern.

Es kann weiter ein Erstattungsanspruch gemäß § 15b Abs. 4 S. 1 und Abs. 5 S. 1 InsO bestehen, wenn die Geschäftsführung nach Eintritt der Zahlungsunfähigkeit oder Feststellung der Überschuldung der Gesellschaft ein Gesamtvermögensgeschäft abschließt. Eine Zahlung i. S. d. § 15b InsO ist aufgrund der weiten Auslegung des Begriffs jeder Vermögensabfluss der Gesellschaft.[1039] Ein Gesamtvermögensgeschäft nach Zahlungsunfähigkeit oder Überschuldung stellt jedoch nicht *per se* einen Verstoß gegen § 15b InsO dar. Maßgebend ist, ob eine werthaltige Gegenleistung erfolgt,[1040] die nach ihrem Liquidationswert zu bewerten und in der Haftung zu berücksichtigten ist.[1041] Es kann im Rahmen der Haftung daher auch eine anteilige Berücksichtigung bei fehlender Werthaltigkeit erfolgen.

Auch ist ein Erstattungsanspruch gemäß den §§ 30, 31 GmbHG möglich, sofern ein Gesamtvermögensgeschäft mit einem Gesellschafter abgeschlossen wird und dieses dazu führt, dass das zum Erhalt des Stammkapitals der

---

1036 *Fleischer*, in: MünchKomm-GmbHG, § 43, Rn. 276.

1037 *Fleischer*, in: MünchKomm-GmbHG, § 43, Rn. 102.

1038 Diese sind nicht von § 43 Abs. 2 GmbHG gesperrt, *Fleischer*, in: MünchKomm-GmbHG, § 43, Rn. 8 f.

1039 *Weber/Dömmecke*, in: Braun, InsO, § 15b, Rn. 8.

1040 *Weber/Dömmecke*, in: Braun, InsO, § 15b, Rn. 15.

1041 *Bork/Kebekus*, in: Kübler/Prütting/Bork, InsO, § 15b, Rn. 26.

Gesellschaft erforderliche Vermögen ausgezahlt wird, ohne dass eine werthaltige Gegenleistung erfolgt.[1042] Der Begriff der Zahlung ist für die §§ 30, 31 GmbHG mit dem weiten Begriff der Zahlung aus § 15b InsO gleichzusetzen.[1043]

C. Beschlussmängelrecht

Ist der Beschluss der Gesellschafterversammlung über das Gesamtvermögensgeschäft fehlerhaft zustande gekommen, so weist das GmbHG keine Regelungen über die Folgen auf. Es findet das Beschlussmängelrecht des AktG mit teilweise GmbH-spezifischen Modifikationen Anwendung.[1044]

Die Vorschriften zur Nichtigkeit von Beschlüssen gemäß den §§ 241, 242, 245, 249 AktG sind analog auf die GmbH anwendbar, ohne dass wesentliche Anpassungen vorgenommen werden müssen.[1045] Auch die Vorschriften zur Anfechtung von Beschlüssen finden analog Anwendung auf die GmbH, im Unterschied zur AG[1046] ist jedoch jeder Gesellschafter befugt, einen Beschluss anzufechten[1047] und die starre[1048] Monatsfrist aus § 246 Abs. 1 AktG gilt für die GmbH nur als „Leitbild" und ist bei besonderen Umständen dynamisch zu handhaben, sodass auch nach Ablauf der Monatsfrist eine Anfechtung erfolgen kann.[1049] Somit kann ein Beschluss über ein Gesamtvermögensgeschäft einer GmbH grundsätzlich gemäß den §§ 241 ff. AktG analog nichtig oder anfechtbar sein.

1042 § 30 Abs. 1 S. 2 GmbHG.
1043 *Altmeppen*, in: Altmeppen, GmbHG, Anh. § 60, Rn. 173.
1044 *Fleischer*, GmbHR 2008, 673, 679.
1045 *Fleischer*, GmbHR 2008, 673, 679.
1046 Vgl. § 245 AktG.
1047 *Altmeppen*, in: Altmeppen, GmbHG, Anh. § 47, Rn. 80.
1048 *Koch*, in: Koch, AktG, § 246, Rn. 20.
1049 Vgl. zum Begriff *Verse*, in: Scholz, GmbHG, § 30, Rn. 18.

4. Kapitel: Das Gesamtvermögensgeschäft bei weiteren Gesellschaften und dem nicht wirtschaftlichen Verein

Aufgrund des rechtsformübergreifenden Phänomens von Gesamtvermögensgeschäften sind neben der AG und der GmbH auch die Personengesellschaften, der Verein, die KGaA als Sonderfall der AG mit personengesellschaftsrechtlichen Elementen und die Genossenschaft zu untersuchen. Während die drei zuletzt genannten Rechtsformen bislang kaum im Kontext von § 179a AktG berücksichtigt worden sind, hat der BGH am 15.02.2022[1050] seine *Nightclub*-Rechtsprechung[1051] zur analogen Anwendung des § 179a AktG auf die KG aufgegeben und somit eine (neue) höchstrichterliche Entscheidung für die Personengesellschaften herbeigeführt.

Es ist daher nachfolgend zu untersuchen, wie Gesamtvermögensgeschäfte bei den genannten Rechtsformen zu behandeln sind. Zwar findet auch auf diese Rechtsformen das Prinzip des Schutzes der wirtschaftlichen Grundlagen Anwendung. Es stellt sich jedoch die Frage, ob die jeweils spezifischen Regeln bereits dieses Prinzip beinhalten, sodass Analogien entbehrlich wären.

§ 1 Die Personengesellschaft

A. Die Kompetenzverteilung bei Gesamtvermögensgeschäften

Auch Personengesellschaften weisen die grundsätzliche Differenzierung zwischen der Geschäftsleitungsebene und der Gesellschafterversammlung auf. Durch die personalisierte Prägung der Personengesellschaften und der darauf ausgerichteten Regelungen im BGB und HGB könnte sich jedoch eine andere Kompetenzverteilung für Gesamtvermögensgeschäfte ergeben, als sie bei Kapitalgesellschaften besteht, sodass § 179a AktG nicht anzuwenden wäre.

1050 BGH, Urteil vom 15.02.2022 – II ZR 235/20 = NJW 2022, 1878.
1051 BGH, Urteil vom 08.01.1995 – II ZR 24/94 (*Nightclub*) = NJW 1995, 596.

I. Die Rechtsprechung des BGH zur analogen Anwendung des § 179a AktG auf die KG

1. Das Nightclub-Urteil des BGH vom 09.01.1995

Beinahe auf den Tag genau 24 Jahre vor dem Urteil des BGH zur analogen Anwendung des § 179a AktG auf die GmbH entschied der II. Zivilsenat in einem personengesellschaftsrechtlichen Sachverhalt, dass § 361 AktG von 1965 auf eine KG anzuwenden sei.[1052] Dies hatte zur Folge, dass Gesamtvermögensgeschäfte im Personengesellschaftsrecht – jedenfalls bis zum 15.02.2022 – nur wirksam mit einem Gesellschafterbeschluss abgeschlossen werden konnten.

In seiner Begründung führte der BGH aus, dass für ein Gesamtvermögensgeschäft der Rechtsgedanke des § 361 AktG von 1965 anzuwenden sei.[1053] Daher bedürfe ein Rechtsgeschäft, bei dem das ganze Gesellschaftsvermögen – oder wie im zugrundeliegenden Sachverhalt das gesamte Unternehmen – übertragen werden soll, der Zustimmung aller Gesellschafter.[1054]

2. Das Urteil des BGH vom 15.02.2022

Mit seinem Urteil vom 15.02.2022[1055] gab der BGH seine *Nightclub*-Rechtsprechung auf und schloss sich auch für die KG der zur GmbH[1056] entwickelten Rechtsprechung an. Er ließ aber ausdrücklich offen, ob diese Rechtsprechung auch für Publikumsgesellschaften gelte.[1057]

a) Das Urteil

Der BGH führt aus, dass entgegen der *Nightclub*-Rechtsprechung § 179a AktG doch nicht auf eine KG anwendbar sei, da eine Anwendung auf die KG aus der Gesetzgebungsgeschichte zu § 179a AktG nicht hergeleitet werden könne.[1058] Es fehle zudem an der für eine Analogie erforderlichen planwidrigen Regelungslücke. Die von § 179a AktG bezweckte gesellschaftsinterne Kontrolle der Geschäftsführung werde bei der KG durch den „gesetzlich verankerten

---

1052 BGH, Urteil vom 09.01.1995 – II ZR 24/94 (*Nightclub*) = NJW 1995, 596, 596; vgl. auch BGH, Urteil vom 08.07.1991 – II ZR 246/90 = NJW 1991, 2564, 2565.

1053 BGH, Urteil vom 09.01.1995 – II ZR 24/94 (*Nightclub*) = NJW 1995, 596.

1054 BGH, Urteil vom 09.01.1995 – II ZR 24/94 (*Nightclub*) = NJW 1995, 596.

1055 BGH, Urteil vom 15.02.2022 – II ZR 235/20 = NJW 2022, 1878; entgegen OLG Düsseldorf, Urteil vom 23.11.2017 – I-6 U 225/16 = NZG 2018, 297.

1056 BGH, Urteil vom 08.01.2019 – II ZR 364/18 = NZG 2019, 505.

1057 BGH, Urteil vom 15.02.2022 – II ZR 235/20 = NJW 2022, 1878, Rn. 36.

1058 BGH, Urteil vom 15.02.2022 – II ZR 235/20 = NJW 2022, 1878, Rn. 24.

Beschlussvorbehalt" nach den §§ 116 Abs. 2, 119 Abs. 1, 161 Abs. 2, 164 HGB Rechnung getragen.[1059] Hierfür könne es dahinstehen, ob ein Gesamtvermögensgeschäft ein außergewöhnliches oder ein Grundlagengeschäft für die KG darstelle.[1060] Der Beschlussvorbehalt wahre nicht nur das Kontrollrecht der Gesellschafterversammlung, sondern schütze auch die Minderheitsgesellschafter vor einer Selbstbedienung des Mehrheitsgesellschafters.[1061]

Für die Frage der analogen Anwendbarkeit sei die Einflussmöglichkeit der KG-Gesellschafter auf die Geschäftsführung unerheblich.[1062] Aber auch bei einer Erheblichkeit sprächen die strukturellen Unterschiede zwischen der AG und der KG gegen eine Analogie. Die KG-Gesellschafter können im Unterschied zu den Aktionären unmittelbar Einfluss auf die Geschäftsführung nehmen.[1063] Zwar bestünde bei den Kontroll- und Informationsrechten keine wesentlichen Unterschiede zwischen der KG und der AG,[1064] jedoch können die Aktionäre grundsätzlich nur auf Verlangen des Vorstands nach § 119 Abs. 2 AktG über Geschäftsführungsfragen mitentscheiden, während die Komplementäre nach § 116 Abs. 2 HGB für sämtliche Geschäfte, die über den gewöhnlichen Betrieb hinausgehen, *qua lege* die Zustimmung der Gesellschafter einholen müssen.[1065]

Letztlich spreche auch der Grundsatz der Unbeschränktheit und Unbeschränkbarkeit der Vertretungsmacht gegen eine Analogie, da dieser den Ausdruck eines tragenden handelsrechtlichen Prinzips, des Erfordernisses klarer Verhältnisse, darstellt.[1066] Ein Vertragspartner könne regelmäßig nicht beurteilen, ob ein Gesamtvermögensgeschäft besteht, da aufgrund der geringeren Bilanzpublizität von Vermögenswerten dieses kaum erkennbar sei.[1067]

b) Die Stimmen in der Literatur zum Urteil

Die zum Urteil des BGH erschienene Literatur hat die Aufgabe der *Nightclub*-Rechtsprechung überwiegend begrüßt[1068] und ist der zuvor herrschenden

1059 BGH, Urteil vom 15.02.2022 – II ZR 235/20 = NJW 2022, 1878, Rn. 26 f.
1060 BGH, Urteil vom 15.02.2022 – II ZR 235/20 = NJW 2022, 1878, Rn. 28 f.
1061 BGH, Urteil vom 15.02.2022 – II ZR 235/20 = NJW 2022, 1878, Rn. 30.
1062 BGH, Urteil vom 15.02.2022 – II ZR 235/20 = NJW 2022, 1878, Rn. 31.
1063 BGH, Urteil vom 15.02.2022 – II ZR 235/20 = NJW 2022, 1878, Rn. 31 ff.
1064 BGH, Urteil vom 15.02.2022 – II ZR 235/20 = NJW 2022, 1878, Rn. 32.
1065 BGH, Urteil vom 15.02.2022 – II ZR 235/20 = NJW 2022, 1878, Rn. 33.
1066 BGH, Urteil vom 15.02.2022 – II ZR 235/20 = NJW 2022, 1878, Rn. 34.
1067 BGH, Urteil vom 15.02.2022 – II ZR 235/20 = NJW 2022, 1878, Rn. 35.
1068 *Ebbinghaus/Metzen*, NZG 2022, 697, 701; *Jerger/Goj*, NJW 2022, 1878, 1833; *Keller/Schümmer*, DB 2022, 1625, 1625; *Seulen/Weise*, DB 2022, 1380, 1380; *Tröger*, WuB

Meinung[1069] entgegengetreten. Insbesondere die Ausführungen des BGH zu den fehlenden Voraussetzungen für eine Analogie finden Zustimmung, da die Gesellschafter einer KG nicht gleichermaßen schutzbedürftig seien wie die Aktionäre.[1070] Hingegen wird kritisch hinterfragt, weshalb der BGH ausdrücklich[1071] die Abgrenzung zwischen einem außergewöhnlichen und einem Grundlagengeschäft offenlässt, wenn doch die grundsätzliche Argumentation des BGH für ein außergewöhnliches Rechtsgeschäft spreche.[1072] Auch das Unterlassen eines *obiter dictum* zur Geltung des Urteils vom 15.02.2022[1073] für die Publikumsgesellschaft wird kritisiert.[1074]

Einzig *Heckschen* wirft die Frage auf, wieso der BGH dem Schutz des Rechtsverkehrs scheinbar unbedingten Vorrang einräume und hierbei den Gesellschafter- und Minderheitenschutz vollständig ausblende.[1075] Es sei für Gesamtvermögensgeschäfte charakteristisch, dass die Geschäftsführung der

2022, 247, 250; *Wilsing/Hoveyes*, EWiR 2022, 325, 326; krit. hingegen *Heckschen*, GWR 2022, 174, 174; *Wentz*, WM 2022, 2262, 2264 ff.

1069 OLG Düsseldorf, Urteil vom 23.11.2017 – I-6 U 225/16 = NZG 2018, 297; *Ehmann*, in: Grigoleit, AktG, 1. Aufl., § 179a, Rn. 2; *Haberstock/Greitemann*, in: Hölters, AktG, 3. Aufl., § 179a, Rn. 3a; *Hillmann*, in: E/B/J/S, HGB, 4. Aufl., § 126, Rn. 9; *Holzborn*, in: Spindler/Stilz, AktG, § 179a, Rn. 12; *Klimke*, in: Häublein/Hoffmann-Theinert, HGB, § 114, Rn. 9; *Körber*, in: Bürgers/Körber, AktG, 4. Aufl., § 179a, Rn. 2; *Roth*, in: Baumbach/Hopt, HGB, 39. Aufl., § 126, Rn. 3; *Seibt*, in: Schmidt/Lutter, AktG, 3. Aufl., § 179a, Rn. 4; *Stein*, in: MünchKomm-AktG, 4. Aufl., § 179a, Rn. 14; *Steitz*, in: Henssler/Strohn, GesR, § 126 HGB, Rn. 10; *Wagner*, in: Heidel, AktG, 5. Aufl., § 179a, Rn. 20; *Packi*, die Veräußerung des ganzen Gesellschaftsvermögens, S. 267; *Servatius*, FS Stilz, S. 601, 601, 607; *Barthen/Staab*, ZInsO 2018, 833, 836; *Fink/Chilevych*, NZG 2012, 1254, 1254; *K. Schmidt*, ZGR 1995, 675, 679; *Stellmann/Stoeckle*, WM 2011, 1983, 1983 f.; *Weber*, DNotZ 2018, 96, 122; *Weitnauer*, GWR 2018, 1, 2; differenzierend: *Scheel*, FS Wegen, S. 297, 310 f.; *Hüren*, RNotZ 2014, 77, 88; mangels Notwendigkeit gegen analoge Anwendung: *Bredol/Natterer*, ZIP 2015, 1419, 1419; *Eschwey*, MittBayNot 2018, 299, 310 f.; wohl auch *Leitzen*, NZG 2012, 491, 494.

1070 *Ebbinghaus/Metzen*, NZG 2022, 697, 701; *Jerger/Goj*, NJW 2022, 1878, 1833; *Keller/Schümmer*, DB 2022, 1625, 1628 f.; *Seulen/Weise*, DB 2022, 1380, 1380; *Wilsing/Hoveyes*, EWiR 2022, 325, 326; krit. diesbezüglich, aber im Ergebnis zustimmend *Tröger*, WuB 2022, 247, 249.

1071 BGH, Urteil vom 15.02.2022 – II ZR 235/20 = NJW 2022, 1878, Rn. 28 f.

1072 *Jerger/Goj*, NJW 2022, 1878, 1833; *Wentz*, WM 2022, 2262, 2267.

1073 BGH, Urteil vom 15.02.2022 – II ZR 235/20 = NJW 2022, 1878, Rn. 36.

1074 *Ebbinghaus/Metzen*, NZG 2022, 697, 701; *Keller/Schümmer*, DB 2022, 1625, 1628; *Seulen/Weise*, DB 2022, 1380, 1380.

1075 *Heckschen*, GWR 2022, 174, 174.

Gesellschaft das Rechtsgeschäft ohne die Zustimmung der Gesellschafter vornehmen will. Dass der diesbezügliche Schutz aus § 179a AktG nur den Aktionären zugutekommen soll, überzeugt nicht.[1076] Im Ergebnis versteht *Heckschen* das Urteil aber als praxisgerecht.[1077]

II. Die rechtliche Bewertung des Urteils vom 15.02.2022

Das Urteil des BGH vom 15.02.2022, das die zur GmbH entwickelte Rechtsprechung des II. Zivilsenats fortsetzt, ist nachfolgend im Kontext des Personengesellschaftsrechts eingehend zu bewerten.

1. Die Begründung des BGH gegen eine analoge Anwendung des § 179a AktG

Fraglich ist, ob die Begründung des BGH zu überzeugen vermag. Wie dargestellt, führt der BGH gegen die analoge Anwendbarkeit des § 179a AktG die stärkeren gesellschaftsinternen Kontroll- und Einflussmöglichkeiten und den Vorrang des Prinzips der Unbeschränkbarkeit und Unbeschränktheit der Vertretungsmacht an.[1078]

a) Die gesellschaftsinternen Kontroll- und Einflussmöglichkeiten in der KG

Nach Ansicht des BGH spricht im Wesentlichen die fehlende vergleichbare Interessenlage gegen die analoge Anwendung des § 179a AktG, da den Gesellschaftern einer KG gesellschaftsinterne Kontroll- und Einflussnahmemöglichkeiten gegenüber der Geschäftsführung zustehen, die das AktG für die Aktionäre nicht in vergleichbarer Weise vorsieht.

Dem ist grundsätzlich zuzustimmen, wenngleich die Begründung des BGH nicht vollends überzeugt. Eine wesentlich stärker ausgeprägte Kontrolle der Geschäftsführung einer KG kann nur dann angenommen werden, wenn gesetzliche Kontrollmechanismen bestehen, die – vergleichbar mit § 179a AktG – eine Außenwirkung aufweisen. Andernfalls würden gesellschaftsinterne Kontrollmöglichkeiten aufgrund der Bedeutung eines Gesamtvermögensgeschäfts keinen gleichwertigen Schutz wie § 179a AktG gewährleisten. Dass der BGH deshalb die Frage, ob ein Gesamtvermögensgeschäft ein außergewöhnliches Rechtsgeschäft

---

1076 *Heckschen*, GWR 2022, 174, 174.
1077 *Heckschen*, GWR 2022, 174, 174.
1078 Siehe 4. Kap. § 1 A. I. 2. a).

oder ein Grundlagengeschäft darstelle, offenlässt,[1079] bringt seine eigene Begründung ins Wanken.[1080] Denn angenommen, ein Gesamtvermögensgeschäft würde ein außergewöhnliches Rechtsgeschäft darstellen,[1081] ist zwar nach § 116 Abs. 1, Abs. 2 HGB (ab 01.01.2024: § 116 Abs. 2 S. 1 Hs. 1, Hs. 2 HGB n. F.) ein Beschluss der Gesellschafter erforderlich; dieser ist für die Wirksamkeit des Gesamtvermögensgeschäfts im Außenverhältnis allerdings regelmäßig ohne Bedeutung.[1082] Hingegen ist ein Grundlagengeschäft nicht vom Umfang der Vertretungsmacht der Geschäftsführung erfasst, sodass ein (im Außenverhältnis) wirksames Rechtsgeschäft nicht begründet werden kann.[1083] Dass der BGH seine Begründung pauschal auf beide Formen von Geschäften anwendet, zeugt daher von einer fehlenden Auseinandersetzung mit der Frage, welche Auswirkungen die jeweiligen Geschäfte auf die Vertretungsmacht der Geschäftsführung haben, und führt zu einem unbefriedigenden Ergebnis.

Dem BGH ist im Ergebnis jedoch zuzustimmen. Wie bereits angeführt,[1084] stellt ein Gesamtvermögensgeschäft ein Grundlagengeschäft dar. Dies entspricht auch der herrschenden Literatur.[1085] Somit ist ein Gesamtvermögensgeschäft nicht von der Vertretungsmacht der Geschäftsführung gemäß den §§ 714 BGB, 126 Abs. 1 HGB (ab 01.01.2024: §§ 720 BGB n. F., 124 Abs. 4 S. 1 HGB n. F.) umfasst, sodass diese die Gesellschaft nicht wirksam zur Übertragung ihres ganzen Vermögens verpflichten kann. Die Entscheidung obliegt *ex lege* den Gesellschaftern als Entscheidungsorgan der Gesellschaft.

Überaus erstaunlich ist im Urteil aber die Feststellung des BGH, dass den Einflussmöglichkeiten der Gesellschafter auf die Geschäftsleitung nur nachrangige

---

1079 BGH, Urteil vom 15.02.2022 – II ZR 235/20 = NJW 2022, 1878, Rn. 28 f.

1080 So wohl auch *Wentz*, WM 2022, 2262, 2266.

1081 So *Jerger/Goj*, NJW 2022, 1878, 1833.

1082 *Jickeli*, in: MünchKomm-HGB, § 116, Rn. 44.

1083 Siehe 3. Kap. § 1 C. III. 2. d) bb).

1084 Siehe 3. Kap. § 1 C. III. 2. d) bb) (2).

1085 *Haas*, in: Röhricht/Graf von Westphalen/Haas, HGB, § 126, Rn. 4; *Habermeier*, in: Staudinger, BGB, § 714, Rn. 8; *Hillmann*, in: E/B/J/S, HGB, § 126, Rn. 9; *Klimke*, in: Häublein/Hoffmann-Theinert, HGB, § 114, Rn. 9; *Roth*, in: Hopt, HGB, § 126, Rn. 3; *Schäfer*, in: MünchKomm-BGB, § 714, Rn. 25; *K. Schmidt/Drescher*, in: MünchKomm-HGB, § 126, Rn. 13; *Steitz*, in: Henssler/Strohn, GesR, § 126 HGB, Rn. 10; *von Ditfurth*, in: Gummert/Weipert, MHdB GesR Bd. 1, § 54, Rn. 7; *Scheel*, in: Gummert/Weipert, MHdB GesR Bd. 2, § 9, Rn. 6; *Witt*, Die Veräußerung des ganzen Gesellschaftsvermögens gemäß § 179a Abs. 1 AktG, S. 285; *Hüren*, RNotZ 2014, 77, 91.

Bedeutung beizumessen ist. Da § 179a AktG den Umfang der Vertretungsmacht des AG-Vorstands beschränkt und somit Einfluss auf die Geschäftsleitung nimmt, ist diese Frage von außerordentlicher Bedeutung. Da die Einflussmöglichkeiten der KG-Gesellschafter aufgrund der Qualifizierung eines Gesamtvermögensgeschäfts als Grundlagengeschäft jedoch stark ausgeprägt sind, weil diese dem Geschäft zustimmen müssen, fehlt eine vergleichbare Interessenlage für die analoge Anwendung des § 179a AktG. Somit ist diese (fehlerhafte) Begründung ohne Einfluss auf das Ergebnis.

Wenngleich die Begründung des BGH zum Teil Schwächen aufweist, ist das Urteil im Ergebnis richtig. Für eine analoge Anwendung des § 179a AktG fehlt die vergleichbare Interessenlage, da die KG-Gesellschafter bereits durch ihren Beschlussvorbehalt geschützt werden und das Gesamtvermögensgeschäft als Grundlagengeschäft nicht vom Umfang der Vertretungsmacht der Geschäftsführung erfasst ist.

b) Der Vorrang des Grundsatzes der unbeschränkten Vertretungsmacht

Nicht überzeugen können die Ausführungen des BGH – wie auch im Urteil vom 08.01.2019[1086] – zum Vorrang der Unbeschränkbarkeit und Unbeschränktheit der Vertretungsmacht. Diese verkennen, dass das Prinzip des Schutzes der wirtschaftlichen Grundlagen auch im Personengesellschaftsrecht uneingeschränkt Anwendung findet.[1087] In diesem Kontext ist auch *Heckschen* zuzustimmen,[1088] dass der BGH in seiner (neuen) Rechtsprechungslinie dem Prinzip der unbeschränkten Vertretungsmacht absoluten und bedingungslosen Vorrang einräumt. Dass hierbei andere – mitunter weitaus gewichtigere – Prinzipien verkannt werden, führt zu einer Aufweichung des Gesellschafter- und Minderheitenschutzes.

2. Keine fehlende Planwidrigkeit

Entgegen einigen Ansichten[1089] scheitert die analoge Anwendung des § 179a AktG nicht an einer fehlenden Planwidrigkeit, weil der Gesetzgeber in Kenntnis der Problematik zu keinem Zeitpunkt eine Änderung des BGB und des HGB in Betracht gezogen habe.

1086 BGH, Urteil vom 08.01.2019 – II ZR 364/18 = NZG 2019, 505, Rn. 30 ff.

1087 Siehe 3. Kap. § 1 C. III. 2. e) dd).

1088 *Heckschen*, GWR 2022, 174, 174.

1089 *Bergmann*, FS Vetter, S. 79, 90; *Meier*, DNotZ 2020, 246, 250; *Wilsing/Hoveyes*, EWiR 2022, 325, 326.

Maßgebend ist, ob der Gesetzgeber die Vorschriften zum Personengesellschaftsrecht bewusst nicht geändert hat. Den Gesetzgebungsmaterialien zu § 179a AktG sind diesbezüglich keine Anhaltspunkte zu entnehmen.[1090] Das HGB hat trotz zahlreicher Änderungen seit seinem Inkrafttreten im Jahr 1900[1091] keine Änderungen in den Normen zur Geschäftsführung und Vertretung erhalten. Auch die Vorschriften zur GbR weisen keine entsprechenden Anhaltspunkte auf. Diese sind seit ihrer Einführung im Jahr 1900 bis zum Zeitpunkt des Urteils am 15.02.2022 nahezu unverändert geblieben,[1092] insbesondere die §§ 709, 714 BGB (ab 01.01.2024: §§ 715, 720 BGB n. F.) existieren bis zum 31.12.2023 ohne Änderung oder Reform.[1093] Erst zum 01.01.2024 tritt mit dem MoPeG eine umfassende Reform des Personengesellschaftsrechts in Kraft.[1094] Den Gesetzgebungsmaterialien zum MoPeG ist jedoch ebenfalls kein direkter Bezug zu § 179a AktG oder zu Gesamtvermögensgeschäften zu entnehmen.

Da nicht erkennbar ist, dass Änderungen oder Reformen der entsprechenden Regelungen in Kenntnis der Problematik einer analogen Anwendung des § 179a AktG respektive des Spannungsfelds um ein Gesamtvermögensgeschäft erfolgt sind, kann hieraus nicht auf einen bewussten Verzicht auf Änderung des BGB oder des HGB geschlossen werden. In diesem Kontext ist auch auf die Ausführungen des BGH zur Planwidrigkeit im GmbH-Recht zu verweisen. Es reicht für eine Planwidrigkeit nicht aus, dass der Gesetzgeber in Kenntnis einer Regelungslücke eine Änderung unterlässt. Aus dem Unterlassen muss vielmehr eine bewusste Entscheidung gegen eine entsprechende Regelung hervorgehen.[1095] Mithin ist eine mögliche Regelungslücke planwidrig.

3. *Das Urteil im Lichte des MoPeG*

Das Urteil des BGH begegnet jedoch auch im Hinblick auf das am 01.01.2024 in Kraft tretende MoPeG rechtliche Bedenken. Der Gesetzgeber begründet die Neufassung des § 709 BGB in § 715 Abs. 2 BGB n. F. damit, dass eine vergleichbare Regelung zu § 116 Abs. 1, Abs. 2 HGB (ab 01.01.2024: § 116 Abs. 2 S. 1 Hs.

1090 Zu § 349 AktG, dem späteren § 361 AktG von 1965: BT-Drs. VII/171, 253; zu § 179a AktG: BT-Drs. 12/6699, 177.

1091 Darstellung der Änderungen von *Merkt*, in: Hopt, HGB, Einleitung, Rn. 11 ff.

1092 *Schäfer*, in: MünchKomm-BGB, Vor § 705, Rn. 26.

1093 *Schäfer*, in: MünchKomm-BGB, Vor § 705, Rn. 30.

1094 Gesetz zur Modernisierung des Personengesellschaftsrechts (Personengesellschaftsrechtsmodernisierungsgesetz – MoPeG), BGBl. I 2021, 3436.

1095 BGH, Urteil vom 08.01.2019 – II ZR 364/18 = NZG 2019, 505, Rn. 21.

1, Hs. 2 HGB n. F.) geschaffen wird.[1096] Im Zuge der Differenzierung zwischen gewöhnlichem und außergewöhnlichem Geschäft der Geschäftsführung führt der Gesetzgeber aus: „*Die äußere Grenze der Geschäftsführung bilden Maßnahmen, die das Verhältnis der Gesellschafter untereinander und damit die Grundlagen der Gesellschaft betreffen (zum Beispiel Änderung oder Durchbrechung des Gesellschaftsvertrags, Aufnahme oder Ausschluss eines Gesellschafters). Innerhalb dieser Grenzen der Geschäftsführung ist zwischen gewöhnlichen und außergewöhnlichen Geschäften zu unterscheiden*".[1097] Der Gesetzgeber geht folglich davon aus, dass Grundlagengeschäfte – da diese außerhalb der Grenzen der Geschäftsführungsbefugnis sind – nicht von der Geschäftsführung vorgenommen werden dürfen. Da ein Gesamtvermögensgeschäft ein Grundlagengeschäft darstellt,[1098] ist nach dem Willen des Gesetzgebers zum MoPeG ein Gesamtvermögensgeschäft nicht vom Umfang der Geschäftsführungsbefugnis erfasst.

4. Ergebnis

Dem Urteil des BGH ist im Ergebnis zuzustimmen, nicht aber vollends der Begründung hierzu. Zutreffend fehlt für eine Analogie die vergleichbare Interessenlage zwischen den Aktionären und den Gesellschaftern einer KG. Maßgebend ist hierfür jedoch, dass ein Gesamtvermögensgeschäft ein Grundlagengeschäft für die KG darstellt. Da ein Grundlagengengeschäft nicht vom Umfang der Vertretungsmacht der Geschäftsführung umfasst wird, bedarf es keines Zustimmungserfordernisses nach § 179a AktG, denn dieses besteht bereits *qua lege* nach den §§ 116 Abs. 2, 119 Abs. 1, 161 Abs. 2, 164 HGB (ab 01.01.2024: §§ 109 Abs. 3, 116 Abs. 2 S. 1 Hs. 2, 161 Abs. 2, 164 HGB n. F.). Hierfür spricht zudem die Begründungen des Gesetzgebers zum MoPeG, nach der Grundlagengeschäfte vom Umfang der Geschäftsführungsbefugnis ausgenommen sein sollen.

III. Die vom Urteil erfassten Personengesellschaften

1. Geltung für die GbR/OHG

Die Rechtsprechung des BGH vom 15.02.2022 betraf in der Sache eine KG, sodass die Frage aufzuwerfen ist, ob das Urteil für alle Personen(handels-)gesellschaften Geltung entfaltet. Dies ist für die OHG ohne Weiteres zu bejahen, da

---

1096 BT-Drs. 19/27635, 151.
1097 BT-Drs. 19/27635, 151.
1098 Siehe 3. Kap. § 1 C. III. 2. d) dd) (1).

die Begründung des BGH auf die für die OHG und KG identischen Regelungen des HGB verweist.

Für die GbR gilt sowohl zur aktuellen als auch zur Rechtslage ab dem 01.01.2024 das Gleiche. Da der BGH im Wesentlichen darauf verweist, dass bei der KG ohnehin die Gesellschafter zustimmen müssen, ist dies nach § 709 BGB (ab 01.01.2024: § 715 BGB n. F.) auch bei den GbR-Gesellschaftern erforderlich. Eine vergleichbare Interessenlage hinsichtlich § 179a AktG scheidet daher auch für die GbR aus.

Ab dem 01.01.2024 gilt § 715 Abs. 2 BGB n. F. für die Geschäftsführungsbefugnis. Die Vorschrift orientiert sich an § 116 Abs. 1, Abs. 2 HGB (ab 01.01.2024: § 116 Abs. 2 S. 1 Hs. 1, Hs. 2 HGB n. F.)[1099] und differenziert zwischen gewöhnlichen sowie außergewöhnlichen Geschäften und grenzt Geschäfte indirekt auch zum Grundlagengeschäft ab. Da somit der Norminhalt des § 116 Abs. 1 HGB (ab 01.01.2024: § 116 Abs. 2 S. 1 Hs. 1 HGB n. F.) in § 715 Abs. 2 BGB n. F. inhärent ist und der BGH auf § 116 Abs. 1 HGB (ab 01.01.2024: § 116 Abs. 2 S. 1 Hs. 1 HGB n. F.) verweist,[1100] muss die Rechtsprechung auch nach Inkrafttreten des MoPeG für die GbR (fort-)gelten.

2. *Geltung für die Publikums-KG*

Unklar bleibt, was nach den Urteilen des BGH vom 08.01.2019[1101] und 15.02.2022[1102] für die Publikums-KG gilt. Diese Frage ließ der BGH ausdrücklich offen,[1103] sodass es in der neueren Literatur umstritten ist, ob eine analoge Anwendung des § 179a AktG möglich sei.[1104]

Eine Publikums-KG ist sich im Wesentlichen dadurch charakterisiert, dass eine große Anzahl an Gesellschaftern beteiligt ist.[1105] Sie stellt in ihrer Rechtsform zwar eine (normale) KG dar, weicht aber vom ursprünglichen Bild der KG durch ihre Vielzahl an Gesellschaftern ab.[1106] Das Recht zur Publikums-KG zeichnet sich daher insbesondere durch einen stärkeren Schutz der Gesellschafter vor dem „verselbstständigten Management" aus,[1107] da die Struktur an die

---

1099 BT-Drs. 19/27635, 151.

1100 BGH, Urteil vom 15.02.2022 – II ZR 235/20 = NJW 2022, 1878, Rn. 27 ff.

1101 BGH, Urteil vom 08.01.2019 – II ZR 364/18 = NZG 2019, 505.

1102 BGH, Urteil vom 15.02.2022 – II ZR 235/20 = NJW 2022, 1878.

1103 BGH, Urteil vom 15.02.2022 – II ZR 235/20 = NJW 2022, 1878, Rn. 36.

1104 *Ebbinghaus/Metzen*, NZG 2022, 697, 701; *Seulen/Weise*, DB 2022, 1380, 1380; krit. hingegen *Keller/Schümmer*, DB 2022, 1625, 1628; *Wentz*, WM 2022, 2262, 2269.

1105 *Grunewald*, in: MünchKomm-HGB, § 161, Rn. 111.

1106 *Häublein/Beyer*, in: Häublein/Hoffmann-Theinert, HGB, § 161, Rn. 70.

1107 *Grunewald*, in: MünchKomm-HGB, § 161, Rn. 111.

AG angenähert ist und die Einwirkungsmöglichkeiten der Gesellschafter reduziert sind.[1108] Klassischerweise sind die Gesellschafter von jedweder Mitwirkung bei der Geschäftsführung ausgeschlossen.[1109]

Berücksichtigt man das „verselbstständigte Management“ und die reduzierten Einwirkungsmöglichkeiten der Gesellschafter bei einer Publikums-KG im Rahmen der Rechtsprechung des BGH zur (Un-)Möglichkeit der analogen Anwendung der § 179a AktG, so muss bei stringenter Fortführung der Argumentation des BGH eine analoge Anwendung angenommen werden. Der BGH führt bekanntermaßen die gesellschaftsinternen Kontroll- und Einflussmöglichkeiten gegen die Analogie an. Sind diese jedoch faktisch wirkungslos, weil das Management durch einen Vorstand und einen Verwaltungsrat[1110] verselbstständigt ist und die Gesellschafter nicht durch einen Beschlussvorbehalt auf die Geschäftsleitung einwirken können, entfallen die strukturellen Unterschiede in der Binnenverfassung zwischen AG und KG, sodass eine vergleichbare Interessenlage besteht.

Soweit hiergegen die fehlende Planwidrigkeit eingewendet wird,[1111] so verkennt diese Ansicht, dass für eine fehlende Planwidrigkeit eine bewusste Nichtregelung erforderlich ist. Eine solche ist jedoch keinen Gesetzgebungsmaterialien zu entnehmen.[1112]

IV. Ergebnis

Zusammenfassend ist festzuhalten, dass dem Urteil des BGH vom 15.02.2022 im Ergebnis zuzustimmen ist, nicht jedoch dem vom BGH eingeschlagenen Begründungsweg dorthin. § 179a AktG kann mangels einer vergleichbaren Interessenlage nicht analog auf die KG angewendet werden, weil ein Gesamtvermögensgeschäft als Grundlagengeschäft bereits *de jure* nicht von der Vertretungsmacht der Geschäftsführung erfasst ist. Dies ist auch der Gesetzesbegründung zum MoPeG zu entnehmen. Eine Klarstellung und Abgrenzung hat der BGH leider versäumt. Auch die Ausführungen zum Prinzip der unbeschränkbaren Vertretungsmacht überzeugen nicht, sondern verkennen das dem Zivilrecht inhärente Prinzip des Schutzes der wirtschaftlichen Grundlagen.

1108 BGH, Urteil vom 15.02.2022 – II ZR 235/20 = NJW 2022, 1878, Rn. 36.

1109 *Ebbinghaus/Metzen*, NZG 2022, 697, 701.

1110 Die nach den §§ 116, 93 AktG haften, BGH, Urteil vom 04.07.1977 – II ZR 150/75 = NJW 1977, 2311.

1111 *Keller/Schümmer*, DB 2022, 1625, 1628 f.

1112 Siehe 4. Kap. § 1 A. II. 2.

Die neue Rechtsprechung des BGH ist auf die GbR und die OHG zu übertragen. Die vom BGH ausdrücklich nicht entschiedene Frage der analogen Anwendung von § 179a AktG auf die Publikums-KG ist hingegen unter Maßgabe der vom BGH angeführten Begründung zu beantworten: Aufgrund der geringeren Einfluss- und Kontrollmöglichkeiten der Gesellschafter durch die verselbstständige Geschäftsleitung besteht bei der Publikums-KG eine vergleichbare Interessenlage. Auch eine planwidrige Regelungslücke ist gegeben. Somit ist § 179a AktG auf die Publikums-KG analog anzuwenden.

B. Die Anforderungen an den Gesellschafterbeschluss

Da den Gesellschaftern einer Personengesellschaft die Beschlusskompetenz in Bezug auf ein Gesamtvermögensgeschäft zusteht, ist nachfolgend zu untersuchen, mit welcher Mehrheit und in welcher Form die Beschlussfassung wirksam erfolgen kann sowie ob die allgemeinen Informationsrechte im Recht der Personengesellschaften auch eine analoge Anwendung von § 179a Abs. 2 AktG ausschließen.

I. Die erforderliche Beschlussmehrheit

1. Das Einstimmigkeitsprinzip

Gemäß den §§ 709 Abs. 1 BGB, 119 Abs. 1, 161 Abs. 2 HGB (ab 01.01.2024: §§ 714 BGB n. F., 109 Abs. 3, 161 Abs. 2 HGB n. F.) gilt im Recht der Personen(handels)gesellschaften grundsätzlich das Einstimmigkeitsprinzip, nach dem ein Gesamtvermögensgeschäft nur mit Zustimmung aller Gesellschafter wirksam vorgenommen werden kann. Da die §§ 709 Abs. 2 BGB, 119 Abs. 2 HGB (ab 01.01.2024: §§ 708, 714 BGB n. F., 109 Abs. 4 HGB n. F.) jedoch ausdrücklich Mehrheitsentscheidungen zulassen, steht das Einstimmigkeitsprinzip zur Disposition der Gesellschafter und kann im Gesellschaftsvertrag abbedungen werden. Ob eine Mehrheitsklausel im Gesellschaftsvertrag auch Gesamtvermögensgeschäfte respektive (faktische) Satzungsänderungen erfassen soll, ist im Einzelfall durch Auslegung zu ermitteln. Dies entspricht der neueren Rechtsprechung des BGH.[1113]

1113 So der BGH, Urteil vom 21.10.2014 – II ZR 86/13 = NZG 2014, 1296, Rn. 14, der mit diesem Urteil den vorher geltenden Bestimmtheitsgrundsatz für Mehrheitsklauseln ablehnte.

2. *Eine Schranke der Disposition bei Gesamtvermögensgeschäften?*

Die Abdingbarkeit des Einstimmigkeitsprinzips im Gesellschaftsvertrag könnte aber bei besonders bedeutsamen Geschäften wie einem Gesamtvermögensgeschäft ausgeschlossen sein. Nach der *Kernbereichslehre* ist ein Gesellschafter davor geschützt, dass nicht mittels einer Mehrheitsentscheidung in den Kernbereich seiner Mitgliedschaft eingegriffen werden kann, ohne dass der betroffene Gesellschafter ebenfalls zustimmt.[1114]

Ob die *Kernbereichslehre* noch[1115] Geltung aufweist, ist aber zweifelhaft. Der BGH hat mit Urteil vom 21.10.2014[1116] nicht nur die Auslegung einer Satzung im Gesellschaftsrecht für rechtens erklärt, sondern auch die *Kernbereichslehre* in Frage gestellt.[1117] Eine ausdrückliche Aufgabe der Rechtsprechung hierzu erfolgte jedoch nicht.[1118] Der BGH stellt nunmehr auf die Zumutbarkeit des Eingriffs und nicht den Kernbereich ab, denn maßgeblich sei *„bei Eingriffen in die individuelle Rechtsstellung des Gesellschafters, d.h. in seine rechtliche und vermögensmäßige Position in der Gesellschaft, letztlich (…), ob der Eingriff im Interesse der Gesellschaft geboten und dem betroffenen Gesellschafter unter Berücksichtigung seiner eigenen schutzwerten Belange zumutbar ist"*.[1119] Sowohl die *Kernbereichslehre* als auch die neueren Ausführungen des BGH verlangen einen Eingriff in die Rechtsstellung eines Gesellschafters. Es ist daher maßgeblich, ob durch ein Gesamtvermögensgeschäft die Rechtsstellung eines Gesellschafters berührt wird.

Die unmittelbare Wirkung eines Gesamtvermögensgeschäfts betrifft die Gesellschaft, nicht den Gesellschafter. Nur mittelbar, nämlich in Folge des Wirkungsdurchgriffs, werden die Interessen des Gesellschafters betroffen, wenn dieser mit dem Rechtsgeschäft nicht einverstanden ist. Die Interessen eines Gesellschafters stellen jedoch keine Rechtsstellung eines Gesellschafters dar. Wie bereits der Begriff ausführt, bedarf es eines Rechts des Gesellschafters. Ein Recht vermag das Interesse – und sei dieses auch noch so stark getroffen – jedoch nicht zu begründen. Aus diesem Grund ist ein Eingriff in die Rechtsstellung

---

1114 *Schöne*, in: Hau/Poseck, BGB, § 709, Rn. 35.

1115 Vom BGH noch angewendet in BGH, Urteil vom 14.05.1956 – II ZR 229/54 = NJW 1956, 1198, 1120; BGH, Urteil vom 10.10.1994 – II ZR 18/94 = NJW 1995, 194, 195.

1116 BGH, Urteil vom 21.10.2014 – II ZR 86/13 = NZG 2014, 1296, Rn. 19.

1117 *Lieder*, in: Oetker, HGB, § 109, Rn. 36 f.

1118 Ob die *Kernbereichslehre* weiterhin gültig ist, ist daher umstritten: *Enzinger*, in: MünchKomm-HGB, § 119, Rn. 80a.

1119 BGH, Urteil vom 21.10.2014 – II ZR 86/13 = NZG 2014, 1296, 1298, Rn. 19.

abzulehnen. Es ließe sich zwar auch auf die Beteiligung als Recht abstellen, die bei einem Gesamtvermögensgeschäft eine mittelbare Beeinträchtigung im Wert erfahren kann. Dies führt jedoch nicht zum Ausschluss einer einfachen Mehrheitsentscheidung. Auch § 179a AktG lässt eine solche zu. Es erscheint daher zumutbar und gesetzlich zulässig, dass die Entscheidung durch Mehrheit und nicht Einstimmigkeit getroffen werden kann.

Zudem spricht auch die gesetzliche Konzeption der Personengesellschaft gegen die Anwendung der *Kernbereichslehre*. Im Vereinsrecht bedarf die Änderung des Vereinszwecks nach § 33 Abs. 1 S. 2 BGB der Zustimmung aller Mitglieder. Da es sich um ein allgemeines Prinzip des Verbandsrechts handelt, gilt diese Vorschrift auch für Personengesellschaften.[1120] Wie im Vereinsrecht nach § 40 BGB können auch im Personengesellschaftsrecht Grundlagenentscheidungen durch einen Mehrheitsbeschluss gefasst werden, wenn dies im Gesellschaftsvertrag geregelt ist.[1121] Kann folglich die Änderung des Gesellschaftszwecks Gegenstand einer Mehrheitsentscheidung der Gesellschafter sein, so betrifft dies nicht den Kernbereich der Mitgliedschaft[1122] und mithin die Rechtstellung eines Gesellschafters. Auf der Grundlage eines *argumentum a maiore ad minus* ist für eine (faktische) Änderung des Gesellschaftsgegenstands keine andere Schlussfolgerung möglich.

3. Ergebnis

Sowohl für Personen- als auch für Personenhandelsgesellschaften gilt grundsätzlich das Einstimmigkeitsprinzip, sodass ohne abweichende Regelung im Gesellschaftsvertrag für den Abschluss eines Gesamtvermögensgeschäfts die Zustimmung aller Gesellschafter erforderlich ist. Weist der Gesellschaftsvertrag hingegen eine ausdrückliche oder zumindest durch Auslegung zu ermittelnde Regelung auf, nach der ein Gesamtvermögensgeschäft mittels einer bestimmten Mehrheit abgeschlossen werden kann, so kann von dem Einstimmigkeitsprinzip abgewichen werden.

II. Die Form des Beschlusses

Weder § 709 BGB noch § 119 HGB (ab 01.01.2024: §§ 714 BGB n. F., 109 HGB n. F.) erfordern die Einhaltung einer bestimmten Form für die Beschlussfassung.[1123]

1120 *Notz*, in: BeckOGK-BGB, § 33, Rn. 15.

1121 *Sauter*, in: Prinz/Kahle, BeckHdB PersG, § 2, Rn. 60.

1122 So auch *Schäfer*, in: MünchKomm-BGB, § 709, Rn. 93.

1123 *Bergmann*, in: Herberger/Martinek/u. a., BGB, Stand: 01.02.2020, § 709, Rn. 35; *Enzinger*, in: MünchKomm-HGB, § 119, Rn. 40; *Geibel*, in: BeckOGK-BGB, § 709,

Der Gesellschaftsvertrag kann von der grundsätzlichen Formfreiheit Ausnahmen machen und ein bestimmtes Formerfordernis für die Beschlussfassung vorgeben.[1124] Mithin kann die Beschlussfassung über ein Gesamtvermögensgeschäft formfrei ergehen. Für das Verpflichtungsgeschäft ist § 311b BGB zu berücksichtigen.

Erfolgt die Beschlussfassung nicht in der Form, die im Gesellschaftsvertrag vereinbart ist, führt dies regelmäßig nicht zur Nichtigkeit des entsprechenden Beschlusses gemäß § 125 S. 2 BGB. Dem Formerfordernis kommt lediglich eine klarstellende Funktion zu.[1125] Etwas anderes gilt jedoch, wenn die notarielle Beurkundung des Beschlusses vereinbart ist. Diese Vereinbarung führt zur Nichtigkeit des Beschlusses.[1126] Es kommt somit für die Form des Beschlusses für ein Gesamtvermögensgeschäft maßgeblich darauf an, ob die Gesellschafter im Gesellschaftsvertrag eine von der gesetzlichen Formfreiheit abweichende Regelung vereinbart haben und wie diese inhaltlich ausgestaltet ist.

III. Das Recht auf Informationen der Personengesellschafter

Für eine Beschlussfassung benötigen die Gesellschafter umfassende Informationen über das zu beschließende Gesamtvermögensgeschäft. Während Aktionären und GmbH-Gesellschaftern[1127] ein Informationsrecht aus § 179a Abs. 2 AktG (analog) zusteht, ist dies für Personengesellschafter ungeklärt. Aus dem Ergebnis, dass § 179a Abs. 1 AktG nicht analog im Recht der Personengesellschaften anzuwenden ist,[1128] kann nicht gefolgert werden, dass auch § 179a Abs. 2 AktG nicht analog anzuwenden ist. Denn während § 179a Abs. 1 AktG die

---

Rn. 118; *Haas*, in: Röhricht/Graf von Westphalen/Haas, HGB, § 119, Rn. 2; *Habermeier*, in: Staudinger, BGB, § 709, Rn. 16; *Lieder*, in: Oetker, HGB, § 119, Rn. 36; *Roth*, in: Hopt, HGB, § 119, Rn. 27; *Schäfer*, in: MünchKomm-BGB, § 709, Rn. 71; *Plückelmann*, in: Gummert, MAHdB PersG, § 8, Rn. 7; *Stenge*, in: Prinz/Kahle, BeckHdB PersG, § 3, Rn. 320; *Heckschen/Kreß*, GWR 2023, 19, 19.

1124 *Enzinger*, in: MünchKomm-HGB, § 119, Rn. 44.

1125 BGH, Urteil vom 05.02.1968 – II ZR 85/67 = NJW 1968, 1378, 1379; *Freitag*, in: E/B/J/S, HGB, § 119, Rn. 61; *Geibel*, in: BeckOGK-BGB, § 709, Rn. 118; *Haas*, in: Röhricht/Graf von Westphalen/Haas, HGB, § 119, Rn. 5; *Lieder*, in: Oetker, § 119, Rn. 37; *Roth*, in: Hopt, HGB, § 119, Rn. 28.

1126 *Enzinger*, in: MünchKomm-HGB, § 119, Rn. 46; *Freitag*, in: E/B/J/S, HGB, § 119, Rn. 61; *Lieder*, in: Oetker, § 119, Rn. 37; *Roth*, in: Hopt, HGB, § 119, Rn. 28.

1127 Siehe 3. Kap. § 1 C. III. 3. e) dd).

1128 Siehe 4. Kap. § 1 A. II.

Organzuständigkeit betrifft, betrifft § 179a Abs. 2 AktG die Informationsrechte und somit einen gänzlich anderen Bereich.

Die Kontrollrechte der Gesellschafter im Recht der Personengesellschaften sind in den §§ 716 BGB, 118 HGB (ab 01.01.2024: § 717 Abs. 1 BGB n. F.) erfasst, gewähren jeweils Unterrichtungs- und Einsichtsrechte und sind im Wesentlichen inhaltlich vergleichbar.[1129] Beide Normen begründen jedoch grundsätzlich kein Individualauskunftsrecht eines Gesellschafters. Eine Ausnahme gilt jedoch, wenn dem Informationsbedürfnis des Gesellschafters das Einsichtsrecht nicht genügt.[1130] Ein solches Nicht-Genügen ist bei Gesamtvermögensgeschäften gegeben. Die Einsichtnahme in den Vertrag vermittelt einem Gesellschafter Kenntnis vom Inhalt, sie führt jedoch nicht zur Kenntnis über die Auswirkungen des Rechtsgeschäfts für die Gesellschaft oder über den mit dem Geschäft verfolgten Zweck. Es fehlen somit einem Gesellschafter wesentliche Kenntnisse, die für die Entscheidung über die Zustimmung oder Ablehnung hinsichtlich des Rechtsgeschäfts erhebliche Bedeutung aufweisen. Daher ist ein Individualauskunftsrecht der Gesellschafter gemäß den §§ 716 BGB, 118 HGB (ab 01.01.2024: § 717 Abs. 1 BGB n. F.) anzunehmen, das sich in seinem Umfang nach dem Einsichtsrecht aus selbigen Normen richtet.[1131] Somit bestehen zwischen den §§ 716 BGB, 118 HGB (ab 01.01.2024: § 717 Abs. 1 BGB n. F.) und § 179a Abs. 2 AktG in Bezug auf den Anwendungsbereich und Umfang keine Unterschiede.

Das Auskunfts- und Einsichtsrecht gemäß den §§ 716 BGB, 118 HGB (ab 01.01.2024: § 717 Abs. 1 BGB n. F.) müsste aber auch in seiner Art und Weise mit § 179a Abs. 2 AktG vergleichbar sein. Wie auch bei § 51a GmbHG[1132] bedarf es für die Gewährung des Rechts aus den §§ 716 BGB, 118 HGB (ab 01.01.2024: § 717

1129 *Enzinger*, in: MünchKomm-HGB, § 118, Rn. 4.

1130 Allg. Ansicht *Bergmann*, in: Herberger/Martinek/u. a., BGB, Stand: 01.02.2020, § 716, Rn. 2; *Drescher*, in: E/B/J/S, HGB, § 118, Rn. 13; *Finckh*, in: Henssler/Strohn, GesR, § 118 HGB, Rn. 5; *Haas*, in: Röhricht/Graf von Westphalen/Haas, HGB, § 118, Rn. 7; *Habermeier*, in: Staudinger, BGB, § 716, Rn. 8; *Klimke*, in: Häublein/Hoffmann-Theinert, HGB, § 118, Rn. 14; *Lieder*, in: Oetker, HGB, § 118, Rn. 15; *Roth*, in: Hopt, HGB, § 118, Rn. 7; *Saenger*, in: Schulze, BGB, § 716, Rn. 1; *Schäfer*, in: MünchKomm-BGB, § 716, Rn. 12; *Schöne*, in: Hau/Poseck, BGB, § 716, Rn. 9; *Stürner*, in: Jauerning, BGB, § 716, Rn. 1; *Westermann*, in: Erman, BGB, § 716, Rn. 1; *Gesell*, in: Prinz/Kahle, BeckHdB PersG, § 4, Rn. 100; *Plückelmann*, in: Gummert, MAHdB PersG, § 9, Rn. 4; dagegen für ein umfassendes Auskunftsrecht aus § 118 HGB: *Enzinger*, in: MünchKomm-HGB, § 118, Rn. 12.

1131 BGH, Beschluss vom 14.05.2015 – II ZB 1/15 = BeckRS 2015, 13521, Ls. = juris.

1132 Siehe 3. Kap. § 1 C. III. 3. e) dd).

Abs. 1 BGB n. F.) des Verlangens des Gesellschafters. Eine Pflicht zur Auskunfts- und Einsichtsgewährung ohne Verlangen besteht für die Geschäftsleitung nicht. Dies stellt einen Unterschied zu § 179a Abs. 2 AktG dar.

Zudem sind hinsichtlich der Art und Weise der Auskunftserteilung keine gesetzlichen Regelungen vorhanden. Diese unklare Rechtslage bedeutet für einen Gesellschafter, dass Konfliktrisiken mit der Geschäftsleitung bestehen, insbesondere über die Form und den Umfang der Auskunftserteilung. So könnte die Geschäftsleitung auf Nachfrage keine umfassende Erörterung i. S. d. § 179a Abs. 2 S. 5 AktG vornehmen und auf das Geschäftsleiter-Ermessen verweisen. Es ist jedoch gerade diese umfassende Erörterung des Vertrages, die ein Vor-Augen-Führen der Auswirkungen des angestrebten Gesamtvermögensgeschäfts ermöglicht. Es ließe sich zwar auf die Möglichkeit der prozessualen Durchsetzung des Auskunftsverlangens verweisen. Dieser Weg bedeutet jedoch einen zusätzlichen Zeit- und Kostenaufwand und aufgrund des Beschreitens des ordentlichen Rechtsweges[1133] eine Beweislast zu Lasten des Gesellschafters. Durch das Fehlen einer gesetzlichen Regelung wie § 179a Abs. 2 S. 5 AktG müsste der Gesellschafter beweisen, dass ihm nicht nur ausnahmsweise ein Auskunftsrecht zusteht, sondern dieses auch eine umfassende Erörterung beinhaltet.

Es ist somit festzuhalten, dass der Anwendungsbereich des Kontrollrechts aus den §§ 716 BGB, 118 HGB (ab 01.01.2024: § 717 Abs. 1 BGB n. F.) im Wesentlichen mit § 179a Abs. 2 AktG vergleichbar ist. Es ist jedoch unklar, in welcher Art und Weise die Auskunftserteilung nach den §§ 716 BGB, 118 HGB (ab 01.01.2024: § 717 Abs. 1 BGB n. F.) zu erfolgen hat, insbesondere im Hinblick auf das Geschäftsleiter-Ermessen und die Ausführlichkeit der Auskunftserteilung. Dies führt zu erheblichen Risiken zu Lasten der Gesellschafter. Aus diesem Grund ist eine analoge Anwendung von § 179a Abs. 2 AktG auf die Personengesellschaften vorzunehmen, wenn ein Gesamtvermögensgeschäft abgeschlossen werden soll.

C. Rechtliche Maßnahmen und Ersatzansprüche

In Bezug auf die rechtlichen Maßnahmen und Ersatzansprüche ist im Wesentlichen auf die Ausführungen zur GmbH zu verweisen.[1134] Anstelle einer Weisung kann durch die anderen Gesellschafter ein Widerspruch gegen die Vornahme

---

1133 *Enzinger*, in: MünchKomm-HGB, § 118, Rn. 37; *Haas*, in: Röhricht/Graf von Westphalen/Haas, HGB, § 118, Rn. 15; *Lieder*, in: Oetker, HGB, § 118, Rn. 22.

1134 Siehe 3. Kap. § 3.

eines Gesamtvermögensgeschäfts erhoben werden.[1135] Daneben stehen diesen auch Unterlassungsansprüche zu.

Dem (vermeintlichen) Erwerber können Schadensersatzansprüche wie bei der AG[1136] zustehen, da bereits in rechtlicher Hinsicht die Vertretungsmacht der Geschäftsleitung ein Gesamtvermögensgeschäft nicht erfasst. Den Gesellschaftern können gegenüber der Geschäftsleitung allenfalls Ansprüche aus deliktischer Haftung gemäß den §§ 823 ff. BGB zustehen.

Diese Ansprüche können auch der Gesellschaft gegenüber der Geschäftsleitung zustehen. Vorrangig dürften der Gesellschaft[1137] jedoch Ansprüche auf Schadensersatz gemäß den §§ 280 ff. BGB zustehen, wenn ein oder mehrere Geschäftsführer ihre Pflichten verletzen.[1138] Die Haftung ist jedoch gemäß § 708 BGB (entfällt ab 01.01.2024)[1139] auf die eigenübliche Sorgfalt beschränkt. Dies gilt auch für die Geschäftsleitung der Personenhandelsgesellschaften.[1140]

Fehlerhafte Beschlüsse sind bei Personengesellschaften wirksam oder nichtig. Eine analoge Anwendung der Anfechtungsvorschriften der §§ 243 ff. AktG ist ausgeschlossen.[1141] Ist eine von einem Gesellschafter abgegebene Stimme fehlerhaft, so führt dies zur Nichtigkeit des Beschlusses, wenn diese Stimme für die Beschlussfassung kausal gewesen ist.[1142] Vergleichbares gilt für formelle Mängel

---

1135 §§ 711 BGB, 115 Abs. 1 HGB.

1136 Siehe 2. Kap. § 1 D. II. 1.

1137 Nicht den Gesellschaftern, *v. Ditfurth*, in: Gummert/Weipert, MHdB GesR Bd. 1, § 7, Rn. 58.

1138 OLG Hamm, Urteil vom 04.08.2010 – 8 U 131/09 = BeckRS 2010, 21824; *Geibel*, in: BeckOGK-BGB, § 708, Rn. 48; *Lieder*, in: Oetker, HGB, § 114, Rn. 33.

1139 BT-Drs. 19/27635, 140.

1140 *Lieder*, in: Oetker, HGB, § 114, Rn. 33; *Jickeli*, in: MünchKomm-HGB, § 114, Rn. 59.

1141 H. M. *Bergmann*, in: Herberger/Martinek/u. a., BGB, Stand: 01.02.2020, § 709, Rn. 37; *Klimke*, in: Häublein/Hoffmann-Theinert, HGB, § 119, Rn. 76; *Lieder*, in: Oetker, HGB, § 119, Rn. 67; *Roth*, in: Hopt, HGB, § 119, Rn. 31; *Schäfer*, in: MünchKomm-BGB, § 709, Rn. 105; *Westermann*, in: Erman, BGB, § 709, Rn. 37; *Plückelmann*, in: Gummert, MAHdB PersG, § 8, Rn. 81; *Stengel*, in: Prinz/Kahle, BeckHdB der PersG, § 3, Rn. 321; für analoge Anwendung der §§ 243 ff. AktG dagegen *Freitag*, in: E/B/J/S, HGB, § 119, Rn. 82; *Haas*, in: Röhricht/Graf von Westphalen/Haas, HGB, § 119, Rn. 8a; *Habermeier*, in: Staudinger, BGB, § 709, Rn. 26.

1142 H. M. *Finckh*, in: Henssler/Strohn, GesR, § 119 HGB, Rn. 54; *Geibel*, in: BeckOGK, BGB, § 709, Rn. 129; *Habermeier*, in: Staudinger, BGB, § 709, Rn. 26; *Klimke*, in: Häublein/Hoffmann-Theinert, HGB, § 119, Rn. 74; *Lieder*, in: Oetker, HGB, § 119, Rn. 68; *Schäfer*, in: MünchKomm-BGB, § 709, Rn. 111; *Westermann*, in: Erman, BGB, § 709, Rn. 37.

bei der Beschlussfassung. Diese führen nur zur Nichtigkeit, wenn nicht ausgeschlossen werden kann, dass der gefasste Beschluss auf dem formellen Mangel beruht.[1143] Dagegen führen inhaltliche Mängel wie eine Gesetzesverletzung stets zur Nichtigkeit des Beschlusses.[1144]

§ 2 Der nicht wirtschaftliche Verein

A. Gesamtvermögensgeschäfte im nicht wirtschaftlichen Verein

Während das Verhältnis zwischen Vertretungsmacht der Geschäftsleitung bei Gesamtvermögensgeschäften bei den Kapital- und Personengesellschaften eingehend Gegenstand der Diskussion ist, ist diese Fragestellung im Vereinsrecht bislang nur vereinzelt betrachtet worden.[1145] Die überwiegende Literatur nimmt in der Diskussion um die erweiternde Anwendung von § 179a AktG auf andere Rechtsformen keinen Bezug zum Verein. Vereinzelt wird das Problem aufgeworfen, anschließend jedoch offengelassen.[1146]

Die analoge Anwendung von § 179a AktG auf den Verein könnte bereits aus dem grundsätzlich rechtsformübergreifenden Prinzip des Schutzes der wirtschaftlichen Grundlagen folgen. Es stellt sich diesbezüglich aber die Frage, ob infolge des nicht wirtschaftlichen Zwecks eines Vereins i. S. d. § 21 BGB diese Feststellung von wirtschaftlichen Verbänden[1147] auch auf nicht wirtschaftliche

---

1143 H. M. *Finckh*, in: Henssler/Strohn, GesR, § 119 HGB, Rn. 55; *Haas*, in: Röhricht/Graf von Westphalen/Haas, HGB, § 119, Rn. 10; *Habermeier*, in: Staudinger, BGB, § 709, Rn. 28; *Klimke*, in: Häublein/Hoffmann-Theinert, HGB, § 119, Rn. 78; *Lieder*, in: Oetker, HGB, § 119, Rn. 69; *Roth*, in: Hopt, HGB, § 119, Rn. 31; *Schäfer*, in: MünchKomm-BGB, § 709, Rn. 106; *Westermann*, in: Erman, BGB, § 709, Rn. 38.

1144 H. M. *Finckh*, in: Henssler/Strohn, GesR, § 119 HGB, Rn. 57; *Haas*, in: Röhricht/Graf von Westphalen/Haas, HGB, § 119, Rn. 11; *Habermeier*, in: Staudinger, BGB, § 709, Rn. 27; *Klimke*, in: Häublein/Hoffmann-Theinert, HGB, § 119, Rn. 81; *Lieder*, in: Oetker, HGB, § 119, Rn. 70; *Roth*, in: Hopt, HGB, § 119, Rn. 31; *Schäfer*, in: MünchKomm-BGB, § 709, Rn. 108; *Schöne*, in: Hau/Poseck, BGB, § 709, Rn. 68 f.

1145 U. a. lehnen *Reul*, in: BeckOGK-UmwG, § 99, Rn. 194 und *D. U. Otto*, in: Herberger/Martinek/u. a., BGB, Stand: 13.12.2021, § 26, Rn. 23 mit Verweis auf BGH, Urteil vom 08.01.2019 – II ZR 364/18 = NZG 2019, 505 und BGH, Urteil vom 15.02.2022 – II ZR 235/20 = NJW 2022, 1878 eine analoge Anwendung auf den Verein ab.

1146 So etwa *Eschwey*, MittBayNot 2018, 299, 312; *Heckschen*, AG 2019, 420, 422; *Heinze*, NJW 2019, 1995, 1997; *Leitzen*, NZG 2012, 491, 493.

1147 Dieser Begriff stellt nachfolgend den Oberbegriff für Gesellschaften und Körperschaften dar.

Vereine übertragbar ist. Dies wird – ohne Bezug zu diesem Prinzip – von *Lettl*[1148] abgelehnt.

I. Die Ansicht Lettls gegen die analoge Anwendung von § 179a AktG auf den nicht wirtschaftlichen Verein

Der Aufsatz von *Lettl* ist der einzige Aufsatz, sich mit der Thematik von Gesamtvermögensgeschäften bei Vereinen eingehender beschäftigt. Im Ergebnis lehnt dieser die analoge Anwendung von § 179a AktG auf einen nicht wirtschaftlichen Verein ab.[1149] Dieser Meinung folgen vereinzelt Stimmen in der Literatur.[1150]

Lettl begründet die Ablehnung der analogen Anwendung von § 179a AktG auf nicht wirtschaftliche Vereine damit, dass der Schutzzweck des § 179a AktG auf die AG zugeschnitten sei. Zwar sei der Rechtsgedanke der Norm auf den nicht wirtschaftlichen Verein übertragbar, nicht jedoch das qualifizierte Mehrheitserfordernis aus §§ 179a Abs. 1, 179 Abs. 2 AktG. Die Mitglieder eines nicht wirtschaftlichen Vereins seien nicht dem Risiko ausgesetzt, dass ein Mitglied das Vereinsvermögen infolge seiner Stimmenmehrheit erwirbt, da das Stimmrecht der Mitglieder nicht von der Beitragshöhe abhängig sei.[1151] Zudem ist im Unterschied zu den §§ 179a Abs. 1, 179 Abs. 2 S. 2 AktG, nach denen nur ein höheres Mehrheitserfordernis durch die Satzung zugelassen werden kann, gemäß § 40 BGB das Mehrheitserfordernis im nicht wirtschaftlichen Verein dispositiv.[1152]

II. Die Möglichkeit der analogen Anwendung von § 179a AktG auf den nicht wirtschaftlichen Verein

Nachfolgend ist daher zu untersuchen, ob § 179a AktG auf den nicht wirtschaftlichen Verein analog angewendet werden kann oder die vereinseigenen Regelungen des BGB dieser Anwendung entgegenstehen. Dies beinhaltet auch die Frage, ob eine Ausnahme zum Prinzip des Schutzes der wirtschaftlichen Grundlagen zu machen ist, da die Zwecksetzung ideeller Natur ist.

1148 *Lettl*, AcP 203 (2003), 149 ff.; so auch *D. U. Otto*, in: Herberger/Martinek/u. a., BGB, Stand: 13.12.2021, § 26, Rn. 23.

1149 *Lettl*, AcP 203 (2003), 149 ff.

1150 *Barthen/Staab*, ZInsO 2018, 833, 836 f.; wohl auch folgend: *Stein*, in: MünchKomm-AktG, 4. Aufl., § 179a, Rn. 14, (Fn. 24); *Stellmann/Stoeckle*, WM 2011, 1983, 1984; a. A. *Zetzsche*, in: KölnKomm-AktG, § 179a, Rn. 24.

1151 *Lettl*, AcP 203 (2003), 149, 199.

1152 *Lettl*, AcP 203 (2003), 149, 200.

1. Die Regelungslücke

Es müsste zunächst eine Regelungslücke für die analoge Anwendung gegeben sein. Eine Ausnahme vom Umfang der Vertretungsmacht des Vorstands bei Gesamtvermögensgeschäften, die der Mitgliederversammlung die Entscheidungskompetenz überträgt, dürfte für den nicht wirtschaftlichen Verein folglich nicht bestehen.

a) Fehlende Regelungslücke aufgrund von § 26 Abs. 1 S. 3 BGB?

Diese Regelungslücke könnte aufgrund von § 26 Abs. 1 S. 3 BGB fehlen, wenn bereits ein Äquivalent zu § 179a AktG besteht, also der Umfang der Vertretungsmacht des Vorstands keine Gesamtvermögensgeschäfte erfasst.

Gemäß § 26 Abs. 1 S. 3 BGB kann der Umfang der Vertretungsmacht des Vorstands mit Außenwirkung durch die Satzung des nicht wirtschaftlichen Vereins beschränkt werden. Dies stellt im Vergleich zur im Außenverhältnis grundsätzlich unbeschränkten Vertretungsmacht der Geschäftsleitung einer Körperschaft[1153] eine Besonderheit dar. Der Normzweck des § 26 BGB besteht in der Erhöhung der Rechtssicherheit durch eindeutige Bestimmungen[1154] und folgt aus einer Interessenabwägung des Gesetzgebers zwischen der Rechtssicherheit des Rechtsverkehrs und den Gefahren für den Verein.[1155] Solange die Handlungsfähigkeit des Vorstands erhalten bleibt, kann die Mitgliederversammlung über Beschränkungen des Umfangs der Vertretungsmacht disponieren.[1156] Eine entsprechende Beschränkung durch die Satzung ist gemäß den §§ 32, 33 BGB durch die Mitgliederversammlung mit einer Mehrheit von zwei Dritteln der abgegebenen Stimmen zu beschließen. Die Beschränkung muss in der Satzung ausdrücklich zum Ausdruck kommen, andernfalls entfaltet das daraus resultierende Zustimmungserfordernis der Mitgliederversammlung nur im Innenverhältnis Wirkung.[1157] Daher hat die Mitgliederversammlung des nicht wirtschaftlichen Vereins mit § 26 Abs. 1 S. 3 BGB eine der Hauptversammlung einer AG nicht zustehende Möglichkeit, Gesamtvermögensgeschäfte vom Umfang der Vertretungsmacht des Vorstands auszunehmen. Dies könnte gegen eine Regelungslücke sprechen.

1153 Vgl. §§ 82 Abs. 1 AktG, 37 Abs. 2 GmbHG, 27 Abs. 2 GenG.

1154 *Segna*, in: BeckOGK-BGB, § 26, Rn. 2.

1155 Mot. I, S. 98, abgedruckt in *Mugdan,* Materialien zum BGB für das Deutsche Reich, I. Bd., S. 406; siehe dazu auch 3. Kap. § 1 C. III. 2. d) dd) (3) (a).

1156 *Neudert/Waldner*, in: Sauter/Schweyer/Walter, der e.V., IV., Rn. 234.

1157 BGH, Urteil 22.04.1996 – II ZR 65/95 = NJW-RR 1996, 866, Ls.

§ 26 Abs. 1 S. 3 BGB und § 179a AktG weisen aber einen wesentlichen Unterschied auf: Während die Mitgliederversammlung des nicht wirtschaftlichen Vereins eine Beschränkung des Umfangs der Vertretungsmacht mittels Satzungsklausel beschließen kann, ist bei Gesamtvermögensgeschäften einer AG *de jure* der Umfang der Vertretungsmacht des Vorstands beschränkt. § 179a AktG findet uneingeschränkt Anwendung, ohne dass es eines internen Beschlusses bedarf. Hingegen ist ein Gesamtvermögensgeschäft nur dann nicht vom Umfang der Vertretungsmacht des Vorstands im nicht wirtschaftlichen Verein erfasst, wenn die Mitgliederversammlung dies vor Abschluss des Geschäfts in der Vereinssatzung ausdrücklich geregelt hat. Hat die Mitgliederversammlung diese Möglichkeit zuvor nicht in Betracht gezogen, würde das Handeln des Vorstands den Verein gemäß § 26 Abs. 1 BGB binden. Ein derartiges Risiko schließt § 179a AktG aus, indem die Norm mit Erfüllung der tatbestandlichen Voraussetzungen unmittelbar zur Anwendung gelangt und gerade kein organschaftlicher Akt zusätzlich erforderlich ist.

Folglich weist § 179a AktG einen höheren Schutz vor Gesamtvermögensgeschäften auf, der von § 26 Abs. 1 S. 3 BGB nicht erfüllt wird, sodass eine Regelungslücke nicht aufgrund von § 26 Abs. 1 S. 3 BGB fehlt.

b) Keine fehlende Regelungslücke aufgrund der ultra-vires-Doktrin

Nach der aus dem anglo-amerikanischen Recht folgenden *ultra-vires*-Doktrin ist der Umfang der Vertretungsmacht des Vorstands eines Vereins auf den satzungsmäßigen Vereinszweck beschränkt, sodass jede Handlung, die ein Überschreiten der Satzung darstellt, den Verein nicht verpflichtet.[1158] Die *ultra-vires*-Doktrin findet im deutschen Gesellschaftsrecht jedoch keine Anwendung, da diese mit dem Verkehrsschutz unvereinbar ist,[1159] und kann daher nicht zum Schließen einer Regelungslücke herangezogen werden. Zudem hat diese auch im angloamerikanischen Recht an Bedeutung verloren.[1160]

2. Keine Planwidrigkeit

Weiter müsste diese Regelungslücke planwidrig sein. Eine ausdrückliche oder stillschweigende Billigung des Gesetzgebers, dass der nicht wirtschaftliche

---

1158 *K. Schmidt*, GesR, S. 214.

1159 Allg. Ansicht *D.U. Otto*, in: Herberger/Martinek/u. a., BGB, Stand: 13.12.2021, § 26, Rn. 19; *Leuschner*, in: MünchKomm-BGB, Vor § 21, Rn. 40; *Segna*, in: BeckOGK-BGB, § 26, Rn. 27; *K. Schmidt*, GesR, S. 214; *Wiedemann*, GesR Bd. 1, S. 209.

1160 Siehe 2. Kap. § 5 A.

Verein von § 179a AktG oder den Vorgängernormen nicht erfasst werden soll, ist den Gesetzesmaterialien nicht zu entnehmen.[1161]

Auch den Motiven zum BGB von 1896 ist nicht zu entnehmen, dass der Gesetzgeber mit der Einführung eines Rechts für juristische Personen die Regelungslücke für Gesamtvermögensgeschäfte gebilligt hat. Zwar führt der Gesetzgeber aus, dass die Beschränkung der Vertretungsmacht des Vorstands einer ideellen Körperschaft durch die Satzung Außenwirkung hat, da andernfalls erhebliche Gefahren entstehen würden.[1162] Dass hierdurch eine Regelungslücke im Hinblick auf Gesamtvermögensgeschäfte ausdrücklich oder stillschweigend gebilligt worden ist, ist jedoch in zeitlicher Hinsicht ausgeschlossen, da die *„Verwerthung des Gesellschaftsvermögens durch Veräußerung des Vermögens im Ganzen"* in § 303 HGB a. F., dem Ursprung des § 179a AktG, erst 1897 und mithin ein Jahr nach der Veröffentlichung der Motive eingeführt wurde.[1163] Der Gesetzgeber hatte 1896 mithin keine Kenntnis von der *„Verwerthung des Gesellschaftsvermögens"*, sodass eine Billigung der Nichterfassung nicht besteht.

Es besteht daher keine Planwidrigkeit hinsichtlich der Regelungslücke für Gesamtvermögensgeschäfte beim nicht wirtschaftlichen Verein.

3. *Die vergleichbare Interessenlage*

Weiter ist eine vergleichbare Interessenlage zwischen dem nicht wirtschaftlichen Verein und der AG für eine analoge Anwendung des § 179a AktG notwendig. Hierfür sind insbesondere die Bedeutung des Vereinsvermögens für den nicht wirtschaftlichen Verein sowie die Interessenlagen der Mitgliederversammlung eines Vereins und der Hauptversammlung einer AG von maßgebender Relevanz.

a) Der Vereinszweck und die tatsächliche Bestandsaufnahme

Für die vertiefende Untersuchung ist zunächst auf den Zweck eines nicht wirtschaftlichen Vereins einzugehen, aus dem wörtlich bereits folgt, dass die Wirtschaftlichkeit im Unterschied zu den wirtschaftlichen Gesellschaften nicht im Vordergrund steht. Zudem ist zu untersuchen, wie sich die tatsächliche Bestandaufnahme um nicht wirtschaftliche Vereine darstellt, die auf Relevanz der Thematik Einfluss hat.

1161 Vgl. BT-Drs. 12/6699, 177 zu § 179a AktG; BT-Drs. IV/171, 253 zu § 349 (§ 361) AktG; Amtliche Begründung zu § 255 AktG, abgedruckt in *Klausing,* S. 219.

1162 Mot. I, S. 98, abgedruckt in *Mugdan,* Materialien zum BGB für das Deutsche Reich, I. Bd., S. 406.

1163 Siehe zur historischen Entwicklung des § 179a AktG das 2. Kapitel, § 1 A. III.

aa) Der Vereinszweck

Jeder Verein, gleich ob mit nicht wirtschaftlicher oder wirtschaftlicher Zwecksetzung, verfolgt einen Zweck, zu dem sich die Mitglieder des Vereins zusammengeschlossen haben.[1164] Dieser gemeinsame Zweck eines Vereins stellt – wie bei allen Verbänden – ein konstitutionelles Merkmal der Gründung dar.[1165] Trotz des grundsätzlichen Bestehens eines Vereinszwecks ist dieser gemäß den §§ 21, 22 BGB in nicht wirtschaftliche und wirtschaftliche Zwecke zu unterteilen. Der nicht wirtschaftliche Verein gemäß § 21 BGB erlangt durch die Eintragung in das Vereinsregister seine Rechtsfähigkeit und darf gemäß § 65 BGB den Namenszusatz eingetragener Verein (e. V.) tragen. Hingegen erlangt der wirtschaftlichen Verein gemäß § 22 BGB seine Rechtsfähigkeit durch staatliche Verleihung und besitzt keine Eintragungsfähigkeit für das Vereinsregister.[1166] Nicht wirtschaftliche Vereine sind oftmals Sportvereine, Dachverbände der Sportorganisation, politische oder religiöse Gruppierungen, Umwelt- und Naturschutzvereine, Gewerkschaften oder Wirtschaftsverbände und verfolgen in Abgrenzung zu wirtschaftlichen Vereinen insbesondere soziale und gesellschaftliche, mithin ideelle Zwecke.[1167]

Auch wenn die Differenzierung zwischen beiden Vereinszwecken auf den ersten Blick leicht erscheinen mag, so ist dies in tatsächlicher Hinsicht vielschichtiger. Welchen Einfluss hat etwa der Betrieb einer Gaststätte eines ideellen Sportvereins auf den Vereinszweck, wenn die Gaststätte erwerbswirtschaftliche Ziele verfolgt? Dies ist anhand der *KiTa*-Rechtsprechung[1168] des BGH abzugrenzen. Für die Abgrenzung beider Zwecke kommt dem steuerrechtlichen Merkmal der Gemeinnützigkeit aus den §§ 51 ff. AO eine Indizwirkung zu, insbesondere die Selbstlosigkeit des Vereins gemäß § 55 AO, das Verbot der Gewinnausschüttung und die nicht vordringliche Verfolgung erwerbswirtschaftlicher Zwecke.[1169] Es ist einem nicht wirtschaftlichen Verein nicht dem Grunde nach verwehrt, sich erwerbswirtschaftlich zu betätigen, solange die wirtschaftliche Betätigung dem ideellen Zweck zugeordnet ist.[1170] Dies stellt das sogenannte *Nebenzweckprivileg* dar.[1171] Maßgeblich ist daher für die Einordnung des Vereinszwecks in das

1164 *Wiedemann*, GesR Bd. 1, S. 8.
1165 *Wiedemann*, GesR Bd. 1, S. 9.
1166 Vgl. § 55 BGB.
1167 *K. Schmidt*, GesR, S. 660 f.
1168 BGH, Beschluss vom 16.05.2017 – II ZB 7/16 (*KiTa*) = NJW 2017, 1943.
1169 BGH, Beschluss vom 16.05.2017 – II ZB 7/16 (*KiTa*) = NJW 2017, 1943, Rn. 25.
1170 BGH, Beschluss vom 16.05.2017 – II ZB 7/16 (*KiTa*) = NJW 2017, 1943, Rn. 27.
1171 *Schöpflin*, in: Hau/Poseck, BGB, § 21, Rn. 118 m. w. N.

Merkmal der Nicht-Wirtschaftlichkeit oder Wirtschaftlichkeit nicht der Zweck als solcher, sondern die Art der Betätigung des Vereins.[1172]

bb) Der Vereinszweck und der Gegenstand der Vereinstätigkeit

Der Zweck eines Verbandes, folglich auch eines Vereins, ist vom Gegenstand der Verbandstätigkeit zu trennen.[1173] Der Gegenstand der Verbandstätigkeit, als Unternehmensgegenstand oder Gegenstand der Vereinstätigkeit bezeichnet,[1174] bildet „*den Handlungsrahmen des durch den Verbandszweck konstituierten Verbandes*“[1175]. Hingegen kommt dem Verbandszweck als Maßstab des inneren Verbandsrechts neben seiner konstituierenden Wirkung auch begrenzende Funktion zu, indem die Geschäftsgrundlage des Verbands vorgegeben und vor willkürlichen Änderungen geschützt wird.[1176]

Es ist folglich zwischen dem Vereinszweck und dem Gegenstand der Vereinstätigkeit zu differenzieren. Dies wirft die nachfolgend[1177] zu untersuchende Frage auf, ob das Vereinsvermögen dem Vereinszweck oder dem Gegenstand der Vereinstätigkeit in seiner Bedeutung zuzuordnen ist. Letztere Zuordnung gilt zumindest für wirtschaftliche Verbände.[1178]

cc) Die tatsächliche Bestandsaufnahme

Weiter stellt sich die Frage, wie sich die tatsächliche Bestandsaufnahme von Vereinen darstellt. Dies ist erforderlich, um zu erkennen, welche Relevanz die nachfolgenden Untersuchungen von Gesamtvermögensgeschäften sowohl im Hinblick auf die Vermögen von nicht wirtschaftlichen Vereinen als auch im Hinblick auf die Anzahl der nicht wirtschaftlichen Vereine in der Bundesrepublik Deutschland aufweisen.

Eine tatsächliche Bestandsaufnahme der wirtschaftlichen Vereine ist in Ermangelung entsprechender Statistiken nicht möglich, die praktische Bedeutung wird jedoch als gering vermutet.[1179] Anders sieht die tatsächliche Bestandsaufnahme für nicht wirtschaftliche Vereine aus. In Deutschland gab es Ende

1172 *Neudert/Waldner*, in: Sauter/Schweyer/Walter, Der e. V., III., Rn. 42a.
1173 *K. Schmidt*, GesR, S. 64.
1174 *K. Schmidt*, GesR, S. 64.
1175 *K. Schmidt*, GesR, S. 65.
1176 *K. Schmidt*, GesR, S. 65.
1177 Siehe 4. Kap. § 2 A. II. 3. b) bb).
1178 Zur AG: BT-Drs. 12/6699, 177.
1179 *Segna*, in: BeckOGK-BGB, § 22, Rn. 14; *K. Schmidt*, GesR, S. 679.

2016 etwa 604.000 nicht wirtschaftliche Vereine, von denen rund ein Fünftel Sportvereine darstellten.[1180]

Entgegen dem ursprünglichen Leitgedanken des Gesetzgebers, der infolge der wirtschaftlichen Entwicklungen in der zweiten Hälfte des 19. Jahrhunderts insbesondere die Körperschaften als Zusammenschluss mehrerer Personen aus erwerbswirtschaftlichen Gründen einführte und den nicht wirtschaftlichen Verein als Gegenstück zu wirtschaftlichen Körperschaften beibehielt, entspricht die Gegenwart nicht mehr ausschließlich diesem Leitgedanken.[1181] Insbesondere im Leistungssport bestehen heutzutage zahlreiche nicht wirtschaftliche Vereine, die ihre Sportabteilung nicht in Kapitalgesellschaften ausgegliedert haben.[1182] So sind in der Saison 2022/2023 von den 36 Vereinen der 1. und 2. Fußball-Bundesliga 11 Vereine als nicht wirtschaftlicher Verein organisiert,[1183] obwohl sich der Profifußball in den vergangenen Jahren zum Milliardengeschäft entwickelt hat.[1184] Auch der ADAC e. V. ist trotz seiner Zahl von 21,2 Millionen Mitgliedern und einem Gewinn nach Steuern von rund 136,6 Millionen Euro ein nicht wirtschaftlicher Verein i. S. d. § 21 BGB.[1185]

dd) Zwischenergebnis

Über den Vereinszweck definiert sich ein Verein als nicht wirtschaftlicher oder wirtschaftlicher Verein. Diese Definierung des Vereinszwecks ist für die Erlangung der Rechtsfähigkeit für einen Verein von Bedeutung. Während wirtschaftliche Vereine erwerbsorientierte Zwecke aufweisen, sind nicht wirtschaftliche Vereine ein elementarer Bestandteil der Gesellschaft und fördern die Belange des Gemeinwohls. Gleichwohl bedeutet die Nicht-Wirtschaftlichkeit nicht *per se*, dass eine erwerbswirtschaftliche Tätigkeit unvereinbar mit dem Vereinszweck ist. Es ist eine erwerbswirtschaftliche Betätigung zulässig, soweit und solange diese vordergründig dem nicht wirtschaftlichen Vereinszweck dient. Mithin weist der Vereinszweck elementare Bedeutung für den Verein auf, weil dieser

1180 *Segna*, in: BeckOGK-BGB, § 21, Rn. 34.

1181 *Lettl*, AcP 203 (2003), 149, 156 f., 158.

1182 *Leuschner*, in: MünchKomm-BGB, §§ 21, 22, Rn. 76.

1183 FC Union Berlin, SV Darmstadt 98, Fortuna Düsseldorf, SC Freiburg, 1. FC Heidenheim, Holstein Kiel, 1. FSV Mainz 05, 1. FC Nürnberg, SV Sandhausen, FC Schalke 04, FC St. Pauli.

1184 *Von Appen/Schwarz*, npoR 2014, 111, 111.

1185 Die Daten betreffen das Geschäftsjahr 2021 (Stand: 05/2022) und sind abrufbar unter: https://www.adac.de/der-adac/verein/daten-fakten/geschaeftsjahr/.

die Grundlage des Zusammenschlusses der Mitglieder darstellt und von ihm die Erlangung der Rechtsfähigkeit abhängig ist.

Von dem Vereinszweck ist der Gegenstand der Vereinstätigkeit zu trennen. Der Gegenstand der Vereinstätigkeit stellt den Handlungsrahmen zur Verfolgung des Vereinszwecks dar. In praktischer Hinsicht ist des Weiteren festzuhalten, dass die tatsächliche Bestandsaufnahme zeigt, dass die historische Vorstellung des Gesetzgebers vom nicht wirtschaftlichen Verein nicht mehr umfassend vorzufinden ist. Es haben sich in den vergangenen Jahrzehnten, insbesondere im Leistungssport, zahlreiche Großvereine mit teilweise erheblichen Vermögen gebildet.

b) Die Bedeutung des Vermögens für den nicht wirtschaftlichen Verein

Wie vorstehend dargestellt wurde, verfolgt ein nicht wirtschaftlicher Verein keine wirtschaftlichen Zwecke als Hauptgrund. Gleichwohl können auch nicht wirtschaftliche Vereine ein Vereinsvermögen aufweisen. Dieses kann, dies hat die tatsächliche Bestandsaufnahme gezeigt, bei einigen nicht wirtschaftlichen Vereinen in Bezug auf die Vermögensgröße in Millionensphären liegen. Folglich weist ein nicht wirtschaftlicher Verein trotz seines nicht wirtschaftlichen Zwecks wie auch ein wirtschaftlicher Verband ein eigenes Vereinsvermögen auf. Dieses Vereinsvermögen setzt sich aus den geleisteten Beiträgen der Mitglieder und sonstigen Vermögenswerten, insbesondere Gütern zur Zweckverfolgung, zusammen.[1186] Es wäre daher grundsätzlich denkbar, die Ansicht des Gesetzgebers, dass § 179a AktG eine faktische Satzungsänderung infolge des Eingriffs in die wirtschaftliche Struktur betrifft,[1187] auch auf den nicht wirtschaftlichen Verein zu übertragen. Dies wirft aber die Frage auf, ob das Vereinsvermögen eine vergleichbare Bedeutung für den Verein aufweist, wie es beim Gesellschaftsvermögen für die Gesellschaft der Fall ist.

aa) Die Bedeutung des Vereinsvermögens für den Vereinszweck

Der überwiegende Teil nicht wirtschaftlicher Vereine in Deutschland wird über verhältnismäßig kleine Vereinsvermögen verfügen. Dies gilt zumindest im Vergleich zu den Vermögen großer nicht wirtschaftlicher Vereine und Kapitalgesellschaften. So wird etwa ein örtlicher Sportverein neben den finanziellen Einnahmen aus den Beiträgen bestenfalls noch der Eigentümer einer Sportanlage sein. Anders stellt sich aber die tatsächliche Bestandsaufnahme bei den

---

1186 *Von Randenborgh*, in: Schauhoff/Kirchhain, HdB d. Gemeinnützigkeit, § 2, Rn. 212.
1187 BT-Drs. 12/6699, 177.

zahlenmäßig wenigen Großvereinen dar. Insbesondere im Leistungsfußball werden die Sportvereine über Millionenvermögen verfügen. Auch der ADAC e. V. weist für das Geschäftsjahr 2018 ein Vereinsvermögen von gut 255 Millionen Euro aus.[1188] Es zeigt sich mithin, dass im Vereinsrecht eine breite Schere hinsichtlich der Größe der Vereinsvermögen besteht. Hieraus kann jedoch nicht die Schlussfolgerung gezogen werden, dass aufgrund der überwiegenden Anzahl an nicht wirtschaftlichen Vereinen mit kleineren Vermögen die Bedeutung des Vereinsvermögens geringer als bei wirtschaftlichen Verbänden ist.

Ein Teil des Vereinsvermögens setzt sich aus den Beiträgen der Vereinsmitglieder zusammen. Beiträge stellen alle Leistungen zur Förderung des Vereinszwecks dar.[1189] Sie sind eine verbandsübergreifende Leistung eines jeden Mitglieds in einem Verband[1190] und dürften regelmäßig als Geldleistungen erbracht werden. Somit besteht das Vereinsvermögen zumindest in Teilen regelmäßig aus den Zweckförderleistungen der Mitglieder. Aufgrund des Zweckförderungscharakters der Leistungen, aus denen sich das Vereinsvermögen zusammensetzt, ist mithin das Vermögen als Gesamtheit der materiellen Zweckförderungsleistungen zu betrachten. Dies bedeutet, dass das Vereinsvermögen eine wesentliche Bedeutung für den Vereinszweck aufweist.

Das gilt auch, wenn der nicht wirtschaftliche Verein das *Nebenzweckprivileg*[1191] in Anspruch nimmt und einen wirtschaftlichen Geschäftsbetrieb unterhält.[1192] Der wirtschaftliche Nebenzweck eines Vereins stellt stets ein Mittel zur Förderung des Hauptzwecks des Vereins dar.[1193] Wie auch die Mitgliedsbeiträge trägt die wirtschaftliche Betätigung zur Bildung und Erhaltung eines Vereinsvermögens bei und stellt folglich eine Förderung des Vereinszwecks dar. Dies zeigt, dass das Vereinsvermögen eine wesentliche Bedeutung für den Vereinszweck aufweist.

Werden die Beiträge hingegen nicht in materiellen Leistungen erbracht, führt dies zu keinem anderen Ergebnis, denn in diesem Fall kommt es zu keiner

1188 Die Daten betreffen das Geschäftsjahr 2018 und sind abrufbar unter: https://www.adac.de/der-adac/verein/daten-fakten/geschaeftsjahr/.

1189 *K. Schmidt*, GesR, S. 567.

1190 *Wiedemann*, GesR Bd. 1, S. 9.

1191 Zur Begrifflichkeit: *Beuthien*, NZG 2015, 449, 449, (Fn. 1).

1192 Vom BGH für zulässig erklärt: BGH, Beschluss vom 16.05.2017 – II ZB 7/16 = NJW 2017, 1943, Rn. 27.

1193 BGH, Beschluss vom 16.05.2017 – II ZB 7/16 = NJW 2017, 1943, Rn. 27; *Beuthien*, NZG 2015, 449, 451.

Entstehung eines Vereinsvermögens. Die Frage der Bedeutung des Vermögens in Bezug auf ein Gesamtvermögensgeschäft stellt sich folglich nicht.

Es ließe sich zwar gegen eine derartige Bedeutung des Vermögens für den nicht wirtschaftlichen Verein anführen, dass das Verbandsvermögen bei wirtschaftlichen Zwecken stärker im Fokus des Verbandslebens steht und bei nicht wirtschaftlichen Vereinen tendenziell einen unterstützenden Charakter aufweist.[1194] Dem ist jedoch entgegenzuhalten, dass unter sozialen Gesichtspunkten bereits die Bedeutung eines nicht wirtschaftlichen Vereins als wesentlich höher einzustufen ist, wie etwa auch die §§ 51 ff. AO indizieren. Insbesondere gemeinnützige Vereine nehmen die Förderung des Gemeinwohls wahr[1195] und entlasten dadurch den Staat.[1196] Dieser Grundaspekt ist auf nicht gemeinnützige, aber trotzdem nicht wirtschaftliche Vereine übertragbar. Diese sozialen Gesichtspunkte führen dazu, dass der allgemeinen Bedeutung des Vereinsvermögens eine gleiche, wenn nicht sogar höhere Bedeutung beizumessen ist.

Ebenfalls ist einer geringeren Bedeutung entgegenzuhalten, dass die tatsächliche Bestandsaufnahme zeigt, dass auch nicht wirtschaftliche Vereine ein erhebliches Vermögen aufweisen können.[1197] In Bezug auf die Größenordnung weisen diese keine Unterschiede zu mittleren bis großen Kapitalgesellschaften auf.[1198] Dem Vermögen dieser Großvereine aufgrund des nicht wirtschaftlichen Zwecks eine untergeordnete Bedeutung zuzusprechen, die in Bezug auf Gesamtvermögensgeschäfte eine geringere Schutzwürdigkeit der Mitgliederversammlung bedeuten würde, würde zu einer willkürlichen und ungerechtfertigten rechtlichen Behandlung führen.

Die Bedeutung des Vereinsvermögens ist für den nicht wirtschaftlichen Verein daher nicht weniger wichtig als für einen wirtschaftlichen Verband. Zwar mag der Erhalt und die Mehrung des Vereinsvermögens nicht den Hauptfokus der Zweckverfolgung darstellen. Ohne ein Vereinsvermögen wäre die Zweckverfolgung jedoch nahezu unmöglich. Nicht wirtschaftliche Vereine nehmen in der Gesellschaft[1199] eine besondere Stellung zur Förderung des Gemeinwohls ein. Mit der Gründung oder dem späteren Beitritt in einen Verein trägt ein Mitglied

---

1194 So *Wiedemann*, GesR Bd. 1, S. 19.

1195 *Musil*, in: Hübschmann/Hepp/Spitaler, AO/FGO, § 51 AO, Rn. 21.

1196 *Musil*, in: Hübschmann/Hepp/Spitaler, AO/FGO, Vorb. zu §§ 51 – 68 AO, Rn. 36.

1197 So auch *Zetzsche*, in: KölnKomm-AktG, § 179a, Rn. 24.

1198 *Lettl*, AcP 203 (2003), 149, 158.

1199 Im soziologischen Sinne, Anm. d. Verf.

durch die Beitragsleistung nicht nur einen Teil zur Förderung des Gemeinwohls bei, sondern partizipiert ebenso von diesem Angebot.

bb) Geltung der Bedeutung auch für den Gegenstand der Vereinstätigkeit?

Da zwischen dem Vereinszweck und dem Gegenstand der Vereinstätigkeit zu differenzieren ist,[1200] ist nachfolgend zu untersuchen, ob die Bedeutung des Vereinsvermögens für den Vereinszweck auch für den Gegenstand der Vereinstätigkeit gilt.

Der Gegenstand der Vereinstätigkeit stellt den Handlungsrahmen des Vereins dar[1201] und weist einen engen Bezug zum Vereinszweck auf. Der Gegenstand der Vereinsstätigkeit folgt aus dem Vereinszweck und wird grundsätzlich über das Vereinsvermögen verfolgt. Das Vereinsvermögen dient wiederum der Zweckförderung und Zielerreichung, folglich dem Vereinszweck. Indem der Gegenstand der Vereinstätigkeit über das Vereinsvermögen verfolgt wird, dienen beide, sowohl der Gegenstand der Vereinstätigkeit als auch das Vereinsvermögen, folglich kumulativ dem Vereinszweck. Durch dieses kumulierte Dienen für den Vereinszweck stehen beide in einem Abhängigkeitsverhältnis zueinander. Mithin weist das Vereinsvermögen für den Gegenstand der Vereinstätigkeit ebenso eine wesentliche Bedeutung auf wie für den Vereinszweck. Verpflichtet sich ein Verein zur Übertragung seines ganzen Vereinsvermögens, so bedeutet dies folglich, dass zumindest faktisch die Verfolgung des Gegenstands der Vereinstätigkeit beeinträchtigt oder unmöglich wird.

Folglich weist das Vereinsvermögen aufgrund seiner Bedeutung für den Vereinszweck ebenfalls eine Bedeutung für den Gegenstand der Vereinstätigkeit auf. Daher sind Auswirkungen auf das Vereinsvermögen auch als Auswirkungen auf den Gegenstand der Vereinstätigkeit zu betrachten, sodass die Interessenlage der Mitgliederversammlung mit der Interessenlage der Hauptversammlung in Bezug auf § 179a AktG vergleichbar ist.

cc) Die fehlenden individuellen Vermögensrechte der Vereinsmitglieder

Einer – zumindest vergleichbaren – Bedeutung des Vermögens für einen nicht wirtschaftlichen Verein wie bei einer wirtschaftlichen Gesellschaft könnte entgegengehalten werden, dass die Vereinsmitglieder im Gegensatz zu Teilhabern an wirtschaftlichen Gesellschaften keine Vermögensrechte aufweisen.

1200 Siehe 4. Kap. § 2 A. II. 3. a) bb).

1201 Siehe 4. Kap. § 2 A. II. 3. a) bb).

Es gilt im Recht der nicht wirtschaftlichen Vereine das Verbot der Gewinnausschüttung.[1202] Es ist verboten, dass Mitglieder Gewinnanteile oder sonstige Zuwendungen aus den Mitteln des Vereins erhalten.[1203] Eine Ausnahme hiervon stellen nur Leistungen aufgrund des Austritts eines Mitglieds oder gemäß § 45 Abs. 3 BGB dar. Die Höhe der Leistung ist jedoch auf die zuvor eingebrachten Leistungen beschränkt.[1204] Des Weiteren stellt die Mitgliedschaft als solche im Verein kein Vermögensrecht dar.[1205] Dies bedeutet, dass die Mitgliedschaft in einem Verein nicht dazu führt, dass ein Anspruch auf einen Anteil am Vereinsvermögen besteht.[1206]

Von dieser nicht bestehenden Einzelzuordnung ist jedoch zu unterscheiden, dass das Vereinsvermögen als das Vermögen der Gesamtheit der Mitglieder zu betrachten ist, trotz der Trennung der Vermögenssphären.[1207] Das nicht bestehende finanzielle Interesse eines Einzelmitglieds an einer Gewinnbeteiligung ist von diesem Interesse der Gesamtheit der Mitglieder am Vereinsvermögen zur Förderung des Vereinszwecks zu trennen. Auch § 179a AktG weist keinen Bezug zur Gewinnbeteiligung eines einzelnen Aktionärs auf, sondern überträgt die Entscheidung aufgrund der Bedeutung für den Unternehmensgegenstand auf die Hauptversammlung als Gesamtheit der Aktionäre. Nicht anders stellt sich dies beim nicht wirtschaftlichen Verein dar. Die Mitgliederversammlung ist wie die Hauptversammlung das Willensbildungsorgan des Vereins.[1208] Es ist die Auswirkung auf die Satzung und den Unternehmensgegenstand, die die Entscheidungskompetenz der Hauptversammlung begründet,[1209] nicht der individuelle vermögensrechtliche Anspruch eines Aktionärs. Dies gilt für den nicht wirtschaftlichen Verein ebenso.

Es ist daher für die grundsätzliche Bedeutung des Vereinsvermögens unerheblich, dass einem Mitglied im Verein kein individueller Anspruch am Vereinsvermögen zusteht.

1202 BGH, Beschluss vom 16.05.2017 – II ZB 7/16 = NJW 2017, 1943, Rn. 25, Rn. 32; *Leuschner*, in: MünchKomm-BGB, §§ 21, 22, Rn. 44; *Segna*, in: BeckOGK-BGB, § 21, Rn. 164; *Lettl*, AcP 203 (2003), 149, 153.

1203 BGH, Beschluss vom 16.05.2017 – II ZB 7/16 = NJW 2017, 1943, Rn. 25.

1204 BGH, Beschluss vom 16.05.2017 – II ZB 7/16 = NJW 2017, 1943, Rn. 25.

1205 *Neudert/Waldner*, in: Sauter/Schweyer/Walter, Der e. V., VII., Rn. 333; *Lettl*, AcP 203 (2003), 149, 158.

1206 *Neudert/Waldner*, in: Sauter/Schweyer/Walter, Der e. V., VII., Rn. 333.

1207 *Wiedemann*, GesR Bd. 1, S. 18.

1208 *K. Schmidt*, GesR, S. 169.

1209 BT-Drs. 12/6699, 177.

dd) Ergebnis

Es ist mithin ersichtlich, dass das Vereinsvermögen für einen nicht wirtschaftlichen Verein eine vergleichbare Bedeutung für den Gegenstand der Vereinstätigkeit aufweist wie das Gesellschaftsvermögen für den Unternehmensgegenstand. Das Vereinsvermögen setzt sich aus den Beiträgen der Vereinsmitglieder und anderen Leistungen, etwa durch Wahrnehmung des *Nebenzweckprivilegs*, zusammen. Es dient mithin dem Vereinszweck und folglich auch dem Gegenstand der Vereinstätigkeit. Bereits in tatsächlicher Hinsicht darf eine Differenzierung hinsichtlich der Bedeutung des Vereinsvermögens und des Gesellschaftsvermögens nicht erfolgen, da nicht wirtschaftliche Vereine bestehen, die über erhebliche Vermögen verfügen. Es ist nicht ersichtlich, dass die Bedeutung des Vereinsvermögens für Großvereine anders ist als die des Gesellschaftsvermögens für Kapitalgesellschaften.

Es ist zudem weiter zu berücksichtigen, dass der Vereinszweck aus sozialpolitischen Gründen einen stärkeren Schutz genießt, da hiermit das gesellschaftliche Gemeinwohl gefördert wird. Das Vereinsvermögen steht trotz der Bildung aus Zweckförderleistungen in einem engeren Bezug zum Gegenstand der Vereinstätigkeit als zum Vereinszweck. Der Vereinszweck kann von einer Veräußerung des Vereinsvermögens betroffen sein, muss dies jedoch nicht. Dies führt jedoch zu keiner anderen Bewertung der Interessen der Mitgliederversammlung am Vereinsvermögen. Aufgrund der Bildung des Vereinsvermögens durch unmittelbare Zweckförderleistungen und der Bedeutung für den Gegenstand der Vereinstätigkeit besteht ein Interesse der Mitgliederversammlung am Erhalt des Vereinsvermögens.

Gegen diese Bedeutung des Vereinsvermögens können die fehlenden finanziellen Interessen der Einzelmitglieder nicht eingewendet werden. Das Vereinsvermögen weist keinen Bezug zu finanziellen Individualinteressen eines Mitglieds auf. Auch § 179a AktG betrifft nicht die finanziellen Rechte und Interessen eines einzelnen Aktionärs. Mithin ist ein Verweis auf diesen Umstand sachfremd und ohne Relevanz.

c) Der Vergleich der Interessenlagen der Mitgliederversammlung und der Hauptversammlung

Auch wenn die Bedeutung des Vereinsvermögens für einen nicht wirtschaftlichen Verein vergleichbar mit der Bedeutung des Gesellschaftsvermögens für eine wirtschaftliche Gesellschaft ist, folgt hieraus noch keine vergleichbare Interessenlage im Hinblick auf das Zustimmungserfordernis der Mitgliederversammlung. Es ist daher nachfolgend zu untersuchen, wie sich die Interessenlage der Mitgliederversammlung eines nicht wirtschaftlichen Vereins und der Hauptversammlung einer AG in Bezug auf § 179a AktG darstellt und ob diese vergleichbar sind.

aa) Die Ausgestaltung der Kompetenzen

Das Kollektiv der Individualmitglieder eines nicht wirtschaftlichen Vereins bildet die Mitgliederversammlung. Die Mitgliederversammlung bildet das höchste Organ und ist zugleich das Willensbildungsorgan eines Vereins.[1210] Wie die Hauptversammlung einer AG weist auch die Mitgliederversammlung als Hauptinteresse die Förderung des Vereinszwecks auf. Dies erfolgt insbesondere durch die Wahrnehmung von gesetzlichen oder aus der Satzung folgenden Rechten. Die Zuständigkeit der Mitgliederversammlung ist in diesem Bezug grundsätzlich als umfassend zu betrachten.[1211]

Die Mitgliederversammlung wahrt die Satzung und den Vereinszweck, wie aus § 33 BGB folgt. Änderungen der Satzung und des Vereinszwecks als Bestandteil der Satzung sind mithin durch kein anderes Organ des Vereins möglich. Mit den Regelungen im Handels- und Gesellschaftsrecht vergleichbar, bestimmt § 33 Abs. 1 S. 2 BGB, dass eine Satzungsänderung grundsätzlich mit der Mehrheit von drei Vierteln der Mitglieder vorgenommen werden kann.

Mithin weist die Mitgliederversammlung als Kollektiv der Vereinsmitglieder wie auch die einzelnen Individualmitglieder als primäres Interesse die Zweckverfolgung und Zielerreichung auf. Da die Mitgliederversammlung zugleich auch das interne Willensbildungsorgan ist, obliegt ihr auch die Entscheidung über Änderungen der Satzung oder des Vereinszwecks.

Diese Ausgestaltung der Kompetenzen ist mit denen einer Hauptversammlung vergleichbar. Diese stellt ebenfalls das Willensbildungsorgan der Gesellschaft dar[1212] und ist gemäß den §§ 179 ff. AktG für Satzungsänderungen zuständig. Es besteht hinsichtlich der Kompetenzverteilung mithin eine grundsätzlich vergleichbare Interessenlage zwischen der Mitglieder- und der Hauptversammlung.

bb) Die Gestaltungsfreiheit gemäß § 40 BGB und das Verhältnis zu § 179a AktG

Gemäß § 40 BGB kann die Satzung eines nicht wirtschaftlichen Vereins von zahlreichen Vorschriften des BGB abweichen. Dies gilt auch für § 33 BGB, der

1210 *K. Schmidt*, GesR, S. 693.
1211 *K. Schmidt*, GesR, S. 693.
1212 *Kubis*, in: MünchKomm-AktG, § 118, Rn. 9.

das Mehrheitserfordernis für Satzungs- und Vereinszweckänderungen regelt. Hingegen kann die Hauptversammlung einer AG bezüglich des Mehrheitserfordernisses nur dahingehend disponieren, dass eine höhere Mehrheit festgelegt werden kann. Eine niedrigere Mehrheit ist gemäß § 179a Abs. 1 S. 2 AktG ausgeschlossen und würde gegen § 23 Abs. 5 AktG verstoßen. Diese umfassendere Möglichkeit der Mitgliederversammlung im nicht wirtschaftlichen Verein, in der Satzung abweichende Regelungen zu treffen, könnte gegen eine vergleichbare Interessenlage mangels vergleichbarer Schutzbedürftigkeit sprechen, wie von *Lettl*[1213] vertreten.

Dem Ansatz von *Lettl*, dass eine Gesamtanalogie des § 179a AktG auf den nicht wirtschaftlichen Verein mit § 40 BGB unvereinbar ist, weil ein Widerspruch zwischen § 179a Abs. 1 S. 2 AktG und § 40 BGB besteht,[1214] ist vom Ansatz her zuzustimmen. Jedoch kommt wie bei der GmbH und den Personengesellschaften § 179a AktG nicht im Wege einer Gesamtanalogie zur Anwendung, sondern unter Berücksichtigung der jeweiligen rechtlichen Besonderheiten, insbesondere im Hinblick auf das Mehrheitserfordernis. Deswegen steht der (entsprechenden) Anwendbarkeit des § 179a AktG auf den nicht wirtschaftlichen Verein § 40 BGB nicht entgegen. Vielmehr ist das Mehrheitserfordernis des § 179a AktG an die vereinsrechtlichen Vorgaben anzupassen. Zudem bestehen im Vereinsrecht auch keine von einem Mehrheitsaktionär ausgehenden Risiken.[1215] Folglich kann im Ergebnis der Ansicht von *Lettl* nicht gefolgt werden.

Die Ansicht von *Lettl* ist zudem im Ergebnis inkonsequent. Dieser befürwortet zunächst die analoge Anwendung von § 179a AktG auch auf die GmbH[1216] und erkennt offenbar keinen Konflikt mit dem im GmbH-Recht bestehenden Prinzip der Satzungsautonomie, das mit § 40 BGB vergleichbar[1217] ist. Dies müsste folgerichtig auch für den nicht wirtschaftlichen Verein gelten, denn Unterschiede sind nicht erkennbar.

cc) Kein vergleichbarer Schutz aus § 27 Abs. 2 S. 1 BGB

Auch die gemäß § 27 Abs. 2 S. 1 BGB bestehende Möglichkeit der Mitgliederversammlung, die Bestellung des Gesamtvorstands oder eines Mitglieds des Vorstands jederzeit zu widerrufen, kann keinen mit § 179a AktG vergleichbaren

1213 *Lettl*, AcP 203 (2003), 149, 199 f.
1214 *Lettl*, AcP 203 (2003), 149, 199 f.
1215 Siehe 4. Kap. § 2 A. II. 3. c) dd).
1216 *Lettl*, AcP 203 (2003), 149, 198.
1217 *Segna*, in: BeckOGK-BGB, § 40, Rn. 3.

Schutz darstellen. Zwar wäre es theoretisch möglich, einen Vorstand vor dem Abschluss eines Gesamtvermögensgeschäfts abzuberufen, dies wird das Risiko jedoch nicht beseitigen. Es ist bei eingetragenen Vereinen zu berücksichtigten, dass der Widerruf gemäß § 67 Abs. 1 S. 1 BGB eintragungspflichtig ist. Solange diese Eintragung fehlt, kann sich der Rechtsverkehr gemäß §§ 67, 68 BGB auf den Vertrauensschutz aus dem Vereinsregister berufen. Daher spricht bereits diese zeitliche Komponente gegen eine Vergleichbarkeit. Ein Widerruf dürfte praktisch nicht vor Vornahme des Rechtsgeschäfts wirksam mit Außenwirkung erfolgen können.

Zudem kann gemäß § 27 Abs. 2 S. 2 BGB in der Satzung des Vereins festgelegt sein, dass die Abberufung des Vorstands nur bei Vorliegen eines wichtigen Grundes zulässig ist. Es müsste daher zum einen ein Gesamtvermögensgeschäft ohne Zustimmung der Mitgliederversammlung als wichtiger Grund erfasst sein und zum anderen würde wohl erst der Abschluss des Rechtsgeschäfts diesen wichtigen Grund darstellen, da die Verhandlungen vorher – wie auch bei § 179a AktG – in den Verantwortungsbereich des Vorstands fallen.

Daher kann § 27 Abs. 2 S. 1 BGB nicht gegen eine vergleichbare Interessenlage und mithin die analoge Anwendung von § 179a AktG eingewendet werden, da § 27 Abs. 2 S. 1 BGB keine Erhöhung des Schutzes der Mitgliederversammlung vor Handlungen des Vorstands begründen kann.

dd) Kein Risiko des Mehrheitsmissbrauchs

Es könnte jedoch trotz der vergleichbaren Interessenlagen am Vermögen die vergleichbare Interessenlage im Hinblick auf § 179a AktG fehlen. *Lettl* vertritt die Ansicht, dass der Rechtsgedanke des § 179a AktG auf den nicht wirtschaftlichen Verein übertragbar sei, nicht hingegen das zwingende qualifizierte Mehrheitserfordernis, da das Risiko eines wirtschaftlich unangemessenen Erwerbs des Vereinsvermögens durch ein Mehrheitsmitglied nicht besteht.[1218]

Dies ist unter der Prämisse, dass ein nicht wirtschaftlicher Verein kein Mindestkapital als Teil der Haftungsverfassung aufweist und mithin die Mitglieder keine Anteile, gemessen an der Einlage, innehaben,[1219] richtig. Grundsätzlich ist jedes Mitglied eines nicht wirtschaftlichen Vereins Inhaber einer Stimme.[1220] Das BGB billigt der Mitgliederversammlung jedoch zahlreiche Freiheiten über die Bestimmung interner Erfordernisse zu, wie etwa § 40 BGB zeigt. Zudem spricht

1218 So *Lettl*, AcP 203 (2003), 149, 199.
1219 So die Begründung von *Lettl*, AcP 203 (2003), 149, 199.
1220 *Neudert/Waldner*, in: Sauter/Schweyer/Walter, Der e. V., IV., Rn. 198.

§ 35 BGB ausdrücklich von Sonderrechten eines Mitglieds. Es ist daher zulässig, dass die Satzung von dem Grundsatz „Eine Stimme je Mitglied" abweicht.[1221] Mithin ist die Ansicht *Lettls* nur in Bezug auf die gesetzliche Grundkonzeption der Stimmrechte im Verein zutreffend.

Weder § 179a AktG noch § 179 Abs. 2 AktG erfüllen darüber hinaus den Zweck, dass die Übernahme des Gesellschaftsvermögens durch einen Mehrheitsaktionär infolge eines wirtschaftlich unangemessenen Vertrags verhindert werden soll. Der Zweck der Mehrheit aus § 179a Abs. 1 AktG entspricht dem aus § 179 Abs. 2 AktG,[1222] der durch das qualifizierte Mehrheitserfordernis der besonderen Tragweite des Beschlusses gerecht wird.[1223] Ein Bezug zum Schutz vor Maßnahmen eines Mehrheitsaktionärs folgt nicht aus den §§ 179a Abs. 1, 179 Abs. 2 AktG. Somit ist dieses Argument bereits grundsätzlich nicht geeignet, gegen eine entsprechende Anwendung von § 179a AktG auf den nicht wirtschaftlichen Verein eingewendet zu werden. Zwar weist § 179a AktG einen Bezug zum Schutz vor unangemessenen Vertragsgestaltungen auf, der insbesondere bei einem Gesamtvermögensgeschäft mit dem Mehrheitsaktionär zum Tragen kommt. Dieser Schutz folgt aber aus dem Informationsrecht gemäß § 179a Abs. 2 AktG.[1224]

Daher vermag das Argument, dass bei einem nicht wirtschaftlichen Verein eine Übernahme des Gesamtvermögens durch ein Mitglied infolge einer Stimmenmehrheit nicht droht und daher mangels Übertragbarkeit der qualifizierten Mehrheit aus § 179a AktG keine vergleichbare Interessenlage besteht, nicht zu überzeugen.

ee) Ergebnis

Es zeigt sich, dass die Grundkonzeption der Kompetenzverteilung im Vereinsrecht und im AktG vergleichbar ist. Sowohl der Mitglieder- als auch der Hauptversammlung steht die Entscheidung über Satzungsänderungen zu. Dies folgt

---

1221 Allg. Ansicht: *Dörner*, in: Schulze, BGB, § 35, Rn. 1; *Leuschner*, in: MünchKomm-BGB, § 32, Rn. 34; *D. U. Otto*, in: Herberger/Martinek/u. a., BGB, Stand: 07.12.2021, § 35, Rn. 3; *Segna*, in: BeckOGK-BGB, § 35, Rn. 20; *Neudert/Waldner*, in: Sauter/Schweyer/Walter, Der e. V., IV., Rn. 198.

1222 Vgl. BT-Drs. 12/6699, 177.

1223 BGH, Urteil vom 28.11.1974 – I ZR 176/72 = NJW 1975, 212; *Holzborn*, in: BeckOGK-AktG, § 179, Rn. 115; *Stein*, in: MünchKomm-BGB, § 179, Rn. 81.

1224 Siehe 2. Kap. § 1 A. I.

aus der Tatsache, dass beide Versammlungen das Willensbildungsorgan ihres Verbands darstellen.

Dieser Feststellung können weder § 40 BGB noch § 27 Abs. 2 S. 1 BGB entgegengehalten werden. Die umfassendere Dispositionsfreiheit aus § 40 BGB kann gegen ein Zustimmungserfordernis aus einer Kompetenzverschiebung hin zur Mitgliederversammlung nicht eingewendet werden. Diese könnte allenfalls gegen das Mehrheitserfordernis eingewendet werden. Dieses ist für die analoge Anwendung von § 179a AktG mit seinem Grundtelos jedoch unerheblich, sondern erst bei den konkreten Beschlussanforderungen zu berücksichtigen. Auch § 27 Abs. 2 S. 1 BGB vermag einen mit § 179a AktG vergleichbaren oder höheren Schutz nicht zu begründen.

Auch das Argument, dass im Vereinsrecht das Risiko eines Mehrheitsmissbrauchs nicht besteht, überzeugt nicht. Dieses verkennt zum einen die Möglichkeiten des Vereinsrechts, entsprechende Regelungen in der Satzung zu treffen, und zum anderen, dass dies ebenfalls auf das Mehrheitserfordernis abzielt, nicht jedoch auf das grundsätzliche Zustimmungserfordernis.

Mithin sind die Interessenlagen der Mitglieder- und der Hauptversammlung im Hinblick auf Satzungsänderungen vergleichbar.

d) Die Motive des Gesetzgebers von 1896

In dem Vergleich der Interessenlagen sind auch die Motive des Gesetzgebers zum BGB von 1896 zu berücksichtigen.[1225] In Bezug auf die Beschränkung der Vertretungsmacht des Vorstands im Außenverhältnis führte der Gesetzgeber aus, dass diese im Spannungsfeld zwischen der Sicherheit des Rechtsverkehrs und dem Schutz vor Gefahren für die Körperschaft steht. Während bei kommerziellen Körperschaften Gründe gegen eine Beschränkung sprechen mögen, sei dies bei Körperschaften mit nicht wirtschaftlichen Zwecken anders.[1226] Der Gesetzgeber folgert mithin aus der Zwecksetzung des nicht wirtschaftlichen Vereins, dass dieser Zweck eine stärkere Schutzwürdigkeit genießt, als es für erwerbswirtschaftliche Körperschaften der Fall ist.

Mithin sprechen diese Motive des Gesetzgebers für eine analoge Anwendung des § 179a AktG auf den nicht wirtschaftlichen Verein.

1225 Siehe 3. Kap. § 1 C. III. 2. d) dd) (3) (a).

1226 Mot. I, S. 98, abgedruckt in *Mugdan*, Materialien zum BGB für das Deutsche Reich, I. Bd., S. 406.

e) Ergebnis

Der Zweck eines nicht wirtschaftlichen Vereins unterscheidet sich vom Zweck einer AG in einem grundlegenden Punkt, der Erwerbswirtschaftlichkeit. Gleichwohl bedeutet dies nicht, dass ein nicht wirtschaftlicher Verein keine erwerbswirtschaftliche Tätigkeit ausüben darf. Dies ist zulässig, soweit die erwerbswirtschaftliche Tätigkeit dem *Nebenzweckprivileg* unterfällt.

Auch nicht wirtschaftliche Vereine können daher Vereinsvermögen aufweisen, die zum Teil in Größenordnungen von mittleren bis großen Kapitalgesellschaften anzusiedeln sind. Ein Vereinsvermögen bildet sich aus den Leistungen der Vereinsmitglieder sowie Einkünften aus eigener Betätigung. Es dient mithin dem Vereinszweck. Das Vereinsvermögen hat zudem auch eine erhebliche Bedeutung für den Gegenstand der Vereinstätigkeit, dem Pendant des Unternehmensgegenstands einer AG. Es besteht folglich kein Grund, hinsichtlich der Bedeutung des Vermögens für einen nicht wirtschaftlichen Verein und einer AG zu differenzieren.

Auch die Interessen und Rechte der Mitgliederversammlung und der Hauptversammlung sind vergleichbar. Beide stellen das interne Willensbildungsorgan dar und weisen insbesondere Kompetenzen für Satzungsänderungen auf. Zu diesen zählt nach dem Willen des Gesetzgebers auch ein Gesamtvermögensgeschäft i. S. d. § 179a AktG. Es sind keine Gründe ersichtlich, die einer vergleichbaren Interessenlage der Mitgliederversammlung und der Hauptversammlung hinsichtlich § 179a AktG entgegenstehen. In diesem Kontext ist zudem auf die Motive des Gesetzgebers von 1896 hinzuweisen. Dieser verwies ausdrücklich und ausnahmslos darauf, dass nicht wirtschaftliche Vereine vor erheblichen Nachteilen zu schützen sind und es im Vergleich zu wirtschaftlichen Körperschaften gebotener ist, den Umfang der Vertretungsmacht des Vorstands zu beschränken. Das Interesse eines nicht wirtschaftlichen Vereins geht aufgrund seiner Zwecksetzung der Rechtssicherheit vor. Es entspricht daher bereits der Grundkonzeption des Vereinsrechts im BGB, dass der Umfang der Vertretungsmacht des Vorstands keine Rechtsgeschäfte erfasst, die erhebliche Nachteile für den Verein bedeuten. Ein solcher erheblicher Nachteil würde bei einem Gesamtvermögensgeschäft drohen.

Es besteht folglich eine vergleichbare Interessenlage zwischen dem nicht wirtschaftlichen Verein und der AG hinsichtlich Gesamtvermögensgeschäften und der (analogen) Anwendung von § 179a AktG.

4. Ergebnis

Mithin findet infolge des Prinzips des Schutzes der wirtschaftlichen Grundlagen § 179a AktG auch auf den nicht wirtschaftlichen Verein entsprechende Anwendung[1227]. Es besteht in Bezug auf ein Gesamtvermögensgeschäft eine planwidrige Regelungslücke und eine vergleichbare Interessenlage.

III. Ergebnis

Auch auf den nicht wirtschaftlichen Verein ist daher das Prinzip des Schutzes der wirtschaftlichen Grundlagen anzuwenden. Der Umstand, dass der nicht wirtschaftliche Verein keinen erwerbswirtschaftlichen Zweck verfolgt, führt zu keiner anderen Bewertung. Für einen nicht wirtschaftlichen Verein weist das Vereinsvermögen eine ebenso wesentliche Bedeutung auf wie das Gesellschaftsvermögen für einen erwerbswirtschaftlichen Verband.

B. Die Anforderungen an den Beschluss der Mitgliederversammlung

Im Hinblick auf die erforderliche Mehrheit der Mitgliederversammlung für eine wirksame Beschlussfassung, die Form der Beschlussfassung und das Informationsrecht der Mitglieder im nicht wirtschaftlichen Verein ist auf die Ausführungen zu den Personengesellschaften zu verweisen.[1228] Die erforderliche Beschlussmehrheit richtet sich nach dem dispositiven § 33 Abs. 1 S. 1 BGB. Demnach ist grundsätzlich eine Mehrheit von drei Vierteln der abgegebenen Stimmen notwendig, sofern die Satzung gemäß § 40 BGB keine abweichende Regelung enthält. Der Beschluss der Mitgliederversammlung ist grundsätzlich formfrei zu fassen,[1229] es sei denn, die Satzung weist eine spezielle Regelung auf.

Wie im Recht der Personengesellschaften weist auch das Vereinsrecht ein grundsätzlich umfassendes Informationsrecht der Mitglieder auf, das nahezu sämtliche Angelegenheiten des Vereins erfasst, jedoch in der Mitgliederversammlung geltend zu machen ist.[1230] Der Vorstand eines Vereins kann die Informationserteilung im Einzelfall jedoch verweigern, wenn gewichtige Gründe hierfür bestehen.[1231] Konkrete Vorgaben in Bezug auf die Form der Auskunftserteilung

---

1227 Mit Verweis auf das allgemeine Prinzip des Verbandsrechts auch *Zetzsche*, in: KölnKomm-AktG, § 179a, Rn. 24.

1228 Siehe dazu im 4. Kapitel, § 1 B. I., II. und III.

1229 *Schöpflin*, in: Hau/Poseck, BGB, § 32, Rn. 26.

1230 *Neudert/Waldner*, in: Sauter/Schweyer/Waldner, Der e. V., IV., Rn. 281.

1231 *Neudert/Waldner*, in: Sauter/Schweyer/Waldner, Der e. V., IV., Rn. 281a.

und den Umfang bestehen nicht und unterfallen daher der allgemeinen Verantwortlichkeit und Entscheidungskompetenz des Vorstands. Da das Informationsrecht nur in der Mitgliederversammlung besteht und die Art und Weise der Informationserteilung unklar ist, ist daher für Gesamtvermögensgeschäfte § 179a Abs. 2 AktG analog heranzuziehen, um der Mitgliederversammlung einen umfassenden Schutz vor unangemessenen Vertragsgestaltungen zu gewähren.

C. Rechtliche Maßnahmen und Ersatzansprüche

In Bezug auf die rechtlichen Maßnahmen ist wie bei den Personengesellschaften im Wesentlichen auf die Ausführungen zur GmbH zu verweisen.[1232] Der Vorstand eines Vereins unterliegt gemäß § 27 Abs. 3 S. 1 BGB i. V. m. § 665 BGB den Weisungen der Mitgliederversammlung[1233] und hat die Pflichten zur ordnungsgemäßen Geschäftsführung zu beachten.[1234] Der Verein haftet gemäß § 31 BGB für das Verschulden des Vorstands, hat gegenüber diesem jedoch unter Umständen eigene Schadensersatzansprüche.[1235]

§ 3 Die KGaA

Auch auf die KGaA ist das Prinzip des Schutzes der wirtschaftlichen Grundlagen anzuwenden. Einer näheren Untersuchung bedarf es diesbezüglich nicht. Es stellt sich rechtstheoretisch jedoch die Frage, ob § 179a AktG unmittelbar zur Anwendung kommt oder sich dieses Prinzip aus den Vorschriften zur Geschäftsführung bei den Personengesellschaften ergibt. Es kommt diesbezüglich maßgeblich darauf an, ob § 179a AktG i. V. m. § 278 Abs. 3 AktG anzuwenden ist[1236] oder mit der Einführung des § 179a AktG, der entgegen § 361 Abs. 1 AktG von

---

1232 Siehe 3. Kapitel, § 3.

1233 *Leuschner*, in: MünchKomm-BGB, § 27, Rn. 37.

1234 *Leuschner*, in: MünchKomm-BGB, § 27, Rn. 39.

1235 *Leuschner*, in: MünchKomm-BGB, § 27, Rn. 63.

1236 So die h. M. *Holzborn*, in: BeckOGK-AktG, § 179a, Rn. 34; *Körber/König*, in: Bürgers/Körber/Lieder, AktG, § 179a, Rn. 2; *Seibt*, in: Schmidt/Lutter, AktG, § 179a, Rn. 4; *Stein*, in: MünchKomm-AktG, § 179a, Rn. 14; *Strohn*, in: Henssler/Strohn, GesR, 4. Aufl., § 179a AktG, Rn. 2; *Philbert*, die KGaA zwischen Personengesellschaftsrecht und Aktienrecht, S. 182; *Servatius*, in FS Stilz, S. 601, 601 *Barthen/Staab*, ZInsO 2018, 833, 836; *Bayer/Lieder/Hoffmann*, AG 2017, 717, 718; *Eschwey*, MittBayNot 2018, 299, 307 (Fn. 119); *Hüren*, RNotZ 2014, 77, 79; *Roesener*, NZG 2023, 9, 12; *Stellmann/Stoeckle*, WM 2011, 1983, 1983; *Wachter*, GmbHR 2019, 183, 186; *Widder/Feigen*, NZG 2018, 972, 972; *Zintl/Singbartl*, GWR 2015, 375, 376.

1965 nicht mehr ausdrücklich die KGaA benennt, eine bewusste Entscheidung durch den Gesetzgeber gegen eine direkte Anwendung von § 179a AktG auf die KGaA getroffen wurde.[1237]

Dies wirft die Frage auf, ob es sich bei der Neufassung des § 179a AktG, der die KGaA nicht mehr ausdrücklich in seinen Anwendungsbereich einbezieht, um ein Redaktionsversehen oder eine bewusste Entscheidung des Gesetzgebers handelte. Weder die konkrete Begründung des § 179a AktG noch das allgemeine Ziel des Gesetzes begründen diese Änderung.[1238] Denkbar ist, dass der Gesetzgeber aufgrund von § 278 Abs. 3 AktG davon ausgegangen ist, dass eine ausdrückliche Regelung entbehrlich sei, da die §§ 179 ff. AktG ohnehin auf die KGaA Anwendung finden würden.[1239] Ebenso könnte ein Redaktionsversehen vorliegen.[1240]

Besteht Unklarheit darüber, ob ein redaktionelles Versehen des Gesetzgebers besteht oder es sich um eine bewusste Entscheidung handelt, so ist im Wege der Auslegung zu bestimmen, was das vom Gesetzgeber tatsächlich Gewollte ist.[1241] Legt man folglich § 179a AktG und die Gesetzesbegründung aus, so bestehen gewichtige Gründe für die Annahme, dass es sich bei der Formulierung des § 179a Abs. 1 AktG um ein Redaktionsversehen handelt. Sämtliche Vorgängernormen des § 179a AktG wiesen als ausdrückliche Adressaten die AG und die KGaA auf. Die §§ 361 Abs. 1 AktG von 1965, 255 Abs. 1 AktG von 1937, 303 HGB von 1896[1242] erfassten allesamt auch die KGaA. Es ließe sich zwar anführen, dass der Gesetzgeber beabsichtigt hatte, nunmehr die KGaA vom Anwendungsbereich des § 179a AktG auszunehmen. Dem ist jedoch entgegenzuhalten, dass der Gesetzgeber nicht nur in der Gesetzesbegründung zu § 179a AktG die relevanten Änderungen begründet hat, sondern ebenso bei § 361 AktG von 1965[1243] und § 255 AktG von 1937[1244] Begründungen für gewollte Änderungen anführte.

1237 So wohl *Bergmann*, in FS Vetter, S. 79, 81 f.; dem folgend *Koch*, in: Koch, AktG, § 179a, Rn. 25; i. E. für Anwendung von § 278 Abs. 2 AktG *Witt*, Die Veräußerung des ganzen Gesellschaftsvermögens gemäß § 179a Abs. 1 AktG, S. 301.

1238 BT-Drs. 12/6699, 1, 177.

1239 *Stein*, in: MünchKomm-AktG, § 179a Rn. 9.

1240 *Bachmann*, in: BeckOGK-AktG, § 278, Rn. 72; *Philbert*, die KGaA zwischen Personengesellschaftsrecht und Aktienrecht, S. 183.

1241 *Riedl*, AöR 1994, 642, 654.

1242 Über § 320 HGB von 1896 als Verweisungsnorm.

1243 BT-Drs. IV/171, 253.

1244 Amtliche Begründung des § 255 AktG von 1937, abgedruckt in *Klausing*, S. 219.

Sollte der Gesetzgeber eine Änderung von solcher Tragweite ohne Begründung vorgenommen haben, widerspräche das dem bisherigen Vorgehen.

Zudem ist zu berücksichtigen, dass der Gesetzgeber mit § 179a AktG eine systematische Umstellung vornahm, da es sich bei der Norm um einen Fremdkörper im Umwandlungsrecht handeln würde.[1245] Das Ziel des Gesetzgebers bei der Neufassung des § 361 AktG von 1965 in § 179a AktG bestand daher nicht darin, die Norm inhaltlich zu ändern. Der Gesetzgeber beabsichtigte auch mit dem UmwBerG, durch das § 179a AktG eingeführt wurde, keine Änderungen der Rechtslage. Das Umwandlungsrecht sollte infolge der entstandenen Unübersichtlichkeit neu zusammengefasst, strukturiert und erweitert werden.[1246] Für einen Willen zur Ausnahme der KGaA vom Anwendungsbereich des § 179a AktG bestehen daher keine Anhaltspunkte, vielmehr spricht die grundsätzliche Erweiterungsabsicht gegen diese Annahme.

Da mithin keine Änderung der Rechtslage durch den Gesetzgeber gewollt gewesen ist, ist von einem redaktionellen Versehen des Gesetzgebers auszugehen. Demzufolge ist § 179a AktG über § 278 Abs. 3 HGB weiterhin auf die KGaA anzuwenden.

§ 4 Die Genossenschaft

Auch für Genossenschaften, in denen in der Bundesrepublik Deutschland über 20 Millionen Personen Mitglieder organisiert sind,[1247] ist die Thematik um Gesamtvermögensgeschäfte relevant. Der Zweck einer Genossenschaft besteht gemäß § 1 Abs. 1 GenG darin, den Erwerb, die Wirtschaft oder kulturelle und soziale Belange der Mitglieder zu fördern. Durch die Ausrichtung des Förderzwecks auf ihre Mitglieder unterscheidet sich die Genossenschaft von Personengesellschaften, Vereinen und Kapitalgesellschaften, deren Zwecke allenfalls mittelbar die Förderung der Teilhaber umfasst.[1248] Trotz der Förderung ihrer Mitglieder ist die grundsätzliche Verfassung der Genossenschaft körperschaftlich mit Bezügen zum Vereins- und Aktienrecht ausgestaltet, sodass vereins- und aktienrechtliche Vorschriften im Rahmen der Zulässigkeit auf die Genossenschaft anzuwenden sind.[1249] Ist eine Norm Ausdruck eines grundlegenden Prinzips, sodass eine

---

1245 BT-Drs. 12/6699, 177.

1246 BT-Drs. 12/6699, 1.

1247 *Vosberg/Klawa*, in: KölnHdB-HGR, Kap. 15, Rn. 2.

1248 *Geibel*, in: Henssler/Strohn, GesR, § 1 GenG, Rn. 8 ff.

1249 *Fandrich*, in: Pöhlmann/Fandrich/Bloehs, GenG, § 1, Rn. 1; *Geibel*, in: Henssler/Strohn, GesR, § 1 GenG, Rn. 2.

rechtsformabhängige Differenzierung nicht geboten ist, ist eine analoge Anwendung grundsätzlich unbedenklich.[1250]

Eine Genossenschaft muss einen Vorstand aufweisen, der die Genossenschaft gemäß § 27 Abs. 1 S. 1 GenG in eigener Verantwortung leitet und gemäß § 27 Abs. 1 S. 2 GenG Beschränkungen aus der Satzung beachten muss. Gegenüber Dritten sind Beschränkungen des Umfangs der Vertretungsmacht gemäß § 27 Abs. 2 GenG jedoch unbeachtlich. Die Mitglieder üben ihre Rechte gemäß § 43 GenG in der Generalversammlung aus, die insbesondere gemäß § 16 GenG für Satzungsänderungen die Zuständigkeit inne hat. Für Satzungsänderungen ist gemäß § 16 Abs. 2 GenG grundsätzlich eine Mehrheit von drei Vierteln der abgegebenen Stimmen notwendig. Diese Regelungen zum Umfang der Vertretungsmacht und zu den Rechten der Mitglieder weisen mithin eine enge Vergleichbarkeit mit den entsprechenden Normen anderer Gesellschaften auf.

Wie das GmbHG enthält auch das GenG keine mit § 179a AktG vergleichbare Norm; es stellt sich daher auch bei der Genossenschaft die Frage nach der Kompetenzverteilung bei Gesamtvermögensgeschäften.[1251] Im Unterschied zum GmbHG[1252] sind mit der letzten großen Novelle des Genossenschaftsrechts 2006[1253] und im vorherigen Gesetzgebungsverfahren keine Erwägungen hinsichtlich einer mit § 179a AktG vergleichbaren Norm angestellt worden. Aus diesem Umstand kann jedoch nicht die Schlussfolgerung gezogen werden, es handele sich folglich um eine bewusste Entscheidung des Gesetzgebers. Vielmehr weist die Begründung der Novelle keinen derartigen Bezug in den Ausführungen zu den §§ 16, 26, 43 GenG auf.[1254] Es kann den Materialien gerade nicht entnommen werden, dass eine vom Gesetzgeber gewollte Regelungslücke bestehen soll. Aus diesem Grund ist das GenG grundsätzlich hinsichtlich des § 179a AktG analogiefähig.

Dies wird zudem dadurch gestützt, dass grundlegende Prinzipien des Rechts grundsätzlich analog auf die Genossenschaft angewendet werden können. Da es sich bei § 179a AktG um den Ausdruck eines allgemeinen Prinzips des Zivilrechts handelt,[1255] ist eine entsprechende Anwendung des § 179a AktG auf die

---

1250 *Fandrich*, in: Pöhlmann/Fandrich/Bloehs, GenG, Einf., Rn. 14; *Bayer*, DStR 1999, 1815, 1819.

1251 Ebenfalls die Problematik aufwerfend: *Eschway*, MittBayNot 2018, 299, 312; *Heckschen*, AG 2019, 420, 422; *Leitzen*, NZG 2012, 491, 493.

1252 Siehe 3. Kap. § 1 C. I.

1253 BGBl. I S. 1911.

1254 BT-Drs. 16/1025, 84 ff.

1255 Siehe 3. Kap. § 2 C. III.

Genossenschaft vorzunehmen.[1256] Die analoge Anwendung von § 179a AktG ist jedoch – wie auch bei der GmbH[1257] – hinsichtlich des Mehrheits- und Formerfordernis an die besonderen Regelungen des GenG anzupassen. Das Informationsrecht findet gemäß § 179a Abs. 2 AktG ebenfalls analog Anwendung.

1256 So auch das OLG Brandenburg vor der Entscheidung des BGH vom 08.01.2019 – II ZR 364/18: Beschluss vom 29.07.2004 – 5 W (Lw) 55/03 = juris, Rn. 48; dem zustimmend *Stellmann/Stoeckle*, WM 2011, 1983, 1984; a. A. jedoch *Eschway*, MittBayNot 2018, 299, 312.

1257 Siehe 3. Kap. § 2 C. III. 3. d).

5. Kapitel: Die Auswirkungen des BGH-Urteils vom 08.01.2019 auf den Missbrauch der Vertretungsmacht

In seinem Urteil vom 08.01.2019 bezog der BGH auch Stellung zum Missbrauch der Vertretungsmacht bei einem Gesamtvermögensgeschäft. Nach Ansicht der Richter des II. Zivilsenats müsse sich der Erwerber den Missbrauch der Vertretungsmacht vorwerfen lassen, wenn dieser den Missbrauch kenne oder sich dieser geradezu aufdränge.[1258] Insbesondere bei Gesamtvermögensgeschäften müsse einem verständigen Geschäftspartner bekannt sein, dass die Gesellschafter zustimmen müssen. Daher könne es im Einzelfall dem Erwerber verwehrt sein, sich auf Nichtwissen zu berufen, wenn ihn eine Erkundigungsobliegenheit treffe oder Kenntnis vom fehlenden Einverständnis eines maßgeblichen Gesellschafters bestehe.[1259]

Diese Begründung des BGH wirft einige Fragen auf, die nicht abschließend im Urteil beantwortet worden sind. Dass das Aufdrängen des Missbrauchs der Vertretungsmacht genügen soll und diesbezüglich eine Erkundigungsobliegenheit bestehen kann, ist mit einigen Problemen behaftet. So sind die Voraussetzungen für das Entstehen und der Umfang der Erkundigungsobliegenheit unklar. Es bleibt ebenfalls unklar, wann der BGH von einem „maßgeblichen" Gesellschafter ausgeht, dessen fehlendes Einverständnis im Rahmen des Missbrauchs der Vertretungsmacht Relevanz aufweisen kann. Auch der Grad der Unkenntnis und der Einfluss des Europarechts über die GesRRL sind ungeklärt.

§ 1 Der Missbrauch der Vertretungsmacht

Gibt ein Vertreter eine eigene Willenserklärung in fremdem Namen im Rahmen seiner Vertretungsmacht ab, so liegt gemäß § 164 Abs. 1 BGB ein Handeln als Vertreter vor. Die Vertretungsmacht stellt in diesem Zusammenhang die Ermächtigungsgrundlage für das Handeln des Vertreters in fremdem Namen dar. Mit der Erteilung einer Vollmacht wird im Innenverhältnis zwischen Vertreter und Vertretenem ein Rechtsverhältnis begründet, das infolge des Trennungs- und Abstraktionsprinzips des Stellvertretungsrechts von der im Außenverhältnis

---

1258 BGH, Urteil vom 08.01.2019 – II ZR 364/18 = NZG 2019, 505, Ls.

1259 BGH, Urteil vom 08.01.2019 – II ZR 364/18 = NZG 2019, 505, Rn. 41 f.

bestehenden Vertretungsmacht streng zu trennen ist.[1260] Diese Trennung, die dazu führt, dass der Rechtsverkehr auf die Vollmacht und deren Umfang vertrauen kann, dient der Rechtssicherheit und dem Verkehrsschutz.[1261] Überschreitet ein Vertreter im Umfang der erteilten Vollmacht die im Innenverhältnis vorhandenen Beschränkungen, so trägt der Vertretene und Vollmachtgeber das Risiko.[1262]

Diese Risikoverteilung wird jedoch durchbrochen, wenn der Geschäftspartner nicht schutzwürdig ist.[1263] Die Schutzwürdigkeit des Geschäftspartners besteht nach allgemeiner Ansicht in zwei Fällen nicht. Zum einen, wenn der Vertreter und der Geschäftspartner mit Schädigungsabsicht zu Lasten des Vertretenen zusammenwirken, die sogenannte Kollusion.[1264] Zum anderen, wenn der Geschäftspartner das Überschreiten der im Innenverhältnis bestehenden Beschränkungen kannte oder kennen musste, die sogenannte Evidenz.[1265] In beiden Fällen ist infolge der Bösgläubigkeit des Geschäftspartners ein Berufen auf die Wirksamkeit des Rechtsgeschäfts verwehrt.

1260 *Bayer*, FS Vetter, S. 51, 52.

1261 *Bayer*, FS Vetter, S. 51, 52.

1262 St. Rspr. BGH, Urteil vom 28.02.1966 – VII ZR 125/65 = NJW 1966, 1911, Ls.; BGH, Urteil vom 09.05.2014 – V ZR 305/12 = NJW 2014, 2790, Rn. 17; BGH, Urteil vom 11.05.2017 – IX ZR 238/15 = NJW 2017, 3375, Rn. 20.

1263 *Maier-Reimer*, in: Erman, BGB, § 167, Rn. 70.

1264 BGH, Urteil vom 16.04.2000 – VIII ZR 2018/99 = NJW 2000, 2896, 2897; BGH, Urteil vom 05.11.2003 – VIII ZR 218/01 = NJW-RR 2004, 247, 248; BGH, Urteil vom 14.06.2016 – XI ZR 74/14 = BKR 2016, 383, Ls.; BGH, Urteil vom 11.05.2017 – IX ZR 238/15 = NJW 2017, 3375, Rn. 20; *Dörner*, in: Schulze, BGB, § 167, Rn. 9; *Frensch*, in: Prütting/Wegen/Weinreich, BGB, § 164, Rn. 69; *Huber*, in: BeckOGK-BGB, § 164, Rn. 86; *Maier-Reimer*, in: Erman, BGB, § 167, Rn. 71; *Mansel*, in: Jauerning, BGB, § 164, Rn. 8; *Schäfer*, in: Hau/Poseck, BGB, § 167, Rn. 50; *Schilken*, in: Staudinger, BGB, § 167, Rn. 93; *Schubert*, in: MünchKomm-BGB, § 164, Rn. 215; *Weinland*, in: Herberger/Martinek/u. a., BGB, Stand: 07.08.2022, § 164, Rn. 79.

1265 BGH, Urteil vom 25.10.1994 – XI ZR 239/93 = NJW 1995, 250, 251; BGH, Urteil vom 14.06.2016 – XI ZR 74/14 = BKR 2016, 383, Ls.; BGH, Urteil vom 11.05.2017 – IX ZR 238/15 = NJW 2017, 3375, Rn. 20; *Dörner*, in: Schulze, BGB, § 167, Rn. 9; *Frensch*, in: Prütting/Wegen/Weinreich, BGB, § 164, Rn. 70; *Huber*, in: BeckOGK-BGB, § 164, Rn. 88; *Maier-Reimer*, in: Erman, BGB, § 167, Rn. 75; *Mansel*, in: Jauerning, BGB, § 164, Rn. 8; *Schäfer*, in: Hau/Poseck, BGB, § 167, Rn. 51 ff.; *Schilken*, in: Staudinger, BGB, § 167, Rn. 97; *Weinland*, in: Herberger/Martinek/u. a., BGB, Stand: 07.08.2022, § 164, Rn. 82.

§ 2 Der BGH zum Missbrauch der Vertretungsmacht

Der BGH verwies in seiner Begründung zur Ablehnung der analogen Anwendung von § 179a AktG auf die GmbH darauf, dass die grundsätzlich unbeschränkte Vertretungsmacht des Geschäftsführers einer GmbH nicht uneingeschränkt gelte. Der Grundsatz zum Missbrauch der Vertretungsmacht finde Anwendung.[1266]

An einem schutzwürdigen Vertrauen in die Vertretungsmacht des Geschäftsführers fehle es auch ohne gemeinsame Schädigungsabsicht, wenn der Geschäftspartner Kenntnis habe oder es sich ihm geradezu aufdrängen müsse, dass der Geschäftsführer seine Vertretungsmacht missbrauche oder einen entgegenstehenden Beschluss missachte.[1267] Dies schütze insbesondere vor einer Vermögensverlagerung von der Gesellschaft auf ihren Mehrheitsgesellschafter.[1268] Werde ein ganzes Unternehmen als solches veräußert, so müsse einem verständigen Geschäftspartner bewusst sein, dass dies ohne Zustimmung der Gesellschafter nicht wirksam erfolgen könne. Selbiges gelte unter Umständen auch bei der Veräußerung einzelner Vermögensgegenstände.[1269] Der Geschäftspartner könne sich auch nicht mit Unkenntnis verteidigen, denn im Einzelfall könne ihn eine Erkundigungsobliegenheit treffen, etwa wenn er erfahren habe, dass ein maßgeblicher Gesellschafter mit dem Rechtsgeschäft nicht einverstanden sei.[1270]

§ 3 Die Untersuchung des BGH-Urteils unter dem Aspekt des Missbrauchs der Vertretungsmacht

Mit der Begründung, dass auch ohne ein kollusives Zusammenwirken des Geschäftspartners und des Geschäftsführers ein Missbrauch der Vertretungsmacht bestehen kann, setzt der BGH die Argumentation für einen Missbrauch der Vertretungsmacht fort.[1271] Anders stellt es sich jedoch bei den Ausführungen zur Erkundigungsobliegenheit oder dem Aufdrängen bei Kenntnis vom fehlenden Einverständnis eines maßgeblichen Gesellschafters dar.[1272] Im Nachfolgenden wird daher untersucht, wann sich der Missbrauch der Vertretungsmacht

1266 BGH, Urteil vom 08.01.2019 – II ZR 364/18 = NZG 2019, 505, Rn. 39.
1267 BGH, Urteil vom 08.01.2019 – II ZR 364/18 = NZG 2019, 505, Rn. 40.
1268 BGH, Urteil vom 08.01.2019 – II ZR 364/18 = NZG 2019, 505, Rn. 41.
1269 BGH, Urteil vom 08.01.2019 – II ZR 364/18 = NZG 2019, 505, Rn. 41.
1270 BGH, Urteil vom 08.01.2019 – II ZR 364/18 = NZG 2019, 505, Rn. 42.
1271 So auch *Natterer*, ZIP 2019, 1796, 1799
1272 *Heckschen*, AG 2019, 420, 421.

aufdrängt, wann und in welchem Umfang eine Erkundigungsobliegenheit besteht und wann die Unkenntnis vom Missbrauch der Vertretungsmacht dem Geschäftspartner vorwerfbar ist.

A. Die BGH-Rechtsprechung zum Aufdrängen

Es entspricht der ständigen Rechtsprechung des BGH, dass Evidenz im Rahmen des Missbrauchs der Vertretungsmacht besteht, wenn es sich einem Geschäftspartner aufdrängen musste, dass sich der Vertreter gegenüber dem Vertretenen missbräuchlich verhält. Massive Verdachtsmomente können eine objektive Evidenz und folglich einen Missbrauch der Vertretungsmacht begründen. Eine solche objektive Evidenz ist insbesondere anzunehmen, wenn sich die Notwendigkeit von Rückfragen geradezu aufdrängt.[1273]

Von dieser ständigen Rechtsprechung weicht das Urteil des BGH vom 08.01.2019 dahingehend ab, dass die zuvor stets angeführten massiven Verdachtsmomente nunmehr nicht mehr genannt werden. Vielmehr stellt der BGH in seiner Entscheidung auf die Umstände des Einzelfalls ab.[1274]

B. Die Anhaltspunkte für einen aufgedrängten Missbrauch der Vertretungsmacht

Das Abstellen des BGH auf die Umstände des Einzelfalls bedeutet für den Rechtsverkehr einen Verlust an Rechtssicherheit, da die Entscheidung, ob ein Missbrauch der Vertretungsmacht vorliegt, nunmehr vollständig den Gerichten überlassen wird. Bis sich in der Judikative eine gefestigte Rechtsprechung entwickelt hat, werden der Erwerber und die veräußernde Gesellschaft mithin in einer unklaren Rechtslage gelassen.

Gleichwohl bedeutet die Entscheidung des BGH nicht, dass Verdachtsmomente oder Anhaltspunkte an Erheblichkeit verloren haben. Beide weisen weiterhin eine wesentliche Bedeutung auf.

1273 St. Rspr. BGH, Urteil vom 28.02.1966 – VII ZR 125/65 = NJW 1966, 1911, 1911; BGH, Urteil vom 14.05.1986 – IVa ZR 146/85 = NJW-RR 1987, 307, 307; BGH, Urteil vom 28.04.1992 – XI ZR 164/91 = NJW-RR 1992, 1135, 1136; BGH, Urteil vom 29.06.1999 – XI ZR 277-98 = NJW 1999, 2883, 2883; BGH, Urteil vom 14.06.2016 – XI ZR 74/14 = BKR 2016, 383, Rn. 22.

1274 BGH, Urteil vom 08.01.2019 – II ZR 364/18 = NZG 2019, 505, Rn. 42.

I. Die Anhaltspunkte im Allgemeinen

Es stellt sich daher die Frage, welche Anhaltspunkte im Allgemeinen für ein Aufdrängen des Missbrauchs der Vertretungsmacht angeführt werden können. Ein abschließendes Aufzählen ist aufgrund der schier unendlichen Möglichkeiten unmöglich. Ebenso ist ein allgemeiner Ansatz für das Aufdrängen aus diesem Grund unmöglich. Vielmehr ist im Einzelfall zu betrachten, wie sich die Umstände darstellen. Dies führt im Kern zurück zur Argumentation des BGH, der auch auf die Umstände des Einzelfalls abstellte.[1275]

Die Einzelfallentscheidung betrifft sowohl die subjektiven Anforderungen an den Geschäftspartner als auch die Anforderungen an die Umstände als solche. Es sind hierbei die individuellen Fähigkeiten und Kenntnisse des Geschäftspartners zu berücksichtigen.[1276] Diese Differenzierung in der Person des Geschäftspartners folgt daraus, dass Geschäfts- und Kaufleute infolge ihrer Expertise grundsätzlich mehr Erfahrungen im Geschäftsverkehr aufweisen und mithin auch den Umfang der Vertretungsmacht besser beurteilen können. Daher ist die anlassbezogene Schwelle für eine Erkundigungsobliegenheit niedriger anzusetzen als bei Personen ohne derartig erweiterte Kenntnisse.

Auch die Umstände, die den Anlass für eine Erkundigung begründen können, sind einzelfallbezogen zu betrachten.[1277] Die Kenntnis davon, dass ein maßgeblicher Gesellschafter mit dem Geschäft nicht einverstanden ist, kann einen solchen Anlass darstellen, ebenso ein Geschäft über ein Unternehmen als Ganzes.[1278] Hingegen vermag eine im Handelsregister ersichtliche Beschränkung des Umfangs der Vertretungsmacht nicht *per se* einen derartigen Anlass begründen. Die Publizität des Handelsregisters aus § 15 HGB soll den Rechtsverkehr schützen, nicht diesen Schutz einschränken.[1279] Es würde daher dem § 15 HGB zuwiderlaufen, wenn den Erwerber eine Einblicksobliegenheit dahingehend treffen würde, in das Handelsregister Einsicht zu nehmen.

Indem der BGH nunmehr keine massiven Verdachtsmomente mehr fordert, stellt sich auch die Frage, in welcher Qualität das Aufdrängen vorliegen muss, um einen Missbrauch der Vertretungsmacht annehmen zu können. Musste vorher der Verdacht „massiv", folglich besonders stark gewesen sein, macht der BGH

1275 BGH, Urteil vom 08.01.2019 – II ZR 364/18 = NZG 2019, 505, Rn. 42.

1276 So auch zum Wirtschaftlichkeitsgebot der BGH, Urteil vom 09.03.2010 – VI ZR 6/09 = NZV 2010, 556, Rn. 13.

1277 So auch *Natterer*, ZIP 2019, 1796, 1800; *Ulrich*, GmbHR 2019, 528, 538.

1278 BGH, Urteil vom 08.01.2019 – II ZR 364/18 = NZG 2019, 505, Rn. 42.

1279 *Adolff/Adolff*, FS Mailänder, S. 289, 297.

nunmehr keine Ausführungen diesbezüglich. Gleichwohl bedarf es einer besonderen Qualität der Anhaltspunkte, um ein Aufdrängen annehmen zu können.[1280] Es kann dem Urteil nicht entnommen werden, dass der BGH mit dem Abstellen auf die Umstände des Einzelfalls die Anforderungen an die Umstände in ihrer Qualität wesentlich absenken wollte. Wann ein Anhaltspunkt im Einzelfall eine derartige Qualität aufweist, bleibt freilich ebenso eine Einzelfallentscheidung, wie es auch für die Umstände zum Aufdrängen gilt. Für die Qualität des Aufdrängens könnte eine Wahrscheinlichkeitsabwägung vorgenommen werden: Ist aufgrund der Anhaltspunkte ein Missbrauch der Vertretungsmacht durch den Geschäftsleiter hinreichend wahrscheinlich,[1281] so begründet dies ein Aufdrängen des Missbrauchs der Vertretungsmacht.

Ohne Bedeutung ist weiter, ob im Einzelfall ein Anhaltspunkt von besonderer Qualität bestand oder ein Konvolut an Anhaltspunkten erst in ihrer Gesamtbetrachtung die Qualität erreichen.

II. Besondere Anhaltspunkte bei Gesamtvermögensgeschäften

Ausgehend von dieser allgemeinen Betrachtung zu den Anhaltspunkten für einen Missbrauch der Vertretungsmacht ist nunmehr im Besonderen für Gesamtvermögensgeschäfte zu untersuchen, welche Anhaltspunkte diesbezüglich einen Missbrauch der Vertretungsmacht begründen können.

1. Fehlender Beschluss oder Missachtung des Gesellschafterwillens

Ein Anhaltspunkt kann nach Rechtsprechung des BGH sein, dass dem Geschäftspartner bekannt gewesen ist oder es sich ihm aufdrängen musste, dass der Geschäftsleiter seine Vertretungsmacht missbraucht.[1282] Besteht mithin *de jure* oder aus der Satzung ein Zustimmungserfordernis zu Gunsten der Gesellschafter und besteht hiervon Kenntnis, so kann dies einen Anhaltspunkt für den Missbrauch der Vertretungsmacht darstellen. Dies gilt auch, wenn das Zustimmungserfordernis aus § 49 Abs. 2 GmbHG folgt und bloße Innenwirkung aufweist.[1283] Ausreichend ist demzufolge, dass ein bloßes Zustimmungserfordernis – ohne

1280 Siehe dazu auch den Grad der Fahrlässigkeit, 5. Kapitel, § 3 D. II. 2.

1281 Für die hinreichende Wahrscheinlichkeit ließe sich auf die Voraussetzungen des § 199 Abs. 1 Nr. 2 BGB abstellen, vgl. dazu *Piekenbrock*, in: BeckOGK-BGB, § 199, Rn. 83 ff.

1282 BGH, Urteil vom 08.01.2019 – II ZR 364/18 = NZG 2019, 505, Rn. 40.

1283 BGH, Urteil vom 05.12.1983 – II ZR 56/82 = NJW 1984, 1461, 1462; BGH, Urteil vom 08.01.2019 – II ZR 364/18 = NZG 2019, 505, Rn. 40.

dass ersichtlich sein muss, ob die Gesellschafter dem Geschäft zustimmen oder es ablehnen – ausreicht, um den Missbrauch der Vertretungsmacht zu begründen.[1284] Ein entgegenstehender Wille der Gesellschafter muss nach dieser Rechtsprechung des BGH nicht mehr bekannt sein.[1285]

Bedarf es daher nach der Rechtsprechung des BGH keine tatsächlich erfolgte Beschränkung der Vertretungsmacht im Innenverhältnis, sondern genügt bereits das Bestehen eines gesetzlichen Zustimmungsvorbehalts aufgrund der Bedeutsamkeit des Geschäfts, so führt dies zu einer Erweiterung des Missbrauchstatbestands der Evidenz. Maßgeblich ist nicht mehr, dass Kenntnis oder zu vertretende Unkenntnis von einer tatsächlichen Beschränkung im Innenverhältnis bestehen muss. Es genügt bereits die Kenntnis oder zu vertretende Unkenntnis von der Möglichkeit einer Beschränkung der Vertretungsmacht durch die Gesellschafterversammlung, um die Schutzwürdigkeit des Geschäftspartners entfallen zu lassen. Dies betrifft insbesondere interne Zustimmungsvorbehalte ohne Außenwirkung wie § 49 Abs. 2 GmbHG.

Diese Erweiterung des Missbrauchstatbestands geht nicht unbillig zu Lasten der Sicherheit des Rechtsverkehrs. Hat ein Erwerber Kenntnis oder zu vertretende Unkenntnis davon, dass der Geschäftsleiter das konkrete Geschäft nicht ohne Zustimmung der Gesellschafter vornehmen kann, so fehlt die Schutzwürdigkeit, wenn das Geschäft trotzdem durchgeführt wird. Der Erwerber muss in diesem Fall annehmen, dass das Geschäft nicht vom Geschäftsleiter abgeschlossen werden darf.

2. *Das Geschäft über ein Unternehmen als Ganzes*

Neben dem fehlenden Beschluss oder dem entgegenstehenden Willen der Gesellschafter kann auch der Umstand, dass ein Unternehmen als Ganzes veräußert wird, einen Anhaltspunkt darstellen, der eine Erkundigungsobliegenheit des Erwerbers begründen kann.[1286] Ein Berufen auf Nichtwissen wäre bei Bestehen dieser Obliegenheit ausgeschlossen. Eine Beweiserleichterung stellt dieser Umstand hingegen nicht dar.[1287] Vielmehr bleibt es weiterhin eine Einzelfallentscheidung, ob dieser Umstand eine Erkundigungsobliegenheit begründet. In einem solchen Einzelfall ist dieser Umstand weiterhin substantiiert darzulegen. Seine Bedeutsamkeit erhält dieses Merkmal daraus, dass nach der

1284 A. A. KG, Urteil vom 08.09.2022 – 2 U 115/21 = NZG 2023, 413, Rn. 35.
1285 So noch BGH, Urteil vom 05.12.1983 – II ZR 56/82 = NJW 1984, 1461, 1462.
1286 BGH, Urteil vom 08.01.2019 – II ZR 364/18 = NZG 2019, 505, Rn. 42.
1287 So aber *Jans*, WuB 2019, 438, 441.

Rechtsprechung des BGH bereits der objektive Umstand ausreichen kann, dass das Unternehmen als Ganzes veräußert wird. Ein Erfordernis des Hinzutretens weiterer Umstände besteht folglich nicht.

Dies wirft die Frage auf, ob das Unternehmen als Ganzes als ausdrücklich angeführter Gegenstand des Kaufvertrags einen Sonderfall darstellt oder in genereller Hinsicht bestimmte Vertragsgegenstände geeignet sind, einen Anhaltspunkt für den Missbrauch der Vertretungsmacht darzustellen. Letzteres würde bedeuten, dass bei bestimmten Rechtsgeschäften stets eine Erkundigungsobliegenheit bestünde oder anders formuliert: Es könnten bestimmte Vertragsobjekte das Vertrauen des Rechtsverkehrs in die Vertretungsmacht beseitigen.

Dies widerspricht jedoch der gesetzlichen Grundkonzeption des Stellvertretungsrechts. Es können bestimmten Rechtsgeschäfte nicht generell vom Vertrauen des Rechtsverkehrs ausgenommen werden, solange der Vertreter im Rahmen des Umfangs der Vertretungsmacht handelt. Zudem würden die unterschiedlichen Kenntnisse und Fähigkeiten der Geschäftspartner nur unzureichend Berücksichtigung finden. Vermag beispielsweise ein Kaufmann oder Konkurrent erkennen, dass der Vertragsgegenstand als Gesamtvermögensgeschäft zu qualifizieren ist, so ist diese Erkennbarkeit für einen Dritten mangels Kenntnis regelmäßig nicht gegeben.

Es ist daher aus Gründen der Rechtssicherheit notwendig, dass der Umstand, dass ein Unternehmen als Ganzes veräußert wird, ein Sonderfall bleibt. Nur wenn tatsächlich das Unternehmen als Ganzes wörtlich im Vertrag aufgenommen ist, ist von einem Indiz einer fehlenden Vertretungsmacht auszugehen. Dies entspricht auch der Rechtsprechung des BGH, da dieser nachfolgend ausführt, dass sich bei Einzelgegenständen ein Missbrauch aufdrängen kann, wenn ein maßgeblicher Gesellschafter nicht mit dem Geschäft einverstanden ist.[1288] Der BGH beschränkt die Indizwirkung somit ausdrücklich auf den konkreten Vertragsgegenstand des Unternehmens als Ganzes. Dass zusätzlich auch auf die Erfahrung des Erwerbers abzustellen ist, benennt der BGH zwar nicht, die Notwendigkeit folgt jedoch aus dem Erfordernis der Rechtssicherheit.

3. *Fehlendes Einverständnis eines maßgeblichen Gesellschafters*

Wie vorstehend dargestellt, kann sich auch bei einem Gesamtvermögensgeschäft durch Veräußerung von Einzelgegenständen ein Missbrauch der Vertretungsmacht aufdrängen, wenn der Geschäftspartner erfährt, dass ein maßgeblicher

---

1288 BGH, Urteil vom 08.01.2019 – II ZR 364/18 = NZG 2019, 505, Rn. 42.

Gesellschafter mit dem Geschäft nicht einverstanden ist.[1289] Wann ein Gesellschafter für den BGH als maßgeblich zu betrachten ist, bleibt jedoch offen.

Denkbar wäre, einen objektiven Maßstab für diese Bestimmung heranzuziehen, indem die Maßgeblichkeit anhand der Satzung und der Gesellschafterliste bestimmt wird.[1290] Ist ein Gesellschafter in der Lage, mittels seiner Stimmmehrheit alleine den Zustimmungsbeschluss zu verhindern, so läge objektiv eine Maßgeblichkeit vor.[1291] Dieser Maßstab würde die größtmögliche Rechtssicherheit bieten, da sich die Maßgeblichkeit zweifelsfrei beweisen ließe. Dagegen ließe sich jedoch einwenden, dass die Kenntnis des Geschäftspartners vom fehlenden Einverständnis eines Gesellschafters dazu führen würde, dass der Geschäftspartner gezwungen wäre, Einsicht in die Satzung und die Gesellschafterliste zu nehmen. Dies vermag im Hinblick auf die Zumutbarkeit nicht zu überzeugen. In diesem Zusammenhang kann zwar nicht auf § 15 HGB verwiesen werden, da sich keine vom Gesetz abweichende Rechtslage ergibt, sodass die Publizitätswirkung nicht eingreift. Die Einsichtnahme in das Handelsregister ist jedoch mit einem praktischen und finanziellen Aufwand verbunden. Insbesondere Laien werden keine Kenntnisse haben, wie und wo die Einsichtnahme möglich ist. Zudem könnte das Nichteinverständnis eines Gesellschafters, der nicht maßgeblich nach dem objektiven Maßstab ist, auf die grundsätzliche Stimmlage der Gesellschafter hindeuten, ohne dass dies bei alleiniger Beurteilung anhand der eigenen Stimmanzahl Berücksichtigung finden würde.

Es wäre daher auch denkbar, die Maßgeblichkeit anhand des subjektiven Empfängerhorizonts des Geschäftspartners zu bestimmen. Stellt sich der Gesellschafter aus Sicht des Geschäftspartners als maßgeblich dar oder musste er sich so darstellen, liegt die erforderliche Maßgeblichkeit vor. Für diesen subjektiven Maßstab spricht die Rechtsprechung des BGH, die von einem Aufdrängen des Missbrauchs der Vertretungsmacht spricht, wenn der Geschäftspartner erfährt, dass ein maßgeblicher Gesellschafter nicht einverstanden ist.[1292] Kommt es maßgeblich auf das Aufdrängen an, so betrifft dies den Empfängerhorizont des Geschäftspartners und mithin sein subjektives Verständnis. Jedoch ist auch dieser subjektive Maßstab nicht frei von Problemen. Es könnte sich der Geschäftspartner zu leicht auf sein Nichtwissen von der Maßgeblichkeit berufen. Die Maßgeblichkeit eines Gesellschafters bliebe zudem als objektives Kriterium

1289 BGH, Urteil vom 08.01.2019 – II ZR 364/18 = NZG 2019, 505, Rn. 42.
1290 So *von Prittwitz*, DStR 2019, 1265, 1270.
1291 So *Meier*, DNotZ 2020, 257, 259.
1292 BGH, Urteil vom 08.01.2019 – II ZR 364/18 = NZG 2019, 505, Rn. 42.

gänzlich außen vor, an deren Stelle würde eine „mutmaßliche Maßgeblichkeit" treten.

Vorzugswürdiger erscheint daher der Ansatz, auf den subjektiven Empfängerhorizont eines Dritten abzustellen. Muss ein Dritter in Kenntnis vom fehlenden Einverständnis davon ausgehen, dass der Gesellschafter für die Beschlussfassung maßgeblich ist oder dies das maßgebliche Stimmverhältnis der Gesellschafter widerspiegelt, so ist die Maßgeblichkeit anzunehmen. Dieser Maßstab führt dazu, dass eine Einsicht in die Satzung oder Gesellschafterliste nicht zwangsläufig erfolgen muss. Es wird jedoch auch ein Bestreiten mit Nichtwissen verhindert. Zudem ist die objektive Qualität der Maßgeblichkeit durch die Perspektive eines Dritten zumindest in Teilen gewahrt, da für die Maßgeblichkeit Anhaltspunkte erforderlich sind.

4. *Zusammenfassung*

Es zeigt sich, dass bei Gesamtvermögensgeschäften besondere Umstände für ein Aufdrängen des Missbrauchs der Vertretungsmacht bestehen können. Ausreichend ist bereits, dass der Erwerber Kenntnis oder vertretbare Unkenntnis vom fehlenden oder ablehnenden Beschluss der Gesellschafter aufweist. Wird zudem ein Unternehmen ausdrücklich im Vertrag als Ganzes veräußert, so kann dies ebenfalls einen Missbrauch der Vertretungsmacht aufdrängen, wenngleich zusätzlich die subjektiven Kenntnisse des Erwerbers zu berücksichtigen sind. Auch die Kenntnis vom entgegenstehenden Willen eines maßgeblichen Gesellschafters kann den Missbrauch der Vertretungsmacht aufdrängen. Maßstab ist für die Beurteilung der Maßgeblichkeit der subjektive Empfängerhorizont eines Dritten.

C. Die Erkundigungsobliegenheit

Neben dem Aufdrängen des Missbrauchs der Vertretungsmacht kann es nach Ansicht des BGH einem Geschäftspartner unter Umständen verwehrt sein, den Missbrauch der Vertretungsmacht mit Nichtwissen zu bestreiten, wenn diesen eine Erkundigungsobliegenheit trifft. Eine solche Obliegenheit kann bei einer Veräußerung des ganzen Unternehmens bestehen.[1293] Unter welchen Voraussetzungen diese Erkundigungsobliegenheit des Geschäftspartners begründet wird und in welchem Umfang dieser die Erkundigungen durchführen muss, wird jedoch nicht weiter ausgeführt.

1293 BGH, Urteil vom 08.01.2019 – II ZR 364/18 = NZG 2019, 505, Rn. 42.

I. Die rechtliche Einordnung einer Obliegenheit

Es ist zunächst die Obliegenheit, die von einer Verpflichtung zu trennen ist, rechtlich einzuordnen. Eine Obliegenheit besteht im Interesse der von der Obliegenheit erfassten Person, um eigene Rechtsnachteile abzuwenden.[1294] Da eine Obliegenheit mithin kein fremdes Recht begründet, ist diese auch nicht einklagbar. Besteht eine Erkundigungsobliegenheit bei einem Vertretergeschäft, so entfällt die Schutzbedürftigkeit des Geschäftspartners des Vertretenen, wenn er dieser nicht umfassend nachkommt. Der Geschäftspartner kann mit dieser Obliegenheit im eigenen Interesse den Vorwurf des bekannten oder erkennbaren Missbrauchs der Vertretungsmacht widerlegen. Kommt er seiner Obliegenheit nicht nach, besteht kein Anlass, den Geschäftspartner zu schützen.

Die Obliegenheit zur Erkundigung über die Befugnisse des Vertreters im Innenverhältnis zum Vertretenen folgt aus der allgemeinen Sorgfaltspflicht, deren Verletzung den Fahrlässigkeitstatbestand erfüllt.[1295] Genügt es für die Evidenz, dass trotz hinreichender Anhaltspunkte der Missbrauch der Vertretungsmacht fahrlässig[1296] verkannt wurde, dann bedeutet dies, dass die erforderliche Sorgfalt nicht angewendet wurde. Diese fehlende Sorgfalt kann widerlegt werden, wenn der Geschäftspartner nachweist, dass er in Anbetracht der Anhaltspunkte ausreichende Erkundigungen angestellt hat. Es besteht folglich eine Korrelation zwischen einer erfüllten Erkundigungsobliegenheit und einer Sorgfaltswidrigkeit, denn es kann stets nur eins von beiden erfüllt sein. Tätigt der Geschäftspartner keine oder nicht ausreichende Erkundigungen, handelt er sorgfaltswidrig. Tätigt er ausreichende Erkundigungen, handelt er sorgfaltsgemäß. Folglich stellt die Erkundigungsobliegenheit eine Ausgestaltung der allgemeinen Sorgfaltspflicht dar.

Es ist somit festzuhalten, dass es sich bei der Erkundigungsobliegenheit um keine Erweiterung des Missbrauchstatbestands oder einen neuen Anhaltspunkt, sondern um die inhärente Sorgfaltspflicht handelt.

II. Die Voraussetzungen und der Umfang

1. Das Anlasserfordernis für eine Erkundigungsobliegenheit

Zunächst stellt sich die Frage, aus welchem Anlass eine Erkundigungsobliegenheit entstehen kann. Zutreffend besteht nach herrschender Meinung keine

1294 BGH, Urteil vom 15.12.2010 – VIII ZR 9/10 = NJW 2011, 914, Rn. 11.
1295 Vgl. § 276 Abs. 2 BGB.
1296 Siehe 5. Kapitel § 3 D. II.

allgemeine Nachforschungs- und Erkundigungsobliegenheit über den Umfang der Vertretungsmacht.[1297] Folglich bedarf es für die Begründung einer Erkundigungsobliegenheit einen besonderen Anlass. Dies fordert auch der BGH, der die Erkundigungsobliegenheit davon abhängig macht, dass ein Geschäft besteht, bei dem das „Unternehmen als Ganzes" veräußert wird.[1298] Ein „*verständiger Vertragspartner*" müsse in diesem Fall erkennen, dass die Geschäftsleitung dieses Geschäft nicht ohne Zustimmung der Gesellschafter durchführen kann.[1299] Mit dem Abstellen auf das Geschäftsobjekt „Unternehmen als Ganzes" benennt der BGH ausdrücklich einen derartigen Anlass. Ob jedoch nur diese konkrete Form eines Gesamtvermögensgeschäfts eine Erkundigungsobliegenheit begründen kann oder diese Obliegenheit grundsätzlich bei Anhaltspunkten bestehen kann, bleibt unklar.

Eine Erkundigungsobliegenheit stellt kein grundsätzliches Neuland dar, vergleichbare Obliegenheiten besteht in anderen rechtlichen Zusammenhängen zum Teil seit Jahrzehnten. So kann gemäß § 19 VVG ein Versicherungsnehmer vor Vertragsschluss verpflichtet sein, über sämtliche ihm bekannten Gefahrenquellen aufzuklären.[1300] Eine Differenzierung zwischen der Art der Versicherung oder Gefahrenquelle erfolgt nicht.[1301] Zwar stellt die Informationsobliegenheit im engeren Sinne keine Erkundigungsobliegenheit dar, gleichwohl bestehe eine Vergleichbarkeit, da in beiden Fällen Obliegenheiten im Allgemeinen begründet werden. Im Schadensersatzrecht der §§ 249 ff. BGB ist sogar eine direkte Erkundigungsobliegenheit vorzufinden. Nimmt sich der Geschädigte eines Verkehrsunfalles einen Mietwagen für die Reparaturdauer seines Fahrzeugs, so obliegt diesem im Rahmen des Wirtschaftlichkeitsgebots, sich nach dem wirtschaftlichsten Angebot für einen Mietwagen zu erkundigen.[1302] Eine Beschränkung dieser Erkundigungsobliegenheit auf bestimmte Sachverhalte besteht nicht. Daher spricht diese vergleichende Betrachtung mit anderen Obliegenheiten gegen eine Beschränkung auf spezielle Einzelfälle wie das Unternehmen als Ganzes.

1297 BGH, Urteil vom 02.05.2000 – XI ZR 155/99 = NJW 2000, 2268, 2269; BGH, Urteil vom 09.11.2004 – XI ZR 315/03 = NJW 2005, 668, 669; BGH, Urteil vom 25.04.2006 – XI ZR 29/05 = NJW 2006, 1952, Rn. 29; *Meier-Reimer/Finkenauer*, in: Erman, BGB, § 167, Rn. 24; *Schubert*, in: MünchKomm-BGB, § 167, Rn. 122; *Leo/John*, NZG 2022, 1383, 1388.

1298 BGH, Urteil vom 08.01.2019 – II ZR 364/18 = NZG 2019, 505, Rn. 42.

1299 BGH, Urteil vom 08.01.2019 – II ZR 364/18 = NZG 2019, 505, Rn. 41.

1300 BGH, Urteil vom 21.04.1993 – IV ZR 34/92 = NJW 1993, 1862, 1863.

1301 *Landheid*, in: Langheid/Rixecker, VVG, § 19, Rn. 28.

1302 BGH, Urteil vom 09.03.2010 – VI ZR 6/09 = NZV 2010, 556, Rn. 4.

Dass die Erkundigungsobliegenheit nicht nur auf Geschäfte beschränkt ist, die ein Unternehmen als Ganzes zum Gegenstand haben, ergibt sich nicht nur aus diesem Vergleich. Es ist für einen Geschäftspartner schädlich, wenn dieser den Missbrauch der Vertretungsmacht kannte oder kennen musste, mithin fahrlässige Unkenntnis hatte. Fahrlässige Unkenntnis besteht, wenn hinreichende Anhaltspunkte für den Missbrauch der Vertretungsmacht bestanden haben und der Geschäftspartner diese bei gebotener Sorgfalt erkannt hätte. Möchte ein Geschäftspartner das Risiko der Evidenz ausräumen, das aufgrund von Anhaltspunkten besteht, so bleibt diesem nur die Möglichkeit der Erkundigung über den Umfang der Vertretungsmacht aus dem Innenverhältnis. Andernfalls läge ein sorgfaltswidriges Handeln vor. Die Erkundigung ist folglich als Teil der Sorgfalt zu betrachten und steht in Zusammenhang mit der Fahrlässigkeit. Da Evidenz infolge Kenntnis oder fahrlässiger Unkenntnis bei allen Vertretergeschäften möglich ist, kann die Erkundigungsobliegenheit auch bei jeder Form des Vertretergeschäfts bestehen und nicht nur bei einem Gesamtvermögensgeschäft im Handels- und Gesellschaftsrecht.

Es handelt sich folglich bei der vom BGH genannten Erkundigungsobliegenheit um keinen Sonderfall, sondern eine allgemeine Obliegenheit, die bei einer Vielzahl von Rechtsgeschäften entstehen kann, wenn hierfür Anlass besteht. Dieser Anlass kann bei Gesamtvermögensgeschäften insbesondere bestehen, wenn der Umfang der Vertretungsmacht der Geschäftsleitung für das konkrete Rechtsgeschäft angezweifelt werden muss.

2. *Der Umfang der Erkundigungsobliegenheit*

Muss der Geschäftspartner aufgrund bestimmter Umstände den Umfang der Vertretungsmacht der Geschäftsleitung zum Abschluss des Geschäfts anzweifeln, so kann nur dieser Umfang Gegenstand der Erkundigungsobliegenheit sein. Ungeklärt ist jedoch, in welchem Umfang die Erkundigungsobliegenheit wahrgenommen werden muss. Nach ständiger Rechtsprechung des BGH zum Wirtschaftlichkeitsgebot muss ein Geschäftspartner alle zumutbaren Anstrengungen unternehmen, die ihm im Rahmen seiner individuellen Erkenntnis- und Einflussmöglichkeiten möglich sind.[1303] Dies ist auch auf die Erkundigungsobliegenheit anzuwenden. Kommt es daher auf die Zumutbarkeit der Anstrengungen

1303 BGH, Urteil vom 02.07.1985 – VI ZR 86/84 = NJW 1985, 2637, 2638; BGH, Urteil vom 07.05.1996 – VI ZR 138/95 = NJW 1996, 1958, 1959; BGH, Urteil vom 04.04.2006 – VI ZR 338/04 = NJW 2006, 1726, Rn. 13; BGH, Versäumnisurteil vom 13.06.2006 – VI ZR 161/05 = NJW 2006, 2621, Rn. 11.

im Hinblick auf die individuellen Möglichkeiten an, so bedeutet dies eine Einzelfallentscheidung. Der Umfang ist wie die Voraussetzungen der Erkundigungsobliegenheit insbesondere von den subjektiven Kenntnissen und Fähigkeiten des Geschäftspartners abhängig zu machen. Es wäre unbillig, einen erfahrenen Kaufmann nach dem typischen Kenntnisstand eines Nicht-Kaufmanns zu beurteilen. Umgekehrt wäre es ebenso unbillig, einem Nicht-Kaufmann den Kenntnisstand eines Kaufmanns zu unterstellen.

Wie ein Geschäftspartner im Einzelfall der Erkundigungsobliegenheit nachzukommen hat, wird im Wesentlichen durch den obliegenheitsbegründenden Anlass zu beurteilen sein. Eine bloße Nachfrage beim Geschäftsleiter reicht grundsätzlich nicht aus.[1304] Es wird sich regelmäßig der Missbrauch der Vertretungsmacht daraus ergeben, dass der Geschäftsleiter in Kenntnis der fehlenden Zustimmung oder des bestehenden Zustimmungserfordernisses der Gesellschafterversammlung das Geschäft abschließen möchte. Auch der BGH verlangt im Falle der objektiven Evidenz eine Rückfrage beim Vertretenen,[1305] nicht beim Vertreter. Ist es dem Geschäftspartner unzumutbar oder unmöglich, unmittelbar bei den Gesellschaftern über die Zustimmung zum Gesamtvermögensgeschäft Erkundigungen einzuholen,[1306] so kann er durch die Vorlage eines entsprechenden Beschlusses der Gesellschafterversammlung,[1307] der über die Geschäftsleitung gefordert werden kann, seiner Erkundigungsobliegenheit nachkommen.

Besteht für den Geschäftspartner Anlass, die Berechtigung der Geschäftsleitung anzuzweifeln, weil das Handelsregister entsprechende Beschränkungen aufweisen könnte, kann es im Einzelfall erforderlich sein, dass Einsicht in das Handelsregister genommen wird. Dem steht der Schutzzweck des Handelsregisters nicht entgegen, da in diesem Fall die Schutzzweck-begründenden Umstände, ebenso wie das Vertrauen in die Vertretungsmacht, begründet in Frage gestellt sind. Ebenso kann ein Einblick in die öffentlichen Bilanzen der Vertretenen geboten sein, wenn im Hinblick auf die Tragweite des Geschäfts Anlass zur Annahme besteht, dass ein Gesamtvermögensgeschäft abgeschlossen wird. Im Rahmen der Zumutbarkeit ist für derartige Einsichtnahmen auch der

1304 So aber *von Prittwitz*, DStR 2019, 1265, 1270.

1305 BGH, Urteil vom 29.06.1999 – XI ZR 277/98 = NJW 1999, 2883, 2883; BGH, Urteil vom 14.06.2016 – XI ZR 74/14 = BKR 2016, 383, Rn. 22.

1306 So die Argumentation von *von Prittwitz*, DStR 2019, 1265, 1270 für eine Nachfrage bei der Geschäftsleitung.

1307 So *Götze*, NZG 2019, 695, 697; *Heckschen*, AG 2019, 420, 422; *Henne/Dittert*, DStR 2019, 2371, 2373; *von Prittwitz*, DStR 2019, 1265, 1270.

finanzielle Aufwand zu berücksichtigen,[1308] der jedoch bei einem Gesamtvermögensgeschäft regelmäßig zumutbar sein dürfte.

D. Der Grad der Vorwerfbarkeit

Nachdem zuvor die Bezugskriterien zum Aufdrängen untersucht worden sind, also diejenigen Merkmale, die ein Aufdrängen des Missbrauchs der Vertretungsmacht zu begründen vermögen, ist nunmehr darauf einzugehen, in welchem Grad sich das Aufdrängen konkretisiert haben muss. Nach Ansicht des BGH entfällt die Schutzwürdigkeit des Geschäftspartners auch dann, wenn keine Kenntnis besteht, sich jedoch der Missbrauch der Vertretungsmacht aufdrängt.[1309] Demzufolge muss das Aufdrängen als Kenntnisstand unterhalb der Kenntnis verstanden werden, mithin als „Kennenmüssen“: Der Geschäftspartner hätte aufgrund von Anhaltspunkten kennen müssen, dass ein Missbrauch der Vertretungsmacht erfolgt.

Hier schließt die Frage an, wann dem Geschäftspartner das „Kennenmüssen“ entgegengehalten werden kann, sodass seine Schutzwürdigkeit entfällt. Dies ist unstreitig bei Vorsatz möglich,[1310] es könnte jedoch bereits grobe[1311] oder einfache[1312] Fahrlässigkeit ausreichen.

I. Keine Begrenzung auf Kenntnis

Gegen einen Entfall der Schutzwürdigkeit ausschließlich bei Vorsatz, also Kenntnis, spricht bereits die ausdrückliche Formulierung des BGH, dass unterhalb der Kenntnis-Schwelle ein Missbrauch der Vertretungsmacht bestehen kann. Ausreichend sind bereits „massive Verdachtsmomente“.[1313] Dem ist zuzustimmen. Verschließt ein Geschäftspartner bewusst seine Augen davor, dass der

---

1308 *Hoffmann*, DB 2019, 1833, 1839.

1309 BGH, Urteil vom 08.01.2019 – II ZR 364/18 = NZG 2019, 505, Rn. 42.

1310 Für eine Beschränkung auf Vorsatz ist *Vedder*, GmbHR 2008, 736, 737.

1311 *Adolff/Adolff*, FS Mailänder, S. 289, 297; *Meier*, DNotZ 2020, 257, 258; *Ulrich*, GmbHR 2019, 528, 528; *Zacher*, GmbHR 1994, 842, 846.

1312 *Hoffmann/Bartlitz*, DB 2020, 1833, 1837 f.

1313 St. Rspr. BGH, Urteil vom 19.04.1994 – XI ZR 18/93 = NJW 1994, 2082, Ls.; BGH, Urteil vom 29.06.1999 – XI ZR 277-98 = NJW 1999, 2883, 2883; BGH, Urteil vom 01.02.2012 – VIII ZR 307/10 = NJW 2012, 1718, Rn. 21; BGH, Urteil vom 14.06.2016 – XI ZR 74/14 = BKR 2016, 383, Rn. 22; BGH, Urteil vom 11.05.2017 – IX ZR 238/15 = NJW 2017, 3373, Rn. 20; KG, Urteil vom 08.09.2022 – 2 U 115/21 = NZG 2023, 413, Rn. 41.

Geschäftsleiter seine Vertretungsmacht missbraucht und hierfür begründete Verdachtsmomente bestehen, so ist die Schutzwürdigkeit des Geschäftspartners nicht mehr gegeben.

II. Der Grad der fahrlässigen Unkenntnis

Im Rahmen der Fahrlässigkeit ist zwischen einfacher und grober Fahrlässigkeit zu differenzieren. Einfache Fahrlässigkeit besteht gemäß § 276 Abs. 2 BGB bei einem Handeln, bei dem „die im Verkehr erforderliche Sorgfalt außer Acht" gelassen wird. Hingegen besteht grobe Fahrlässigkeit bei einem Handeln, *„bei dem die erforderliche Sorgfalt den gesamten Umständen nach in ungewöhnlich großem Maße verletzt worden ist und bei dem dasjenige unbeachtet geblieben ist, was im gegebenen Fall jedem hätte einleuchten müssen"*.[1314] Dies führt zur Frage, ob vorliegend bereits einfach fahrlässige Unkenntnis ausreichend ist, einen Missbrauch der Vertretungsmacht zu begründen.

Insbesondere die Lesart des BGH-Urteils vom 08.01.2019, aber auch die in anderen Urteilen verwendete Begrifflichkeit der „massiven Verdachtsmomente" legen nah, dass der BGH für das Aufdrängen des Missbrauchs der Vertretungsmacht ein grob fahrlässiges Verkennen der Verdachtsmomente fordert, auch wenn eine eindeutige Entscheidung bislang fehlt.[1315] Auf welcher rechtlichen Grundlage diese Auffassung beruht, bleibt freilich offen.

1. Keine analoge Anwendung von § 932 Abs. 2 BGB

Denkbar wäre eine analoge Anwendung des § 932 Abs. 2 BGB.[1316] Gemäß § 932 Abs. 2 BGB ist ein gutgläubiger Erwerb einer Sache ausgeschlossen, wenn der Erwerber Kenntnis oder grob fahrlässige Unkenntnis von der fehlenden Berechtigung des Veräußerers hat.

Die analoge Anwendung des § 932 Abs. 2 BGB vermag jedoch zutreffend nicht zu überzeugen.[1317] Zwar verkennen *Hoffmann/Bartlitz,* dass wie bei § 932 Abs. 2 BGB auch beim Missbrauch der Vertretungsmacht ein Rechtsschein besteht.

1314 St. Rspr. BGH, Urteil vom 11.05.1953 – IV ZR 170/52 = NJW 1953, 1139, 1139; BGH, Urteil vom 18.06.1980 – VIII ZR 119/79 = NJW 1980, 2245, 2246; BGH, Urteil vom 11.03.2013 – V ZR 92/12 = NJW 2013, 1946, Rn. 11.

1315 *Hoffmann/Bartlitz,* DB 2019, 1833, 1837; vgl. auch KG, Urteil vom 08.09.2022 – 2 U 115/21 = NZG 2023, 413, Rn. 36, das von einem „Aufdrängen" des Beschlusserfordernisses spricht, folglich wohl von einfacher Fahrlässigkeit ausgeht.

1316 So *Meier*, DNotZ 2020, 257, 258.

1317 So auch *Hoffmann/Bartlitz,* DB 2019, 1833, 1837.

Während der Rechtsschein des gutgläubigen Erwerbs gemäß § 932 Abs. 2 BGB im Besitz begründet ist, schafft für den Missbrauch der Vertretungsmacht die erteilte Vollmacht den Rechtsschein. Gleichwohl ist ihnen im Ergebnis zuzustimmen. Gegen eine Anwendung des § 932 Abs. 2 BGB auf den Missbrauch der Vertretungsmacht spricht das Publizitätsprinzip als eines der grundlegenden Prinzipien des Sachenrechts. Nach dem Publizitäts- oder Offenkundigkeitsprinzip hat aufgrund der absoluten Wirkung des Sachenrechts die dingliche Rechtslage offenkundig zu sein.[1318] Teil des Publizitätsprinzips ist die Eigentumsvermutung zu Gunsten des Besitzers einer Sache gemäß § 1006 Abs. 1 BGB, an die die Vorschriften zum gutgläubigen Erwerb anknüpfen.[1319] Beruht somit die gesetzliche Eigentumsvermutung auf dem Publizitätsprinzip und begründet dies die Beschränkung der Kenntnis auf grob fahrlässige Unkenntnis gemäß § 932 Abs. 2 BGB, so kann dies nicht auf die §§ 164 ff. BGB angewendet werden, da das Publizitätsprinzip im Schuldrecht keine Anwendung findet. Zwar besteht auch bei der Stellvertretung infolge der Vollmacht ein Vertrauenstatbestand, jedoch wird dieser rechtsgeschäftlich erzeugt. Eine gesetzliche Vermutungsregelung fehlt hingegen. Daher ist § 932 Abs. 2 BGB nicht analog für die Begründung der grob fahrlässigen Unkenntnis heranzuziehen.

2. *Kein Bedürfnis der groben Fahrlässigkeit*

Auch der grundsätzliche Ansatz, nach dem infolge von einfacher Fahrlässigkeit die grundsätzlich unbeschränkte Vertretungsmacht im Handels- und Gesellschaftsrecht aufgeweicht werden würde,[1320] kann keine Annahme eines Erfordernisses von grober Fahrlässigkeit rechtfertigen. Der BGH hat in seinem Urteil diesbezüglich eindeutige Anforderungen an den Missbrauch der Vertretungsmacht gestellt, sodass kein Aufweichen droht.[1321]

Die Frage des Grades der Fahrlässigkeit betrifft die Sorgfalt des Geschäftspartners. Es ist nicht ersichtlich, wieso in diesem Bezug grobe Fahrlässigkeit notwendig sein soll. Der BGH stellte in seiner vorherigen Rechtsprechung auf „massive Verdachtsmomente“ ab, betrachtet dies nunmehr jedoch als Einzelfallentscheidung. Hieraus folgt jedoch nicht, dass die Anhaltspunkte für ein Aufdrängen des Missbrauchs der Vertretungsmacht obsolet sind. Diese sind auch weiterhin

1318 *Vieweg/Lorz*, SachenR, § 2, Rn. 9.

1319 *Bayer*, in: Erman, BGB, Vorb. vor § 932, Rn. 1.

1320 *Adolff/Adolff*, FS Mailänder, S. 289, 297; *Götze*, NZG 2019, 695, 696; *Müller*, NZG 2019, 809, 809.

1321 *Ulrich*, GmbHR 2019, 528, 538.

notwendig und müssen eine besondere Qualität aufweisen.[1322] Liegen qualitativ hinreichende Anhaltspunkte für ein Aufdrängen des Missbrauchs der Vertretungsmacht vor, so erfordert die Sorgfalt des Geschäftspartners eine Erkundigung. Diese Obliegenheit besteht hingegen nicht, wenn die Anhaltspunkte nicht ausreichen, mithin kein Aufdrängen gegeben ist. Würde man zusätzlich zu den qualifizierten Anhaltspunkten auch noch grob fahrlässige Unkenntnis fordern, so würde der Geschäftspartner in doppelter Weise geschützt. Dem Geschäftspartner diesen doppelten Schutz zukommen zu lassen, lässt sich jedoch nicht rechtfertigen. Stellt man daher auf die Anhaltspunkte zur Begründung einer Sorgfaltsobliegenheit des Geschäftspartners ab, so ist nicht ersichtlich, wieso nur eine grob fahrlässige Verletzung der Sorgfaltsobliegenheit einen dem Geschäftspartner zurechenbaren Missbrauch der Vertretungsmacht begründen kann. Aufgrund der notwendigen besonderen Anhaltspunkte droht ferner kein Aufweichen der unbeschränkten Vertretungsmacht.

Aus diesen Gründen ist ein Erfordernis von grober Fahrlässigkeit grundsätzlich abzulehnen. Maßgeblich ist die Qualität der Anhaltspunkte, die eine Sorgfaltsobliegenheit des Geschäftspartners begründen. Besteht eine derartige Obliegenheit, so besteht kein Anlass, den Geschäftspartner durch das Erfordernis der groben Fahrlässigkeit stärker zu schützen, als die grundsätzliche Verantwortlichkeit es regelt.

3. *Die rechtliche Grundlage der einfachen Fahrlässigkeit*

Da zuvor herausgearbeitet worden ist, dass der Geschäftspartner bei einer Verletzung der Sorgfalt i. S. d. einfachen Fahrlässigkeit seine Schutzwürdigkeit verliert, sofern Verdachtsmomente eine Sorgfaltspflicht begründen, bleibt lediglich die Frage offen, auf welcher rechtlichen Grundlage das Erfordernis der einfachen Fahrlässigkeit beruht.

Naheliegend wäre § 276 Abs. 1 BGB als *lex generalis* der Verantwortlichkeit heranzuziehen.[1323] Dies scheitert jedoch an der erforderlichen Pflichtverletzung zwischen dem Geschäftspartner und der Gesellschaft.[1324] Hinreichende Verdachtsmomente begründen eine Obliegenheit zur Erkundigung. Dies stellt keine Pflicht dar, da die Obliegenheit im Interesse des von der Obliegenheit Betroffenen zur Vermeidung eigener Rechtsnachteile besteht.[1325] Kommt der

1322 Siehe 5. Kapitel § 3 B. I.

1323 *Hoffmann/Bartlitz*, DB 2019, 1833, 1837.

1324 *Meier*, DNotZ 2020, 257, 258.

1325 BGH, Urteil vom 15.12.2010 – VIII ZR 9/10 = NJW 2011, 914, Rn. 11.

Geschäftspartner seiner Erkundigungsobliegenheit nicht nach, so muss er den Missbrauch der Vertretungsmacht gegen sich gelten lassen. Eine Pflicht zur Erkundigung kann der Vertretene hingegen nicht geltend machen. Denkbar wäre aufgrund der Obliegenheit nur eine analoge Anwendung des § 276 Abs. 1 BGB.[1326]

Aufgrund der thematischen Nähe erscheint es jedoch vorzugswürdiger, auf § 173 BGB in entsprechender Anwendung zurückzugreifen.[1327] Gemäß § 173 BGB kann sich ein Dritter nicht auf die Wirkung einer Vollmacht berufen, wenn dieser den Umstand kannte oder kennen musste, dass diese bereits erloschen war. Die Legaldefinition des „Kennenmüssens" findet sich in § 122 Abs. 2 BGB wieder und besteht, wenn infolge von Fahrlässigkeit eine Tatsache unbekannt geblieben ist. Ausreichend ist bereits einfache Fahrlässigkeit.[1328]

III. Ergebnis

Ein Aufdrängen des Missbrauchs der Vertretungsmacht liegt vor, wenn begründete Anhaltspunkte bestehen, die eine Erkundigungsobliegenheit des Geschäftspartners auslösen. Kommt der Geschäftspartner dieser Obliegenheit entsprechend § 173 BGB fahrlässig nicht nach, so lässt dies die Schutzwürdigkeit entfallen.

E. Ergebnis

Das Urteil des BGH thematisiert im Wesentlichen Grundsätzliches zum Missbrauch der Vertretungsmacht, ohne höchstrichterlich eindeutige Vorgaben zu treffen. Es wird auch in Zukunft eine Einzelfallentscheidung bleiben, wann sich hinsichtlich der Evidenz dem Geschäftspartner der Missbrauch der Vertretungsmacht aufgedrängt hat. Dies kann bereits der Vertragsgegenstand eines Unternehmens als Ganzes indizieren, ebenso die Kenntnis vom fehlenden Einverständnis eines maßgeblichen Gesellschafters. Hinsichtlich der Maßgeblichkeit eines Gesellschafters ist zur Wahrung aller Interessen das Abstellen auf den Empfängerhorizont eines Dritten notwendig.

In diesem Zusammenhang thematisiert der BGH eine Erkundigungsobliegenheit des Geschäftspartners. Es handelt sich jedoch um keine ausschließlich

1326 *Westermann*, in: Erman, BGB, Einl. vor § 241, Rn. 19.

1327 Auch *Hoffmann/Bartlitz*, DB 2019, 1833, 1838 führen § 173 BGB als eine Begründung für die einfache Fahrlässigkeit an.

1328 *Arnold*, in: Erman, BGB, § 122, Rn. 9.

gesellschaftsrechtliche oder gesamtvermögensspezifische Obliegenheit, sondern um eine Folge aus dem allgemeinen Sorgfaltsgebot. Wann die Erkundigungsobliegenheit besteht, hängt von den Anhaltspunkten für den Missbrauch der Vertretungsmacht ab und ist ebenso wie der Umfang der Erkundigungen eine Einzelfallentscheidung.

Da bereits für das Aufdrängen des Missbrauchs der Vertretungsmacht Anhaltspunkte von besonderer Qualität zu fordern sind, ist es bei Vorliegen dieser qualifizierten Anhaltspunkte unbillig, zusätzlich das Erfordernis von Vorsatz oder grober Fahrlässigkeit aufzustellen. Drängt sich der Missbrauch der Vertretungsmacht auf, so genügt die einfach fahrlässige Verletzung der resultierenden Sorgfaltspflichten.

§ 4 Der Einfluss der GesRRL

Der Missbrauch der Vertretungsmacht im Handels- und Gesellschaftsrecht ist kein Rechtsinstitut, das sich ausschließlich nach nationalem Recht bestimmt. Die GesRRL, die auch die Wirksamkeit von Organhandlungen gegenüber Dritten regelt,[1329] weist einen wesentlichen Einfluss auf. Dieser Einfluss und die Tatsache, dass gemäß Art. 7 Abs. 1 GesRRL i. V. m. dem Anhang II der GesRRL der Anwendungsbereich nur Kapitalgesellschaften erfasst, wirft die Fragen auf, wie sich der Missbrauch der Vertretungsmacht unter Berücksichtigung der GesRRL definiert und ob der Anwendungsbereich der GesRRL diesbezüglich auf die ausdrücklich erfassten Gesellschaftsformen beschränkt ist.

A. Der Anwendungsbereich der GesRRL

Die GesRRL erfasst in ihrem Anwendungsbereich ausschließlich die AG, die GmbH und die KGaA, wie sich aus Art. 7 Abs. 1 i. V. m. dem Anhang II der GesRRL ergibt. Dies folgt aus dem Umstand, dass in positiver Hinsicht keine Notwendigkeit der Erweiterung des Anwendungsbereichs bestand, da primär Kapitalgesellschaften grenzüberschreitend tätig sind und infolge der Haftungsbeschränkung bei Kapitalgesellschaften ein besonderes Schutzbedürfnis der Gläubiger besteht.[1330] Zudem war es in negativer Hinsicht praktisch unmöglich, die mit der GesRRL verfolgte Harmonisierung des Handels- und Gesellschaftsrechts

---

1329 *Lutter/Bayer/J. Schmidt*, Europ. Unternehmens- und Kapitalmarktrecht, S. 418.

1330 *Stiegler*, in: Jung/Krebs/Stiegler, GesR in Europa, § 20, Rn. 10; *Habersack/Verse*, Europ. GesR, § 5, Rn. 10; *Lutter/Bayer/J. Schmidt*, Europ. Unternehmens- und Kapitalmarktrecht, S. 421.

in Europa[1331] auch auf Personengesellschaften zu erweitern, da die Korrelation mit den nationalen Privatrechten der Mitgliedsstaaten der Machbarkeit entgegenstand.[1332] Aufgrund dieser bewusst abschließenden Aufzählung der vom Anwendungsbereich erfassten Rechtsformen ist der unmittelbare Anwendungsbereich der GesRRL nicht auf weitere Rechtsformen zu erweitern.[1333]

Eine Anwendbarkeit der GesRRL auf alle Gesellschaftsformen könnte sich daher nur ergeben, wenn der deutsche Gesetzgeber den Geltungsbereich im Rahmen einer überschießenden Umsetzung der Richtlinie erweitert hat.[1334] Maßgeblich wäre eine vom gesetzgeberischen Willen getragene Entscheidung, dass die GesRRL im Ganzen oder teilweise auch auf andere Gesellschaftsformen Anwendung finden soll.[1335] Diesbezüglich bedarf es eines Rückblicks auf die Publizitätsrichtlinie (PublRL) von 1968[1336], die in Art. 9 ein identisches Äquivalent zu Art. 9 der GesRRL aufwies.

Die PublRL wurde durch den deutschen Gesetzgeber mit dem Gesetz zur Durchführung der Ersten Richtlinie des Rates der Europäischen Gemeinschaften zur Koordinierung des Gesellschaftsrechts[1337] umgesetzt. Da die PublRL durch das deutsche Gesellschaftsrecht maßgeblich geprägt wurde, waren nur vereinzelte Änderungen für die Umsetzung der Richtlinie notwendig.[1338] Der deutsche Gesetzgeber verwies unter anderem auf den abschließenden Anwendungsbereich der PublRL.[1339] Weiter verwies der deutsche Gesetzgeber in Bezug auf Art. 9 PublRL darauf, dass dieser Artikel „*vom deutschen Standpunkt besonders zu begrüßen* (ist)“, da es sich um eine „*Annäherung der Rechte der anderen Mitgliedstaaten an das deutsche System der unbeschränkten Vertretungsmacht*“ handelt.[1340] Aus diesen Begründungen des Gesetzgebers kann mithin nicht

---

1331 *Lutter/Bayer/J. Schmidt*, Europ. Unternehmens- und Kapitalmarktrecht, S. 418.

1332 *Stiegler*, in: Jung/Krebs/Stiegler, GesR in Europa, § 20, Rn. 10; *Lutter/Bayer/J. Schmidt*, Europ. Unternehmens- und Kapitalmarktrecht, S. 421.

1333 *Stiegler*, in: Jung/Krebs/Stiegler, GesR in Europa, § 20, Rn. 10; *Habersack/Verse*, Europ. GesR, § 5, Rn. 10; *Lutter/Bayer/J. Schmidt*, Europ. Unternehmens- und Kapitalmarktrecht, S. 421.

1334 Siehe zur überschießenden Umsetzung BGH, Urteil vom 17.10.2012 – VIII ZR 226/11 = NJW 2013, 220, Rn. 20.

1335 BGH, Urteil vom 17.10.2012 – VIII ZR 226/11 = NJW 2013, 220, Rn. 22.

1336 RL 68/151/EWG.

1337 BGBl. I 1969, 1146.

1338 BT-Drs. V/3862, 8.

1339 BT-Drs. V/3862, 8.

1340 BT-Drs. V/3862, 9.

gefolgert werden, dass der Anwendungsbereich der PublRL im nationalen Recht überschießend erweitert worden ist. Vielmehr verweist der Gesetzgeber darauf, dass nur punktuell Änderungen des deutschen Gesellschaftsrechts notwendig gewesen sind und insbesondere Art. 9 PublRL bereits dem deutschen Recht entsprach. Aufgrund der wortgleichen Fassung des Art. 9 in der GesRRL und da kein abweichender Wille des Gesetzgebers in der Begründung des Umsetzungsgesetzes der PublRL ersichtlich ist, ist weiterhin davon auszugehen, dass der Gesetzgeber keine überschießende Umsetzung gewollt hat.

Daher ist der Anwendungsbereich der GesRRL ausschließlich auf die AG, GmbH und KGaA beschränkt und findet keine Anwendung auf Personengesellschaften oder Vereine.

B. Art. 9 der GesRRL und der Missbrauch der Vertretungsmacht

Ziel der GesRRL ist unter anderem der Schutz des Rechtsverkehrs, indem ein durch das zuständige Organ der Kapitalgesellschaft abgeschlossenes Verpflichtungsgeschäft nur aus besonderen Gründen keine Wirksamkeit entfalten soll.[1341] Gemäß Art. 9 Abs. 1 UAbs. 1 GesRRL wird eine Gesellschaft grundsätzlich auch dann verpflichtet, wenn das handelnde Organ außerhalb des Unternehmensgegenstands handelt, es sei denn, es liegt eine Verletzung einer gesetzlichen Kompetenzzuweisung vor. Eine Ausnahme von dieser Bindungswirkung des Organhandelns macht Art. 9 Abs. 1 UAbs. 2 GesRRL. Demnach können die Mitgliedsstaaten vorsehen, dass bei Organhandlungen außerhalb des Unternehmensgegenstands keine Verpflichtung eintritt, wenn ein Dritter Kenntnis hatte oder nach den Umständen nicht in Unkenntnis sein konnte. Hingegen können gemäß Art. 9 Abs. 2 GesRRL Beschränkungen der Organbefugnisse, die auf der Satzung oder einem Beschluss beruhen, einem Dritten auch bei Bekanntmachung nicht entgegengesetzt werden.

Der aus dem deutschen Recht stammende Missbrauch der Vertretungsmacht ist hingegen nicht ausdrücklich benannt.[1342] Einzig die Regelung in Art. 9 Abs. 1 UAbs. 2 GesRRL lässt die Vermutung zu, dass eine Form des Missbrauchs der Vertretungsmacht erfasst sein soll. Dies wirft die Frage auf, ob der im Unterschied zu Art. 9 Abs. 1 UAbs. 2 GesRRL umfassendere Missbrauch der Vertretungsmacht aus den §§ 164 ff. BGB bei Organhandlungen von Kapitalgesellschaften keine Anwendung findet. Dies würde bedeuten, dass etwa eine Handlung im

---

1341 ErwG. (5) zur GesRRL, Abl. EU Nr. L 169/48.

1342 *Lutter/Bayer/J. Schmidt*, Europ. Unternehmens- und Kapitalmarktrecht, S. 446.

Rahmen des Unternehmensgegenstands selbst bei kollusivem Zusammenwirken des Geschäftspartners mit dem handelnden Organ eine wirksame Verpflichtung zu Lasten der Kapitalgesellschaft begründet.[1343]

Dieser theoretische Ansatz ist zutreffend[1344] abzulehnen und die Anwendung des Missbrauchs der Vertretungsmacht gemäß der §§ 164 ff. BGB auch im Gesellschaftsrecht als richtlinienkonform zu betrachten. Mit Einführung der PublRL hatten die Mitgliedsstaaten Kenntnis vom Missbrauch der Vertretungsmacht und sahen von einer Aufnahme in die Richtlinie ab, da sich dies bereits aus den jeweiligen nationalen Regelungen ergab.[1345] Es ist daher davon auszugehen, dass gedanklich der Missbrauch der Vertretungsmacht in den Regelungen der PublRL und folglich auch der GesRRL beinhaltet ist. Zudem spricht die Auslegung des Schutzzwecks der Richtlinie gegen einen Schutz des bösgläubigen Geschäftspartners,[1346] denn Zweck des Art. 9 GesRRL ist der Schutz des Rechtsverkehrs, der offenkundig nicht bei Bösgläubigkeit gewollt sein kann. Auch die maßgebliche Prägung der PublRL und folglich auch der GesRRL durch das deutsche Recht und den Grundsatz der unbeschränkten Vertretungsmacht[1347] spricht für die Richtlinienkonformität des Missbrauchs der Vertretungsmacht. Es ist anzunehmen, dass auch der Missbrauch der Vertretungsmacht Teil der Prägung gewesen ist. Daher ist der Missbrauch der Vertretungsmacht richtlinienkonform.

Ausgehend von dieser Feststellung, geht jedoch die Annahme[1348] fehl, dass der Missbrauch der Vertretungsmacht nach der PublRL beziehungsweise GesRRL zumindest grob fahrlässige Unkenntnis erfordern würde. Ergibt sich der Missbrauch der Vertretungsmacht bereits aus den nationalen Regelungen, so sind die Voraussetzungen aus dem nationalen Recht zu entnehmen, sodass auf die vorherigen Ausführungen zu verweisen ist. Etwas anderes folgt auch nicht aus der Formulierung des Art. 9 der GesRRL. So spricht Art. 9 Abs. 1 UAbs. 2 GesRRL davon, dass der Dritte den Umständen nach nicht in Unkenntnis sein

---

1343 *Habersack/Verse*, Europ. GesR, § 5, Rn. 36; *Fleischer*, NZG 2005, 529, 533 f.

1344 So auch *Habersack/Verse*, Europ. GesR, § 5, Rn. 36; *Lutter/Bayer/J. Schmidt*, Europ. Unternehmens- und Kapitalmarktrecht, S. 446; *Fleischer*, NZG 2005, 529, 534.

1345 *Lutter/Bayer/J. Schmidt*, Europ. Unternehmens- und Kapitalmarktrecht, S. 446; *Fleischer*, NZG 2005, 529, 534.

1346 *Habersack/Verse*, Europ. GesR, § 5, Rn. 36; *Lutter/Bayer/J. Schmidt*, Europ. Unternehmens- und Kapitalmarktrecht, S. 446.

1347 *Habersack/Verse*, Europ. GesR, § 5, Rn. 33; *Lutter/Bayer/J. Schmidt*, Europ. Unternehmens- und Kapitalmarktrecht, S. 443.

1348 So *Habersack/Verse*, Europ. GesR, § 5, Rn. 35; *Lutter/Bayer/J. Schmidt*, Europ. Unternehmens- und Kapitalmarktrecht, S. 446; *Fleischer*, NZG 2005, 529, 534.

konnte. Diese Formulierung bestärkt die Feststellung, dass es auf die Qualität der Umstände und mithin Verdachtsmomente ankommt, ihr ist jedoch nicht zu entnehmen, dass besonders hohe Anforderungen an die Fahrlässigkeit zu knüpfen sind.

C. Ergebnis

Handelt ein Organ einer Kapitalgesellschaft, so können die Regeln über den Missbrauch der Vertretungsmacht zur Anwendung kommen, wenn der Geschäftspartner Kenntnis oder fahrlässige Unkenntnis vom Missbrauch der Vertretungsmacht hatte. Dies steht im Einklang mit der GesRRL und ist als richtlinienkonform zu betrachten.

6. Kapitel: Die Haftungsrisiken Dritter bei Gesamtvermögensgeschäften

Ein Gesamtvermögensgeschäft im Handels- und Gesellschaftsrecht findet primär zwischen den Vertragsparteien statt. Jedoch sind auch Dritte im Rahmen des Vertragsabschlusses und der Durchführung an diesem Geschäft beteiligt. Da ein Gesamtvermögensgeschäft mit zahlreichen Unklarheiten behaftet ist, wie bereits den vorstehenden Kapiteln entnommen werden konnte, bedeuten diese Unklarheiten auch Haftungsrisiken zu Lasten der Dritten.[1349] Diese Haftungsrisiken führte auch der BGH in seiner Argumentation gegen eine analoge Anwendung des § 179a AktG auf die GmbH an.[1350] Dritte, die bei einem Gesamtvermögensgeschäft keine unmittelbare Vertragspartei, jedoch ebenfalls beteiligt sind, können insbesondere Notare, die einen möglichen Beschluss oder den Vertrag als solchen notariell beurkunden müssen, aber auch Rechtsanwälte, das Registergericht oder das Grundbuchamt sein.

§ 1 Haftungsrisiken für einen Notar

Ein Gesamtvermögensgeschäft ohne Beteiligung eines Notars ist ausgeschlossen, da oftmals der Beschluss, stets jedoch das Verpflichtungsgeschäft notariell zu beurkunden ist. Folglich können Haftungsrisiken insbesondere zu Lasten eines Notars bestehen.[1351] Derartige Haftungsrisiken können sich begründen, wenn ein Notar bei der notariellen Beurkundung des Verpflichtungsgeschäfts etwa gemäß den §§ 311b Abs. 1, Abs. 3 BGB, 15 Abs. 3 GmbHG mitwirkt oder den Beschluss der Gesellschafter gemäß den §§ 130 Abs. 1 AktG, 53 Abs. 2 GmbHG beurkunden muss.

A. Zur Haftung des Notars im Allgemeinen

I. Die Haftung nach § 19 BNotO

Ein Notar ist *„integraler Bestandteil der Rechtspflege"*[1352] und nimmt durch die Ausübung seines Amtes eine hoheitliche Funktion wahr. Das Wahrnehmen

1349 *Scheel*, FS Wegen, 297, 297.

1350 BGH, Urteil vom 08.01.2019 – II ZR 364/18 = NZG 2019, 505, Rn. 27.

1351 So der BGH, Urteil vom 08.01.2019 – II ZR 364/19 = NZG 2019, 505, Rn. 27.

1352 *Sandkühler*, in: Arndt/Lerch/Sandkühler, BNotO, § 19, Rn. 2.

dieser hoheitlichen Funktion führt dazu, dass zwischen dem Notar und den Verfahrensbeteiligten keine vertragliche, folglich zivilrechtliche Beziehung, sondern ein öffentlich-rechtliches Verhältnis ent- und besteht.[1353] Aus diesem Grund sind vertragliche Ansprüche, somit auch die §§ 280 ff. BGB, gegen einen Notar ausgeschlossen.[1354] Aufgrund des öffentlich-rechtlichen Verhältnisses wäre bei Pflichtverletzungen weiter ein Amtshaftungsanspruch gegen den Notar gemäß § 839 BGB i. V. m. Art. 34 GG denkbar, jedoch weist das notarielle Berufsrecht mit § 19 Abs. 1 BNotO einen ausschließlichen Haftungsanspruch auf,[1355] sodass ein Amtshaftungsanspruch ausgeschlossen ist. Eine Haftung des Staates – parallel oder subsidiär – besteht gemäß § 19 Abs. 1 S. 4 BNotO nicht. Dies folgt aus der Unabhängigkeit, fehlende Verbeamtung und eigenen Gebührenhoheit des Notars.[1356]

Eine Amtspflichtverletzung begründet somit einen Haftpflichtanspruch gegen den Notar persönlich. Ein Anspruch gegen mögliche Sozien des Notars besteht nicht.[1357] Der Haftpflichtanspruch beurteilt sich nach dem zivilrechtlichen Deliktsrecht,[1358] da die persönliche Haftung kein Bestandteil der Amtspflichten ist.[1359] Die notarielle Haftungsverfassung ist mithin als Haftungssystem *sui generis* mit zivil- und öffentlich-rechtlichen Elementen ausgestaltet.

II. Die Pflichtverletzung gemäß § 19 BNotO

Gemäß § 19 Abs. 1 BNotO hat ein Notar Schäden zu ersetzen, die infolge einer schuldhaften Amtspflichtverletzung einem Verfahrensbeteiligten entstehen. Eine Amtspflichtverletzung stellt *„jeder Verstoß gegen die dem Notar in seiner amtlichen Eigenschaft obliegenden Pflichten“* dar.[1360] Welche Pflichten einem Notar in seiner amtlichen Eigenschaft obliegen, gibt § 19 BNotO hingegen nicht

1353 *Frenz*, in: Frenz/Miermeister, BNotO, § 19, Rn. 2; *Sandkühler*, in: Arndt/Lerch/Sandkühler, BNotO, § 19, Rn. 2.

1354 BGH, Urteil vom 08.12.2010 – IV ZR 211/07 = NJW 2011, 610, Rn. 9.

1355 BGH, Urteil vom 26.11.1997 – IX ZR 182/95 = NJW 1997, 661, 662; BGH, Urteil vom 08.12.2010 – IV ZR 211/07 = NJW 2011, 610, Rn. 9; *Frenz*, in: Frenz/Miermeister, BNotO, § 19, Rn. 2; *Sandkühler*, in: Arndt/Lerch/Sandkühler, BNotO, § 19, Rn. 2; *Schramm*, in: Eschwey, BNotO, § 19, Rn. 1.

1356 *Hogl*, in: Heckschen/Herrler/Münch, BeckNot-HdB, § 35, Rn. 1.

1357 *Frenz*, in: Frenz/Miermeister, BNotO, § 19, Rn. 2.

1358 *Frenz*, in: Frenz/Miermeister, BNotO, § 19, Rn. 3; *Schramm*, in: Eschwey, BNotO, § 19, Rn. 2.

1359 *Sandkühler*, in: Arndt/Lerch/Sandkühler, BNotO, § 19, Rn. 3.

1360 *Sandkühler*, in: Arndt/Lerch/Sandkühler, BNotO, § 19, Rn. 23.

wieder.[1361] Auch wenn bezüglich der Amtspflichten zunächst auf die Regelungen der BNotO, des BeurkG und der DONot zu verweisen ist,[1362] weist heutzutage die Rechtsprechung für die Bestimmung des Inhalts und des Umfangs der Amtspflichten aufgrund der fehlenden Regelungsdichte eine maßgebende Bedeutung auf.[1363] Es besteht folglich ein partielles „*case law*“ für Notare. Es kommt für die Bestimmung der Amtspflichten somit auf die Kombination aus den gesetzlichen Vorschriften und der Rechtsprechung an.

B. Die Haftungsrisiken bei der Beurkundung des Vertrags

Der Vertrag, mit dem eine Gesellschaft beabsichtigt, sich zur Übertragung ihres ganzen Gesellschaftsvermögens zu verpflichten, bedarf der notariellen Beurkundung.[1364] Bei einer Beurkundung hat ein Notar eine Vielzahl an Pflichten zu berücksichtigen, die im Hinblick auf die Geschäftsvolumina bei Gesamtvermögensgeschäften zu erheblichen Haftungsfällen führen können. Auf diese Haftungsrisiken verweist der BGH auch in seiner Argumentation, um die analoge Anwendung von § 179a AktG auf die GmbH abzulehnen.[1365] Dies wurde bereits zuvor in der Literatur angeführt und fand auch nach dem Urteil Zustimmung.[1366] Aus diesem Grund ist nachfolgend zu untersuchen, welche Haftungsrisiken für einen Notar bei der Beurkundung eines Gesamtvermögensgeschäfts bestehen und ob die Haftungsrisiken diesbezüglich tatsächlich eine Steigerung erfahren.[1367]

1361 *Frenz*, in: Frenz/Miermeister, BNotO, § 19, Rn. 8; *Schramm*, in: Eschwey, BNotO, § 19, Rn. 9; *Hogl*, in: Heckschen/Herrler/Münch, BeckNot-HdB, § 35, Rn. 11.

1362 *Frenz*, in: Frenz/Miermeister, BNotO, § 19, Rn. 8.

1363 *Frenz*, in: Frenz/Miermeister, BNotO, § 19, Rn. 9; *Sandkühler*, in: Arndt/Lerch/Sandkühler, BNotO, § 19, Rn. 36; *Schramm*, in: Eschwey, BNotO, § 19, Rn. 13; *Hogl*, in: Heckschen/Herrler/Münch, BeckNot-HdB, § 35, Rn. 12.

1364 Siehe 2. Kap. § 1 C. VI.

1365 BGH, Urteil vom 08.01.2019 – II ZR 364/18 = NZG 2019, 505, Rn. 27.

1366 *Scheel*, FS Wegen, 297, 297; *Eschway*, MittBayNot 2018, 299, 303; *Meier*, DNotZ 2020, 246, 261.

1367 Eine fehlende Risikoerhöhung thematisieren *Hoffmann/Bartlitz*, DB 2019, 1833, 1834.

I. Die Amtspflichtverletzung des Notars

1. Die „magna charta" der Prüf- und Belehrungsvorschriften

Die Beurkundung eines Rechtsgeschäfts stellt die Beurkundung von Willenserklärungen der Parteien dar. Diesbezüglich sind die §§ 8 ff. BeurkG maßgeblich, in denen die §§ 17 ff. BeurkG besondere Prüf- und Belehrungsvorschriften aufweisen, die ein Notar beachten muss. Gemäß § 17 Abs. 1 S. 1 BeurkG hat ein Notar den Willen der Beteiligten zu erforschen, den Sachverhalt zu klären, die Beteiligten über die rechtliche Tragweite des Geschäfts zu belehren und ihre Erklärungen klar und eindeutig in der Niederschrift wiederzugeben. Es handelt sich hierbei um die Kardinalspflichten bei der Beurkundung von Willenserklärungen.[1368] Diese Kardinalspflichten des Notars sowie die weiteren aus den §§ 17 ff. BeurkG folgenden Pflichten haben durch die konkretisierende und erweiternde Rechtsprechung eine Steigerung ihrer Relevanz erfahren.[1369] Dieses richterliche „*case law*" führt dazu, dass einem Notar abverlangt wird, zu erahnen, was künftig von der Rechtsprechung als belehrungspflichtige Tatsache oder Umstand erachtet wird.[1370] Nichtsdestotrotz kann § 17 Abs. 1 BeurkG zutreffend als „*magna charta*" der notariellen Tätigkeit bezeichnet werden.[1371]

2. Die Pflichten aus § 17 BeurkG beim Gesamtvermögensgeschäft

Aus der „*magna charta*" des § 17 Abs. 1 S. 1 BeurkG lässt sich jedoch nicht unmittelbar ableiten, welchen Inhalt und welchen Umfang die Pflichten haben und wie diese bei einem Gesamtvermögensgeschäft zu beurteilen sind.

a) Die Erforschung des wahren Willens

aa) Allgemein

Als erste Pflicht benennt § 17 Abs. 1 S. 1 BeurkG die Pflicht eines Notars, den Willen der Beteiligten zu erforschen. Es ist dasjenige zu ermitteln, was von den Parteien das tatsächlich Gewollte ist.[1372] Um dies zu erreichen, hat der Notar

---

1368 *Regler*, in: BeckOGK-BeurkG, § 17, Rn. 21.

1369 *Kindler*, in: Heckschen/Herrler/Münch, BeckNot-HdB, § 31, Rn. 80.

1370 *Lerch*, in: Lerch, BeurkG, § 17, Rn. 99; *Winkler*, in: Winkler, BeurkG, § 17, Rn. 2.

1371 So *Schmitz-Valckenberg*, DNotZ 1994, 492, 496; dem folgend *Regler*, in: BeckOGK-BeurkG, § 17, Rn. 2; *Winkler*, in: Winkler, BeurkG, § 17, Rn. 1.

1372 *Armbrüster*, in: Armbrüster/Preuß/Renner, BeurkG, § 17, Rn. 21; *Grziwotz*, in: Grziwotz/Heinemann, BeurkG, § 17, Rn. 12; *Hertel*, in: Staudinger, BeurkG, Rn. 460; *Lerch*, in: Lerch, BeurkG, § 17, Rn. 12; *Winkler*, in: Winkler, BeurkG, § 17, Rn. 206.

die beabsichtigten Motive der Parteien zu ergründen.[1373] Es besteht jedoch grundsätzlich keine Pflicht für Nachfragen ins Blaue,[1374] es sei denn, es bestehen Anhaltspunkte für einen abweichenden Willen der Parteien.[1375]

Hat der Notar den Willen der Parteien abschließend erforscht, so hat er die Vor- und Nachteile zu erläutern[1376] und bei Anlass auf eine Divergenz zwischen Gewolltem und Erklärtem hinzuweisen[1377]. Es sind die bestehenden Möglichkeiten aufzuzeigen, mitsamt einer persönlichen Empfehlung des Notars, welcher der sicherste Weg ist.[1378] Der sicherste Weg ist der Weg, bei dem den Parteien die geringste Gefahr von rechtlichen oder tatsächlichen Nachteilen infolge der Durchführung des Vertrags droht.[1379]

bb) Bei einem Gesamtvermögensgeschäft

Wendet man dies auf den Beurkundungsvorgang bei einem Gesamtvermögensgeschäft an, so ist in theoretischer Hinsicht zunächst zu fragen, ob bereits die bloße Einordnung eines Rechtsgeschäfts als Gesamtvermögensgeschäft dazu führt, dass eine auf das Gesamtvermögensgeschäft ausgerichtete Erforschung des Willens notwendig ist oder der Wille der Parteien gleichbleibend auf den Abschluss eines Rechtsgeschäfts gerichtet ist. Grundsätzlich werden die Parteien den Willen zum Abschluss des konkreten Rechtsgeschäfts mit dem vereinbarten Gegenstand aufweisen, hieran ändert die Einordnung als Gesamtvermögensgeschäft nichts. Es besteht auch keine Pflicht, den Vertragsgegenstand als Gesamtvermögensgeschäft zu fassen. Jedoch führt eine derartige Einordnung dazu, dass den Gesellschaftern die Entscheidung über die Wirksamkeit des Geschäfts obliegen könnte.[1380] In diesem Falle droht die Unmöglichkeit der Durchführung oder Rückabwicklung des Geschäfts. Um diese Risiken auszuschließen, wird ein Erwerber regelmäßig ein bewusstes oder mutmaßliches Interesse an Vertragsklauseln für derartige Durchführungshindernisse haben, sodass für die

---

1373 *Lerch*, in: Lerch, BeurkG, § 17, Rn. 13.

1374 BGH, Urteil vom 27.10.1994 – IX ZR 12/94 = DNotZ 1995, 407, 409.

1375 *Armbrüster*, in: Armbrüster/Preuß/Renner, BeurkG, § 17, Rn. 21.

1376 *Armbrüster*, in: Armbrüster/Preuß/Renner, BeurkG, § 17, Rn. 21; *Lerch*, in: Lerch, BeurkG, § 17, Rn. 13.

1377 *Winkler*, in: Winkler, BeurkG, § 17, Rn. 206.

1378 *Grziwotz*, in: Grziwotz/Heinemann, BeurkG, § 17, Rn. 12; *Lerch*, in: Lerch, BeurkG, § 17, Rn. 12; *Winkler*, in: Winkler, BeurkG, § 17, Rn. 206, 210.

1379 *Winkler*, in: Winkler, BeurkG, § 17, Rn. 206.

1380 Vgl. etwa § 179a AktG.

Erforschung des Willens der Parteien der Umstand eines Gesamtvermögensgeschäfts eine wesentliche Bedeutung aufweist.

Die Bedeutung des Rechtsgeschäfts als Gesamtvermögensgeschäft erfährt zudem durch die unklare Rechtslage infolge der Rechtsprechung des BGH eine Steigerung. Zwar wurde die analoge Anwendung von § 179a AktG auf die GmbH und KG abgelehnt, die weitere Anwendung auf andere Personengesellschaften bleibt jedoch unklar. Aus diesen Gründen führt die Einordnung des Vertragsgegenstands als Gesamtvermögensgeschäft dazu, dass dies erhebliche Auswirkungen auf den tatsächlichen Willen der Parteien hat.

Zwar besteht auch bei einem Gesamtvermögensgeschäft keine anlasslose Erforschungspflicht des Notars. Bestehen jedoch Anhaltspunkte, dass der zu beurkundende Vertrag ein Gesamtvermögensgeschäft zum Gegenstand hat, so hat der Notar diesbezüglich weitergehende Nachforschungen zu tätigen. Diese Nachforschung kann durch Nachfragen bei den Beteiligten erfolgen. Die Empfehlung des rechtlich sichersten Weges für die Parteien kann nur in dem Einholen eines entsprechenden Beschlusses liegen.[1381] Andernfalls kann zu Lasten des Notars ein Haftungsfall entstehen.

b) Die Klärung des Sachverhalts

aa) Allgemein

Den objektiven Gegenpart zur Erforschung des subjektiven Willens der Parteien stellt die Klärung des Sachverhalts dar.[1382] Der Notar hat die Pflicht, den Sachverhalt, der dem zu beurkundenden Rechtsgeschäft zu Grunde liegt, aufzuklären, sodass das Rechtsgeschäft im Einklang mit dem Willen der Parteien und den gesetzlichen Vorschriften beurkundet werden kann.[1383] Für diese Aufklärung trifft den Notar keine Amtsermittlungspflicht.[1384] Die Parteien müssen dem Notar die Tatsachen und Angaben mitteilen,[1385] auf deren Richtigkeit sich der Notar grundsätzlich verlassen darf.[1386] Trotz dieser grundsätzlichen Beibringungspflicht der Parteien für die Aufklärung des Sachverhalts kann den Notar

1381 So auch *Eschway*, MittBayNot 2018, 299, 314; *Meier*, DNotZ 2020, 246, 261; *Weber*, DNotZ 2018, 96, 98 f.

1382 *Kindler*, in: Heckschen/Herrler/Münch, BeckNot-HdB, § 31, Rn. 82.

1383 *Lerch*, in: Lerch, BeurkG, § 17, Rn. 15.

1384 *Hertel*, in: Staudinger, BeurkG, Rn. 478.

1385 *Grziwotz*, in: Grziwotz/Heinemann, BeurkG, § 17, Rn. 15.

1386 *Armbrüster*, in: Armbrüster/Preuß/Renner, BeurkG, § 17, Rn. 19; *Hertel*, in: Staudinger, BeurkG, Rn. 479; *Lerch*, in: Lerch, BeurkG, § 17, Rn. 15.

jedoch eine Pflicht zur Nachfrage und Nachforschung treffen.[1387] Ein Notar darf sich nicht darauf verlassen, dass die Parteien sämtliche Tatsachen, die für die Beurkundung relevant sind, mitteilen. Bestehen Anhaltspunkte, dass die Parteien wesentliche Umstände nicht erkannt und folglich nicht bedacht haben, ist ebenfalls nachzuforschen.[1388]

Verlangen die Parteien hingegen lediglich die Beurkundung eines Kaufvertrags und teilen dem Notar zu keiner Zeit die wirtschaftlichen Hintergründe mit, so besteht keine weitere Pflicht zur Aufklärung des Sachverhalts.[1389]

bb) Bei einem Gesamtvermögensgeschäft

Wie bereits bei der Erforschung des Willens der Parteien ist auch bei der Klärung des objektiven Sachverhalts in Bezug auf Gesamtvermögensgeschäfte keine strengere Ausführung der Pflicht für den Notar geboten. Bestehen Anhaltspunkte für den Notar, dass das zu beurkundende Rechtsgeschäft ein Gesamtvermögensgeschäft darstellt,[1390] so hat dieser Nachfragen und Nachforschungen anzustellen, die etwa durch die Vorlage von Bilanzen erfüllt werden könnten.

Zu beachten ist weiter das Urteil des OLG Frankfurt a. M.,[1391] dass ein Verlangen nach einer Beurkundung eines Kaufvertrags ohne Mitteilung über die wirtschaftlichen Hintergründe keine weitere Aufklärungspflicht begründet. Ob der BGH diese Auffassung teilt, ist bislang nicht bekannt. Unter Berücksichtigung der allgemeinen Pflichten zur Sachverhaltsaufklärung, die insbesondere ein Verlassen auf die Richtigkeit der Angaben beinhalten, kann für einen Notar regelmäßig keine Annahme eines umfassenderen Rechtsgeschäfts, wie es ein Gesamtvermögensgeschäft darstellt, bestehen. Anders würde sich die Sachlage freilich darstellen, wenn Anhaltspunkte bestehen, die eine Nachforschung über

---

1387 *Frenz*, in: Frenz/Miermeister, BNotO, § 17 BeurkG, Rn. 6; *Hertel*, in: Staudinger, BeurkG, Rn. 478; *Lerch*, in: Lerch, BeurkG, § 17, Rn. 15; *Winkler*, in: Winkler, BeurkG, § 17, Rn. 213.

1388 *Grziwotz*, in: Grziwotz/Heinemann, BeurkG, § 17, Rn. 18; *Lerch*, in: Lerch, BeurkG, § 17, Rn. 15.

1389 OLG Frankfurt, Urteil vom 07.09.2011 – 4 U 269/10 = NotBZ 2011, 397, Ls. = BeckRS 2011, 24253; *Armbrüster*, in: Armbrüster/Preuß/Renner, BeurkG, § 17, Rn. 18; *Winkler*, in: Winkler, BeurkG, § 17, Rn. 213.

1390 Etwa nach *Eschway*, MittBayNot 2018, 299, 315, wenn eine GbR ohne eigene Bezeichnung als Grundstückseigentümerin eingetragen ist oder die Anschrift des Grundstücks als Bezeichnung trägt.

1391 OLG Frankfurt, Urteil vom 07.09.2011 – 4 U 269/10 = NotBZ 2011, 397, Ls. = BeckRS 2011, 24253.

die wirtschaftlichen Hintergründe notwendig machen. Ob diese Anhaltspunkte von den Parteien vorgetragen worden sind oder aus anderen Umständen folgen, dürfte dann unerheblich sein. Aus diesen Gründen ist dem OLG Frankfurt a. M. zuzustimmen, ohne den Einzelfall aus dem Blick zu verlieren.

cc) Die Pflichten bei einem Geschäft unter Beteiligung eines Vertreters

Ein besonderer Teil der Aufklärungspflichten des Notars betrifft die Vertretungsmacht eines Vertreters, der eine Partei bei der Beurkundung vertritt. Dies betrifft insbesondere das Handels- und Gesellschaftsrecht, da hier ein Handeln ohne Vertreter unmöglich ist.

Den Notar trifft die Pflicht, das Bestehen der Vertretungsmacht des Vertreters zu prüfen.[1392] Kann ein Vertreter auf Nachfrage des Notars die Vollmacht nicht nachweisen, so hat der Notar die Parteien über das Erfordernis der Genehmigung durch den Vertretenen und die Folgen einer versagten Genehmigung zu belehren.[1393] Verlangen die Parteien gleichwohl die Beurkundung, so hat der Notar einen Vorbehalt gemäß § 17 Abs. 2 S. 2 BeurkG in die Urkunde aufzunehmen oder die Beurkundung gemäß § 4 BeurkG abzulehnen, wenn die nachträgliche Genehmigung durch den Vertretenen aussichtslos erscheint.[1394]

Es droht somit für einen Notar ein Haftungsrisiko, wenn dieser bei einem Vertretergeschäft nicht die Vertretungsmacht im Rahmen seiner Möglichkeiten prüft und diesbezüglich den Sachverhalt aufklärt. Dies gilt auch bei Gesamtvermögensgeschäften. Verlangen die Parteien gleichwohl die Beurkundung, so hat der Notar diesem Verlangen nachzukommen, es sei denn, dass das beurkundete Rechtsgeschäft offensichtlich nicht nachträglich genehmigt werden wird. Für diese Beurteilung kommt es mithin auf die Beurteilung durch den Notar an. Eine offensichtliche Aussichtslosigkeit der Genehmigung kann jedoch nur angenommen werden, wenn besondere Anhaltspunkte bestehen, dass die Gesellschafter gegen das Gesamtvermögensgeschäft sind.

1392 Allg. Ansicht BGH, Urteil vom 21.01.1988 – IX ZR 252/86 = NJW-RR 1988, 1206, Ls.; BGH, Urteil vom 27.05.1993 – IX ZR 66/92 = NJW-RR 1993, 2744, Ls.; BGH, Urteil vom 26.06.1997 – IX ZR 163-96 = NJW-RR 1999, 133, Ls.; BGH, Urteil vom 13.11.2017 – NotSt(Brfg) 4/17 = NJW-RR 2018, 443, Ls.; OLG Koblenz, Urteil vom 03.02.2022 – 1 U 651/21 = NJOZ 2022, 1238, Rn. 25; *Armbrüster*, in: Armbrüster/Preuß/Renner, BeurkG, § 17, Rn. 20; *Lerch*, in: Lerch, BeurkG, § 17, Rn. 89; *Winkler*, in: Winkler, BeurkG, § 17, Rn. 213; *Weber*, DNotZ 2018, 96, 98.

1393 *Armbrüster*, in: Armbrüster/Preuß/Renner, BeurkG, § 17, Rn. 55.

1394 BGH, Urteil vom 26.06.1997 – IX ZR 163-96 = NJW-RR 1999, 133, 134.

c) Die Belehrung über die Tragweite des Geschäfts

Die dritte Kardinalspflicht aus der „*magna charta*" verpflichtet einen Notar, die Parteien über die rechtliche Tragweite des Rechtsgeschäfts zu belehren. Hierbei ist über die Voraussetzungen für den Eintritt des beabsichtigten Erfolgs und über die unmittelbaren Rechtsfolgen des Geschäfts zu belehren.[1395] Insbesondere die Form der Rechtsnachfolge stellt eine derartige unmittelbare Rechtsfolge dar. Hingegen sind mittelbare Rechtsfolgen wie die wirtschaftlichen und die steuerrechtlichen Folgen grundsätzlich nicht Gegenstand der Belehrungspflicht.[1396]

Ein weiterer haftungsträchtiger Umstand könnte sich ergeben, wenn ein Notar die Parteien über das Bestehen und die Folgen des § 179a AktG belehren müsste. Bislang ist ein gesellschaftsrechtliches Gesamtvermögensgeschäft nicht (erkennbar) Gegenstand der Rechtsprechung zur Haftung des Notars gemäß § 19 BNotO gewesen. Hingegen ist die familienrechtliche Vorschrift aus § 1365 BGB in zahlreichen Urteilen thematisiert worden. Einen Notar trifft demnach die Pflicht, über das Bestehen und die Rechtsfolgen des § 1365 BGB zu belehren, Nachforschungspflichten über das Vermögen bestehen jedoch nur bei besonderen Anhaltspunkten.[1397] Auch wenn der BGH dies nicht ausdrücklich benennt, bedarf es für die allgemeine Hinweispflicht auf § 1365 BGB jedoch der Kenntnis des Notars, dass eine Partei grundsätzlich in einer Ehegemeinschaft lebt.[1398] Bezieht man dies auf Gesamtvermögensgeschäfte im Handels- und Gesellschaftsrecht, so bedeutet dies, dass ein Notar verpflichtet ist, über eine Zustimmungskompetenz der Gesellschafter und den möglichen Missbrauch der Vertretungsmacht abstrakt zu belehren. Zwar werden gesellschaftsrechtliche Gesamtvermögensgeschäfte im Unterschied zum familienrechtlichen Gesamtvermögensgeschäft seltener auftreten, da die Gesellschaftsvermögen wesentlich höher liegen dürften, sodass die Qualifizierung als Gesamtvermögensgeschäft weniger häufig erfolgen dürfte. Dies ändert jedoch an der grundsätzlichen Belehrungspflicht nichts, da sich der Notar an bestehender Rechtsprechung,

---

1395 *Armbrüster*, in: Armbrüster/Preuß/Renner, BeurkG, § 17, Rn. 29; *Lerch*, in: Lerch, BeurkG, § 17, Rn. 17; *Winkler*, in: Winkler, BeurkG, § 17, Rn. 224.

1396 *Armbrüster*, in: Armbrüster/Preuß/Renner, BeurkG, § 17, Rn. 33, 40; *Lerch*, in: Lerch, BeurkG, § 17, Rn. 32 ff.; *Winkler*, in: Winkler, BeurkG, § 17, Rn. 237.

1397 BGH, Urteil vom 22.04.1975 - VI ZR 90/74 = NJW 1975, 1270, 1271; OLG Schleswig, Urteil vom 26.02.2004 - 11 U 92/02 = NJW-RR 2005, 646, 646; *Armbrüster*, in: Armbrüster/Preuß/Renner, BeurkG, § 17, Rn. 61;

1398 OLG Schleswig, Urteil vom 26.02.2004 - 11 U 92/02 = NJW-RR 2005, 646, Ls.

Rechtsprechungsprognose und Literatur orientieren muss.[1399] Verkennt ein Notar dies, so kann dies zu erheblichen Haftungsrisiken führen.

3. *Ergebnis*

Das Risiko einer Amtspflichtverletzung besteht grundsätzlich bei jedem notariellen Tätigwerden. Soll ein Notar ein Gesamtvermögensgeschäft beurkunden, so ist insbesondere die „*magna charta*" aus § 17 Abs. 1 BeurkG zu beachten. Es bestehen jedoch keine besonderen Pflichten aufgrund der Qualifizierung als Gesamtvermögensgeschäft, denn insbesondere der Umfang der jeweiligen Pflichten bestimmt sich nach dem Kenntnisstand des Notars. Nur wenn Kenntnis oder Anhaltspunkte für ein Gesamtvermögensgeschäft bestehen, hat der Notar besondere Erforschungs-, Klärungs- und Belehrungspflichten zu erfüllen.

Da das Handels- und Gesellschaftsrecht nicht ohne Vertretergeschäfte auskommt, ist bei Gesamtvermögensgeschäften stets die Nachforschung über das Bestehen der Vertretungsmacht geboten. Eine erweiterte Nachforschungspflicht, etwa im Hinblick auf ein Zustimmungserfordernis gemäß § 179a AktG, besteht jedoch nur bei Anhaltspunkten.

Daher ist festzuhalten, dass ein Gesamtvermögensgeschäft nicht *per se* zu einer Steigerung des Haftungsrisikos eines Notars führt. Die allgemeinen Haftungsrisiken bestehen grundsätzlich im selben Umfang. Aus diesem Grund vermag auch die Auffassung des BGH, dass eine analoge Anwendung von § 179a AktG auf die GmbH eine Steigerung der Haftungsrisiken zu Lasten des Notars bedeuten würde, nicht zu überzeugen.

II. Pflichten des Notars bei Zweifeln und gesetzlicher Unvereinbarkeit

Hat ein Notar Zweifel an der Wirksamkeit des Geschäfts, da dieses dem Gesetz oder dem wahren Willen der Parteien nicht entsprechend könnte, so sind die Bedenken mit den Parteien gemäß § 17 Abs. 2 S. 1 BeurkG zu erörtern. Bestehen die Parteien trotz der Bedenken auf der Beurkundung des Geschäfts, so hat der Notar gemäß § 17 Abs. 2 S. 2 BeurkG die Belehrung über die bestehenden Zweifel und die Erklärungen der Parteien als Zweifelsvermerk in die Urkunde mit aufzunehmen.[1400]

1399 Siehe dazu *Lerch*, in: Lerch, BeurkG, § 17, Rn. 99 ff., der zumindest das Verlangen nach einer sicheren Prognose des Notars kritisch betrachtet.

1400 *Eschway*, MittBayNot 2018, 299, 315.

Ist der Notar von der Unwirksamkeit des zu beurkundenden Rechtsgeschäfts überzeugt, so ist die Beurkundung gemäß den §§ 4 BeurkG, 14 Abs. 2 BNotO abzulehnen.[1401] Es gehört zu den grundlegenden Pflichten eines Notars, ausschließlich rechtswirksame Rechtsgeschäfte zu beurkunden, daher dürfen nichtige Rechtsgeschäfte nicht beurkundet werden.[1402]

C. Die notariellen Pflichten aus dem Geldwäschegesetz

Für einen Notar können sich nicht nur Verpflichtungen aus dem notariellen Berufsrecht ergeben, sondern ebenso aus dem Geldwäschegesetz (GwG). Mit dem GwG sollen Geldwäsche und Terrorismusfinanzierung bekämpft werden.[1403] Ist ein Notar i. S. d. GwG Verpflichteter und verletzt dieser Verpflichtungen aus dem GwG, so können erhebliche schadensersatz- und berufsrechtliche Folgen drohen.

I. Die Verpflichtung des Notars aus dem GwG

Ein Notar kann gemäß § 2 Abs. 1 Nr. 10 GwG verpflichtet sein, bei dem Aufspüren von Gewinnen aus schweren Straftaten nach dem GwG mitzuwirken. Diese Mitwirkung führt dazu, dass ein verpflichteter Notar zum verlängerten Arm des Staates bei der Bekämpfung von Geldwäsche wird.[1404] Die Verpflichtung des Notars folgt aus der Entwicklung, dass die in § 2 Abs. 1 Nr. 10 GwG genannten Berufsträger für die verschleiernden Personen in der jüngeren Vergangenheit eine besondere Attraktivität für Geldwäschezwecke entwickelt haben.[1405] Insbesondere Anderkonten erfreuen sich steigender Beliebtheit bei dem Versuch der Verschleierung illegaler Gelder.[1406] Notare sind jedoch nicht bereits aufgrund ihrer Berufstätigkeit Verpflichtete. Diese Verpflichtung tritt nur in den Fällen des § 2 Abs. 1 Nr. 10 lit. a) bis e) GwG ein.[1407] Außerhalb dieser Kataloggeschäfte hat ein Notar keine Pflichten aus dem GwG zu befolgen, die Pflicht zur Verschwiegenheit aus § 18 BNotO lebt vielmehr wieder umfassend auf.[1408]

1401 *Armbrüster*, in: Armbrüster/Reuß/Renner, BeurkG, § 17, Rn. 154.
1402 *Lerch*, in: Lerch, BeurkG, § 4, Rn. 6.
1403 *Figura*, in: Herzog, GwG, § 1, Rn. 1.
1404 *Rudolph*, GwG, S. 9.
1405 *Figura*, in: Herzog, GwG, § 2, Rn. 146.
1406 *Figura*, in: Herzog, GwG, § 2, Rn. 146 m. w. N.
1407 *Pelz*, in: Frey/Pelz, GwG, § 2, Rn. 165; *Figura*, in: Herzog, GwG, § 2, Rn. 144.
1408 *Figura*, in: Herzog, GwG, § 2, Rn. 144.

In Bezug auf Gesamtvermögensgeschäfte führt die Mitwirkung eines Notars beim Kauf oder Verkauf von Immobilien und Gewerbebetrieben, die Verwaltung von Geldern, Wertpapieren und sonstigen Vermögenswerten und die Beratung oder Dienstleistung im Zusammenhang mit Zusammenschlüssen und Übernahmen zu einer Verpflichtung gemäß § 2 Abs. 1 Nr. 10 lit. a) lit. aa), lit. bb) und lit. d) GwG.

Beurkundungsbedürftige Gesamtvermögensgeschäfte werden regelmäßig Immobilien oder die Beteiligung an einer Gesellschaft mit Gewerbebetrieb zum Gegenstand haben, sodass die Verpflichtung des Notars bereits aus § 2 Abs. 1 Nr. 10 lit. a) lit. aa) GwG bestehen wird. Zudem stellt die Abwicklung des Verpflichtungsgeschäfts unter Einbindung des Anderkontos eines Notars einen Fall des § 2 Abs. 1 Nr. 10 lit. a) lit. bb) GwG dar.[1409] Erbringt ein Notar im Rahmen von Mergers & Acquisitions (M&A)-Transaktionen Beratungs- oder Dienstleistungen,[1410] so begründet dies ebenfalls eine Verpflichtung des Notars. Es ist somit ersichtlich, dass ein Notar bei einer Beurkundung eines Gesamtvermögensgeschäfts regelmäßig Verpflichteter i. S. d. GwG sein wird.

II. Die Folgen der Verpflichtung des Notars

Ist ein Notar Verpflichteter i. S. d. GwG, so muss dieser gemäß § 4 Abs. 1 GwG ein wirksames Risikomanagement aufzuweisen, das nach Art und Umfang der Geschäftstätigkeit angemessen ist. Das Risikomanagement umfasst eine Risikoanalyse gemäß § 5 GwG und interne Sicherungsmaßnahmen gemäß § 6 GwG. Die Wirksamkeit ist gegeben, wenn das Risikomanagement in kurzen Schritten eine auffällige Transaktion erkennt.[1411] Die Art und der Umfang der Maßnahmen sind einzelfallabhängig,[1412] stehen jedoch in unmittelbarem Zusammenhang mit der Anfälligkeit der Geschäftstätigkeit für Geldwäsche, die sich wiederum aus der Risikoanalyse ergibt.[1413] Die Risikoanalyse hat ein Notar für jedes Tätigwerden erneut vorzunehmen.[1414]

1409 *Figuara*, in: Herzog, GwG, § 2, Rn. 148; *Hertel*, in: Frenz/Miermeister, BNotO, § 57 BeurkG, Rn. 110.

1410 Mitwirkungsakte des Notars sind ausdrücklich erfasst, siehe den Entwurf eines Gesetzes zur Umsetzung der Änderungsrichtlinie zur Vierten EU-Geldwäscherichtlinie, BT-Drs. 19/13827, 71.

1411 *Herzog*, in: Herzog, GwG, § 4, Rn. 4.

1412 Siehe dazu die Anwendungsempfehlungen zum Geldwäschegesetz 2017 der BNotK, Stand März 2018, S. 9, abrufbar unter https://www.bnotk.de/aufgaben-und-taetigkeiten/geldwaeschebekaempfung.

1413 *Herzog*, in: Herzog, GwG, § 4, Rn. 8.

1414 *Hertel*, in: Frenz/Miermeister, BNotO, § 57 BeurkG, Rn. 110b.

Neben diesen internen Verpflichtungen des Notars bestehen gemäß den §§ 10 ff. GwG besondere Sorgfaltspflichten im Hinblick auf die Parteien. Diesen Pflichten liegt das *know-your-customer*-Prinzip zugrunde.[1415] Gemäß § 10 GwG treffen den verpflichteten Notar allgemeine Sorgfaltspflichten, die insbesondere die Identifizierung der auftretenden Personen, Vertragsparteien und wirtschaftlichen Berechtigung sowie das Risikomanagement betreffen. Diese Sorgfaltspflichten können gemäß § 14 GwG vereinfacht beziehungsweise gemäß § 15 GwG verstärkt bestehen.

Erfährt ein Notar im Rahmen seiner Tätigkeit davon, dass ein Vermögensgegenstand aus einer strafbaren Handlung stammt, die eine Vortat zur Geldwäsche darstellen könnte, oder davon, dass ein Geschäftsvorfall, eine Transaktion oder ein Vermögensgegenstand im Zusammenhang mit der Finanzierung von Terrorismus steht oder die Offenlegungspflicht einer Partei gemäß § 11 Abs. 6 S. 3 GwG nicht erfüllt wird, so hat dieser gemäß § 43 Abs. 1 GwG den Vorfall an die Zentralstelle für Finanztransaktionsuntersuchungen[1416] zu melden. Aufgrund des daraus folgenden Konflikts mit der Schweigepflicht des Notars besteht diese Meldepflicht gemäß § 43 Abs. 2 S. 2 GwG nur, wenn der Notar positive Kenntnis vom meldungspflichtigen Sachverhalt aus § 43 Abs. 1 GwG hat.[1417] Dies bedeutet, dass ein Notar im Rahmen der gesamten Amtstätigkeit keine Verdachtsmeldung gemäß § 43 Abs. 1 GwG abzugeben hat.[1418]

Auf Gesamtvermögengeschäfte angewendet, ergeben sich keine weitergehenden oder verstärkten Verpflichtungen eines Notars. Der verpflichtete Notar hat die allgemeinen Sorgfaltspflichten aus dem GwG zu befolgen.

III. Die Folgen bei Verstößen gegen das GwG

Die Verpflichtungen aus dem GwG stellen Amtspflichten des Notars dar.[1419] Gemäß § 50 Nr. 5 GwG ist der Präsident des Landgerichts, in dessen Bezirk der Notar seinen Sitz hat, die zuständige Aufsichtsbehörde. Verletzt ein Notar eine Verpflichtung aus dem GwG, so kann dies aufgrund der Einordnung als Amtspflicht gemäß den §§ 95 ff. BNotO ein Disziplinarverfahren gegen den Notar zur Folge haben.

1415 *Rudolph*, GwG, S. 28.

1416 Die Financial Intelligence Unit (FIU).

1417 *Barreto da Rosa*, in: Herzog, GwG, § 43, Rn. 71; *Hertel*, in: Frenz/Miermeister, BNotO, § 57 BeurkG, Rn. 125.

1418 *Pelz*, in: Frey/Pelz, GwG, § 43, Rn. 52.

1419 *Hertel*, in: Frenz/Miermeister, BNotO, § 57 BeurkG, Rn. 129

Zudem kann gegen einen Notar gemäß § 56 GwG ein Bußgeld verhängt werden, wenn dieser vorsätzlich oder leichtfertig ordnungswidrig handelt. Die ordnungswidrigen Handlungen sind in § 56 GwG aufgezählt. Ebenso ist eine Strafbarkeit des Notars wegen Beteiligung an der Geldwäsche gemäß § 261 StGB möglich, wenn dieser die Beurkundung vornimmt.[1420] Diese Straftat wird regelmäßig zugleich gemäß § 97 Abs. 1 S. 1 N. 3 BNotO eine Entfernung des Notars aus seinem Amt bedeuten, die gemäß § 97 Abs. 5 BNotO bei Anwaltsnotaren auch einen Ausschluss aus der Rechtsanwaltschaft zur Folge hätte, denn die Voraussetzungen für eine Entfernung aus dem Amt liegen regelmäßig bei der Begehung einer strafbaren Handlung vor.[1421]

IV. Ergebnis

Das Geldwäscherecht darf in der notariellen Berufspraxis nicht unterschätzt oder gar verkannt werden. Insbesondere im Hinblick auf Verstöße gegen das GwG können erhebliche, sogar existenzielle Folgen drohen. Hat ein Notar ein Gesamtvermögensgeschäft zu beurkunden, so ist unabhängig von der Kenntnis über dieses Geschäft eine Verpflichtung nach dem GwG anzunehmen, sodass die allgemeinen Pflichten des GwG zur Anwendung kommen.

D. Haftungsrisiken bei der Beurkundung des Beschlusses

Neben den Haftungsrisiken bei der Beurkundung des Rechtsgeschäfts und den geldwäscherechtlichen Risiken bestehen auch bei der Beurkundung der Versammlungsbeschlüsse Haftungsrisiken zu Lasten eines Notars,[1422] auch wenn diese in Bezug auf Beschlüsse für Gesamtvermögensgeschäfte kaum Besonderheiten aufweisen.

I. Die Empfehlung der Beurkundung eines GmbH-Gesellschafterbeschlusses

Bereits die der Beurkundung eines Gesellschafterbeschlusses über ein Gesamtvermögensgeschäft einer GmbH vorgeschaltete Empfehlung der Beurkundung könnte eine Amtspflichtverletzung des Notars darstellen und einen Schadensersatzanspruch begründen. Dies ist rechtlich umstritten, weil die Frage der

---

1420 *Hertel*, in: Frenz/Miermeister, BNotO, § 57 BeurkG, Rn. 129.

1421 *Herrmann*, in: Eschwey, BNotO, § 97, Rn. 21.

1422 *Hogl*, in: Heckschen/Herrler/Münch, BeckNot-HdB, § 35, Rn. 82N.

Beurkundungspflicht in beiden Urteilen des BGH[1423] (mangels Erheblichkeit) nicht aufgegriffen wurde.

Das OLG Dresden[1424] und das OLG Celle[1425] sehen unter Verweis auf das Gebot des sichersten Weges keine Amtspflichtverletzung, da eine unklare Rechtslage besteht. Dies hat in der Literatur überwiegend Anklang gefunden.[1426] Es entspricht daher der gegenwärtigen herrschenden Meinung, dass ein Notar nicht amtspflichtwidrig handelt, wenn er die Beurkundung des Beschlusses empfiehlt.

Dem ist zuzustimmen, denn das Gebot des sichersten Weges soll die Parteien bestmöglich vor Gefahren aus der Vertragsdurchführung schützen.[1427] Dem Notar obliegt die Einschätzungsprärogative,[1428] ob ein Gesellschafterbeschluss beurkundungsbedürftig ist; anderenfalls würde er in Haftungsrisiken gedrängt, wenn die Parteien über die Beurkundungsbedürftigkeit entscheiden könnten. Dass hiermit eine (höhere) Vergütung des Notars einhergeht,[1429] mag zutreffend sein, ist jedoch unvermeidbare Nebenfolge der Beachtung des Gebots des sichersten Weges[1430] und unter Verweis auf die unklare Rechtslage zur Formbedürftigkeit ohne Weiteres sachlich gerechtfertigt.

Wenig überzeugend ist zudem, dass infolge des Hinweisbeschlusses des OLG Celle[1431] ein *„faktisches Beurkundungshindernis"* entstehen würde, wenn ein Notar die Parteien gegen ihren Willen zur Beurkundung „drängt".[1432] Zum einen geht aus dem Sachverhalt des Hinweisbeschlusses nicht hervor, dass der Notar den Vollzug des zustimmungsbedürftigen Kaufvertrags ablehnte, sondern einzig, dass der Notar den nicht beurkundeten Gesellschafterbeschluss als nicht ausreichend erachtete,[1433] zum anderen hätte der Notar eigene rechtliche Zweifel

---

1423 BGH, Urteil vom 08.01.2019 – II ZR 364/18 = NZG 2019, 505; BGH, Urteil vom 15.02.2022 – II ZR 253/20 = NJW 2022, 1878.

1424 Unter Verweis auf die unklare Rechtslage vor dem BGH-Urteil vom 08.01.2019: OLG Dresden, Beschluss vom 17.05.2021 – 17 W 265/21 = BeckRS 2021, 42711.

1425 Unter Verweis auf die unklare Rechtslage nach dem BGH-Urteil vom 08.01.2019: OLG Celle, Hinweisbeschluss vom 30.06.2021 – 3 U 72/21 = NZG 2022, 26.

1426 *Becker*, notar 2022, 184, 185; *Mayer*, EWiR 2021, 715, 716; *Widder*, BB 2022, 147, 147; krit. hingegen *Klaiber*, NZG 2022, 26, 28, *ders.*, GmbHR 2022, 84, 87.

1427 Siehe 6. Kap. § 1 B. I. 2. a) aa).

1428 *Mayer*, EWiR 2021, 715, 716.

1429 *Klaiber*, NZG 2022, 26, 28.

1430 So auch *Becker*, notar 2022, 184, 186.

1431 OLG Celle, Hinweisbeschluss vom 30.06.2021 – 3 U 72/21 = NZG 2022, 26.

1432 So *Klaiber*, NZG 2022, 26, 28.

1433 OLG Celle, Hinweisbeschluss vom 30.06.2021 – 3 U 72/21 = NZG 2022, 26, 27.

mit einem Zweifelsvermerk nach § 17 Abs. 2 S. 2 BeurkG festhalten müssen.[1434] Eine Weigerung des Notars zum Vollzug des Kaufvertrags als *„faktisches Beurkundungshindernis"* lag jedenfalls nicht (erkennbar) vor.

Mit Blick auf das Gebot des sichersten Weges ist Notaren daher auch zukünftig zu empfehlen, die Beurkundung eines Gesellschafterbeschlusses den Parteien anzuraten und andernfalls einen Zweifelsvermerk nach § 17 Abs. 2 S. 2 BeurkG in den Vertrag aufzunehmen. Dies gilt jedenfalls so lange, bis höchstrichterlich entschieden ist, ob eine Beurkundungspflicht besteht.

II. Die Beurkundung von Versammlungsbeschlüssen

Es handelt sich bei der Beurkundung von Versammlungsbeschlüssen um die Beurkundung von Niederschriften gemäß den §§ 36 ff. BeurkG, deren Inhalt sich aus § 37 BeurkG ergibt.[1435] Im Unterschied zu der Beurkundung von Willenserklärungen bei Rechtsgeschäften gemäß den §§ 6 bis 35 BeurkG werden durch Niederschriften ausschließlich Tatsachen beurkundet.[1436] Die Beurkundung von Tatsachen bezweckt die Sicherung des öffentlichen Glaubens durch die amtliche Wahrnehmung der Tätigkeit und das Urkundenzeugnis.[1437] Ein Notar darf in die beurkundete Niederschrift nur diejenigen Tatsachen aufnehmen, die er selbstständig wahrgenommen hat,[1438] hingegen darf er keine Schlussfolgerungen aus den wahrgenommenen Tatsachen aufnehmen.[1439] Eine subjektive Würdigung der Tatsachen durch den Notar ist mithin nicht zulässig. Da es sich um keine Beurkundung einer Willenserklärung handelt, finden die §§ 8 ff. BeurkG, insbesondere die Pflichten aus der *„magna charta"* des § 17 BeurkG, keine Anwendung.[1440] Die in der notariellen Praxis am häufigsten anzutreffende Erscheinungsform einer Niederschrift i. S. d. § 36 BeurkG

1434 Siehe 6. Kap. § 1 B. II., so auch *Becker*, notar 2022, 184, 185.

1435 § 130 AktG ist diesbezüglich jedoch *lex specialis*: *Lerch*, in: Lerch, BeurkG, § 37, Rn. 15; *Preuß*, in: Armbrüster/Preuß/Renner, BeurkG, § 36, Rn. 1; *Winkler*, in: Winkler, BeurkG, § 37, Rn. 18.

1436 *Lerch*, in: Lerch, BeurkG, § 36, Rn. 1; *Preuß*, in: Armbrüster/Preuß/Renner, BeurkG, § 36, Rn. 1; *Winkler*, in: Winkler, BeurkG, Vor § 36, Rn. 3.

1437 *Winkler*, in: Winkler, BeurkG, Vor § 36, Rn. 4.

1438 *Preuß*, in: Armbrüster/Preuß/Renner, BeurkG, § 36, Rn. 11; *Winkler*, in: Winkler, BeurkG, Vor § 36, Rn. 6.

1439 *Lerch*, in: Lerch, BeurkG, § 37, Rn. 2.

1440 *Lerch*, BeurkG, § 36, Rn. 14.

stellen Versammlungsbeschlüsse von Gesellschaften, etwa gemäß § 179 Abs. 2 AktG,[1441] dar. Diese stellen keinen Vertrag dar, sondern sind Rechtsgeschäfte *sui generis.*[1442]

Die Niederschrift des Notars muss der Wahrheit entsprechen. Entspricht sie nicht der Wahrheit, kann eine Haftung nach § 19 BNotO bestehen.[1443] Diese kann Drittwirkung entfalten.[1444] Mit der Richtigkeit der notariell beurkundeten Niederschrift soll ein Irrtum eines Dritten bei Vorlage der Niederschrift ausgeschlossen werden.[1445] Da für einen Notar jedoch lediglich die Möglichkeiten bestehen, dem Ersuchen nachzukommen oder gemäß den §§ 4 BeurkG, 14 Abs. 2 BNotO bei erkennbar unerlaubten oder unredlichen Zwecken das Ersuchen abzulehnen, muss ein Notar das Nichtzutreffen der Tatsachen oder die Irrtumsmöglichkeit eines Dritten erkennen können, um amtspflichtwidrig zu handeln.[1446]

III. Der Sonderfall einer gemischten Beurkundung

Eine Ausnahme von der grundsätzlichen Nichtanwendung der §§ 8 ff. BeurkG besteht jedoch bei gemischten Beurkundungen. Bei einer gemischten Beurkundung wird zum einen ein Beschluss gefasst, dessen Beurkundung sich nach den §§ 36 ff. BeurkG richtet, und zum anderen eine Willenserklärung abgegeben, die der notariellen Beurkundung gemäß den §§ 8 ff. BeurkG bedarf. In diesem Fall sind sowohl die §§ 36 ff. BeurkG als auch die §§ 8 ff. BeurkG anzuwenden.[1447] Eine solche gemischte Beurkundung kann auch bei Gesamtvermögensgeschäften gegeben sein. Der Beschluss nach § 179a Abs. 1 AktG ist zwar als Niederschrift nach den §§ 36 ff. BeurkG zu beurkunden. Wird jedoch im Anschluss das Verpflichtungsgeschäft abgeschlossen und notariell beurkundet, so sind die §§ 8 ff. BeurkG zu berücksichtigen. In diesem Fall hat der Notar darauf zu achten, dass Beschluss- und Vertragsinhalt übereinstimmen,[1448] insbesondere um Haftungsrisiken zu vermeiden.

1441 *Winkler*, in: Winkler, BeurkG, § 37, Rn. 21.

1442 *Winkler*, in: Winkler, BeurkG, Vor § 36, Rn. 5.

1443 OLG Hamm, Urteil vom 03.04.1985 – 28 U 218/84 = DNotZ 1987, 54, 54.

1444 *Preuß*, in: Armbrüster/Preuß/Renner, BeurkG, § 36, Rn. 15.

1445 BGH, Urteil vom 30.05.1972 – VI ZR 11/71 = MDR 1972, 859, 860.

1446 BGH, Urteil vom 30.05.1972 – VI ZR 11/71 = MDR 1972, 859, 860.

1447 *Lerch*, in: Lerch, § 36, Rn. 5; *Preuß*, in: Armbrüster/Preuß/Renner, BeurkG, § 36, Rn. 7; *Winkler*, in: Winkler, BeurkG, Vor § 36, Rn. 17 f.

1448 *Stein*, in: MünchKomm-AktG, § 179a, Rn. 32.

§ 2 Haftungsrisiken für weitere Beteiligte

Neben den Haftungsrisiken eines Notars können bei einem Gesamtvermögensgeschäft auch weitere Drittbeteiligte Haftungsrisiken ausgesetzt sein, zumindest geht der BGH[1449] davon aus. Weitere Beteiligte, die nicht unmittelbare Vertragsparteien oder der Notar sind, können im Allgemeinen Rechtsanwälte, bei Immobiliengeschäften das Grundbuchamt und das Registergericht für die Satzungen von Kapitalgesellschaften sein.

A. Zur Haftung eines Rechtsanwalts

Da anzunehmen ist, dass Gesamtvermögensgeschäfte regelmäßig mit erheblichen Geschäftsvolumina einhergehen, werden oftmals sowohl auf Veräußerer- als auch auf Erwerberseite Rechtsanwälte beratend hinzugezogen werden. Die Hinzuziehung eines Rechtsanwalts stellt rechtlich eine entgeltliche Geschäftsbesorgung gemäß § 675 BGB dar, sodass für Pflichtverletzungen im Rahmen dieser entgeltlichen Geschäftsbesorgung das allgemeine Leistungsstörungsrecht Anwendung findet, im Genauen § 280 Abs. 1 BGB.[1450] Im Gegensatz zur persönlichen Haftung eines Notars[1451] haften Sozien gemäß den §§ 128 HGB (ab 01.01.2024: § 127 HGB n. F.), 8 Abs. 1, Abs. 4 PartGG für Pflichtverletzungen als Gesamtschuldner.

Welche Pflichten einem Rechtsanwalt im Einzelnen obliegen, ist anhand des Einzelfalls zu entscheiden.[1452] In der juristischen Praxis sind Unternehmenstransaktionen regelmäßig Gegenstand von M&A, bei denen durch Rechtsanwälte eine Vielzahl an Zwischenschritten bis zum endgültigen Vertragsabschluss beachtet werden müssen. Insbesondere die in der Praxis zum Standard gewordene[1453] Due Diligence kann aufgrund der – abhängig vom Transaktionsvolumen – Sachverhaltsermittlung, -bewertung und Aufklärung des Mandanten[1454] zu erheblichen Risiken für eine Pflichtverletzung führen. Ebenso wird aber auch die letzte Verhandlungsphase mit dem endgültigen Vertragsabschluss erhebliche Sorgfaltsanforderungen an den begleitenden Rechtsanwalt stellen.

1449 BGH, Urteil vom 08.01.2019 – II ZR 364/18 = NZG 2019, 505, Rn. 27.

1450 *Borgmann*, in: Hamm, BeckRA-HdB, § 54, Rn. 1.

1451 Siehe 6. Kap. § 1 A. I.

1452 BGH, Urteil vom 04.06.1996 – IX ZR 51/95 = NJW 1996, 2648, 2649; BGH, Urteil vom 23.09.2004 – IX ZR 137/03 = NJW-RR 2005, 494, 495; BGH, Urteil vom 26.06.2008 – IX ZR 45/05 = NJW-RR 2008, 1594, Rn. 14.

1453 *Gran*, NJW 2008, 1409, 1411.

1454 *Meßmer/Keßler*, NVersZ 2000, 110, 114.

Sind daher Rechtsanwälte an einem Gesamtvermögensgeschäft beteiligt, so gilt hinsichtlich von Pflichtverletzungen das allgemeine Leistungsstörungsrecht. Insbesondere Gesamtvermögensgeschäfte mit hohen Transaktionsvolumina bürden beratenden Rechtsanwälten erhebliche Sorgfaltspflichten auf, deren Verletzung zu hohen Regressansprüchen der Mandanten führen kann.

B. Zur Haftung des Grundbuchamts

Betrifft ein Gesamtvermögensgeschäft (auch) ein Grundstück, so bedarf es einer Änderung des Grundbuchs. Dies hat gemäß § 13 Abs. 1 S. 1 GBO auf Antrag beim Grundbuchamt zu erfolgen. Während die Eintragung in das Grundbuch gemäß § 19 GBO nur mit Einwilligung des Betroffenen erfolgen kann, bedarf es gemäß § 20 GBO für die Auflassung der Einigung zwischen den Parteien. Das Grundbuchamt kann gleichwohl die Eintragung ablehnen, wenn es zu der Überzeugung kommt, dass durch die Eintragung das Grundbuch unrichtig werden würde.[1455]

Diese Möglichkeit der Ablehnung der Eintragung könnte bei einem Gesamtvermögensgeschäft bestehen,[1456] wenn die erforderliche Zustimmung der Gesellschafter fehlt. Wird dennoch die Eintragung durch das Grundbuchamt vorgenommen, könnten Haftungsansprüche bestehen. Dies ist jedoch mit Verweis auf das Trennungs- und Abstraktionsprinzip abzulehnen. Das Grundbuchamt hat zu prüfen, ob die Auflassung wirksam ist oder einer Eintragung entgegensteht, nicht jedoch das schuldrechtliche Verpflichtungsgeschäft.[1457] Schließt die Geschäftsleitung ohne Zustimmung der Gesellschafter ein Gesamtvermögensgeschäft ab, so betrifft dies das schuldrechtliche Verpflichtungsgeschäft. Insbesondere § 179a AktG betrifft ausschließlich den schuldrechtlichen Teil[1458] und hat auf das dingliche Verfügungsgeschäft und mithin § 20 GBO keine Auswirkungen. Daher scheidet das Grundbuchamt als Prüfungs- und Kontrollinstanz aus,[1459] sodass auch etwaige Sekundäransprüche gegenüber dem Grundbuchamt nicht bestehen.

1455 OLG Hamburg, Beschluss vom 24.02.2017 – 13 W 12/17 = MittBayNot 2018, 163, Ls.

1456 So *Spieker*, notar 2020, 168, 171.

1457 *Hügel*, in: Hügel, GBO, § 20, Rn. 64; *Stellmann/Stoeckle*, WM 2011, 1983, 1989.

1458 Siehe 2. Kap. § 1 A. I.

1459 *Stellmann/Stoeckle*, WM 2011, 1983, 1989; a. A. *Spieker*, notar 2020, 168, 171.

C. Zur Haftung des Registergerichts

Auch das Registergericht kann bei einem Gesamtvermögensgeschäft einzubinden sein. Das Handelsregister als Teil des Registergerichts dient der Offenbarung von Tatsachen und Rechtsverhältnissen der Kaufleute und Handelsgesellschaften.[1460] Für Kapitalgesellschaften ist die Eintragung in das Handelsregister ein notwendiger Bestandteil der Gründung, denn gemäß den §§ 41 Abs. 1 AktG, 11 Abs. 1 GmbHG, 13 GenG hat die Eintragung in das Handelsregister konstitutive Wirkung.

Zum Schutz des öffentlichen Interesses[1461] kann das Registergericht gemäß § 399 FamFG bei bestimmten Satzungsmängeln einer Kapitalgesellschaft diese auffordern, den Mangel zu beheben oder den Mangel zu begründen. Erfolgt keine Behebung des Mangels oder Rechtfertigung für das Unterlassen einer rechtskonformen Satzung, kann das Registergericht die Mangelhaftigkeit der Satzung feststellen, was gemäß § 262 Abs. 1 Nr. 5 AktG oder § 60 Abs. 1 Nr. 6 GmbHG die Auflösung der Gesellschaft zur Folge hätte.

Aufgrund dieser Pflicht zur Aufforderung der Beseitigung des Satzungsmangels könnte das Registergericht verpflichtet sein, die Voraussetzungen des § 179a AktG zu prüfen.[1462] Eine derartige Verpflichtung würde nur einen kleinen Teil der Gesamtvermögensgeschäfte betreffen, denn von § 399 FamFG sind weder faktische Satzungsänderung noch Personengesellschaften erfasst.[1463] Das Registergericht ist jedoch bereits von Gesetzes wegen nicht verpflichtet, die Voraussetzungen des § 179a AktG zu prüfen. Sowohl § 399 Abs. 1 FamFG als auch § 399 Abs. 4 FamFG lassen in der Aufzählung der Satzungsmängel den Gegenstand des Unternehmens ausdrücklich außen vor. Mithin bestünde auch im Fall einer Änderung des Unternehmensgegenstands und daher tatsächlichen Satzungsänderung keine Möglichkeit des Registergerichts, zur Mangelbeseitigung aufzufordern, geschweige denn durch Feststellung der Mangelhaftigkeit die Auflösung herbeizuführen.

Folglich besteht für das Registergericht keine Verpflichtung, die Voraussetzungen des § 179a AktG zu prüfen, sodass etwaige Sekundäransprüche nicht begründet werden können.

1460 *Krafka*, in: Krafka, Registerrecht, Rn. 1.

1461 *Otto*, in: Hahne/Schlögl/Schlünder, FamFG, § 399, Rn. 1.

1462 *Stellmann/Stoeckle*, WM 2011, 1983, 1989.

1463 So das Ergebnis von *Stellmann/Stoeckle*, WM 2011, 1983, 1989.

7. Kapitel: Steuerrechtliche Aspekte bei einem Gesamtvermögensgeschäft

Möchte sich eine Gesellschaft dazu verpflichten, ihr ganzes Gesellschaftsvermögen zu übertragen, so führt dies nicht nur zu Fragen hinsichtlich der Zuständigkeiten der Organe der Gesellschaft und der haftungsrechtlichen Drittrisiken. Auch die steuerrechtlichen Bezüge dürfen bei den Erwägungen nicht außer Acht gelassen werden. Ein Gesamtvermögensgeschäft betrifft für eine Gesellschaft eine Vielzahl an Steuerarten sowie das Steuerbilanzrecht durch eine mögliche Aufdeckung stiller Reserven. Zunächst kommt die Besteuerung des Ertrags der Gesellschaft gemäß dem KStG oder dem EStG in Betracht. Ebenso weist auch die Umsatzsteuer in Bezug auf Gesamtvermögensgeschäfte Besonderheiten auf, die zu berücksichtigen sind. Da die weit überwiegende Zahl der Gesellschaften zugleich einen Gewerbebetrieb unterhalten dürfte, ist auch die Gewerbesteuer zu betrachten.

§ 1 Die Aufdeckung stiller Reserven

Bevor nachfolgend die Besteuerung von Gesamtvermögensgeschäften Gegenstand der Untersuchung ist, ist zuvor ein kurzer Exkurs in das Steuerbilanzrecht zu unternehmen. Dieser Exkurs ist notwendig, da Gesamtvermögensgeschäfte oftmals mit der Realisierung von Gewinnen aus stillen Reserven im Zusammenhang stehen.

Das Vorsichts- und das Realisationsprinzip stellen zwei der grundlegenden Prinzipien des Bilanzrechts dar. Deren Bedeutung gilt aufgrund des Maßgeblichkeitsgrundsatzes[1464] auch für das Steuerrecht. Nach dem in § 252 Abs. 1 Nr. 4 HGB kodifizierten Vorsichtsprinzip darf eine buchführungspflichtige Person nicht mehr Vermögensgüter in die Bilanz einbeziehen, als tatsächlich bestehen. Ein Buchführungspflichtiger darf sich folglich *„nicht reicher rechnen, als er tatsächlich ist"*.[1465] Gewinne dürfen nach dem Realisationsprinzip erst bilanziell erfasst werden, wenn diese tatsächlich angefallen sind, nicht bereits bei objektiven Wertsteigerungen.[1466] Dies führt dazu, dass ein Wirtschaftsgut, das in das

1464 Siehe zum Maßgeblichkeitsgrundsatz 7. Kap. § 1 B. II.

1465 *Birk/Desens/Tappe*, SteuerR, Rn. 884.

1466 *Birk/Desens/Tappe*, SteuerR, Rn. 885.

Vermögen einer buchführungspflichtigen Person eingebracht wird, zunächst nach dem Vorsichtsprinzip zu bewerten ist. Dies erfolgt regelmäßig mit den Anschaffungs- oder Herstellungskosten.[1467] Wertsteigerung dürfen nach dem Realisationsprinzip erst mit der tatsächlichen Realisierung des Gewinns bilanziell angesetzt werden. Daher werden Wertsteigerungen von Vermögensgegenständen, die im Vermögen des Buchführungspflichtigen verbleiben, bilanziell nicht erfasst. Diese Differenz zwischen bilanziell erfasstem und tatsächlichem Wert bildet eine stille Reserve, die im Zeitraum des Haltens des Wirtschaftsguts steuerrechtlich mangels Ausweisung in der Bilanz nicht erfasst wird. Erst mit Anwendung des Realisationsprinzips bei tatsächlicher Gewinnrealisierung erfolgt die Besteuerung einer stillen Reserve.

Veräußert eine buchführungspflichtige Gesellschaft einen Vermögensgegenstand oder ihren Betrieb im Rahmen eines Gesamtvermögensgeschäfts, so wird regelmäßig eine Aufdeckung stiller Reserven erfolgen. Mit der Aufdeckung stiller Reserven werden die somit realisierten Gewinne der Besteuerung unterworfen. Es können hinsichtlich der Besteuerung jedoch Ausnahmeregelungen eingreifen, etwa die §§ 6b, 6c EStG. Die Aufdeckung stiller Reserven ist von Geschäftsleitern, Steuerberatern, Wirtschaftsprüfern, Anwälten und Notaren bei der Durchführung von Gesamtvermögensgeschäften und deren Folgen zu berücksichtigen. Andernfalls könnte eine erfolgte Besteuerung dazu führen, dass das Gesamtvermögensgeschäft aus ökonomischen Gesichtspunkten unrentabel wird.

§ 2 Die körperschaftsteuerlichen Aspekte

Kapitalgesellschaften werden seit 1920 nicht mehr nach dem EStG, sondern nach dem KStG besteuert.[1468] Die Körperschaftsteuer (KSt) weist mit einem Aufkommen von über 42 Milliarden Euro an den Gesamtsteuereinnahmen der Bundesrepublik Deutschland im Jahr 2021[1469] einen Anteil von ca. 6,7 Prozent auf. Bemessen am Anteil hat die KSt folglich einen vergleichsweisen geringen Einfluss auf das Gesamtsteueraufkommen.

1467 *Birk/Desens/Tappe*, SteuerR, Rn. 921.

1468 *Birk/Desens/Tappe*, SteuerR, Rn. 1216.

1469 https://www.bundesfinanzministerium.de/Content/DE/Standardartikel/Themen/Steuern/Steuerschaetzungen_und_Steuereinnahmen/2022-01-28-steuereinnahmen-4-vierteljahr-kalenderjahr_2021.pdf?__blob=publicationFile&v=3.

A. Die KSt im Allgemeinen

Die KSt ist die Ertragsteuer auf das Einkommen von Personen, die nicht unmittelbar nach dem EStG besteuert werden. Die Steuerpflichtigkeit ergibt sich aus § 1 Abs. 1 KStG und erfasst im Wesentlichen die AG, GmbH, KGaA und SE. Es handelt sich bei der Besteuerung nach dem KStG jedoch nicht um eine grundlegend andere Besteuerungsform als die Einkommensteuer (ESt). Das KStG verweist in weiten Teilen auf die Regelungen des EStG und trifft selber nur vom EStG abweichende oder ergänzende Regelungen.[1470] Weisen die in § 1 Abs. 1 KStG genannten Rechtsformen ihre Geschäftsleitung oder ihren Sitz in der Bundesrepublik Deutschland auf, so sind diese als unbeschränkt steuerpflichtig zu behandeln. Fehlt die inländische Geschäftsleitung oder der inländische Sitz, so handelt es sich gemäß § 2 KStG um eine beschränkt steuerpflichtige Gesellschaft, wenn inländische Einkünfte erzielt werden.

Im Unterschied zur Besteuerung von Personengesellschaften gilt das allgemeine Trennungsprinzip zwischen der Körperschaft als juristische Person und den Gesellschaftern auch im Steuerrecht. Dies bedeutet, dass die Vermögenssphären der steuerpflichtigen Körperschaft i. S. d. KStG und des steuerpflichtigen Gesellschafters zu trennen sind.[1471]

Das steuerpflichtige Einkommen der Körperschaften wird gemäß § 23 Abs. 1 KStG mit dem festen Steuersatz von 15 Prozent versteuert. Steuerpflichtig ist grundsätzlich gemäß § 1 Abs. 2 KStG das gesamte Einkommen, das sogenannte Welteinkommen. Ausnahmen hiervon können jedoch in einem Doppelbesteuerungsabkommen (DBA) zwischen der Bundesrepublik Deutschland und anderen Staaten geregelt sein. Ein DBA führt dazu, dass Vertragsstaaten wechselseitig auf die Erhebung bestimmter Steuern ganz oder teilweise verzichten.[1472]

B. Das zu versteuernde Einkommen

Der KSt unterfällt gemäß § 7 Abs. 1 KStG das zu versteuernde Einkommen der steuerpflichtigen Körperschaft. Für das Einkommen ist gemäß § 7 Abs. 2 KStG das Einkommen i. S. d. § 8 Abs. 1 KStG maßgeblich. Für dessen Ermittlung finden wiederum die Regelungen des EStG neben dem KStG Anwendung. Somit können Körperschaften grundsätzlich Einkünfte in allen Einkunftsarten aus § 2 Abs. 1 EStG erzielen. Jedoch ordnet § 8 Abs. 2 KStG an, dass für Körperschaften

---

1470 *Birk/Desens/Tappe*, SteuerR, Rn. 1216.
1471 *Hey*, in: Tipke/Lang, SteuerR, 2. Teil, Rn. 11.2.
1472 *Birk/Desens/Tappe*, SteuerR, Rn. 1469.

i. S. d. § 1 Abs. 1 Nr. 1 bis Nr. 3 KStG alle Einkünfte als Einkünfte aus Gewerbebetrieb[1473] zu behandeln sind.

Maßgeblich ist für die Einkommensermittlung der erzielte Gewinn der steuerpflichtigen Körperschaft. Dieser ist über einen Vergleich der Betriebsvermögen des vergangenen Wirtschaftsjahres und des aktuellen Wirtschaftsjahres zu ermitteln.[1474] Das KStG besteuert folglich nicht den unmittelbar bei einem Rechtsgeschäft erzielten Gewinn, sondern nur den gesamtbetrieblichen Gewinn im Wirtschaftsjahr. Dies bedeutet, dass auf einen Gewinn aus einem Gesamtvermögensgeschäft nicht unmittelbar die KSt erhoben wird. Vielmehr kann der Gewinn infolge anderer Verluste und Abzüge für die Besteuerung verringert werden. Der Gewinn aus einem Gesamtvermögensgeschäft wird mithin nur mittelbar am Ende des Wirtschaftsjahres von dem KStG erfasst.

Ist eine Körperschaft buchführungspflichtig, so gilt der Maßgeblichkeitsgrundsatz. Für den Vergleich der Betriebsvermögen ist gemäß §§ 8 Abs 1 KStG, 5 Abs. 1 EStG i. V. m. §§ 140 AO, 238 HGB das Betriebsvermögen, welches nach den handelsrechtlichen Grundsätzen ermittelt wurde, maßgeblich.[1475] Der somit ermittelte steuerpflichtige Gewinn einer Kapitalgesellschaft darf gemäß § 8 Abs. 3 S. 2 KStG nicht um Ausgaben im Rahmen einer verdeckten Gewinnausschüttung (vGA) gemindert werden. Ebenso können steuerfreie Gewinne aus einem Veräußerungsgeschäft von Anteilen gemäß § 8b Abs. 2 S. 1 KStG ansatzlos bleiben.

Erfolgt das Gesamtvermögensgeschäft im Zusammenhang mit der Auflösung und Abwicklung der Gesellschaft, etwa bei einer übertragenden Auflösung, so besteht mit § 11 KStG eine *lex specialis*[1476] zur Gewinnermittlung. Wird ein gemäß § 1 Abs. 1 Nr. 1 bis Nr. 3 KStG unbeschränkt Steuerpflichtiger nach der Auflösung abgewickelt, ist gemäß § 11 Abs. 1 S. 1 KStG für die Besteuerung nicht das Wirtschaftsjahr maßgeblich, sondern der Zeitraum der Abwicklung, der gemäß § 11 Abs. 1 S. 2 KStG drei Jahre nicht übersteigen soll. Der verfolgte Zweck des § 11 KStG, die Vereinfachung der Besteuerung[1477], wird gemäß § 11 Abs. 2 KStG durch einen Vergleich des Abwicklungs-Endvermögens mit dem Abwicklungs-Anfangsvermögen erreicht. Diese besondere Gewinnermittlung weicht von der grundsätzlich maßgeblichen handelsrechtlichen Rechnungslegung ab.[1478] Für

---

1473 §§ 2 Abs. 1 Nr. 2, 15 ff. EStG.

1474 *Teufel*, in: Lüdicke/Sistermann, Unternehmenssteuerrecht, § 2, Rn. 9.

1475 *Teufel*, in: Lüdicke/Sistermann, Unternehmenssteuerrecht, § 2, Rn. 9.

1476 *Stalbold*, in: Gosch, KStG, § 11, Rn. 9.

1477 *Stalbold*, in: Gosch, KStG, § 11, Rn. 4.

1478 *Stalbold*, in: Gosch, KStG, § 11, Rn. 45.

die Gewinnermittlung weist § 11 KStG besondere Regeln aus, die insbesondere der Ermittlung der Anfangs- und Endvermögen dienen. Im Übrigen kommen gemäß § 11 Abs. 6 KStG die allgemeinen Regelungen des KStG zur Anwendung.

Eine unmittelbare Besteuerung eines Gewinns aus einem Gesamtvermögensgeschäft erfolgt nach dem KStG folglich nicht. Erst der gesamtbetriebliche Gewinn der veräußernden Körperschaft ist zu versteuern. Hiervon weicht § 11 KStG ab, der in Bezug auf Gesamtvermögensgeschäfte bei einer übertragenden Auflösung zu beachten ist.

C. Das Minderungsverbot bei verdeckten Gewinnausschüttungen

Erfährt eine Kapitalgesellschaft infolge eines bestehenden Gesellschaftsverhältnisses eine Vermögensminderung oder verhinderte Vermögensmehrung, die sich auf das steuerpflichtige Einkommen auswirkt, und steht dies in keinem Bezug zu einer offenen Ausschüttung, so handelt es sich nach ständiger Rechtsprechung um eine vGA.[1479] Mit dem Rechtsinstitut der vGA soll verhindert werden, dass eine aufgrund des Trennungsprinzips grundsätzlich zulässige schuldrechtliche Beziehung zwischen der Körperschaft und einem ihrer Gesellschafter Auswirkungen auf den steuerpflichtigen Gewinn der Körperschaft hat.[1480] Während gemäß § 8 Abs. 3 KStG Ausschüttungen an die Gesellschafter den Gewinn nicht mindern, sind Vermögensminderungen infolge einer schuldrechtlichen Beziehung grundsätzlich zulässig. Eine Vermögensminderung oder verhinderte Vermögensmehrung ist durch das Gesellschaftsverhältnis veranlasst, wenn die Zuwendung an den Gesellschafter an einen Nichtgesellschafter nicht getätigt worden wäre.[1481]

Wendet man dies auf ein Gesamtvermögensgeschäft einer Gesellschaft mit ihrem Gesellschafter an, so besteht ein erhebliches Risiko einer vGA.

1479 BVerfG, Beschluss vom 26.06.2008 – 2 BvR 2067/07 = NJW 2008, 3346, Ls.; BFH, Urteil vom 22.02.1989 – I R 9/85 = BStBl. II 1989, 631, Ls.; BFH, Urteil vom 30.07.1997 – I R 65/96 = BStBl. II 1998, 402, 402; BFH, Urteil vom 10.04.2013 – I R 45/11 = BStBl. II 2013, 771, 774; BGH, Beschluss vom 24.05.2007 – 5 StR 72/07 = NStZ 2008, 412, 412 f.; BGH, Beschluss vom 06.09.2012 – 1 StR 140/12 = NZG 2012, 1231, Rn. 28.

1480 *Intemann*, in: Rödder/Herlinghaus/Neumann, KStG, § 8, Rn. 36.

1481 St. Rspr. BFH, Urteil vom 16.03.1967 – I 261/63 = BStBl. III 1967, 626, Ls.; BFH, Urteil vom 08.10.2008 – I R 61/07 = BStBl. II 2011, 62, 64; BFH, Urteil vom 10.04.2013 – I R 45/11 = BStBl. II 2013, 771, 774.

Insbesondere bei einer übertragenden Auflösung[1482] ist aus steuerrechtlicher Sicht die Angemessenheit des Kaufpreises im Hinblick auf einen Drittvergleich zu beachten. Zudem ist zu berücksichtigen, dass nach der Rechtsprechung des BFH auch ein Forderungsverzicht eine vGA darstellen kann.[1483] Kann daher die Gegenleistung des Gesellschafters einem Drittvergleich standhalten, so bedeutet dies noch nicht, dass eine vGA ausgeschlossen ist. Die vereinbarte Gegenleistung muss durch den Gesellschafter endgültig geleistet werden.

Daher ist körperschaftsteuerrechtlich bei einem Gesamtvermögensgeschäft mit einem Gesellschafter stets das Risiko einer vGA im Blick zu behalten. Insbesondere die Leistung des Gesellschafters ist einem Drittvergleich zu unterziehen, um das Risiko einer das Einkommen nicht mindernden vGA zu vermeiden.

D. Die Steuerbefreiung von Veräußerungsgewinnen

Wie einleitend dargestellt, bestimmt sich die Ertragsbesteuerung im Wesentlichen nach den Vorschriften des EStG. Von diesen Vorschriften macht das KStG Ausnahmen. Eine solche Ausnahme stellt die steuerbefreiende Vorschrift des § 8b KStG dar. Die Steuerbefreiung gemäß § 8b KStG findet sich in diesem Umfang nicht im EStG wieder und weist eine erhebliche praktische Bedeutung auf.[1484] Dies gilt auch für Gesamtvermögensgeschäfte.

Gemäß § 8b Abs. 1 KStG sind Gewinnausschüttungen aus Beteiligungen auf Ebene der Kapitalgesellschaft grundsätzlich steuerfrei. Dies gilt gemäß § 8b Abs. 2 KStG auch für Gewinne aus Veräußerungen von Beteiligungen. Damit soll in Abweichung vom Trennungsprinzip sichergestellt werden, dass eine doppelte Besteuerung auf Ebene der Kapitalgesellschaft und Ebene des Gesellschafters bei Gewinnausschüttungen nicht erfolgt.[1485] Es handelt sich um das *„Herzstück des KSt-Rechts“*.[1486]

Veräußert eine Kapitalgesellschaft ihr gesamtes Vermögen infolge eines *Share Deal*, so stellt dies einen Veräußerungsvorgang i. S. d. § 8b Abs. 2 KStG dar, für den die Beteiligungshöhe ohne Bedeutung ist[1487]. Dem Gewinnbegriff des § 8b Abs. 2 S. 1 KStG steht gemäß § 8b Abs. 2 S. 3 KStG der Gewinn aus einer Auflösung einer Kapitalgesellschaft gleich. Dies bedeutet, dass eine Kapitalgesellschaft

---

1482 Siehe 2. Kap. § 3 B.

1483 BFH, Urteil vom 13.11.1996 – I R 126/95 = BFHE 182, 358, Ls.

1484 *Birk/Desens/Tappe*, SteuerR, Rn. 1251.

1485 *Herlinghaus*, in: Rödder/Herlinghaus/Neumann, KStG, § 8b, Rn. 5.

1486 *Gosch*, in: Gosch, KStG, § 8b, Rn. 1.

1487 *Birk/Desens/Tappe*, SteuerR, Rn. 1262.

die Gewinne aus einer Auflösung ebenfalls steuerfrei vereinnahmen kann, was für eine übertragende Auflösung besondere Relevanz aufweist. Im Unterschied zu § 8b Abs. 1 KStG erfasst die Steuerbefreiung gemäß § 8b Abs. 2 KStG zudem auch stille Reserven, die durch die Veräußerung aufgedeckt werden.[1488] Wird somit infolge eines *Share Deal* eine stille Reserve der veräußernden Körperschaft aufgedeckt, so ist dieser Veräußerungsgewinn gemäß § 8b Abs. 2 KStG steuerfrei. Eine steuerrechtliche Realisierung der stillen Reserve auf Ebene der Körperschaft findet nicht statt. Dies ist auch bei Gesamtvermögensgeschäften im Rahmen eines *Share Deal* zu beachten.

Liegt bei einem Gesamtvermögensgeschäft ein Veräußerungsvorgang i. S. d. § 8b Abs. 2 S. 1 oder S. 3 KStG vor, so führt dies gleichwohl zu keiner vollständigen Steuerbefreiung. Gemäß § 8b Abs. 3 S. 1 KStG sind von den Veräußerungsgewinnen fünf Prozent von einem Abzug als Betriebsausgabe ausgeschlossen, sodass bei wirtschaftlicher Betrachtung der Veräußerungsgewinn nur zu 95 Prozent steuerbefreit ist.[1489] Hinzu kommt, dass gemäß § 8b Abs. 3 S. 3 KStG Gewinnminderungen im Zusammenhang mit Anteilen aus § 8b Abs. 2 KStG bei der Einkommensermittlung nicht zu berücksichtigen sind. Dies spiegelt den Rechtsgedanken wider, dass steuermindernde Aufwendungen nur berücksichtigt werden können, wenn korrespondierende steuererhöhende Gewinne berücksichtigt werden.[1490] Sind Gewinne i. S. d. § 8b Abs. 2 KStG steuerfrei, so sind in diesem Zusammenhang anfallende Aufwendungen im Umkehrschluss nicht abzugsfähig. Gewinnminderungen i. S. d. § 8b Abs. 3 S. 3 KStG sind substanzbezogene Verluste und keine wirtschaftlichen Aufwendungen.[1491] Das bedeutet, dass insbesondere Veräußerungsverluste bei einem Gesamtvermögensgeschäft für die Einkommensermittlung unbeachtlich sind, mithin nicht gewinnmindernd eingebracht werden können.

E. Ergebnis

Für Körperschaften, die dem Anwendungsbereich des KStG unterfallen, ist der Gewinn am Ende eines Wirtschaftsjahres maßgeblich für die Besteuerung.

1488 *Kröner*, in: Bott/Walter, KStG, § 8b, Rn. 80.

1489 *Herlinghaus*, in: Rödder/Herlinghaus/Neumann, KStG, § 8b, Rn. 270.

1490 *Gosch*, in: Gosch, KStG, § 8b, Rn. 261.

1491 H. M. BFH, Urteil vom 14.01.2009 - I R 52/08 = BStBl. II 2009, 674, 674; *Gosch*, in: Gosch, KStG, § 8b, Rn. 266a; *Herlinghaus*, in: Rödder/Herlinghaus/Neumann, KStG, § 8b, Rn. 291; *Rengers*, in: Brandis/Heuermann, KStG, § 8b KStG, Rn. 282; *Watermeyer*, in: H/H/R, EStG/KStG, § 8b KStG, Rn. 105.

Dieser Gewinn wird infolge eines Vergleichs des Betriebsvermögens im vergangenen und gegenwärtigen Wirtschaftsjahr ermittelt. Dies führt dazu, dass keine unmittelbare Besteuerung nach dem KStG für einen Veräußerungsgewinn bei einem Gesamtvermögensgeschäft erfolgt.

Für die Gewinnermittlung sind im Hinblick auf ein Gesamtvermögensgeschäft einige Besonderheiten zu berücksichtigen. Zum einen droht das Risiko einer vGA, wenn eine Körperschaft mit einem Gesellschafter das Geschäft abschließt. Zum anderen können sich Steuerbefreiungen ergeben, wenn es sich bei dem Gesamtvermögensgeschäft um einen *Share Deal* handelt.

§ 3 Die einkommensteuerlichen Aspekte

Die Historie der ESt geht zurück bis in das Jahr 1799, als der englische Finanzminister *William Pitt d. J.* zur Finanzierung des Krieges gegen die von *Napoleon* befehligten französischen Truppen erstmalig eine Steuer auf das Einkommen einführte.[1492] Während die ESt als „Königin der Steuern" bezeichnet wurde, ist diese in der Gegenwart infolge zahlreicher komplexer Normen nur noch schwer verständlich.[1493] Gleichwohl macht die ESt mit einem Aufkommen von gut 63 Milliarden Euro im Jahr 2019[1494] ca. 8,5 Prozent des steuerlichen Gesamtaufkommens auf und weist daher eine weitaus größere steuerliche Bedeutung als die KSt auf.

A. Die Besteuerung von Gesellschaften nach dem EStG

I. Die Besteuerung nach dem EStG

Während mit dem KStG ein Gesetz für die Besteuerung von Kapitalgesellschaften besteht, fehlt es für Personengesellschaften an einem derartigen eigenen Gesetz. Die Besteuerung eine Personengesellschaft bestimmt sich nach dem EStG, das jedoch einige Sondervorschriften aufweist.[1495] Zudem erfolgt im engeren Sinne keine Besteuerung von Personengesellschaften,[1496] da gemäß § 2 Abs. 1 EStG nur Einkünfte der Besteuerung nach dem EStG unterliegen, die ein

1492 *Birk/Desens/Tappe*, SteuerR, vor Rn. 591.

1493 *Birk/Desens/Tappe*, SteuerR, Rn. 588.

1494 https://www.bundesfinanzministerium.de/Content/DE/Standardartikel/Themen/Steuern/Steuerschaetzungen_und_Steuereinnahmen/2020-01-31-steuereinnahmen-kalenderjahr-2019.pdf?__blob=publicationFile&v=5.

1495 *Birk/Desens/Tappe*, SteuerR, Rn. 1135.

1496 *Birk/Desens/Tappe*, SteuerR, Rn. 1136.

Steuerpflichtiger gemäß § 1 Abs. 1 EStG erzielt. Steuerpflichtiger i. S. d. § 1 Abs. 1 EStG kann jedoch nur eine natürliche Person sein, also die Gesellschafter einer Personengesellschaft. Für die Besteuerung gemäß dem EStG gilt folglich auch nicht das Trennungsprinzip aus dem KStG, sondern es tritt an dessen Stelle das Transparenzprinzip. Nach diesem erfolgt die Besteuerung von Einkünften auf Ebene der Gesellschafter und nicht auf der Ebene der Gesellschaft.[1497] Dies ist dem Umstand geschuldet, dass das EStG dem zivilrechtlichen Grundsatz folgt, dass Personengesellschaften keine allgemeine Rechtspersönlichkeit aufweisen, sodass eine Gleichstellung mit juristischen Personen nicht möglich ist.[1498]

Auch wenn nach dem Transparenzprinzip die Besteuerung erst auf Ebene der Gesellschafter nach dem EStG oder KStG erfolgt, ist die Personengesellschaft gleichwohl das Subjekt der Gewinnerzielung und -ermittlung, sodass die Einkünfte einer Personengesellschaft hinsichtlich Ermittlung und Qualifikation einheitlich beurteilt werden.[1499] Das von einer Personengesellschaft erzielte Einkommen ist eine eigene Einkunft des Gesellschafters und wird bei diesem anhand der individuellen Beurteilung der Besteuerung unterworfen.[1500] Eine Besonderheit besteht, wenn ein Gesellschafter hingegen gemäß § 15 Abs. 1 Nr. 2 EStG als Mitunternehmer zu qualifizieren ist. In diesem Fall ist dieser einem Einzelunternehmer gemäß § 15 Abs. 1 Nr. 1 EStG gleichgestellt[1501] und die Einkünfte des Gesellschafters sind als Einkünfte aus Gewerbebetrieb[1502] zu qualifizieren. Mitunternehmer i. S. d. § 15 Abs. 1 Nr. 2 EStG ist, wer zivilrechtlich Gesellschafter ist sowie Mitunternehmerrisiko und -initiative trägt.[1503] Aufgrund der niedrigen Anforderungen an die Mitunternehmerschaft[1504] betrifft dies die OHG, die KG und auch die GbR[1505]. Es sind daher nur wenige Konstellationen denkbar, in

1497 *Birk/Desens/Tappe*, SteuerR, Rn. 1139.

1498 *Kahle*, in: Prinz/Kahle, BeckHdB PersG, § 7, Rn. 2.

1499 Sog. Partielle Steuerrechtsfähigkeit, *Birk/Desens/Tappe*, SteuerR, Rn. 1138.

1500 *Kahle*, in: Prinz/Kahle, BeckHdB PersG, § 7, Rn. 8.

1501 *Birk/Desens/Tappe*, SteuerR, Rn. 1141.

1502 §§ 2 Abs. 1 Nr. 2, 15 ff. EStG.

1503 St. Rspr. BFH, Beschluss vom 24.06.1984 – GrS 4/82 = BStBl. II 1984, 751, 769; BFH, Beschluss vom 03.05.1993 – GrS 3/92 = BStBl. II 1993, 616, 621; BFH, Urteil vom 25.04.2006 – VIII R 74/03 = BStBl. II 2006, 595, 595; BFH, Urteil vom 16.05.2013 – II R 5/12 = BStBl. II 2013, 635, Rn. 10; BFH, Urteil vom 03.12.2015 – IV R 43/13 = BFH/NV 2016, 742, Rn. 39; BFH, Urteil vom 06.11.2019 – I R 34/16 = DStR 2020, 382, Rn. 25.

1504 *Kahle*, in: Prinz/Kahle, BeckHdB PersG, § 7, Rn. 32.

1505 *Birk/Desens/Tappe*, SteuerR, Rn. 1148.

denen keine Mitunternehmerschaft bei Beteiligungen an einer Personengesellschaft besteht. In diesen Ausnahmefällen werden die Einkünfte des Gesellschafters regelmäßig als Einkünfte aus Kapitalvermögen gemäß § 20 EstG oder aus Vermietung und Verpachtung i. S. d. § 21 EStG zu qualifizieren sein.[1506]

II. Die Gewinnermittlung gemäß den §§ 4, 5 EStG

Der nach dem EStG zu versteuernde Gewinn gemäß § 4 Abs. 1 S. 1 EStG ist die Differenz zwischen dem Betriebsvermögen im aktuellen und dem Betriebsvermögen des vorangegangenen Wirtschaftsjahrs, vermehrt um Entnahmen und vermindert um Einlagen. Da im Unterschied zu Körperschaften, die nach dem KStG besteuert werden, jedoch keine allgemeine Buchführungspflicht für Personengesellschaften gilt, ist diesbezüglich zu differenzieren. Sind Personengesellschaften gemäß den §§ 140, 141 AO buchführungspflichtig, so gilt grundsätzlich gemäß § 5 Abs. 1 S. 1 EStG der Maßgeblichkeitsgrundsatz der handelsrechtlichen Bilanzierung.[1507] Fehlt eine handelsrechtliche Buchführungspflicht, so ist gemäß § 4 Abs. 3 S. 1 EStG die Differenz zwischen Betriebseinnahmen und -ausgaben als Gewinn zu versteuern, sofern ein Überschuss besteht.

Veräußert eine Personengesellschaft ihr ganzes Vermögen, so ist dieser Gewinn in die Gewinnermittlung gemäß den §§ 4, 5 EStG einzubeziehen und am Ende des Wirtschaftsjahres zu versteuern, sofern ein Gewinn ausgewiesen wird. Da grundsätzlich jedoch nur Wirtschaftsgüter bilanziert werden dürfen, die zurechenbar sind,[1508] darf eine Personengesellschaft den Erlös aus einem Gesamtvermögensgeschäft nur steuerlich geltend machen, wenn das Objekt des Rechtsgeschäfts gemäß § 39 Abs. 1 AO in ihrem Eigentum stand. Wird beispielsweise ein Grundstück aus dem Eigentum eines Gesellschafters veräußert, so handelt es sich um kein Gesamtvermögensgeschäft und mithin keinen steuerrechtlichen Vorgang der Gesellschaft. Auch eine wirtschaftliche Zurechnung gemäß § 39 Abs. 2 Nr. 1 AO ist nicht möglich, da eine Überlassung an die Gesellschaft regelmäßig als Leihe zu qualifizieren ist, die kein wirtschaftliches Eigentum begründen kann.[1509]

1506 *Kahle*, in: Prinz/Kahle, BeckHdB PersG, § 7, Rn. 21.

1507 Ausnahmen sind vom Maßgeblichkeitsgrundsatz jedoch zu machen, wenn der Buchführungspflichtige steuerrechtliche Wahlrecht ausübt, § 5 Abs. 1 S. 1 Hs. 2 EStG.

1508 *Birk/Desens/Tappe*, SteuerR, Rn. 898.

1509 Miete und Pacht können kein wirtschaftliches Eigentum i. S. d. § 39 Abs. 2 Nr. 1 AO begründen, *Ratschow*, in: Klein, AO, § 39, Rn. 32, was entsprechend zu übertragen ist.

III. Gesamtvermögensgeschäft beim Sonderbetriebsvermögen

Trotz Zurechnung eines Vermögensgegenstands gemäß § 39 AO an einen Gesellschafter führt dies nicht dazu, dass eine steuerliche Veranlagung des Wirtschaftsguts bei der Gesellschaft ausgeschlossen ist. Ein Gesamtvermögensgeschäft, das eigentumsrechtlich nicht der Gesellschaft zuzuordnen ist, kann gleichwohl steuerliche Relevanz aufweisen. Diese Relevanz besteht, wenn es sich bei dem Wirtschaftsgut um Sonderbetriebsvermögen (SBV) der Gesellschaft handelt. Dieses besteht bei Wirtschaftsgütern, die eigentumsrechtlich dem Gesellschafter zugeordnet werden, jedoch der Gesellschaft dienen,[1510] etwa bei verpachteten Grundstücken.

Besteht ein SBV, so ist für dieses eine Sonderbilanz nebst einer Gewinn- und Verlustrechnung aufzustellen,[1511] deren Ergebnisse in die Gewinnermittlung mit einzubeziehen sind.[1512] Die typischerweise erfassten Vorgänge werden laufende Zahlungen, etwa Pachtzins oder Mietzahlungen, darstellen.[1513] Die steuerliche Berücksichtigung von SBV führt zu der Frage, ob eine Veräußerung des Wirtschaftsguts durch den Gesellschafter an eine betriebsfremde Person im Rahmen eines (gesellschaftsfremden) Gesamtvermögensgeschäfts Auswirkungen auf die Besteuerung des SBV hat.

Überträgt ein Gesellschafter ein Wirtschaftsgut, das dem SBV zuzurechnen ist, an einen betriebsfremden Dritten, so handelt es sich um eine Entnahme i. S. d. § 4 Abs. 1 S. 2 EStG.[1514] Eine Entnahme ist für die Gewinnermittlung gemäß § 4 Abs. 1 S. 1 EStG hinzuzurechnen, sodass die Entnahme grundsätzlich steuerpflichtig ist.[1515] Die Entnahme aus dem SBV ist gemäß § 6 Abs. 1 Nr. 4 EStG mit dem Teilwert anzusetzen. Der Teilwert ist in § 6 Abs. 1 Nr. 1 S. 3 EStG legaldefiniert und stellt den *„Betrag dar, den ein Erwerber des ganzen Betriebs im Rahmen des Gesamtkaufpreises für das einzelne Wirtschaftsgut ansetzen würde; dabei ist davon auszugehen, dass der Erwerber den Betrieb fortführt“*. Entnimmt mithin ein Gesellschafter ein Wirtschaftsgut aus dem SBV, das zivilrechtlich ihm zuzurechnen ist, so handelt es sich zwar um kein Gesamtvermögensgeschäft einer Gesellschaft im eigentlichen Sinne, jedoch um ein gesellschaftliches Rechtsgeschäft im steuerrechtlichen Sinne. Erzielt der Gesellschafter einen Entnahmegewinn mit

1510 *Birk/Desens/Tappe*, SteuerR, Rn. 1188.
1511 *Kahle*, in: Prinz/Kahle, BeckHdB PersG, § 7, Rn. 91.
1512 *Kahle*, in: Prinz/Kahle, BeckHdB PersG, § 7, Rn. 87.
1513 *Kahle*, in: Prinz/Kahle, BeckHdB PersG, § 7, Rn. 92.
1514 *Stöber*, in: BeckOGK-HGB, § 247, Rn. 168.
1515 *Grottel/Baldamaus*, in: BeckBil-Komm, § 247 HGB, Rn. 617.

der Veräußerung des Wirtschaftsguts an eine betriebsfremde Person, so handelt es sich um einen gemäß § 4 Abs. 1 oder Abs. 3 EStG[1516] steuerbaren Vorgang. Einzig eine Differenz zwischen Teilwert und tatsächlich erzieltem Kaufpreis, etwa bei einem Liebhabergeschäft, das keinen Einfluss auf den Teilwert hat,[1517] bliebe auf Ebene der Gesellschaft steuerrechtlich unberücksichtigt.

Mithin ist die Veräußerung eines Wirtschaftsgutes, das im SBV einer Gesellschaft befindlich ist, an eine betriebsfremde Person ein nach dem EStG steuerbarer Vorgang auf Ebene der Gesellschaft. Auch wenn es unerheblich ist, ob es sich um ein Gesamtvermögensgeschäft handelt, ist dieser Umstand steuerrechtlich zu berücksichtigen.

B. Die gesamtvermögensgeschäftlichen Besonderheiten des EStG

Neben der allgemeinen Besteuerung von Gewinnen der Personengesellschaften weist das EStG mit den §§ 16, 17 und 34 EStG weitere Normen auf, die für die Besteuerung von Gesamtvermögensgeschäften besondere Relevanz aufweisen.

I. Die Veräußerung des Betriebs gemäß § 16 EStG

Ein Gesamtvermögensgeschäft kann auch durch die Veräußerung des Gewerbebetriebs der Gesellschaft erfolgen. Für diesen Fall regelt § 16 Abs. 1 S. 1 Nr. 1 EStG, dass der erzielte Veräußerungsgewinn den Einkünften aus Gewerbebetrieb zuzuordnen ist. Der Veräußerungsgewinn ist gemäß § 16 Abs. 2 S. 1 EStG *„der Betrag, um den der Veräußerungspreis nach Abzug der Veräußerungskosten den Wert des Betriebsvermögens (Absatz 1 Satz 1 Nummer 1) oder den Wert des Anteils am Betriebsvermögen (Absatz 1 Satz 1 Nummer 2 und 3) übersteigt.“*. Mithin ist der Veräußerungsgewinn aus einer Veräußerung des Betriebs als Einkunft aus Gewerbebetrieb steuerpflichtig.

Dies gilt jedoch nur, wenn es sich bei dem Betrieb i. S. d. § 16 Abs. 1 S. 1 Nr. 1 EStG um einen *„lebenden Organismus des Wirtschaftslebens“* handelt,[1518] der Erwerber folglich wie der Veräußerer in der Lage ist, den Betrieb fortzuführen.[1519] Auf der Gegenseite ist es erforderlich, dass der Veräußerer seine

---

1516 BFH, Urteil vom 14.11.2007 – XI R 37/06 = BFH/NV 2008, 365.

1517 *Halaczinsky*, in: Rössler/Troll, BewG, § 9, Rn. 14.

1518 BFH, Urteil vom 07.11.1991 – IV R 50/90 = BStBl. II 1992, 380, Ls.; BFH, Urteil vom 29.03.2001 – IV R 62/99 = BFH/NV 2001, 1248; BGH, Urteil vom 22.01.2015 – IV R 10/12 = BFH/NV 2015, 678, Rn. 45.

1519 *Seer*, in: Kirchhof/Seer, EStG, § 16, Rn. 31.

gewerbliche Tätigkeit, die sich auf die veräußerten wesentlichen Betriebsgrundlagen bezieht, aufgibt.[1520] Neben der Übertragung und der Aufgabe erfordert eine Veräußerung des Betriebs i. S. d. § 16 Abs. 1 S. 1 Nr. 1 EStG zudem, dass wesentliche Betriebsgrundlagen übertragen werden. Die Wesentlichkeit bestimmt sich anhand einer funktional-quantitativen Betrachtung.[1521] Folglich danach, ob die Betriebsgrundlagen funktional der betrieblichen Tätigkeit dienen und quantitativ erhebliche stille Reserven enthalten sind, die keine Funktionalität aufweisen.[1522]

Veräußert eine Personengesellschaft ihren Gewerbebetrieb, so kann der erzielte Veräußerungsgewinn gemäß § 16 Abs. 1 S. 1 Nr. 1 EStG einen steuerpflichtigen Vorgang darstellen. Da eine Veräußerung des Gewerbebetriebs regelmäßig ein Gesamtvermögensgeschäft darstellen wird, weist die Norm eine besondere Relevanz für derartige Rechtsgeschäfte auf. Im Unterschied zur zivilrechtlichen Behandlung von Gesamtvermögensgeschäften ist jedoch zu berücksichtigen, dass die konkrete gewerbliche Tätigkeit aufgegeben werden muss.

II. Die Veräußerung von Beteiligungen gemäß § 17 EStG

Neben den Gewinnen aus § 16 EStG gehören gemäß § 17 Abs. 1 S. 1 EStG auch die Gewinne aus den Veräußerungen von Beteiligungen an Kapitalgesellschaften zu den Einkünften aus Gewerbebetrieb, wenn der Veräußerer innerhalb der letzten fünf Jahre unmittelbar oder mittelbar zu mindestens einem Prozent beteiligt gewesen ist. Erfasst werden Beteiligungen an Kapitalgesellschaften gemäß § 1 Abs. 1 Nr. 1 KStG, mithin Aktien und GmbH-Anteile.[1523] Veräußert somit eine Personengesellschaft ihre Beteiligungen i. S. d. § 17 Abs. 1 S. 1 EStG, etwa im Rahmen eines als *Share Deal* stattfindenden Gesamtvermögensgeschäfts, so sind die Veräußerungsgewinne als Einkünfte aus Gewerbebetrieb zu versteuern. Wie der Wortlaut des § 17 Abs. 1 S. 1 EStG klarstellt, ist auch eine mittelbare Beteiligung erfasst, etwa wenn eine weitere Personen- oder Kapitalgesellschaft zwischengeschaltet wird.[1524] Zur Verhinderung der Umgehung durch Teilveräußerungen

---

1520 BFH, Urteil vom 09.08.1989 – X R 62/87 = BStBl. II 1989, 973, Ls.; BFH, Urteil vom 12.06.1996 – XI R 56/96, XI R 57/95 = BStBl. II 1996, 527, Ls.; BFH, Urteil vom 19.03.2009 – IV R 78/06 = BStBl. II 2009, 803, 807.

1521 BFH, Urteil vom 28.05.2015 – IV R 26/12 = BStBl. II 2015, 797, 799; BFH, Urteil vom 20.03.2017 – X R 11/16 = BStBl. II 2017, 992, 993.

1522 *Seer*, in: Kirchhof/Seer, EStG, § 16, Rn. 38.

1523 *Gosch*, in: Kirchhof/Seer, EStG, § 17, Rn. 14.

1524 *Gosch*, in: Kirchhof/Seer, EStG, § 17, Rn. 28.

wird ferner die Beteiligung auf die letzten fünf Jahre betrachtet,[1525] mithin nicht nur der Ist-Zustand im Zeitpunkt der Veräußerung. Gemäß § 17 Abs. 3 EStG steht dem Veräußerer jedoch ein Freibetrag von 9.060,00 Euro bei Veräußerung von 100 Prozent der Anteile zu. Bei geringerer Anteilsveräußerung ist der Freibetrag entsprechend zu reduzieren.

III. Die außerordentlichen Einkünfte gemäß § 34 EStG

Die Besteuerung nach dem EStG erfolgt nach dem Prinzip der jährlichen Besteuerung, aus diesem Zeitraum bestimmt sich auch der progressive Steuertarif gemäß § 32a Abs. 1 EStG.[1526] Die Bestimmung des progressiven Steuertarifs anhand des Zeitraums von einem Jahr führt bei regelmäßigen Einkünften zu keinen Nachteilen. Anders stellt sich dies bei außerordentlichen Einkünften dar, namentlich solchen, bei denen einmalig die Einkünfte mehrerer Jahre zusammenfließen.[1527] Um diese Nachteile auszugleichen, regelt § 34 EStG eine Tarifbegünstigung.

Diese Tarifbegünstigung weist auch für Gesamtvermögensgeschäfte Relevanz auf, da gemäß § 34 Abs. 2 Nr. 1 EStG auch Veräußerungsgewinne aus der Veräußerung eines Betriebs gemäß § 16 EStG als außerordentliche Einkünfte erfasst werden. In diesen Veräußerungsfällen ist insbesondere aufgrund der regelmäßig stattfindenden Aufdeckung stiller Reserven die Tarifbegünstigung angezeigt.[1528] Hingegen fallen Einkünfte aus § 17 EStG nicht unter den Anwendungsbereich des § 34 Abs. 1 EStG, wenn diese bereits dem Halb-/Teileinkünfteverfahren unterliegen, um eine doppelte Begünstigung zu verhindern.[1529] Ein Gesamtvermögensgeschäft wird jedoch auch von § 34 EStG erfasst, wenn dies nicht aus dem Katalog des § 34 Abs. 2 EStG folgt. Da es sich bei außerordentlichen Einkünften um Einkünfte handelt, die einen ungewöhnlichen und bedeutsamen Vorgang darstellen,[1530] und es sich bei diesen Einkünften um eine Zusammenballung handelt, die im Normalfall über Jahre verteilt besteuert worden wären,[1531] sodass sich eine Härte durch den progressiven Steuertarif ergibt, ist dies auch bei Gesamtvermögensgeschäften regelmäßig anzuwenden. Ein

1525 *Gosch*, in: Kirchhof/Seer, EStG, § 17, Rn. 30.
1526 *Mellinghoff*, in: Kirchhof/Seer, EStG, § 34, Rn. 1.
1527 *Mellinghoff*, in: Kirchhof/Seer, EStG, § 34, Rn. 1.
1528 *Mellinghoff*, in: Kirchhof/Seer, EStG, § 34, Rn. 15.
1529 *Mellinghoff*, in: Kirchhof/Seer, EStG, § 34, Rn. 21.
1530 *Mellinghoff*, in: Kirchhof/Seer, EStG, § 34, Rn. 7.
1531 *Mellinghoff*, in: Kirchhof/Seer, EStG, § 34, Rn. 8.

solches Rechtsgeschäft ist als atypisch zu betrachten. Das Ziel des § 34 EStG, insbesondere eine geballte Aufdeckung stiller Reserven von der einmaligen Anwendung des progressiven Steuertarifs auszunehmen, begründet die grundsätzliche Anwendung der Norm auf Gesamtvermögensgeschäfte.

Hat ein Steuerpflichtiger außerordentliche Einkünfte i. S. d. § 34 EStG erzielt, so führt die Anwendung des § 34 Abs. 1 EStG dazu, dass die außerordentlichen Einkünfte rechnerisch auf fünf Jahre verteilt werden. Alternativ kann gemäß § 34 Abs. 3 EStG bei Vorliegen der Voraussetzungen auch eine Besteuerung anhand eines Durchschnittssteuersatzes erfolgen.

C. Ergebnis

Die Besteuerung von Personengesellschaften nach dem EStG erfolgt primär auf Ebene der Gesellschafter und nicht auf Ebene der Gesellschaft, wie es das KStG vorsieht. Während die Gewinnermittlung nach dem EStG mit dem KStG vergleichbar ist, ist der Steuertarif abweichend, da dieser progressiv und nicht starr ist.

In Bezug auf Gesamtvermögensgeschäfte sind neben den allgemeinen Besteuerungsregelungen einige Besonderheiten zu beachten. So kann aus steuerrechtlicher Sicht eine Gewinnermittlung auf Ebene der Gesellschaft stattfinden, auch wenn das Objekt des Gesamtvermögensgeschäfts zivilrechtlich im Eigentum eines Gesellschafters ist. Dies ist der Fall, wenn es sich diesbezüglich um eine Entnahme aus dem SBV handelt. Weiter sind auch die besonderen Regeln zur Gewinnermittlung und Qualifizierung von Einkünften gemäß den §§ 16, 17 und 34 EStG zu berücksichtigen.

§ 4 Die umsatzsteuerlichen Aspekte

Die Umsatzsteuer (USt) stellt die ergiebigste Steuerart für den Staat dar. Für das Jahr 2021 betrug das Aufkommen der USt über 250 Milliarden Euro, was knapp 40 Prozent der Gesamtsteuereinnahmen ausmacht.[1532] Damit ist die USt das Zugpferd des Steuerhaushalts.

1532 https://www.bundesfinanzministerium.de/Content/DE/Standardartikel/Themen/Steuern/Steuerschaetzungen_und_Steuereinnahmen/2022-01-28-steuereinnahmen-4-vierteljahr-kalenderjahr_2021.pdf?__blob=publicationFile&v=3.

A. Die Umsatzsteuer im Allgemeinen

Die USt soll wirtschaftlich den Endverbraucher belasten und für den Unternehmer kostenneutral sein.[1533] Da eine Besteuerung des Verbrauchers technisch bedingt unmöglich ist,[1534] wird jedoch der Unternehmer als Schuldner der (fremden) Umsatzsteuerschuld herangezogen und ist somit grundsätzlich Steuerschuldner. Der Unternehmer i. S. d. UStG ist in § 2 Abs. 1 UStG legaldefiniert: „*Unternehmer ist, wer eine gewerbliche oder berufliche Tätigkeit selbständig ausübt. Das Unternehmen umfasst die gesamte gewerbliche oder berufliche Tätigkeit des Unternehmers. Gewerblich oder beruflich ist jede nachhaltige Tätigkeit zur Erzielung von Einnahmen, auch wenn die Absicht, Gewinn zu erzielen, fehlt oder eine Personenvereinigung nur gegenüber ihren Mitgliedern tätig wird.*“ Es kommt für die Unternehmereigenschaft nicht auf die Rechtsform, sondern die Art der Tätigkeit an.[1535] Betrachtet man die Art der Tätigkeit, so sind natürliche und juristische Personen sowie Personengesellschaften vom Unternehmerbegriff erfasst.[1536] Nicht erfasst werden hingegen nicht wirtschaftliche Vereine, da diese weder gewerblich noch beruflich tätig sind. Zudem bietet die Kleinunternehmerregelung aus § 19 UStG die Möglichkeit für Kleinunternehmer, bei geringen Umsätzen von der Umsatzsteuer ausgenommen zu werden.

Steuerobjekt der USt ist der Leistungsaustausch, der insbesondere durch Lieferungen und sonstige Leistungen gemäß § 1 Abs. 1 Nr. 1 UStG stattfindet. Lieferungen und sonstige Leistungen sind in § 3 Abs. 1 und Abs. 9 UStG definiert. Aufgrund der offenen Definition der sonstigen Leistung als „alles, was nicht Lieferung ist“, ist der Leistungsaustausch i. S. d. § 1 Abs. 1 UStG sehr weit gefasst, sofern das Merkmal der Entgeltlichkeit erfüllt ist. Da das UStG an die tatsächliche Leistungsbewegung anknüpft, ist das Verfügungsgeschäft maßgeblich, nicht das Verpflichtungsgeschäft.[1537] Aus diesem Grund ist ein Mangel im Hinblick auf das Verpflichtungsgeschäft, etwa bei fehlender Zustimmung gemäß § 179a Abs. 1 AktG, umsatzsteuerrechtlich unbeachtlich.

Die nach dem UStG steuerbaren Leistungen sind mit den festen Steuersätzen aus § 12 UStG zu versteuern. Diese betragen grundsätzlich 19 und sieben Prozent. Aufgrund der COVID-19-Pandemie wurden die Steuersätze gemäß § 12 UStG i. V. m. § 28 UStG vom 01.07.2020 bis zum 31.12.2020 auf 16 und fünf

---

1533 *Birk/Desens/Tappe*, SteuerR, Rn. 1655.

1534 *Birk/Desens/Tappe*, SteuerR, Rn. 1656.

1535 BMF-Schreiben vom 26.01.2007 IV A 5 – S 7300 – 10/07 = DStR 2007, 257, 257.

1536 *Birk/Desens/Tappe*, SteuerR, Rn. 1664.

1537 *Robisch*, in: Bunjes, UStG, § 1, Rn. 26.

Prozent herabgesetzt.[1538] Diese Herabsetzung ist eine Ursache des sinkenden Ertrags aus der USt für das Jahr 2020.

B. Die Veräußerung einer Beteiligung als steuerpflichtige Leistung?

Ein Gesamtvermögensgeschäft kann sowohl als *Asset-* als auch als *Share Deal* erfolgen. Während ein *Asset Deal* dem Grunde nach dem UStG unterfällt, also eine steuerpflichtige Leistung darstellt, jedoch regelmäßig von § 1 Abs. 1a UStG erfasst wird,[1539] ist dies bei einem *Share Deal* weniger eindeutig. Die Veräußerung von Beteiligungen stellt grundsätzlich keine wirtschaftliche Tätigkeit i. S. d. UStG dar, sodass keine steuerbare Leistung vorliegt.

Nach der Rechtsprechung des EuGH liegt bei einer (Holding-)Gesellschaft keine umsatzsteuerpflichtige wirtschaftliche Tätigkeit vor, wenn der einzige Gesellschaftszweck der Erwerb oder das Innehaben von Beteiligungen ist und – abgesehen von den Rechten als Gesellschafterin – kein mittelbarer oder unmittelbarer Einfluss auf die Verwaltung der Gesellschaft genommen wird.[1540] Eine Gewinnbeteiligung stellt in diesem Kontext kein Entgelt für eine erbrachte Leistung dar,[1541] da diese *„als Ergebnis dieser Beteiligung Ausfluss der bloßen Innehabung des Gegenstands ist“*[1542]. Diese Rechtsprechung hinsichtlich einer Umsatzsteuerpflicht der Tätigkeit einer (Holding-)Gesellschaft gilt ebenso für die Veräußerung von Beteiligungen.[1543] Es kann jedoch neben der Einflussnahme auf die Verwaltung der Gesellschaft ebenso das Halten einer Beteiligung

---

1538 Art. 3 des zweiten Gesetzes zur Umsetzung steuerlicher Hilfsmaßnahmen zur Bewältigung der Corona-Krise (Zweites Corona-Steuerhilfegesetz) vom 29.06.2020, BGBl. I, 1512.

1539 *Robisch*, in: Bunjes, UStG, § 1, Rn. 120.

1540 EuGH, Urteil vom 14.11.2000 – C-142/99 (*Floridienne SA*) = DStRE 2000, 1268, Rn. 17 f.; EuGH, Urteil vom 27.09.2001 – C-16/00 (*Cibo Participations SA*) = DStRE 2001, 1795, Rn. 18; so auch BFH, Beschluss vom 11.12.2013 – XI R 17/11 = MwStR 2014, 202, Rn. 28.

1541 EuGH, Urteil vom 14.11.2000 – C-142/99 (*Floridienne SA*) = DStRE 2000, 1268, Rn. 21 ff.

1542 EuGH, Urteil vom 27.09.2001 – C-16/00 (*Cibo Participations SA*) = DStRE 2001, 1795, Rn. 19.

1543 EuGH, Urteil vom 29.04.2004 – C-77/01 (*Empresa de Desenvolvimento Mineiro SGPS SA*) = DStRE 2004, 1095, Rn. 57.

nicht um ihrer selbst willen, sondern zur Erweiterung der steuerbaren Tätigkeit zu einem umsatzsteuerpflichtigen Vorgang bei einem *Share Deal* führen.[1544]

Diese Rechtsprechung des EuGH bedeutet für *Share Deals* im Rahmen eines Gesamtvermögensgeschäfts, dass eine genaue Differenzierung nach der Art der Beteiligung zu erfolgen hat. Grundsätzlich ist die Veräußerung von Beteiligungen keine umsatzsteuerpflichtige Leistung.[1545] Hat die veräußernde Gesellschaft die Beteiligung erworben und gehalten, um ihre Gewinnbeteiligungen und ihre Rechte als Gesellschafterin wahrzunehmen, so handelt es sich um keine Leistung i. S. d. § 1 Abs. 1 UStG. Erfolgt die Beteiligung jedoch zur Förderung anderer Tätigkeiten der Gesellschaft oder werden Leistungen zwischen Gesellschaften erbracht, so handelt es sich um einen Leistungsaustausch mit der Folge, dass die Veräußerung der Beteiligung einen umsatzsteuerpflichtigen Vorgang darstellen kann.[1546] Insbesondere bei der Förderung weiterer Tätigkeiten dürfte jedoch ein Gesamtvermögensgeschäft fernliegend sein. In diesem Fall dürfte die Relation zwischen Beteiligungsvermögen und Gesamtvermögen gegen die Annahme eines Gesamtvermögensgeschäfts sprechen, da die geförderten weiteren Tätigkeiten aufgrund ihrer Förderung wesentliche Bedeutung für die Gesellschaft aufweisen und demzufolge im Gesellschaftsvermögen keine untergeordnete Rolle darstellen dürften.

C. Die Betriebsveräußerung gemäß § 1 Abs. 1a UStG

I. Zur Betriebsveräußerung

Gemäß Art. 19 der MwStSystRL[1547] ist es den Mitgliedstaaten der EU gestattet, die Übertragung des Gesamt- oder Teilvermögens nicht als Lieferung von Gegenständen zu behandeln und den Erwerber im Rahmen der Übertragung als Rechtsnachfolger anzusehen. Von dieser Möglichkeit macht der deutsche Gesetzgeber mit § 1 Abs. 1a S. 1 UStG Gebrauch,[1548] indem dieser Umsätze im Rahmen von Geschäftsveräußerungen von der Umsatzsteuer ausnimmt. Eine derartige Geschäftsveräußerung liegt gemäß § 1 Abs. 1a S. 2 UStG vor, wenn *„ein*

1544 EuGH, Urteil vom 11.07.1996 – C-306/94 (*Cabinet A. Forest SARL*) = HFR 1996, 772, Rn. 18.

1545 *Zugmaier*, DStR 2009, 882, 883.

1546 EuGH, Urteil vom 29.10.2009 – C-29/08 (*AB SKF*) = DStR 2009, 2311, Ls.; Siehe zur Steuerbarkeit auch 7. Kap. § 1 C. IV.

1547 Mehrwertsteuersystemrichtlinie, RL 2006/112/EG.

1548 *Nieskens*, in: Rau/Dürrwächter, UStG, § 1, Rn. 106; *Robisch*, in: Bunjes, UStG, § 1, Rn. 115.

Unternehmen oder ein in der Gliederung eines Unternehmens gesondert geführter Betrieb im Ganzen entgeltlich oder unentgeltlich übereignet oder in eine Gesellschaft eingebracht wird.“ Eine derartige Betriebsveräußerung kann auch bei einem *Share Deal* gegeben sein.[1549]

Dieser Begriff stimmt erkennbar nicht mit der „Übertragung des Gesamt- oder Teilvermögens“ aus Art. 19 der MwStSystRL überein. Es handelt sich nach der Rechtsprechung des EuGH bei der „Übertragung des Gesamt- oder Teilvermögens“ um einen *„autonomen unionsrechtlichen Begriff, der in der gesamten Union eine einheitliche Auslegung finden muss“*[1550]. Unter Berücksichtigung des Zwecks, der erleichterten Übertragung eines (Teil-)Unternehmens durch die Vereinfachung und steuerliche Begünstigung des Erwerbers,[1551] ist die Begrifflichkeit dahingehend auszulegen, dass die Übertragung der materiellen und immateriellen Bestandteile eines Unternehmens erfasst sein soll, die in Gesamtbetrachtung ein Unternehmen oder einen Unternehmensteil darstellen, der eine Fortführung der wirtschaftlichen Tätigkeit durch den Erwerber ermöglicht.[1552] Der Erwerber muss jedoch beabsichtigen, das Unternehmen fortzuführen, und darf dieses nicht unmittelbar abwickeln.[1553] Dieser Rechtsprechung hat sich der BFH angeschlossen.[1554]

Es ist weiter zu beachten, dass die Finanzgerichtsbarkeit eine Geschäftsveräußerung im Ganzen ablehnt, wenn diese an mehrere Erwerber erfolgt.[1555] Entscheidend sei für eine Geschäftsveräußerung im Ganzen die konkrete Leistungsbeziehung, nicht eine wirtschaftliche Gesamtbetrachtung.[1556]

1549 EuGH, Urteil vom 19.10.2009 – C-29/08 (*AB SKF*) = DStR 2009, 2311, Ls.; BFH, Urteil vom 27.11.2011 – V R 38/09 = BStBl. II 2012, 68, Ls.

1550 EuGH, Urteil vom 27.11.2003 – C-497/01 (*ZitaModes*) = UR 2004, 19, Rn. 32; EuGH, Urteil vom 10.11.2011 – C-444/10 (*Schriever*) = BStBl. II 2012, 848, Rn. 22.

1551 EuGH, Urteil vom 27.11.2003 – C-497/01 (*ZitaModes*) = UR 2004, 19, Rn. 39.

1552 EuGH, Urteil vom 27.11.2003 – C-497/01 (*ZitaModes*) = UR 2004, 19, Rn. 40.

1553 EuGH, Urteil vom 27.11.2003 – C-497/01 (*ZitaModes*) = UR 2004, 19, Rn. 46.

1554 Vgl. BFH, Urteil vom 19.12.2012 – XI R 38/10 = BStBl. II 2013, 1053, 1056; BFH, Urteil vom 26.06.2019 – XI R 3/17 = BFH/NV 2019, 1455, Rn. 47 ff.

1555 BFH, Urteil vom 03.12.2015 – V R 36/13 = BStBl. II 2017, 563, Rn. 26; BFH, Urteil vom 04.02.2015 – XI R 14/14 = BStBl. II 2015, 908, Rn. 30; FG Köln, Urteil vom 14.11.2007 – 4 K 605/05 = DStRE 2008, 1086, Ls.; FG des Landes Brandenburg, Urteil vom 12.12.2001 – 1 K 311/00 = DStRE 2002, 967, Ls.; siehe auch *Jung/Huber*, in: Lappe/Gattringer, Carve-out-Transaktionen, Teil V., Rn. 43.

1556 BFH, Urteil vom 04.02.2015 – XI R 14/14 = BStBl. II 2015, 908, Rn. 29 ff.

Unter Berücksichtigung dieser Anforderungen der Rechtsprechung an eine Betriebsveräußerung gemäß § 1 Abs. 1a UStG ist erkennbar, dass einige Parallelen, aber auch Unterschiede zum Gesamtvermögensgeschäft gemäß § 179a AktG bestehen. Werden Bestandteile eines Unternehmens übertragen, die in Gesamtbetrachtung ein Unternehmen oder einen Teil davon darstellen, sodass der Erwerber die wirtschaftliche Tätigkeit fortführen kann, und ist dies beabsichtigt, so ist dies mit § 179a AktG vergleichbar. Handelt es sich bei dem Unternehmen oder Teil des Unternehmens um das ganze Vermögen einer Gesellschaft, so sind die Anwendungsbereiche deckungsgleich. Hingegen ist zu beachten, dass § 1 Abs. 1a UStG ausdrücklich an die Betriebsveräußerung anknüpft. Dieses Merkmal ist für § 179a AktG ohne Bedeutung, da es diesbezüglich um das Vermögen als Bewertungsobjekt geht.

Einen Unterschied stellt die Ablehnung einer Betriebsveräußerung durch die Finanzgerichte dar, wenn mehrere Erwerbsvorgänge bestehen. Für § 179a AktG kommt es auf einen sachlichen und zeitlichen Zusammenhang der Erwerbsvorgänge an.[1557] Eine solche Gesamtbetrachtung lehnt die Finanzgerichtsbarkeit ab. Ein weiterer, aber praktisch wohl unbeachtlicher Unterschied liegt im Trennungs- und Abstraktionsprinzip. Während § 179a AktG ausschließlich an das Verpflichtungsgeschäft anknüpft, betrifft § 1 Abs. 1a UStG das Verfügungsgeschäft. Dies ist jedoch dem Umstand geschuldet, dass im Umsatzsteuerrecht erst die tatsächliche Leistung besteuert wird, die mit der Durchführung eines Rechtsgeschäfts erfolgt.

Aus der engen Verbindung zwischen § 179a AktG und § 1 Abs. 1a UStG folgt, dass eine veräußernde Gesellschaft bei einem Gesamtvermögensgeschäft stets § 1 Abs. 1a UStG berücksichtigen sollte. Da es sich jedoch um kein Wahlrecht handelt,[1558] hat das Finanzamt diesen Umstand bei der Prüfung ebenfalls zu berücksichtigen.

II. Zur Berechtigung zum Vorsteuerabzug bei Transaktionskosten

Die vorstehenden Ausführungen weisen eine erhebliche Bedeutung für die Berechtigung eines Unternehmens zum Vorsteuerabzug gemäß § 15 UStG auf. Während die Übertragung im Rahmen einer Betriebsveräußerung gemäß § 1 Abs. 1a UStG keine umsatzsteuerpflichtige Leistung darstellt, stellt sich die Frage, ob Kosten, die im Zusammenhang mit der Transaktion entstehen, zum

1557 Siehe 2. Kap. § 1 C. II. 4. b).

1558 *Robisch*, in: Bunjes, UStG, § 1, Rn. 118.

Vorsteuerabzug berechtigen. Dies war bis ins Jahr 2001 durchaus umstritten.[1559] Der EuGH entschied den Streit mit seinem Urteil vom 22.02.2001 dahingehend, dass Transaktionskosten im Rahmen einer Betriebsveräußerung den allgemeinen Kosten zuzuordnen sind und einen unmittelbaren Zusammenhang mit der gesamten wirtschaftlichen Tätigkeit aufweisen.[1560] Folglich berechtigen Transaktionskosten grundsätzlich zum Vorsteuerabzug,[1561] sofern Abzugsumsätze erzielt werden.[1562]

D. Die Steuerfreiheit gemäß § 4 UStG

Erfüllt ein Gesamtvermögensgeschäft nicht den Tatbestand des § 1 Abs. 1a UStG und ist die Veräußerung von Anteilen auch kein nicht umsatzsteuerpflichtiger Vorgang, so kann sich gleichwohl eine Steuerfreiheit ergeben, wenn die §§ 4 ff. UStG einschlägig sind. Im Gegensatz zu § 1 Abs. 1a UStG, bei dem der Vorsteuerabzug grundsätzlich möglich ist, ist gemäß § 15 Abs. 2 Nr. 1 UStG für steuerfreie Leistungen, wie sie die §§ 4 ff. UStG darstellen, ein Vorsteuerabzug ausgeschlossen.

In Bezug auf Gesamtvermögensgeschäfte können insbesondere die § 4 Nr. 8 lit. f) und Nr. 9 lit. a) UStG eine Relevanz aufweisen. Gemäß § 4 Nr. 8 lit. f) UStG sind Umsätze aus der Übertragung von Anteilen steuerfrei. Die Steuerfreiheit kann jedoch nur solche Umsätze erfassen, die grundsätzlich steuerbar sind. Steuerbar sind Umsätze, die nicht nach der Rechtsprechung des EuGH von der USt ausgenommen sind. Greift beispielsweise eine Muttergesellschaft in die Verwaltung ihrer Tochtergesellschaft ein und sollen nunmehr diese Anteile an der Tochtergesellschaft im Rahmen eines Gesamtvermögensgeschäfts veräußert werden, handelt es sich grundsätzlich um einen umsatzsteuerbaren Vorgang. Dieser kann gemäß § 4 Nr. 8 lit. f) UStG steuerfrei behandelt werden.[1563]

Dies ist auch bei der Veräußerung und Übertragung von Grundstücken gegeben. Umsätze aus Grundstücksgeschäften sind gemäß § 4 Nr. 9 lit. a) UStG steuerfrei, wenn es sich um Umsätze handelt, die unter das Grunderwerbsteuergesetz (GrEStG) fallen. Dies dürfte bei Gesamtvermögensgeschäften regelmäßig gemäß § 1 Abs. 1 Nr. 1 GrEStG gegeben sein. Handelt es sich um einen dem

---

1559 Vgl. dazu die Einleitung von *Lehr*, DStR 2001, 1744, 1744.

1560 EuGH, Urteil vom 22.02.2001 – C408/98 (*Abbey National plc*) = DStRE 2001, 318, Ls.

1561 *Eggers*, MwStR 2019, 219, 223.

1562 EuGH, Urteil vom 22.02.2001 – C408/98 (*Abbey National plc*) = DStRE 2001, 318, Rn. 48.

1563 *Wäger*, in: Sölch/Ringleb, UStG, § 4 Nr. 8, Rn. 176.

Grunde nach steuerbaren Rechtsvorgang gemäß § 1 GrEStG, so gilt die Steuerfreiheit gemäß § 4 Nr. 9 lit. a) UStG. Es ist unerheblich, ob Ausnahmen von der Besteuerung nach dem GrEStG bestehen.[1564]

Liegen mithin umsatzsteuerpflichtige Leistungen bei einem Gesamtvermögensgeschäft vor, so kann sich gemäß § 4 UStG gleichwohl eine Steuerfreiheit ergeben, bei deren Eingreifen der Unternehmer jedoch nicht zum Vorsteuerabzug berechtigt ist.

E. Die Berichtigung des Vorsteuerabzugs

Ebenfalls darf die Pflicht zur Berichtigung des Vorsteuerabzugs gemäß § 15a Abs. 1 UStG nicht außer Acht gelassen werden. Mit dieser Vorschrift soll verhindert werden, dass für Wirtschaftsgüter, für die im Anschaffungszeitpunkt die Vorsteuer abgezogen wurde, in den Folgejahren keine umsatzsteuerpflichtigen Umsätze erzielt werden. Es soll sichergestellt werden, dass der Steuerpflichtige nur diejenige Vorsteuer abziehen kann, für die er auch berechtigte Umsätze ausführt.[1565] Der Betrachtungszeitraum ist gemäß § 15a Abs. 1 S. 1 UStG grundsätzlich fünf, bei Grundstücken gemäß § 15a Abs. 1 S. 2 UStG zehn Jahre.

Gemäß § 15a Abs. 10 UStG wird dieser Betrachtungszeitraum nicht durch eine Betriebsveräußerung durchbrochen; der Veräußerer hat gegenüber dem Erwerber die erforderlichen Angaben zu machen, die für die Durchführung der Berichtigung erforderlich sind. Der Fortlauf des Betrachtungszeitraums folgt aus § 1 Abs. 1a S. 3 UStG, nach dem der Erwerber Rechtsnachfolger wird und mithin die Rechtsposition des Veräußerers einnimmt.[1566]

F. Zusammenfassung

Die Umsatzsteuer weist eine erhebliche Bedeutung für ein Gesamtvermögensgeschäft einer Gesellschaft auf. Da die Umsatzsteuer grundsätzlich an den Unternehmerbegriff, genauer die gewerbliche oder berufliche Tätigkeit, anknüpft, dürfte die überwiegende Anzahl der Gesellschaften als Unternehmer zu qualifizieren sein. Es ist für die Umsatzsteuer unerheblich, ob das Gesamtvermögensgeschäft im Rahmen eines *Asset Deal* oder *Share Deal* erfolgt. In Bezug auf einen *Share Deal* ist jedoch die Rechtsprechung des EuGH zu berücksichtigten, dass das ausschließliche Erwerben, Halten und Veräußern von Beteiligungen keine

---

1564 *Leipold*, in: Sölch/Ringleb, UStG, § 4 Nr. 9, Rn. 19.

1565 *Oelmaier*, in: Sölch/Ringleb, UStG, § 15a, Rn. 39.

1566 BFH, Urteil vom 06.09.2007 – V R 41/05 = BStBl. II 2008, 65, 68.

Leistung darstellt, solange nur die gesetzlichen Beteiligungsrechte wahrgenommen werden.

Ein besonderes Augenmerk muss im Zusammenhang mit einem Gesamtvermögensgeschäft auf § 1 Abs. 1a UStG liegen. Demnach sind Betriebsveräußerungen, unter die auch Teilbetriebsveräußerungen fallen, keine Leistungen i. S. d. § 1 Abs. 1 UStG. Notwendig ist jedoch, dass der Erwerber durch die Übertragung in der Lage ist, ohne wesentliche Zwischenschritte den Betrieb fortzuführen, und diese Absicht auch vorweist. § 1 Abs. 1a UStG weist daher einige enge Bezüge zu § 179a AktG auf, ist gleichwohl aber nicht deckungsgleich.

Liegt hingegen ein grundsätzlich steuerbarer Vorgang vor, so kann gleichwohl gemäß § 4 Nr. 8 lit. f) oder Nr. 9 lit. a) UStG eine Steuerfreiheit für bestimmte Umsätze bestehen, die für ein Gesamtvermögensgeschäft in Betracht kommen. Diese Vorschriften führen aber dazu, dass etwaige Umsätze gemäß § 15 Abs. 2 Nr. 1 UStG nicht zum Vorsteuerabzug berechtigen.

Es ist folglich erkennbar, dass das UStG zahlreiche Regelungen enthält, die bei einem Gesamtvermögensgeschäft von Relevanz sein könnten. Um diese umsatzsteuerrechtliche Relevanz zu beurteilen, bedarf es zunächst einer umfassenden Erfassung des Gesamtvermögensgeschäfts, insbesondere des Gegenstands des Vertrags sowie dessen Funktion für die veräußernde Gesellschaft, um anschließend die Einzelregelungen des UStG auf den konkreten Anwendungsfall anzuwenden.

§ 5 Die gewerbesteuerlichen Aspekte

Steuerrechtlich ist für die übertragende Gesellschaft zudem die Gewerbesteuer (GewSt) zu beachten, die den Ertrag eines Gewerbebetriebs als Bemessungsgrundlage hat. Als Gewerbebetrieb gilt gemäß § 2 Abs. 1 GewStG jeder inländische Gewerbebetrieb, dessen Voraussetzungen sich gemäß § 15 EStG bestimmen. Gemäß § 2 Abs. 2 GewStG sind Kapitalgesellschaften stets Gewerbebetriebe. Durch dieses Anknüpfen des GewStG an den Ertrag des Gewerbebetriebs ist die Gewerbesteuer als Objekt- und nicht als Personensteuer zu qualifizieren.[1567]

Veräußert ein Unternehmer seinen Gewerbebetrieb als Ganzes und überträgt diesen auf den Erwerber, so gilt gemäß § 2 Abs. 5 S. 1 GewStG der Gewerbebetrieb als eingestellt. Mit der Übertragung des ganzen Gewerbebetriebs endet mithin die Gewerbesteuerpflicht des übertragenden Unternehmers, der übernehmende Unternehmer wird neuer Steuerschuldner.[1568] Ausreichend ist für die

1567 *Birk/Desens/Tappe*, SteuerR, Rn. 1335.

1568 *Sarrazin*, in: Lenski/Steinberg, GewStG, § 2, Rn. 5503.

Übertragung des ganzen Gewerbebetriebs die Übertragung der wesentlichen Betriebsgrundlagen.[1569] Für diese ist eine funktionale Betrachtung notwendig,[1570] mithin die Bedeutung der Betriebsgrundlagen für den Gewerbebetrieb maßgeblich, und keine quantitative Betrachtung der verbleibenden Assets vorzunehmen.

Die Bemessungsgrundlage der Gewerbesteuer ist gemäß § 7 Abs. 1 GewStG der Ertrag des Gewerbebetriebs, der grundsätzlich nach den Vorschriften des EStG oder KStG zu ermitteln ist. Da seit dem Reichsgewerbesteuergesetz von 1936 Erträge aus Betriebsveräußerungen gemäß § 16 EStG nicht mehr ausdrücklich ausgenommen sind, wäre die Lesart des Wortlauts, dass auch diese Erträge aus einer Veräußerung des Betriebs gewerbesteuerrechtlich erfasst werden sollen.[1571] Dieser Lesart folgt die herrschende Meinung hingegen nicht, denn die Gewerbesteuer als Objektsteuer erfasst den stehenden Gewerbebetrieb. Dieser besteht erst, wenn die Voraussetzungen des Gewerbebetriebs gemäß § 15 EStG erfüllt sind und dieser in Lauf gesetzt wurde, sodass nur der Gewinn aus gewerblicher Leistung besteuert wird.[1572] Bereits in der älteren Rechtsprechung des BFH wurden Erträge aus § 16 EStG von der Gewerbesteuer ausgenommen.[1573]

Die Ausnahme vom Gewerbeertrag erfolgt jedoch nicht, wenn der Veräußerungsvorgang zur Beendigung des Gewerbebetriebs die vorherige gewerbliche Tätigkeit darstellt,[1574] etwa die Veräußerung des letzten Grundstücks aus dem Betriebsvermögen einer zuvor gewerblich mit Grundstücken handelnden Gesellschaft.[1575] Dieses Verständnis vom Gewerbeertrag hat der Gesetzgeber durch

---

1569 *Drüen*, in: Brandis/Heuermann, GewStG, § 2, Rn. 277.

1570 BFH, Urteil vom 07.04.2010 – I R 96/08 = BStBl. II 2011, 467, 468.

1571 *Seer*, in: Kirchhof/Seer, EStG, § 16, Rn. 12.

1572 BFH, Urteil 30.08.2012 – IV R 54/10 = BStBl. II 2012, 927, Rn. 19 f.; BFH, Urteil 03.04.2014 – IV R 14/10 = BStBl. II 2014, 1000, Rn. 68; BFH, Urteil 13.10.2016 – IV R 21/13 = BStBl. II 2017, 475, Rn. 38; *Drüen*, in: Brandis/Heuermann, GewStG, § 7, Rn. 122; *Roser*, in: Lenski/Steinberg, GewStG, § 7, Rn. 298; *Birk/Desens/Tappe*, SteuerR, Rn. 1354; *Selder*, FR 2014, 174, 174; *Theilacker*, BWNotZ 1989, 105, 118.

1573 BFH, Urteil vom 12.06.1996 – XI R 56, 57/95, XI R 56/95, XI R 57/95 = BStBl. II 1996, 527, 528.

1574 BFH, Urteil vom 09.09.1993 – V R 30/92 = BStBl. II 1994, 105, 106; BFH, Urteil vom 26.06.2007 – IV R 49/04 = BStBl. II 2009, 289, 293; BFH, Urteil vom 20.09.2012 – IV R 36/10 = BStBl. II 2013, 498, Rn. 18; BFH, Urteil vom 01.08.2013 – V R 18/11 = BStBl. II 2013, 910, Rn. 16; BFH, Urteil vom 28.10.2015 – X R 22/13 = BStBl. II 2016, 95, Rn. 43.

1575 BFH, Urteil vom 28.10.2015 – X R 22/13 = BStBl. II 2016, 95, Rn. 43.

die Aufnahme des § 7 Abs. 1 S. 2 GewStG bestätigt.[1576] Dies bedeutet, dass eine Betriebsveräußerung im Ganzen nur dann von der Gewerbesteuer ausgenommen ist, wenn die Veräußerung keinen gewöhnlichen Geschäftsvorgang darstellt.

Die Differenzierung zwischen tatsächlichem Gewinn infolge der Aufgabe des Gewerbebetriebs und dem Gewinn infolge der regulären gewerblichen Tätigkeit - erfolge diese auch zum Zweck der Betriebsaufgabe - ist bei einem Gesamtvermögensgeschäft folglich mit der gebotenen Sorgfalt vorzunehmen. Die Veräußerung des ganzen Gesellschaftsvermögens kann grundsätzlich die Aufgabe des Gewerbebetriebs darstellen, da bereits die Übertragung der wesentlichen Betriebsgrundlagen ausreichend ist. Ob eine derartige Übertragung vorliegt, ist in funktionaler Betrachtung des Einzelfalls zu bestimmen. Liegt eine Betriebsveräußerung im Ganzen nach dieser Betrachtung vor, so ist gleichwohl in einem zweiten Schritt zu prüfen, ob das Objekt des Gesamtvermögensgeschäfts der (vormals) gewerblichen Tätigkeit entspricht. Ist dies zu bejahen oder liegt bereits keine Betriebsveräußerung im Ganzen vor, so ist der Vorgang gewerbesteuerpflichtig.

§ 6 Die grunderwerbsteuerlichen Aspekte

Beinhaltet ein Gesamtvermögensgeschäft (mittelbar) auch ein Grundstück, dann kann ein Rechtsvorgang vorliegen, der eine Grunderwerbsteuerpflicht auslöst, zumindest aber eine vertiefende Auseinandersetzung mit dem GrEStG erfordert.

A. Die Grunderwerbsteuer (GrESt) im Allgemeinen

Die GrESt stellt eine der wichtigsten Steuerarten für Rechtsvorgänge dar.[1577] Ihr liegen gemäß § 1 Abs. 1 GrEStG Rechtsvorgänge zu Grunde, die ein inländisches Grundstück zum Gegenstand haben. Der Grundstücksbegriff ist gemäß § 2 Abs. 1 S. 1 GrEStG mit dem Grundstücksbegriff aus dem BGB identisch. Zudem erweitert § 2 Abs. 2 GrEStG den Grundstücksbegriff um bestimmte Rechte im Zusammenhang mit Grundstücken, die im Kontext von Gesamtvermögensgeschäften jedoch keine besondere Bedeutung aufweisen.

1576 *Seer*, in: Kirchhof/Seer, EStG, § 16, Rn. 12.
1577 *Birk/Desens/Tappe*, SteuerR, Rn. 1748.

B. Die steuerpflichtige Vorgänge nach dem GrEStG bei einem Gesamtvermögensgeschäft

Die grunderwerbsteuerauslösenden Rechtsvorgänge sind in § 1 GrEStG normiert. Während der Rechtsvorgang des § 1 Abs. 1 GrEStG als *Asset Deal* weniger trivial ist, ist dies bei den § 1 Abs. 2a bis Abs. 3a GrEStG, die *Share Deals* erfassen, anders.

I. Beim Asset Deal

Erfolgt das Gesamtvermögensgeschäft im Rahmen eines *Asset Deal* und ist ein Teil hiervon ein Grundstück, so liegt grundsätzlich ein Rechtsvorgang gemäß § 1 Abs. 1 Nr. 1 GrEStG vor. Mit Abschluss des Kaufvertrags wird der Erwerber bei dem Gesamtvermögensgeschäft den Anspruch auf Übereignung des Grundstücks erwerben. Sollte der Kaufvertrag mangelhaft sein oder keinen Übereignungsanspruch begründen, entsteht bei erfolgter Auflassung gemäß § 1 Abs. 1 Nr. 2 GrEStG die Steuerpflicht. Dies kommt insbesondere bei § 311b Abs. 1 S. 2 BGB in Betracht.[1578]

II. Beim Share Deal

Erfolgt das Gesamtvermögensgeschäft durch einen *Share Deal*,[1579] ist die Qualifizierung als Rechtsvorgang i. S. d. § 1 GrEStG komplexer. Erforderlich ist für eine Steuerpflicht zunächst, dass die Anteile eine Gesellschaft betreffen, der ein inländisches Grundstück zugeordnet ist. In diesem Falle kommen die § 1 Absätze 2a bis 3a GrEStG zur Anwendung und fingieren den Rechtsträgerwechsel an dem Grundstück.[1580] Diese Fiktion dient der Verhinderung der missbräuchlichen Umgehung des GrEStG durch Steuergestaltungen.[1581] Die praktische Relevanz ist diesbezüglich hoch, da die Umgehungen zu erheblichen Steuermindereinnahmen führten.[1582] Aus diesem Grund wurden mit dem Gesetz zur Änderung des Grunderwerbsteuergesetzes (GrEStGÄndG), das am 01.07.2021 in Kraft trat,[1583] wesentliche Beteiligungs- und Zeitwerte angepasst. Die in den Absätzen 2a bis 3a erfassten numerischen Werte wurden auf 90 Prozent der Anteile

1578 *Birk/Desens/Tappe*, SteuerR, Rn. 1754.

1579 Siehe 2. Kap. § 1 C. I.

1580 BT-Drs. 19/13437, 11.

1581 *Meßbacher-Hönsch*, in: Viskorf, GrEStG, § 1, Rn. 688, 949.

1582 BT-Drs. 19/13437, 9.

1583 Gesetz zur Änderung des Grunderwerbsteuergesetzes vom 12.05.2021, BGBl. I, 986.

und einen zehnjährigen Betrachtungszeitraum geändert; zuvor beliefen sich diese Werte auf 95 Prozent der Anteile und einen fünfjährigen Betrachtungszeitraum.[1584] Zudem wurden die Absätze 2b und 2c neu eingeführt.[1585]

Wann einer Gesellschaft ein Grundstück i. S. d. GrEStG zuzuordnen ist, bestimmt sich nach den Grundsätzen zu § 1 Abs. 3 GrEStG.[1586] Die zivilrechtlichen Vorschriften oder § 39 AO sind unbeachtlich.[1587] Werden einer Gesellschaft mehrere Grundstücke zugeordnet, so wird für jedes Grundstück die Grunderwerbsteuerpflicht ausgelöst.[1588] Eine Zusammenveranlagung der Grundstücke ist folglich nicht möglich.

1. *Das Gesamtvermögensgeschäft i. S. d. § 179a AktG und der Schwellenwert des § 1 GrEStG*

In der neuen Fassung des § 1 GrEStG ist für *Share Deals* der Schwellenwert von 90 Prozent der Anteile omnipräsent. Ein Gesamtvermögensgeschäft i. S. d. § 179a Abs. 1 AktG liegt bei einem Erwerb von 85 Prozent des qualitativen Gesellschaftsvermögens vor, in Ausnahmefällen bei 90 Prozent.[1589] Beim Vergleich beider Schwellenwerte ist erkennbar, dass Konstellationen möglich sind, in denen eine Zustimmungspflicht gemäß § 179a Abs. 1 AktG besteht, eine Grunderwerbsteuerpflicht jedoch nicht eintritt. Erwirbt etwa ein Erwerber von einer Holding-AG 86 Prozent der Anteile an der einzigen Tochter, führt dies zwar zu einer Zustimmungspflicht der Hauptversammlung, nicht jedoch zu einer Grunderwerbsteuerpflicht. Es ist zudem zu beachten, dass eine Zustimmungspflicht gemäß § 179a AktG auch dann bestehen kann, wenn ein Erwerber durch ein Co-Investoren-Modell[1590] die Grunderwerbsteuerpflicht umgeht. Ein Gesamtvermögensgeschäft kann auch bei mehreren Erwerbern bestehen.[1591]

Es zeigt sich, dass ein Gesamtvermögensgeschäft gemäß § 179a AktG nicht *per se* zur Grunderwerbsteuerpflicht führt, wenn eine grundstücksbesitzende Gesellschaft übertragen wird. Insbesondere der Schwellenwert zwischen 85 und

---

1584 Von vormals 95 Prozent und fünf Jahren.
1585 BT-Drs. 19/13437, 1.
1586 Siehe 7. Kap. § 1 E. II. d).
1587 *Meßbacher-Hönsch*, in: Viskorf, GrEStG, § 1, Rn. 1073.
1588 BFH, Urteil vom 08.08.2001 – II R 66/98 = BStBl. II 2002, 156, 156.
1589 Siehe 2. Kap. § 1 C. II. c) aa), bb).
1590 Siehe 7. Kap. § 1 E. II. 2. c).
1591 Siehe 2. Kap. § 1 C. II. 4. b).

89,9 Prozent der Anteile führt zum Auseinanderfallen der gesellschafts- und steuerrechtlichen Pflichten. Dies kann erhebliche Steuerersparnisse bedeuten.

2. § 1 Abs. 2a GrEStG

Ein grunderwerbsteuerauslösender Rechtsvorgang besteht gemäß § 1 Abs. 2a GrEStG, wenn sich der Gesellschafterbestand einer Personengesellschaft innerhalb von zehn Jahren dahingehend ändert, dass mindestens 90 Prozent der Anteile auf einen neuen Gesellschafter übergehen. Erfasst sind auch Änderungen im Gesellschafterbestand einer Gesellschafterin der Personengesellschaft.[1592] Für die Änderung im Gesellschafterbestand sind die zivilrechtlichen Vorschriften maßgeblich.[1593] Es kommt auf die dingliche Änderung des Gesellschafterbestands an,[1594] sodass der förmliche Abschluss des Anteilsübertragungsvertrags nicht zur Steuerpflicht gemäß § 1 Abs. 2a GrEStG führen kann. Dies bedeutet, dass eine vergleichbare Regelung wie § 1 Abs. 1 Nr. 1 GrEStG bei einem *Share Deal* nicht besteht. Ebenso werden *Share Deals* unter Altgesellschaftern nicht von § 1 Abs. 2a GrEStG erfasst.[1595]

Es ist weiter nicht erforderlich, dass der *Share Deal* als einheitlicher Erwerbsvorgang erfolgt. Nach der Rechtsprechung des BFH ist auch der sukzessive Erwerb von Anteilen erfasst, sofern die Beteiligungsgrenze innerhalb von fünf Jahren erreicht oder überschritten wird.[1596] Da der BFH hinsichtlich des Fünfjahreszeitraums auf § 1 Abs. 2a GrEStG a. F. verwies,[1597] ist diese Rechtsprechung seit Inkrafttreten des GrEStGÄndG dahingehend zu verstehen, dass sukzessive Erwerbsvorgänge innerhalb von zehn Jahren erfasst werden, sofern mindestens 90 Prozent der Anteile erlangt werden.

3. § 1 Abs. 2b GrEStG

Mit dem GrEStGÄndG wurde eine Schwesternorm zu § 1 Abs. 2a GrEStG eingeführt. Gemäß § 1 Abs. 2b GrEStG sind auch Rechtsvorgänge steuerpflichtig, bei denen ein *Share Deal* über Anteile an einer Kapitalgesellschaft stattfindet.

1592 *Meßbacher-Hönsch*, in: Viskorf, GrEStG, § 1, Rn. 802.

1593 St. Rspr. BFH, Urteil vom 30.08.2017 – II R 39/15 = BStBl. II 2018, 786, Rn. 12; BFH, Urteil vom 16.01.2013 – II R 66/11 = BStBl. II 2014, 266, Rn. 18; BFH, Urteil vom 29.02.2012 – II R 57/09 = BStBl. II 2012, 917, Rn. 10.

1594 BFH, Urteil vom 30.08.2017 – II R 39/15 = BStBl. II 2018, 786, Rn. 12.

1595 *Meßbacher-Hönsch*, in: Viskorf, GrEStG, § 1, Rn. 760.

1596 BFH, Urteil vom 17.05.2017 – II R 35/15 = BStBl. II 2017, 966, Ls.

1597 BFH, Urteil vom 17.05.2017 – II R 35/15 = BStBl. II 2017, 966, Rn. 21.

Der einzige Unterschied beider Absätze ist die Rechtsform der betroffenen Gesellschaft. Anderweitige Unterschiede waren bei der Einführung des § 1 Abs. 2b GrEStG nicht gewollt.[1598]

Mit dieser Regelung sollen insbesondere Co-Investoren-Modelle[1599] beschränkt werden. Hierbei erwirbt ein Hauptinvestor Gesellschaftsanteile knapp unterhalb des Anteilsschwellwerts und ein Co-Investor die verbleibenden Anteile. Ein grunderwerbsteuerrechtlicher Rechtsvorgang gemäß § 1 GrEStG liegt somit nicht vor.[1600] Ob dieses Ziel durch die Maßnahme des Gesetzgebers tatsächlich erreicht werden kann, bleibt abzuwarten. Zumindest ist zweifelhaft, ob die Absenkung auf 90 Prozent der Anteile Investoren abhält, mittels Co-Investoren-Modellen vorzugehen.

4. § 1 Abs. 2c GrEStG

Bei dem ebenfalls zum 01.07.2021 eingeführten § 1 Abs. 2c GrEStG handelt es sich um keinen grunderwerbsteuerauslösenden Tatbestand. Der nachträglich durch den Finanzausschuss in den Gesetzesentwurf eingebrachte[1601] Absatz soll die Grunderwerbsteuerpflicht verhindern. Führt eine Kapitalgesellschaft Kapitalbeschaffungsmaßnahmen an Börsenhandelsplätzen[1602] durch, so kann dadurch ein Rechtsvorgang gemäß § 1 Abs. 2a oder Abs. 2b GrEStG ausgelöst werden. Durch die Ausgabe neuer oder die Verbreitung von Anteilen soll aber nicht das GrEStG umgangen werden, sondern Kapital beschafft werden.[1603] Daher ist ein solcher Rechtsvorgang von § 1 Abs. 2a, Abs. 2b GrEStG ausgenommen.

5. § 1 Abs. 3 GrEStG

Ziel des § 1 Abs. 3 GrEStG ist es, eine missbräuchliche Vereinigung von Anteilen in einer Hand zu verhindern, die insbesondere bei Unternehmensumstrukturierungen auftritt.[1604] § 1 Abs. 3 GrEStG findet auf Kapitalgesellschaften und grundsätzlich auch Personengesellschaften Anwendung.[1605] Zwar ist § 1 Abs. 3 GrEStG subsidiär gegenüber § 1 Abs. 2a und Abs. 2b GrEStG, er betrifft jedoch

---

1598 BT-Drs. 19/13437, 12.
1599 *Behrens/Wagner*, DB 2021, 866, 869.
1600 *Behrens/Wagner*, DB 2021, 866, 870.
1601 BT-Drs. 19/28528, 9.
1602 Welche Handelsplätze erfasst sind, folgt aus § 1 Abs. 2c GrEStG.
1603 BT-Drs. 19/28528, 27.
1604 *Birk/Desens/Tappe*, SteuerR, Rn. 1760 f.
1605 BFH, Urteil vom 12.03.2014 – II R 51/12 = BStBl. II 2016, 356, Rn. 14 ff.

unterschiedliche Erwerbsvorgänge.[1606] Während § 1 Abs. 2a und Abs. 2b GrEStG einen Rechtsvorgang zur Übertragung eines Grundstücks fingieren, erfasst § 1 Abs. 3 GrEStG eine Veränderung in der Zuordnung von Grundstücken.[1607] Maßgeblich ist für die Zuordnung des Grundstücks nicht eine dingliche, sondern eine grunderwerbsteuerrechtliche Betrachtung.[1608] Danach ist ein Grundstück einer Gesellschaft zuzuordnen, wenn das Grundstück durch einen Rechtsvorgang erworben wurde, der eine Grunderwerbsteuerpflicht ausgelöst hat.[1609]

Die Regelungen des § 1 Abs. 3 Nr. 1 und Nr. 3 GrEStG können bei einem Gesamtvermögensgeschäft Bedeutung erlangen, wenn sich eine Mutter- oder Holdinggesellschaft zur Übertragung ihre Anteile an einer grundbesitzenden (Tochter-)Gesellschaft verpflichtet. Stellt diese Beteiligung das gesamte Vermögen der Mutter- oder Holdinggesellschaft dar, liegt ein Gesamtvermögensgeschäft vor. Dieses kann wiederum nach § 1 Abs. 3 Nr. 1 und Nr. 3 GrEStG einen steuerpflichtigen Erwerbsvorgang darstellen und nach § 13 Nr. 1 GrEStG eine Steuerschuldnerschaft begründen.

Ohne Relevanz für Gesamtvermögensgeschäfte sind hingegen § 1 Abs. 3 Nr. 2 und Nr. 4 GrEStG. Diese Regelungen betreffen Vorgänge, die kein schuldrechtliches Verpflichtungsgeschäft darstellen.[1610] Fehlt jedoch ein Verpflichtungsgeschäft, liegt auch kein Gesamtvermögensgeschäft vor.

6. *§ 1 Abs. 3a GrEStG*

Ergänzende Funktion zu den § 1 Abs. 2a bis 3 GrEStG weist § 1 Abs. 3a GrEStG auf.[1611] Dieser Ergänzungstatbestand soll RETT-Blocker[1612] verhindern, die vergleichbar mit Co-Investor-Modellen sind.[1613] Sie stellen das Zwischenschalten einer Drittbeteiligung an einer Gesellschaft zur Umgehung der Beteiligungsgrenze des GrEStG dar.[1614] Mit Einführung des § 1 Abs. 3a GrEStG wurde ein grunderwerbsteuerrechtlicher Tatbestand geschaffen, bei dem weder ein

1606 *Meßbacher-Hönsch*, in: Viskorf, GrEStG, § 1, Rn. 1033.

1607 *Meßbacher-Hönsch*, in: Viskorf, GrEStG, § 1, Rn. 1033.

1608 St. Rspr. BFH, Urteil vom 15.12.2010 – II R 45/08 = BStBl. II 2012, 292, Rn. 12; BFH, Urteil vom 09.04.2008 – II R 39/06 = BFH/NV 2008, 1529, Rn. 9; BFH, Urteil vom 12.01.1994 – II R 130/91 = BStBl. II 1994, 408.

1609 BFH, Urteil vom 09.04.2008 – II R 39/06 = BFH/NV 2008, 1529, Rn. 9.

1610 *Meßbacher-Hönsch*, in: Viskorf, GrEStG, § 1, Rn. 1149, 1156.

1611 *Meßbacher-Hönsch*, in: Viskorf, GrEStG, § 1, Rn. 1277.

1612 Real Estate Transfer Tax (Grunderwerbsteuer)-Blocker, BT-Drs. 17/13033, 110.

1613 Siehe 7. Kap. § 1 E. II. 2. b).

1614 BT-Drs. 17/13033, 110.

Jahreszeitraum noch eine dingliche „Pro-Kopf-Betrachtung" der Anteilsvereinigung maßgebend sind.[1615]

Zudem ist der bei Einführung des § 1 Abs. 3a GrEStG verfolgte Zweck offenbar fehlgeschlagen. Andernfalls wäre die mit dem GrEStGÄndG erfolgte Herabsetzung der Anteilswerte und Erhöhung des Zeitraums nicht erforderlich gewesen, die zur Verhinderung von missbräuchlichen Gestaltungen erfolgten.[1616] Da § 1 Abs. 3a GrEStG bereits als Ergänzungstatbestand eingeführt worden war, muss in dieser Begründung das indirekte Eingeständnis des Gesetzgebers gesehen werden, dass der Zweck des § 1 Abs. 3a GrEStG verfehlt wurde.

7. Zusammenfassung

Es zeigt sich, dass bei *Share Deals* zahlreiche Tatbestände des GrEStG bestehen, die eine Grunderwerbsteuerpflicht auslösen. Insbesondere durch die Neuerungen in § 1 GrEStG ist eine genaue Prüfung der steuerrechtlichen Folgen erforderlich. Zudem ist die finanzgerichtliche Rechtsprechung zu den neuen Neuerungen im Blick zu behalten.

C. Die Steuerbefreiung gemäß § 6a GrEStG

Stellt ein Gesamtvermögensgeschäft einen steuerbaren Rechtsvorgang gemäß § 1 GrEStG dar, so kann ein Grundstücksgeschäft bei Umstrukturierungen im Konzern gemäß § 6a GrEStG steuerbefreit sein. Dies betrifft insbesondere Umstrukturierungen nach dem UmwG. Gemäß § 6 S. 2 GrEStG sind aber auch *„entsprechende Umwandlungen, Einbringungen sowie andere Erwerbsvorgänge auf gesellschaftsvertraglicher Grundlage"* erfasst. *„Andere Erwerbsvorgänge auf gesellschaftsvertraglicher Grundlage"* stellen Rechtsvorgänge dar, bei denen Grundstücke von einer Gesellschaft auf einen Gesellschafter übertragen werden.[1617] Somit können Gesamtvermögensgeschäfte unter § 6a S. 2 GrEStG fallen, bei denen eine Gesellschaft ihr ganzes Vermögen (inklusive inländischem Grundstück) auf eine Gesellschafterin-Gesellschaft überträgt.

1615 *Griesar*, in: Griesar/Jochum, GrEStG, Stand: 02.08.2021, § 1, Rn. 401.
1616 BT-Drs. 19/13437, 9.
1617 *Viskorf*, in: Viskorf, GrEStG, § 6a, Rn. 40.

D. Die Bemessung der Steuer

Liegt ein Rechtsvorgang vor, der gemäß § 1 GrEStG eine Steuerpflicht auslöst, und ist auch keine Steuerbefreiung einschlägig, etwa gemäß § 6a GrEStG, ist der Rechtsvorgang regulär nach dem GrEStG zu besteuern.

I. Die Besteuerungsgrundlage

Ist ein Gesamtvermögensgeschäft von § 1 GrEStG erfasst, so bemisst sich die Steuerlast gemäß § 8 Abs. 1 GrEStG anhand des Werts der Gegenleistung. Dies wird regelmäßig der Kaufpreis gemäß § 9 Abs. 1 Nr. 1 GrEStG sein. Fehlt es an der Gegenleistung, ist diese nicht zu ermitteln oder liegt ein Rechtsvorgang gemäß § 1 Abs. 2a bis 3a GrEStG vor, so wird die Steuer nach den Grundbesitzwerten anhand der Vorschriften des BewG bemessen. Dies bedeutet, dass die Besteuerung eines Gesamtvermögensgeschäfts im Rahmen eines *Share Deal* nach den Vorschriften des BewG erfolgt.

Hingegen erfolgt die Besteuerung bei einem *Asset Deal* gemäß § 8 Abs. 1 GrEStG. Dies gilt auch, wenn ein einheitlicher Kaufpreis vereinbart wurde, aus dem nicht entnommen werden kann, welchen Anteil am Gesamtkaufpreis der steuerpflichtige Grunderwerbsvorgang ausmacht. Es wäre denkbar, dass dies unter § 8 Abs. 2 Nr. 1 Alt. 2 GrEStG fällt und das BewG zur Anwendung kommt. Die Gegenleistung ist jedoch nicht zu ermitteln, wenn die (behauptete) Gegenleistung offensichtlich fehlerbehaftet ist oder fehlt.[1618] Es reicht weder aus, dass die Gegenleistung schwer zu ermitteln noch dass der Wert der Gegenleistung nicht angeben ist. In diesen Fällen kann eine Schätzung gemäß § 162 AO oder Pauschalbesteuerung gemäß § 12 GrEStG erfolgen.[1619] Ebenso wäre es denkbar, die Gegenleistung anhand des Anteils am Gesamtkaufpreis unter Berücksichtigung der Teilwerte der Assets zu bestimmen.[1620] Nur wenn die Ermittlung der Gegenleistung unmöglich ist, ist § 8 Abs. 1 Nr. 1 Alt. 2 GrEStG anwendbar.[1621] Dies bedeutet, dass bei einem Gesamtvermögensgeschäft mit einem Gesamtkaufpreis der Wert des Grundstücks gemäß § 8 Abs. 1 GrEStG zu bemessen ist. Dies dürfte durch Schätzung gemäß § 162 AO oder anteilige Aufteilung des

---

1618 FG Berlin-Brandenburg, Urteil vom 05.12.2019 – 12 K 4223/10 = BeckRS 2019, 47814.

1619 BFH, Urteil vom 23.11.1972 – II R 95/66 = BStBl. II 1973, 368, Ls.; FG Berlin-Brandenburg, Urteil vom 05.12.2019 – 12 K 4223/10 = BeckRS 2019, 47814; *Jochum*, in: Griesar/Jochum, GrEStG, Stand: 01.07.2021, § 8, Rn. 43.

1620 *Jung/Huber*, in: Lappe/Gattrniger, Carve-out-Transaktionen, Teil V. Fn 116.

1621 *Viskorf*, in: Viskorf, GrEStG, § 8, Rn. 67.

Gesamtkaufpreises erfolgen und gilt auch, wenn der geschätzte Wert hinter dem Wert nach dem BewG oder dem Verkehrswert zurückbleibt.[1622]

II. Der Steuersatz

Der Wert der Gegenleistung für das inländischen Grundstück ist mit dem Steuersatz von 3,5 Prozent gemäß § 11 Abs. 1 GrEStG zu besteuern. Da die Länder gemäß Art. 105 Abs. 2a S. 2 GG befugt sind, den Steuersatz für die GrESt anzupassen, liegt der Steuersatz aktuell[1623] zwischen 3,5 und 6,5 Prozent.

E. Ergebnis

Die GrESt darf bei einem Gesamtvermögensgeschäft nicht außer Acht gelassen werden und weist insbesondere für Rechtsanwälte haftungsrechtliche Bedeutung auf. Ist ein Grundstück Gegenstand des Gesamtvermögensgeschäfts, liegt grundsätzlich ein Rechtsvorgang gemäß § 1 GrEStG vor. Dies gilt sowohl für einen *Asset* als auch einen *Share Deal*. Letzterer ist – auch im Hinblick auf Gestaltungsmöglichkeiten in der Praxis – jedoch genau zu prüfen. Liegt eine Steuerpflicht vor, erfolgt die Bemessung der Steuerlast anhand der Gegenleistung.

§ 7 Ergebnis

Wie einleitend bereits dargestellt, ist erkennbar, dass das Steuer- und auch das Steuerbilanzrecht bei Gesamtvermögensgeschäften eine nicht zu verkennende Rolle einnimmt. Bei einem Gesamtvermögensgeschäft ist zunächst zu prüfen, ob durch dieses Geschäft stille Reserven aufgedeckt werden und – sofern dies der Fall ist – welche Folgen und Handlungsmöglichkeiten bestehen.

Für Gesellschaften, die dem KStG unterfallen, ist zudem das Risiko einer verdeckten Gewinnausschüttung zu berücksichtigen, wenn diese das Gesamtvermögensgeschäft mit einem Gesellschafter abschließen möchte. Zudem kann ein Gesamtvermögensgeschäft im Rahmen eines *Share Deal* von § 8b KStG erfasst werden, sodass dieses steuerfrei wäre.

Handelt es sich bei der veräußernden Gesellschaft um eine Personengesellschaft, so findet die Besteuerung aufgrund des Transparenzprinzips auf Gesellschafterebene statt. Veräußert ein Gesellschafter ein Wirtschaftsgut, das dem Sonderbetriebsvermögen der Gesellschaft zuzurechnen ist, so handelt es sich

1622 *Viskorf*, in: Viskorf, GrEStG, § 8, Rn. 67.
1623 Stand: 01.11.2022.

nicht um ein Gesamtvermögensgeschäft der Gesellschaft im eigentumsrechtlichen Sinne. Gleichwohl ist der Veräußerungsgewinn auf Gesellschaftsebene zu berücksichtigen. Dies gilt auch für Veräußerungsgewinne gemäß §§ 16, 17 EStG, die ebenfalls bei Gesamtvermögensgeschäften in Betracht kommen. Zur Vermeidung von Härtefällen bei der Besteuerung von Gewinnrealisierungen bietet § 34 EStG jedoch eine Möglichkeit, die Besteuerung von Veräußerungen des Gewerbebetriebs steuerfreundlicher zu behandeln.

Nach der Rechtsprechung des EuGH kann ein *Share Deal* von der Umsatzsteuer nicht erfasst werden, wenn dieser keine Leistung darstellt. Dies ist der Fall, wenn die Anteile um ihrer selbst willen gehalten worden sind. Zudem kann auch eine umsatzsteuerrechtliche Erfassung einer Anteilsveräußerung gemäß § 1 Abs. 1a UStG nicht als Leistung erfasst werden, wenn ein Geschäft im Ganzen veräußert wird und der übernehmende Unternehmer die Geschäftsfortführung beabsichtigt. Überdies kann die Veräußerung von Anteilen und Grundstücken gemäß § 4 UStG steuerfrei sein.

Zuletzt ist auch die Gewerbesteuer für Gewerbetreibende zu beachten. Zwar stellt die Veräußerung des Gewerbebetriebs im Ganzen keinen gewerbesteuerrechtlichen Vorgang dar, dies gilt jedoch nur, wenn keine Güter veräußert werden, die zuvor den gewöhnlichen Gewerbebetrieb ausmachten.

Es zeigt sich somit, dass Gesamtvermögensgeschäfte eine erhebliche steuerrechtliche Relevanz aufweisen, insbesondere wenn ein Geschäfts- oder Gewerbebetrieb als Ganzes veräußert wird.

8. Kapitel: Ergebnisse

§ 1 Fazit

Es zeigt sich, dass § 179a AktG zu Unrecht einen Dornröschenschlaf gehalten hat und (hoffentlich) in naher Zukunft weitaus mehr Geltung aufweisen wird. Das Urteil des BGH vom 08.01.2019 – II ZR 364/18 als „wachküssender Prinz" begründet die Hoffnung, dass die Rechtsprechung und die Wissenschaft die gebotene Möglichkeit ergreift und der Bedeutung von § 179a AktG und der Konzeption des Zivilrechts hinsichtlich von Gesamtvermögensgeschäften gewahr wird. Die primär profilierten Aktienrechtlern bekannte Norm des Handels- und Gesellschaftsrechts sollte kein Schattendasein aufweisen, sondern stellt für die Rechtswissenschaft und die juristische Praxis eine Norm von erheblicher Relevanz dar. Es ist daher zu wünschen, dass die Zukunft der Norm die Anerkennung bringt, die sie verdient. Leider versäumte der BGH am 15.02.2022 diese Möglichkeit und schloss sich seiner Rechtsprechung vom 08.01.2019 an.

§ 179a AktG weist eine hervorgehobene Bedeutung auf. Seine Auswirkung auf den Umfang der Vertretungsmacht der Geschäftsleitung bedeutet für die juristische Praxis eine Hürde, die für Berufsjuristen und andere Berufsgruppen zahlreiche Haftungsfallen bietet. Sowohl die Anwendungsmöglichkeiten der Norm als auch das Tatbestandsmerkmal des „ganzen Vermögens" dürften auch in Zukunft zahlreiche Gerichte beschäftigen. Es bleibt zu wünschen, dass der Sinn und Zweck der Norm dazu beiträgt, eine herrschende, wenn nicht gar allgemeine Ansicht zu begründen. Zu guter Letzt weist auch der internationale Vergleich darauf hin, dass es sich bei § 179a AktG um keine Ausnahme des AktG handelt, sondern zahlreiche Länder vergleichbare Regelungen aufweisen.

Sowohl § 179a AktG als auch die §§ 311b, 1365, 1643, 1821 f. BGB und die personengesellschaftlichen Regelungen zum Umfang der Vertretungsmacht der Geschäftsleitung folgen einer übergeordneten Wertentscheidung des Rechtssystems, dem Prinzip des Schutzes der wirtschaftlichen Grundlagen. Ein Gesamtvermögensgeschäft kann und soll nicht der allgemeinen rechtsgeschäftlichen Disposition zugänglich sein. Vielmehr bedarf es der Zustimmung der (auch) betroffenen Rechtssubjekte. Bereits dieses Prinzip rechtfertigt es, § 179a AktG einen möglichen Ausnahmecharakter abzuerkennen und der Norm die Bedeutung beizumessen, die sie verdient. Es handelt sich mit § 179a AktG um ein Zentralgestirn des Prinzips des Schutzes der wirtschaftlichen Grundlagen.

Demzufolge kann auch das Urteil des BGH vom 08.01.2019 keinen Bestand haben. Das Urteil weist bereits inhaltlich Mängel auf. Da § 179a AktG aber auch das Prinzip des Schutzes der wirtschaftlichen Grundlagen wiedergibt, ist die Norm analog auf die GmbH anzuwenden. Es besteht aus dem Prinzip folgend eine vergleichbare Interessenlage hinsichtlich der Hauptversammlung einer AG und der Gesellschafterversammlung einer GmbH. Bezüglich der analogen Anwendbarkeit auf Personengesellschaften ist dem BGH hinsichtlich seines Urteils vom 15.02.2022, dass § 179a AktG einer analogen Anwendung auf das Personengesellschaftsrecht nicht zugänglich sei, im Ergebnis zuzustimmen. Leider weist das Urteil in dogmatischer Hinsicht jedoch erhebliche Schwächen auf. Vom gesetzlichen Umfang der Vertretungsmacht sind Grundlagengeschäfte im Personengesellschaftsrecht bereits ausgenommen. Ein solches Grundlagengeschäft stellt ein Gesamtvermögensgeschäft dar. Folglich bedarf es keines Rückgriffs auf § 179a AktG. Einen weiteren Sonderfall stellt der nicht wirtschaftliche Verein dar, der trotz seiner ideellen Zwecksetzung über ein Vereinsvermögen verfügen kann und in gleicher Weise schutzbedürftig ist wie die Hauptversammlung einer AG. Auch auf diesen findet das Prinzip des Schutzes der wirtschaftlichen Grundlagen Anwendung.

In der von § 179a AktG geprägten Gesamtthematik um Gesamtvermögensgeschäfte sind auch andere Normen und Rechtsgebiete zu berücksichtigen. Der vom BGH im Urteil vom 08.01.2019 – II ZR 364/18 angeführte Missbrauch der Vertretungsmacht knüpft an das Handeln der Geschäftsleitung als Vertreterin der Gesellschaft an. Dies betrifft die unmittelbar § 179a AktG unterfallenden Gesellschaften nicht, da die Norm bereits Außenwirkung aufweist, sodass der Missbrauch der Vertretungsmacht diesbezüglich unerheblich ist. Folgt man jedoch der Rechtsprechung des BGH zur Nichtanwendbarkeit von § 179a AktG auf die GmbH, die in konsequenter Fortführung auch für die Personengesellschaften gelten muss, kommt dem Missbrauch der Vertretungsmacht diesbezüglich eine besondere Relevanz zu. Rechtsgeschäfte mit erheblichen Geschäftsvolumina im Handels- und Gesellschaftsrecht führen zu einem besonderen Augenmerk für Erwerber. Es folgt aus diesem Umstand zwar keine anlasslose Erhöhung der Sorgfaltsanforderungen. Die zahlreichen Besonderheiten im Handels- und Gesellschaftsrecht und ihre Auswirkungen auf die allgemeine Wirksamkeit des Rechtsgeschäfts können jedoch einen Missbrauch der Vertretungsmacht nahelegen, sodass langwierige Rechtsstreite drohen könnten.

Neben diesem unmittelbaren Risiko aus § 179a AktG sind auch die Haftungsrisiken drittbeteiligter Personen und das Steuerrecht mit seiner Vielzahl an Steuerarten und aus den jeweiligen Steuergesetzen folgenden Besonderheiten, insbesondere hinsichtlich von Betriebsveräußerungen, zu berücksichtigen. Dies unterstreicht nicht nur die Relevanz des § 179a AktG für

Gesamtvermögensgeschäfte, sondern ebenso die umfassende Relevanz des in der Norm erfassten Gesamtvermögensgeschäfts.

Es zeigt sich folglich, dass Gesamtvermögensgeschäfte und im Speziellen § 179a AktG keine Thematiken darstellen, die nur profilierten Aktien- beziehungsweise Gesellschaftsrechtlern bekannt sein sollten. Bereits die Norm des § 179a AktG birgt zahlreiche Risiken in sich; dazu kommt die rechtsgebietsübergreifende Bedeutung von Gesamtvermögensgeschäften. Die wesentlichste Bedeutung erlangt § 179a AktG jedoch durch das Prinzip des Schutzes der wirtschaftlichen Grundlagen.

§ 2 Zusammenfassung der wesentlichen Ergebnisse

A. § 179a AktG als Zentralgestirn des Prinzips des Schutzes der wirtschaftlichen Grundlagen mit zahlreichen eigenen Problemfeldern

Das Zentralgestirn für Gesamtvermögensgeschäfte im Handels- und Gesellschaftsrecht stellt § 179a AktG dar, der eine ausdrückliche Zustimmungskompetenz für die Hauptversammlung regelt. Die Norm, die den Ausgangspunkt für das von einigen Literaturstimmen angenommene allgemeine Prinzip des Verbandsrechts darstellt, ist die Konkretisierung eines weitaus umfassenderen Prinzips in der Rechtssystematik des Zivilrechts, des Prinzips des Schutzes der wirtschaftlichen Grundlagen. Rechtssubjekten werden durch eine Vielzahl von Normen besondere Anforderungen an einen wirksamen Abschluss eines Gesamtvermögensgeschäfts auferlegt; in diesem Kontext ist auch § 179a AktG zu nennen.

Ungeachtet dieses aus § 179a AktG folgenden Prinzips weist die Norm inhaltlich zahlreiche Problematiken auf, die die Tatbestandsvoraussetzungen und den Anwendungsbereich der Norm betreffen. Es folgt weder aus dem Wortlaut der Norm noch den gesetzgeberischen Erwägungen und Begründungen, ob der Anwendungsbereich auf bestimmte Arten von Rechtsgeschäften beschränkt ist. Entgegen einigen Ansichten, die bestimmte Arten von Rechtsgeschäften vom Anwendungsbereich des § 179a AktG ausnehmen, ist dies grundsätzlich zu negieren. Dies folgt aus dem Sinn und Zweck des § 179a AktG. Es obliegt der Hauptversammlung, über wesentliche Strukturänderungen zu entscheiden. Dies muss folglich für jedes Rechtsgeschäft gelten, das eine wesentliche Strukturänderung herbeiführen würde. Neben dem Anwendungsbereich des § 179a AktG besteht auch hinsichtlich des Tatbestands des „ganzen Vermögens" eine erhebliche Unsicherheit, die Gerichte und Rechtswissenschaft auch in der Zukunft beschäftigen dürfte. Aufgrund des klaren Willens des Gesetzgebers für eine qualitative Betrachtung des Tatbestands ist jedoch zu hoffen, dass sich aus dieser Diskussion künftig eine herrschende Meinung entwickelt.

Auch die Betrachtung der Gründe, aus denen eine Gesellschaft ihr ganzes Vermögen zu veräußern beabsichtigen könnte, birgt rechtliche Problematiken. So fällt neben wirtschaftlichen Erwägungen vor allem die Möglichkeit des Mehrheitsaktionärs ins Auge, sich der Minderheitsaktionäre außerhalb der Squeeze Out-Vorschriften mittels der übertragenden Auflösung zu entledigen. Diese Möglichkeit ist zulässig und steht neben den Möglichkeiten für einen Squeeze Out, auch wenn seit deren Einführung die Relevanz der übertragenden Auflösung nachgelassen hat. Es ist jedoch verfassungsrechtlich geboten, den betroffenen Minderheitsaktionären einen Abfindungsanspruch *sui generis* zuzugestehen.

Es zeigt sich mithin, dass § 179a AktG eine Sonderregelung darstellt, die den Umfang der Vertretungsmacht des Vorstands beschränkt. Eine Ausnahme im Handels- und Gesellschaftsrecht ist diese Norm hingegen nicht.

B. Das Urteil des BGH vom 08.01.2019 ist fehlerhaft und inkonsequent

Das Urteil des BGH vom 08.01.2019 – II ZR 364/18 ist fehlerhaft und inkonsequent zur eigenen Rechtsprechung. Neben der fälschlicherweise erfolgten Ablehnung der analogen Anwendung von § 179a AktG auf die GmbH verstößt das Urteil gegen das stellvertretungsrechtliche Trennungs- und Abstraktionsprinzip. Die Richter des II. Zivilsenats verwiesen hinsichtlich der Nichtvergleichbarkeit der Interessenlagen bei der Haupt- und der Gesellschafterversammlung auf die Handlungsmöglichkeiten, insbesondere das Weisungsrecht, der Gesellschafterversammlung. Es wurden folglich gegen eine vergleichbare Interessenlage in Bezug auf die Beschränkung der Vertretungsmacht aus § 179a AktG Einwendungen herangezogen, die das Innenverhältnis zwischen der Gesellschaft und der Geschäftsführung betreffen, nicht jedoch die Vertretungsmacht im Außenverhältnis. Dies steht im Widerspruch zum stellvertretungsrechtlichen Trennungs- und Abstraktionsprinzip.

Zudem steht das Urteil des BGH im Widerspruch zur eigenen Rechtsprechung hinsichtlich der analogen Anwendbarkeit der Zustimmungspflicht bei Unternehmensverträgen gemäß § 293 AktG auf die GmbH. Es entspricht der inzwischen gefestigten Rechtsprechung des BGH, dass § 293 AktG analog Anwendung auf die GmbH findet, da die Interessenlage zwischen Hauptversammlung und Gesellschafterversammlung vergleichbar ist. Die einschneidenden institutionellen und wirtschaftlichen Folgen des § 293 AktG, wie sie der

BGH benennt, bestehen auch bei einem Gesamtvermögensgeschäft. Demzufolge ist das Urteil des BGH inkonsequent zur eigenen Rechtsprechung.

Ebenso zieht der II. Zivilsenat sachfremde Erwägungsgründe gegen eine analoge Anwendung heran. Es überzeugt in diesem Zusammenhang nicht, dass der BGH auf Dritthaftungsrisiken verweist, um eine vergleichbare Interessenlage für die entsprechende Anwendung von § 179a AktG auf die GmbH abzulehnen. Haftungsrisiken von Drittbeteiligten bestehen bei einer Vielzahl von Rechtsgeschäften und weisen grundsätzlich keinen Einfluss auf die Wirksamkeit von Rechtsgeschäften auf, da diese *inter partes* wirken. Bei einer vergleichbaren Interessenlage, die einen Vergleich zwischen den Interessen der Hauptversammlung einer AG und den Interessen der Gesellschafterversammlung einer GmbH betrifft, kann auf vergleichsfremde Interessen nicht abgestellt werden.

C. Im Zivilrecht besteht das Prinzip des Schutzes der wirtschaftlichen Grundlagen, das auch im Handels- und Gesellschaftsrecht gilt

Dem Zivilrecht im weiteren Sinne ist das Prinzip des Schutzes der wirtschaftlichen Grundlagen inhärent. Aus diesem folgt, dass Rechtsgeschäfte, die das ganze Vermögen eines Rechtssubjekts betreffen, besondere Voraussetzungen erfordern, die den Grundlagencharakter des Rechtsgeschäfts verdeutlichen. Insbesondere Zustimmungserfordernisse der (auch) betroffenen Rechtsubjekte geben dieses Prinzip wieder. Das im Handels- und Gesellschaftsrecht teilweise vertretene allgemeine Prinzip des Verbandsrechts aus § 179a AktG, nach dem die Gesellschafter einem Gesamtvermögensgeschäft zustimmen müssen, gibt einen Teil dieses Prinzips wieder, denn ein Prinzip stellt die normübergeordnete Wertentscheidung des Rechtssystems dar, die oftmals eine Grundlage im Grundgesetz findet.

Dem Grundgesetz ist der Existenzschutz inhärent, der nach dem Willen des Gesetzgebers auch die wirtschaftlichen Grundlagen betrifft. So bestehen im Familienrecht besondere Zustimmungserfordernisse bei Gesamtvermögensgeschäften. Gemäß § 1365 BGB muss ein Ehepartner einem Gesamtvermögensgeschäft des anderen Ehepartners zustimmen, im Sorgerecht ist die Entscheidung der Eltern oder des Vormunds auf das Familiengericht delegiert. Auch das Erfordernis der notariellen Beurkundung aus § 311b BGB weist einen vergleichbaren Charakter auf. In diesem Zusammenhang ist auch § 179a AktG zu nennen. Alle diese Normen aus dem allgemeinen Teil des BGB, dem Familienrecht und dem Handels- und Gesellschaftsrecht nehmen Gesamtvermögensgeschäfte von den grundsätzlichen Regelungen über die Verfügungs- oder Vertretungsbefugnis aus. Sie verbieten Gesamtvermögensgeschäfte jedoch nicht dem Grunde nach. Aufgrund der Auswirkungen auf die finanzielle Grundlage des betroffenen Rechtssubjekts sollen alle (ebenfalls) betroffenen Rechtssubjekte über ein Gesamtvermögensgeschäft mitentscheiden. Dies ist etwa bei § 1365 BGB der Ehepartner des Eigentümers oder bei § 179a AktG die Hauptversammlung als Aktionärsorgan. Es entspricht dem Willen des Gesetzgebers, der in zahlreichen Normen wiederzufinden ist, dass ein Gesamtvermögensgeschäft nur unter diesen besonderen Voraussetzungen möglich ist. In diesem Zusammenhang hat das Vertrauen des Rechtsverkehrs in das Bestehen einer unbeschränkten Vertretungsmacht zurückzutreten.

Dieses Prinzip wird vom BGH in seinem Urteil vom 08.01.2019 – II ZR 364/18 nicht erkannt. Es wird vielmehr das allgemeine Prinzip des Verbandsrechts als nicht existent abgelehnt mit dem Ergebnis, dass § 179a AktG keine entsprechende Anwendung auf die GmbH findet. Dieses Ergebnis des BGH ist aufgrund des Prinzips des Schutzes der wirtschaftlichen Grundlagen mit der Systematik des Rechtssystems nicht vereinbar. Vielmehr weist dieses Prinzip eine umfassende Geltung auf, die sich auch auf die GmbH erstreckt, sodass die entsprechende Anwendung von § 179a AktG die Konkretisierung dieses Prinzips darstellt.

Wie im Urteil vom 15.02.2022 im Ergebnis zutreffend angenommen und entgegen der *Nightclub*-Rechtsprechung des BGH findet § 179a AktG jedoch keine Anwendung auf Personen- und Personenhandelsgesellschaften. Das Prinzip des Schutzes der wirtschaftlichen Grundlagen ist bereits in den Regelungen zur Geschäftsführung und Vertretung der Gesellschaften erfasst, da ein Grundlagengeschäft – und als solches ist ein Gesamtvermögensgeschäft zu qualifizieren – bereits vom Umfang der Geschäftsführungsbefugnis und Vertretungsmacht ausgenommen ist. Jedoch findet § 179a AktG entsprechend Anwendung auf die Publikumspersonengesellschaft, die Genossenschaft und auf den nicht wirtschaftlichen Verein. Die KGaA ist gemäß § 278 Abs. 3 HGB bereits vom direkten Anwendungsbereich erfasst.

D. Keine Überraschungen beim Missbrauch der Vertretungsmacht bei Gesamtvermögensgeschäften

Mit seinem Urteil vom 08.01.2019 – II ZR 364/18 hat der BGH erneut Stellung zum Missbrauch der Vertretungsmacht im Handels- und Gesellschaftsrecht bezogen. Die Ausführungen der Richter des II. Zivilsenats dazu, wann sich ein Missbrauch der Vertretungsmacht durch die Geschäftsleitung aufdrängen muss, betreffen Umstände, die insbesondere bei Gesamtvermögensgeschäften bestehen können. Gleichwohl ergeben sich keine Neuerungen. Es bleibt vielmehr eine Entscheidung, die bei Gesamtvermögensgeschäften – wie bei anderen Rechtsgeschäften auch – die jeweiligen Besonderheiten des Einzelfalls zu berücksichtigen hat.

Notwendig ist eine differenzierte Betrachtung der Person des Erwerbers und seiner individuellen Kenntnisse und Erfahrungen hinsichtlich der Möglichkeit zum Erkennen der anlassbezogenen Umstände eines Missbrauchs der Vertretungsmacht. Ein besonderes Augenmerk hat weiter auf der Maßgeblichkeit eines Gesellschafters zu liegen. Das fehlende Einverständnis eines maßgeblichen Gesellschafters kann nach Ansicht des BGH einen Missbrauch der Vertretungsmacht aufdrängen. Die Maßgeblichkeit eines Gesellschafters – dies lässt der BGH offen – ist anhand des subjektiven Verständnishorizonts eines Dritten an Stelle des Erwerbers zu beurteilen.

Auch die vom BGH angeführte Erkundigungsobliegenheit eines Erwerbers im Einzelfall stellt weder eine rechtliche Neuheit noch eine wesentliche Rechtsentwicklung dar. Die Erkundigungsobliegenheit folgt aus der allgemeinen Sorgfaltspflicht im Rechtsverkehr. Aus diesem Grund sind bei Anlass Erkundigungen der von der Obliegenheit betroffenen Person anzustellen, um die anlassbezogenen Zweifel auszuräumen oder zu bestätigen. Der Umfang ist ebenso einzelfallabhängig.

Ausreichend ist für den Erwerber bereits einfache Fahrlässigkeit hinsichtlich des Aufdrängens oder der Nichterfüllung der Erkundigungsobliegenheit. Die Ansichten, die strengere Anforderungen an die subjektiven Voraussetzungen stellen, verkennen, dass zum einen keine gesetzliche Grundlage für die Abweichung vom Grundsatz aus § 276 Abs. 2 BGB besteht. Zum anderen ist infolge der Notwendigkeit besonderer Anlässe für ein Aufdrängen oder eine Erkundigungsobliegenheit bereits ein hinreichender Schutz zu Gunsten der Erwerber geschaffen worden, der eine Erosion der Voraussetzungen des Missbrauchs der Vertretungsmacht und mithin des Vertrauens des Rechtsverkehrs verhindert. Aus diesem Grund ist eine Anhebung der Fahrlässigkeitsschwelle weder geboten noch erforderlich.

E. Erhebliche Dritthaftungsrisiken, aber keine Besonderheiten in Bezug auf Gesamtvermögensgeschäfte

Die umfassende Bedeutung von Gesamtvermögensgeschäften über das Handels- und Gesellschaftsrecht hinaus zeigt sich insbesondere in den Haftungsrisiken von Drittbeteiligten. Es überzeugt in diesem Zusammenhang jedoch nicht, dass der BGH auf diese Haftungsrisiken verweist, um eine vergleichbare Interessenlage für die entsprechende Anwendung von § 179a AktG auf die GmbH abzulehnen. Haftungsrisiken von Drittbeteiligten bestehen grundsätzlich bei einer Vielzahl von Rechtsgeschäften. Es überzeugt zudem auch nicht, hinsichtlich der vergleichbaren Interessenlage, die einen Vergleich zwischen den Interessen der Hauptversammlung einer AG und den Interessen der Gesellschafterversammlung einer GmbH betrifft, auf vergleichsfremde Interessen abzustellen.

Drittbeteiligte bei Gesamtvermögensgeschäften sind insbesondere Notare, aber auch Rechtsanwälte, Registergerichte oder Grundbuchämter. Die beiden erstgenannten Berufsgruppen zeichnen sich in ihren Tätigkeiten dadurch aus, dass diese von steten Haftungsrisiken begleitet werden. Insbesondere Notare haben erhebliche Verpflichtungen aus dem eigenen Berufsrecht zu beachten, das zahlreiche Haftungsfallen bietet. Gleichwohl bestehen keine besonderen Haftungsrisiken in Bezug auf Gesamtvermögensgeschäfte. Vielmehr gilt die „*magna charta*“ des § 17 BeurkG in gleicher Weise wie bei anderen Beurkundungen. Neben den berufsrechtlichen Haftungsrisiken wird ein Gesamtvermögensgeschäft auch regelmäßig zu einer Verpflichtung des Notars nach dem GwG führen, sodass auch diesbezügliche Risiken nicht außer Acht gelassen werden dürfen. Verstöße gegen das GwG führen zwar zu keiner Haftung gegenüber den Vertragsparteien, können dafür jedoch berufsexistenzielle Folgen haben.

In den Verhandlungen und bei Vertragsschluss über ein Gesamtvermögensgeschäft werden zudem regelmäßig Rechtsanwälte beteiligt sein. Dies gilt besonders für M&A-Transaktionen, die oftmals erhebliche finanzielle Volumina aufweisen. Diese Volumina können zu erheblichen Haftungsfällen der Rechtsanwälte und Rechtsanwaltsgesellschaften führen, insbesondere aufgrund des Umfangs der Verpflichtungen bei M&A-Transaktionen.

Dagegen bestehen für Grundbuchämter und Registergerichte keine Haftungsrisiken. Ersteren obliegt lediglich eine Prüfpflicht hinsichtlich der Auflassung und Eintragung, nicht hinsichtlich des Verpflichtungsgeschäfts, das von dem Prinzip des Schutzes der wirtschaftlichen Grundlagen betroffen ist. Letztere haben keine Verpflichtung, Satzungsmängel hinsichtlich des Unternehmensgegenstands zu überprüfen.

F. Hohe Relevanz von Gesamtvermögensgeschäften im Steuerrecht

Auch das Steuerrecht weist eine wesentliche Bedeutung für Gesamtvermögensgeschäfte auf. Infolge der Veräußerung von Assets oder Shares wird regelmäßig eine Aufdeckung stiller Reserven bei der veräußernden Gesellschaft erfolgen. Dies hat zur Folge, dass die realisierten Gewinne der Besteuerung unterworfen werden, sofern keine Ausnahmevorschriften eingreifen. Die Besteuerung der Gewinne aus dem Veräußerungsvorgang und der Realisierung von stillen Reserven erfolgt nach den allgemeinen Regelungen des EStG oder KStG.

Erfolgt das Gesamtvermögensgeschäft mit einem Gesellschafter, etwa infolge einer übertragenden Auflösung, ist zu beachten, dass die Gegenleistung werthaltig sein muss und tatsächlich an die Gesellschaft geleistet wird. Es könnte ansonsten durch das Finanzamt eine verdeckte Gewinnausschüttung beschieden werden, die zu einer nachträglichen Änderung der Steuerhöhe führen könnte.

Steht bei einer Personen- oder Personenhandelsgesellschaft ein Gegenstand im SBV, so liegt eigentumsrechtlich kein Gesamtvermögensgeschäft der Gesellschaft vor, sondern wird vom Gesellschafter abgeschlossen. Gleichwohl kann dieses eine Entnahme darstellen, die gemäß § 4 Abs. 1 EStG der Gewinnermittlung hinzuzurechnen ist und mithin in die Besteuerung mit einfließt.

Erfolgt ein Gesamtvermögensgeschäft infolge eines *Share Deal*, so kann bei Körperschaftsteuersubjekten als Veräußerern § 8b Abs. 2 KStG zur Anwendung gelangen, nach dem der Veräußerungsgewinn bei einer Beteiligungsveräußerung steuerfrei sein kann. Bei Einkommensteuersubjekten können Gewinne aus einer Anteilsveräußerung nach Maßgabe des § 17 EStG als Einkünfte aus Gewerbebetrieb zu qualifizieren sein. Eine entsprechende Qualifizierung gilt gemäß § 16 EStG für Gewinne aus einer Betriebsveräußerung.

Umsatzsteuerrechtlich wird ein Gesamtvermögensgeschäft regelmäßig keine steuerpflichtige Leistung darstellen. Nach der Rechtsprechung des EuGH ist die Veräußerung einer Beteiligung grundsätzlich nicht als Leistung im umsatzsteuerrechtlichen Sinne zu betrachten. Erfolgt eine Betriebsveräußerung, so unterliegt diese gemäß § 1 Abs. 1a UStG nicht der USt. Handelt es sich dennoch um eine Leistung i. S. d. § 1 Abs. 1 UStG, so kann diese gemäß § 4 UStG steuerbefreit sein. Es zeigt sich mithin, dass ein Gesamtvermögensgeschäft grundsätzlich nicht dem UStG unterfallen wird. Selbiges gilt in Bezug auf das GewStG, es sei denn, dass das Gesamtvermögensgeschäft im Rahmen der gewerblichen Tätigkeit der Gesellschaft erfolgt.

§ 3 Der Ausblick

Es ist zu wünschen, dass der BGH alsbald erneut die Gelegenheit erhält und wahrnimmt, seine missglückten Urteile vom 08.01.2019 und 15.02.2022 zur analogen Anwendung des § 179a AktG außerhalb des Aktienrechts zu korrigieren. Die von ihm angeführten Gründe vermögen nicht zu überzeugen und weisen Schwächen auf. Die zentrale Hoffnung beruht jedoch darauf, dass die höchstrichterliche Rechtsprechung sich mit dem Prinzip des Schutzes der wirtschaftlichen Grundlagen auseinandersetzt. Aufgrund der übergreifenden Bedeutung des Prinzips ruht die Hoffnung auch auf anderen Zivilsenaten des BGH, insbesondere den familienrechtlichen. Zudem sollte dieses Prinzip Anlass für eingehende Auseinandersetzungen bieten und damit einer breiten Diskussion in der Wissenschaft zugeführt werden.

Trotz des Urteils des BGH zur vom BGH abgelehnten analogen Anwendung des § 179a AktG auf die GmbH darf hieraus nicht die Schlussfolgerung gezogen werden, dass nunmehr die Praxis außerhalb des Aktienrechts vollends auf die Leitungsmacht der Geschäftsleitung abstellen kann. Weiterhin ist ein Beschluss der Gesellschafter erforderlich. Dem nach dem Urteil vom 08.01.2019 entstandenen Bedürfnis nach einer Klarstellung des BGH zu seiner *Nightclub*-Rechtsprechung hat der BGH mit seinem Urteil vom 15.02.2022 Genüge getan, wenngleich – etwa in Hinblick auf die Analogiefähigkeit des § 179a AktG für die Publikumsgesellschaft – weiterhin offene Fragen verbleiben.

Im Detail mag gegenwärtig die übertragende Auflösung an Relevanz verloren haben, gleichwohl kann dies auch nur eine Momentaufnahme darstellen. Erlangt diese Möglichkeit des Ausschlusses von Minderheitsaktionären außerhalb der Squeeze Out-Vorschriften neue Bekanntheit, kann sich – auch aufgrund der unklaren Mehrheitserfordernisse – eine neue Relevanz dieser Maßnahme ergeben.

Zudem haben Drittpersonen die Thematik rund um Gesamtvermögensgeschäfte im Blick zu behalten. Zum einen dient dies der Vermeidung eigener Haftungsfälle, insbesondere für Notare und Rechtsanwälte. Zum anderen ist das Steuerrecht einem permanenten Wandel unterlegen, sodass insbesondere eine Betriebsveräußerungen und damit verbundene Steuervorschriften von Steuerrechtlern und -beratern genau im Blick behalten werden müssen.

Literaturverzeichnis

Adam, Jürgen/Schmidt, Karsten/Schumacher, Jörg: Nulla poena sine culpa – Was besagt das verfassungsrechtliche Schuldprinzip? NStZ 2017, 7 ff.

Adolff, Peter/Adolff, Johannes: Holzmüller-Kompetenzen der Hauptversammlung und Missbrauch der Vertretungsmacht durch die Vorstände einer Aktiengesellschaft in: Festschrift für Karl Peter Mailänder zum 70. Geburtstag; hrsg. von Geiss, Karlmann/Gerstenmaier, Klaus-A./Winkler, Rolf M. Berlin, 2006, S. 289 ff.

Alexy, Robert: Theorie der Grundrechte, 1. Auflage, Baden-Baden, 1985

Altmeppen, Holger: Gesetz betreffend die Gesellschaften mit beschränkter Haftung – Kommentar, 11. Auflage, München, 2023

Von Appen, Jörg/Schwarz Patrick: Der Idealverein im Milliardengeschäft Fußball-Bundesliga – Grenzen und Voraussetzungen wirtschaftlicher Tätigkeit, npoR 2014, 111 ff.

Armbrüster, Christian/Preuß, Nicola/Renner, Thomas (Hrsg.): Beurkundungsgesetz und Dienstordnung für Notare Kommentar, 8. Auflage, Bonn, 2019

Arndt, Herbert/Lerch, Klaus/Sandkühler, Gerd: Bundesnotarordung Kommentar, 8. Auflage, Köln, 2016

Austmann, Andreas: Der verschmelzungsrechtliche Squeeze-Out nach dem 3. UmwÄndG 2011, NZG 2011, 684 ff.

Bachmann, Gregor: Der beschleunigte Anteilserwerb nach dem Finanzmarktstabilisierungsergänzungsgesetz vor dem Hintergrund des Verfassungs- und Europarechts, ZIP 2009, 1249 ff.

Barthen, Henrik/Staab, Günter: § 179a AktG und dessen Anwendungsbereich im Spannungsfeld zwischen Gesellschaftsrecht und Insolvenz, ZInsO 2018, 833 ff.

Bartl, Harald/Bartl, Angela/Beine, Klaus/Koch, Detlef/Schlarb, Eberhard/Schmitt, Michsaela: GmbH-Recht – Kommentar, 8. Auflage, Heidelberg, 2019 (zit.: *Bearbeiter*, in: B/B/B/K/S/S, GmbHG, §, Rn.)

Bauer, Patrick: Anm. zu BVerfG, Beschluss vom 23.08.2000 – 1 BvR 68/95 und 147/97., NZG 2000, 1214.

Baumbach, Adolf/Hopt, Klaus J: Kommentar zum HGB, 39. Auflage, München, 2020

Bayer, Walter: Der Missbrauch der Vertretungsmacht unter besonderer Berücksichtigung des Handels- und Gesellschaftsrechts in: Festschrift für Eberhard

Vetter zum 70. Geburtstag; hrsg. von Grunewald, Barbara/ Koch, Jens/ Tielmann, Jörgen, Köln, 2019, S. 51 ff.

ders.: Die Anwendung aktienrechtliche Regelungen auf die eingetragene Genossenschaft – unter besonderer Berücksichtigung der Rechtsprechung des BGH – DStR 1999, 1815 ff.

ders./Lieder, Jan: Examens-Repetitorium Handels- und Gesellschaftsrecht, Heidelberg, 2015 (zit.: *Bayer/Lieder*, HGR, Rn.)

dies./Hoffmann, Thomas: Übertragung des gesamten Gesellschaftsvermögens nach § 179a AktG, AG 2017, 717 ff.

Becker, Peter: Sicherster Weg der Beurkundung eines GmbH-Gesellschafterbeschlusses zur Übertragung des wesentlichen Gesellschaftsvermögens notar 2022, 184 ff.

beck.online-Großkommentar zum Aktiengesetz: Spindler, Gerald/Stilz, Eberhard (Hrsg.) Stand: 01.10.2022, München, 2022 (zit.: *Bearbeiter*, in: BeckOGK-AktG, §, Rn.)

beck.online-Großkommentar zum HGB: Henssler, Martin/Herresthal, Carsten/ Paschke, Marian (Hrsg.) Stand: 01.12.2021, München, 2022 (zit.: *Bearbeiter*, in: BeckOGK-HGB, §, Rn.)

beck.online-Großkommentar zum UmwG: Habersack, Mathias/Wicke, Hartmut (Hrsg.) Stand: 01.07.2022, München, 2022 (zit.: *Bearbeiter*, in: BeckOGK-UmwG, §, Rn.)

beck.online-Großkommentar zum gesamten Zivilrecht: Gsell, Beate/Krüger, Wolfgang/Lorenz, Stephan/Reymann, Christoph (Hrsg.) Stand: 01.11.2022, München, 2022 (zit.: *Bearbeiter*, in: BeckOGK-BGB, §, Rn.)

Beck'scher Bilanz-Kommentar: Grottel, Bernd/Schmidt, Stefan/Schubert, Wolfgang/Störk, Ulrich (Hrsg.) 13. Auflage, München, 2022 (zit.: *Bearbeiter*, in: BeckBil-Komm, §, Rn.)

Behrens, Stefan/Wagner, Thomas: Verschärfung des GrEStG für Share Deals ab 01.07.2021, DB 2021, 866 ff.

Beisel, Wilhelm/Klumpp, Hans-Hermann (Begr.): Der Unternehmenskauf, 7. Auflage, München, 2016

Benecke, Martina: Gesetzesumgehung im Zivilrecht, Tübingen, 2004

Bergmann, Alfred: Entsprechende Geltung des § 179a AktG bei der KGaA? in: Festschrift für Eberhard Vetter zum 70. Geburtstag; hrsg. von Grunewald, Barbara/ Koch, Jens/ Tielmann, Jörgen Köln, 2019, S. 79 ff.

Berkefeld, Sebastian: Praktische Auswirkungen der Entscheidung des BGH v. 8. 1. 2019 – II ZR 364/18 zu § 179a AktG (analog), DNotZ 2020, 85 ff.

Bernhart, Christof: Regeln der Jurisprudenz, Berlin, 2008

Beuthien, Volker: Wie ideell muss ein Verein sein? Zu Sinn und Grenzen des Nebenzweckprivilegs, NZG 2015, 449 ff.

Birk, Dieter/Desens, Marc/Tappe, Henning: Steuerrecht, 25. Auflage, Heidelberg, 2022

Bott, Harald/Walter, Wolfgang (Hrsg.): Körperschaftsteuergesetz Kommentar, Stand: 165. Ergänzungslieferung, November 2022, Bonn, 2022

Böttcher, Lars/Habighorst, Oliver/Schulte, Christian (Hrsg.): NomosKommentar Umwandlungsrecht, 2. Auflage, Baden-Baden, 2019

Brandis, Peter/Heuermann, Bernd (Hrsg.): EStG – KStG – GewStG Kommentar, Stand: 164. Ergänzungslieferung, November 2022, München, 2022

Braun, Eberhard (Hrsg.): Insolvenzordnung (InsO) Kommentar, 9. Auflage, München, 2022

Bredol, Martin/Natterer, Joachim: Von Irrungen und Wirrungen bei der Veräußerung des „ganzen" Vermögens einer Kommanditgesellschaft: Keine analoge Anwendung von § 179a AktG!, ZIP 2015, 1419 ff.

Bredthauer, Jürgen: Zum Anwendungsbereich des § 179a AktG, NZG 2008, 816 ff.

Breithaupt, Joachim/Ottersbach, Jörg H. (Hrsg.): Kompedium Gesellschaftsrecht, München, 2010

Brocker, Moritz/Schulenburg, Volker: Drum prüfe, wer sich (ewig) bindet – das Damoklesschwert des § 179a AktG bei M&A-Transaktionen im Allgemeinen sowie im insolvenznahen Bereich, BB 2015, 1993 ff.

Brox, Hans/Walker, Wolf-Dietrich: Allgemeiner Teil des BGB, 46. Auflage, München, 2022

Bühler, Timo: Inhalts- und Rechtsmissbrauchskontrolle beim Squeeze-Out, BB 2018, 2886 ff.

Bunjes, Johann/Geist, Reinhold (Begr.): Umsatzsteuergesetz Kommentar, 21. Auflage, München, 2022

Bürgers, Tobias/Körber, Torsten (Hrsg.): Aktiengesetz Kommentar, 4. Auflage, Heidelberg, 2017

dies./Lieder, Jan (Hrsg.): Aktiengesetz Kommentar, 5. Auflage, Heidelberg, 2021

Bydlinski, Franz/Bydlinski, Peter: Grundzüge der juristischen Methodenlehre, 3. Auflage, Stuttgart, 2018

Decker, Torsten: Beurkundungspflicht des Zustimmungsbeschlusses bei der Übertragung des gesamten Vermögens einer GmbH? NZG 2018, 447 ff.

Dietlein, Georg/Klomfuß, Sam: Mehrheitserfordernisse beim Gesamtvermögensgeschäft der GmbH, NZG 2022, 339 ff.

Dreier, Peter/Fritzsche, Michael/Verfürth, Ludger C. (Hrsg.): Spruchverfahrensgesetz Kommentar, 2. Auflage, Berlin, 2016

Dreier, Ralf: Der Begriff des Rechts, NJW 1986, 890 ff.

Drinhausen, Florian/Eckstein, Hans-Martin (Hrsg.): Beck'sches Handbuch der AG, 3. Auflage, München, 2018

Dworkin, Ronald: Taking rights seriously, 7. Nachdruck, Cambridge, Massachusetts (USA), 1980

Ebbinghaus, Felix/Metzen, Maximilian: BGH beendet rechtsformübergreifende Karriere des § 179a AktG endgültig – Comeback ausgeschlossen? NZG 2022, 697 ff.

Ebenroth, Carsten Thomas/Boujong, Karlheinz/Joost, Detlev/Strohn, Lutz: Handelsgesetzbuch, Band 1: §§ 1 – 342e HGB, 4. Auflage, München, 2020 (zit.: *Bearbeiter*, in: E/B/J/S, HGB, §, Rn.)

Ebbinghaus, Felix/Metzen, Maximilian: BGH beendet rechtsformübergreifende Karriere des § 179a AktG endgültig – Comeback ausgeschlossen? NZG 2022, 697 ff.

Eggers, Joachim: Umsatzsteuerliche Behandlung eines Share-Deals in Form der mittelbaren Beteiligungsveräußerung, MwStR 2019, 219 ff.

Eickelberg, Jan/Mühlen, Fabian: Versteckte Vorgaben für Unternehmenskaufverträge mit einer GmbH als Veräußerin, NJW 2011, 2476 ff.

Eidenmüller, Horst (Hrsg.): Ausländische Kapitalgesellschaften, München, 2004

Emmerich, Volker: Aktien- und Bilanzrecht, AG 1998, 151 f.

ders./Habersack, Mathias: Aktien- und GmbH-Konzernrecht, 10. Auflage, München, 2022

Epping, Volker/Hillgruber, Christian (Hrsg.): Grundgesetz Kommentar, 53. Edition, München, 2023

Erman, Walter (Begr.): Bürgerliches Gesetzbuch Handkommentar, 16. Auflage, Köln, 2020

Eschwey, Claudius (Hrsg.): Beck'scher Online-Kommentar zur BnotO, 7. Edition, München, 2023

ders.: Der wundersame Aufstieg des § 179a AktG – Ein Stolperstein auch beim Grundstückskaufvertrag, MittBayNot 2018, 299 ff.

Fest, Timo: Überlegungen zur Fortentwicklung des Debt-Equity-Swap in: Festschrift für Stefan Smid zum 65. Geburtstag; hrsg. von Pannen, Klaus/Riedemann, Susanne/Zeuner, Mark, München, 2022, S. 107 ff.

Fink, Michael/Chilevych, Kyrill: Anwendbarkeit und Anforderungen des § 179a AktG bei Personengesellschaften – Eine einzige Grauzone? NZG 2017, 1254 ff.

Fleischer, Holger: Zur ergänzenden Anwendung von Aktienrecht auf die GmbH, GmbHR 2008, 673 ff.

ders.: Reichweite und Grenzen der unbeschränkten Organvertretungsmacht im Kapitalgesellschaftsrecht, NZG 2005, 529 ff.

Frenz, Norbert/Miermeister, Uwe (Hrsg.): Bundesnotarordnung Kommentar, 5. Auflage, München, 2020

Frey, Christian: Die Vertretung verselbstständigter Rechtsträger in europäischen Ländern – Teil IV Frankreich, Berlin, 2003

Frey, Tobias/Pelz, Christian (Hrsg.): Beck'scher Online-Kommentar zum GwG 12. Edition, München, 2022

Friedrich, Christopher V.: Auflösung einer Kapitalgesellschaft und Übernahme des Unternehmens durch einen Gesellschafter, BB 1994, 89 ff.

Giedinghagen, Jan/Keller, Tobias: Keine analoge Anwendung von § 179a AktG auf die GmbH, NJW-Spezial 2019, 271 f.

Gosch, Dietmar (Hrsg.): Körperschaftsteuergesetz Kommentar, 4. Auflage, München, 2020

Götze, Cornelius: Karriereknick eines Fremdkörpers – zur Nichtanwendbarkeit des § 179a AktG in der GmbH, NZG 2019, 695 ff.

Gran, Andreas: Abläufe bei Mergers & Acquisitions, NJW 2008, 1409 ff.

Griesar, Patrick/Jochum, Georg (Hrsg.): GrEStG eKommentar, Bonn, 2021

Grigoleit, Hans Christoph (Hrsg.): Aktiengesetz Kommentar, 1. Auflage, München, 2013

ders.: Aktiengesetz Kommentar, 2. Auflage, München, 2020

Gromm, Marcel: Die übertragende Auflösung nach Aktien- und GmbH-Recht, Hamburg, 2016

Großkommentar Aktiengesetz: Hirte, Heribert/Mülbert, Peter O./Roth, Markus (Hrsg.) Band 12: §§ 256 – 290 AktG, 5. Auflage, Berlin, 2020 (zit.: *Bearbeiter*, in: GroßKomm-AktG, §, Rn.)

Grüneberg, Christian: Bürgerliches Gesetzbuch, 82. Auflage, München, 2023

Grziwotz, Herbert/Heinemann, Jörn: Beurkundungsgesetz Kommentar, 3. Auflage, Köln, 2018

Gummert, Hans (Hrsg.): Münchener Anwaltshandbuch Personengesellschaftsrecht, 3. Auflage, München, 2019

ders./Weipert, Lutz (Hrsg.): Münchener Handbuch des Gesellschaftsrechts Band 1: BGB-Gesellschaft, offene Handelsgesellschaft u. a., 5. Auflage, München, 2019 dies.: Münchener Handbuch des Gesellschaftsrechts Band 2: Kommanditgesellschaft u. a., 5. Auflage, München, 2019

Habersack, Mathias/Mülbert, Peter O./Schlitt, Michael (Hrsg.): Unternehmensfinanzierung am Kapitalmarkt, 4. Auflage, Köln, 2019

Habersack, Mathias/Verse, Dirk: Europäisches Gesellschaftsrecht, 5. Auflage, München, 2019

Häublein, Martin/Hoffmann-Theinert, Roland (Hrsg.): Beck'scher Online-Kommentar zum HGB, 39. Edition, München, 2023

Hahn, Carl/Mugdan, Benno: Die gesamten Materialien zu den Reichs-Justizgesetzen Band 6: Materialien zum Handelsgesetzbuch, Aalen, 1983

Hahne, Meo-Micaela/Schlögel, Jürgen/Schlünder, Rolf (Hrsg.): Beck'scher Online-Kommentar zum FamFG, 45. Edition, München, 2023

Hamm, Christoph (Hrsg.): Beck'sches Rechtsanwalts-Handbuch, 12. Auflage, München, 2022

Hanau, Hans: Der Bestandsschutz der Mitgliedschaft anlässlich des „Squeeze Out" im Aktienrecht, Zur Verfassungsmäßigkeit des Zwangsausschlusses, NZG 2002, 1040 ff.

Hau, Wolfgang/Poseck, Roman (Hrsg.): Beck'scher Online-Kommentar zum BGB, 65. Edition, München, 2023

Heckschen, Heribert: Anmerkung zu BGH, Urteil vom 15.02.2022 – II ZR 235/20, GWR 2022, 174

ders.: Aktuelle Entwicklungstendenzen des Gesellschaftsrechts (Teil 1), GWR 2020, 63 ff.

ders.: Keine analoge Anwendung des § 179a AktG auf die GmbH, AG 2019, 420 ff.

ders./Kreß, Bastian: Aktuelle Entwicklungstendenzen des Gesellschaftsrechts 2021/2022 (Teil 2), GWR 2023, 19 ff.

ders./Herrler, Sebastian/Münch, Christof (Hrsg.): Beck'sches Notar-Handbuch, 7. Auflage, München, 2019

Heidel, Thomas (Hrsg.): NomosKommentar Aktienrecht und Kapitalmarktrecht, 5. Auflage, Baden-Baden, 2019

Heinze, Stefan: Gesamtvermögensgeschäfte österreichischer Kapitalgesellschaften bei Bezug zu Deutschland – § 237 öAktG in der Gestaltungspraxis, NZG 2020, 1336 ff.

ders.: Zustimmungsbeschlüsse zur Transaktionsvorbereitung, NJW 2019, 1995 ff.

Henne, Alexander/Dittert, Christian: Blick ins Gesellschaftsrecht, DStR 2019, 2371 ff.

Henssler, Martin/Strohn, Lutz (Hrsg.): Gesellschaftsrecht Kommentar, 4. Auflage, München, 2019 (zit.: *Bearbeiter*, in: Henssler/Strohn, GesR, 4. Aufl., §, Rn.)

dies.: Gesellschaftsrecht Kommentar, 5. Auflage, München, 2021

Henze, Hartwig: Erscheinungsformen des squeeze-out von Minderheitsaktionären, in: Festschrift für Herbert Wiedemann zum 70. Geburtstag; hrsg. von Wank, Rolf/Hirte, Heribert/Frey, Kaspar/Fleischer, Holger/Thüsing, Gregor, München, 2002, S. 935 ff.

ders.: Der Schlußpunkt des Bundesverfassungsgerichts unter den Streit um die „übertragende Auflösung", in: Festschrift für Martin Peltzer zum 70. Geburtstag; hrsg. von Lutter, Marcus/Sigle, Walter/Scholz, Manfred, Köln, 2001, 181 ff.

ders.: Auflösung einer Aktiengesellschaft und Erwerb ihres Vermögens durch den Mehrheitsgesellschafter, ZIP 1995, 1473 ff.

ders.: Materiellrechtliche Grenzen für Mehrheitsentscheidungen im Aktienrecht (Teil II) DStR 1993, 1863 ff.

Herberger, Maximilian/Martinek, Michael/Rüßmann, Helmut/Weth, Stephan/Würdinger/Markus (Hrsg.): juris Praxiskommentar BGB, 9. Auflage, Saarbrücken, 2020 (zit.: *Bearbeiter*, in: Herberger/Martinek/u. a., BGB, §, Rn.)

Herrmann, Carl/Heuer, Gerhardt/Raupach, Arndt: Kommentar zum Einkommen- und Körperschaftsteuergesetz, Stand: 314. Lieferung, Oktober 2022, Köln, 2022 (zit.: *Bearbeiter*, in: H/H/R, EStG/KStG, §, Rn.)

Herzog, Felix/Achtelik, Olaf (Hrsg.): Geldwäschegesetz (GwG) Kommentar, 4. Auflage, München, 2020 (zit.: *Bearbeiter*, in: Herzog, GwG, §, Rn.)

Hoffmann, Guido: Unternehmerische Leitungsentscheidungen in der (Corona-) Krise, WM 2021, 429 ff.

Hoffmann, Jochen/Bartlitz, David: Vermögensübertragung und Missbrauch der Vertretungsmacht im GmbH-Recht, DB 2019, 1833 ff.

Hoffmann-Becking, Michael (Hrsg.): Münchener Handbuch des Gesellschaftsrechts, Band 4, 5. Auflage, München, 2020

Hölters, Wolfgang (Hrsg.): Aktiengesetz Kommentar, 3. Auflage München, 2017

ders./Weber, Markus (Hrsg.): Aktiengesetz Kommentar, 4. Auflage München, 2022

Hopt, Klaus J.: Kommentar zum HGB, 42. Auflage München, 2023

Hübschmann, Walter/Hepp, Ernst/Spitaler, Armin (Hrsg.): Abgabenordnung Finanzgerichtsordnung Kommentar Stand: 271. Lieferung, November 2022, Köln, 2022

Hügel, Stefan (Hrsg.): Beck'scher Online-Kommentar zur GBO, 48. Edition, München, 2023

Hüren, Dominik: Gesamtvermögensgeschäfte im Gesellschaftsrecht, RNotZ 2014, 77 ff.

Jans, Oliver: Keine analoge Anwendung von § 179a AktG bei der GmbH; Übertragung des ganzen Gesellschaftsvermögens nur mit zustimmendem Beschluss der Gesellschafterversammlung, WuB 2019, 438 ff.

Jauerning, Othmar: Bürgerliches Gesetzbuch Stürner, Rolf (Hrsg.), 18. Auflage, München, 2021 (zit.: *Bearbeiter*, in: Jauerning, BGB, §, Rn.)

Jerger, Christoph/Goj, Philip: Anmerkung zu BGH, Urteil vom 15.02.2022 – II ZR 235/20, NJW 2022, 1878 ff.

Jung, Stefanie/Krebs, Peter/Stiegler, Sascha (Hrsg.): Gesellschaftsrecht in Europa, 1. Auflage, Baden-Baden, 2019

Just, Clemens: Die englische Limited in der Praxis, 4. Auflage, München, 2012

Kallmeyer, Harald: Ausschluss von Minderheitsaktionären, AG 2000, 59 ff.

Keller, Tobias/Schümmer, Kevin: Das Ende der Odyssee des § 179a AktG – Das Gesamtvermögensgeschäft im Lichte der neuen Rspr. des BGH bei GmbH und KG, DB 2022, 1625 ff.

Kiem, Roger: Das Beurkundungserfordernis beim Unternehmenskauf im Wege des Asset Deals – Zur Anwendung des § 311b III BGB auf Gesamtvermögensübertragungsvorgänge juristischer Personen, NJW 2006, 2363 ff.

Kirchhof, Paul/Seer, Roman (Hrsg.): Einkommensteuergesetz Kommentar, 22. Auflage, Köln, 2023

Klaiber, Christoph: Anmerkung zu OLG Celle, Hinweisbeschluss vom 30.06.2021 – 3 U 72/21, NZG 2022, 26 ff.

ders.: Anmerkung zu OLG Celle, Hinweisbeschluss vom 30.06.2021 – 3 U 72/21, GmbHR 2022, 84 ff.

Klausing, Friedrich: Gesetz über Aktiengesellschaften und Kommanditgesellschaften auf Aktien nebst Einführungsgesetz und „Amtlicher Begründung" Berlin, 1937

Klöhn, Lars: Gesellschaftsrecht in der Eigenverwaltung: Die Grenzen des Einflusses auf die Geschäftsführung gemäß § 271a Satz 1 InsO, NZG 2013, 81 ff.

Koch, Jens: Kommentar zum Aktiengesetz, 17. Auflage, München, 2023

Koller, Ingo/Kindler, Peter/Roth, Wulf-Henning/Drüen, Klaus-Dieter: Handelsgesetzbuch Kommentar, 9. Auflage, München, 2019

Kölner Handbuch Handels- und Gesellschaftsrecht: von Rechenberg, Wolf-Georg/Ludwig, Rüdiger (Hrsg.), 4. Auflage, Köln, 2017 (zit.: *Bearbeiter*, in: KölnHdB-HGR, Kap., Rn.)

Kölner Kommentar zum Aktiengesetz: Zöllner, Wolfgang/Noack, Ulrich (Hrsg.) Band 2/2: §§ 95 – 117 AktG, 3. Auflage, Köln, 2013 (zit.: *Bearbeiter*, in: KölnKomm-AktG, §, Rn.)

Kölner Kommentar zum Aktiengesetz: Zöllner, Wolfgang/Noack, Ulrich (Hrsg.) Band 4/Teilband 1: §§ 179 – 191 AktG, 3. Auflage, Köln, 2020 (zit.: *Bearbeiter*, in: KölnKomm-AktG, §, Rn.)

Kölner Kommentar zum Aktiengesetz: Zöllner, Wolfgang/Noack, Ulrich (Hrsg.) Band 5: §§ 241 – 290 AktG, 3. Auflage, Köln, 2018 (zit.: *Bearbeiter*, in: KölnKomm-AktG, §, Rn.)

Kossmann, Alfred: Ausschluss („Freeze-out") von Aktionären gegen Barabfindung, NZG 1999, 1198 ff.

Krafka, Alexander: Handbuch der Rechtspraxis, Band 7: Registerrecht, 11. Auflage, München, 2019

Krüper, Julian (Hrsg.): Grundlagen des Rechts, 4. Auflage, Baden-Baden, 2021

Kuhlmann, Jens/Ahnis, Erik: Konzern- und Umwandlungsrecht, 4. Auflage, Heidelberg, 2016

Kuhte, Thorsten/Lingen, Gero: Der Hauptversammlungsbeschluss nach § 179a AktG aus rechtspraktischer Perspektive, AG 2020, 468 ff.

Kuntz, Thilo: Leitungsverantwortung des Vorstands und Delegation, AG 2020, 801 ff.

ders.: Grundlagen und Grenzen der aktienrechtlichen Leitungsautonomie, AG 2016, 101 ff.

Kübler, Bruno M./Prütting, Hanns/Bork, Reinhard (Hrsg.): Kommentar zur Insolvenzordnung, Stand: Juni 2022, Köln, 2022 (zit.: *Bearbeiter*, in: Kübler/Prütting/Bork, InsO, §, Rn.)

Küting, Karlheinz: Der Ausschluss von Minderheiten nach altem und neuem Recht – unter besonderer Berücksichtigung des „Squeeze Out", DStR 2003, 838 ff.

Langhein, Gerd H.: Notarieller Rechtsverkehr mit englischen Gesellschaften, NZG 2001, 1123 ff.

Lappe, Thomas/Gattringer, Volker (Hrsg.): Carve-out-Transaktionen, München, 2016

Larenz, Karl/Canaris, Claus-Wilhelm: Methodenlehre der Rechtswissenschaft, 3. Auflage, Berlin, 1995

Leitzen, Mario: Die analoge Anwendung von § 179a AktG auf Gesellschaften mit beschränkter Haftung und Personengesellschaften in der Praxis, NZG 2012, 491 ff.

Lenski, Edgar/Steinberg, Wilhelm (Begr.): Gewerbesteuergesetz Kommentar, Stand: 143. Lieferung, Oktober 2022, Köln, 2022

Leo, Hubertus/John, David: Missbrauch der Vertretungsmacht statt § 179a AktG analog – ein Fortschritt für die M&A-Praxis? NZG 2022, 1383 ff.

Lerch, Klaus: Beurkundungsgesetz Kommentar, 5. Auflage, Köln, 2016

Lettl, Tobias: Der vermögensrechtliche Zuweisungsgehalt der Mitgliedschaft im Ideal-Verein, AcP 203 (2003), 149 ff.

Liebscher, Thomas: „Das allgemeine verbandsrechtliche Prinzip" – eine Neubesinnung. Ein Beitrag zur analogen Anwendung von § 179a AktG auf die GmbH, in: Festschrift für Werner F. Ebke zum 70. Geburtstag, hrsg. von Paal, Boris P./Poelzig, Dörte/Fehrenbacher, Oliver München, 2021, 585 ff.

Lieder, Jan: Trennung und Abstraktion im Recht der Stellvertretung, JuS 2014, 393 ff.

Lüdicke, Jochen/Sistermann, Christian (Hrsg.): Unternehmensteuerrecht, 2. Auflage, München, 2018

Lutter, Marcus: Die „Sterbehaus-Konstruktion" in: Handelsrecht und Wirtschaftsrecht in der Bankpraxis., Festschrift für Winfried Werner zum 65. Geburtstag, hrsg. von Hadding, Walter/Mertens, Hans-Joachim/Immenga, Ulrich/Pleyer, Klemens/Schneider, Uwe H., Berlin, 1984, S. 477 ff.

ders.: Zur inhaltlichen Begründung von Mehrheitsentscheidungen – Besprechung der Entscheidung BGH, WM 1980, 378 – ZGR 1981, 171 ff.

ders./Schmidt, Karsten (Hrsg.): Umwandlungsgesetz Kommentar, 6. Auflage, Köln, 2019 (zit.: *Bearbeiter*, in: Lutter, UmwG, §, Rn.)

dies./Schmidt, Jessica: Europäisches Unternehmens- und Kapitalmarktrecht, 6. Auflage, Berlin, 2018

Lutter, Marcus/Drygala, Tim: Die Übertragende Auflösung: Liquidation der Aktiengesellschaft oder Liquidation des Minderheitenschutzes?, in: Aktien- und Bilanzrecht, Festschrift für Bruno Kropff, hrsg. von Forster, Karl-Heinz/Grunewald, Barbara/Lutter, Marcus/Semler, Johannes, Düsseldorf, 1997, S. 191 ff.

ders./Hommelhoff, Peter: GmbH-Gesetz Kommentar, 20. Auflage, Köln, 2020

ders./Leinekugel, Rolf: Planmäßige Unterschiede im umwandlungsrechtlichen Minderheitenschutz? ZIP 1999, 261 ff.

Mack, Benedikt: Urteilsanmerkung zu BGH, Urteil vom 09.01.2019 – II ZR 364/18, MittBayNot 2019, 484 ff.

Mahlmann, Matthias: Rechtsphilosophie und Rechtstheorie, 6. Auflage, Baden-Baden, 2021

Markwardt, Karsten: Squeeze-Out: Anfechtungsrisiken in „Missbrauchsfällen", BB 2004, 277 ff.

Marsch-Barner, Reinhard/Schäfer, Frank A. (Hrsg.): Handbuch börsennotierte AG, 5. Auflage, Köln, 2022

Martens, Klaus-Peter: Bewertungsspielräume bei Fusionen und fusionsähnlichen Strukturänderungen, in: Festschrift für Volker Röhricht zum 65. Geburtstag, hrsg. von Crezelius, Georg/Hirte, Heribert/Vieweg, Klaus, Köln, 2005, S. 987 ff.

Mayer, Dieter: Praxisfragen des verschmelzungsrechtlichen Squeeze-Out-Verfahrens, NZG 2012, 561 ff.

Mayer, Wendelin: Keine Pflichtverletzung des Notars bei Empfehlung der notariellen Beurkundung eines GmbH-Gesellschafterbeschlusses über die Zustimmung zur Übertragung des Gesellschaftsvermögens, EWiR 2021, 715 ff.

Meier, Patrick: Verfügungen über das gesamte Vermögen bei Personengesellschaften, DNotZ 2020, 246 ff.

Mertens, Hans-Joachim: Die Übertragung des ganzen Vermögens ist die Übertragung des (so gut wie) ganzen Vermögens, in: Festschrift für Wolfgang Zöllner zum 70. Geburtstag, hrsg. von Lieb, Manfred/Noack, Ulrich/Westermann, Harm Peter, Köln, 1988, S. 385 ff.

Meßmer, Daniel/Keßler, Dirk: Rechtsanwälte und Due Diligence – Zulässigkeit, Haftung und versicherungsrechtliche Betrachtung, NVersZ 2000, 110 ff.

Meyer, Andreas H.: Übertragung des ganzen Gesellschaftsvermögens bei GmbH und Personengesellschaften, GmbHR 2019, 973 ff.

Michalski, Lutz/Heidinger, Andreas/Leible, Stefan/Schmidt, Jessica (Hrsg.): Kommentar zum Gesetz betreffend die Gesellschaften mit beschränkter Haftung – GmbH-Gesetz, 4. Auflage, München, 2023 (zit.: *Bearbeiter*, in: Michalski, GmbHG, §, Rn.)

Möllers, Thomas M. J.: Juristische Methodenlehre, 4. Auflage, München, 2021

von Morgen, Carl-Christian: Das Squeeze-Out und seine Folgen für die AG und GmbH, WM 2003, 1553 ff.

Möser, Katharina: Die Vertretung der britischen „company" nach Inkrafttreten des Companies Act 2006, RIW 2010, 850 ff.

Mugdan, Benno: Die gesammten Materialien zum Bürgerlichen Gesetzbuch für das Deutsche Reich, I. Band: Einführungsgesetz und Allgemeine Theil, Berlin, 1899 (zit.: *Mugdan*, Materialien zum BGB für das Deutsche Reich, I. Bd., S.)

ders.: Die gesammten Materialien zum Bürgerlichen Gesetzbuch für das Deutsche Reich, II. Band: Recht der Schuldverhältnisse, Berlin, 1899 (zit.: *Mugdan*, Materialien zum BGB für das Deutsche Reich, II. Bd., S.)

ders.: Die gesammten Materialien zum Bürgerlichen Gesetzbuch für das Deutsche Reich, IV. Band: Familienrecht, Berlin, 1899 (zit.: *Mugdan*, Materialien zum BGB für das Deutsche Reich, IV. Bd., S.)

Müller, Klaus J.: Reichweite der Vertretungsmacht des GmbH-Geschäftsführers bei der Veräußerung des gesamten Gesellschaftsvermögens, NZG 2019, 807 ff.

Münchener Kommentar zum AktG: Goette, Wulf/Habersack, Mathias/Kalss, Susanne (Hrsg.) Band 1: §§ 1 – 75, 5. Auflage, München, 2019 (zit.: *Bearbeiter*, in: MünchKomm-AktG, §, Rn.)

Münchener Kommentar zum AktGGoette, Wulf/Habersack, Mathias/Kalss, Susanne (Hrsg.) Band 2: §§ 76 – 117, 5. Auflage, München, 2019 (zit.: *Bearbeiter*, in: MünchKomm-AktG, §, Rn.)

Münchener Kommentar zum AktG: Goette, Wulf/Habersack, Mathias/Kalss, Susanne (Hrsg.) Band 3: §§ 118 – 178, 4. Auflage, München, 2018 (zit.: *Bearbeiter*, in: MünchKomm-AktG, §, Rn.)

Münchener Kommentar zum AktG: Goette, Wulf/Habersack, Mathias/Kalss, Susanne (Hrsg.) Band 4: §§ 179 – 277, 5. Auflage, München, 2021 (zit.: *Bearbeiter*, in: MünchKomm-AktG, 4. Aufl., §, Rn.)

Münchener Kommentar zum AktG: Goette, Wulf/Habersack, Mathias/Kalss, Susanne (Hrsg.) Band 4: §§ 179 – 277, 5. Auflage, München, 2021 (zit.: *Bearbeiter*, in: MünchKomm-AktG, §, Rn.)

Münchener Kommentar zum AktG: Goette, Wulf/Habersack, Mathias/Kalss, Susanne (Hrsg.) Band 5: §§ 287 – 328 AktG; SpruchG; u. w., 5. Auflage, München, 2020 (zit.: *Bearbeiter*, in: MünchKomm-AktG, §, Rn.)

Münchener Kommentar zum AktG: Goette, Wulf/Habersack, Mathias/Kalss, Susanne (Hrsg.) Band 6: §§ 329 – 410 AktG; WpÜG; u.w., 5. Auflage, München, 2021 (zit.: *Bearbeiter*, in: MünchKomm-AktG, §, Rn.)

Münchener Kommentar zum BGB: Säcker, Franz Jürgen/Rixecker, Roland/Oetker, Hartmut/Limperg, Bettina (Hrsg.) Band 1: §§ 1 – 240 BGB, 9. Auflage, München, 2021 (zit.: *Bearbeiter*, in: MünchKomm-BGB, §, Rn.)

Münchener Kommentar zum BGB: Säcker, Franz Jürgen/Rixecker, Roland/Oetker, Hartmut/Limperg, Bettina (Hrsg.) Band 2: Schuldrecht allgemeiner Teil I, 9. Auflage, München, 2022 (zit.: *Bearbeiter*, in: MünchKomm-BGB, §, Rn.)

Münchener Kommentar zum BGB: Säcker, Franz Jürgen/Rixecker, Roland/Oetker, Hartmut/Limperg, Bettina (Hrsg.) Band 3: Schuldrecht allgemeiner Teil II, 9. Auflage, München, 2022 (zit.: *Bearbeiter*, in: MünchKomm-BGB, §, Rn.)

Münchener Kommentar zum BGB: Säcker, Franz Jürgen/Rixecker, Roland/Oetker, Hartmut/Limperg, Bettina (Hrsg.) Band 7: Schuldrecht besonderer Teil IV, 8. Auflage, München, 2020 (zit.: *Bearbeiter*, in: MünchKomm-BGB, §, Rn.)

Münchener Kommentar zum BGB: Säcker, Franz Jürgen/Rixecker, Roland/Oetker, Hartmut/Limperg, Bettina (Hrsg.) Band 9: Familienrecht I, §§ 1297 – 1588, 9. Auflage, München, 2022 (zit.: *Bearbeiter*, in: MünchKomm-BGB, §, Rn.)

Münchener Kommentar zum BGB: Säcker, Franz Jürgen/Rixecker, Roland/Oetker, Hartmut/Limperg, Bettina (Hrsg.) Band 10: §§ 1598 – 1921 BGB, u.w., 8. Auflage, München, 2020 (zit.: *Bearbeiter*, in: MünchKomm-BGB, §, Rn.)

Münchener Kommentar zum GmbHG: Fleischer, Holger/Goette, Wulf (Hrsg.) Band 1: §§ 1 – 34, 4. Auflage, München, 2022, (zit.: *Bearbeiter*, in: MünchKomm-GmbHG, §, Rn.)

Münchener Kommentar zum GmbHG: Fleischer, Holger/Goette, Wulf (Hrsg.) Band 2: §§ 35 – 52 GmbHG, 3. Auflage, München, 2019 (zit.: *Bearbeiter*, in: MünchKomm-GmbHG, §, Rn.)

Münchener Kommentar zum GmbHG: Fleischer, Holger/Goette, Wulf (Hrsg.) Band 3: §§ 53 – 88 GmbHG, 4 Auflage, München, 2022 (zit.: *Bearbeiter*, in: MünchKomm-GmbHG, §, Rn.)

Münchener Kommentar zum HGB: Drescher, Ingo/Fleischer, Holger/Schmidt, Karsten (Hrsg.) Band 1: §§ 1 – 104a HGB, 5. Auflage München, 2021 (zit.: *Bearbeiter*, in: MünchKomm-HGB, §, Rn.)

Münchener Kommentar zum HGB: Drescher, Ingo/Fleischer, Holger/Schmidt, Karsten (Hrsg.) Band 2: §§ 105 – 229 HGB, 5. Auflage, München, 2022 (zit.: *Bearbeiter*, in: MünchKomm-HGB, §, Rn.)

Münchener Kommentar zum HGB: Drescher, Ingo/Fleischer, Holger/Schmidt, Karsten (Hrsg.) Band 3: §§ 161 – 237 HGB, 4. Auflage München, 2019 (zit.: *Bearbeiter*, in: MünchKomm-HGB, §, Rn.)

Musielak, Hans-Joachim/Voit, Wolfgang (Hrsg.): Zivilprozessordnung Kommentar, 19. Auflage, München, 2022

Natterer, Joachim: Vom Musiklehrer und dem Retuscheur zu den Herren „Ba." und „Bä." – Neues zur analogen Anwendung von § 179a AktG außerhalb des Aktienrechts, ZIP 2019, 1796 ff.

Noack, Ulrich: „Holzmüller" in der Eigenverwaltung – Zur Stellung von Vorstand und Hauptversammlung im Insolvenzverfahren, ZIP 2002, 1873 ff.

ders./Servatius, Wolfgang/Haas, Ulrich: Gesetz betreffend die Gesellschaft mit beschränkter Haftung – GmbHG Kommentar, 23. Auflage, München, 2022

Oetker, Hartmut (Hrsg.): Handelsgesetzbuch Kommentar, 7. Auflage, München, 2021

Oppermann, Rainer: Die Weitergabe von Vermögen im Rahmen von Gesellschaften – Die Bindung des Erwerbers bei vermögensverwaltenden

Familiengesellschaften in Abgrenzung zu Übertragungsverträgen über Grundbesitz, RNotZ 2005, 453 ff.

Packi, Benno A.: Die Veräußerung des ganzen Gesellschaftsvermögens, Baden-Baden, 2011

Paefgen, Walter G.: „Holzmüller" und der Rechtsschutz des Aktionärs gegen das Verwaltungshandeln im Rechtsvergleich, ZHR 172 (2008), 42 ff.

ders./Wallisch, Kai: Zu den Rechten der Gesellschafter beim Gesamtvermögensgeschäft der GmbH, DZWIR 2020, 51 ff.

Peters, Thorsten: Übertragung von Gesellschaftsvermögen und „Freezeout"-Konfliktpotential im Minderheitenschutz, BB 1999, 801 ff.

Pfüller, Markus/Anders, Dieter: Delisting-Motive vor dem Hintergrund neuer Rechtsentwicklung, NZG 2003, 459 ff.

Philbert, Stephan: Die Kommanditgesellschaft auf Aktien zwischen Personengesellschaft und Aktienrecht, Berlin, 2005

Pieroth, Bodo: Das Demokratieprinzip des Grundgesetzes, JuS 2010, 473 ff.

Pöhlmann, Peter/Fandrich, Andreas/Bloehs, Joachim: Genossenschaftsgesetz Kommentar, 4. Auflage, München, 2012

Prinz, Ulrich/Kahle, Holger (Hrsg.): Beck'sches Handbuch der Personengesellschaften, 5. Auflage, München, 2020

Von Prittwitz, Adrian: Licht und Schatten – Das „Januar-Urteil" des BGH zu Gesamtvermögensgeschäften bei der GmbH sowie dem Missbrauch der Vertretungsmacht, DStR 2019, 1265 ff.

Prütting, Hanns/Wegen, Gerhard/Weinreich, Gerd (Hrsg.): Bürgerliches Gesetzbuch Kommentar, 17. Auflage, Köln, 2022

Radbruch, Gustav: Gesetzliches Unrecht und übergesetzliches Recht, SJZ 1946, 105 ff.

Raiser, Thomas/Veil, Rüdiger: Recht der Kapitalgesellschaften, 6. Auflage, München, 2015

Rau, Günter/Dürrwächter, Erich/Flick, Hans/Geist, Reinhold (Hrsg.): Kommentar zum Umsatzsteuergesetz Stand: 201. Lieferung, September 2022, Köln, 2022 (zit.: *Bearbeiter*, in: Rau/Dürrwächter, UStG, §, Rn.)

Reichert, Jochem: Ausstrahlungswirkung der Ausgliederungsvoraussetzungen nach UmwG auf andere Strukturänderungen, ZHR-Beiheft 68 (1999), 25 ff.

Riedl, Magnus: Die Rechtsfigur des Redaktionsversehens des Gesetzgebers, AöR 1994, 642 ff.

Righi, Alex: Shareholdes on shaky ground: Section 271's remaining loophole, NULR 2014, 1451 ff.

Roesener, Astrid: Die Rolle der Rechtsprechung im deutschen Gesellschaftsrecht, NZG 2023, 9 ff.

Rödder, Thomas/Herlinghaus, Andreas/Neumann, Ralf (Hrsg.): Körperschaftsteuergesetz Kommentar, 1. Auflage, Köln, 2015

Röhricht, Volker/Graf von Westphalen, Friedrich/Haas, Ulrich (Hrsg.): Handelsgesetzbuch Kommentar, 5. Auflage, Köln, 2019

Römermann, Volker (Hrsg.): Münchener Anwaltshandbuch GmbH-Recht. 4. Auflage, München, 2018

Rössler, Rudolf/Troll, Max (Begr.): Bewertungsgesetz Kommentar, Stand: 35. Ergänzungslieferung, September 2022, München, 2022

Roth, Marcus: Die übertragende Auflösung nach Einführung des Squeeze-Out, NZG 2003, 998 ff.

Rubner, Daniel/Pospiech, Lutz: Veräußerung nahezu des gesamten Vermögens einer GmbH, NJW-Spezial 2022, 207 f.

dies.: Übertragung des gesamten oder wesentlichen Vermögens der GmbH, NJW-Spezial 2018, 79 ff.

Rudolf, Tobias: Geldwäschegesetz, Nürnberg, 2018

Rühland, Hans-Philipp: Der übernahmerechtliche Squeeze-Out im Regierungsentwurf des Übernahmerichtlinie-Umsetzungsgesetzes – ökonomisch sinnvoll, aber nicht vollständig mit höherrangigem Recht vereinbar, NZG 2006, 401 ff.

ders.: Die Zukunft der übertragenden Auflösung (§ 179a AktG), WM 2002, 1957 ff.

Ruíz-Ayúcar Seifert, Alejandro: Comentarios a la Ley 31/2014 por la que se modifica de la Ley de Sociedades de Capital, INF 2015, 3 ff.

Sauter, Eugen/Schweyer, Gerhard/ Waldner, Wolfram: Der eingetragene Verein, 21. Auflage, München, 2021

Schaefer, Hans: Shareholder Activism und Corporate Governance, NZG 2007, 900 ff.

Schauhoff, Stephan/Kirchhain, Christian (Hrsg.): Handbuch der Gemeinnützigkeit, 4. Auflage, München, 2023

Scheel, Hansjörg: § 179a AktG – ein Fremdkörper macht Karriere, In: global wisdom on business transactions, international law and dispute resolution, Festschrift für Gerhard Wegen, hrsg. von Cascante, Christian/Spahlinger, Andreas/Wilske, Stephan, München, 2015, S. 297 ff.

Scheunemann, Marc P./ Hoffmann, Guido: Dept-Equity-Swap – Steuerliche Strukturierung und zivilrechtliche Rahmenbedingungen, DB 2009, 983 ff.

Schmidt, Karsten: Gesellschaftsrecht, 4. Auflage, Köln, 2002 ders.: Vermögensveräußerung aus der Personengesellschaft: ein Lehrstück am Rande des neuen Umwandlungsrechts, ZGR 1995, 675 ff.

ders./Lutter, Marcus (Hrsg.): Aktiengesetz Kommentar, 3. Auflage, Köln, 2015 (zit.: *Bearbeiter*, in: Schmidt/Lutter, AktG, 3. Aufl., §, Rn.)

dies.: Aktiengesetz Kommentar, 4. Auflage, Köln, 2020 (zit.: *Bearbeiter*, in: Schmidt/Lutter, AktG, §, Rn.)

Schmitt, Joachim/Hörtnagl, Robert (Hrsg.): Kommentar Umwandlungsgesetz und Umwandlungssteuergesetz, 9. Auflage, München, 2020

Schmitt, Marten: Liquidation von OHG und KG durch Veräußerung des Unternehmens, Frankfurt, 2020

Schmitz-Valkenberg, Walter: Anmerkung zu BGH, 3Z BR 49/93, DNotZ 1994, 492 ff.

Scholz, Franz (Begr.): GmbHG – Kommentar, Band I: §§ 1 – 34 GmbHG, 13. Auflage, Köln, 2022 (zit.: *Bearbeiter*, in: Scholz, GmbHG, §, Rn.)

ders.: GmbHG – Kommentar, Band II: §§ 35 – 52 GmbHG, 12. Auflage, Köln, 2021 (zit.: *Bearbeiter*, in: Scholz, GmbHG, §, Rn.)

ders.: GmbHG – Kommentar, Band III: §§ 53 – 85 GmbHG, 12. Auflage, Köln, 2020 (zit.: *Bearbeiter*, in: Scholz, GmbHG, §, Rn.)

Schüppen, Matthias/Schaub, Bernhard (Hrsg.): Münchener Anwaltshandbuch Aktienrecht, 3. Aufl., München, 2018

Schulze, Jörn-Christian/Schlütter-Lückel, Carolin: Anmerkung zu BGH II. Zivilsenat, Urteil vom 08.01.2019 – II ZR 364/18, jurisPR-HaGesR 4/2019, Anm. 1

Schulze, Rainer: Bürgerliches Gesetzbuch Handkommentar, 11. Auflage, Baden-Baden, 2022

Seibt, Christoph H./ Hüther, Mario: Club Deal-Finanzierungen: Marktbericht, Vertragsdokumentation und Entscheidungsparameter für die Unternehmensentscheidung, CFL 2012, 66 ff.

Selder, Johannes: Verfassungsrechtliche Aspekte der Gewerbesteuer als Objektsteuer, FR 2014, 174 ff.

Servatius, Wolfgang: Die Anwendung von § 179a AktG und § 311b Abs. 3 BGB beim Asset Deal, in: Festschrift für Eberhard Stilz zum 65. Geburtstag, hrsg. von Habersack, Mathias/ Huber, Karl/ Spindler, Gerald, München, 2014

Seulen, Günter/Weise, Jonas: Keine analoge Anwendung von § 179a AktG auf die Kommanditgesellschaft, DB 2022, 1380

Sieker, Susanne: Umgehungsgeschäfte; typische Strukturen und Mechanismen ihrer Bekämpfung, Tübingen, 2001

Sölch, Otto/Ringleb, Karl (Begr.): Umsatzsteuergesetz Kommentar, Stand: 96. Ergänzungslieferung, Oktober 2022, München, 2022

Sosnitza, Olaf: Urteilsanmerkung zu BayObLG, Beschluss vom 17.09.1998 – 3Z BR 37/98, NZG 1998, 1001 ff.

Spieker, Ulrich: Grundbuch und Grundbuchverfahrensrecht, notar 2020, 168 ff.

Spindler, Gerald/Stilz, Eberhard (Hrsg.): Kommentar zum Aktiengesetz, 4. Auflage, München, 2019

Staudinger, Julius von: Kommentar zum Bürgerlichen Gesetzbuch, Herrler, Sebastian (Hrsg.) Buch 1, Allgemeiner Teil: §§ 125 – 129; BeurkG, Berlin, 2023 (zit.: *Bearbeiter*, in: Staudinger, BGB, §, Rn.)

ders.: Kommentar zum Bürgerlichen Gesetzbuch, Herrler, Sebastian (Hrsg.) Buch 1, Allgemeiner Teil: §§ 164 – 240, Berlin, 2019 (zit.: *Bearbeiter*, in: Staudinger, BGB, §, Rn.)

ders.: Kommentar zum Bürgerlichen Gesetzbuch, Kaiser, Dagmar (Hrsg.) Buch 2, Recht der Schuldverhältnisse: §§ 311, 311a – c (Vertragsschluss) Berlin, 2017 (zit.: *Bearbeiter*, in: Staudinger, BGB, §, Rn.)

ders.: Kommentar zum Bürgerlichen Gesetzbuch, Buch 2, Recht der Schuldverhältnisse: §§ 705 – 740, Berlin, 2003 (zit.: *Bearbeiter*, in: Staudinger, BGB, §, Rn.)

ders.: Kommentar zum Bürgerlichen Gesetzbuch, Bar, Christian (Hrsg.), Buch 4, Familienrecht: §§ 1363 – 1407, Berlin, 2017 (zit.: *Bearbeiter*, in: Staudinger, BGB, §, Rn.)

ders.: Kommentar zum Bürgerlichen Gesetzbuch, Buch 4, Familienrecht: §§ 1638 – 1683, Berlin, 2020 (zit.: *Bearbeiter*, in: Staudinger, BGB, §, Rn.)

ders.: Kommentar zum Bürgerlichen Gesetzbuch, Coester, Michael (Hrsg.), Buch 4, Familienrecht: §§ 1773 – 1895, Berlin, 2020 (zit.: *Bearbeiter*, in: Staudinger, BGB, §, Rn.)

Steinmeyer, Roland (Hrsg.): WpÜG – Wertpapier- und Übernahmegesetz Kommentar, 4. Auflage, Berlin, 2019

Stellmann, Frank/Stoeckle, Matthias: Verpflichtung zur Übertragung des ganzen Vermögens einer Gesellschaft, WM 2011, 1983 ff.

Stöber, Michael: Die Bestellung und Abberufung des Geschäftsführers einer englischen Limited, GmbHR 2006, 746 ff.

ders.: Handelsrecht, 1. Auflage, Stuttgart, 2020

Theilacker, Gerhard: Veräußerung und Vermögensübertragung aus steuerlicher Sicht – Ein Überblick, BWNotZ 1989, 105 ff.

Timm, Wolfram: Der Mißbrauch des Auflösungsbeschlusses durch den Mehrheitsgesellschafter, JZ 1980, 665 ff.

Tipke, Klaus/Lang, Joachim: Steuerrecht, 24. Auflage, Köln, 2021

Tröger, Tobias: Anmerkung zu BGH, Urteil vom 15.02.2022 – II ZR 235/20, WuB 2022, 247 ff.

Trölitzsch, Thomas: Aktuelle Tendenzen im Umwandlungsrecht, DStR 1999, 764 ff.

Ulrich, Stephan: GmbH-Recht: Keine analoge Anwendung von § 179a AktG; Zustimmung der Gesellschafterversammlung bei Übertragung des ganzen Gesellschaftsvermögens, GmbHR 2019, 528 ff.

Vedder, Karl Christian: Das Vorsatzerfordernis beim Missbrauch der Vertretungsmacht durch den GmbH-Geschäftsführer, GmbHR 2008, 736 ff.

Vetter, Jochen: Modifikation der aktienrechtlichen Anfechtungsklage, AG 2008, 177 ff.

Vieweg, Klaus/Lorz, Sigrid: Sachenrecht, 9. Auflage, München, 2022

Viskorf, Hermann-Ulrich: Grunderwerbsteuergesetz Kommentar, 20. Auflage, München, 2022

Wachter, Thomas: Anmerkung zu OLG Brandenburg, Urteil vom 29.03.2018 – 5 U 18/16, GmbHR 2019, 183, 187 f.

Weber, Johannes: Gesamtvermögensgeschäft und Gesellschafterbeschluss: Eine Studie des § 179a AktG am Beispiel von Grundstücksgeschäften, DNotZ 2018, 96 ff.

Weitnauer, Wolfgang: Handbuch Venture Capital 7. Auflage, München, 2022

Weller, Marc-Philippe: Einschränkung der Gründungstheorie bei missbräuchlicher Auslandsgründung?, IPRax 2003, 520 ff.

Wentz, Jasper: Gesamtvermögensgeschäfte nach § 179a AktG analog – zugleich Besprechung von BGH, Urteil vom 15.02.2022 – II ZR 235/20, WM 2022, 2262 ff.

Werner, Rüdiger: Die analoge Anwendung von § 179a AktG auf die GmbH und ihre Konsequenzen, GmbHR 2018, 888 ff.

Wicke, Hartmut: Gesetz betreffend die Gesellschaft mit beschränkter Haftung (GmbHG) – Kommentar, 4. Auflage, München, 2020

Widder, Stefan: GmbH: Beurkundungsbedürftigkeit des Zustimmungsbeschlusses zur Gesamtvermögensveräußerung weiter unsicher, BB 2022, 147

ders.: Notarieller Zustimmungsbeschluss bei Unternehmensverkauf einer GmbH-Holding? BB 2021, 1160 ff.

ders./Feigen, Jan Philipp: Zum Verhältnis von § 179a I 1 AktG (analog) und § 311b III BGB bei der Beurkundungsbedürftigkeit von Anteilskaufverträgen, NZG 2018, 972 ff.

Wiedemann, Herbert: Gesellschaftsrecht, Band I: Grundlagen, München, 1980 (zit.: *Wiedemann*, GesR Bd., S.)

ders.: Gesellschaftsrecht, Band II: Recht der Personengesellschaften, München, 2004 (zit.: *Wiedemann*, GesR Bd., S.)

ders.: Minderheitsrechte ernst genommen – Gedanken aus Anlass der Magna Media-Entscheidung des BayObLG, ZIP 1998, 2002, ZGR 1999, 857 ff.

Wilhelm, Jan/Dreier, Nils: Beseitigung von Minderheitsbeteiligung auch durch übertragende Auflösung einer AG?, ZIP 2003, 1369 ff.

Wilsing, Hans-Ulrich/Hoveyes, Ibrahim: Kurzkommentar zu BGH, Urteil vom 15.02.2022 – II ZR 235/20, EWiR 2022, 325 f.

Winkler, Karl: Beurkundungsgesetz Kommentar, 20. Auflage, München, 2022

Witt, Yannick: Die Veräußerung des ganzen Gesellschaftsvermögens gemäß § 179a Abs. 1 AktG, Berlin, 2021

Wolf, Martin: Der Minderheitenausschluss qua „übertragender Auflösung“ nach Einführung des Squeeze-Out gem. §§ 327a-f AktG, ZIP 2002, 153 ff.

Zacher, Thomas: Beschränkungen und Missbrauch der Vertretungsmacht des GmbH-Geschäftsführers, GmbHR 1994, 842 ff.

Ziemons, Hildegard/Jaeger, Carsten/Pöschke, Moritz (Hrsg.): Beck'scher Online-Kommentar zum GmbHG, 55. Edition, München, 2023

Zintl, Josef/ Singbartl, Jan: § 179a AktG und Projektgesellschaften, GWR 2015, 375 ff.

Zugmaier, Oliver: Der Share Deal in der Umsatzsteuer, DStR 2009, 882 ff.